Oeldorf/Olfert · Materialwirtschaft

D1928979

umweltfreundlich

... weil auf chlor- und säurefreiem Papier gedruckt.

Sie finden uns im Internet unter: http://www.kiehl.de

Kompendium der praktischen Betriebswirtschaft

Herausgeber Prof. Dipl.-Kfm. Klaus Olfert

Materialwirtschaft

von

Prof. Dipl.-Kfm. Gerhard Oeldorf
Prof. Dipl.-Kfm. Klaus Olfert

10., durchgesehene und aktualisierte Auflage

Kiehl

BIBLIOTHEK
der Industrie- und Handelskammer
für München und Oberbayern
Nr. 1107/95 A10

Die Deutsche Bibliothek - CIP-Einheitsaufnahme

Ein Titelsatz für diese Publikation ist bei
Der Deutschen Bibliothek erhältlich

Herausgeber:
Prof. Dipl.-Kfm. Klaus Olfert
Hochschule für Technik, Wirtschaft und Kultur Leipzig
Fachbereich Wirtschaftswissenschaften
Postfach 66, 04251 Leipzig

HTWK

ISBN 3 470 **70450** 3 · 10. Auflage · 2002
© Friedrich Kiehl Verlag GmbH, Ludwigshafen (Rhein) 1987
Alle Rechte vorbehalten. Ohne Genehmigung des Verlages ist es nicht gestattet, das Buch oder Teile daraus nachzudrucken oder auf fotomechanischem Weg zu vervielfältigen, auch nicht für Unterrichtszwecke.
Herstellung: Druckhaus Beltz, Hemsbach – wa

Kompendium der praktischen Betriebswirtschaft

Das Kompendium der praktischen Betriebswirtschaft soll dazu dienen, das allgemein anerkannte und praktisch verwertbare Grundlagenwissen der modernen Betriebswirtschaftslehre praxisgerecht, übersichtlich und einprägsam zu vermitteln.

Dieser Zielsetzung gerecht zu werden, ist gemeinsames Anliegen des Herausgebers und der Autoren, die durch ihr Wirken an Hochschulen, als leitende Mitarbeiter von Unternehmen und in der betriebswirtschaftlichen Unternehmensberatung vielfältige Kenntnisse und Erfahrungen sammeln konnten.

Das Kompendium der praktischen Betriebswirtschaft umfasst mehrere Bände, die einheitlich gestaltet sind und jeweils aus zwei Teilen bestehen:

- Dem **Textteil**, der systematisch gegliedert sowie mit vielen Beispielen und Abbildungen versehen ist, welche die Wissensvermittlung erleichtern. Zahlreiche Kontrollfragen mit Lösungshinweisen dienen der Wissensüberprüfung. Umfassende Literaturverzeichnisse zu jedem Kapitel verweisen auf die verwendete und weiterführende Literatur.

- Dem **Übungsteil**, der eine Vielzahl von Aufgaben und Fällen enthält, denen sich ausführliche Lösungen anschließen, die schrittweise und in verständlicher Form in die betriebswirtschaftlichen Fragestellungen einführen.

Als praxisorientierte Fachbuchreihe wendet sich das Kompendium der praktischen Betriebswirtschaft vor allem an:

- **Studierende** der Fachhochschulen und Universitäten, Akademien und sonstigen Institutionen, denen eine systematische Einführung in die betriebswirtschaftlichen Teilgebiete vermittelt werden soll, die eine praktische Umsetzbarkeit gewährleistet.

- **Praktiker** in den Unternehmen, die sich innerhalb ihres Tätigkeitsfeldes weiterbilden, sich einen fundierten Einblick in benachbarte Bereiche verschaffen oder sich eines umfassenden betrieblichen Handbuches bedienen wollen.

Für Anregungen, die der weiteren Verbesserung der Fachbuchreihe dienen, bin ich dankbar.

Klaus Olfert
Herausgeber

Vorwort zur 10. Auflage

Die 9. Auflage wurde positiv aufgenommen, sodass die Erstellung einer neuen Auflage erforderlich wurde. Das Buch wurde durchgesehen, aktualisiert und auf den Euro umgestellt.

Die Anregungen von Kollegen und aus der betrieblichen Praxis erwiesen sich wiederum als wertvoll.

Heidelberg/Leipzig/Neckargemünd, im Oktober 2001

Prof. Gerhard Oeldorf
Prof. Klaus Olfert

Vorwort zur 6. Auflage

Das Kapitel A wurde erheblich erweitert. Im Rahmen der unternehmensbezogenen Prozesse erfolgt eine grundlegende Darstellung des CIM-Konzeptes, das PPS, CAD, CAE, CAM, CAP und CAQ einschließt. Außerdem wird der materialwirtschaftliche Führungsprozeß behandelt.

Ebenfalls verstärkt wurden die Kapitel D und E. Bei der Materialbeschaffung nimmt die Marktforschung einen größeren Raum ein, das Kanban/Just in Time-System wird in Grundzügen erläutert.

Neu ist das Kapitel H, das sich mit der Materialentsorgung befaßt. Dabei wird im Überblick auf das Abfallrecht, die Möglichkeiten der Abfallbegrenzung durch Vermeidung bzw. Verminderung von Abfall und die Strategien der Abfallbehandlung eingegangen.

Neckargemünd, im April 1993

Prof. Gerhard Oeldorf
Prof. Klaus Olfert

Benutzungshinweis

Kontrollfragen

Die Kontrollfragen dienen der Wissenskontrolle. Sie finden sich am Ende eines jeden Kapitels. Zur Wissenskontrolle wird folgende Vorgehensweise vorgeschlagen:

- Beantwortung der Kontrollfragen und Vermerk in der Spalte »bearbeitet«.
- Vergleich der beantworteten Kontrollfragen mit den in der Spalte »Lösungshinweis« gegebenen Textstellen.
- Vermerk in der Spalte »Lösung«, ob die beantworteten Kontrollfragen befriedigend (+) oder unbefriedigend (–) gelöst wurden.

Aufgaben/Fälle

Die Aufgaben/Fälle im Übungsteil dienen der Wissens- und Verständniskontrolle. Auf sie wird jeweils im Textteil hingewiesen:

01 Seite ...

02 Seite ...

03 Seite ...

04 Seite ...

05 Seite ...

.
.
.

Der Übungsteil befindet sich als »blauer Teil« am Ende des Buches. Es wird empfohlen, die Aufgaben/Fälle unmittelbar nach Bearbeitung der entsprechenden Textstellen zu lösen.

Inhaltsverzeichnis

Übungsteil (Aufgaben/Fälle)

Symbolverzeichnis

B_B = Bestellbestand

B_D = Durchschnittlicher Bestand

B_E = Eindeckungsmeldebestand

B_L = Lagerbestand

B_M = Meldebestand

B_P = Bestellpunkt

B_S = Sicherheitsbestand

E = Einstandspreis pro Mengeneinheit

G_i = Gewichtungsfaktor für die Periode i

i = Anzahl der Jahre (Perioden)

K = Durchschnittlich gebundenes Kapital

K_B = Bestellkosten

K_L = Lagerkosten

K_T = Transportkosten

K_U = Kosten für entgangenen Umsatz

K_V = Verteilungskosten

K_Z = Zinskosten

L_B = Lieferbereitschaft als Bedarfsservice

L_{HK} = Lagerhaltungskosten

L_{HKf} = Fixe Lagerhaltungskosten

L_{HKv} = Variable Lagerhaltungskosten

L_{HS} = Lagerhaltungskostensatz

L_S = Lagerkostensatz

L_s = Lieferbereitschaft als Bedarfs-Stückservice

M = Jahresbedarfsmenge

n_{opt} = Optimale Beschaffungshäufigkeit

P = Periodenbedarf

p = Zinssatz

T_i = Materialbedarf der Periode i

T_L = Liefertermin

T_P = Länge der Planperiode

T_U = Überprüfungszeit

T_W = Wiederbeschaffungszeit

V = Vorhersagewert für die nächste Periode

V_a = Vorhersage alt

V_n = Vorhersage neu

V_T = Verbrauch/Tage

n = Anzahl der betrachteten Perioden

x_{opt} = Optimale Beschaffungsmenge

α = Glättungsfaktor

A. Grundlagen

Unternehmen werden zu dem Zwecke betrieben, Leistungen zu erstellen. Dies geschieht durch die Kombination der elementaren Produktionsfaktoren

- Arbeit
- Betriebsmittel
- Werkstoffe

im Rahmen eines **güterwirtschaftlichen Prozesses**, der es notwendig macht, die Produktionsfaktoren zu beschaffen und planvoll einzusetzen. Die Zeitdauer dieses Prozesses kann erheblich sein.

Um die Bereitstellung der für den güterwirtschaftlichen Prozess erforderlichen Güter nach Art, Menge und Zeit sorgen sich die entsprechenden Abteilungen des Unternehmens, beispielsweise:

- Die **Materialwirtschaft**, die Rohstoffe, Hilfsstoffe, Betriebsstoffe, Zulieferteile, Waren und Verschleißwerkzeuge beschafft, lagert, verteilt und entsorgt.

- Die **Fertigungswirtschaft**, die sich mit den Betriebsmitteln wie Maschinen, maschinellen Anlagen, Werkzeugen – außer Verschleißwerkzeugen – und Vorrichtungen befasst.

Die Beschaffung der Produktionsfaktoren und der Absatz der betrieblichen Leistungen sind aber nicht nur Elemente eines güterwirtschaftlichen Prozesses, sondern erfordern ebenso einen **finanzwirtschaftlichen Prozess**, denn für die zu beschaffenden Produktionsfaktoren fallen Ausgaben an, die betrieblichen Leistungen führen zu Einnahmen.

Die Materialwirtschaft umfasst alle unternehmenspolitischen Maßnahmen der Planung, Durchführung und Kontrolle der Materialbeschaffung, Materiallagerung, Materialverteilung und Materialentsorgung. Ihre Aktivitäten lassen sich – vereinfacht – darstellen:

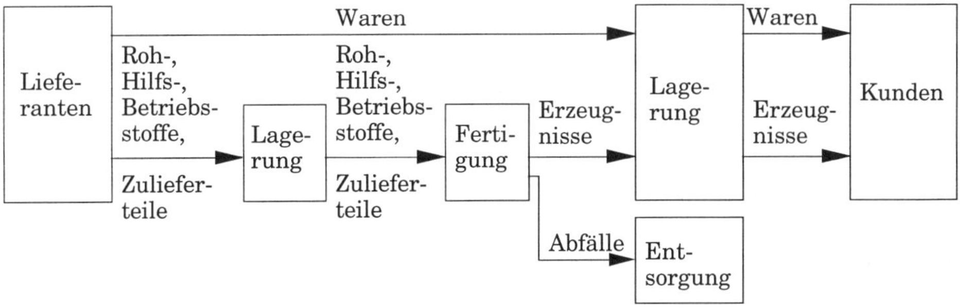

Damit ist die Materialwirtschaft in zweifacher Weise mit anderen Wirtschaftseinheiten verbunden:

- Am **Beschaffungsmarkt** als Nachfrager nach Materialien.
- Am **Absatzmarkt** als Anbieter von Erzeugnissen und Waren.

Der Materialwirtschaft obliegt nicht nur eine passive, registrierende Rolle, beispielsweise der routinemäßigen Abwicklung von Bestellungen. Sie hat auch aktiv dazu beizutragen, die benötigten Materialien nach Art, Menge und Zeit kostenoptimal bereitzustellen.

Die Materialien, mit denen sich die Materialwirtschaft zu befassen hat, sind:

- **Rohstoffe** als Stoffe, die unmittelbar in das zu fertigende Erzeugnis eingehen und dessen Hauptbestandteil bilden. Das Erzeugnis eines Unternehmens kann als Rohstoff für ein nachgeschaltetes Unternehmen dienen, wenn dieses eine Weiterbearbeitung des Erzeugnisses vornimmt.

  Beispiele: Tuch-/Bekleidungsindustrie, Blech-/Automobilindustrie.

- **Hilfsstoffe**, die ebenfalls unmittelbar in das zu fertigende Erzeugnis eingehen, aber im Vergleich zu den Rohstoffen lediglich eine Hilfsfunktion erfüllen, da ihr mengen- und wertmäßiger Anteil gering ist. Eine auf das einzelne Stück bezogene kostenmäßige Erfassung der Hilfsstoffe findet aus Gründen der Wirtschaftlichkeit nicht statt.

  Beispiele: Leim, Schrauben, Lack bei der Möbelherstellung.

  Verpackungsmaterialien – Kartons, Packpapier – werden meist auch zu den Hilfsstoffen gerechnet.

- **Betriebsstoffe**, die selbst keinen Bestandteil des fertigen Erzeugnisses bilden, sondern mittelbar oder unmittelbar bei der Herstellung des Erzeugnisses verbraucht werden. Zu den Betriebsstoffen rechnen alle Güter, die den Leistungsprozess ermöglichen und in Gang halten.

  Beispiele: Energiestoffe, Schmierstoffe, Büromaterialien, Betriebsmaterialien.

  Roh-, Hilfs- und Betriebsstoffe werden zusammen als **Werkstoffe** bezeichnet:

Werkstoffe		
Rohstoffe	Hilfsstoffe	Betriebsstoffe

- **Zulieferteile** als Güter, die einen hohen Reifegrad aufweisen und in die zu fertigenden Erzeugnisse eingehen.

  Beispiele: Motoren in der Automobilindustrie, Aggregate für Kühlschränke.

  Sie können auch den **Rohstoffen** zugerechnet werden. Dies ist in der betrieblichen Praxis häufig der Fall.

- **Erzeugnisse** als alle vom Unternehmen selbst gefertigten Vorräte an Gütern:

Fertig-erzeugnisse	Sie sind vom Unternehmern selbst gefertigte Vorräte, die versandfertig sind. Vielfach wird nur von Erzeugnissen oder von Enderzeugnissen gesprochen, wenn es sich um Fertigerzeugnisse handelt.
Unfertige Erzeugnisse	Sie umfassen alle Vorräte an Erzeugnissen, die noch nicht verkaufsfähig sind, für die aber im Unternehmen bereits Kosten entstanden sind. Erst mit der Fertigstellung der Erzeugnisse wird ihre (volle) Funktionsfähigkeit erreicht.

- **Waren** als gekaufte Vorräte, die das Produktionsprogramm ergänzen und neben den selbst gefertigten Gütern – den Erzeugnissen – im Verkaufsprogramm des Unternehmens enthalten sind.

  Waren werden im Unternehmen weder bearbeitet noch verarbeitet, sie verlassen das Unternehmen im gleichen Zustand, wie sie beschafft worden sind.

- **Verschleißwerkzeuge** als Werkzeuge, die nicht der ständigen Betriebsbereitschaft zuzurechnen sind. Es handelt sich um Verbrauchsteile, die ähnlich den Betriebsstoffen ständig neu zu ergänzen sind oder um Werkzeuge, die speziell für einen Auftrag angefertigt oder angeschafft und anschließend verschrottet werden.

01 **Seite 424**

Die Materialwirtschaft kann beschrieben werden:

Material-wirtschaft	Aufgaben
	Aufbauorganisation
	Ablauforganisation
	Führung

1. Aufgaben

Aufgaben der Materialwirtschaft, die nachfolgend kurz umrissen werden, sind:

Aufgaben der Materialwirtschaft

- Material-beschaffung
- Material-verwaltung
- Material-verteilung
- Material-entsorgung

1.1 Materialbeschaffung

Die Materialbeschaffung hat die für die Fertigung erforderlichen Materialien und zum Verkauf bestimmten Waren im Unternehmen zur Verfügung zu stellen. Dabei muss sie zwei **Erfordernissen** gerecht werden:

- Die Materialien sind in der erforderlichen Menge, Art und Qualität zum richtigen Termin zu beschaffen.

- Die Materialien sind unter Beachtung des Prinzips der Wirtschaftlichkeit – und damit kostenoptimal – zu beschaffen.

Um die Materialbeschaffung in geeigneter Weise durchführen zu können, ist wie folgt vorzugehen:

Ermittlung des erforderlichen **Materialbedarfes**

↓

Ermittlung des erforderlichen **Materialbestandes**

↓

Ermittlung der **Materialbeschaffungsmenge** aufgrund

- des Vergleiches von Materialbedarf und Materialbestand
- von Risiko- und Wirtschaftlichkeitsüberlegungen

1.2 Materialverwaltung

Die Materialverwaltung hat sich mit den beschafften Materialien vom Zeitpunkt des Zuganges im Unternehmen bis zum Zeitpunkt des Abganges aus dem Unternehmen zu befassen.

Die Aufgabe der Materialwirtschaft ist es, die im Unternehmen eintreffenden Materialien

- abzunehmen
- zu kontrollieren
- zu transportieren
- zu lagern
- zu erfassen.

Die Lagerung der Materialien kann dabei verschiedene **Funktionen** haben. Zu unterscheiden sind:

Ausgleich	Beschaffung und Bedarf sind mengenmäßig und zeitlich auszugleichen.
Qualitative Anpassung	Beispielsweise als Qualitätsverbesserung von Wein, Holz.
Wertmäßige Anpassung	Beispielsweise durch Ausnutzung von Kostenvorteilen.

Mithilfe des Rechnungswesens erfolgt die mengen- und wertmäßige Führung der Bestände und ihrer Veränderungen.

1.3 Materialverteilung

Die Materialverteilung hat die erstellten Güter oder Waren den Kunden zuzuführen. Dies muss in enger Zusammenarbeit mit dem Absatzbereich erfolgen.

Problemstellungen der Materialverteilung sind vor allem:

- Feststellung der Liefermöglichkeit
- Festlegung der Verteilung
- Erstellung von Außenlägern
- Festlegung der Außenverpackung.

Mit der Optimierung der Materialverteilung befasst sich heute vielfach die betriebliche **Logistik**.

1.4 Materialentsorgung

Mit der Bereitstellung der Materialien ist es dem Unternehmen möglich, seine Leistungserstellung zu bewirken. Wenn die Materialien in vollem Umfang in die Erzeugnisse eingegangen sind, ist der materialwirtschaftliche Prozess abgeschlossen.

Beispiele: Einbau von Zulieferteilen und Normteilen.

Es ist aber auch möglich, dass Materialien nicht oder nicht in vollem Umfang zu Bestandteilen der Erzeugnisse werden und hierfür eine weitere materialwirtschaftliche Maßnahme notwendig wird, die Materialentsorgung.

Beispiele: Spanabhebende Bearbeitung von Materialien führt zu Abfällen. Bei der Bearbeitung von Materialien werden Schmiermittel verwendet, die zu entsorgen sind.

Im Rahmen der Materialentsorgung sind zu betrachten:

Abfall-vermeidung	Sie ist eine Strategie, die eine Entstehung von Abfällen vor, während und nach dem betrieblichen Leistungsprozess gänzlich unterbindet.
Abfall-verminderung	Wenn das Unternehmen eine absolute Abfallvermeidung nicht zu erreichen vermag, sollte versucht werden, möglichst wenig und möglichst nur solche Abfälle in Kauf zu nehmen, die eine hohe, wirtschaftlich sinnvolle Recyclingfähigkeit aufweisen.
Abfall-behandlung	Lassen sich die Abfälle nicht vermeiden und nur begrenzen, müssen sie entsorgt und mithilfe geeigneter und rechtmäßig zugelassener Verfahren behandelt werden. Die Entsorgung umfasst nicht nur die Abfälle im engeren Sinne, die zu vernichten, zu lagern oder abzulagern sind. Sie bezieht sich auch auf die Reststoffe, die dem Wirtschaftskreislauf erhalten bleiben und wieder zu Materialien werden. **Strategien** der Abfallbehandlung sind: ❍ Recycling ❍ Abfallvernichtung ❍ Abfallbeseitigung

2. Aufbauorganisation

Durch die Aufbauorganisation wird ein Unternehmen in arbeitsteilige Einheiten gegliedert. Sie ist die auf Dauer ausgerichtete Gestaltung des Unternehmens unter hierarchischen Gesichtspunkten.

Es sollen betrachtet werden:

2.1 Unternehmensaufbau

Der Aufbau eines Unternehmens erfolgt – von der festgelegten Gesamtaufgabe ausgehend – in drei **Schritten**:

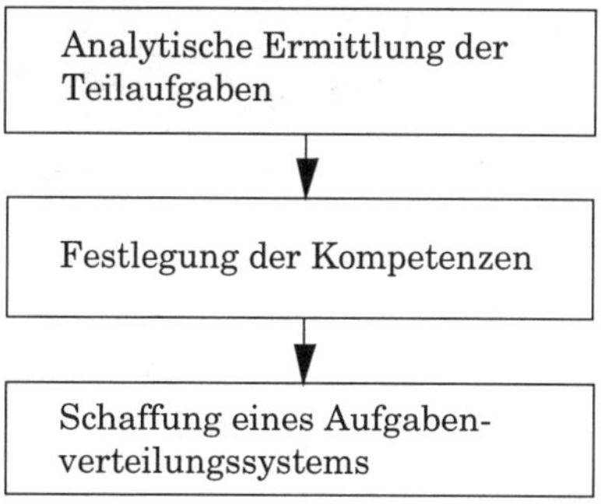

Damit werden die Beziehungen zwischen den verschiedenen Organisationseinheiten festgelegt.

Der Unternehmensaufbau kann sehr unterschiedlich sein. Insbesondere die Unternehmensgröße hat Einfluss auf die Aufbauorganisation. Deshalb sind zu unterscheiden:

- **Klein- und Mittelunternehmen**
- **Großunternehmen**.

2.1.1 Klein- und Mittelunternehmen

Für Klein- und Mittelunternehmen bieten sich vor allem zwei Möglichkeiten der Gestaltung der Aufbauorganisation an:

- Eine **zentrale Unterstellung** der Materialwirtschaft unter die Unternehmensleitung:

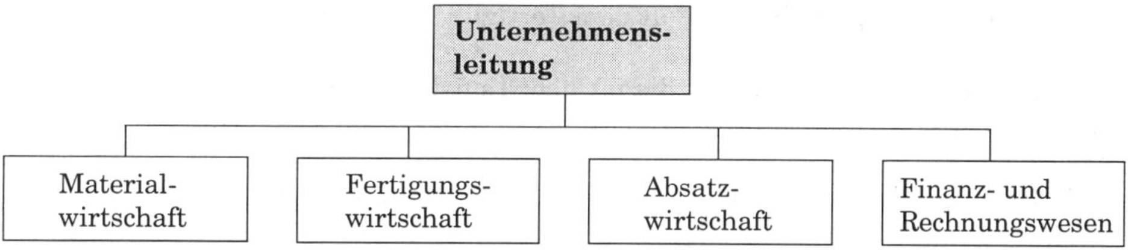

  Dieser Unternehmensaufbau hat den **Vorteil**, dass die Materialwirtschaft selbstständig neben den übrigen Funktionsbereichen angeordnet ist. Sie kann alle ihr zufallenden Aufgaben eigenständig lösen, ohne dass ihre Probleme einseitig vom kaufmännischen oder technischen Denken betrachtet werden.

- Eine **dezentrale Unterstellung**, welche die Materialbeschaffung und Materialverteilung der kaufmännischen Leitung, die Materiallagerung und Materialentsorgung der technischen Leitung zuordnet:

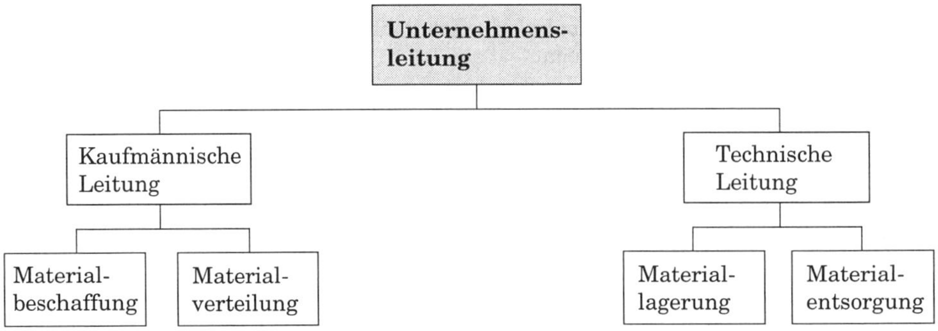

Diese Form findet sich vor allem bei industriellen Unternehmen, die aus handwerklichen Betrieben entstanden sind. Mit dem hohen technischen Niveau, das dort vielfach erreicht worden ist, hat der kaufmännische Bereich nicht immer Schritt gehalten. Der Materialwirtschaft wird dort häufig nicht die notwendige Bedeutung zugemessen.

2.1.2 Großunternehmen

Bei Großunternehmen – insbesondere mit verschiedenen Werken und heterogenen Produktionsprogrammen – gestaltet sich die Strukturierung der Aufbauorganisation erheblich schwieriger als in Klein- und Mittelunternehmen.

Die Materialwirtschaft ist hinsichtlich ihrer hierarchischen Einordnung in das Unternehmen fixiert, ihre Teilfunktionen sind entsprechend definiert. Dabei zeigt es sich, dass vielfach nicht alle Aufgaben materialwirtschaftlicher Art zusammengefasst sind. Es gibt eine Reihe von Teilfunktionen, die aus der Materialwirtschaft organisatorisch ausgegliedert sein können, beispielsweise:

- Die **Materialdisposition**, die oft dem Fertigungsbereich unterstellt ist.

- Die **Normung und Typung**, die oft dem Konstruktions- oder Fertigungsbereich eingegliedert ist.

- Die **Beschaffung**, die mitunter dem Rechnungswesen zugeteilt ist.

Wegen der hohen Komplexität in Großunternehmen finden sich keine einheitlichen Gliederungen im Materialbereich. Es stellt sich besonders die Frage, inwieweit die Materialbeschaffung, Materialverwaltung, Materialverteilung, Materialentsorgung zentral, d.h. von einer einzigen Abteilung im Unternehmen wahrgenommen werden können:

- Die **zentrale Organisation** bietet den Vorteil, dass die Aufgaben der Materialwirtschaft planerisch, organisatorisch und personell optimal erfüllt werden können. Vor allem dort, wo das Unternehmen über eine geografisch abgegrenzte Fertigungsstätte und eine zentrale Verwaltung verfügt, eignet sich die zentrale Organisationsform in besonderer Weise.

Aufbauorganisatorisch werden Teilfunktionen der Materialwirtschaft gebildet und eine Gliederung erreicht, die meist verrichtungsorientiert ist.

Beispiel: | Beschaffung | Normung | Lagerung | Lagerkontrolle | Materialdisposition |

Die Tiefe der Zergliederung nach Verrichtungen hängt vom jeweiligen Unternehmen ab. So kann man bei einem manuell geführten Lager die Funktion »Lagerung und Transport« finden, deren Aufgabe die vielfältigen Einlagerungs-, Umlagerungs- und Bereitstellungsprozesse sind.

Wird das Lager durch eine automatisierte Lagersteuerung verwaltet, entfallen diese Tätigkeiten weitgehend und werden vom Bereich »Lagerverwaltung« mit übernommen.

- Eine **dezentrale Organisation** bietet sich an, wenn sämtliche Funktionsbereiche – beispielsweise einer Erzeugnisgruppe – einem Werk unterstellt sind. Die Folge ist eine stärkere Spezialisierung, die zu einer größeren Verselbständigung der Werke führt. Durch die Wahrnehmung unternehmerischer Aufgaben wird die Unternehmensleitung entlastet und nur bei Grundsatzentscheidungen herangezogen.

  Meist werden die zur Leistungserstellung notwendigen Funktionsbereiche ausgegliedert und in die Verantwortung eines Betriebsleiters gegeben, beispielsweise die fertigungsnahen Aufgaben der Lagerung, der Materialbereitstellung, des Materialtransports.

  Dagegen werden Tätigkeiten, die mehr der strategischen Ebene zuzurechnen sind, von der Geschäftsleitung zentral geführt, vor allem bei Fragen der Festlegung von Qualitätsnormen in der Beschaffung, Beschaffungsstrategien, zentralem Fuhrpark.

  Es besteht heute weitgehend Übereinstimmung, Aufgabenbereiche nach Möglichkeit von der Unternehmensspitze auf die ausführenden Ebene zu delegieren.

02 Seite 424

Im Folgenden werden unterschieden:

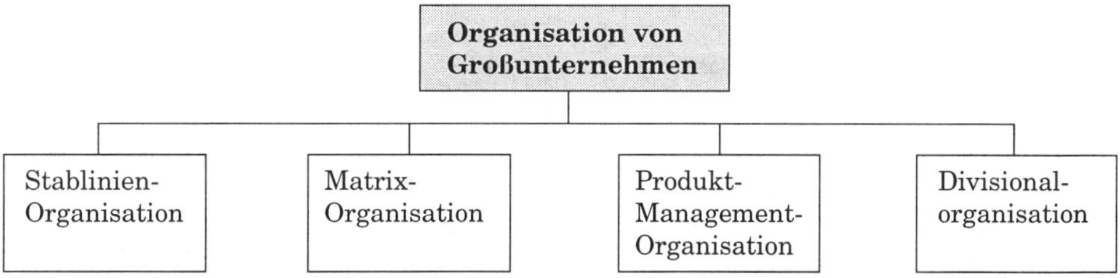

2.1.2.1 Stablinien-Organisation

Bei dezentraler Aufgabenerfüllung in der Materialwirtschaft bedarf es zur Erfüllung von zentralen, das Gesamtunternehmen betreffenden Aufgaben, der Bildung von Stäben. Darunter versteht man mit Spezialisten besetzte Hilfs- und Entlastungsorgane der Unternehmensleitung, deren Hauptfunktionen in der Beratung und Information bestehen und die grundsätzlich über keine Entscheidungs- und Anordnungsbefugnisse außerhalb der eigenen Stelle verfügen.

Bereits in den Anfängen des Computer-Einsatzes wurden wesentliche administrative Tätigkeiten aus Material- und Lagerverwaltung zentral EDV-mäßig abgerechnet. Dieses Zusammenführen von aktuellem Zahlenmaterial mit Daten aus vorherigen Abrechnungsperioden führte schon bald zur Bereitstellung von statistischem Zahlenmaterial. Dadurch wurde aus der administrativen Tätigkeit ein Planungs- und Dispositionsinstrument der Stabstellen.

Mit der zeitnahen Materialabrechnung wurde eine wirksame Disponierbarkeit der Materialien erreicht, was wiederum Auswirkungen auf den Materialbestand und auf die Kapitalbindung hatte.

In der betrieblichen Praxis wird den Stäben der Materialwirtschaft daher häufig ein **begrenztes funktionales Weisungsrecht** übertragen, um ihrer zentralen Aufgabenstellung gerecht zu werden, die beispielsweise folgende **Einzelaufgaben** umfassen kann:

- Beschaffungsmarketing
- Qualitätswesen
- Festlegung von Beschaffungsstrategien
- Losgrößenrechnung.

Das Stabliniensystem lässt sich grafisch darstellen:

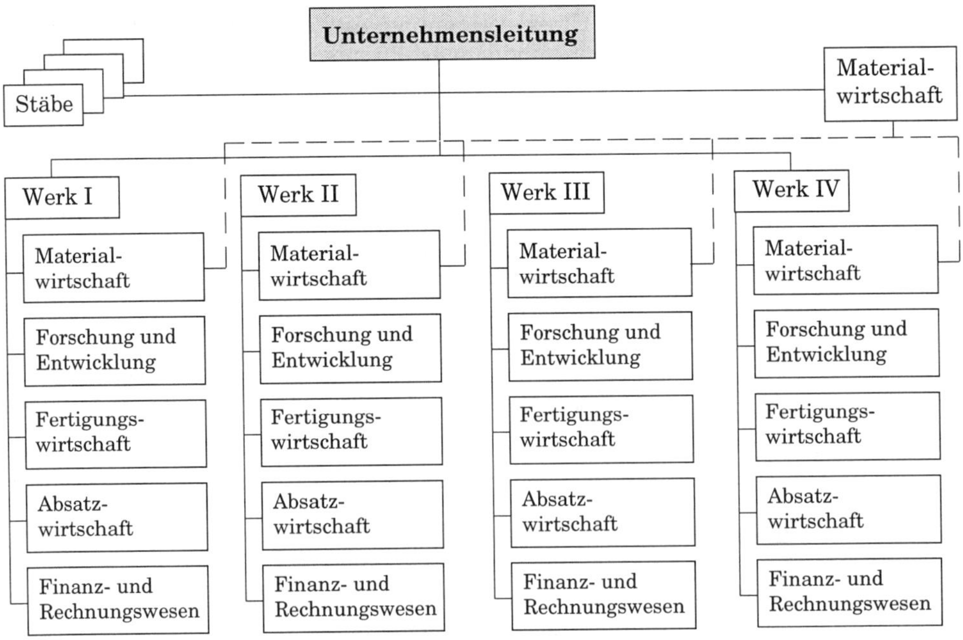

2.1.2.2 Matrix-Organisation

Bei der Matrix-Organisation werden die verschiedenen Funktionen eines Unternehmens in einer zweidimensionalen Anordnung vertikal und horizontal gegeneinander angeordnet und miteinander verbunden.

Dabei werden die **Hauptfunktionen** eines Unternehmens wie

- Materialwirtschaft
- Forschung und Entwicklung
- Fertigungswirtschaft
- Absatzwirtschaft
- Finanz- und Rechnungswesen

horizontal angeordnet, während vertikal die Funktionen aufgetragen werden, die zentral von der Unternehmensleitung ausgeübt und häufig mit Richtlinienkompetenzen ausgestattet werden, beispielsweise:

- Planung
- Organisation
- Systemanalyse
- Controlling
- Personalwesen.

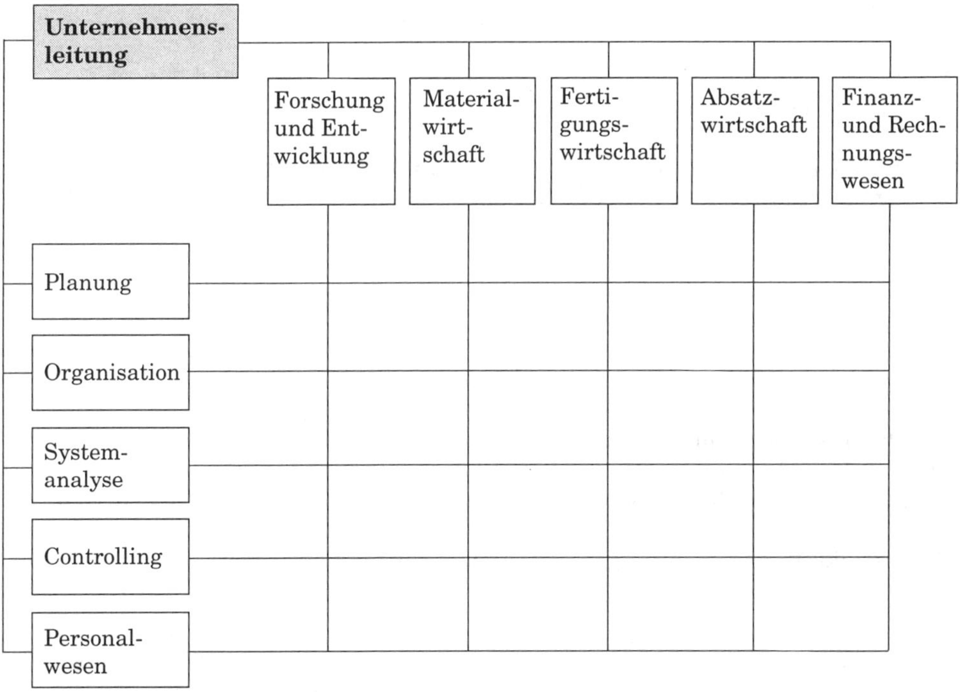

Problematisch ist, dass die Materialwirtschaft isoliert neben den übrigen Hauptfunktionsbereichen steht. Fasst man die Aufgaben von Materialeingang, Materiallager, Fertigerzeugnislager, Transport zu einer zentralen Funktion zusammen, könnte die Materialwirtschaft den übrigen Funktionseinheiten den notwendigen Service bieten.

Die Funktionseinheit, die sich mit logistischen Prozessen beschäftigt, erfüllt damit eine matrixorientierte Querschnittsfunktion. Mit ihren Aufgaben berührt sie alle Bereiche eines Unternehmens, sodass sie organisatorisch in der Vertikalen einzuordnen wäre.

Überall dort, wo eine Linienfunktion mit einer vertikal angeordneten Funktion zusammentrifft, sind Entscheidungen nur gemeinsam möglich. Die Zusammenarbeit zwischen den verschiedenen Funktionsbereichen ist so zu regeln, dass die übergeordnete Unternehmensleitung nur in Ausnahmefällen eingeschaltet werden muss.

Eine Matrix-Organisation, die der Materialwirtschaft eine solch starke Einflussnahme gestattet, ist nur dann berechtigt, wenn ihr qualifizierte Aufgaben übertragen sind, beispielsweise:

- Beschaffungsmarketing
- Optimierung der Lagerhaltung
- Optimierung des Materialflusses.

2.1.2.3 Produkt-Management-Organisation

Aus der Notwendigkeit, Erzeugnisse nicht einfach zu fertigen und danach erst Absatzüberlegungen anzustellen, ist das Produkt-Management entwickelt worden.

Zentrales Organisationselement ist der **Produkt Manager,** der ein oder mehrere Erzeugnisse von der Idee über die Planung, Entstehung, Fertigung bis hin zu deren Verteilung betreut.

In der Investitionsgüterindustrie spricht man auch vom **Projekt Manager**, wenn dessen Erzeugnisse Einzel- oder Kleinserienfertigungen sind, die technisch hoch kompliziert und nur langfristig realisierbar sind. Die Aufgaben des Projekt Managers ähneln aber grundsätzlich jenen des Produkt Managers.

Die Organisationsform des Produkt Managements ist eine spezielle Art der Matrix-Organisation, denn es findet eine Verknüpfung der vertikal angeordneten Produkt Management-Bereiche mit den horizontal angeordneten Linienfunktionen statt.

Die Produkt-Management-Organisation kann wie folgt aussehen:

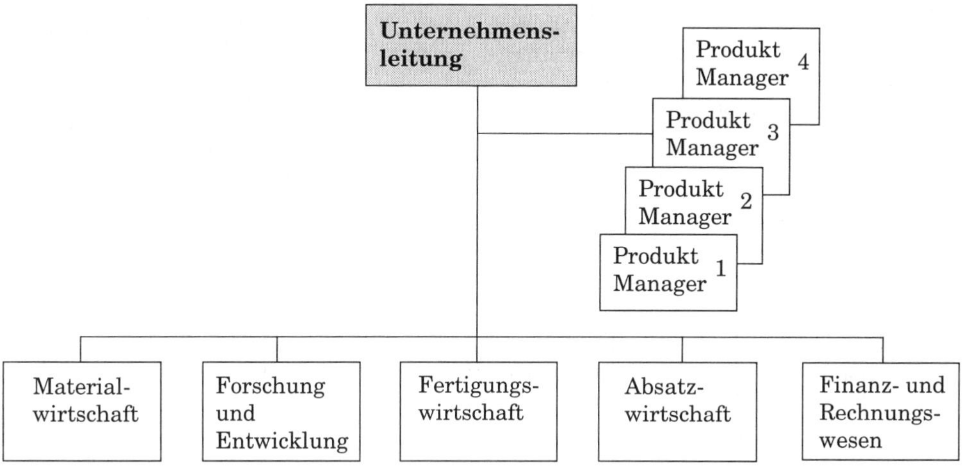

Grundsätzlich haben die Produkt Manager keine Weisungsbefugnis gegenüber den Linienfunktionen. Ihre Aufgabe ist es, die erforderlichen Aktivitäten aufzuzeigen, eine konzeptionelle Abstimmung mit den Linienfunktionen zu erreichen und die Maßnahmen zu koordinieren.

Die Materialwirtschaft trägt die gesamtunternehmerische Verantwortung in Fragen des Materialwesens, jedoch in Koordination mit den einzelnen Produkt Managern.

2.1.2.4 Divisional-Organisation

Die Divisionalisierung, die auch **Sparten-Organisation** genannt wird, findet sich hauptsächlich in Großunternehmen mit völlig verschiedenartigen Erzeugnissen oder Erzeugnisgruppen. Für diese werden selbstständige Unternehmensbereiche – die Divisions – gebildet, die in eigener Verantwortung die Funktionen des Unternehmens wahrnehmen.

Voraussetzung für die Bildung von Divisions ist die sachliche, oft auch geografische Trennung der Lager-, Fertigungs- und Vertriebseinheiten. Bedingt durch andersartige Produktionsprogramme bzw. unterschiedliche Branchen werden in den verschiedenen Divisions abweichende Material- und Lagerhaltungspolitiken verfolgt.

Trotz der Aufteilung in relativ selbstständige Unternehmensbereiche werden die Funktionen, die das Gesamtunternehmen betreffen, meist zentral geführt, während die übrigen Funktionen in die Divisions eingegliedert sind. Dabei operieren die zentralen Bereiche als **Stabsstellen mit funktionalem Weisungsrecht**, welche zentrale Vorgaben an die Division richten, die dort zu realisieren sind.

Die Divisional-Organisation lässt sich darstellen:

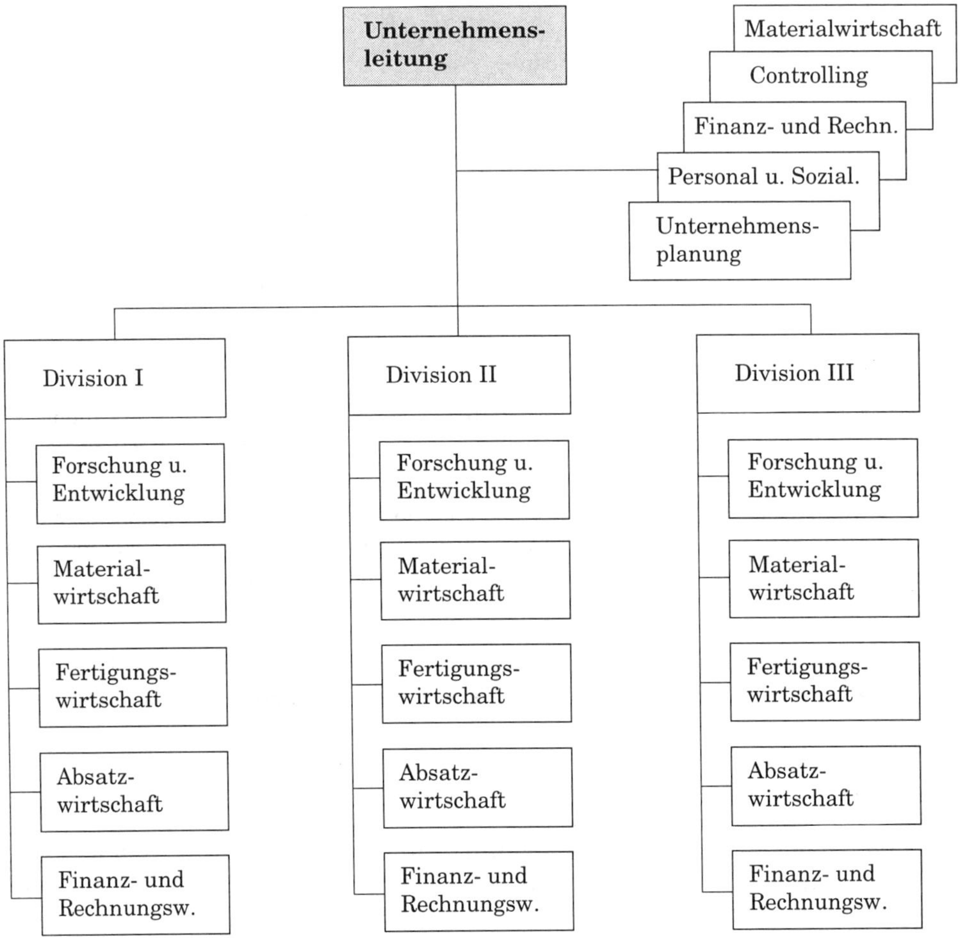

Organisatorisch bleibt die Linienstruktur innerhalb einer Division erhalten und gibt, um überlange Instanzen zu vermeiden, den Personen die Entscheidungskompetenz, die mit den konkreten Einzelbefugnissen vertraut sind.

Für den Bereich der Materialwirtschaft bietet sich – besonders bei heterogenem Produktionsprogramm – eine Eingliederung in die Division an. Das schließt nicht aus, dass bestimmte Teilfunktionen der Materialwirtschaft aus den Divisions ausgegliedert werden. Darunter können fallen:

- Zentrales Beschaffungsmarketing
- Zentrales Bestellwesen
- Zentrale Rechnungsprüfung
- Zentrale Rechnungsbegleichung.

03 Seite 425

2.2 Materialwirtschaft

Die Materialwirtschaft kann aufbauorganisatorisch unterteilt werden in:

- **Beschaffungswirtschaft**
- **Lagerwirtschaft**
- **Materialverteilung**
- **Abfallwirtschaft**.

2.2.1 Beschaffungswirtschaft

Die Beschaffungswirtschaft soll unter zwei Aspekten aufbauorganisatorisch betrachtet werden:

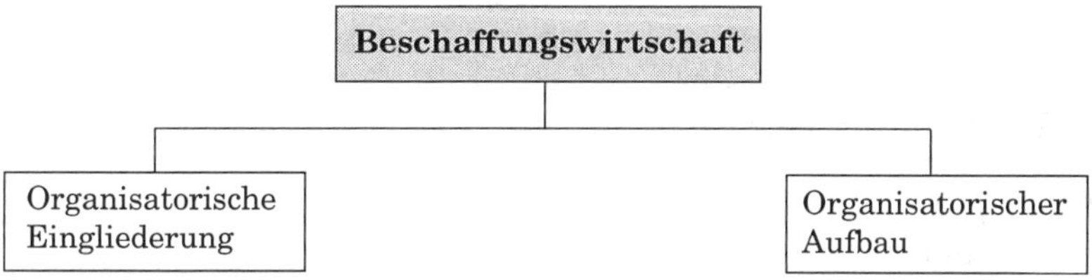

2.2.1.1 Organisatorische Eingliederung

Die Eingliederung der Beschaffungswirtschaft in die Gesamtorganisation kann sein:

Zentrale Eingliederung	Die Aufgaben der Beschaffung werden von einer einzelnen Organisationseinheit wahrgenommen.
Dezentrale Eingliederung	Die Aufgaben der Beschaffung werden von mehreren Organisationseinheiten wahrgenommen.

Eine Kombination aus Zentralisierung und Dezentralisierung ist möglich. Die Art der organisatorischen Eingliederung hängt von vielen Faktoren ab, die sein können:

- Unternehmensgröße
- Anzahl räumlich getrennter Werke
- Entfernung der Werke zueinander
- Grad der Übereinstimmung der Produktionsprogramme
- Notwendige Materialarten und -mengen.

Eine **zentrale Beschaffung** bringt – besonders für Klein- und Mittelbetriebe – mehrere Vorteile:

- Sie erlaubt eine Kontrolle der Beschaffungstätigkeit und ermöglicht eine zeitliche Steuerung der Materialien.

- Durch das Zusammenfassen der Materialanforderungen kann die Beschaffung – vor allem bei nicht gerechtfertigter Unterschiedlichkeit der Materialien – durch Ausnutzung von Mengenrabatten kostengünstiger sein.

- Durch das Zusammenfassen der Materialanforderungen kann die Beschaffung – vor allem bei nicht gerechtfertigter Unterschiedlichkeit der Materialien – auf Normung und Typung hinarbeiten.

- Die Standardisierung und die Zusammenführung des Bedarfs der einzelnen Fertigungsbereiche ermöglichen eine bessere Disposition der Lagerbestände, sodass die Sicherheitsbestände verringert werden können, was die Kapitalbindung durch die Läger verkleinert.

- Mit der Betreuung einzelner Beschaffungsmärkte durch qualifiziertes Personal kann das Marktgeschehen intensiver beobachtet werden. Dies führt zur Erkundung neuer Märkte, genauerer Bestimmung der Beschaffungszeitpunkte und Verbesserung der Beschaffungskontrolle.

Eine örtliche und/oder sachliche **Dezentralisation** der Beschaffungswirtschaft ist dann günstig, wenn:

- Unternehmen mit häufigen Sortenwechseln arbeiten oder bei Einzelfertigung die Materialien entsprechend dem Fertigungsanfall beschaffen.

- Die Beschaffung nur von Spezialisten vorgenommen werden kann, besonders, wenn entschieden werden muss, ob – bei akutem Bedarf – Ersatzmaterialien eingesetzt werden können.

- Die geographische Lage der Werksteile ungünstig ist, sodass die Beschaffungskosten steigen würden.

- Eine Vorratshaltung der Materialien aufgrund ihrer Beschaffenheit nicht vorgenommen werden kann, weshalb Entscheidungen dezentral zu fällen sind.

2.2.1.2 Organisatorischer Aufbau

Die Bildung von Arbeitseinheiten in der Beschaffungswirtschaft kann nach verschiedenen Prinzipien erfolgen. Das können sein:

Verrichtungs-prinzip	Die Einheiten werden nach dem organisatorischen Ablauf gegliedert, beispielsweise: ❍ Angebotsbearbeitung ❍ Bestellwesen ❍ Terminkontrolle ❍ Qualitätskontrolle ❍ Rechnungsprüfung
Objektprinzip	Die Gliederung wird nach Materialgruppen vorgenommen, beispielsweise: ❍ Rohstoffe ❍ Hilfsstoffe ❍ Betriebsstoffe Diese Stellen sind in einer weiteren Tiefengliederung nach dem Verrichtungsprinzip gegliedert. Außerdem kann eine Gliederung nach Erzeugnisgruppen erfolgen.

Eine **Kombination** von Verrichtungsprinzip und Objektprinzip ist möglich. Werden an die Beschaffungsabteilung Anforderungen gestellt, die besondere technische, abrechnungstechnische oder rechtliche Kenntnisse erfordern, ist der Ausganspunkt für die Organisation eine nach dem Objektprinzip gestaltete Gliederung. Die nachfolgenden Tätigkeiten werden vielfach nach dem Verrichtungsprinzip gegliedert.

Klein- und Mittelunternehmen nehmen meist eine Aufteilung nach dem Verrichtungsprinzip vor, Großunternehmen bevorzugen eher eine Objektgliederung.

2.2.2 Lagerwirtschaft

Die Lagerwirtschaft hat die Materialpositionen aufzunehmen und sie als Einzelbedarf an die anfordernden Stellen sukzessive abzugeben. Daneben muss sie jederzeit einen Nachweis nach Mengen und Wert der am Lager gebundenen Materialien geben.

Es sind zu unterscheiden:

2.2.2.1 Organisatorische Eingliederung

Die Eingliederung der Lagerwirtschaft in die Gesamtorganisation kann sein:

Zentrale Eingliederung	Die Aufgaben der Lagerwirtschaft werden von einer einzelnen Organisationseinheit wahrgenommen.
Dezentrale Eingliederung	Die Aufgaben der Lagerwirtschaft werden von mehreren Organisationseinheiten nebeneinander wahrgenommen.

Eine Kombination aus Zentralisierung und Dezentralisierung ist möglich.

Kriterien für die organisatorische Eingliederung der Lagerwirtschaft können sein:

- Unternehmensgröße
- Fertigungsprogramm
- Art, Form, Beschaffenheit der Materialien
- Aufbau, Anlage der Läger
- Zugriffsgeschwindigkeit zu den Materialien
- Entfernung zu den Fertigungsstätten.

Die Läger für Roh-, Hilfs- und Betriebsstoffe, die Läger im Fertigungsbereich und die Werkzeugläger sind heute meist organisatorisch zusammengefasst und der Materialwirtschaft unterstellt.

Erzeugnisläger, Versandläger und Läger für Handelswaren sind vielfach dem Absatzbereich unterstellt. Dennoch sprechen die für alle gemeinsam zu lösenden logistischen Probleme wie

- Raum- und Kapazitätsfragen
- Vornahme von Einlagerungs- und Umlagerungsprozessen
- gemeinsame Verwaltung
- einheitliche Lagerbuchhaltungs-Richtlinien

für eine Eingliederung aller Läger in den Bereich der Materialwirtschaft.

Häufig wird der Lagerwirtschaft die Erfassung und Verwaltung von Altmaterial und Leergut angegliedert. Ebenso kann die Transportabteilung dem Lagerwesen unterstellt sein.

2.2.2.2 Organisatorischer Aufbau

Innerhalb der betrieblichen Lagerwirtschaft lassen sich folgende Abteilungen und Stellen bilden:

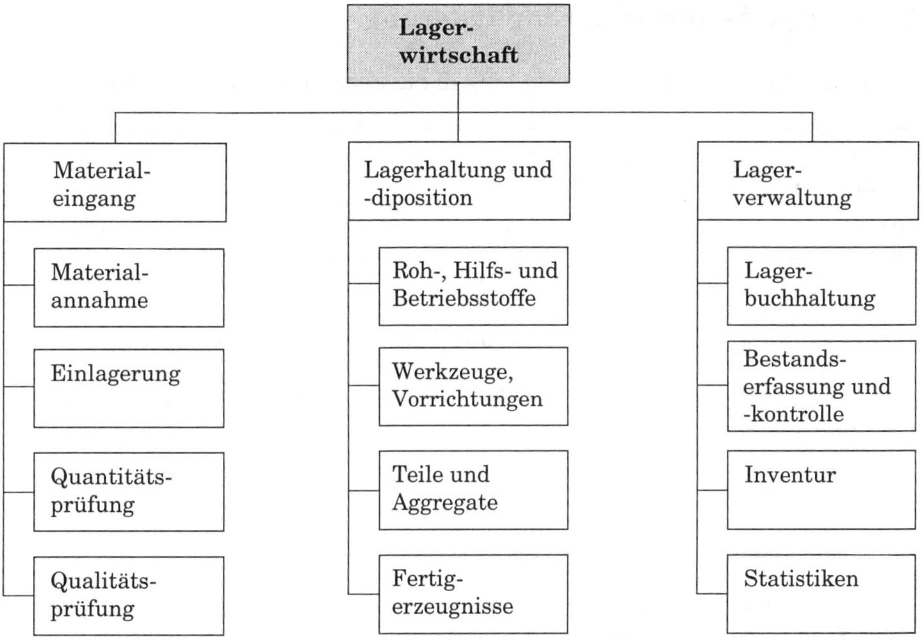

Für den Bereich der Lagerhaltung wird meist die Objektgliederung bevorzugt, während sich die übrigen Bereiche nach Verrichtungen oder Objekten gliedern lassen.

Aus kontrolltechnischen Gründen sollte eine aufbauorganisatorische Gestaltung der Lagerwirtschaft stets eine stellen- oder abteilungsmäßige Orientierung vornehmen:

- Nach **Zweckaufgaben** Materialeingang, Lagerhaltung, Disposition
- Nach **Verwaltungsaufgaben** in Form der Lagerverwaltung.

2.2.3 Materialverteilung

Die Materialverteilung hat den Materialfluss der Güter vom Unternehmen zu den Marktpartnern zu sichern. Sie muss für die Einhaltung einer optimalen Lieferbereitschaft sorgen.

Es sind zu unterscheiden:

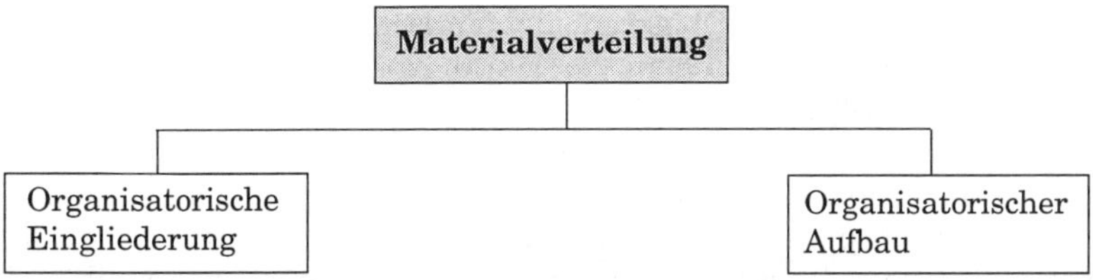

2.2.3.1 Organisatorische Eingliederung

Die Eingliederung der Materialverteilung in die Gesamtorganisation kann sein:

Zentrale Eingliederung	Die Aufgaben der Materialverteilung werden von einer einzelnen Organisationseinheit wahrgenommen.
Dezentrale Eingliederung	Die Aufgaben der Materialverteilung werden von mehreren Organisationseinheiten nebeneinander wahrgenommen.

Eine Kombination aus Zentralisierung und Dezentralisierung ist möglich.

In der betrieblichen Praxis zeichnet sich ein Trend zur Zentralisierung ab. Werden im Lager- und Transportwesen

- Innenverkehr
- Werksverkehr
- Außentransport

zu einer zentralen Funktion zusammengefasst, kann eine solche Funktionseinheit die Materialflussprobleme des Unternehmens lösen.

Die Materialverteilung grenzt sich in ihrer Aufgabenstellung vom Absatzbereich ab, indem sie sich befasst mit:

- Auswahl kostenoptimaler Verteilungswege
- Auswahl kostenoptimaler Standorte
- Steigerung des Lieferservice nach Preis und Qualität
- Entwicklung von Lagerpolitiken.

Dabei stellt die Materialverteilung nur einen Aspekt dar. Daneben werden Materialverteilungsvorgänge vorgenommen durch:

- Betriebliches Versorgungssystem
- Innerbetrieblichen Materialfluss
- Betriebliche Lager- und Vorratswirtschaft.

2.2.3.2 Organisatorischer Aufbau

Es kann eine Gliederung nach Objekten oder Verrichtungen vorgenommen werden. Wählt man eine Gliederung nach dem Verrichtungsprinzip, ist eine Aufteilung nach folgenden **Planungsaufgaben** möglich:

- Einrichten einer Transportabteilung und Bereitstellung der Transporteinheiten
- Durchführen von Verpackung und Verladung sowie Verteilung auf die Außenläger
- Festlegen der Transporteinheiten und Frachtwege sowie Transportzeitbestimmung
- Klären von Fragen der Versicherung, Zölle, Abgaben und Steuern.

Bei einer objektbezogenen Gliederung wird in Warengruppen, Materialgruppen, Erzeugnisgruppen bzw. bei Großunternehmen Fabrikationszweige aufgeteilt.

2.2.4 Abfallwirtschaft

Die Abfallwirtschaft ist die Gesamtheit der planmäßigen Aktionen und die Organisation, die der Vermeidung und Verringerung von Abfallstoffen und der Behandlung von Abfallstoffen dienen.

Zu unterscheiden sind:

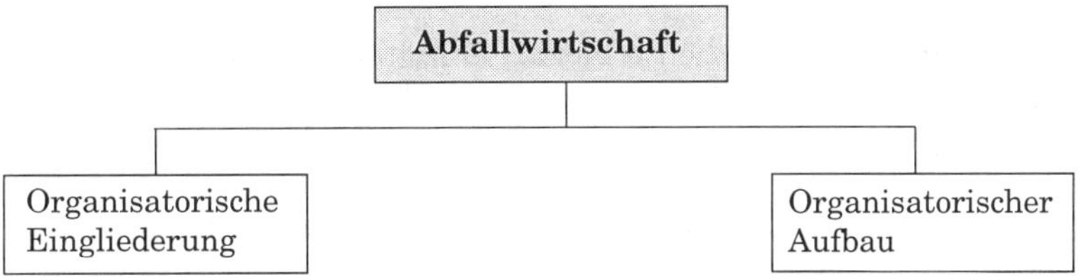

2.2.4.1 Organisatorische Eingliederung

Die Eingliederung der Abfallwirtschaft in die Gesamtorganisation kann sein:

Zentrale Eingliederung	Die Aufgaben der Abfallwirtschaft werden von einer einzelnen Organisationseinheit wahrgenommen.
Dezentrale Eingliederung	Die Aufgaben der Abfallwirtschaft werden von mehreren Organisationseinheiten nebeneinander wahrgenommen.

Eine Kombination aus Zentralisierung und Dezentralisierung ist möglich.

Kriterien für die organisatorische Eingliederung können sein:

- Unternehmensgröße
- Fertigungsprogramm
- Verarbeitete Materialien.

2.2.4.2 Organisatorischer Aufbau

Eine Abteilungsgliederung kann nach Objekt oder Verrichtung vorgenommen werden. Das **Verrichtungsprinzip** kann sich an folgenden Tätigkeiten orientieren:

- Erfassen/Sammeln
- Umformen/Aufbereiten
- Verkaufen/Verwerten
- Vernichten/Deponieren.

Eine Objektgliederung kann an Abfallgruppen ausgerichtet sein.

04 Seite 425

3. Ablauforganisation

Die Aufbauorganisation stellt das Unternehmen in seiner hierarchischen Gliederung dar. Bei der Ablauforganisation werden die Abläufe in den einzelnen Funktionsbereichen des Unternehmens gezeigt.

In vielen Unternehmen werden die Probleme der Materialwirtschaft nicht von einem eigenständigen Funktionsbereich wahrgenommen. Dies hat zur Folge, dass mehrere Verantwortungsbereiche im Unternehmen für Fragen der Materialwirtschaft zuständig sind. Sie geben Ziele ihres Verantwortungsbereiches vor, die oft nicht im Einklang mit den Anforderungen an eine optimale Materialwirtschaft zu bringen sind.

Wesentliche **Aufgabe** der Ablauforganisation ist die Strukturierung der Ablaufprozesse. Das bedeutet, dass die zu untersuchenden Prozesse in ihre elementaren Aufgaben gegliedert werden und daraus – unter Beachtung von Raum und Zeit – **Regelungen** von Arbeitsgängen zur Aufgabenerfüllung getroffen werden. Sie können dargelegt werden in Form von:

- Stellenbeschreibungen
- Arbeitsanweisungen
- Verfahrensvorschriften
- Bedienungsanleitungen für EDV-Programme
- Rechtsvorschriften
- Checklisten
- Schaubildern.

Bei der Ablauforganisation sollen unterschieden werden:

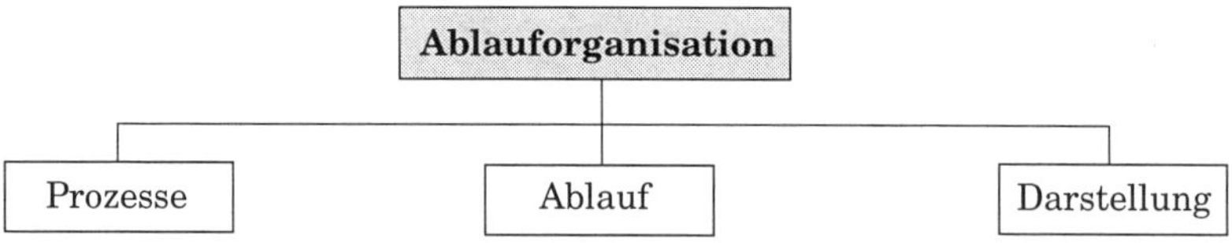

3.1 Prozesse

Es lassen sich unterscheiden:

- **Unternehmensbezogene Prozesse**
- **Materialwirtschaftsbezogene Prozesse**.

3.1.1 Unternehmensbezogene Prozesse

Die traditionelle Unternehmensorganisation, die das Unternehmen in einzelne betriebliche Funktionsbereiche gliedert, kann die komplexen Aufgabenstellungen industrieller Unternehmen nicht mehr bewältigen.

Entscheidend für die Entwicklung neuer Organisationskonzepte ist, dass durch die Leistungsfähigkeit heutiger Computersysteme und der Mikroprozessortechnologie die kaufmännische und technische Informationsverarbeitung in vielen neuen Anwendungsbereichen wirtschaftlich möglich wird.

Zunächst haben sich Computeranwendungen entwickelt, die häufig auf einzelne Arbeitsplätze bzw. Funktionsbereiche ausgerichtet waren und zu einer großen Anzahl von Insellösungen geführt haben.

Als Lösungsansatz mit einer gesamtheitlichen Betrachtungsweise aller Produktionsabläufe in einem Unternehmen gilt inzwischen das CIM*-Konzept.

Im Rahmen der unternehmensbezogenen Prozesse werden dargestellt:

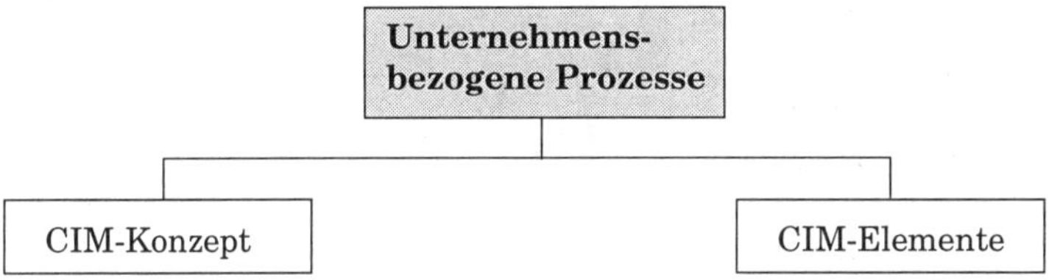

3.1.1.1 CIM-Konzept

CIM* verbindet die bisherigen Insellösungen zu einem Gesamtkonzept. Es stellt eine Verknüpfung der primär betriebswirtschaftlichen Module im Rahmen eines Produktionsplanungs- und -steuerungssystems (PPS) mit den primär technischen – insbesondere konstruktions- und produktionsorientierten – Modulen dar.

In Anlehnung an *Scheer* gilt – siehe Seite 42.

»Integrated« bedeutet bei CIM, dass alle bis heute realisierten EDV-Lösungen zu einer organisatorischen und strategischen Einheit zusammengefasst werden.

Damit können alle Aufgaben vom Kundenauftrag bis zum Versand auf der Basis eines rechnerinternen Produktionsmodells ohne Zeichnung, menschliche Eingriffe in den Fertigungsprozess und manuelle Belegbearbeitung gelöst werden – siehe Seite 43.

---

* Computer Integrated Manufactoring

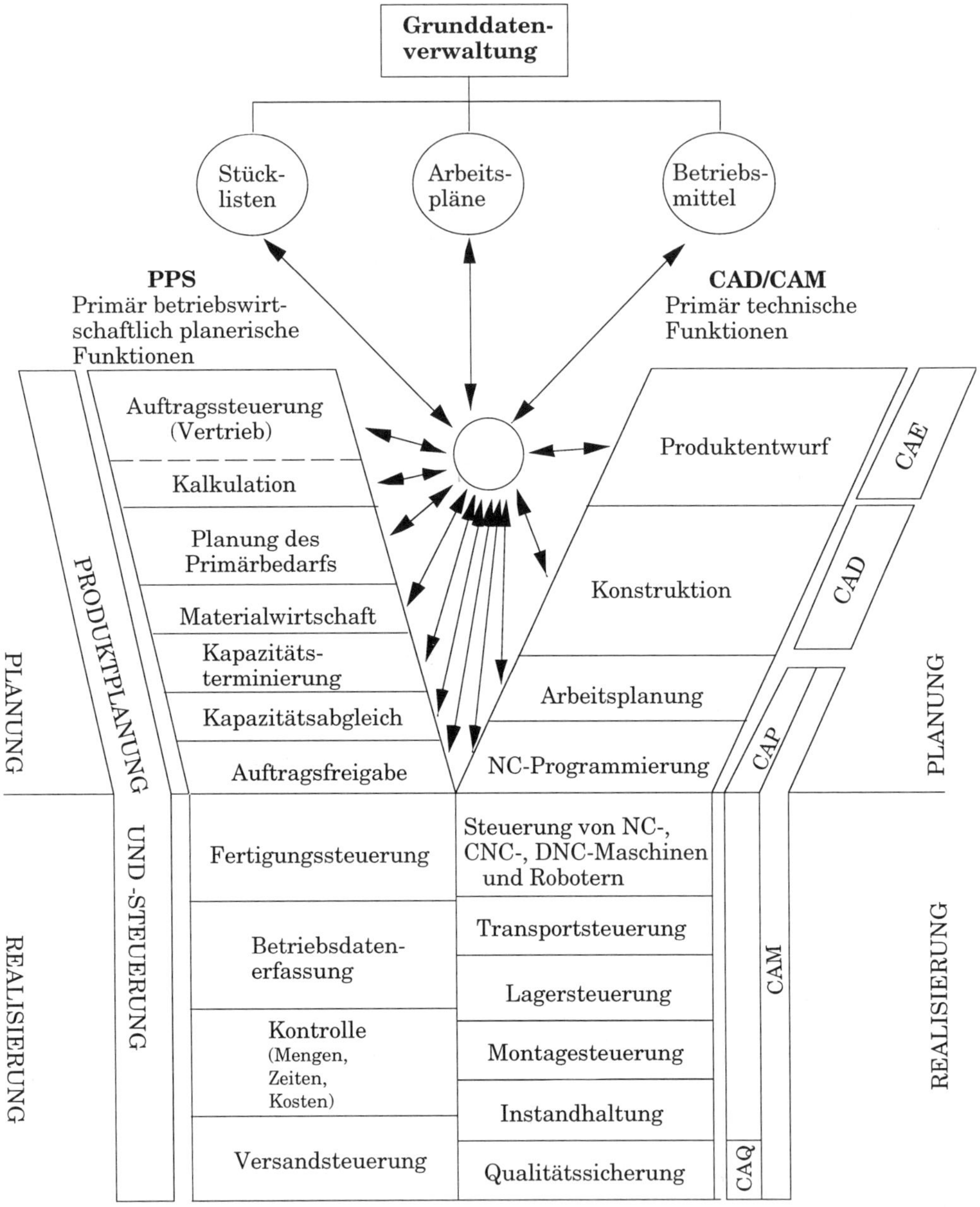

CIM ermöglicht eine rechnerintegrierte Produktion. Ihr Ziel ist es, große Datenmengen auf der Grundlage integrierter EDV-Systeme routinemäßig zu verarbeiten.

Das Bestreben, »just-in-time« zu produzieren, hat zur Entwicklung und Realisierung verschiedener **Planungs- und Steuerungsmethoden** geführt:

- Bei **zentralisierten Systemen** – beispielsweise dem PPS-System oder MRP*-Systemen – wird der Produktionsprozess in weiten Teilen prognostiziert. Auf der Basis von Datenbanken werden Modelle des Fertigungsprozesses entworfen. Den notwendigen Überblick über das Betriebsgeschehen liefert die Betriebsdatenerfassung (BDE).

  Der gewünschte schnelle und sichere Materialdurchsatz der Produktion wird durch dialogorientierte Informationssysteme, Rückmeldungen der einzelnen Abteilungen und Eingriffe in den Produktionsablauf sichergestellt.

- Beim **Fortschrittszahlenkonzept** wird der Bedarf kumuliert und zeitbezogen dargestellt. Hier bekommt der Zulieferer einen Soll-Lieferplan. Die danach angelieferten Mengen werden mit den Ist-Zahlen des Verbrauches verglichen. Danach ist zu erkennen, ob eine Überdeckung oder ein Rückstand vorhanden ist. Dieses Konzept ist somit mehr Kontroll- als Planungsinstrument.

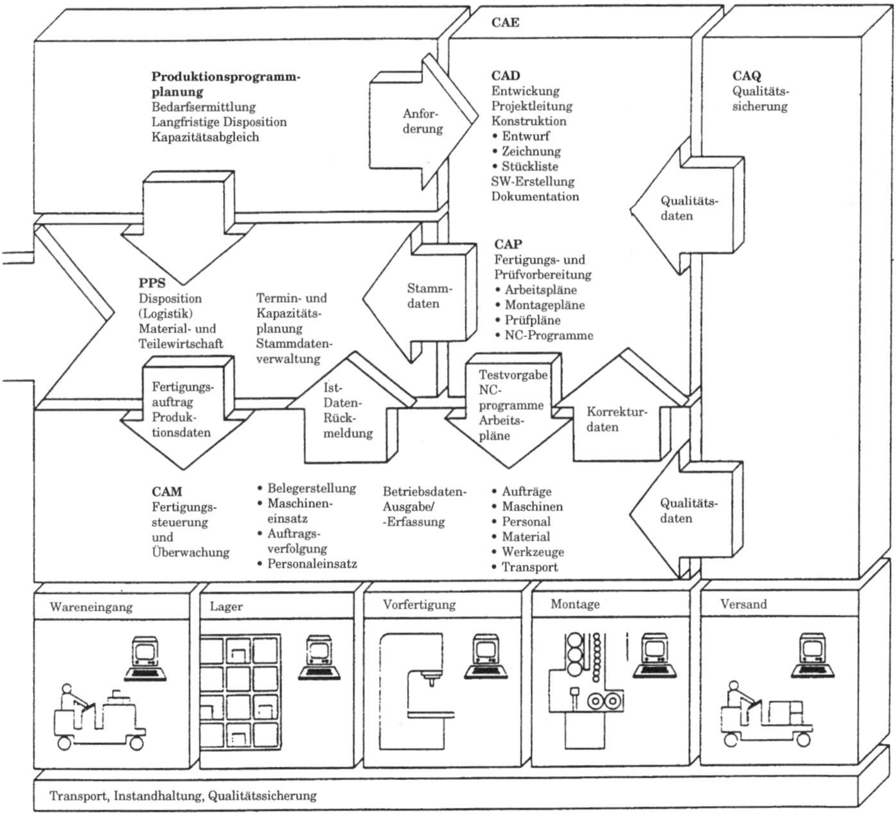

* Material Requirement Planning

- Bei der **belastungsorientierten Auftragsfreigabe** wird erst dann ein neuer Auftrag für die Fertigung freigegeben, wenn die Kapazitätseinheiten gegen Null gehen, d.h. wenn der Auftrag komplett abgearbeitet ist. Dadurch wird eine »Überplanung« der Kapazitäten vermieden, was zu einer Verringerung des Materialbestandes und der Durchlaufzeit führt.

- Bei der **Engpasssteuerung** wird die Anlage des Produktionsprozesses ermittelt, die bei gleicher Belastungskapazität den geringsten Ausflussquerschnitt hat, also einen Engpass darstellt. Folglich liegt hier die kritische Stelle, an der sich bei der Einplanung der Aufträge die längste Warteschlange bildet. Engpässe bestimmen somit die Durchsatzmenge für nachfolgende Kapazitätseinheiten.

- Beim **KANBAN-Prinzip** ist das Ziel, den Rahmen zentral abzustecken, in dem wiederkehrende Prozesse bei dezentraler Planung und Steuerung zur Steigerung der Reaktionsschnelligkeit und Aufwandsreduzierung ablaufen können. Dies bedeutet, dass dieses Prinzip vornehmlich bei Verbrauchssteuerung für Produkte eingesetzt wird, die regelmäßig und über einen längeren Zeitraum gefertigt werden.

3.1.1.2 CIM-Elemente

Die heute angestrebte schrittweise Einführung des CIM-Konzeptes hat vorrangig zwei **Aufgaben**:

- Die Integration der Informationen zwecks Schaffung einer gemeinsamen Datenbasis.

- Die Reintegration der Arbeitsvorgänge, die bisher getrennt ausgeführte Arbeitsvorgänge zusammenführt.

Als CIM-Elemente lassen sich unterscheiden:

- **Grunddatenverwaltung**
- **Primär wirtschaftliche Elemente/ PPS-Elemente**
- **Primär technische Elemente/CA-Elemente**.

3.1.1.2.1 Grunddatenverwaltung

Die unternehmensbezogenen Prozesse werden von einer einheitlichen Grunddatenverwaltung begleitet. Sie stellt zur Verfügung:

- Die für die Materialwirtschaft und Zeitwirtschaft benötigten Stammdaten.

- Die für einen konkreten Fertigungsauftrag benötigten Daten des Fertigungsplanes, der Grundlage für die Fertigungssteuerung ist.

Der Fertigungsplan enthält die wesentlichen für die Fertigung benötigten Informationen:

Fertigungsplan	Bestandteile des Erzeugnisses in der Stückliste
	Fertigungsvorschriften im Arbeitsplan
	Betriebsmittel(gruppen) Werkzeuge

Die Grunddatenverwaltung ist nicht nur die Grundlage jedes EDV-Systems, sondern darüber hinaus auch Ausgangspunkt für die Erzeugniskalkulation. Hierbei werden – von den Einzelteilen bzw. Werkstoffen ausgehend – sukzessiv die Kosten durch Auflösung der Arbeitspläne und Bewertung der Fertigungszeiten mit den in den Betriebsmittelgruppensätzen enthaltenen Maschinenstundensätzen errechnet und auf die nächsthöhere Stufe bis hin zu den Endprodukten weitergewälzt.

3.1.1.2.2 Primär wirtschaftliche Elemente/PPS-Elemente

Durch den Einsatz von EDV-Anlagen wird eine Integration der Arbeiten der Fertigungsprogrammplanung, Materialplanung und Materialdisposition, Fertigungsablaufplanung und zum Teil auch der Fertigungssteuerung sowie der Fertigungskontrolle möglich.

Im Einzelnen handelt es sich hierbei um Ablauf- und Kontrollplanungen, die verschiedene Unternehmensbereiche einbeziehen – siehe Seite 46.

Heute gibt es viele Anbieter von Software und Hardware, die Programme für die maschinelle Produktionsplanung und -steuerung verfügbar halten.

Beispiele: COPICS (*IBM, MTU*), ISi (*Siemens*), UNIS (*Unisys*), PPS (*SAP*).

Die genannten Systeme sind bausteinartig aufgebaut. Sie zerlegen die komplexe Aufgabe der operativen Planung in Teilaufgaben – siehe Schaubild Seite 47. Der Anwender kann dabei entsprechend seinem Material- und Produktionsfluss die für ihn notwendigen Programmbausteine auswählen bzw. seine Anwendungsbereiche schrittweise ausdehnen und neue Module integrieren.

Ein PPS-System ist ein rechnerunterstütztes System zur mengen-, termin- und kapazitätsgerechten Planung, Veranlassung und Überwachung der Produktionsabläufe, mit dem erreicht werden sollen:

- Kurze Durchlaufzeiten
- Hohe Termintreue
- Geringere Kapitalbindung durch niedrige Bestände
- Hohe und gleichmäßige Kapazitätsauslastung.

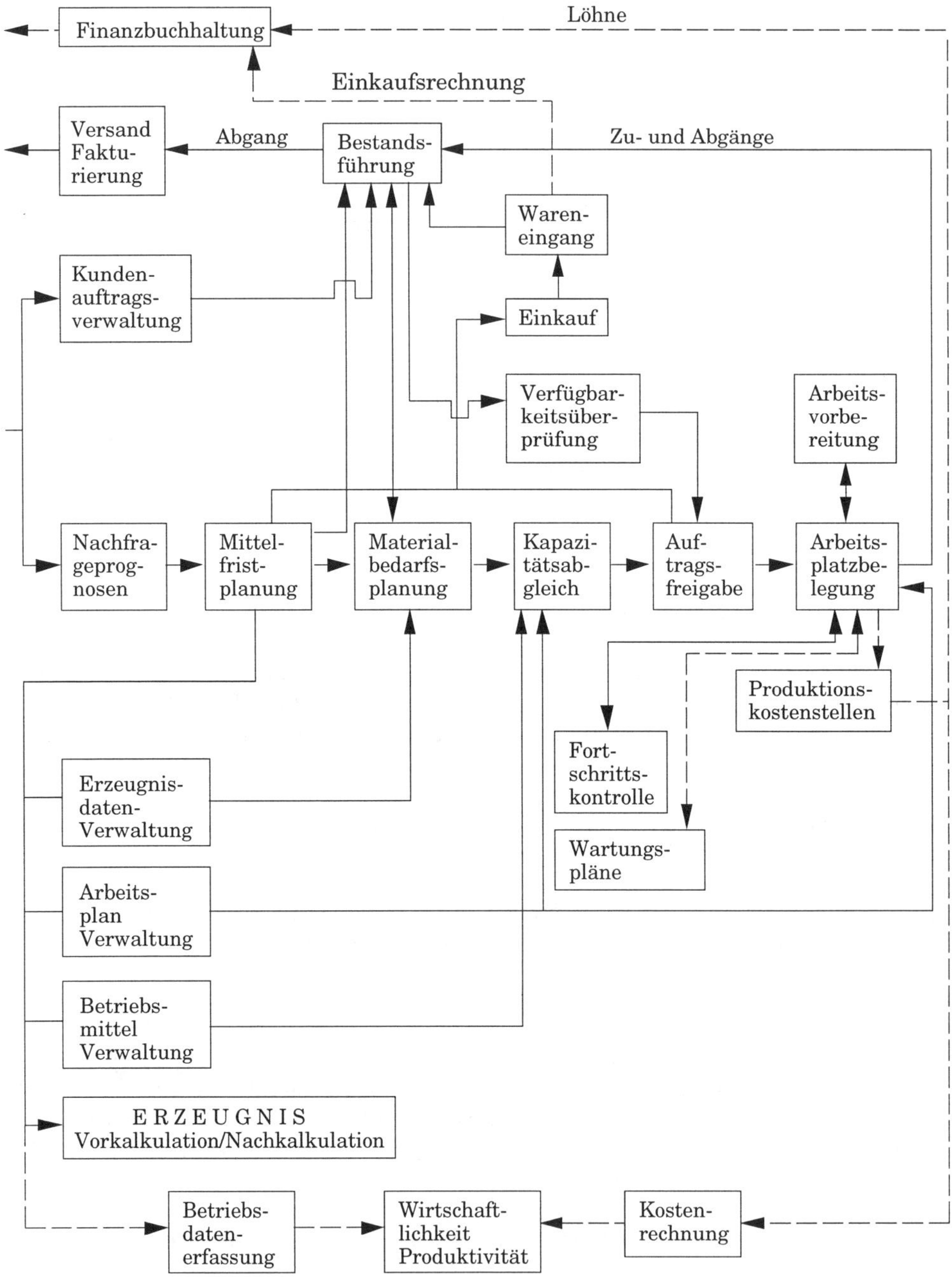
Löhne
Finanzbuchhaltung
Einkaufsrechnung
Versand Fakturierung
Abgang
Bestandsführung
Zu- und Abgänge
Wareneingang
Kundenauftragsverwaltung
Einkauf
Verfügbarkeitsüberprüfung
Arbeitsvorbereitung
Nachfrageprognosen
Mittelfristplanung
Materialbedarfsplanung
Kapazitätsabgleich
Auftragsfreigabe
Arbeitsplatzbelegung
Produktionskostenstellen
Fortschrittskontrolle
Wartungspläne
Erzeugnisdaten-Verwaltung
Arbeitsplan Verwaltung
Betriebsmittel Verwaltung
ERZEUGNIS
Vorkalkulation/Nachkalkulation
Betriebsdatenerfassung
Wirtschaftlichkeit Produktivität
Kostenrechnung

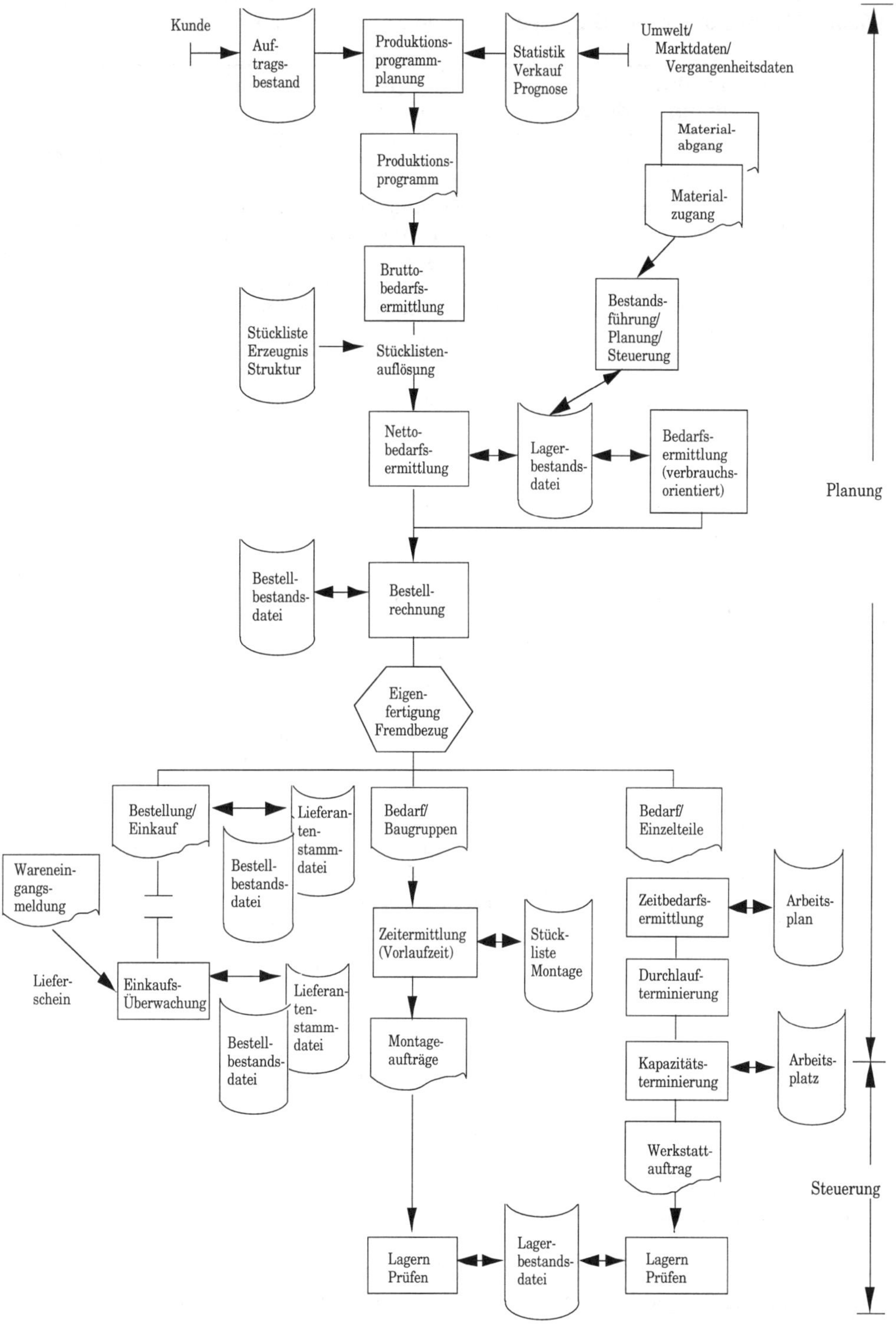
Kunde
Auf-
trags-
bestand
Produktions-
programm-
planung
Statistik
Verkauf
Prognose
Umwelt/
Marktdaten/
Vergangenheitsdaten
Produktions-
programm
Material-
abgang
Material-
zugang
Brutto-
bedarfs-
ermittlung
Stückliste
Erzeugnis
Struktur
Stücklisten-
auflösung
Bestands-
führung/
Planung/
Steuerung
Netto-
bedarfs-
ermittlung
Lager-
bestands-
datei
Bedarfs-
ermittlung
(verbrauchs-
orientiert)
Planung
Bestell-
bestands-
datei
Bestell-
rechnung
Eigen-
fertigung
Fremdbezug
Bestellung/
Einkauf
Lieferan-
ten-
stamm-
datei
Bestell-
bestands-
datei
Bedarf/
Baugruppen
Bedarf/
Einzelteile
Warenein-
gangs-
meldung
Zeitbedarfs-
ermittlung
Arbeits-
plan
Zeitermittlung
(Vorlaufzeit)
Stück-
liste
Montage
Durchlauf-
terminierung
Liefer-
schein
Einkaufs-
Überwachung
Lieferan-
ten-
stamm-
datei
Bestell-
bestands-
datei
Montage-
aufträge
Kapazitäts-
terminierung
Arbeits-
platz
Werkstatt-
auftrag
Steuerung
Lagern
Prüfen
Lager-
bestands-
datei
Lagern
Prüfen

Wiendahl schreibt dem PPS-System folgende Funktionen zu:

Teilgebiete der PPS	Funktionsgruppen der PPS		Einzelfunktionen der PPS
Produktionsplanung	Datenverwaltung	Produktionsprogrammplanung	1. Prognoseerrechnung für Erzeugnisse, Teile und Gruppen 2. Grobplanung für Produktionsprogramm, Konstruktionserzeugnisse, Standarderzeugnisse 3. Lieferterminbestimmung 4. Kundenauftragsverwaltung 5. Vorlaufsteuerung für Konstruktion und Arbeitsplanung
		Mengenplanung	*1. Brutto-/Nettobedarfsermittlung* *2. Beschaffungsrechnung* *3. Verbrauchsgesteuerte Bedarfsermittlung* *4. Bestandsführung und Reservierung* *5. Bestellschreibung und Überwachung* *6. Lieferantenauswahl*
		Termin- und Kapazitätsplanung	1. Durchlaufterminierung 2. Kapazitätsberechnung und -abstimmung 3. Reihenfolgeplanung 4. Kapazitätsangebotsermittlung
Produktionssteuerung		Auftragsveranlassung	1. Werkstattauftragsfreigabe 2. Arbeitsbelegungserstellung 3. Verfügbarkeitsprüfung 4. Arbeitsverteilanweisung 5. Materialtransportsteuerung
		Auftragsüberwachung	1. Arbeitsfortschrittsermittlung 2. Wareneingangsmeldung 3. Kapazitäts-, Werkstattauftrags- und Kundenauftragsüberwachung 4. Kundenauftragsbezug

Der gerasterte Teil der Darstellung umfasst wesentliche Aufgaben der Materialwirtschaft.

3.1.1.2.3 Primär technische Elemente/CA-Elemente

In vielen Branchen entwickelte sich in den 60er- und 70er-Jahren die Tendenz zur Differenzierung der Kundenwünsche, denen mit speziell angepassten Produkten entsprochen werden musste. Gefragt waren schnelle Modellwechsel, verbesserte Qualitäten und mehr Varianten pro Modell.

Kurze Durchlaufzeiten und Lieferzeiten als Voraussetzungen für möglichst schnelle und flexible Reaktionen auf die Marktbedürfnisse wurden Voraussetzungen für den Erhalt der Konkurrenzfähigkeit der Unternehmen.

Aus diesen Gegebenheiten entwickelten sich – zunächst in der Konstruktion und Fertigung, dann aber auch in Bereichen wie Planung und Engineering – isolierte computerunterstützte Konzepte, die heute die technisch orientierten Komponenten von CIM darstellen.

Als CA-Elemente sind zu unterscheiden:

- **CAD (Computer Aided Design)** als computergestütztes Entwerfen von Einzelteilen, Baugruppen und ganzen Erzeugnissen. Sie werden mithilfe von CAD entwickelt, konstruiert und technisch berechnet. Außerdem erfolgt die Erstellung der erforderlichen Unterlagen, beispielsweise auch der Stücklisten.

  Das Zusammenwirken mit dem PPS-System und anderen CA-Systemen vereinfacht die unternehmensbezogenen Prozesse erheblich.

- **CAE (Computer Aided Engineering)**, das der Simulation konstruktiver Merkmale dient und zeigt, wie sich konstruktive Änderungen auswirken. Damit wird die Konstruktion von Einzelteilen, Baugruppen und Erzeugnissen erheblich wirtschaftlicher.

  Seiner Aufgabe entsprechend steht CAE in enger Verbindung mit CAD. Es ermöglicht, Fertigungsgüter bereits vor Erstellung eines Prototyps zu optimieren, beispielsweise mithilfe simulierter Crash-Tests bei Automobilen.

- **CAP (Computer Aided Planning)** dient der Programmierung automatischer Fertigungssysteme, beispielsweise von NC- und CNC-Maschinen sowie der Erstellung von Arbeitsplänen, Montageplänen und Prüfplänen, die auf der Grundlage der CAD-Konstruktionsdaten und Betriebsmitteldaten erfolgt.

- **CAM (Computer Aided Manufactoring)** dient der Steuerung und Überwachung der Betriebsmittel, insbesondere der Werkzeugmaschinen, Lager- und Transportsysteme.

  Mithilfe von CAM wird damit der eigentliche Fertigungsvorgang gesteuert und überwacht.

- **CAQ (Computer Aided Quality Assurance)** dient der Qualitätssicherung im Rahmen eines rechnergestützten Qualitätssicherungssystems. Mit seiner Hilfe können Qualitätsdaten beliebig kombiniert und nach den verschiedensten Gesichtspunkten ausgewertet werden.

  Damit können wirksame Schwachstellenanalysen untersützt und Korrekturmaßnahmen am Entstehungsort von Fehlern und Kosten durchgeführt werden.

In Anlehnung an *Digital Equipment* können zusammengefasst werden:

Produktions-

Planungs- und

Steuerungs-

Systeme

(PPS)

↔

CIM	
- Entwicklungstätigkeiten (Konzept) - Technische Berechnung - Konstruktionstätigkeiten - Unterlagenerstellung/ -verwaltung - Administration - Funktionstest	**CAD**
- Simulation konstruktiver Elemente - in enger Verbindung zu CAD	**CAE**
- Arbeitsplanerstellung - Betriebsmittelauswahl - Erstellung von Montage-anweisungen - NC-Programmierung - Kalkulation - Einführungsplanung	**CAP**
- Fertigen/Montieren - Handhaben - Transportieren - Lagern	**CAM**
- Festlegen von Prüfmerkmalen - Erstellung von Prüfvorschriften und -plänen - Erstellung von Prüfprogrammen für rechnerunterstützte Prüfeinrichtungen - Überwachung der Prüfmerkmale/Zuverlässigkeit am Objekt - Schwachstellenanalyse - Berichtswesen	**CAQ**

05 **Seite 426**

3.1.2 Materialwirtschaftsbezogene Prozesse

Als materialwirtschaftliche Prozesse lassen sich unterscheiden:

- **Materielle Prozesse** die sich auf die Gewinnung, Bearbeitung und Verarbeitung von Gütern sowie die damit verbundenen Transportvorgänge beziehen.

  Das Schwergewicht liegt dabei auf der raum-zeitlichen Strukturierung von Arbeitsgängen, als deren wesentliche Teile sich die Bestimmung der Arbeitsgänge und ihre

Zusammenfassung zu Arbeitsgangfolgen, die Leistungsabstimmung, die Regelung der zeitlichen Belastung von Arbeitsträgern und die Ermittlung der kürzesten **Durchlaufwege** nennen lassen.

Das Ziel der Erreichung kürzest möglicher Durchlaufzeiten, d.h. der Minimierung der Zeiten, konkurriert mit dem Ziel der Maximierung der Kapazitätsnutzung der Produktionsfaktoren.

So resultiert aus der Forderung nach verzögerungsfreier Durchlaufzeit der Arbeitsobjekte die Notwendigkeit zur Bereitstellung ausreichender Kapazitäten. Diese Bereitstellung von Kapazitäten in Form von Produktionsfaktoren kann andererseits aber auch zu Überkapazitäten führen.

- **Informationelle Prozesse**, die mit dem Materialfluss einhergehen. Dabei ist es die Aufgabe des Informationssystems, die den materiellen Vorgängen zu Grunde liegenden Vorgänge zu erfassen, zu speichern, zu analysieren und zu interpretieren, um dadurch neue materielle Prozesse auszulösen.

  Ein realer materieller Vorgang - Verarbeitung von Rohstoffen – zieht informationelle Transaktionen nach sich, die ihrerseits wieder über Speicherung und Analyse - beispielsweise Materialabgang und Unterschreitung des Bestellbestandes – einen materiellen Vorgang – Bestellung und Materialanlieferung – auslösen.

3.2 Ablauf

Während der Organisationsplan der Aufbauorganisation mit seiner Abteilungs- und Stellenbildung die Aufgabenverteilung nur als grobes Muster erkennen lässt, soll die Ablauforganisation die konkreten **Ablaufprozesse** in detaillierter Form regeln:

- Verteilung der Aufgaben auf Stellen
- Sachlogische Zusammenführung von Aufgaben durch Abteilungsbildung
- Zeitliche Abfolge bei der Aufgabenerfüllung.

Eine verrichtungsorientierte Gliederung des Materialbereiches hat als Schwerpunkte:

- **Bedarfsermittlung**
- **Bestandsrechnung**
- **Beschaffung**
- **Lagerung**.

Dazu können auch noch die Materialverteilung und Materialentsorgung treten.

3.2.1 Bedarfsermittlung

Die Ermittlung des Materialbedarfes bildet den **Ausgangspunkt** aller Aktivitäten im Rahmen der Materialwirtschaft, die durch einen Bedarf im Fertigungsbereich ausgelöst wird. Der Bedarf ist die Menge an Materialien und/oder Erzeugnissen, die innerhalb eines bestimmten Zeitraums an eine verbrauchende Stelle – Unternehmen, Markt – abgegeben wird.

Der Materialbedarf wird daher mit der Zielsetzung ermittelt, das Fertigungsprogramm mengen- und termingerecht zu erfüllen bzw. die Lieferbereitschaft zu sichern.

Dabei unterscheidet man:

Primärbedarf	Das ist der Bedarf des Marktes an ❍ Erzeugnissen ❍ verkaufsfähigen Gruppenteilen ❍ Ersatzteilen ❍ Waren Er ist bestimmbar unter der Voraussetzung, dass konkrete Kundenaufträge vorliegen, wobei zwischen Auftragseingang und Liefertermin alle zur Auftragserfüllung notwendigen Tätigkeiten vorzunehmen sind. Ist diese Voraussetzung nicht gegeben, wird der Primärbedarf mithilfe mathematisch-statistischer Verfahren vorausgesagt.
Sekundärbedarf	Das ist der Bedarf an ❍ Rohstoffen ❍ Einzelteilen ❍ Baugruppen zur Festlegung der Erzeugnisse und Ersatzteile. Kann der Sekundärbedarf von einem gegebenen Fertigungsplan abgeleitet werden, bedient man sich der **Stücklisten** bzw. der **Verwendungsnachweise** zu seiner Ermittlung. Man muss mathematisch-statistische **Vorhersagemethoden** einsetzen, wenn eine Bedarfsermittlung auf diese Weise nicht möglich ist, weil ❍ kein Fertigungsplan vorliegt ❍ die Abgänge vom Fertigungsplan her nicht planbar sind ❍ wegen geringer Bedarfswerte nicht geplant wird.
Tertiärbedarf	Das ist der Bedarf an ❍ Hilfsstoffen ❍ Betriebsstoffen ❍ Verschleißwerkzeugen die bei der Fertigung für die Erfüllung des Fertigungsplanes notwendig sind. Bei der Ermittlung des Tertiärbedarfs geht man nur in wenigen Fällen von einem Plan aus. Der Bedarf wird aufgrund von Nachfragestatistiken oder technologischen Kennziffern, beispielsweise dem Verbrauch pro Maschine und Stunde, ermittelt.

3.2.2 Bestandsrechnung

Die Bestandsrechnung ist Voraussetzung für die Durchführung der Beschaffung. **Grundlagen** sind:

- Die **Lagerbuchhaltung**, die sich organisatorisch – je nach Rationalisierungsgrad – folgendermaßen abwickeln lässt:

  - Das Lager führt eine Buchungsstelle und verbucht aufgrund der Lieferscheine alle Zugänge bzw. aufgrund der Materialentnahmescheine alle Abgänge auf Karteikarten. Dabei muss eine Abstimmung mit den Zahlen des Rechnungswesens erfolgen, das eine mengen- und wertmäßige Verbuchung auf der Grundlage der Rechnungen vornimmt.

  - Das Lager führt bei den einzelnen Materialien die Bestände in Form von Lagerfachkarten. Dabei werden bei Zugängen vorbereitete Karten zusammen mit den Materialien dem Lagerfach zugeteilt. Bei Abgängen wird die entsprechende Anzahl an Karten dem Lagerfach entnommen. Der Bestand an Lagerfachkarten gibt den aktuellen Materialbestand wieder.

  - Die Erfassung der Zu- und Abgänge erfolgt mittels Datenerfassung im Lager (Tastatur, Terminal, Scanner, mobiler Datenerfassung). Nach erfolgter Datenübermittlung findet die Bestandsführung zentral im Rechenzentrum statt, das die gewünschten Aufzeichnungen über die Lagerbewegungen liefert.

- Die **Lagerbewegungen**, die zu Bestandsänderungen führen, werden von verschiedenen Unternehmensabteilungen veranlasst. Schwerpunkte der Bewegungen bilden:

Abgänge	Sie resultieren aus der Verringerung von Werkstattbeständen im Rahmen der Auftragserfüllung bzw. von Erzeugnisbeständen im Rahmen der Verkaufsabrechnung.
Zugänge	Sie ergeben sich aus Lieferungen von Materialien bzw. Erzeugnissen und aus Auftragsfertigmeldungen.

  Den Lagerbewegungen können zu Grunde liegen:

  - Materialeingangsmeldungen, Lieferscheine, Frachtbriefe, Versandanzeigen, Rechnungen oder sonstige Materialbegleitscheine

  - Materialverfügungen für sonstige Zu- und Abgänge (beispielsweise Lagerumbuchungen, Anforderungen der Konstruktion)

  - Fertigmeldungen, Materialentnahmescheine.

- Die **Lagerstatistiken**, die als Ergebnis der Bestandsführung erstellt werden. Sie werden geführt als:

Bestands-statistiken	Sie geben Auskunft über die in Lägern gebundenen Materialien nach Menge und Wert.
Bewegungs-statistiken	Sie informieren über die seit der letzten Bestandslistung erfolgte Bewegung sowie die Art und Ursache der Bewegung. Die Daten dienen der Beurteilung der Bestandsentwicklung, geben Hinweise auf Abweichungen bzw. Unregelmäßigkeiten und sind Grundlage für Analysen.

Mit dem verstärkten EDV-Einsatz im Materialbereich haben sich die Art und Form der Nachweise gewandelt. Eine EDV-Anlage verfügt heute – unabhängig von ihrer Größe – über Bildschirmgeräte und die Möglichkeit des direkten Zugriffs auf die Daten. Diese erlauben einen direkten Zugriff auf Bestände und Bewegungen.

Drei **Schritte** sind beim **Bildschirm-Einsatz** erkennbar:

- Über Bildschirm erfolgt die Eingabe sowohl für die genaue Darstellung der Materialien als auch für die Zugänge und Abgänge.
- Das Verarbeitungsprogramm speichert die Daten in separaten Dateien und verarbeitet die Daten gemäß Vorschrift.
- Die Daten werden zur Ausgabe bereitgehalten. Da häufig nur bestimmte Angaben gewünscht werden, kann über den Bildschirm der entsprechende Datensatz angesteuert werden. Damit lassen sich einzelne Daten gezielt zur Bearbeitung heranziehen.

Während passive Systeme die Daten abrufbereit halten, reagieren aktive Systeme so, dass bei Vorliegen bestimmter Ausnahmesituationen (beim Lagerbestand wird auf den Reservebestand zugegriffen) eine Meldung (Protokollierung) erfolgt.

3.2.3 Beschaffung

Aufgabe der Beschaffung ist es, zu jedem Zeitpunkt eine Bedarfsdeckung auf wirtschaftliche Weise zu sichern.

Über eine Mengenrechnung und eine Terminrechnung wird der entsprechende Bestellvorschlag vorbereitet. Die Bestellungen können einerseits interne Fertigungsaufträge, andererseits externe Bestellungen sein.

Die laufenden Bestellungen sind zu überwachen, wobei nicht selten Änderungen in Form von Umterminierungen (zeitkritisch), Mahnungen (verspätete Lieferung) und Stornierungen (fehlerhafte Bestellungen) vorzunehmen sind.

Grundlagen der Beschaffung sind:

- Der **Fabrikkalender**, der sich bei Terminrechnungen durchgesetzt hat. Er stellt eine fortlaufende Nummerierung der Arbeitstage dar. Dadurch besteht die Möglichkeit, gleich große Planungszeiträume zu bilden, ohne eine aufwendige Umrechnung der Samstage, Sonntage und Feiertage zu benötigen.

Die Fertigungsplanung ermittelt für die laufenden Fertigungsvorhaben die Vorgabetermine. Sie stellen für die Materialwirtschaft die Planvorgaben für die Bereitstellung der Materialien dar.

- Die **Bestellabwicklung**, welche die Frage beantwortet, wie zu bestellen ist. Dabei sind die Schnittstellen zwischen der Materialrechnung und der Bestellabwicklung in den Unternehmen recht unterschiedlich gelegt.

  In der Beschaffungsabteilung laufen die Bedarfszahlen nach Menge und Termin ein. **Aufgaben** der Beschaffungsabteilung sind vor allem:

  - Auswählen der Lieferanten
  - Festlegen der terminlich zu liefernden Mengen
  - Führen von Preiskarteien
  - Erkunden neuer Bezugsquellen.

3.2.4 Lagerung

Die Lagerung muss in engem Zusammenhang mit der Bestandsrechnung gesehen werden, bei welcher der Informationsaspekt im Vordergrund steht, da die Registrierung und Verbuchung der Bestände zu Entscheidungen im Bereich der Bedarfs- und Bestellabwicklung führt.

Bei der Lagerung werden die **materiellen Prozesse** vorrangig behandelt, da die physische Handhabung der Materialien – wie Materialprüfung, Einlagerung, Umlagerung, Bereitstellung – besonders bedeutsam sind.

Es sollen betrachtet werden:

- Die **Lagertätigkeiten**, die sich aus der – dem Verrichtungsprinzip folgenden – Tätigkeit des Beschaffungsabschlusses ergeben. Dazu kommt die Versorgung des Fertigungsbereiches mit Materialien.

  Die Lagerung umfasst:

  - Materialannahme
  - Materialprüfung
  - Materiallagerhaltung
  - Materiallagerverwaltung.

- Die **Ablaufgestaltung**, die beim Materialeingang einmal abhängig ist von der Größe des Unternehmens (Klein- und Mittelunternehmen, Großunternehmen), zum anderen vom Lagergegenstand.

  Die Formen automatisierter Lagerung gewinnen zunehmend an Bedeutung.

Nach dem Prozessprinzip unterscheidet man folgende ablauforganisatorischen **Schritte**:

Eingangs-lagerung	Sie erfolgt bis zur endgültigen Prüfung der Materialien. Kann eine Vermischung mit vorhandenen Lagerbeständen vermieden werden, ist eine Lagerung bei den übrigen Beständen möglich.
Prüfung	Ihre Art und ihr Umfang bestimmen oft den Einlagerungsweg der Materialien. Die Prüfschritte sind in ihrer zeitlichen Abfolge: ○ Materialannahme und -kontrolle ○ Art- und mengenmäßige Kontrolle ○ Prüfung auf Reservierung der Materialien für Aufträge
Einlagerung	Sie wird nach dem Objektprinzip oder dem Verrichtungsprinzip vorgenommen. Werden Materialien an den Fertigungsprozess abgegeben, so erfolgt das nach dem ○ **Holsystem**. Bei dieser meist in Klein- und Mittelunternehmen vorkommenden Form werden die Materialien aufgrund der Fertigungsaufträge von den Mitarbeitern des Fertigungsbereiches geholt. Das kann zu Maschinenstillstand führen. ○ **Bringsystem**. Bei dieser im Großunternehmen üblichen bzw. bei Fließfertigung einzig möglichen Form werden die Materialien aufgrund der Fertigungsaufträge termin- und mengenmäßig so zum Ort der Verarbeitung gebracht, dass Stillstandszeiten vermieden werden.
Lager-tätigkeiten	Sie sind vor allem: ○ Registrierung der Lagervorgänge, Zu-, Abgangsbuchungen ○ Bestandsdisposition, Umterminieren, Vormerkungen ○ Umlagern, Auslagern, Materialpflege, Ausbuchen verdorbenen Materials

06 Seite 426

3.3 Darstellung

Für die Beschreibung von organisatorischen Sachverhalten eignen sich besonders grafische Darstellungen. In der Praxis findet sich eine Vielzahl von Abbildungsmöglichkeiten, die jedoch alle auf die unten beschriebenen Formen zurückgeführt werden können.

Während als Darstellungsform zur Kennzeichnung von Aufbauorganisationen der **Organisationsplan** dient, der die

- hierarchische Struktur der Stellen sowie ihre horizontale Zusammenfassung in Abteilungen (Anordnungsbefugnis)

- Stufung und Rangordnung der Instanzen sowie die vertikalen Kommunikationswege (Dienstwege)

- Verteilung der Aufgaben und Kompetenzen sowie die Zuordnung der Aufgaben zu den Stellen

darstellt, werden die Abläufe von Arbeitsprozessen in Darstellungen wiedergegeben, welche die augenblickliche Ablaufsituation des organisatorischen Ist-Zustandes zeigen.

Ergänzt wird die grafische Form durch Beschreibung der Abläufe. Somit dient sie auch dem Erkennen von Mängeln und der Neugestaltung.

Die Darstellungsobjekte sind überwiegend wiederkehrende Routinetätigkeiten. Es werden unterschieden:

- **Arbeitsablaufplan**
- **Datenflussplan**
- **Vorgangskettendiagramm**
- **Materialflussplan**.

3.3.1 Arbeitsablaufplan

Die Darstellung des Arbeitsprozesses geschieht in der Weise, dass die einzelnen Verrichtungen vertikal aneinander gereiht werden. Fügt man horizontal grafische Symbole für Einwirken, Fördern, Prüfen, Liegen und Lagern an, kann der Ablauf durch Verbindung der Symbole dargestellt werden.

Diese Form eignet sich für einfache unverzweigte Bearbeitungsgänge. Parallelvorgänge und Entscheidungssituationen, die zu alternativen Wegen führen, können nicht dargestellt werden.

Ein Arbeitsablaufplan kann beispielsweise folgendes Aussehen haben – siehe Seite 58.

3.3.2 Datenflussplan

Der Datenflussplan, der auch **Arbeitsflussdiagramm** genannt wird, eignet sich zur Darstellung komplexer manueller bzw. maschineller Abläufe.

Die Abfolge der Tätigkeiten zeigt dabei den Handlungs- und Entscheidungsbereich der Mitarbeiter sowie eine exakte Zuordnung von Aktivitäten zu Handlungsträgern. Dadurch werden Kompetenzschwierigkeiten vermieden.

Vorteile der Anwendung von Datenflussplänen sind:

- Darstellung der Tätigkeitsfolge und ihre Zuordnung zu Mitarbeitern

- Darstellung von Paralleltätigkeiten und Entscheidungssituationen
- Einhaltung des Informationsweges und Berücksichtigung von Datenbeständen.

Arbeitsablaufplan

Abteilung: Verkauf — Arbeitsablauf: *Anfragebearbeitung*

Aufgenommen von: *Bernhard*

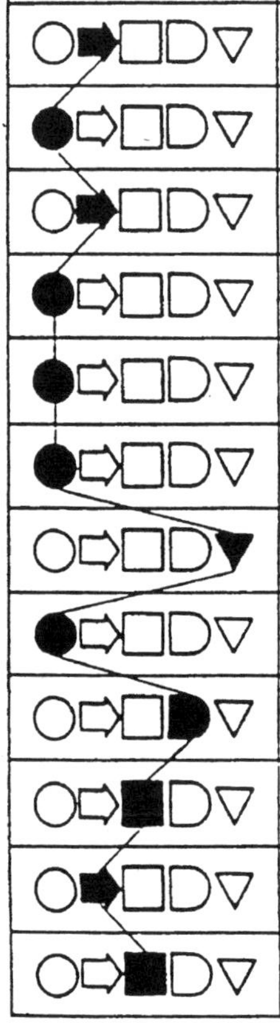

Nr.	Arbeitsgang
1	Verkaufsleiter (VL) erhält Anfrage von Poststelle
2	VL gibt Bearbeitungshinweise und bestimmte Sachbearbeiter (S)
3	durch Boten an S
4	S prüft, ob Anfrage interessant, klar und vollständig ist
5	S stellt mit Kundenkartei fest, ob Anfragender bereits Kunde: evtl. Boni
6	S erbittet telefonisch Liefertermin bei Terminstelle
7	S legt vorläufig ab, bis Termin kommt
8	S diktiert Angebot, Rückfrage oder Absage
9	S wartet auf Reinschrift (erledigt weitere Anfragen)
10	S sieht Reinschrift durch; unterschreibt rechts
11	durch Boten an VL (mehrere gleichzeitig in der Postmappe)
12	VL prüft und unterschreibt links

○ **Einwirken**
Beim Einwirken erfolgt eine Formänderung (durch Be- oder Verarbeitung) von Arbeitsgegenständen oder eine Zustandsveränderung.

⇨ **Fördern**
Beim Fördern erfolgt ein Verändern von Arbeitsgegenständen nach Lage und Ort.

□ **Prüfen**
Prüfen ist das Feststellen, ob der Prüfgegenstand eine oder mehrere vereinbarte, vorgeschriebene oder erwartete Bedingungen erfüllt.

D **Liegen**
Liegen entsteht, wenn das Verändern und Prüfen der Arbeitsgegenstände ablaufbedingt oder störungsbedingt unterbrochen wird.

▽ **Lagern**
Lagern ist das Liegen von Arbeitsgegenständen in Lagerbereichen.

Ein Datenflussplan kann folgendes Aussehen haben:

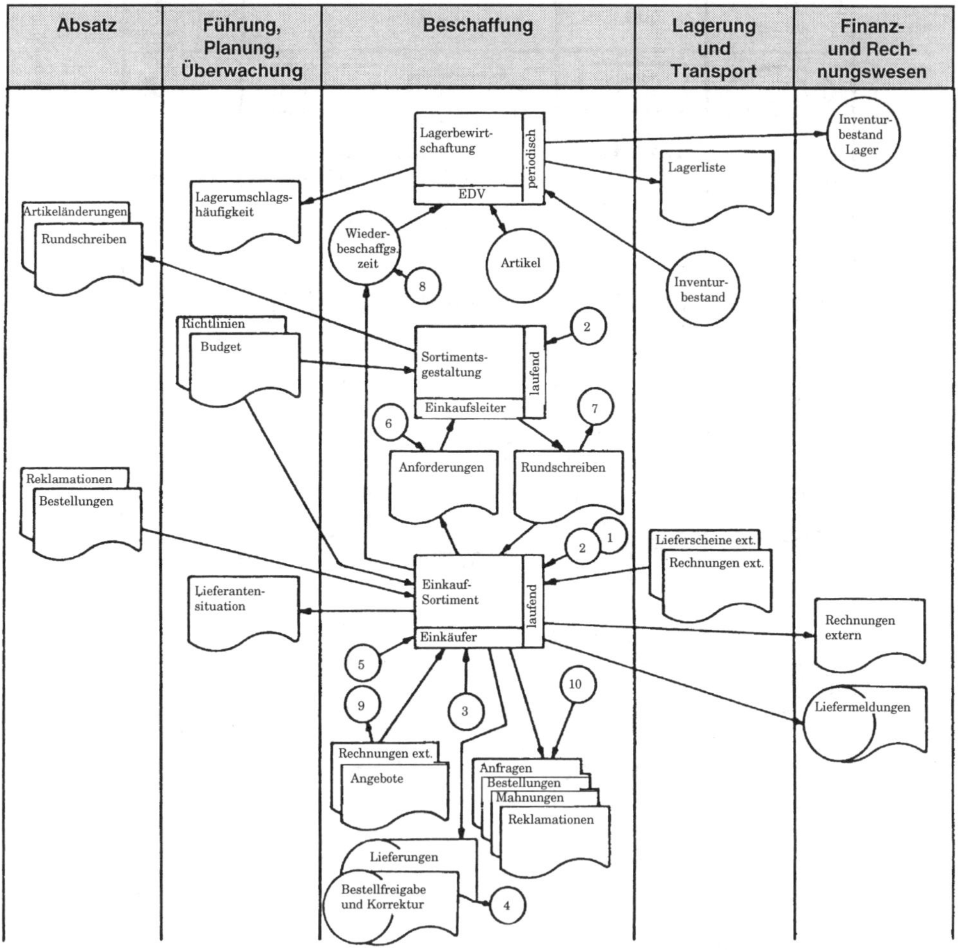

3.3.3 Vorgangskettendiagramm

Der Datenflussplan hat in den letzten Jahren in der betrieblichen Praxis an Bedeutung verloren und ist insbesondere von Vorgangskettendiagrammen abgelöst worden. Dabei handelt es sich um die Verkettung der einzelnen materialwirtschaftlichen Aufgabenstellungen in tabellarischer Form.

Mit dem Vorgangskettendiagramm ist erkennbar, welche Organisationseinheiten zur Erfüllung der einzelnen Funktionen verantwortlich sind und welche Daten zur Aufgabenerfüllung heranzuziehen sind.

Scheer schlägt folgende Darstellung für ein Vorjahreskettendiagramm vor:

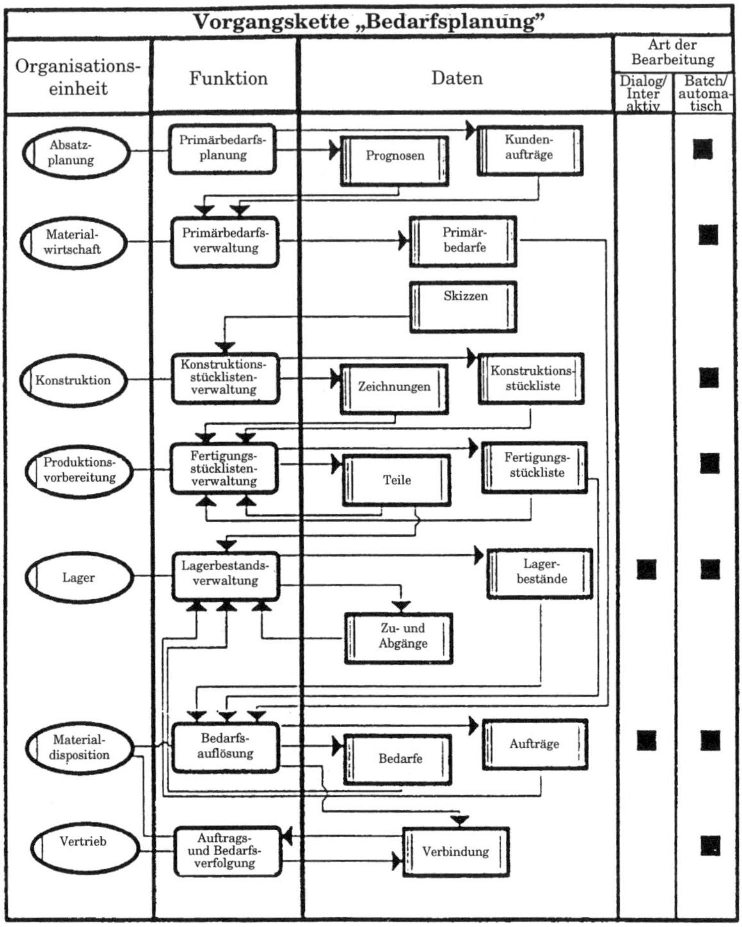

3.3.4 Materialflussplan

Der Materialflussplan gibt die räumliche Anordnung der Fertigungseinrichtungen und der beschaffungs- bzw. absatzorientierten Einrichtungen wieder.

Die Materialbewegungsvorgänge zwischen den einzelnen Unternehmenseinrichtungen berücksichtigen:

- Fördermengen
- Förderwege
- Förderhäufigkeit
- Fördermittel.

Das **Ziel** der Untersuchung ist die Minimierung von Wartezeiten, Transportzeiten und Lagerzeiten.

Ein Materialflussplan kann folgendes Aussehen haben:

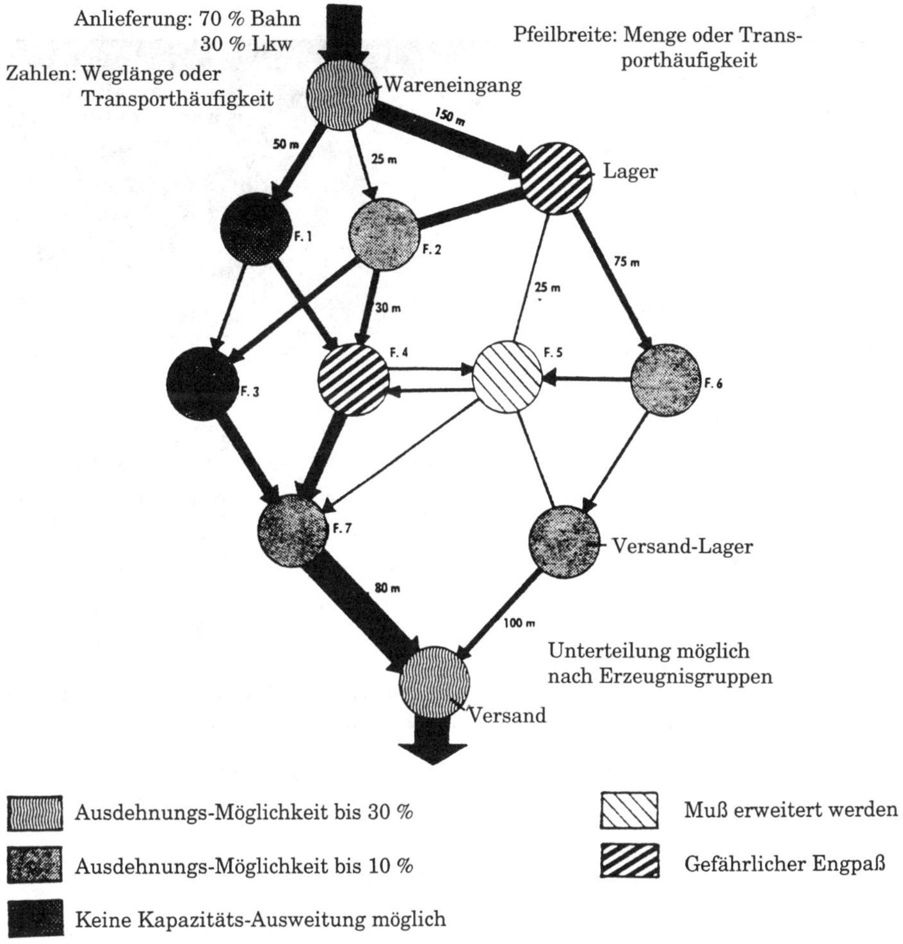

07 Seite 426

4. Materialwirtschaftliche Führung

Der materialwirtschaftlichen Führung fällt die Aufgabe zu, die Beschaffung, Verwaltung, Verteilung und Entsorgung der Materialien unter Beachtung der Ziele des Unternehmens zu steuern. Sie wird auch bezeichnet als:

- Material(wirtschaftliches) Management
- Material(wirtschaftliches) Controlling.

Die Führung – und damit auch materialwirtschaftliche Führung – erfolgt in mehreren Führungs- bzw. Managementebenen. Sie lassen sich nach Tätigkeitsschwerpunkten abgrenzen:

Top-Management = Oberste Unternehmensleitung	**Beispiele:** Vorstand, Geschäftsführer
Middle-Management = Mittlere Führungsebene	**Beispiele:** Werksleiter, Abteilungsdirektor, Hauptabteilungsleiter, Abteilungsleiter
Lower-Management = Untere Führungsebene	**Beispiele:** Büroleiter, Meister, Gruppenleiter

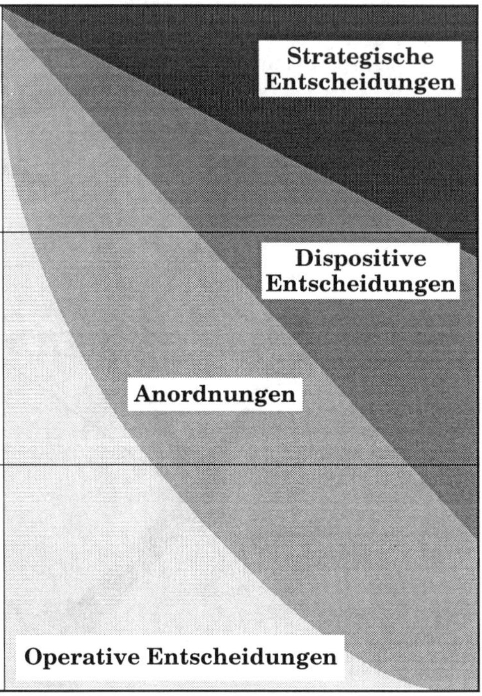

Die materialwirtschaftliche Führung kann unter zwei Gesichtspunkten gesehen werden:

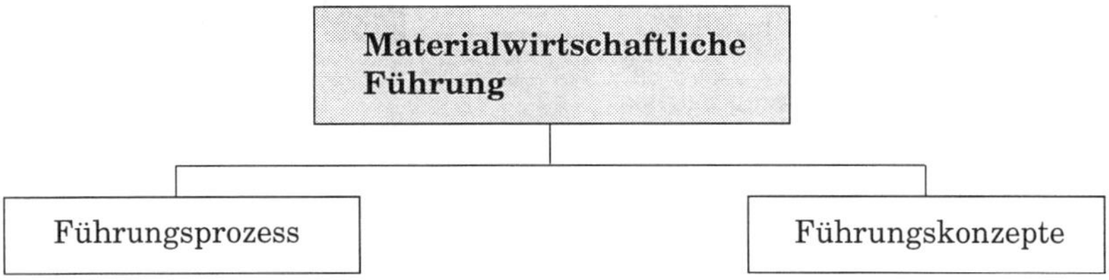

4.1 Führungsprozess

Der Führungsprozess stellt die Abfolge mehrerer **Phasen** dar. Er umfasst:

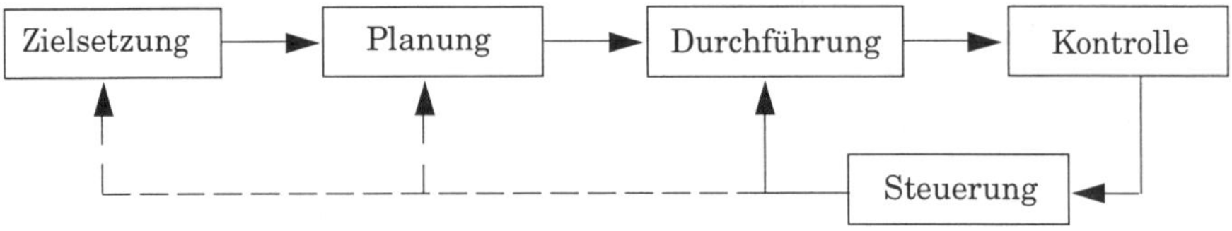

Die Zielsetzung und Planung haben für die Durchführung den Charakter von Vorgaben, deren Einhaltung durch die Kontrolle überprüft wird. Stimmen Soll-Werte und Ist-Werte nicht überein, sind Maßnahmen der Steuerung angezeigt. Sie beziehen sich vorrangig auf die Durchführung, können aber auch Veränderungen – z. B. unrealistischer – Zielsetzungen bzw. Planungsdaten zur Folge haben.

Im Rahmen des **Materialcontrolling** kommen zur Planung, Steuerung und Kontrolle noch die Erfordernisse der Informationsversorgung hinzu, die als Weitergabe bzw. Mitteilung von Daten zu interpretieren ist. Über ein zweckentsprechendes Berichtssystem wird das Materialmanagement über Frühwarngrößen informiert, die den Prozess der Materialwirtschaft positiv oder negativ beeinflussen.

Frühwarngrößen sind dabei z. B. Lagerumschlag, Lagerdauer, Materialkosten, Lieferzeiten, Beschaffungspreise. Das Berichtswesen ist so zu gestalten, dass die Probleme der Materialwirtschaft und Vorschläge zu ihrer Lösung objektiv, eindeutig, vollständig, aktuell und verständlich dargestellt werden.

4.1.1 Zielsetzung

Der Führungsprozess beginnt mit der Zielsetzung. Sie erfolgt im Hinblick auf den Zustand, den das Unternehmen in der Zukunft erreichen will. Ziele sind angestrebte Zustände. Sie sind **eindeutig** vorzugeben nach

- Inhalt
- Ausmaß
- Zeit.

Beispiel:

Inhalt	Ausmaß	Zeit
Senkung der Materialgemeinkosten ...	... um 5 % ...	... im 1. Quartal 2002
Steigerung des Lieferbereitschaftsgrades ...	... auf 65 % ...	... ab 01.01.2002
Verminderung der Kapitalbindung ...	... um 8 % ...	... im Jahr 2002

Die **Zielbildung** im Unternehmen kann durch interne und externe Interessengruppen beeinflusst werden, beispielsweise durch die Mitarbeiter, Eigenkapitalgeber, Fremdkapitalgeber, Kunden, Lieferanten, Gewerkschaften, Arbeitgeberverbände, staatliche Einrichtungen. Sie umfasst folgende **Phasen**:

- Die **Zielsuche**, die das Vorgehen bei der Suche nach Zielideen beinhaltet, wobei häufig Kreativitätstechniken angewendet werden, beispielsweise das Brainstorming.

- Die **Zielabstimmung**, bei der insbesondere zu klären ist, in welcher Beziehung die zu formulierenden Ziele zu bestehenden Zielen stehen.

- Die **Zielformulierung**, die nach Inhalt, Ausmaß und Zeit zu erfolgen hat. Sie soll später die Prüfung ermöglichen, inwieweit eine Zielerreichung erfolgt ist.

- Die **Zielverbindlichkeitserklärung**, die bewirkt, dass die formulierten Ziele von allen am Führungsprozess Beteiligten als maßgeblich angesehen werden soll.

Es gibt eine große Zahl verschiedenartiger Ziele. Sie lassen sich im Wesentlichen nach folgenden Kriterien systematisieren:

- Nach dem **Formalisierungsgrad** der Ziele

Formalziele	Sie beziehen sich auf die Art und Weise des betrieblichen Handelns und dienen der Ableitung von Verhaltensmaximen, beispielsweise Gewinnziele, Umsatzziele, Wachstumsziele, Machtziele und soziale Ziele.
Sachziele	Sie dienen zur Realisierung der Formalziele und beziehen sich unmittelbar auf die Leistungserstellung. Dabei kann üblicherweise zwischen mehreren Alternativen gewählt werden. Beispielsweise ist als Formalziel für das kommende Jahr eine Gewinnsteigerung um 4 % vorgegeben. Das Sachziel kann darin bestehen, auf eine Verminderung der Einstandspreise um 8 % hinzuwirken oder die Kapitalbindung um 5 % zu verringern.

- Nach der unterschiedlichen **Bedeutung** der Ziele

Hauptziele	Ihnen kommt eine besonders große Bedeutung zu, beispielsweise in Form von Terminzielen oder Qualitätszielen.
Nebenziele	Sie haben eine geringere Bedeutung, beispielsweise die Lagerdauer in einem Zwischenlager.

- Nach der hierarchischen **Beziehung** der Ziele

Oberziele	Sie werden – meist relativ global – auf der oberen Hierarchieebene formuliert und können **Formalziele** sowie **Sachziele** sein. Die Mitarbeiter in den nachfolgenden Hierarchieebenen können jedoch aus den Oberzielen keine konkreten Handlungsanweisungen erkennen, beispielsweise aus dem Oberziel »wirtschaftliche Versorgung des Unternehmens mit den benötigten Materialien«. Aus diesem Grunde wird die Festlegung von Unterzielen erforderlich.
Unterziele	Sie werden aus den Oberzielen abgeleitet und stellen konkrete **Handlungsanweisungen** dar. Entsprechend können sie nur **Sachziele** sein. Aus dem Oberziel »wirtschaftliche Versorgung des Unternehmens mit den benötigten Materialien« leitet *Eschenbach* als Unterziele ab: ❍ **Sicherungsziele**, die der materialwirtschaftlichen Aufgabenerfüllung unmittelbar dienen, beispielsweise:

	- Die **Lieferbereitschaft**, mit der die mengen- und termingerechte Bereitstellung der Materialien sicherzustellen ist. - Die **Flexibilität**, mit der die Anpassung des Unternehmens an Veränderungen im Angebot oder Bedarf sichergestellt werden soll. - Die **Qualität**, die im Hinblick auf die zu beschaffenden Materialien zu gewährleisten ist. - Die **Wirtschaftlichkeit**, die durch die günstige Beschaffung der Materialien und die geeignete Abwicklung der materialwirtschaftlichen Aufgaben bewirkt werden soll. - Die **Kapitalbindung**, die durch die Minimierung des in den Vorräten gebundenen Kapitals niedrig gehalten werden soll. ❍ **Gestaltungsziele**, die Voraussetzungen für die Erfüllbarkeit der Sicherungsziele sind. Das können sein: - **Sachliche Gestaltungsziele** • Unterstützung anderer Funktionsbereiche • Fachliche Kompetenz der Mitarbeiter • Einrichtung erstrebenswerter Arbeitsplätze - **Soziale Gestaltungsziele** • Ansehen des Unternehmens und der Materialwirtschaft • Zusammenarbeit innerhalb und außerhalb der Materialwirtschaft.

- Nach dem unterschiedlichen **Inhalt** der Ziele

Monetäre Ziele	Sie lassen sich in Geld messen, beispielsweise als: ❍ **Marktleistungsziele** Umsatzsteigerung, Ertragssteigerung, Kostensenkung ❍ **Rentabilitätsziele** Gewinnerhöhung, Umsatzrentabilität, Eigenkapitalrentabilität, Gesamtkapitalrentabilität ❍ **Finanzwirtschaftliche Ziele** Liquiditätsverbesserung, Kapitalstrukturveränderung, Kapitalkostensenkung
Nichtmonetäre Ziele	Sie sind nicht ohne weiteres in Geldeinheiten zu bestimmen, beispielsweise als: ❍ **Ökonomische Ziele** Marktanteilsvergrößerung, Qualitätsverbesserung, Serviceverbesserung ❍ **Soziale Ziele** Soziale Sicherheit, Arbeitszufriedenheit, soziale Integration ❍ **Macht-/Prestigeziele** Unabhängigkeit, politischer Einfluss, gesellschaftlicher Einfluss

- Nach dem **Zusammenhang** der Ziele

Komplementäre Ziele	Maßnahmen zur Erreichung eines Zieles führen bei komplementären Zielen gleichzeitig zur Förderung oder Erreichung eines anderen Zieles, z.B. bringt eine Senkung der Kosten im Materialbereich bei gleichen Umsätzen auch eine Erhöhung des Gewinnes mit sich.	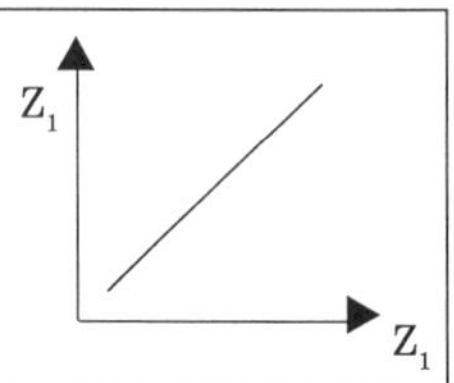
Konkurrierende Ziele	Maßnahmen zur Erreichung eines Zieles bewirken bei konkurrierenden Zielen die Abnahme des Zielerreichungsgrades bei einem anderen Ziel, z.B. wenn einerseits eine hohe Lieferbereitschaft angestrebt wird, andererseits jedoch auch eine geringe Kapitalbindung.	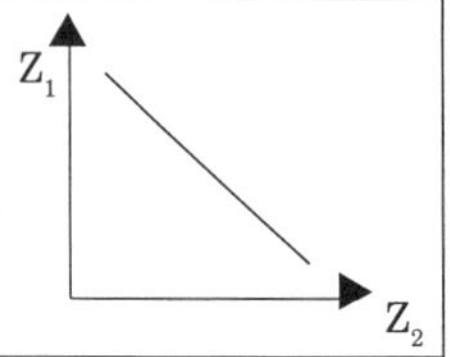
Indifferente Ziele	Die Erfüllung eines Zieles hat bei indifferenten Zielen keinerlei Einfluss auf den Zielerreichungsgrad eines anderen Zieles, z.B. sind die Senkung der Kosten für einzelne Betriebsstoffe und die Verbesserung des Kantinenessens völlig unabhängig voneinander zu sehen.	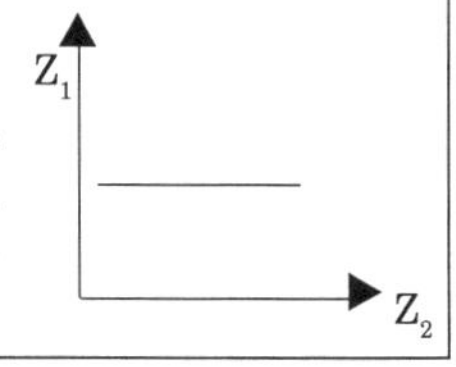

Zielkonflikte machen es erforderlich, Prioritäten zu setzen. Konfliktfreie Zielhierarchien gibt es in der Praxis nicht.

- Nach der **Fristigkeit** der Ziele

Langfristige Ziele	Sie gehen über vier Jahre hinaus und stellen eher rahmenmäßige Ziele dar.
Mittelfristige Ziele	Sie gelten für einen Zeitraum von einem bis zu vier Jahren und können feiner und detaillierter erstellt werden als langfristige Ziele.
Kurzfristige Ziele	Sie umfassen einen Zeitraum von bis zu einem Jahr und orientieren sich in erheblichem Umfang am aktuellen Geschehen.

Schließlich gibt es noch **strategische**, **taktische** und **operative Ziele**.

4.1.2 Planung

Die Planung ist das Ergebnis der gegenwärtigen gedanklichen Vorwegnahme zukünftigen wirtschaftlichen Handelns. Ihr **Zweck** besteht darin, durch ein besseres Überschaubarmachen aller für das Handeln oder für die Entscheidung wesentlichen Gegebenheiten zu einer höheren Handlungs- oder Entscheidungseffizienz zu gelangen (*Gälweiler*). Planungen basieren auf:

- Den **Zielen** des Unternehmens, die mit ihrer Hilfe realisiert werden sollen

- **Informationen** der Vergangenheit, Gegenwart und Zukunft

- **Prognosen** als möglichst objektiven, systematischen und logisch begründeten Aussagen über wahrscheinliche zukünftige Entwicklungen, Ereignisse, Tatbestände, Zustände und Verhaltensweisen. Sie werden erforderlich, weil das grundlegende Problem der Planung in der **Ungewissheit** besteht, d. h. in der mangelnden Voraus-bestimmbarkeit bzw. Vorhersehbarkeit künftiger Gegebenheiten.

Bei der Planung gilt es, verschiedene Grundsätze zu beachten:

- Den Grundsatz der **Vollständigkeit**, der sich auf die Planungsbreite bezieht und fordert, dass nach Möglichkeit alle wichtigen Gegebenheiten in die Planung einzubeziehen sind.

- Den Grundsatz der **Genauigkeit**, der eine dem Zweck der Planung entsprechende Genauigkeit der Planung verlangt. Damit ist nicht generell die größtmögliche Genauigkeit anzustreben, beispielsweise gelten bei einer Grobplanung wesentlich andere Anforderungen als bei einer Feinplanung.

- Den Grundsatz der **Elastizität**, der fordert, dass die Planung sich auf erkennbare Veränderungen anzupassen im Stande ist. Dies kann beispielsweise erfolgen, indem

  - Planungsreserven berücksichtigt werden
  - Alternativpläne entwickelt werden
  - laufende Planrevisionen durchgeführt werden
  - endgültige Entscheidungen spätestmöglich getroffen werden.

- Den Grundsatz der **Wirtschaftlichkeit**, der sich auf den Planungsaufwand bezieht. Dieser sollte in einem angemessenen Verhältnis zum Planungsertrag stehen. Der Grundsatz der Wirtschaftlichkeit steht damit den Grundsätzen der Vollständigkeit, Genauigkeit und Elastizität gegenüber.

Phasen der Planung sind:

- Die **Anregungsphase**, welche die Feststellung des Problems und seine Klärung mithilfe einer Ursachenanalyse umfasst. Im Einzelnen gilt es,

  - das Problem zu erkennen
  - die Ausgangssituation zu analysieren
  - die Unternehmensziele zu ermitteln
  - die Unternehmensziele zu beachten
  - die Entscheidungsaufgabe zur präzisieren
  - die Entscheidungsaufgabe festzulegen.

- Die **Suchphase** dient der Vorbereitung der Entscheidung. Sie umfasst die folgenden Maßnahmen:

  - Bestimmen der Entscheidungskriterien
  - Suchen alternativer Lösungsmöglichkeiten
  - Ausarbeiten alternativer Lösungsmöglichkeiten
  - Ermitteln der Konsequenzen alternativer Lösungen
  - Beurteilen der Konsequenzen alternativer Lösungen.

- Die **Entscheidungsphase** baut auf den Erkenntnissen aus der Suchphase auf und stellt den Abschluss der Planung dar, indem

  - die Lösungsalternativen beurteilt werden,
  - eine Rangordnung der Lösungsalternativen vorgenommen wird,
  - die vorteilhafteste Lösungsalternative ausgewählt wird.

Im Folgenden sollen unterschieden werden:

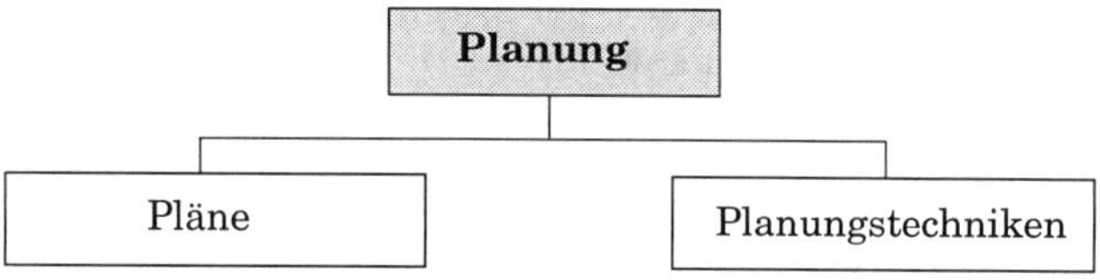

4.1.2.1 Pläne

Es gibt eine Vielzahl verschiedener **Arten** von Plänen. Zu den wichtigsten Plänen zählen:

- Nach dem **Zeitbezug** der Pläne

Langfristige Pläne	Sie umfassen vielfach einen Zeitraum von mehr als 4 bis 5 Jahren und sind relativ grobe bzw. wenig detaillierte Pläne, weil sie i.d.R. von erheblicher Ungewissheit geprägt sind.
Mittelfristige Pläne	Sie beziehen sich meist auf einen Zeitraum, der zwischen einem Jahr und 4 bis 5 Jahren liegt. Da die ihnen zu Grunde liegende Ungewissheit durch den kleineren Zeithorizont geringer ist, können sie feiner und detaillierter erstellt werden als langfristige Pläne.
Kurzfristige Pläne	Sie weisen einen Zeitraum von bis zu einem Jahr auf und sind i.d.R. relativ fein und detailliert erstellbar.

- Nach der **Ausrichtung** der Pläne

Strategische Pläne	Sie sind langfristig ausgerichtet, d.h. sie gehen weit über einen Zeitraum von 4 bis 5 Jahren hinaus. Strategische Pläne werden für die obere Führungsebene erstellt und dienen der Formulierung von Strategien. Mit ihnen sollen das bestehende Erfolgspotenzial gesichert und neue Erfolgspotenziale geschaffen werden. *Eschenbach* nennt mögliche materialwirtschaftliche **Erfolgspotenziale**: ❍ Materialwirtschaftliches Know-how ❍ Aktive und gut ausgebildete Mitarbeiter ❍ Entschlusskräftiges Management ❍ Finanzierungsreserven ❍ Standort ❍ Marktkenntnis ❍ Marktvolumen ❍ Marktmacht ❍ Fähigkeit zu Gegengeschäften

	❍ Umweltbewusste Entsorgungspolitik ❍ Image ❍ Leistungsfähige Lieferanten
Taktische* Pläne	Sie werden aus den strategischen Plänen abgeleitet und umfassen einen Zeitraum von 4 bis 5 Jahren. Taktische Pläne bilden das Bindeglied zwischen den strategischen und operativen Plänen. Sie beziehen sich auf die mittlere Führungsebene.
Operative* Pläne	Sie sind kurzfristig angelegt und umfassen damit einen Zeitraum von bis zu einem Jahr. Es handelt sich um konkrete **Ziel-** bzw. **Maßnahmepläne**, mit denen die Vorgaben der taktischen Pläne insbesondere auf der unteren Führungsebene umgesetzt werden.

- Nach dem **Umfang** der Pläne

Teilpläne	Sie beziehen sich vor allem auf einzelne Funktionsbereiche des Unternehmens, beispielsweise den Materialbereich, Fertigungsbereich, Absatzbereich, Personalbereich, Finanzbereich.
Gesamtpläne	Sie umfassen alle Bereiche des Unternehmens. Ihre Erstellung kann erfolgen: ❍ Im Rahmen **sukzessiver Planung**, indem zunächst von einem Teilplan ausgegangen wird und alle weiteren Teilpläne daraus entwickelt werden. Sofern kein Engpass im Unternehmen zu berücksichtigen ist, gilt als Ausgangsplan i.d.R. der Absatzplan. Bei Vorliegen eines **Engpasses**, z.B. im finanz- oder fertigungswirtschaftlichen Bereich, muss vom Plan des Engpassbereiches ausgegangen werden. ❍ Gesamtpläne können aber auch **simultan** erstellt werden, indem der gesamte betriebliche Prozess in ein mathematisches Gleichungssystem gebracht und unter Beachtung von Nebenbedingungen optimiert wird. Die **Gesamtplanung ohne Engpass** lässt sich wie folgt darstellen:

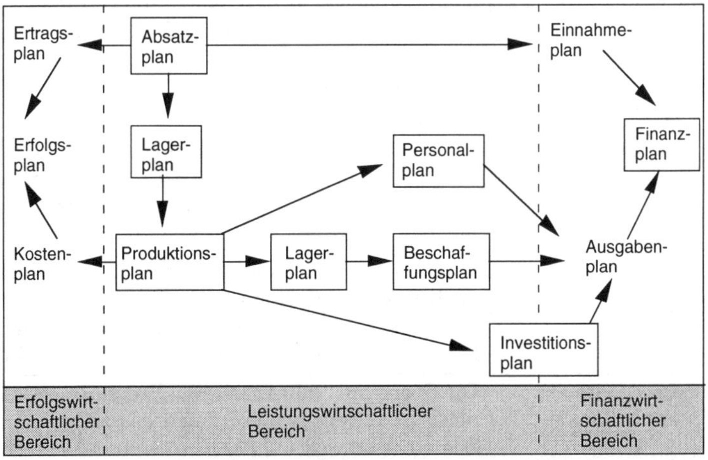

* Die Begriffe »taktisch« und »operativ« werden in der Literatur nicht einheitlich definiert. Hier als taktisch beschriebene Pläne werden dort auch als operativ bezeichnet und umgekehrt.

- Nach der **Verbindlichkeit** der Pläne

Pläne mit Prognosecharakter	Ihre Aufgabe ist es, über die künftige Entwicklung zu informieren, die sich voraussichtlich ergeben wird. Sie sind durch **Ungewissheit** geprägt.
Pläne mit Vorgabecharakter	Die in ihnen enthaltenen Daten sind von den Entscheidungsträgern einzuhalten, z. B. dürfen die vorgegebenen Ausgaben nicht überschritten bzw. die vorgegebenen Einnahmen nicht unterschritten werden.

4.1.2.2 Planungstechniken

Planungstechniken sind **Führungstechniken**, mit deren Hilfe die Planung unterstützt bzw. verbessert werden kann. Zu unterscheiden sind:

- **Qualitative Planungstechniken**, die auf Erfahrungen, Kenntnissen, Einsichten und Intuitionen beruhen. Es gibt:

Entscheidungsbaumverfahren	Der Entscheidungsbaum ist eine grafische Darstellung, mit der ein mehrstufiges Entscheidungsproblem beschrieben wird. Er benutzt **Pfeile** und **Knoten**, die mehrstufig angeordnet sind und Zeitphasen berücksichtigen. Der Entscheidungsbaum kann verwendet werden, wenn komplexe und unsichere Entscheidungssituationen mehrere Lösungen mit sich bringen. Die verschiedenen Wege werden – einem Baum mit Ästen vergleichbar – als Lösungsalternativen dargestellt. Von jedem Knotenpunkt aus können neue Verästelungen entstehen.
Entscheidungstabellentechnik	Die Arbeit mit Entscheidungstabellen ist unkompliziert, aber wirkungsvoll. Die Bedingungen und Aktionen von Alternativen werden in einer Matrix aufgenommen. In die **Zeilen** werden die Voraussetzungen und Konsequenzen gesetzt, also die Wenn- und Dann-Komponenten der Alternativen. In die **Spalten** kommen die Regeln für die Bedingungskomponenten. Die Entscheidungstabellentechnik wird bei der Suche und Konkretisierung von Alternativen und bei der Entscheidungsfindung eingesetzt.
Delphi-Methode	Die Delphi-Methode ist eine Prognosetechnik, deren Ziel es ist, in mehreren Befragungsrunden eine Zusammenführung der von den Mitgliedern der Delphi-Gruppe schriftlich abgegebenen Einzelschätzungen zu erreichen. Dabei bleibt die Anonymität gewahrt. Aus den Einzelurteilen wird dann ein Gruppenurteil gebildet. Mithilfe der Delphi-Methode ist sowohl die Prognose als auch die Suche nach Lösungsideen möglich. Die Gruppe besteht aus Experten, die sowohl unternehmensinterne als auch unternehmensexterne Fachleute sein können. Die Gruppengröße ist nicht begrenzt.
Szenario-Technik	Die Szenario-Technik ist eine Prognosetechnik, die aus Vergangenheits- bzw. Gegenwartsdaten der Unternehmenssituation erwägbare Zukunftsentwicklungen zu bestimmen versucht. Das gesamte Untersuchungsfeld wird analysiert und die zukünftige Situation aufgrund dieser Analyse vorhergesagt. Die Szenario-Technik wird vor allem in der langfristigen Planung eingesetzt.

Zu den qualitativen Planungstechniken können auch die **Kreativitätstechniken** gerechnet werden, beispielsweise das Brainstorming, die Methode 635, die Synektik, die Morphologische Methode.

- **Quantitative Planungstechniken** basieren auf mathematisch-statistischen Grundlagen. Zu ihnen zählen:

Trend-extrapolation	Die Trendextrapolation ist als **Zeitreihenanalyse** die Fortführung zugrundeliegender Reihen in die Zukunft. Es wird dabei angenommen, dass sich die Gesetzmäßigkeiten der Vergangenheit auch in der Zukunft fortsetzen. Das ist nur solange zutreffend, wie keine dynamischen Entwicklungen eintreten. Die Trendextrapolation kann grafisch oder mathematisch erfolgen.
Regressions-analyse	Die Regressionsanalyse ist ein Verfahren der Statistik, bei dem Beziehungen zwischen einer erklärten Variablen und einer oder mehreren erklärenden Variablen untersucht werden. Sie wird eingesetzt, wenn ein linearer Zusammenhang zwischen einer abhängigen Variablen und unabhängigen Variablen angenommen wird.
Operations Research	Wenn eine große Zahl von Unbekannten vorliegt, und die Funktionszusammenhänge vielfältig sind, können mithilfe des Operations Research betriebliche Optimierungaufgaben gelöst werden. Dies geschieht vor allem unter Nutzung der EDV.
Netzplan-technik	Die Netzplantechnik dient der Planung, Steuerung und Überwachung von Abläufen auf der Grundlage der Graphentheorie als einer mathematischen Disziplin, die mit Pfeilen und Knoten (Kreisen) ablaufbezogene Gesetzmäßigkeiten dokumentiert. Mit dem **Netzplan** erfolgt die grafische Darstellung von Ablaufstrukturen. Er zeigt die logische und zeitliche Aufeinanderfolge von Vorgängen, die in Abhängigkeit zueinander stehen.
Nutzwert-rechnung	Mithilfe der Nutzwertrechnung wird der **Nutzwert** für Investitionsobjekte festgestellt. Das ist der zahlenmäßige Ausdruck für den subjektiven Wert einer Investition im Hinblick auf das Erreichen vorgegebener Ziele. Er kann, im Gegensatz zu den traditionellen statischen oder dynamischen Investitionsrechnung, auch qualitativer Natur sein. Die Nutzwertrechnung wird auch **Nutzwertanalyse** genannt.

4.1.3 Durchführung

Der Planung schließt sich die Durchführung als Prozess der Willensdurchsetzung an. Hier geht es um die praktische Umsetzung des Gewollten zur Erreichung der Ziele bzw. Planwerte.

Da die Führungskräfte nicht die Aufgabe haben, alle Sachaufgaben selbst auszuführen, muss dafür gesorgt werden, dass die **Erledigung der Aufgaben** sichergestellt ist durch:

- **Treffen von generellen Regelungen**, die sich auf die Verteilung der Arbeit beziehen

- **Einwirken** auf die Mitarbeiter, das umfasst:

  - **Veranlassen** der Ausführung der anstehenden Arbeiten
  - **Unterweisen**, wenn den Mitarbeitern Fachkenntnisse fehlen
  - **Einweisen**, wenn die Aufgaben neu sind.

Das frühzeitige Einbinden der von der Entscheidung betroffenen Personen kann den Durchsetzungsprozess erleichtern.

4.1.4 Kontrolle

Die Kontrolle umfasst die Gewinnung, Verarbeitung und Verwertung von Informationen, die sich auf die Einhaltung vorgegebener Daten im Rahmen der Realisierung der Arbeitsaufgabe beziehen. Sie besteht aus:

- Der **Überwachung**, bei der die Ist-Werte erfasst und mit den in Zielen oder Plänen festgelegten Soll-Werten als Kontrollstandards verglichen werden. Dadurch wird erkennbar gemacht, inwieweit die vorgegebenen Daten erreicht wurden.

- Der **Untersuchung**, die sich der Überwachung anschließt und mit deren Hilfe aufgetretene Soll-Ist-Abweichungen analysiert werden. Die auf diese Weise gewonnenen Erkenntnisse können zu Ziel- bzw. Planrevisionen oder Maßnahmen der Steuerung führen.

Damit ist zu erkennen, dass die Kontrolle nicht nur eine Feststellungs- und Vergleichsfunktion, sondern auch eine Aufklärungs- und Beeinflussungsfunktion hat. Sie vermittelt zudem Informationen, die für die Zukunft nützlich bzw. bedeutsam sind.

Phasen der Kontrolle sind:

Erstellung der Kontrollstandards	Sie müssen sein: ❍ eindeutig ❍ klar ❍ messbar.

↓

Soll-Ist-Vergleich	Dabei können gegenübergestellt werden: ❍ **Geplante Werte** und tatsächlich **eingetretene Werte**, beispielsweise als - Soll-/Ist-Materialverbrauch - Soll-/Ist-Materialbestand - Soll-/Ist-Qualität - Soll-/Ist-Preis.

	○ **Kennzahlen**, die sich in konzentrierter Form auf materialwirtschaftlich wichtige Tatbestände beziehen, beispielsweise: - Bestands-Kennzahlen - Bedarfs-Kennzahlen - Lieferbereitschafts-Kennzahlen - Beschaffungskosten-Kennzahlen - Bestellkosten-Kennzahlen - Lagerhaltungskosten-Kennzahlen.

↓

Abweichungs-analyse	Die Gründe von Abweichungen der Soll- und Ist-Werte werden offengelegt und Korrekturentscheidungen vorbereitet.

Als Kontrolle können beispielsweise unterschieden werden:

- Nach dem **Objekt** der Kontrolle

Ergebnis-kontrolle	Bei ihr wird geprüft, ob bzw. in welchem Umfang ein geplantes Ergebnis eingetreten ist, ohne dass festgestellt wird, wie dies erreicht wurde.
Verfahrens-kontrolle	Sie bezieht sich auf den Vergleich des geplanten Arbeitsverfahrens mit dem tatsächlich angewendeten Arbeitsverfahren sowie auf das Arbeitsverhalten der Mitarbeiter.

- Nach dem **Träger** der Kontrolle

Selbst-kontrolle	Dabei nimmt der für die Ausführung der Tätigkeit verantwortliche Mitarbeiter auch die Kontrolle seiner Arbeit vor. Das setzt entsprechendes Verantwortungsbewusstsein des Mitarbeiters voraus.
Fremd-kontrolle	Die Kontrolle wird durch nicht an der Ausführung der Tätigkeit beteiligte Mitarbeiter oder Einrichtungen vorgenommen. Sie vermeidet Selbsttäuschungen und dient der Objektivierung.

- Nach dem **Umfang** der Kontrolle

Gesamt-kontrolle	Dabei werden alle geplanten Tätigkeiten bestimmter Art kontrolliert, beispielsweise indem alle Einträge in der Lagerkartei auf ihre Richtigkeit hin überprüft werden.
Stichproben-kontrolle	Sie bezieht sich lediglich auf bestimmte, meist zufällig ausgewählte Teile von Tätigkeiten bzw. Ergebnissen bestimmter Art, beispielsweise indem lediglich einzelne gefertigte Produkte überprüft werden.

Die Kontrolle kann durch einen Vorgesetzten oder automatisch erfolgen. Sie kann weiterhin eine **strategische**, **taktische** oder **operative Kontrolle** sein. Schließlich ist sie als **Anfangskontrolle**, **mitlaufende Kontrolle** oder **Endkontrolle** möglich.

4.1.5 Steuerung

Die Steuerung ist ein zielbezogener Vorgang, bei dem eine oder mehrere Größen als Eingangsgrößen andere Größen als Ausgangsgrößen beeinflussen. Sie lässt sich auf alle betrieblichen Prozesse beziehen und ist auch in der Materialwirtschaft bedeutsam.

Die Steuerung umfasst alle Maßnahmen, die der Realisierung betrieblicher Ziele dienen.

Arten der Steuerung können sein:

- Die **Vorsteuerung**, bei der die Steuerung vor dem Eintritt von Störungen zukunftsbezogen und inputorientiert erfolgt.

- Die **Nachsteuerung**, bei der die Steuerung von den Sollwerten (Zielen) und den Ist-Werten (Ergebnissen) ausgeht. Der Steuernde handelt vergangenheitsbezogen, d.h. nach Eintritt einer Störung, und outputorientiert.

In der folgenden Darstellung soll dies grafisch gezeigt werden:

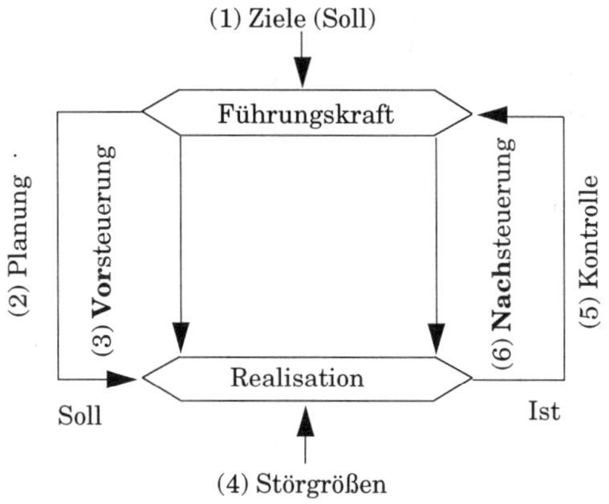

08 Seite 428

4.2 Führungskonzepte

Die in den letzten Jahren rasch fortschreitende Internationalisierung und Globalisierung erforderten von den Unternehmen immer stärker, spezielle Führungskonzepte systematisch aufzubauen und nachzuweisen. Dies ist insbesondere unter drei **Ausrichtungen** geschehen:

- Der **Qualitätssicherung**, die sich auf alle Unternehmensbereiche wie auch auf die Produkte und Mitarbeiter bezieht.

- Dem **Umweltschutz**, der bei allen betrieblichen Prozessen hinreichend zu berücksichtigen ist und aus materialwirtschaftlicher Sicht insbesondere auch Fragen der Entsorgung und des Recycling umfasst.

- Der **Sicherheit**, die sich auf die Fertigungsverfahren sowie auf die eingesetzten Materialien bezieht, um Mitarbeiter, Kunden und sonstige Personen zu schützen.

Dementsprechend sollen als aktuell bedeutsame Führungskonzepte unterschieden werden:

- **Qualitätskonzept**
- **Umweltkonzept**
- **Sicherheitskonzept**.

4.2.1 Qualitätskonzept

Als **Qualität** wird heute die Summe aller Aktivitäten verstanden, die innerhalb eines Unternehmens und seiner Außenbeziehungen zu Kunden und Lieferanten darauf ausgerichtet ist, die an das Unternehmen gestellten Erwartungen zu erfüllen.

DIN ISO 8402 beschreibt die Qualität im Sinne der Beschaffenheit eines Gegenstandes als »die Gesamtheit von Merkmalen einer Einheit bezüglich ihrer Eignung, festgelegte und vorausgesetzte Erfordernisse zu erfüllen«. *Juran* sieht die Qualität als »fitness for use«.

Mithilfe seiner auf die Qualität ausgerichteten Anstrengungen ist es dem Unternehmen möglich, sich einen Wettbewerbsvorteil zu sichern. Die qualitätsbezogenen Aktivitäten erfolgen nicht als einmaliger Vorgang, der abgeschlossen wird, wenn bestimmte Qualitätsanforderungen erfüllt sind, sondern als **kontinuierlicher Verbesserungsprozess (KVP)**, beispielsweise in Form des PDCA-Zyklus.

Im Rahmen des Qualitätskonzeptes werden behandelt:

4.2.1.1 PDCA-Zyklus

Der PDCA-Zyklus orientiert sich grundlegend am bereits beschriebenen Führungsprozess. Er besteht aus folgenden **Schritten** (*Deming*):

1	**Plan** (Planen)	Analyse der derzeitigen Situation unter Einsatz der »**sieben statistischen Werkzeuge**«*: ❍ Pareto-Diagramm ❍ Ursache-Wirkungsdiagramm ❍ Histogramm ❍ Kontrollkarte ❍ Streuungsdiagramm ❍ Kurven ❍ Prüfformulare Diese Werkzeuge sollen die Analyse von Problemlösungsdaten unterstützen.
2	**Do** (Tun)	Umsetzung der Planung durch die Mitarbeiter, wobei auftretende Probleme sofort einer Verbesserung im Rahmen von Qualitätszirkeln unterzogen werden.
3	**Check** (Checken)	Überprüfung des Gelingens der erwarteten Verbesserung durch das Management oder Inspektoren, d. h. der Realisierung des Planes.
4	**Act** (Aktion)	Standardisierung der neuen Methoden bei positivem Ergebnis, sonst Anstoß eines neuen Zyklus.

* Das **Pareto-Diagramm** stellt Daten von einem bestimmten Merkmal in geordneter Größe in Form eines Balkendiagramms dar.

Das **Ursache-Wirkungsdiagramm** dient dazu, verschiedene Einflussgrößen eines Problems geordnet darzustellen. Es wird auch **Fischgrätendiagramm** genannt.

Das **Histogramm** ist eine grafische Darstellung von Werten. Es zeigt eine Häufigkeitsverteilung mithilfe von Säulendiagrammen, aus der die Lage, Streuung und Verteilung der Werte erkennbar ist. Es wird auch als **Häufigkeitsschaubild** bezeichnet.

Das **Streudiagramm** zeigt die Beziehung zwischen zwei Merkmalgrößen. Die Art und Stärke ihres Zusammenhanges ist in der graphischen Darstellung erkennbar. Es wird auch **Korrelationsdiagramm** oder **XY-Diagramm** genannt.

Kurven dienen der übersichtlichen Darstellung von Daten. Sie können sein:
- Balken-, Linien-,
- Kreis- und Spinnendiagramme

Die **Kontrollkarte** ist ein Formblatt, das der Prozessüberwachung dient, um rasch zu erkennen, wenn der Prozess außer Kontrolle gerät. Sie wird auch als **Regelkarte** bezeichnet.

Prüfformulare dienen der Darstellung der Ergebnisse von Routineprüfungen in Form von Tabellen.

Der PDCA-Zyklus findet Anwendung im Rahmen des kontinuierlichen Verbesserungsprozesses, der in kleinen Schritten abläuft und als Kaizen aus Japan nach Deutschland getragen wurde.

4.2.1.2 Kaizen

Kaizen stellt einen unternehmensphilosophischen Rahmen im Bereich der Material- und Fertigungswirtschaft dar, der die Qualität der Produkte bzw. Dienstleistungen, der Arbeitsprozesse sowie die Produktivität, Flexibilität und Wettbewerbsfähigkeit eines Unternehmens einschließt.

Was Kaizen umfasst, stellt *Imai* unter dem **Kaizen-Schirm** dar.

Die **Kundenorientierung** ist dabei das tragende Element. Das Festlegen der Produktqualität dient dazu, den Kunden zufriedenzustellen. Dazu zählen auch alle Mitarbeiter, die von der Erreichung der Qualitätsziele betroffen sind. Kundenorientierung umfasst somit nicht nur den Endverbraucher oder Endverwender als externen Kunden bzw. Nutzer einer Leistung sondern auch den internen Kunden. Jeder Mitarbeiter hat einen Kunden für die zu erbringende Leistung im nachgelagerten Prozess.

Die Materialwirtschaft darf nur fehlerfreies Material an den nächsten Prozess weitergeben, ebenso an den Endverbraucher oder Endverwender.

4.2.1.3 Qualitätsmanagement

Das Qualitätsmanagement hat die **Aufgabe**, Ziele zu formulieren und diese durch aufbau- und ablauforganisatorische Regelungen zu realisieren. Das Fehlen einer international anerkannten und abgestimmten Grundlage zur Beurteilung der Qualitätsfähigkeit von Unternehmen, die Geschäftsbeziehungen zueinander aufnehmen, führte 1994 zu der Normenreihe DIN ISO 9000-9004. Sie definierte allgemeine Anforderungen an Qualitätsmanagement-Systeme (QMS). Unternehmen, die den Anforderungen dieser **Normenreihe** entsprachen, wurden von unabhängigen Stellen zertifiziert.

Seit 1999 gibt es eine »neue« DIN EN ISO 9000:2000. Die früheren ISO 9001, 9002 und 9003 sind in der neuen ISO 9001 zusammengefasst. Die neue ISO 9004 stellt eine überarbeitete Anleitung zur Umsetzung und Optimierung dar.

Zweck der **Zertifizierung** ist es, bei den Kunden das Vertrauen in die Qualitätsfähigkeit der Betriebsabläufe von Lieferanten zu bestärken, ohne dass Lieferunternehmen aufwendig auf ihre Verlässlichkeit hin zu überprüfen sind. Große Unternehmen verlangen von ihren Zulieferanten heute immer häufiger eine Zertifizierung als Voraussetzung für die Fortführung ihrer Systeme.

Der Aufbau eines Qualitätsmanagement-Systems bringt damit **Wettbewerbsvorteile**, die wirken:

- **Nach innen**, indem Verschwendung vermieden wird und dadurch Kosten gesenkt werden.

- **Nach außen** durch vertrauensbildende Maßnahmen, die zwischen Kunden und Lieferanten geschaffen werden, und durch den Aufbau strategischer Lieferanten, um deren Kompetenz zu sichern.

Die Normenreihe in der Fassung von 1994 bestand aus fünf **Einzelnormen**, die den Umfang der Prüfnorm regelten:

DIN ISO 9000	Sie stellt einen Leitfaden dar, der dazu dient, eine Einweisung in das gesamte qualitätsbezogene Normenwerk zu geben. Darüberhinaus dient sie zur Auswahl und Anwendung der internationalen Normen über Qualitätssicherung.
DIN ISO 9001	Sie stellt eine umfassende Regelung dar, die sich bezieht auf: ❍ Entwicklung und Konstruktion ❍ Prüfung ❍ Fertigung und Montage ❍ Kundendienst
DIN ISO 9002	Sie bezieht sich auf die Fertigung und Montage, betrifft also Unternehmen, die keine eigene Entwicklung betreiben, sondern beispielsweise nach Kundenspezifikation fertigen.
DIN ISO 9003	Sie regelt Qualifikationsanforderungen von Unternehmen, deren Vertragsgegenstand die Endprüfungen darstellen, wird demnach angewendet, wenn auch der Fertigungsablauf vom Kunden vorgeschrieben wird.
DIN ISO 9004	Sie enthält den Leitfaden für das Qualitätsmangement und die Elemente des Qualitätssicherungs-Systems.

Im Folgenden sollen betrachtet werden:

- **Dokumentation**
- **Qualitätsaudit**

4.2.1.3.1 Dokumentation

Wesentliches Element eines Qualitätsmanagement-Systems ist seine Dokumentation. Sie umfasst:

Dabei gilt:

- Das **Qualitätsmanagement-Handbuch** ist eher genereller Natur. Es verweist auf »mitgeltende« Dokumente, also auf die Verfahrensanweisungen und Arbeitsanweisungen. Während das Handbuch nicht nur als innerbetriebliche Richtlinie gilt, sondern auch gegebenenfalls interessierten Kunden zur Kenntnis gegeben werden kann, sind Verfahrensanweisungen und Arbeitsanweisungen ausschließlich nach innen gerichtet. Sie enthalten schließlich auch Informationen, die zum Know-how des Unternehmens zählen.

  Inhalte des Qualitätsmanagement-Handbuches sind beispielsweise:

  - Darlegungen zu den unternehmensspezifischen QM-Grundsätzen, welche die Qualitätspolitik ausmachen.
  - Beschreibung der QM-Aufbauorganisation, d.h. der Zuständigkeiten und Verantwortlichkeiten bezüglich des Qualitätsmanagements.
  - Beschreibung der QM-Ablauforganisation, z. B. hinsichtlich der Lieferantenauswahl, der Behandlung als fehlerhaft erkannter Teile etc.
  - Regelungen zur Pflege und Aktualisierung des QM-Handbuches.

  Der Umfang der Prüfung ist durch 20 Elemente im Rahmen der QM-Verfahrensanweisungen festgelegt. Die Qualitätselemente nach ISO 9001 sind:

Nr.	QM-Element	Kurzbeschreibung
1	Verantwortung der Leitung	Dokumentation von Qualitätspolitik und Organisation bestehend aus Verantwortung/Befugnis, Mitteln, Beauftragtem der obersten Leitung und QM-Bewertung
2	Qualitätsmanagement-System	Dokumentation von QM-Verfahrensanweisungen und Qualitätsplanung
3	Vertragsprüfung	Verfahrensanweisungen für Vertragsprüfung, Vertragsänderung und Aufzeichnungen
4	Designlenkung	Verfahrensanweisungen für Design- und Entwicklungsplanung, organisatorische/technische Schnittstellen, Designergebnis/-validierung/-änderungen
5	Lenkung der Dokumente und Daten	Verfahrensanweisungen für Genehmigung, Herausgabe und Änderung von Dokumenten und Daten
6	Beschaffung	Verfahrensanweisungen zur Beurteilung von Unterauftragnehmern und Beschaffungsangaben sowie zur Prüfung von beschafften Produkten
7	Lenkung der vom Kunden beigestellten Produkte	Verfahrensanweisungen für die Lenkung, Verifizierung, Lagerung und Erhaltung vom Kunden beigestellter Produkte
8	Kennzeichnung und Rückverfolgbarkeit von Produkten	Verfahrensanweisungen zur Produktkennzeichnung
9	Prozesslenkung	Identifikation und Planung der Produktions-, Montage- und Wartungsprozesse sowie Prozessausführung unter beherrschten Bedingungen
10	Prüfungen	Verfahrensanweisungen für Prüftätigkeit, bestehend aus Eingangs-, Zwischen- und Endprüfung sowie Prüfaufzeichnungen
11	Prüfmittelüberwachung	Verfahrensanweisungen für Prüfmittelüberwachung
12	Prüfstatus	Kennzeichnung des Prüfstatus zur Kenntlichmachung der durchgeführten Qualitätsprüfungen
13	Lenkung fehlerhafter Produkte	Verfahrensanweisungen für Lenkung, Bewertung und Behandlung fehlerhafter Produkte
14	Korrektur- und Vorbeugungsmaßnahmen	Verfahrensanweisungen zur Verwirklichung von Korrektur- und Vorbeugungsmaßnahmen
15	Handhabung, Lagerung, Verpackung, Konservierung und Versand	Verfahrensanweisungen für Handhabung, Lagerung, Verpackung, Konservierung und Versand des Produktes
16	Lenkung von Qualitätsaufzeichnungen	Verfahrensanweisungen für Kennzeichnung, Sammlung, Registrierung, Zugänglichkeit, Ablage, Aufbewahrung, Pflege und Beseitigung von Qualitätsaufzeichnungen
17	Interne Qualitätsaudits	Verfahrensanweisungen für intere Qualitätsaudits
18	Schulung	Verfahrensanweisungen zur Ermittlung des Schulungsbedarfs und zur Schulungsdurchführung
19	Wartung	Verfahrensanweisungen zur Wartung (falls gefordert)
20	Statistische Methoden	Bedarfsfeststellung und Verfahrensanweisungen zum Verwirklichen und Überwachen der statistischen Methoden

- Die **QM-Verfahrensanweisungen** beschreiben einzelne qualitätsrelevante Abläufe, die für einzelne zu prüfende Elemente folgenden Aufbau haben:

  - Zielsetzung
  - Geltungsbereich
  - Begriffsbestimmungen
  - Arbeitsablauf
  - Verantwortlichkeiten

- mitgeltende Unterlagen
- Qualitätsaufzeichnungen
- Verteiler, Herausgabe, Änderung, Verteiler und Anlagen.

Mit den QM-Verfahrensanweisungen wird der Umfang des Qualitätsaudits festgelegt.

- Die **QM-Arbeitsanweisungen** legen genau das Vorgehen bei bestimmten Fertigungs- oder Prüfvorgängen fest.

4.2.1.3.2 Qualitätsaudit

Der Qualitätsaudit hat die **Aufgabe**, systematisch und unabhängig zu untersuchen sowie festzustellen, ob die qualitätsbezogenen Tätigkeiten und Ergebnisse den geplanten Vorgaben entsprechen und geeignet sind, die Ziele zu erreichen.

Folgende **Formen** des Audit werden unterschieden:

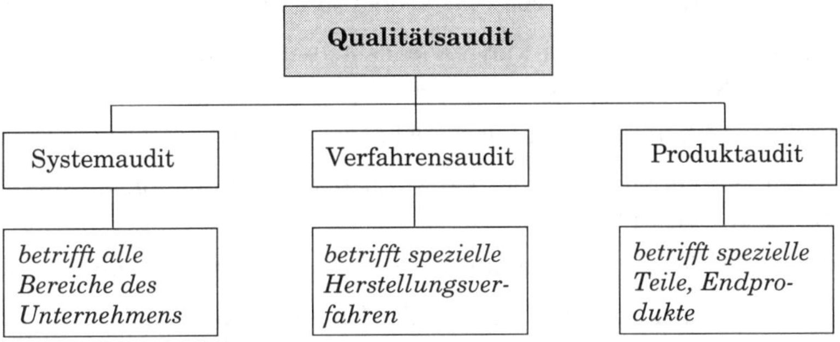

Anhand der Verfahrensanweisungen werden durch Interviews und Begehungen die Audits durchgeführt, ein Auditbericht erstellt und eine Bewertung durchgeführt.

09 Seite 428

4.2.2 Umweltkonzept

Natürliche Ressourcen stehen in Zukunft in immer beschränkterem Umfang zur Verfügung. Deshalb sind die Unternehmen aufgerufen, die Umwelt zu erhalten bzw. wiederherzustellen, indem sie ein geeignetes **Umweltschutzmanagement** betreiben. In Verbindung mit dem technischen Umweltschutz sind die notwendigen Maßnahmen zu ergreifen.

Der Aufbau eines Umweltschutzmanagement-Systems hat für das Unternehmen weitreichende **Auswirkungen**. Das sind beispielsweise:

- Erfüllung rechtlicher und sicherheitsrelevanter Anforderungen
- Schaffung klarer darauf ausgerichteter Organisationsstrukturen

- Sicherung der Wettbewerbsfähigkeit
- Anpassung des Kostenrechnungssystems
- Überarbeiten der bisherigen Produktpolitik.

Für das Umweltschutzmanagement gibt es zwei internationale **Normentwürfe**:

- EG-Öko-Audit-Verordnung
- DIN EN ISO 14001.

Sie sind strukturell nach der Norm zum Qualitätsmanagement-System aufgebaut und sollen die Unternehmen zu einem integrierten Umweltschutz führen, der Verbesserungen in der Umwelt bewirkt, aber auch ökonomisch effizient ist.

Die Umweltziele der Unternehmen müssen im Einklang mit der Umweltpolitik stehen und dokumentiert sein.

Handlungsgrundsätze nach der Öko-Audit-Verordnung sind:

- Förderung des Verantwortungsbewusstseins von Arbeitnehmern auf allen Ebenen
- Beurteilung der Umweltauswirkungen jedes neuen Produktes, jeder neuen Tätigkeit und jedes neuen Verfahrens
- Beurteilung und Überwachung der gegenwärtigen Täigkeit auf die lokale Umgebung
- Maßnahmen zur Verringerung der Umweltbelastung (Emissionen, Abfallaufkommen, Ressourcenschonung)
- Maßnahmen zur Vermeidung unfallbedingter Emissionen von Stoffen und Energie
- Festlegung von Verfahren zur Kontrolle der Übereinstimmung mit der Umweltpolitik
- Festlegung von Verfahren bei festgestellten Abweichungen von den Umweltzielen oder der Umweltpolitik
- In Zusammenarbeit mit Behörden Erarbeitung von Verfahren zur Schadensminimierung bei unfallbedingten Ableitungen
- Rückhaltlose Informationspolitik gegenüber der Öffentlichkeit
- Beratung der Kunden hinsichtlich der umweltrelevanten Produkteigenschaften
- Regelungen für Vertragsfirmen hinsichtlich der Anwendung von Umweltstandards bei Arbeiten auf dem Betriebsgelände.

Im Folgenden werden behandelt:

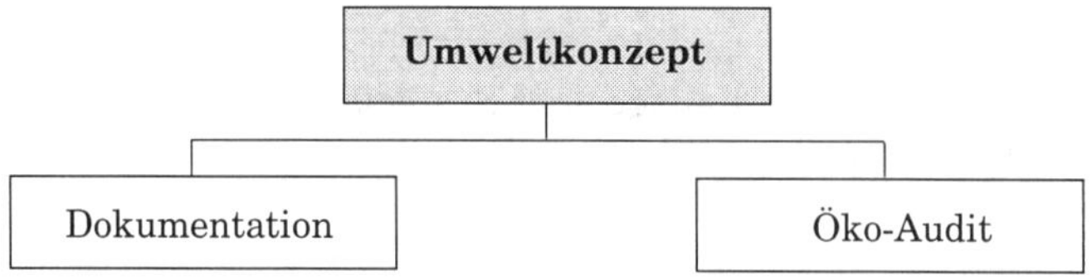

4.2.2.1 Dokumentation

Die Dokumentation des Umweltkonzeptes hat für jeden Standort oder Betrieb des Unternehmens in einem **Handbuch** zu erfolgen, das Aufschluss über die begleitende Umweltplanung bei Einführung

- neuer Produkte
- neuer Fertigungsverfahren
- neuer Fertigungsanlagen

sowie im Rahmen eines kontinuierlichen Verbesserungsprozesses (KVP) gibt. Damit sollen u. a. bewirkt werden:

- Einsatz umweltfreundlicher Rohstoffe
- Energieeinsparung beim Einsatz neuer Rohstoffe
- Minimierung des Abfalls
- Verminderung der Umweltauswirkungen beim Gebrauch der Güter und Produkte.

4.2.2.2 Öko-Audit

Die EG-Öko-Audit-Verordnung regelt die **Umweltbetriebsprüfung**. Sie schafft den Rahmen für ein System, mit dem das Unternehmen

- seine Umweltpolitik festlegt
- sein Umweltprogramm aufstellt
- sein Umweltmanagememt/-system einführt
- eine Umweltprüfung i. S. eines Öko-Audit durchführt
- die Öffentlichkeit mit einer Umwelterklärung informiert.

Bis zur Erlangung der **Umwelterklärung** hat das Unternehmen mehrere **Schritte** vorzunehmen:

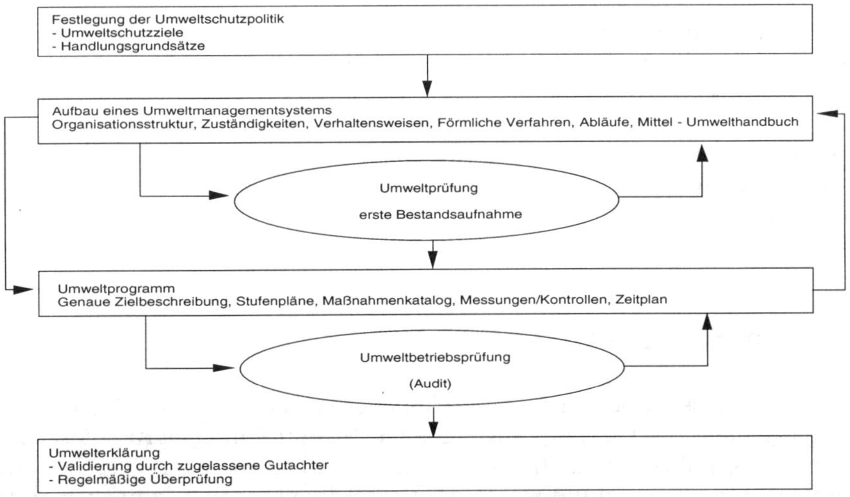

Der Prüfungsumfang gemäß DIN EN ISO 14001 beinhaltet:

Nr.	Forderung	Beschreibung
1	Verantwortung der obersten Leitung	Einführung und Aufrechterhaltung eines Umweltmanagements durch die oberste Leitung
2	Umweltpolitik	Festlegung und Dokumentation der Umweltpolitik
3	Organisation und Personal	Festlegung von Verantwortlichkeiten, Befugnissen und Mitteln; Bestellung von Managementbeauftragten und Betriebsbeauftragten; Mittel für Überwachung und Kontrolle; Qualifikation, Training und Motivation; Umgang mit Vertragspartnern
4	Umwelteinwirkungen	Einrichtung eines Mitteilungssystems (intern/extern), Abschätzung der Einwirkungen auf die Umwelt, Verzeichnis gesetzlicher Vorschriften
5	Umweltspezifische Zielsetzungen und Ziele	Verfahren zur Festlegung strategischer Zielsetzungen unter Berücksichtigung der Ziele der nachhaltigen Entwicklung (sustainable development)
6	Umweltmanagementprogramme	Einführung von Programmen zur Zielerfüllung
7	Beschaffung von Material und Leistungen	Einführung von Verfahren für die Beschaffung umweltverträglicher Materialien und Leistungen
8	Umweltmanagementhandbuch und -dokumentation	Handbuch zur Beschreibung des UM-Systems, Verfahren zur Lenkung von Dokumentation
9	Ablauflenkung	Planung von Beschaffung, Transport, Nutzung und Entsorgung von Produkten zur Sicherstellung beherrschter Bedingungen
10	Überwachung	Verfahren zur Überwachung festgelegter Forderungen
11	Korrekturmaßnahmen	Verfahren zur Untersuchung von Abweichungen und Einleitung von Korrekturmaßnahmen
12	Risikomanagement	Verfahren zur Reaktion auf umweltrelevante Vorfälle
13	Umweltmanagementaufzeichnungen und -berichte	Aufzeichnungs- und Berichtssystem zur Kontrolle der Zielerreichung
14	Umweltmanagementaudits	Verfahren für Audits, bestehend aus Auditplan, Auditverfahren und Auditberichten
15	Umweltbericht	Erstellung eines jährlichen Umweltberichts
16	Kommunikation	Bereitstellung von wesentlichen Informationen
17	Umweltmanagementreview	Regelmäßige Bewertung des UM-Systems durch die oberste Leitung (Politik, Ziele)

Zur Einhaltung dieser Forderungen wird eine **Zulassungs- und Überwachungsstelle** geschaffen. Sie unterwirft sich einem Umweltgutachterausschuss, in dem die Interessengruppen vertreten sind, beispielsweise:

- Mitgliedsverbände der Deutschen Industrie (BDI)
- Gewerkschaften
- Umweltverbände
- Länder.

4.2.3 Sicherheitskonzept

Sicherheit umfasst Arbeitssicherheit, Unfallverhütung und Gesundheitsschutz. In der Vergangenheit lag das Hauptaugenmerk auf dem technischen Arbeitsschutz. Arbeitsverfahren und Arbeitsmethoden, die der Bearbeitung oder Verarbeitung des Materials dienten, wurden unter Sicherheitsgesichtspunkten bestmöglich gestaltet.

Heute gehen die Sicherheitsbestrebungen weiter. Sie erstrecken sich von der Fertigung über die Nutzung der Produkte durch die Käufer bis hin zu ihrer Außerbetriebnahme.

In den Unternehmen drohen ständig unerwünschte Folgen aus Unfallereignissen, die sein können:

- Ausfälle von Mitarbeitern durch Verletzungen
- Fertigungsausfälle.

Kennzeichnend ist dabei, dass das interne Kontrollsystem einer Organisation nur die signifikanten Ausfälle erfasst. Statistiken zeigen, dass auf einen Unfall mit Todesfolge etwa 30.000 unsichere Handlungen und Bedingungen entfallen, die zu keinen oder nur geringen Ausfällen führen. Es gilt, Gründe für diese unsicheren Handlungen zu erkennen und damit die mit hohen Verlusten behafteten Ausfälle zu minimieren.

Weltweit eingeführt sind heute folgende **Sicherheitsmanagement-Systeme**:

- Det Norske Veritas International Safety Rating System (ISRS)
- DuPont-Safety Management System

Das ISRS nennt 20 Programmelemente, die durch Einzelkriterien auditierbar sind:

Nr.	Programmelement	Kurzbeschreibung
1	Verantwortung der Unternehmensleitung	Leitlinien, Verantwortlichkeiten, Ziele, aktive Einbindung und Beteiligung, Beauftragte
2	Management Training	Ausbildung der Fach- und Führungskräfte
3	Geplante Inspektionen	Interne Audits, Begehungen und Überprüfungen nach festgelegtem Ablauf
4	Aufgabenanalyse und Verfahren	Systematische Aufgabenbewertung zur Ermittlung möglicher Gefahren
5	Unfall- und Zwischenfalluntersuchungen	Ex-post-Betrachtung von unfallhaften Ereignissen und Ermittlung der Unfallursachen
6	Tätigkeitsbeobachtungen	Beobachtung von Tätigkeiten an kritischen Arbeitsplätzen
7	Notfallplanung	Planung der Maßnahmen zur Gefahrenabwehr und Information bei schwerwiegenden Notfällen
8	Organisationsregeln	Allgemeine Aufbau- und Ablauforganisation im Bereich Sicherheit
9	Unfall- und Zwischenfallanalysen	Unfallstatistiken, Kostenermittlung, Festlegung von Ursachen
10	Aus- und Weiterbildung	Kontinuierliche Mitarbeiterqualifikation
11	Persönliche Schutzausrüstung	Kontrolle der Ausgabe und Anwendung
12	Gesundheitskontrolle	Vorsorgeuntersuchungen, Umgang mit Gefahrstoffen, Erste Hilfe
13	Programmbewertungssystem	Soll-/Ist-Vergleiche, Abweichungsanalysen
14	Einkaufskontrolle	Freigabeverfahren, Leitlinien für sicheres Beschaffen
15	Kommunikation	Kommunikationstraining für Führungskräfte, Eingliederung neuer Mitarbeiter, persönliche Kontakte
16	Gruppenbesprechungen	Sicherheitszirkel unter Beteiligung von Führungskräften
17	Allgemeine Förderung und Werbung	Schwerpunktprogramme, Mitarbeiterinformation, Vorschlagswesen
18	Personalauswahl und -einsatz	Einstellungstests, medizinische Untersuchungen
19	Aufzeichnungen und Berichte	Unfallberichte, Gefährdungskartei, Inspektionsberichte, Statistiken
20	Verhalten in der Freizeit	Informationsveranstaltungen, Ermittlung von Unfallschwerpunkten

Die **Erstellung des Sicherheitsaudits** läuft in gleicher Weise ab, wie dies beim Öko-Audit dargestellt wurde.

In vielen Unternehmen wird diskutiert, wie die einzelnen Führungskonzepte integriert werden können. Grundgedanke bei der Integration ist, neben der eigentlichen Aufbau- und Ablauforganisation keine weiteren Managementsysteme aufbauen und pflegen zu müssen.

Jede Aufgabe im Unternehmen hat neben der eigentlichen Aufgabenerfüllung auch Aspekte qualitativer, ökologischer und sicherheitsproblematischer Art.

Zweckmäßig erscheint zum heutigen Zeitpunkt die volle **Integration** der Bereiche Qualität, Umwelt und Sicherheit auf der Ebene der Verfahrens- und Arbeitsanweisungen. Bei der Durchführung interner Audits lassen sich die diesbezüglichen Unterlagen somit gemeinsam verwalten.

5. Logistik

Die Logistik ist die Summe aller Tätigkeiten, die sich mit der Planung, Steuerung und Kontrolle des gesamten Flusses innerhalb und zwischen Wirtschaftseinheiten befasst, der sich bezieht auf:

- Materialien
- Personen
- Energie
- Informationen.

Da die Logistik sich nicht nur mit Transportprozessen befasst, sondern auch Prozesse der Lagerung oder Speicherung sowie der zeitlichen Verfügbarkeit von Leistungen widerspiegelt, beinhaltet sie einen

- räumlichen Aspekt
- zeitlichen Aspekt.

In den letzten Jahren wurde die Einbindung der **Logistik** in die Unternehmen **immer bedeutsamer**, da sich die Situation der Unternehmen drastisch verändert hat. Die **Ursachen** hierfür lagen vor allem im Umfeld der Unternehmen. Zu nennen sind:

- Globalisierung der Märkte
- Wettbewerbsverschärfung
- Verkürzung der Produktlebenszyklen
- Steigerung der Rohstoff- und Halbfabrikationspreise.

Beispiele für die veränderte Situation zeigt folgende Darstellung von *Jünemann*:

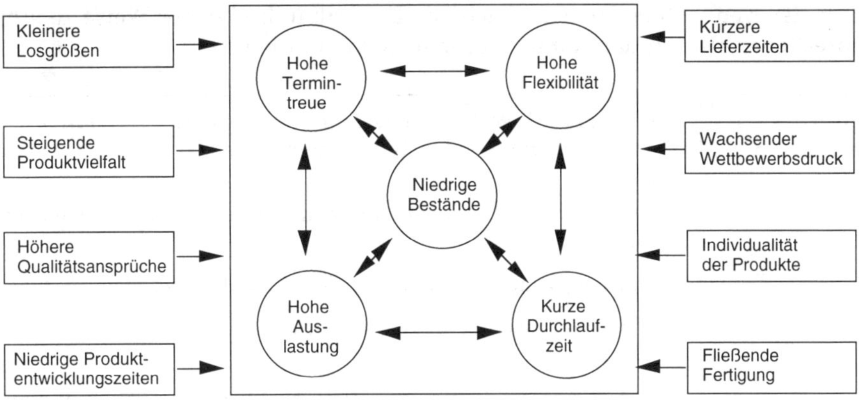

Die zunehmende Wettbewerbsverschärfung verlangt nach stärkerer **Kundenorientierung** und konsequenter **Ausschöpfung vorhandener Rationalisierungspotenziale**. Sie sind mithilfe der Logistik als übergeordneter Funktion möglich, die den Materialbereich, Fertigungsbereich und Absatzbereich entsprechend den Erfordernissen des Marktes und des Unternehmens verbindet.

Der Anteil der **Logistikkosten** ist in den letzten Jahren stark gestiegen und beträgt in einigen Branchen inzwischen bis zu 30 % des Umsatzes. Hier liegt ein erhebliches Rationalisierungspotenzial, dessen sich die Unternehmen bedienen sollten. Um dies zu bewerkstelligen, müssen sie ein **geschlossenes Logistikkonzept** entwickeln bzw. nutzen, das es ermöglicht, Schwachstellen aufzudecken und die betrieblichen Prozesse zielgerichtet zu gestalten.

Als Grundlage hierfür kann ein Bewertungssystem dienen, das auf Kennzahlen basiert. Dabei gilt es insbesondere, quantitativ bewertbare Kennzahlen zu verwenden.

Kennzahlen sind absolute oder Verhältniszahlen, die in konzentrierter Form über zahlenmäßig erfassbare betriebliche Tatbestände informieren. Nach ihrem Aufbau gibt es:

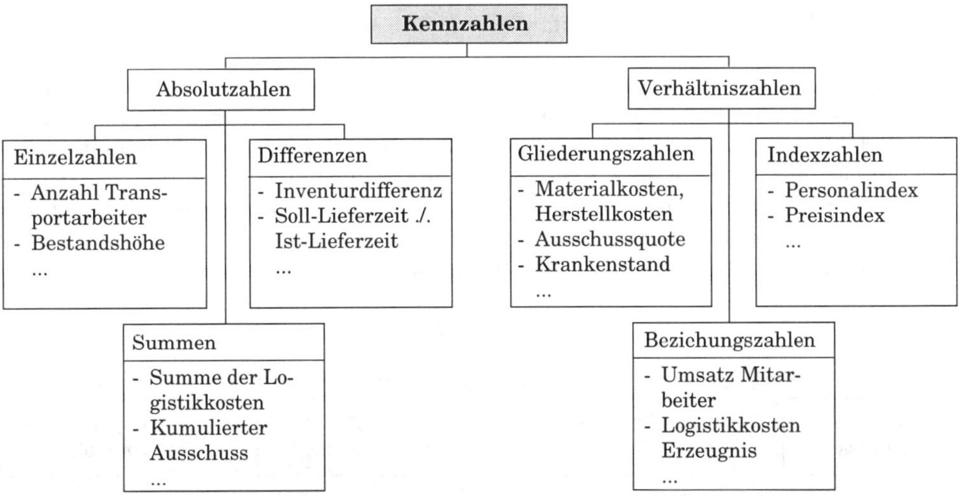

Mithilfe der Kennzahlen ist es möglich, die Logistik in geeigneter Weise zu steuern. Entsprechend ihrem Inhalt können unterschieden werden:

Kosten-Kennzahlen	Die gesamten Kosten einer Logistik-Kostenstelle werden in ein Verhältnis zu bestimmten Leistungseinheiten gesetzt, beispielsweise werden ❍ Kosten des Wareneingangs der Zahl der Eingangssendungen gegenübergestellt ❍ beim Lager die Kosten auf die Flächeneinheit bezogen ❍ bei der Verpackung die Kosten der Zahl der Packstücke gegenübergestellt ❍ im Versand die Kosten zur Zahl der abgefertigten Sendungen in Beziehung gesetzt.
Leistungs-Kennzahlen	Sie messen die Produktivität der Mitarbeiter und der technischen Betriebseinrichtungen im physischen Ablauf, beispielsweise wird ❍ im Wareneingang und Warenausgang die Zahl der Sendungen der Zahl der dort tätigen Mitarbeiter, den Gewichten und dem Volumen gegenübergestellt ❍ im Lager die Zahl der bewegten Artikel erfasst ❍ beim Transport die Zahl der Beförderungsvorgänge und das beförderte Gewichtsvolumen zu den Mitarbeitern in Beziehung gesetzt.
Administrative Kennzahlen	Im Wareneingang und Warenausgang wird beispielsweise die Zahl der Sendungen zu der Anzahl der Mitarbeiter der Verwaltung in Relation gesetzt. Entsprechende Kennzahlen können bei Bedarf für die Bereiche Lager, betrieblicher Transport und Versand erstellt werden.

Bei der Entwicklung von Leistungsvorgaben für die logistischen Bereiche bzw. Funktionen eines Unternehmens ist es notwendig, zuerst die Kennzahlen des Ist-Zustandes zusammenzustellen. Sie ermöglichen aufschlussreiche Einblicke in die Struktur des Unternehmens und der Logistik.

Anschließend sollten die Bereiche bzw. Funktionen auf Rationalisierungsreserven untersucht werden. Sofern genaue Aufschreibungen nicht zweckmäßig oder vorhanden sind, kann mit vorsichtigen Schätzungen gearbeitet werden, die Leistungsvorgaben ermöglichen. Dabei sind auf die jeweiligen Auswirkungen auf andere logistische Bereiche bzw. Funktionen sowie auf die sonstigen Unternehmensbereiche zu achten.

Die Logistik soll unter folgenden Gesichtspunkten betrachtet werden:

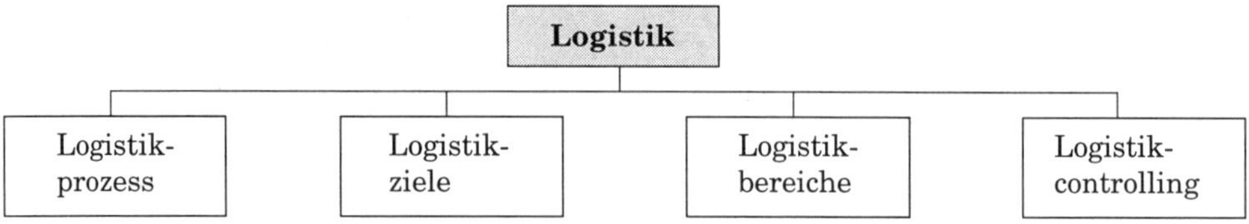

5.1 Logistikprozess

Der typische Logistikprozess, von dem in industriellen Unternehmen täglich viele ablaufen, kann wie folgt beschrieben werden:

- Der Güterfluss kommt vom Beschaffungsmarkt in Form der Roh-, Hilfs- und Betriebsstoffe sowie Zulieferteile in das Unternehmen, d.h. der Lieferant liefert das Material an. Es wird vom Wareneingang angenommen, der die Schnittstelle der innerbetrieblichen Logistik darstellt. Bis zur Einlagerung des Materials im Eingangslager wird der Güterfluss von der **Beschaffungslogistik** kontrolliert.

- Das Eingangslager, in dem das Material für die Fertigung bereitgestellt wird, bildet die Schnittstelle zur **Fertigungslogistik**. Das Material wird, vom Eingangslager kommend, in der Fertigung bearbeitet oder verarbeitet und dabei, soweit erforderlich, in Zwischenlagern deponiert. Nach Abschluss des Fertigungsprozesses kommen die Fertigerzeugnisse in das Fertigerzeugnislager.

- Das Fertigerzeugnislager bildet die Schnittstelle zur **Absatzlogistik**. In ihm werden die Produkte auftragsgerecht zusammengestellt, um sie dem Kunden termingerecht am vereinbarten Ort bereitzustellen.

Pfohl zeigt die funktionelle Abgrenzung von Logistiksystemen nach den **Phasen des Güterflusses** am Beispiel eines industriellen Unternehmens:

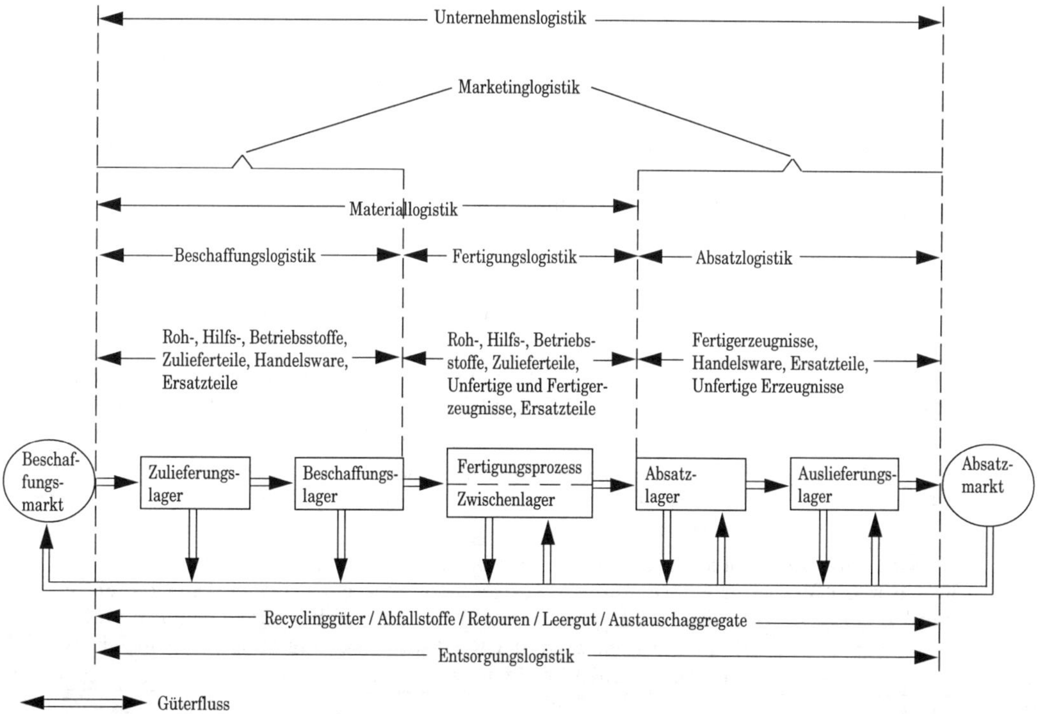

Voraussetzung für einen gut funktionierenden Logistikprozess ist der **Informationsfluss**. Er läuft parallel zur logistischen Kette, aber in umgekehrter Richtung zum Materialfluss, denn die entscheidenden Eingangsinformationen des Unternehmens treffen genau dort ein, wo die logistische Kette endet und die Kundenaufträge angenommen werden, also im Absatzbereich.

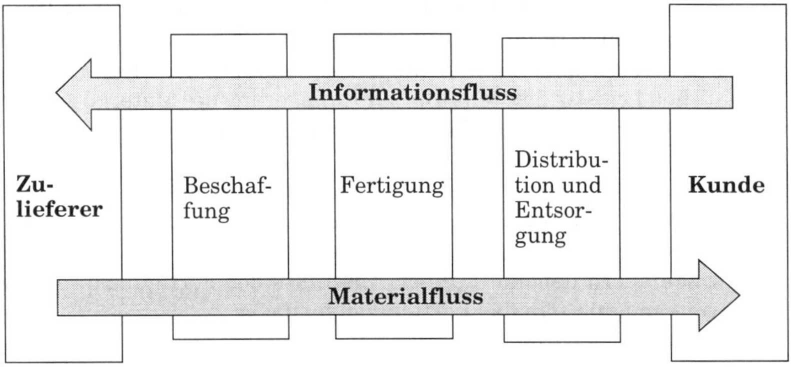

5.2 Logistikziele

Ziel des logistischen Führungsprozesses ist, alle Versorgungs- und Entsorgungsfunktionen, die mit der Beschaffung, Herstellung und Verteilung von Gütern zusammenhängen, zu möglichst geringen Kosten durchzuführen.

Damit kommt der Logistik eine hohe Bedeutung im Unternehmen zu. Dieses ist leicht erkennbar, wenn es beispielsweise darum geht, dieWettbewerbsfähigkeit im Unternehmen zu verbessern, indem Durchlaufzeiten verkürzt, Bestände gesenkt und die Termintreue erhöht werden sollen.

Ein logistisches **System** sollte berücksichtigen:

Sicherstellung der Beschaffung	Die Beurteilung der Beschaffung darf nicht nur aus der Sicht der Logistik, sondern auch anhand weiterer Kriterien gesehen werden.
Technisches know how	Innovationen bei selbst entwickelter Technologie stellen eine Kernkompetenz des Unternehmens dar. Erst eine längere Zeit der Anwendung macht einen Fremdbezug derartiger Leistungen möglich.
Beschaffungsmarkt	Eine intensive Beschaffungsmarktforschung ist erforderlich, um Lieferanten gezielt anzusprechen, die in der Lage sind, die gewünschte Leistung anzubieten.
Leistungsfähigkeit der Lieferanten	Lieferanten müssen eine benötigte Leistung in der geforderten Qualität zu tragfähigen Kosten termingerecht erbringen sowie eine hohe Leistungsfähigkeit in der Weiterentwicklung der Produkte und Fertigungstechnologien, der Qualitätssicherung bzw. in der logistischen Zusammenarbeit besitzen.

Marktstellung der Lieferanten	Die Wettbewerbsfähigkeit des Lieferanten stärkt oft die eigene Wettbewerbsfähigkeit. Neben der Qualität des Managements und der Unternehmenskultur sind die Qualität der Forschungs- und Entwicklungseinrichtungen sowie die Fertigungskapazitäten wichtig.
Sicherung der Logistik	Die logistische Zusammenarbeit zur Sicherung zukünftiger Bedarfe muss unter Berücksichtigung der geographischen Entfernung, der informationstechnischen Anbindung an den Lieferanten, der Verkehrswege, der Vorlaufzeiten sowie der Transport-, Lager- und Verpackungskosten gesehen werden.

Die Gestaltung eines logistischen Systems kann durch die Verwendung eines **Make-or-Buy-Portfolio** unterstützt werden:

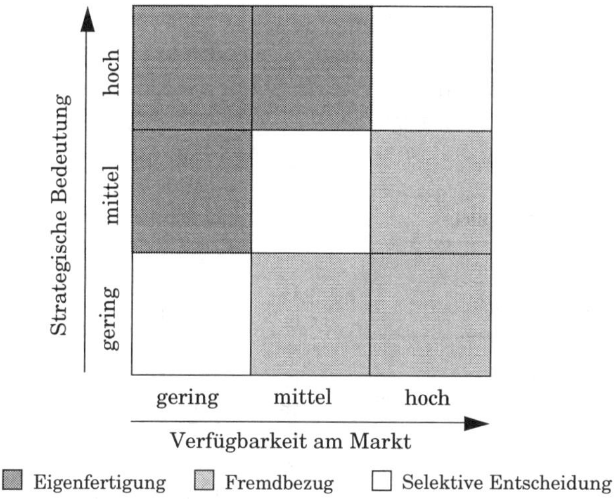

Auf der horizontalen Achse wird die Verfügbarkeit am Markt, auf der vertikalen Achse die strategische Bedeutung eingetragen. Die Kombination der drei Ausprägungen (gering, mittel, hoch) für Verfügbarkeit am Markt und die strategische Bedeutung ergibt eine Portfolio-Matrix mit neun Feldern. Folgende **Aussagen** sind möglich:

- Die drei Matrixfelder links oben haben eine mittlere bzw. hohe strategische Bedeutung bei geringer bis mittlerer Verfügbarkeit am Markt. Die Produkte gehören zur **Kernkompetenz** des Unternehmens, in dem es einen relativen Wettbewerbsvorteil besitzt.

- Die drei Matrixfelder rechts unten haben geringe bzw. mittlere strategische Bedeutung bei einer mittleren bzw. hohen Verfügbarkeit am Markt, d.h. die Beschaffung der dort positionierten Produkte ist nicht schwierig. Qualifizierte Lieferanten bieten sich für **Fremdbezug** an.

- Die drei Matrixfelder der Diagonalen müssen im Einzelfall geprüft werden. Hier ist **aktives Beschaffungsmarketing** notwendig.

Es ist die Aufgabe der logistischen Führung, die **logistischen Einzelstrategien** zu einer logistischen Gesamtstrategie zu verbinden und die **logistische Politik** festzulegen sowie für deren Realisierung zu sorgen.

Ein **Zielkonflikt** für die Logistik ergibt sich im Unternehmen vielfach, indem die Forderung sowohl nach erweiterten bzw. verbesserten Logistikleistungen als auch nach Kostensenkungen gestellt wird.

Für eine Lösung dieses Zielkonfliktes ist es unbedingt notwendig, bei Kostensenkungsstrategien im logistischen Bereich eine ganzheitliche Betrachtungsweise zu Grunde zu legen, da Kostensenkungen in einem logistischen Teilbereich zu Kostensteigerungen in einem andern Teilbereich führen können. Beispiele dafür zeigt *Pfohl*:

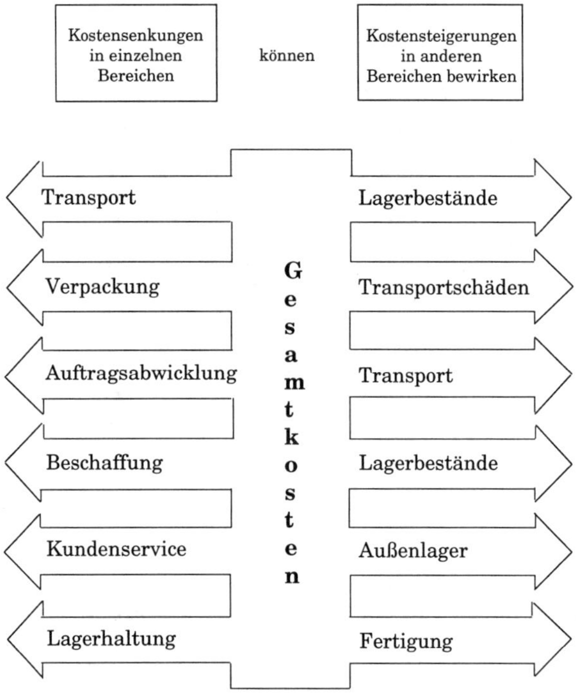

Das Anstreben eines **Kompromisses** durch Minimierung der Gesamtkosten ist daher zwingend. Hierzu sind Voraussetzungen eine entsprechende Zuordnung der Verantwortlichkeiten durch aufbauorganisatorische Maßnahmen sowie ein Informationsfluss, der die Bedürfnisse der einzelnen Bereiche transparent macht und die Verursachung der jeweiligen Kosten aufzeigt.

Die **Steuerungsfunktion** der Logistik besteht darin, diese Zielkonflikte in der Prozesskette »Beschaffung – Fertigung – Absatz« zu einem Ausgleich zu bringen, der die Erreichung der unternehmensbezogenen Zielsetzungen garantiert. Die Steuerung der Prozesskette muss einen optimalen Informations- und Materialfluss gewährleisten.

Insbesondere sollen erreicht werden:

- Kurze Durchlaufzeiten
- Hohe Flexibilität zum Absatzmarkt
- Hohe Liefertreue
- Niedrige Bestände.

Die Steuerungsfunktion der Logistik ist ein Teil des Gesamt-Steuerungssystems im Unternehmen.

5.3 Logistikbereiche

Die Logistik ist, wie die bisherigen Ausführungen gezeigt haben, eine **Querschnittsfunktion**, die auf die Unternehmensziele ausgerichtet ist und drei betriebliche Funktionsbereiche miteinander verknüpft:

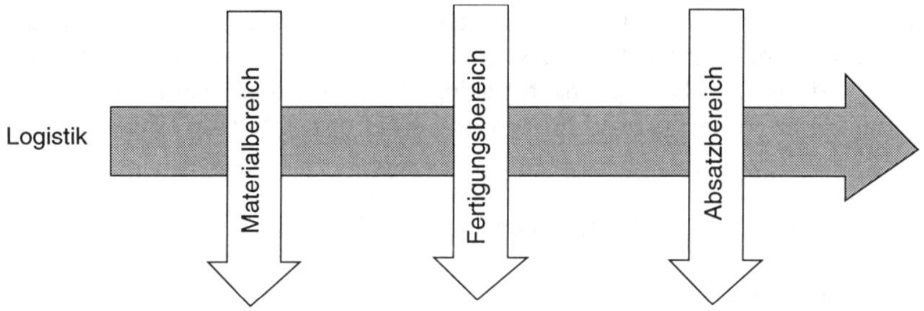

Immer häufiger wird zusätzlich auch von der **Entsorgungslogistik** gesprochen, bei welcher der Güterfluss in umgekehrter Richtung fließt. Sie bezieht sich auf:

- Abfallstoffe, die zu entsorgen sind und die im Rahmen des Recycling zur Wiederverwendung oder -verwertung zurückzuführenden Güter.

- Beschädigte, falsch ausgelieferte und auszutauschende Güter, die vom Kunden an den Lieferanten zurückgehen. Beispielsweise das Leergut sowie die bei Investitions- und Gebrauchsgütern anfallenden Austauschaggregate.

Die Entsorgungslogistik kann als Teil der materialwirtschaftlichen Logistik gesehen werden.

Das Bindeglied der einzelnen Funktionsbereiche mit logistischen Aufgabenstellungen ist der **Informationsfluss**. Den Informationen kommt somit die Rolle eines Produktionsfaktors zu, dessen Verfügbarkeit und Qualität maßgeblich am Unternehmenserfolg beteiligt ist.

10 Seite 429

Im Folgenden sollen behandelt werden:

- **Beschaffungslogistik**
- **Fertigungslogistik**
- **Absatzlogistik**
- **Abfalllogistik**.

5.3.1 Beschaffungslogistik

Die Beschaffung umfasst vor allem folgende Aufgabenstellungen

- Einholung und Auswertung von Angeboten
- Lieferantenauswahl
- Preisverhandlungen und Abschlüsse.

Die Aufgabe des Einkäufers ist es, seinem Unternehmen Lieferkapazitäten zur Verfügung zu stellen, vorhandene Lieferkapazitäten zu pflegen und zukünftige Lieferkapazitäten zu entwickeln. Die Beschaffungslogistik nutzt diese Kapazitäten, um den erforderlichen Güterfluss herbeizuführen und sorgt damit für die Materialbereitstellung.

Die Beschaffungslogistik beschäftigt sich insbesondere mit:

- Gestaltung der Beschaffungsstruktur
- Konzepten der Materialbereitstellung
- Einsatz neuer Kommunikationstechniken
- Material und Informationsfluss im Wareneingang.

Einzelne beschaffungslogistische **Aufgaben** können beispielsweise sein:

- Bedarfsermittlung und Disposition
- Festlegen und Überwachen von Liefermengen und -terminen
- Festlegen von Verpackungs-, Transport- und Versandvorschriften
- Eingangskontrolle und Einlagerung
- Bestandsüberwachung.

Die Optimierung der Beschaffungsaufgaben verlangt die Koordinierung folgender bereichsbezogener **Anforderungen**, die zu Zielkonflikten führen können:

Beschaffung	Minimale Preise durch große Bestellmengen
Fertigung	Hohe Verfügbarkeit an Roh-, Hilfs-, Betriebsstoffen und Zulieferteilen
Finanzwesen	Niedrige Bestände wegen Lagerhaltungskosten
Lagerwesen	Kurzfristige Beschaffung in kleinen Losen für niedrige Bestände

Die Beschaffungslogistik hat damit im Wesentlichen einen Ausgleich zwischen der Forderung nach niedrigen Beständen und der Forderung nach ausreichender Versorgung der Fertigung herbeizuführen.

5.3.2 Fertigungslogistik

Neben der eigentlichen Herstellung der Produkte sind im Rahmen der Fertigung beispielsweise folgende einzelnen, logistischen **Aufgaben** zu erfüllen:

- Innerbetrieblicher Transport und Bereitstellung
- Zwischenlagerung von Fertigungsmaterial, Teilen oder Baugruppen
- Materialflussgerechte Fabrikstruktur
- Planung und Steuerung der Fertigung.

Die Aufgabe der Fertigung ist es, Kapazitäten im erforderlichen Umfang und mit entsprechender Flexibilität zur Verfügung zu stellen. Die Fertigungslogistik hat für die optimale Nutzung der Kapazitäten zu sorgen. Dabei führt die unterschiedliche Anordnung bzw. Organisation der Fertigungsstellen zu verschiedenartigen **Anforderungen** an die Fertigungslogistik:

- Für die **Werkstattfertigung** ist der diskontinuierliche Transport der Roh- und Hilfsstoffe sowie Halbfabrikate in unterschiedlichen Losen zur nächsten Betriebsstätte typisch, woraus die Notwendigkeit zur Zwischenlagerung resultiert.

- Die **Fließfertigung** ist durch einen kontinuierlichen Transport von Fertigungsstelle zu Fertigungsstelle gekennzeichnet, wobei die Fertigungsstellen in der Reihenfolge der vorzunehmenden Arbeitsgänge aneinandergereiht sind. Da Fehlmengen aufgrund der Verkettung der einzelnen Fertigungsstellen den gesamten Fertigungsprozess gefährden würden, hat die Verfügbarkeit der Einsatzgüter oberste Priorität.

  Die Materialbereitstellung für die einzelnen Fertigungsstellen wird im Übrigen durch Betriebsmittelstillstand, Werkzeug- und Personalausfall und Ähnliches ständig bedroht. Daraus ergibt sich die Notwendigkeit von Pufferlagern im Fertigungsprozess.

- Bei der **Massenfertigung** hat die Fertigungslogistik die Aufgabe, über lange Zeiträume die Fertigungsstellen mit denselben Einsatzstoffen zu versorgen. Notwendig sind hierbei Logistiksysteme, die unter Ausnutzung eines hohen Mechanisierungsgrades möglichst störungsfrei kontinuierlich dieselbe Leistung erbringen können.

- Im Hinblick auf die **Serienfertigung** stellt sich das Problem der Fertigungslosgröße, worauf die Fertigungslogistik Einfluss haben muss, da sie für die durch die Losgröße entstehenden Lagerbestände verantwortlich ist.

- Bei der **Einzelfertigung**, die fast immer Auftragsfertigung ist, muss die Fertigungslogistik große Flexibilität aufweisen. Sie hat dafür Sorge zu tragen, dass die Fertigungsstellen mit ständig wechselnden Einsatzstoffen versorgt werden.

Betrachtet man die Beziehungen zu anderen Bereichen, ergeben sich folgende Anforderungen, die Zielkonflikte bewirken können:

Beschaffung	Konstante Abnahmemengen; sichere Liefervorschau
Finanzwesen	Geringe Produktionskosten; kurze Durchlaufzeiten; geringe Bestände, geringe Materialflusskosten
Absatzmarkt	Kurzfristige Bedarfsdeckung mit Fertigwaren; kurze Reaktionszeiten
Fertigwaren-lagerwesen	Kurze Wiederbeschaffungszeit zur Lagerauffüllung
Fertigung	Große Lose; hohe Maschinenauslastung; gleichmäßige Auftragsmengen pro Fertigungbereich

Die Höhe der Bestände und die Auftragsdurchlaufzeit in der Fertigung hängen in erster Linie von einer gut funktionierenden Planung und Steuerung sowohl der Fertigung als auch des innerbetrieblichen Transportes ab.

5.3.3 Absatzlogistik

Die Absatzlogistik befasst sich mit der optimalen Distribution der Produkte. Deshalb wird sie vielfach auch als **Distributionslogistik** bezeichnet. Sie beschäftigt sich vor allem mit folgenden **Aufgaben**:

- Standortwahl der Distributionslager
- Lagerhaltung
- Auftragsabwicklung
- Verpackung und Kommissionierung
- Warenausgang und Transport
- Ersatzversorgung.

Die Absatzlogistik bezieht sich insbesondere auf das Fertigwarenlager und den Vertrieb:

- Die im **Fertigwarenlager** abzuwickelnden Tätigkeiten beginnen mit der Übernahme der Fertigerzeugnisse aus der Fertigung und enden mit der Bereitstellung für den Versand an die Kunden. Im Einzelnen lassen sich folgende **Aufgaben** unterscheiden:

❍ Eingangskontrolle ❍ Einlagerung ❍ Lagerung ❍ Bestandsüberwachung ❍ Disposition bzw. Bestellauslösung- zum Wiederauffüllen des Lagers	❍ Kommissionierung ❍ Verpackung und Bereitstellung für Versand ❍ Transportplanungg ❍ Versandabwicklung

Von besonderer Bedeutung für die Höhe der Bestände an Fertigerzeugnissen ist die Disposition. Einerseits sollen die Lagerhaltungskosten minimiert werden, was eine bedarfsgerechte Disposition erfordert. Dafür ist eine genaue Kenntnis der zu erwartenden Lagerabgänge notwendig. Andererseits soll eine möglichst kurze und zuverlässige Wiederbeschaffung von Fertigerzeugnissen aus der Fertigung sichergestellt werden.

Aus der ersten Forderung ergeben sich enge Beziehungen zum Vertrieb, der für möglichst realistische und differenzierte Absatzprognosen zu sorgen hat. Verbindungen zur Fertigung sind unerlässlich, wenn kurze Wiederbeschaffungszeiten gewünscht werden, um das Lager rasch auffüllen zu können. Dies sicherzustellen, ist nur mit einer flexiblen Fertigung und einem leistungsfähigen Planungs- und Steuerungssystem für die Fertigung möglich.

- Im **Vertrieb** gibt es neben der Akquisition als Vertriebsaufgabe im Rahmen der Logistik häufig weitere Aufgaben, die wahrgenommen werden müssen. Dazu zählen:

○ Kaufmännische Auftragsabwicklung	○ Bedarfsmeldung bzw. Bestellauslösung
○ Absatzplanung	○ Fertigung bzw. Beschaffung
○ Absatzprognose	

Die Distributionslogistik gestaltet hier die Schnittstelle im Güterfluss zwischen dem Hersteller und den Kunden zur Sicherung des Absatzes unter kostenoptimalen Gesichtspunkten und unter Berücksichtigung der vom Markt geforderten Lieferfähigkeit und Lieferzeit. Die Höhe der Bestände im Unternehmen hängt stark von der Qualität der vom Vertrieb gelieferten Absatzprognosen ab, da sie die Grundlage für Fertigungs- und Beschaffungspläne sind.

Insgesamt sind als bereichsspezifische Anforderungen an die Distributionslogistik zu nennen, woraus sich wiederum Zielkonflikte ergeben können:

Vertrieb	Sicherstellung der jederzeitigen Bedarfsdeckung ab Lager, schnelle Auftragsabwicklung und Auslieferung
Fertigung	Aktuelle Absatzprognosen; Übergabe großer Produktionslose
Finanzwesen	Niedrige Bestände, Auftragsabwicklungs-, Lagerhaltungs- und Transportkosten
Absatzmarkt	Hoher Lieferservice und individuelle Produkte

5.3.4 Abfalllogistik

Die ökologischen Ziele der Abfallwirtschaft und der Entsorgung basieren auf den Grundsätzen:

- Vermeiden von Rückständen
- Vermindern von Schadstoffen
- Verwerten von Sekundärrohstoffen
- Entsorgen von Abfällen.

Die Abfalllogistik beschäftigt sich vor allem mit:

- Zielgrößen und entsorgungsstrategischem Handlungsspielraum
- Innerbetrieblicher und externer Entsorgungslogistik
- Minimierung der Kosten der Entsorgungslogistik.

Die Entsorgungslogistik hat dabei eine hohe Gemeinsamkeit mit den Kernprozessen des Transports, des Umschlags und der Lagerung in den Bereichen Beschaffung, Fertigung und Absatz.

Aufgaben der Abfalllogistik im Hinblick auf die Abfallgüter sind vor allem:

- Sammeln
- Sortieren
- Zwischenlagern/Lagern
- Verpacken
- Transportieren.

5.4 Logistikcontrolling

Das logistische Controlling hat vor allem folgende **Aufgaben**:

- Aufbau einer umfassenden Logistikkosten- und -leistungsrechnung
- Beschaffung, Verdichtung, Bereitstellung entscheidungsbezogener Informationen
- Aufbau eines Logistikkennzahlensystems
- Permanente Wirtschaftlichkeitskontrolle durch Soll-Ist-Vergleiche von Kosten und Leistungen.

Damit das Logistikcontrolling die ihm zugewiesenen Aufgaben wahrnehmen kann, müssen als **Voraussetzungen** erfüllt sein:

- Aufbau eines Zielsystems
- Schaffung von Planungs- und Kontrollinstrumenten
- Sicherstellung der Verfügbarkeit benötigter Informationen.

Das Logistikcontrolling kann sein:

- **Strategisches Logistikcontrolling**, dem folgende Aufgaben zugewiesen werden können:
  - Anstoß und Unterstützung der strategischen Planung
    - Organisation des Planungsprozesses
    - Koordination der strategischen Teilpläne
    - Dokumentation der Teilplanung
  - Verbindung der strategischen mit der operativen Planung
  - Aufbau einer strategischen Kontrolle.

  Der Anstoß und die Unterstützung der strategischen Planung ist davon die wichtigste der genannten Aufgaben. In den Unternehmen wird vielfach noch zu wenig Wert auf die strategische Ausrichtung der Logistik gelegt.

Dies gilt ebenfalls für die Betrachtung der Logistik als

- Kostennutzungspotenzial
- Kundennutzungssteigerungspotenzial.

Dazu soll das folgende Bild entsprechende Aufschlüsse geben:

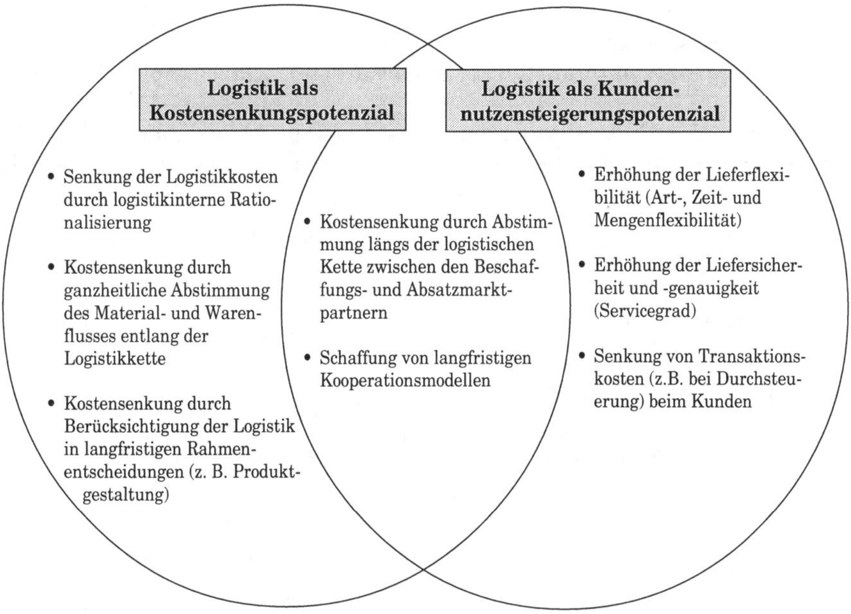

Aus der Abbildung wird deutlich, dass sich das Logistikcontrolling als Instrument sowohl für interne als auch für externe Betrachtungen einsetzen lässt. Intern befasst es sich beispielsweise mit Rationalisierungs- und somit Kosteneinsparungsmaßnahmen. Extern kann es untersuchen, wie eine Erhöhung der Lieferflexibilität oder der Liefersicherheit erreicht werden kann.

- Das **operative Logistikcontrolling** hat ein in sich abgestimmtes logistisches Zielsystem, das an jedem einzelnen logistischen Aktivitätsfeld ansetzt, Zielgewichtungen vorsieht (z. B. Servicegrad gegen Logistikkostenhöhe) und die Basis für eine Leistungsbeurteilung der Logistik bildet.

  Allein der Aufbau eines Zielsystems reicht jedoch nicht aus, um das gewünschte Ziel zu erreichen. Daher hat das operative Logistikcontrolling auch die Aufgabe, operationale, d.h. leicht und objektiv erfassbare Messgrößen für die Logistikziele festzulegen.

Das Logistikcontrolling muss über ein geschlossenes **Planungssystem** verfügen, das sich von langfristigen Strategien über die Investitionsplanung bis zur kurzfristigen Ablaufplanung erstreckt. Um die notwendigen Entscheidungen in den einzelnen Planungsfeldern treffen zu können, bedarf es des Einsatzes geeigneter Entscheidungsmethoden und der Verfügbarkeit der erforderlichen Informationen.

Eine besondere Bedeutung kommt der Festsetzung von Logistikbudgets zu. Damit seine Erstellung sachgerecht erfolgen kann, ist es notwendig, dass detaillierte, analytisch ermittelte Informationen verfügbar sind oder beschafft werden können über die Zusammenhänge zwischen

- Material- bzw. Warenmengen,
- Logistikleistungsmengen,
- Mengen von Einsatzfaktoren, z.B. Transportarbeiter, Gabelstapler, Diesel.

Erst dann kann eine Budgetierung der Logistikkosten erfolgen, die mithilfe des **Gegenstromverfahrens** erfolgen sollte. Wie dies geschieht, zeigt folgende Abbildung:

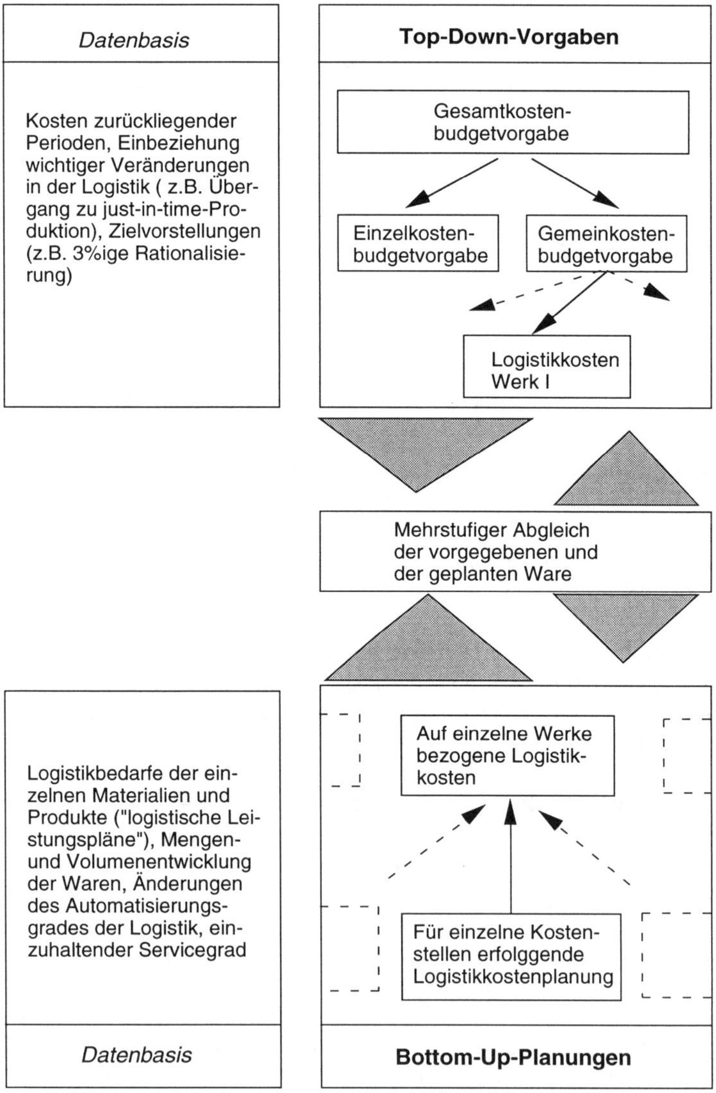

Schließlich ist es notwendig, eine **Logistikkosten- und -leistungsrechnung** aufzubauen. Darin liegt zweifelsohne der Engpass bei der Entwicklung eines Logistikcontrolling.

Für die logistischen Entscheidungen im Unternehmen sind die Daten des betrieblichen Rechnungswesens eine wichtige Grundlage. Sie reichen indessen aber nicht aus, denn auch bei ausgebauter Kostenarten-, Kostenstellen- und Kostenträgerrechnung fehlen die für die Steureung des Logistikbereichs notwendigen Informationen.

Die für die Logistik zusätzlich noch erforderlichen Daten können über das **Berichtswesen** bereitgestellt werden, das es ermöglicht, spezifische Kennzahlen für den Logistikbereich zu bilden, die sich auf die Kosten und Leistungen für die physische und administrative Abwicklung zu beziehen.

11 **Seite 429**

	Kontrollfragen	bearbeitet	Lösungshinweis	Lösung +	Lösung –
01	Beschreiben Sie die güter- und finanzwirtschaftlichen Prozesse!		19		
02	Stellen Sie die Aktivitäten der Materialwirtschaft schematisch dar!		19		
03	Auf welchen Märkten ist die Materialwirtschaft mit anderen Wirtschaftseinheiten verbunden?		19		
04	Nennen Sie die Materialien, mit denen sich die Materialwirtschaft zu befassen hat!		20 f.		
05	Worin unterscheiden sich Roh- und Hilfsstoffe?		20		
06	Was sind Betriebsstoffe?		20		
07	Erläutern Sie, welche Arten von Erzeugnissen unterschieden werden können!		21		
08	Warum rechnet man Verschleißwerkezeuge vielfach auch zu den Materialien?		21		
09	Welche Aufgaben hat die Materialwirtschaft zu bewältigen?		21		
10	Welche Vorgehensweise bietet sich an, damit die Materialien richtig beschafft werden können?		22		
11	Welche Aufgaben stellen sich der Materialverwaltung?		22		
12	Welche Funktionen kann die Materiallagerung haben?		23		
13	Mit welchen Problemen beschäftigt sich die Materialverteilung?		23		
14	In welchen Fällen ist eine Materialentsorgung erforderlich?		23		
15	Welche Möglichkeiten der Materialentsorgung lassen sich unterscheiden?		24		
16	Was versteht man unter einer Aufbauorganisation?		24		
17	In welchen Schritten erfolgt der Aufbau eines Unternehmens?		25		
18	Wie kann die Materialwirtschaft in Klein- und Mittelunternehmen aufbauorganisatorisch eingeordnet sein?		25 f.		
19	Wie kann die Materialwirtschaft in Großunternehmen aufbauorganisatorisch eingeordnet sein?		26 f.		
20	Beschreiben Sie die Stablinien-Organisation unter materialwirtschaftlichen Gesichtspunkten!		27 f.		
21	Erläutern Sie unter materialwirtschaftlichen Gesichtspunkten die Matrix-Organisation!		29 f.		
22	Beschreiben Sie die Produkt-Management-Organisation unter materialwirtschaftlichen Gesichtspunkten!		30 f.		
23	Erläutern Sie unter materialwirtschaftlichen Gesichtspunkten die Divisional-Organisation!		31 f.		

	Kontrollfragen	bearbeitet	Lösungshinweis	Lösung +	Lösung −
24	In welche Bereiche kann die Materialwirtschaft aufbauorganisatorisch unterteilt werden?		33		
25	Wovon kann die Art der Eingliederung der Beschaffungswirtschaft in die Gesamtorganisation abhängen?		33		
26	Welche Vorteile bietet eine zentrale Beschaffung?		34		
27	In welchen Fällen ist eine dezentrale Beschaffung zweckmäßig?		34		
28	Nach welchen Prinzipien kann die Beschaffungswirtschaft organisatorisch aufgebaut sein?		35		
29	Worin besteht die Aufgabe der Lagerwirtschaft?		35		
30	Welche Kriterien können für die Eingliederung der Lagerwirtschaft in die Gesamtorganisation bedeutsam sein?		36		
31	Wie kann die Lagerwirtschaft aufbauorganisatorisch gegliedert werden?		37		
32	Welche Aufgabe hat die Materialverteilung?		37		
33	Welche Überlegungen können zur organisatorischen Eingliederung der Materialverteilung angestellt werden?		38		
34	Wie kann der organisatorische Aufbau der Materialverteilung erfolgen?		38 f.		
35	Nennen Sie Kriterien für die Eingliederung der Abfallwirtschaft in die Gesamtorganisation!		39		
36	An welchen Kriterien kann sich der organistorische Aufbau der Abfallwirtschaft orientieren?		39 f.		
37	Was versteht man unter der Ablauforganisation?		40		
38	Welche Möglichkeiten bieten EDV-Anlagen bei unternehmensbezogenen Prozessen?		41		
39	Welche unternehmensbezogenen Prozesse lassen sich unterscheiden?		41		
40	Beschreiben Sie, was unter dem CIM-Konzept zu verstehen ist!		41 ff.		
41	Welches sind die Elemente des CIM-Konzeptes?		44		
42	Welche Informationen werden von der Grunddatenverwaltung zur Verfügung gestellt?		45		
43	Was versteht man unter einem PPS-System?		48		
44	Welche Funktionen weist ein PPS-System auf?		48		
45	Welche CA-Elemente lassen sich unterscheiden?		49		
46	Wozu dient CAD und CAE?		49		
47	Worin besteht die Aufgabe von CAP?		49		

	Kontrollfragen	bearbeitet	Lösungshinweis	Lösung +	Lösung –
48	Was versteht man unter CAM?		49		
49	Erläutern Sie, was unter CAQ zu verstehen ist!		49		
50	Worauf beziehen sich materielle Prozesse?		50 f.		
51	Beschreiben Sie die informationellen Prozesse!		51		
52	Welche Ablaufprozesse sind mithilfe der Ablauforganisation zu regeln?		51		
53	Welche Stellung hat die Bedarfsermittlung in der Materialwirtschaft?		51 f.		
54	Was versteht man unter Primär-, Sekundär-, Tertiärbedarf?		52		
55	Auf welchen Grundlagen beruht die Bestandsrechnung?		53 f.		
56	Wie lässt sich die Lagerbuchhaltung organisatorisch abwickeln?		53		
57	Erläutern Sie die Lagerbewegungen, die unterschieden werden können!		53		
58	Welche Lagerstatistiken lassen sich unterscheiden?		54		
59	Beschreiben Sie die Schritte, die beim Bildschirm-Einsatz ablaufen!		54		
60	Welche Aufgabe hat die Beschaffung?		54		
61	Auf welchen Grundlagen beruht die Beschaffung?		54 f.		
62	Welche Bedeutung hat der Fabrikkalender in der Materialwirtschaft?		54 f.		
63	Welche Aufgaben hat die Bestellabwicklung?		55		
64	Welche Tätigkeitsbereiche umfasst die Lagerung?		55		
65	Welche ablauforganisatorischen Schritte sind bei der Lagerung erforderlich?		55 f.		
66	Was versteht man unter einem Hol- bzw. Bringsystem?		56		
67	Welche Darstellungen werden in der Materialwirtschaft benutzt?		56 f.		
68	Beschreiben Sie den Arbeitsablaufplan!		57		
69	Was versteht man unter dem Datenflussplan?		57		
70	Welche Vorteile weist der Datenflussplan auf?		57		
71	Wozu dient das Vorgangskettendiagramm?		59		
72	Beschreiben Sie den Materialflussplan!		60		
73	Worin besteht die Aufgabe der materialwirtschaftlichen Führung?		61		
74	Aus welchen Phasen besteht der Prozess der materialwirtschaftlichen Führung?		62		

	Kontrollfragen	bearbeitet	Lösungshinweis	Lösung +	Lösung –
75	Erläutern Sie, was unter Materialcontrolling zu verstehen ist!		63		
76	Wie sind Ziele zu formulieren?		63		
77	In welchen Phasen erfolgt die Zielbildung?		63 f.		
78	Welche Ziele gibt es im Hinblick auf den unterschiedlichen Formalisierungsgrad?		64		
79	Worin unterscheiden sich Haupt- und Nebenziele?		64		
80	Welche Ziele können Oberziele sein?		64		
81	Was sind Unterziele? Geben Sie Beispiele dafür!		64		
82	Geben Sie Beispiele für monetäre und nichtmonetäre Ziele!		65		
83	Worin unterscheiden sich komplementäre und konkurrierende Ziele?		66		
84	Wie lassen sich indifferente Ziele beschreiben?		66		
85	Welche Ziele können hinsichtlich ihrer Fristigkeit unterschieden werden?		66		
86	Was ist Planung?		66		
87	Worauf basieren Planungen?		67		
88	Worin besteht das Grundproblem bei der Planung?		67		
89	Nach welchen Grundsätzen sollten Planungen erfolgen?		67		
90	Nennen und erläutern Sie die Phasen der Planung!		67 f.		
91	Welche zeitbezogenen Pläne lassen sich unterscheiden?		68		
92	Wodurch zeichnen sich strategische Pläne aus?		68		
93	Worin unterscheiden sich taktische und operative Pläne?		69		
94	Wie können Gesamtpläne im Unternehmen erstellt werden?		69		
95	Welche Pläne können ihrer unterschiedlichen Verbindlichkeit nach unterschieden werden?		70		
96	Geben Sie einen Überblick über qualitative Planungstechniken!		70		
97	Welche quantitativen Planungstechniken lassen sich unterscheiden?		71		
98	Beschreiben Sie, was unter der Durchführung verstanden werden kann!		71		
99	Woraus besteht die Kontrolle?		72		
100	In welchen Phasen wird die Kontrolle vorgenommen?		72 f.		
101	Worin unterscheiden sich die Ergebnis- und die Verfahrenskontrolle?		73		

	Kontrollfragen	bearbeitet	Lösungshinweis	Lösung +	Lösung –
102	Welche Kontrolle gibt es ihrem unterschiedlichen Träger entsprechend?		73		
103	Erläutern Sie, welche umfangbezogenen Kontrollen es gibt!		73		
104	Was wird unter Steuerung verstanden?		74		
105	Welche Arten der Steuerung lassen sich unterscheiden?		74		
106	Welche Führungskonzepte haben sich in den letzten Jahren entwickelt?		74		
107	Was ist Qualität?		75		
108	Beschreiben Sie den PDGA-Zyklus!		75 f.		
109	Mithilfe welcher statistischen Werkzeuge kann eine Situationsanalyse erfolgen?		76		
110	Erläutern Sie, was unter Kaizen zu verstehen ist!		77		
111	Welche Bedeutung hat die Kundenorientierung für ein Unternehmen?		77		
112	Worin besteht die Aufgabe des Qualitätsmanagements?		78		
113	Wozu dient die Zertifizierung?		78		
114	Aus welchen Normen besteht die Normenreihe DIN ISO 9000 - 9004?		78 f.		
115	Welche Möglichkeiten der Dokumentation können beim Qualitätsmanagement unterschieden werden?		79		
116	Wozu dient das Qualitätsmanagement-Handbuch?		79		
117	Zählen Sie die Qualitätselemente nach ISO 9001 auf!		80		
118	Welche Informationen liefern die QM-Verfahrensanweisungen?		80		
119	Welchen Inhalt haben QM-Arbeitsanweisungen?		80 f.		
120	Welche Aufgabe hat das Qualitätsaudit?		81		
121	Nennen Sie die Formen des Qualitätsaudit!		81		
122	Welche Vorteile kann Umweltschutz dem Unternehmen bringen?		81		
123	Nennen Sie die Handlungsgrundsätze nach der Öko-Audit-Verordnung!		82		
124	Wie hat die Dokumentation des betrieblichen Umweltschutzkonzeptes zu erfolgen?		83		
125	Was regelt das Öko-Audit?		83		
126	Welche Schritte sind nötig zur Erlangung der Umwelterklärung?		83		
127	Beschreiben Sie den Prüfumfang beim Öko-Audit!		84		

	Kontrollfragen	bearbeitet	Lösungshinweis	Lösung +	Lösung −
128	Erläutern Sie, was das Sicherheitskonzept umfasst!		84		
129	Aus welchen Programmelementen besteht das ISRS?		85		
130	Wie läuft die Erstellung des Sicherheitsaudit ab?		86		
131	Was versteht man unter Logistik?		86		
132	Weshalb ist die Logistik in den letzten Jahren immer bedeutsamer geworden?		86		
133	Wie hoch sind die Logistikkosten in Unternehmen?		87		
134	Welche Kennzahlen lassen sich ihrem Aufbau entsprechend unterscheiden?		87		
135	Geben Sie Beispiele für logistische Kosten- und Leistungskennzahlen!		88		
136	Wie läuft ein typischer Logistikprozess ab?		89		
137	Was ist die zentrale Voraussetzung für einen gut funktionierenden Logistikprozess?		90		
138	Welche Berücksichtigungen sollten beim logistischen Zielsystem erfolgen?		90		
139	Erstellen und erläutern Sie ein Make-or-Buy-Portfolio!		91		
140	Beschreiben sie typische Zielkonflikte in der Logistik!		92		
141	Worin besteht die Steuerungsfunktion der Logistik?		92		
142	Welche logistischen Teilbereiche lassen sich unterscheiden?		93		
143	Welche Aufgaben hat die Beschaffungslogistik?		94		
144	Wie können die Beschaffungsaufgaben optimiert werden?		94		
145	Worin bestehen die Aufgaben der Fertigungslogistik?		95		
146	Was sind die unterschiedlichen logistischen Anforderungen bei der Werkstatt- und Fließfertigung?		95		
147	Welche logistischen Probleme gibt es bei der Massen-, Serien- und Einzelfertigung?		95		
148	Womit beschäftigt sich die Absatz- bzw. Distributionslogistik?		96		
149	Wo liegen die Schwerpunkte der Absatzlogistik?		96 f.		
150	Welchen Anforderungen muss die Distributionslogistik gerecht werden?		97		
151	Auf welchen Grundsätzen basiert die Abfalllogistik?		97		
152	Womit beschäftigt sich das Logistikcontrolling?		98		
153	Welche Voraussetzungen müssen erfüllt sein, damit das Logistikcontrolling seine Aufgaben hinreichend wahrnehmen kann?		98		

	Kontrollfragen	bearbeitet	Lösungshinweis	Lösung +	Lösung −
154	Worin können die Hauptaufgaben des strategischen Logistikcontrolling gesehen werden?		99		
155	Beschreiben Sie die Logistik als Kostensenkungspotenzial!		99		
156	Geben Sie Beispiele für das Kundennutzungssteigerungspotenzial der Logistik!		99		
157	Erläutern Sie, was unter dem operativen Logistikcontrolling zu verstehen ist!		99		
158	Worüber benötigt das Logistikcontrolling Informationen?		100		
159	Beschreiben Sie die Datenbasis für Top-Down-Vorgaben bzw. für Bottom-Up-Planungen!		100		
160	Wozu dient das Berichtswesen beim Logistikcontrolling?		101		

B. Materialrationalisierung

Rationalisierung sind alle Maßnahmen, die der Steigerung der Wirtschaftlichkeit dienen. Allgemein ist die Rationalisierung mit einer Senkung der Kosten und/oder einer Steigerung der Leistung verbunden.

In der Materialwirtschaft gilt es besonders, sich um Rationalisierung zu bemühen, denn in diesem Unternehmensbereich werden erhebliche finanzielle Mittel gebunden. Erfolgreiche Rationalisierung wird auf die Finanz- und Erfolgslage eines Unternehmens positive Auswirkungen haben.

Rationalisierungseffekte in der Materialwirtschaft können unter drei Gesichtspunkten gesehen werden:

Materialrationalisierung	Materialstandardisierung
	Materialanalyse
	Materialnummerung

1. Materialstandardisierung

Bei der Materialstandardisierung handelt es sich um die Vereinheitlichung von Gütern. Sie bezieht sich auf bestimmte Eigenschaften oder/und bestimmte Mengen. Grundsätzlich können alle Materialien individuell gestaltet sein.

In der betrieblichen Praxis erweist es sich jedoch wegen technischer und wirtschaftlicher Zwänge als notwendig, zu einer Standardisierung zu gelangen.

Drei **Arten** der Materialstandardisierung sind zu unterscheiden:

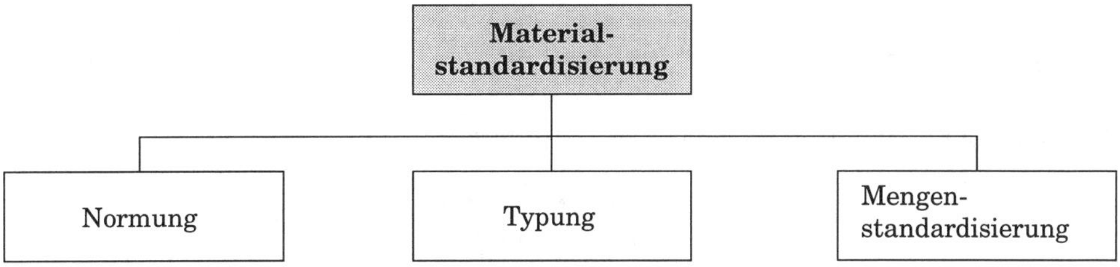

1.1 Normung

Normung ist die Vereinheitlichung von **Einzelteilen** durch das Festlegen von Größe, Abmessung, Form, Farbe, Qualität. Sie schränkt die Vielzahl denkbarer Problemlösungen ein.

Für die Materialwirtschaft ergeben sich aus der Normung folgende **Vorteile**:

- Die **Vereinfachung der Beschaffung**, da Kurzbezeichnungen die Eigenschaften der Güter genau beschreiben.
- Die **Beschleunigung der Beschaffung**, da Kurzbezeichnungen eine schnelle Verständigung ermöglichen und die Vorrätigkeit der Güter erleichtert wird.
- Die **Verbilligung der Beschaffung**, da in hohen Stückzahlen gefertigt wird, was sich auf die Höhe des Verkaufspreises des Lieferanten auswirken sollte.
- Die **Vereinfachung des Materialeinganges**, insbesondere der Materialeingangsprüfung, da die Eigenschaften der Güter genau festgelegt sind und die Prüfgeräte standardisiert werden können.
- Die **Vereinfachung der Lagerhaltung**, da eine Lagerbeschränkung möglich wird, sowie die Einrichtungen und Fördermittel des Lagers standardisiert werden können.
- Die **Vereinfachung der Distribution**, sofern Normgüter ausgeliefert werden, da auch dort eine Standardisierung ermöglicht wird.
- Die **Verbilligung der Distribution**, da eine Standardisierung der Distribution geringeren Kostenanfall zur Folge hat.

Die Normung ist unter zwei Gesichtspunkten zu betrachten:

- **Geltung**
- **Einteilung**.

1.1.1 Geltung

Normen können von unterschiedlicher Geltung sein:

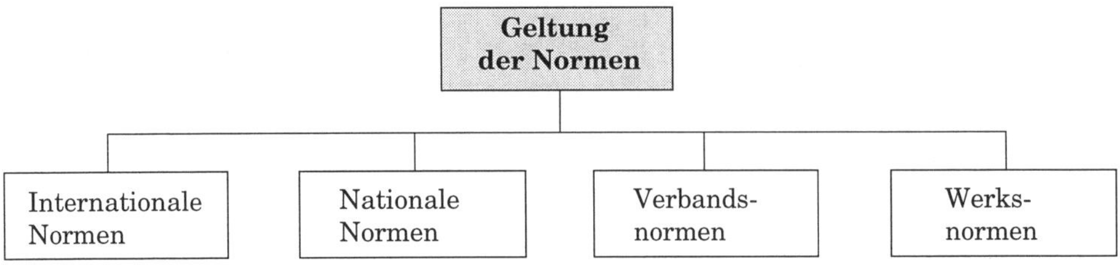

1.1.1.1 Internationale Normen

Mit internationalen Normen befassen sich mehrere Organisationen, deren bedeutendste die **International Organisation for Standardization (ISO)** ist, die ihren Sitz in Genf hat. Die ISO setzt sich aus – zurzeit siebzig – nationalen Normenausschüssen zusammen. Die Bundesrepublik Deutschland wird durch den **Deutschen Normenausschuss (DNA)** vertreten.

Mit dem Zweck, den internationalen Austausch von Gütern und Dienstleistungen zu erleichtern und die internationale Kooperation im Bereich der Wissenschaften zu verbessern, fördert die ISO die Erarbeitung und Verbreitung von international anerkannten Normen.

Die ISO kann nur **Empfehlungen** erarbeiten, deren nationale Gültigkeit erst dann gegeben ist, wenn der jeweilige Normenausschuss die Normen übernimmt. Das bedeutet für die Bundesrepublik Deutschland, dass eine Aufnahme der ISO-Empfehlungen in die DIN-Normen die Voraussetzung für die nationale Wirksamkeit darstellt.

1.1.1.2 Nationale Normen

Für die Bundesrepublik Deutschland ist der **Deutsche Normenausschuss (DNA)** das für die Normung maßgebliche Organ. Er ist ein eingetragener Verein, dessen Mitglieder Fachverbände, Firmen und einzelne Experten sind.

Zu den **Aufgaben** des Deutschen Normenausschusses gehören:

- Alle Arbeiten, die mit der Schaffung, Überprüfung, Koordinierung und Überarbeitung von Normen zusammenhängen.

- Die Herausgabe aller Normblätter und Norm-Entwürfe, des DIN-Normblatt-Verzeichnisses, der DIN-Mitteilungen sowie anderer Veröffentlichungen über die Normung.

- Die Maßnahmen zur Einführung der Normen in Praxis und Lehre sowie die Beratung von Unternehmen in Fragen der Normung.

- Die Zusammenarbeit mit Behörden, Körperschaften und die Mitarbeit in internationalen Gremien.

Die Bewältigung dieser Aufgaben erfolgt in über 70 Fachnormenausschüssen und über 50 selbstständigen Arbeitsausschüssen.

Grundsätzlich sind die DIN-Normen als **Empfehlungen** anzusehen. Sie erhalten aber zwingenden Charakter, wenn sich Normen beziehen auf:

- Lieferverträge
- Gesetze
- Verordnungen.

Beispiel einer DIN-Norm:

DK 621.886.1 **DEUTSCHE NORMEN**

Zylinderstifte

DIN 7

Maße in mm

Die Toleranzfelder m6, h8 und h11 werden durch die Form der Stiftenden der Zylinderstifte gekennzeichnet.

Toleranzfeld m6 1 bis 50 mm | Toleranzfeld h8 0,8 bis 50 mm | Toleranzfeld h11 0,8 bis 50 mm

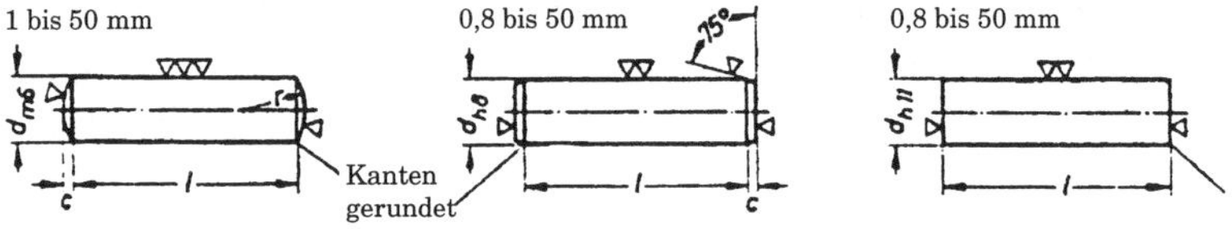

Bezeichnung eines Zylinderstiftes von Durchmesser d = 4 mm,

Toleranzfeld m6 mit Linsenkuppe und Länge l = 20 mm:
Zylinderstift 4 m6 × 20 DIN 7

Toleranzfeld h8 mit Kegelkuppe und Länge l = 20 mm:
Zylinderstift 4 h8 × 20 DIN 7

Toleranzfeld h11 mit glatten Enden und Länge l = 20 mm:
Zylinderstift 4 h11 × 20 DIN 7

d m6 h8 h11	0,8	1	1,2	1,5	2	2,5	3	4	5	6	8	10	12	(13)	14	16	20	25	30	40	50
c Größtmaß	0,12	0,15	0,18	0,23	0,3	0,4	0,45	0,6	0,75	0,9	1,2	1,5	1,8	2	2	2,5	3	4	4,5	6	7,5
r ≈	0,8	1	1,2	1,6	2	2,5	3	4	5	6	8	10	12	12	16	16	20	25	32	40	50
Länge l	Gewicht (7,85 kg/dm³) kg/1000 Stück ≈																				
2	0,008																				
3	0,012	0,018	0,027	0,044																	
4	0,016	0,025	0,036	0,058	0,105	0,165	0,245														
5	0,020	0,032	0,045	0,072	0,130	0,204	0,300	0,341	0,879												
6	0,024	0,038	0,054	0,085	0,155	0,243	0,355	0,640	1,02	1,53											
8	0,028	0,048	0,072	0,113	0,203	0,320	0,466	0,840	1,33	1,97	3,58										
10		0,062	0,090	0,141	0,253	0,397	0,577	1,04	1,64	2,41	4,37	7,01	10,2								
12		0,074	0,107	0,168	0,302	0,474	0,688	1,23	1,95	2,85	5,16	8,24	12,0	14,2							
14			0,125	0,195	0,351	0,550	0,799	1,44	2,26	3,29	5,95	9,47	13,8	16,3	19,0						
16				0,224	0,401	0,627	0,910	1,63	2,57	3,73	6,74	10,7	15,6	18,4	21,4	28,3					
18					0,451	0,705	1,02	1,83	2,88	4,17	7,53	11,9	17,4	20,5	23,8	31,5					
20					0,500	0,782	1,13	2,03	3,19	4,61	8,31	13,2	19,2	22,6	26,2	34,7	56,4				
24						0,937	1,35	2,43	3,80	5,50	9,89	15,6	22,8	26,8	31,0	41,1	66,2	105			
28							1,57	2,82	4,42	6,40	11,5	18,0	26,4	31,0	35,8	47,5	76,0	120			
32							1,79	3,21	5,03	7,30	13,0	20,6	30,0	35,2	40,6	53,9	85,8	136	198		
36								3,60	5,65	8,19	14,6	23,1	33,6	39,4	45,4	60,3	95,6	151	220		
40								4,00	6,27	9,08	16,2	25,5	37,2	43,6	50,2	66,6	105	167	242	450	
45									7,03	10,2	18,1	28,6	41,7	48,8	56,2	74,5	118	186	270	496	
50									7,80	11,3	20,1	31,7	46,2	54,0	62,3	82,5	130	205	298	545	1190
55										12,4	22,1	34,8	50,7	59,2	68,3	90,4	142	225	326	595	1220
60										13,5	24,0	37,9	55,2	64,4	74,4	98,4	155	244	354	644	1240
70											28,0	44,1	64,1	74,8	86,5	114	179	283	410	743	1290
80											32,0	50,3	73,0	85,2	98,6	130	204	321	466	842	1340
90												56,5	82,1	95,6	111	146	228	360	527	941	1490
100												62,7	91,0	106	123	161	253	398	578	1040	1650
120													109	127	147	192	302	476	680	1240	1950
140														148	171	224	351	553	802	1440	2260
160															195	256	400	630	914	1630	2570
180																288	449	707	1030	1830	2870
200																	498	784	1140	2030	3180

Eingeklammerte Größe möglichst vermeiden.

Zulässige Abweichungen für Länge l

d Toleranzfeld	Zulässige Abweichungen für Länge l bis 10	über 10 bis 50	über 50
m6	± 0,3	± 0,5	± 0,8
h8	± 0,5	± 1	± 1,5
h11	± 0,5	± 1	± 1,5

Werkstoff: St 50 K oder 9 S 20 K nach Wahl des Herstellers, wenn nicht der Werkstoff besonders vorgeschrieben ist.
Bei Zylinderstiften ohne Kuppen verringert sich das Gewicht um das Gewicht der beiden Kuppen.
Nietstifte siehe DIN 7341

Arbeitsausschuß Schrauben im Deutschen Normenausschuß (DNA)

1.1.1.3 Verbandsnormen

Neben dem Deutschen Normenausschuss gibt es Verbände und Vereine, die eigens für ihren Tätigkeitsbereich Richtlinien und Vorschriften entwickeln, die mit Normen gleichzusetzen sind, beispielsweise:

- Verband Deutscher Ingenieure (VDI)
- Verband Deutscher Elektrotechniker (VDE).

Wie die Normen des Deutschen Normenausschusses haben auch die Verbandsnormen zunächst keinen zwingenden Charakter, sondern sind als **Empfehlungen** anzusehen. Indirekt jedoch können sie – wie die DIN-Normen – durchaus zwingenden Charakter erhalten.

Ein Beispiel für die praktische Wirkung von Verbandsnormen ist das **VDE-Gütezeichen**, das für die Einhaltung bestimmter Richtlinien bei der Erstellung von elektrotechnischen Erzeugnissen gewährt wird. Ohne dieses Gütezeichen können die entsprechenden Erzeugnisse ohne nennenswerten Markterfolg bleiben, da die Abnehmer befürchten müssen, dass die Richtlinien des VDE nicht eingehalten worden sind und damit die notwendige Sicherheit der Güter nicht gewährleistet ist.

1.1.1.4 Werksnormen

Werksnormen haben den engsten Gültigkeitsbereich. Sie beziehen sich lediglich auf bestimmte Unternehmen. Die Aufgabe der Werksnormen ist es, den Leistungsprozess unter Berücksichtigung der besonderen Erfordernisse des Unternehmens rationell zu gestalten.

Zwei **Arten** von Werksnormen sind zu unterscheiden:

Abgeleitete Werksnormen	Sie sind auf der Grundlage der DIN-Normen entwickelt. Die DIN-Normen erfahren in ihnen eine den speziellen Erfordernissen des Unternehmens entsprechende Konkretisierung.
Ursprüngliche Werksnormen	Sie werden – gegebenenfalls mangels einschlägiger DIN-Normen – eigenständig von den Unternehmen festgelegt, um die Leistungserstellung praktikabler und wirtschaftlicher gestalten zu können.

In der betrieblichen Praxis wird man die Weitergabe und Vervielfältigung von Werksnormen auszuschließen versuchen, um Missbräuche zu verhindern, weil die Konkurrenz dadurch wichtige Hinweise über die Fertigung erlangen kann.

1.1.2 Einteilung

Die Normen des technischen Bereiches lassen sich gemäß DIN 820 nach folgenden Gesichtspunkten einteilen:

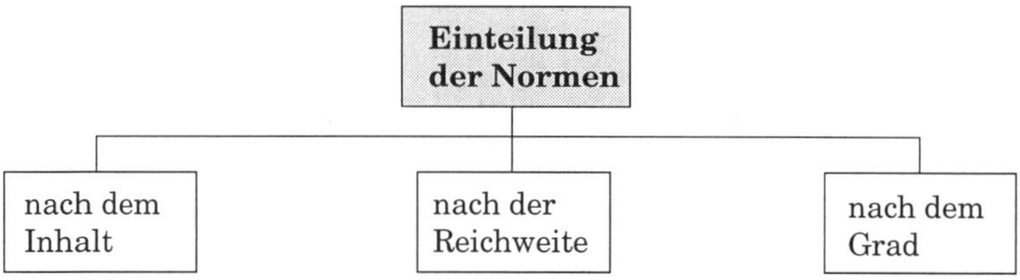

1.1.2.1 Inhalt

Dem Inhalt nach sind gemäß DIN 820 zu unterscheiden:

Norm	Inhalt
Abmessungsnorm	Norm, die Maße für Abmessungen, Maßtoleranzen und zulässige Abweichungen festlegt.
Gütenorm	Norm, die Anforderungen an die Qualität von Erzeugnissen festlegt.
Konstruktionsnorm	Norm, die konstruktive Gesichtspunkte und Einzelheiten für technische Erzeugnisse oder ihre Teile festlegt.
Liefernorm	Norm, die im Wesentlichen technische Grundlagen für Vereinbarungen von Lieferungen festlegt.
Planungsnorm	Norm, die Baugrundsätze und Grundlagen für Entwurf, Berechnung, Aufbau und Funktion von Erzeugnissen festlegt.
Prüfnorm	Norm, die Untersuchungs-, Prüf- und Messverfahren für technische und wissenschaftliche Zwecke zum Nachweis zugesicherter und erwarteter Eigenschaften von Stoffen oder von technischen Erzeugnissen festlegt.
Sicherheitsnorm	Norm, die Regeln, Verfahren, Einrichtungen festlegt, die der Sicherheit und dem Schutz von Leben und Gesundheit sowie von Sachwerten dienen.
Sortierungsnorm	Norm, die eine Einteilung von Größen und Qualitäten, die in einer nicht beeinflussbaren Vielfalt anfallen, in bestimmte Sorten, Gruppen oder Klassen festlegt.
Stoffnorm	Norm, die physikalische, chemische und technologische Eigenschaften von Stoffen, ihre Einteilung sowie Richtlinien für ihre Verwendung festlegt.
Teilenorm	Norm für Einzelteile.
Typnorm	Norm, die eine Stufung bestimmter Erzeugnisse nach Art, Form, Größe oder sonstigen gemeinsamen Merkmalen festlegt.
Verfahrensnorm	Norm, die Arbeitsverfahren zum Fertigen von Erzeugnissen festlegt.
Verständigungsnorm	Norm, die Verständigungsmittel festlegt.
Terminologienorm	Norm, die Benennungen und Definitionen für Fachbegriffe zu Verständigungszwecken festlegt.

1.1.2.2 Reichweite

Die Reichweite einer Norm ist der Umfang ihrer Anwendungsmöglichkeiten und ihrer Einflussmöglichkeiten auf andere Normen. Entsprechend unterschiedlicher Reichweite gibt es nach DIN 820 folgende Normen:

Grundnormen	Sie haben allgemeine und grundlegende Bedeutung und stellen eine Grundlage für anderen Normen dar.
Fachnormen	Sie beziehen sich jeweils auf bestimmte Fachgebiete und können zur Grundlage für andere Normen werden.
Fachgrund-normen	Sie stellen Grundnormen für bestimmte Fachgebiete dar, die auch Grundnormen für andere Fachgebiete sein oder werden können.

1.1.2.3 Grad

Als Grad der Normung wird das Ausmaß bezeichnet, in dem der genormte Gegenstand festgelegt ist. Nach DIN 820 lassen sich unterscheiden:

Normungs-breite	Sie bezieht sich auf die Anzahl der Gesichtspunkte, die bei der Normung eines Gegenstandes berücksichtigt werden.
Normungs-tiefe	Sie bezieht sich auf die Anzahl der in der Norm enthaltenen möglichen Festlegungen.
Normungs-umfang	Er bezieht sich auf die Anzahl der von der Norm in einem bestimmten Bereich erfassten gegebenen Normungsmöglichkeiten.

Normungsbreite und Normungstiefe geben Aufschluss darüber, welche Norm vorliegt:

Vollnorm	Bei ihr wird der Normungsgegenstand hinsichtlich Normungsbreite und Normungstiefe in vollem Umfang erfasst.
Teilnorm	Sie erfasst den Gegenstand der Norm nicht in vollem Umfang. Damit bleiben noch Gestaltungsmöglichkeiten.
Rahmennorm	Bei ihr ist lediglich ein allgemeiner Rahmen festgelegt, in den sich der Gegenstand der Normung einfügen soll.

1.2 Typung

Im Gegensatz zu der Normung, die für Einzelteile Anwendung findet, stellt die Typung eine Vereinheitlichung ganzer **Erzeugnisse** oder **Aggregate** hinsichtlich ihrer Art, Größe und Ausführungsform dar.

Die Typung hat für die Unternehmen eine beträchtliche Bedeutung, insbesondere für die Bereiche:

- Materialwirtschaft
- Fertigungswirtschaft
- Absatzwirtschaft.

Die Typung kann folgende **Vorteile** aufweisen:

- **Steigerung der Rentabilität** durch
  - Lagervereinfachung, da weniger Materialien vorhanden sein müssen.
  - weniger Programmänderungen, da nur einige Typen gefertigt werden.
  - Personalersparnis, da die Fertigung automatisiert werden kann.
  - bessere Kapazitätsausnutzung wegen längerfristiger Fertigungsplanung.

- **Ersparnis von Kosten** durch
  - Personalumstrukturierung, da angelernte Kräfte oft Routinearbeiten übernehmen können,
  - günstigere Beschaffung, da größere Mengen gleicher oder gleichartiger Materialien zu beschaffen sind,
  - Vereinfachung des Kundendienstes, da nur kleine Ersatzteilläger notwendig und standardisierte Werkzeuge einsetzbar sind.

- **Verringerung der Investitionen** durch relativ genaue mittel- oder langfristige Planung der Kapazitäten bei Serien- und Massenfertigung.

- **Vereinfachung der Verwaltung** durch eine Systematisierung von Beschaffung, Lagerung und Distribution.

Zwei **Arten** der Typung lassen sich unterscheiden:

- **Überbetriebliche Typung**
- **Innerbetriebliche Typung.**

1.2.1 Überbetriebliche Typung

Die überbetriebliche Typung ist möglich:

- Durch die **Kooperation branchengleicher Unternehmen**, die dazu beiträgt, die Markttransparenz, Flexibilität und Kapazitätsauslastung der kooperierenden Unternehmen zu verbessern, insbesondere wenn sie arbeitsteilig zusammenwirken.

- Durch die **Arbeit der Verbände**, beispielsweise dem Rationalisierungs-Kuratorium der Deutschen Wirtschaft (RKW) und die Arbeitsgemeinschaft für wirtschaftliche Fertigung (AWF).

- Durch **Forderungen der Großabnehmer**, die – je nach ihrer Marktstellung – mehr oder weniger Einfluss auf die Unternehmen ausüben, indem sie ausschließlich oder hauptsächlich Güter mit bestimmten standardisierten Eigenschaften beschaffen.

Beispiel: Staatliche Stellen, bedeutende Industrieunternehmen, große Kaufhäuser, große Versandhäuser.

- Durch **Vorschriften des Staates**, die verbindliche Regelungen für die Unternehmen enthalten, was in einem marktwirtschaftlichen System allerdings nur in Ausnahmesituationen, beispielsweise in Krisen und Kriegszeiten, möglich ist.

Die überbetriebliche Typung kann mehrere **Vorteile** aufweisen:

- Kostensenkung durch rationellere Fertigung
- Verkaufspreissenkung durch geringere Kosten
- Substituierbarkeit der getypten Güter
- Steigerung der Sicherheit der Güter.

Sie kann aber auch zu **Nachteilen** führen:

- Beschränkung des Wettbewerbs
- Hemmung des technischen Fortschritts
- Gefahr der Uniformierung
- Gefahr der Vermassung.

1.2.2 Innerbetriebliche Typung

Bei der innerbetrieblichen Typung handelt es sich um eine Standardisierung von Erzeugnissen, die das einzelne Unternehmen für sich vornimmt.

In der Vergangenheit wurde häufig eine weitverzweigte Typung vorgenommen, um am Markt allen in Betracht kommenden Zielgruppen gerecht zu werden. Es blieb unberücksichtigt, dass meist nur wenige Erzeugnisse des Gesamtprogrammes wesentlich zum finanziellen Erfolg des Unternehmens beigetragen haben.

Die Typenvielfalt eines Unternehmens muss ständig auf ihren Beitrag am wirtschaftlichen Erfolg hin überprüft und gegebenenfalls eine **Typenbereinigung** vorgenommen werden, die langfristig einen bestimmten wirtschaftlichen Erfolg gewährleisten. Ausnahmen sollten nur aus wichtigen marktpolitischen Gründen gemacht werden.

Die langfristig notwendige Beschränkung auf technisch und wirtschaftlich vertretbare Typen kann erfolgen durch:

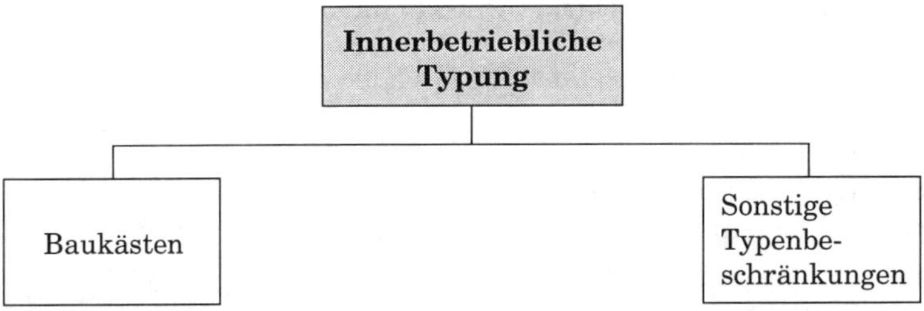

1.2.2.1 Baukästen

Die Entwicklung geht von universell einsetzbaren Gebilden zu Lösungen, die optimal auf eine abgegrenzte Aufgabenstellung abgestimmt sind. Der Nachteil solcher Konzeptionen liegt in dem hohen Aufwand für konstruktive, fertigungstechnische und organisatorische Maßarbeit.

Jede neue Aufgabe erfordert einen neuen Entwicklungsaufwand. Dabei ist es zweckmäßig, häufig vorkommende Aufgabenstellungen zu analysieren und zu systematisieren, sodass wiederkehrende Teilaufgaben in Form einer einmaligen Lösung festgelegt werden können. Aus der Erkenntnis der mit dieser Vorgehensweise verbundenen Vorteile wurden Baukastensysteme entwickelt.

Ein Baukastensystem ist ein Ordnungsprinzip, das den Aufbau einer begrenzten oder unbegrenzten Zahl verschiedener Dinge aus einer Sammlung genormter Bausteine aufgrund eines Programmes oder Baumusterplanes in einem bestimmten Anwendungsbereich darstellt. Vielfach wird heute anstelle von Bausteinen auch von **Modulen** gesprochen.

Wesentliche **Kennzeichen** eines Baukastensystems sind:

- Die Bausteine sind unterschiedlich und zahlenmäßig begrenzt.
- Die Bausteine sind mehrseitig verwendbar.
- Die Bausteine ermöglichen viele Kombinationen.
- Die aus den Bausteinen erstellten Gebilde sind wieder zerlegbar.
- Die Bausteine besitzen einheitliche Passflächen oder Passstellen.

Die **Bausteine** bzw. die Module selbst sind unterteilbar in:

Gleichbleibende Bausteine	Sie können gegeneinander ausgetauscht werden, weshalb die Anzahl möglicher Kombinationen planerisch erfassbar ist.
Bevorzugte Bausteine	Sie verleihen allen Kombinationen durch ihre Aufnahme in den Baukasten eine zusätzliche Eigenschaft.
Hilfsbausteine	Sie sind bei den verschiedenen Verbindungstechniken des Baukastens erforderlich und gewährleisten feste und genaue Verbindungen, problemloses Lösen und Wiederzusammenfügen.
Nichtbausteine	Sie gehören als Spezialteile nicht zum Baukasten, werden aber aufgrund von Kundenwünschen in das Erzeugnis aufgenommen.

Baukästen haben für das herstellende Unternehmen verschiedene **Vorteile**:

- Senkung der Konstruktionskosten
- Senkung der Fertigungskosten
- Verminderung des Ausschusses
- Vereinfachung der Lagerhaltung
- Bildung eines Firmenimages.

Andererseits geht das herstellende Unternehmen die **Gefahr** ein, dass sich eine Erstarrung des Produktionsprogrammes und eine verminderte Anpassungsfähigkeit an Marktveränderungen ergeben.

Den Verwendern von Baukästen können sich mehrere **Vorteile** bieten:

- Möglichkeit stufenweiser Anschaffung
- Möglichkeit einer bedarfsbedingten Anpassung
- Möglichkeit vielfältiger Kombination.

Dafür sind gegebenenfalls nicht nutzbare Funktionen der Baukästen mitzukaufen.

1.2.2.2 Sonstige Typenbeschränkungen

Weitere Typenbeschränkungen können die herstellenden Unternehmen vor allem durch folgende Maßnahmen erreichen:

Abstufung von Typenreihen	Hier werden die Typenreihen gut gegeneinander abgestimmt, die damit den wesentlichen Grundbedarf des Marktes abdecken.
Vermehrung von Varianten	Die Varianten bauen auf einem Grundtyp auf und sind zweckmäßigerweise derart gestaltet, dass sie materialwirtschaftlich und fertigungswirtschaftlich keine Probleme aufwerfen.
Schaffung von Mehrzweckerzeugnissen	Die Mehrzweckerzeugnisse erfüllen mehrere Funktionen gleichwertig – mit oder ohne Verwendung von Zusatzgeräten – und sind im Stande, damit unterschiedlichen Zielgruppen zu nutzen.

12 Seite 430

1.3 Mengenstandardisierung

Bei der Mengenstandardisierung handelt es sich um die »Normung« des Materialverbrauches. Der Rationalisierungseffekt liegt darin, dass eine sorgfältige Ermittlung des Materialbedarfes erfolgt und die prognostizierte Menge nach Beendigung des Leistungsprozesses mit der tatsächlich benötigten Menge des Materials verglichen wird.

Zeigt der Vergleich, dass die prognostizierte Menge von der tatsächlich benötigten Menge an Materialbedarf abweicht, ist eine Abweichungsanalyse als Soll-Ist-Vergleich vorzunehmen. Damit erfolgt die Mengenstandardisierung in zwei **Schritten**:

- Ermittlung des **Prognose-Materialbedarfes**
- Durchführung des **Soll-Ist-Vergleiches.**

1.3.1 Prognose-Materialbedarf

Der Prognose-Materialbedarf kann ermittelt werden:

	Normaler Nettobedarf je Erzeugnis
·	Stückzahl
=	Netto-Materialbedarf
+	Bruttokorrektur
=	Standard-Materialbedarf
+	Vermeidbarer Mehrverbrauch
=	**Prognose-Materialbedarf**

Dabei wird verstanden:

- Unter der **Bruttokorrektur** der unvermeidbare Mehrverbrauch. Im Vordergrund steht hierbei der Verschnitt, der zu berücksichtigen ist.

  Beispiel: Für ein zu fertigendes Erzeugnis wird eine Welle benötigt, deren Länge und Durchmesser eine Toleranz von lediglich ± 0,02 mm zulässt. Kann dieses Teil nicht bereits in der vorgegebenen Toleranz beschafft werden, ist es mit einem Aufmaß bereitzustellen, das erlaubt, die geforderten Maße durch Bearbeitung der Welle zu realisieren.

- Unter **vermeidbarem Mehrverbrauch** der Materialbedarf, der den Standard-Materialbedarf übersteigt. Es wird mehr Material verbraucht, als unbedingt notwendig gewesen wäre.

  Beispiele: Aus Blechen sollen Teile gestanzt werden. Dabei entsteht Verschnitt, der unvermeidbar ist und als Bruttokorrektur berücksichtigt werden muss.

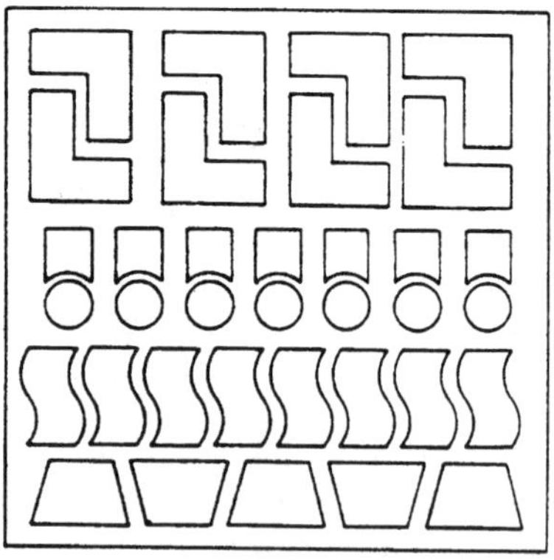

Vermeidbarer Mehrverbrauch an Material kann entstehen, wenn die Materialausnutzung – hier die Anordnung der verschiedenen Stanzteile – nicht optimal gestaltet wird, d.h. die »Figuren« unwirtschaftlich angeordnet sind:

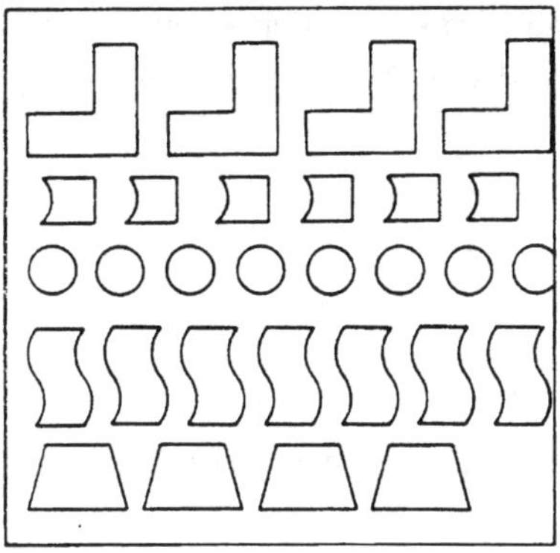

Ein weiterer vermeidbarer Mehrverbrauch kann der sich bei der Fertigung ergebende Ausschuss sein.

Das **Verschnittproblem** kann heute auf einfache Weise mithilfe spezieller EDV-Programme gelöst werden, die alle notwendigen Ausgangsdaten anfordern, welche die entsprechenden Formen beschreiben. Ein daraufhin ablaufendes Optimierungsprogramm ermittelt die Schnittanordnung mit dem maximalen Output an Stanzteilen.

Die Ergebnisse des Optimierungslaufes werden vielfach von der EDV-Anlage gezeichnet, sodass Änderungen – wie die Vergrößerung oder Verkleinerung der Stanzplatte – angebracht werden können und ein erneuter Optimierungslauf erfolgt.

1.3.2 Soll-Ist-Vergleich

Die prognostizierten Materialmengen werden mit den benötigten Materialmengen verglichen. Ergeben sich Abweichungen, ist es unerlässlich, eine Abweichungsanalyse durchzuführen.

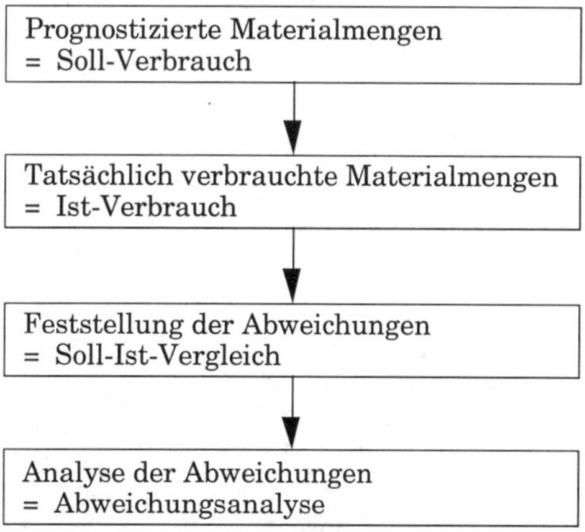

Die **Abweichungsanalyse** soll die Gründe offen legen, weshalb ein Mehrverbrauch oder ein Minderverbrauch eingetreten ist, und Wege aufzeigen, wie die Abweichungen für die Zukunft auszuschließen sind.

Mit dieser Vorgehensweise wird es möglich, eventuell vorhandene Schwächen in der Materialwirtschaft oder Fertigungswirtschaft aufzudecken.

13 Seite 431

2. Materialanalyse

Die Analyse der Materialien stellt einen weiteren Ansatz zur Materialrationalisierung dar. Sie umfasst:

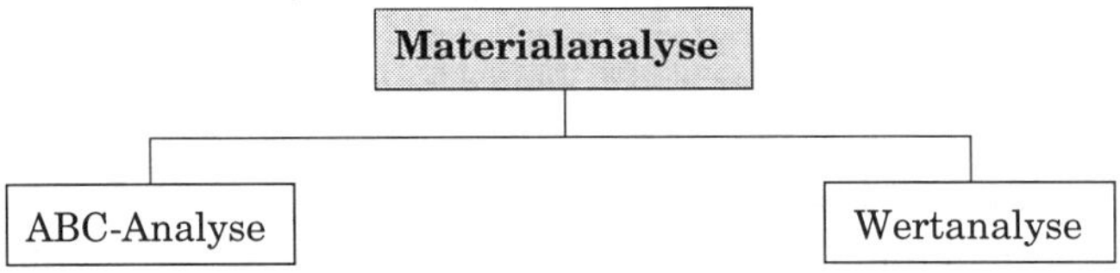

2.1 ABC-Analyse

Die ABC-Analyse ist ein Instrument, mit dem Objekte im Unternehmen nach der Verteilung ihrer Werthäufigkeit klassifiziert werden können. In der Materialwirtschaft wird sie häufig im Beschaffungs- und Lagerbereich eingesetzt.

Menge und Wert der in einer ABC-Analyse erfassten Güter stehen erfahrungsgemäß in einem bestimmten Verhältnis zueinander. Für industrielle Unternehmen gilt:

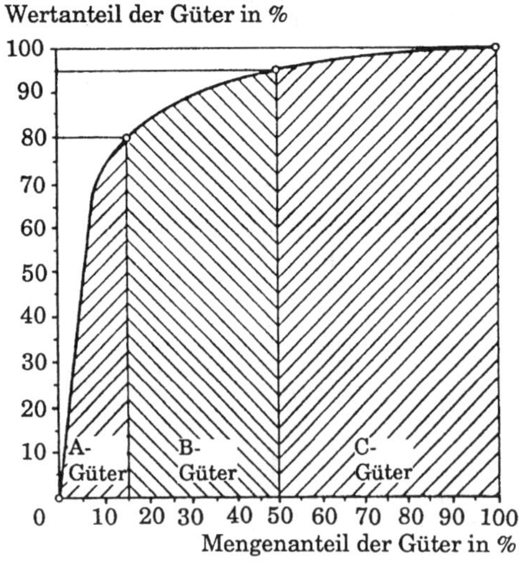

Das Bild zeigt, dass

- etwa 15 % der Güter etwa 80 % Anteil am Gesamtwert haben (**A-Güter**),
- etwa 35 % der Güter etwa 15 % Anteil am Gesamtwert haben (**B-Güter**),
- etwa 50 % der Güter etwa 5 % Anteil am Gesamtwert haben (**C-Güter**).

In verschiedenen Branchen kann die Kurve einen anderen Verlauf nehmen. *Hartmann* zeigt:

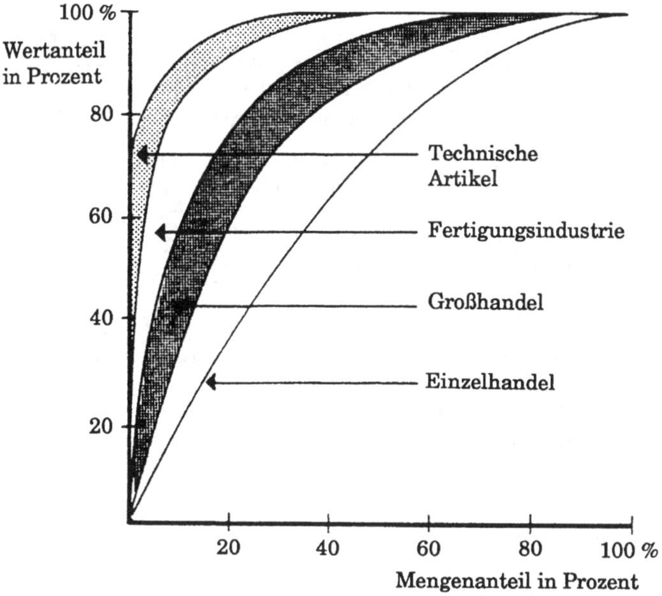

Ein Unternehmen kann um so erfolgreicher rationalisieren, je mehr Anstrengungen es bei A-Gütern unternimmt. Bei C-Gütern dagegen werden hohe Anstrengungen nur einen kostenmäßig geringen Nutzen bringen.

Mit der ABC-Analyse ist es möglich,

- das Wesentliche vom Unwesentlichen zu trennen,
- die Schwerpunkte der Rationalisierungsarbeit gezielt festzulegen,
- wirtschaftlich nicht wirkungsvolle Anstrengungen zu vermeiden,
- die Wirtschaftlichkeit zu steigern.

Die ABC-Analyse kann ergänzend verfeinert werden, indem der Bedarf zusätzlich in folgender Weise klassifiziert wird:

X	Konstanter Bedarf	Hohe Vorhersagegenauigkeit
Y	Schwankender Bedarf	Mittlere Vorhersagegenauigkeit
Z	Unregelmäßiger Bedarf	Geringe Vorhersagegenauigkeit

Bei der Planung der A-, B- und C-Güter wäre dann die Art des Bedarfs entsprechend zu berücksichtigen. Dabei sind AX-Güter exakter zu planen als beispielsweise CZ-Güter.

	X	**Y**	**Z**
A	Hoher Wertanteil Konstanter Bedarf	Hoher Wertanteil Schwankender Bedarf	Hoher Wertanteil Unregelmäßiger Bedarf
B	Mittlerer Wertanteil Konstanter Bedarf	Mittlerer Wertanteil Schwankender Bedarf	Mittlerer Wertanteil Unregelmäßiger Bedarf
C	Geringer Wertanteil Konstanter Bedarf	Geringer Wertanteil Schwankender Bedarf	Geringer Wertanteil Unregelmäßiger Bedarf

Die ABC-Analyse soll unter zwei Gesichtspunkten betrachtet werden:

- **Anwendung** der ABC-Analyse
- **Ablauf** der ABC-Analyse.

2.1.1 Anwendung

Die ABC-Analyse ist in allen Bereichen der Unternehmen einsetzbar. In der Materialwirtschaft kann sie vor allem folgenden **Zwecken** dienen:

- Analyse des Beschaffungsumsatzes nach Materialien
- Analyse des Beschaffungsumsatzes nach Lieferanten
- Analyse des Verbrauches nach Materialien
- Analyse des Verkaufsumsatzes nach Erzeugnissen
- Analyse des Verkaufsumsatzes nach Abnehmern.

Damit ist die ABC-Analyse ein wertvolles Hilfsmittel, um die Materialwirtschaft optimal zu gestalten, sofern geeignetes Zahlenmaterial vorliegt oder erstellt werden kann.

2.1.2 Ablauf

Der grundsätzliche Ablauf der ABC-Analyse erfolgt in drei **Schritten**:

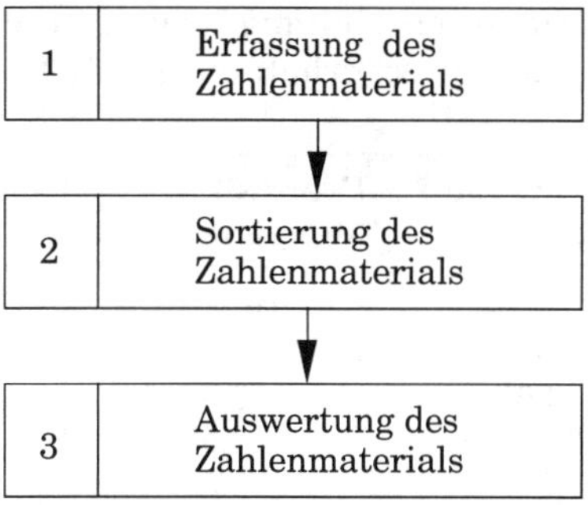

In der betrieblichen Praxis ist es – ohne manuelle Durchführung der einzelnen Schritte – mithilfe von EDV-Programmen auf einfache Weise möglich, eine ABC-Analyse durchzuführen.

Beispiel: Der Jahresbedarf an Materialien soll klassifiziert werden und eine Auswertung des Ergebnisses erfolgen. Das geschieht in den nachfolgenden Abschnitten.

2.1.2.1 Erfassung

Die Erfassung des Zahlenmaterials erfolgt, indem der Jahresbedarf an Materialien tabellarisch zusammengestellt wird. Dabei sind

- die Materialnummer
- der mengenmäßige Jahresbedarf
- der Preis des einzelnen Materials pro Mengeneinheit
- der wertmäßige Jahresbedarf

zu erfassen oder zu errechnen:

Beispiel:

Material Nr.	Jahresbedarf Stck./m/kg	Preis (€) je Mengeneinheit	Jahresbedarf €
51	100	312,50	31.250
52	16.000	1,60	25.600
53	1.000	2,80	2.800
54	5.000	1,05	5.250
55	700	5,50	3.850
56	700	7,10	4.970
57	100	22,00	2.200
58	18.000	0,05	900
59	20.000	0,08	1.600
60	32.500	0,07	2.275

Nach der Ermittlung der wertmäßigen Jahresbedarfswerte werden die einzelnen Materialnummern mit **Rangzahlen** versehen. Die Materialnummer mit dem höchsten wertmäßigen Jahresbedarfswert erhält Rang 1, die Materialnummer mit dem niedrigsten wertmäßigen Jahresbedarfswert erhält die größte Rangzahl.

Beispiel:

Material Nr.	Jahresbedarf Stck./m/kg	Preis (€) je Mengeneinheit	Jahresbedarf €	Rang
51	100	312,50	31.250	1
52	16.000	1,60	25.600	2
53	1.000	2,80	2.800	6
54	5.000	1,05	5.250	3
55	700	5,50	3.850	5
56	700	7,10	4.970	4
57	100	22,00	2.200	8
58	18.000	0,05	900	10
59	20.000	0,08	1.600	9
60	32.500	0,07	2.275	7

2.1.2.2 Sortierung

Die Sortierung des Zahlenmaterials hat den Zweck, die Wertgruppen zu ermitteln. Zunächst werden die oben ermittelten wertmäßigen Jahresbedarfswerte entsprechend ihrer Rangzahl und unter Angabe der jeweiligen Materialnummer in die folgende Tabelle eingeordnet:

Beispiel:

Rang	Material-Nr.	Jahres-bedarf €	%-Anteil vom Gesamt-wert	%-Anteil kumulativ	Wert-gruppe
1	51	31.250			
2	52	25.600			
3	54	5.250			
4	56	4.970			
5	55	3.850			
6	53	2.800			
7	60	2.275			
8	57	2.200			
9	59	1.600			
10	58	900			
Gesamt		80.695	100,0		

Danach wird die Tabelle in folgenden **Schritten** vervollständigt:

- Der gesamte wertmäßige Jahresbedarf wird durch Addition der wertmäßigen Jahresbedarfswerte der einzelnen Materialnummern ermittelt.

- Der gesamte wertmäßige Jahresbedarf wird gleich 100 % gesetzt.

- Der Prozentanteil des Jahresbedarfes jeder einzelnen Materialnummer im Verhältnis zum gesamten wertmäßigen Jahresbedarf wird ermittelt:

$$\text{Prozentanteil} = \frac{\text{Wertmäßiger Jahresbedarf der einzelnen Materialnummer} \cdot 100}{\text{Gesamter wertmäßiger Jahresbedarf}}$$

- Die einzelnen Prozentanteile werden kumuliert.
- Die Wertgruppen werden festgelegt.

Beispiel:

Rang	**Material-Nr.**	**Jahresbedarf €**	**%-Anteil vom Gesamtwert**	**%-Anteil kumulativ**	**Wertgruppe**
1	51	31.250	38,7	38,7	A
2	52	25.600	31,7	70,4	A
3	54	5.250	6,5	76,9	B
4	56	4.970	6,2	83,1	B
5	55	3.850	4,8	87,9	B
6	53	2.800	3,4	91,3	C
7	60	2.275	2,8	94,1	C
8	57	2.200	2,7	96,8	C
9	59	1.600	2,0	98,8	C
10	58	900	1,2	100,0	C
Gesamt		80.695	100,0		

- Das Ergebnis wird durch Zusammenfassung der Wertgruppen dargestellt.

Beispiel:

Wertgruppe	**Materialpositionen**	**%-Anteil Menge**	**%-Anteil Wert**	**€-Wert**
A	2	20,0	70,4	56.850
B	3	30,0	17,5	14.070
C	5	50,0	12,1	9.775
Gesamt	10	100,0	100,0	80.695

14 Seite 431

2.1.2.3 Auswertung

Aus der Darstellung des Ergebnisses ist zu erkennen, dass die A-Güter bei einem Mengenanteil von 20 % einen Wertanteil von über 70 % des gesamten Jahresbedarfs ausmachen. Andererseits verursacht die Hälfte des mengenmäßigen Jahresbedarfs nur rund 12 % des wertmäßigen Jahresbedarfs.

Es ist zu empfehlen, den **A-Gütern** eine besondere Behandlung zuteil werden zu lassen, beispielsweise durch:

- Intensive Marktanalyse und Marktbeobachtung
- Genaue Festlegung der Mengen und Qualitäten
- Sorgfältige Prüfung der Preise und Konditionen
- Wahl zuverlässiger und leistungsfähiger Lieferanten
- Abschluss von Rahmenlieferverträgen bei Hauptlieferanten
- Minimierung der Beschaffungszeiten
- Genaue Terminverfolgung
- Verwendung geeigneter Verpackungen
- Raschen Rechnungsdurchlauf zwecks Skontoausnutzung
- Minimierung der Lagerzeiten
- Beschleunigung der Lagerdurchlaufzeiten
- Maßnahmen zur Vermeidung von Lagerverlusten
- Bevorzugte Überwachung der Materialien
- Verfeinerte Disposition der Bestände
- Sofortige Buchung der Zu- und Abgänge
- Bevorzugte Anwendung der Wertanalyse.

Für die **C-Güter** sollte dagegen eine vereinfachte Behandlung gelten, beispielsweise indem:

- mit Lieferanten monatliche oder Sammelrechnungen vereinbart werden,
- telefonische Bestellungen vorgenommen werden,
- die Zu- und Abgänge der Materialien pauschal gebucht werden,
- die Sicherheitsbestände großzügig festgelegt werden,
- die Meldebestände durch Markierungen gekennzeichnet werden,
- weniger häufig größere Mengen bestellt werden.

Die **B-Güter** nehmen eine Mittelstellung hinsichtlich ihrer Behandlung in der Materialwirtschaft ein. Eine vereinfachte Behandlung, wie sie bei den C-Gütern zweckmäßig ist, sollte nicht vorgenommen werden. Andererseits ist den Erfordernissen, die bei den A-Gütern genannt wurden, nicht in vollem Umfang zu entsprechen.

15 Seite 431

2.2 Wertanalyse

Die Leistungen der Unternehmen dienen der Problemlösung der Kunden. Dabei stellen die Kunden bestimmte Ansprüche an die zu erbringenden Leistungen, sie erwarten einen bestimmten Nutzen.

Diesen Nutzen kostenminimal zu stiften, ist Zielsetzung der Wertanalyse.

Merkmale der Wertanalyse sind:

Funktions-orientierung	Die vom Kunden gewünschten Funktionen der Leistung werden herausgearbeitet, wodurch Ansatzpunkte für die Wertanalyse deutlich gemacht werden.
Kosten-orientierung	Durch den Einsatz der Wertanalyse soll das Kostenbewusstsein im Unternehmen intensiviert werden.
Team-orientierung	Verbesserungen durch die Wertanalyse erfordern Teamarbeit. Ein Team ist eher in der Lage, Verbesserungsmöglichkeiten aufzudecken.
Systemati-sierung	Den wertanalytischen Aktivitäten liegt eine Systematik zu Grunde, d.h. man versucht in verschiedenen – genau definierten – Schritten zu einer Problemlösung zu gelangen.

Die Wertanalyse ist unter folgenden Gesichtspunkten zu betrachten:

- **Arten**
- **Organisation**
- **Ablauf**.

2.2.1 Arten

Es gibt mehrere Arten der Wertanalyse:

- Value Analysis
- Value Engineering
- Value Administration
- Value Control.

Die **Value Administration** befasst sich mit wertanalytischen Untersuchungen von Verwaltungstätigkeiten, die **Value Control** plant und steuert die Aufnahme der Erzeugnisse beim Kunden.

Näher behandelt werden sollen:

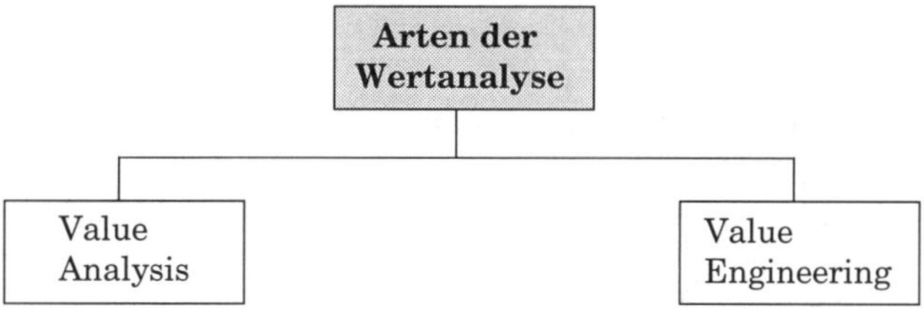

2.2.1.1 Value Analysis

Die Value Analysis wird auch als **Erzeugnis-Wertanalyse** bezeichnet. Sie befasst sich mit Erzeugnissen, die bereits im Produktionsprogramm enthalten sind, und bezieht sich vor allem auf:

- Beschaffung
- Konstruktion.

Die Durchführung einer Value Analysis ist nur bei Erzeugnissen zweckmäßig, die einen hohen Materialwert aufweisen und kaum Wandlungen unterliegen. Außerdem muss der Absatz der Erzeugnisse noch über angemessene Zeit gesichert sein, wenn die Wertanalyse sich lohnen soll. Die Erzeugnisse sollten sich nicht im abfallenden Bereich des **Produkt-Lebenszyklusses** befinden, der wie folgt verläuft:

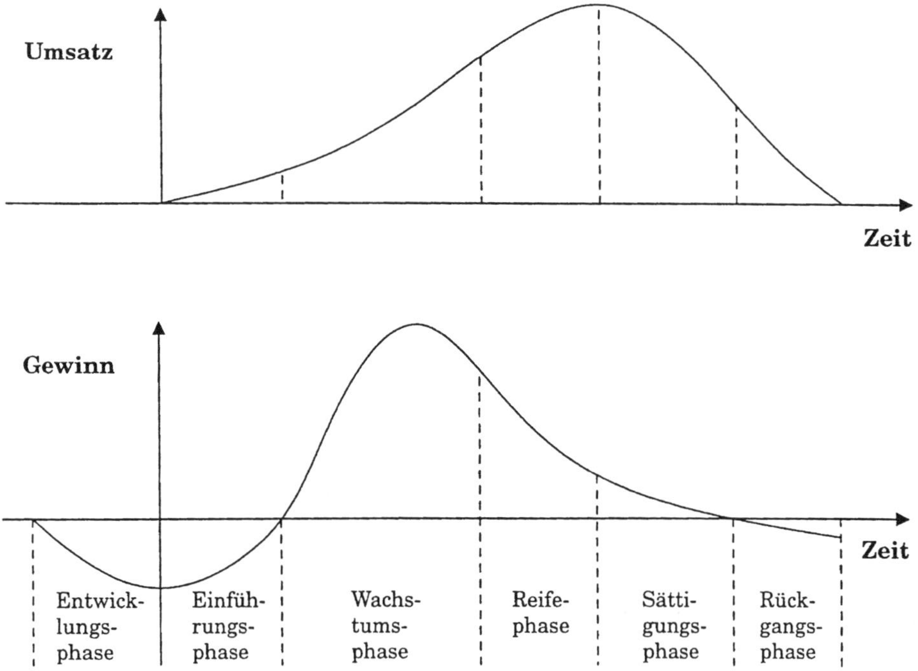

Merkmale der einzelnen Phasen des Produktlebenszyklusses sind:

Einführungs-phase	Der Umsatz steigt langsam an. Mit Ende der Phase wird die Gewinnschwelle überschritten, d.h. die insgesamt aufgelaufenen Kosten werden durch die Erlöse gedeckt.
Wachstums-phase	Der Umsatz steigt stark an, sofern das Produkt kein »Flop« ist. Konkurrenten kommen auf den Markt. Der Gewinn erreicht sein Maximum und fällt wieder ab. Die Phase endet im Wendepunkt der Umsatzkurve.

Reifephase	Der Umsatz steigt immer langsamer und erreicht sein Maximum. Der Gewinn sinkt weiter ab.
Sättigungs-phase	Der Umsatz sinkt. Ebenso sinkt der Gewinn weiter und erreicht am Ende der Phase die Verlustschwelle.
Rückgangs-phase	Der Umsatz sinkt weiter stark ab. Es werden Verluste mit dem Produkt erwirtschaftet.

Der Grund, warum bei der Auswahl der zu analysierenden Erzeugnisse relativ strenge Maßstäbe anzulegen sind, ist darin zu sehen, dass sachliche und organisatorische Veränderungen notwendig werden, die auch wieder Kosten verursachen, wenn die Ziele der Wertanalyse erreicht werden sollen.

2.2.1.2 Value Engineering

Das Value Engineering ist eine Wertanalyse, die bei der Erzeugnisentwicklung erfolgt. Sie wird auch als **Konzept-Wertanalyse** bezeichnet.

Die Wertanalyse wird vor der Aufnahme der Erzeugnisse in das Fertigungsprogramm durchgeführt. Ihre Ergebnisse verursachen noch keine Kosten, da eine Veränderung bestehender Fertigungsverhältnisse oder verwendeter Materialien noch nicht erforderlich werden.

2.2.2 Organisation

Die Kommunikation im Unternehmen fließt in vertikaler Richtung, also von der Unternehmensleitung zu den unteren Leitungsorganen und umgekehrt, leichter und reibungsloser als die Kommunikation auf horizontaler Ebene.

Um diese Kommunikation für die Zwecke der Wertanalyse zu verbessern, gilt es, organisatorische Maßnahmen zu ergreifen:

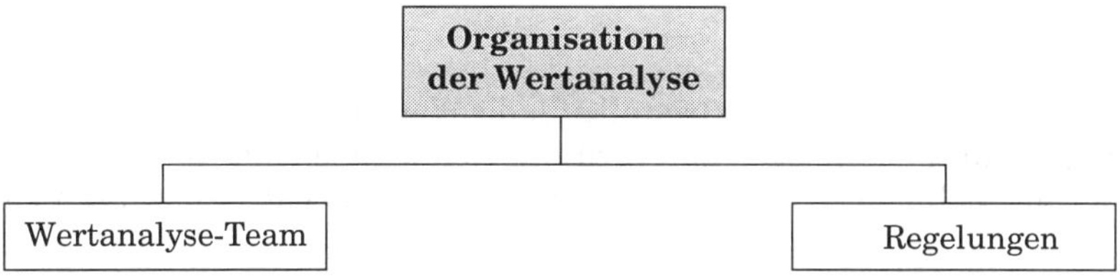

2.2.2.1 Wertanalyse-Team

Eine Voraussetzung für den Erfolg der Wertanalyse ist die Gruppenarbeit. Das Wertanalyse-Team sollte sich aus **Mitgliedern der einzelnen Unternehmensbereiche** zusammensetzen, die eine unmittelbare – eventuell auch mittelbare – Berührung mit dem Erzeugnis haben.

Für besondere Probleme, die von den Team-Mitgliedern nicht gelöst werden können, sind **externe Spezialisten** oder die **Lieferanten** heranzuziehen, soweit sie über besondere, weitergehende Informationen verfügen.

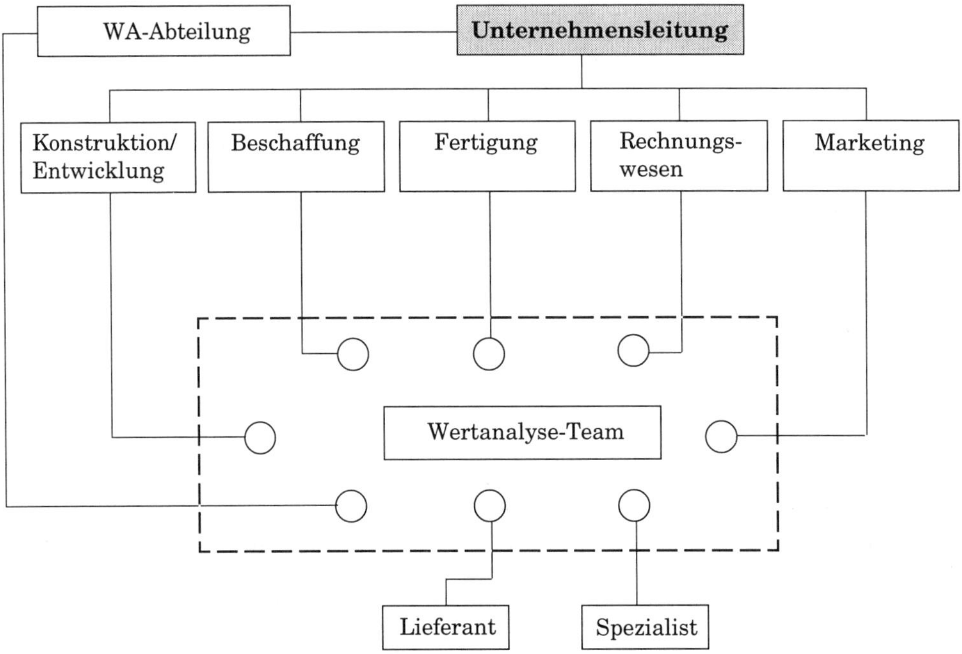

Der Wertanalytiker kommt vielfach aus dem Bereich Konstruktion oder Entwicklung. Zweckmäßigerweise verfügt er neben technischen auch über betriebswirtschaftliche Kenntnisse.

2.2.2.2 Regelungen

Bei der Organisation der Wertanalyse sollten folgende allgemein gültige Regelungen beachtet werden:

- Die Schaffung einer eigenen **Stabsstelle** für die Wertanalyse, die der Unternehmensleitung direkt unterstellt ist. Damit wird eine Abhängigkeit der Wertanalyse von den übrigen Unternehmensbereichen verhindert, die sich negativ auswirken könnte.

  Außerdem kann die Wertanalyseabteilung eine oftmals notwendige Rückendeckung durch die Geschäftsleitung erhalten.

- Die Besetzung der Stabstelle mit einem oder mehreren **Team-Leitern**, je nach Größe des Unternehmens, welche die Analysetechnik beherrschen und auch geeignet sind, Gruppen von Mitarbeitern zu führen und für die ungewohnten Tätigkeiten zu begeistern.

- Die Zusammenführung eines **Teams**, das aus Mitarbeitern aller der Bereiche besteht, die für die zu untersuchenden Objekte Informationen geben können. Dem Team sollten nicht mehr als sechs bis acht unternehmensinterne Personen angehören.

  Zur Teamarbeit sollten nur Personen hinzugezogen werden, die auf gleicher hierarchischer Ebene stehen und im Team kooperativ mitarbeiten. Eine Schulung zur Gruppenarbeit sollte vor Projektbeginn erfolgen, damit im Team eine positive Arbeitseinstellung erreicht wird.

2.2.3 Ablauf

Die Wertanalyse wird in mehreren Schritten durchgeführt, die in einem Arbeitsplan festgelegt sind. Vorbereitende Maßnahmen gehen der Wertanalyse voran.

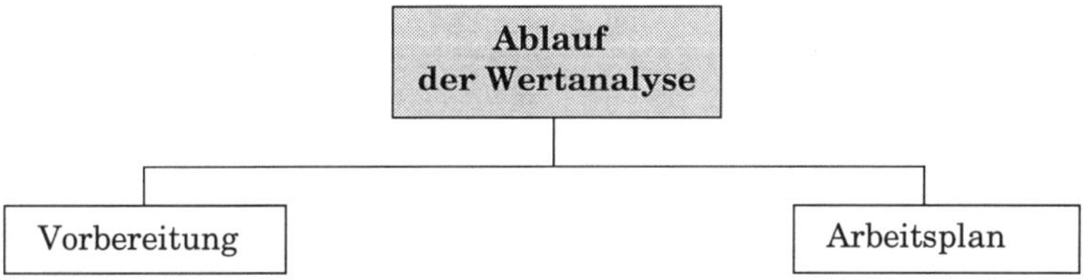

2.2.3.1 Vorbereitung

Die Vorbereitung der Wertanalyse umfasst drei Maßnahmen:

- Die **Auswahl des Untersuchungsobjektes**, das vorzugsweise einen hohen Materialwert und hohe Zukunftserwartungen aufweisen sollte. Zu seiner Feststellung können zwei Techniken dienen.

ABC-Analyse	Mit ihrer Hilfe lassen sich die A-Güter ermitteln, bei denen Verbesserungen wahrscheinlich am stärksten zu Buche schlagen. Nur in besonderen Fällen sind B-Güter geeignet, einer Wertanalyse unterzogen zu werden. C-Güter einer Wertanalyse zu unterwerfen, ist normalerweise unwirtschaftlich.
Checklisten	Auch sie haben sich bewährt, um die für die Wertanalyse in Betracht kommenden Erzeugnisse herauszufiltern. Wichtig ist, dass diese Checklisten auf die speziellen Bedürfnisse zugeschnitten, also nicht zu allgemein gehalten sind.

- Die **Bildung der Arbeitsgruppe**, die aus den Fachleuten der betreffenden Unternehmensbereiche, gegebenenfalls auch aus externen Spezialisten oder Lieferanten, besteht. Häufig erweist es sich als zweckmäßig, wenn der Teamleiter, der koordinierend wirkt, seine Aufgabe hauptamtlich wahrnimmt, die übrigen Teammitglieder dagegen aus der Fachabteilung in das Team delegiert werden.

- Die **Planung des Zeitablaufes**, welche die einzelnen Schritte des Arbeitsplanes als Rahmenplanung festlegt. Das ist notwendig, damit die Geschäftsleitung und die betreffenden Unternehmensbereiche disponieren können.

  Außerdem kann dadurch gefördert werden, dass der zeitliche Aufwand, der durch den Einsatz hochqualifizierter Teammitglieder auch finanzieller Aufwand ist, in angemessenem Verhältnis zu dem erwarteten wirtschaftlichen Erfolg aus der Wertanalyse steht.

2.2.3.2 Arbeitsplan

Der Arbeitsplan der Wertanalyse umfasst allgemein fünf **Schritte** – vgl. DIN 69910:

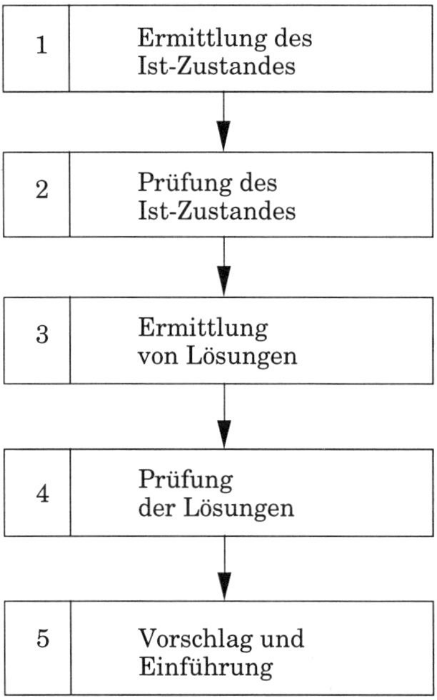

2.2.3.2.1 Ermittlung des Ist-Zustandes

Bei der Ermittlung des Ist-Zustandes sind folgende Aktivitäten notwendig:

Erzeugnis-beschreibung	Sie sollte alle über das Untersuchungsobjekt verfügbaren Informationen der Unternehmensbereiche gegebenenfalls aber auch Informationen der Lieferanten einbeziehen.
Funktions-beschreibung	Sie sollte die Funktionen und Funktionsträger des Untersuchungsobjektes enthalten. **Funktionsträger** sind die Teile eines Erzeugnisses, die eine oder mehrere Funktionen - als Aufgaben, Leistungen, Tätigkeiten - verrichten.

	Als **Funktionen** lassen sich unterscheiden: ❍ Die **Gebrauchsfunktionen**, welche die technische Funktionsfähigkeit eines Erzeugnisses bestimmen. Ihre Funktionsträger sind stets konstruktive Elemente. ❍ Die **Geltungsfunktionen** haben dagegen keinen Einfluss auf die Funktionsfähigkeit eines Erzeugnisses und werden nur geschaffen, wenn der Markt sie wünscht. ❍ Die **Hauptfunktionen**, die unmittelbar die Hauptaufgabe eines Erzeugnisses oder eines organisatorischen Gebildes erfüllen. ❍ Die **Nebenfunktionen** tragen lediglich indirekt zur Erfüllung der Hauptaufgabe bei, indem sie die Hauptfunktionen unterstützen. Die Funktionen werden mithilfe der Funktionsanalyse nach ihrem Rang und ihren Abhängigkeiten gegliedert.
Funktionskostenermittlung	Sie basiert auf der Funktionsbeschreibung. Bei der Feststellung der Kosten für die einzelnen Funktionen kann es Schwierigkeiten geben, wenn Funktionsüberschneidungen vorliegen. Eindeutige Kostenzurechnungen sind dann oft nicht möglich, Schätzungen werden erforderlich.

2.2.3.2.2 Prüfung des Ist-Zustandes

Die Prüfung des Ist-Zustandes umfasst zwei Teile:

Prüfung der Funktionserfüllung	Sie erfolgt auf der Grundlage der Funktionsbeschreibung und hat festzustellen, inwieweit kostenverursachende Funktionen unnötigerweise vorhanden und notwendige Funktionen nicht in zweckentsprechender Weise erfüllt sind.
Prüfung der Funktionskosten	Die Funktionskosten werden auf ihre Angemessenheit hin beurteilt.

Beide Prüfungen können wichtige Anregungen für Verbesserungsvorschläge geben.

2.2.3.2.3 Ermittlung von Lösungen

Die Ermittlung von Lösungen durch das Wertanalyse-Team erfolgt vielfach unter Verwendung von Kreativitätstechniken, die sein können:

- Das **Brainstorming**, bei dem es sich um die Schaffung kreativer Leistungen durch eine in einer Gruppensitzung ungehemmte Diskussion handelt. Die Gruppe sollte maximal 10 Teilnehmer mit möglichst unterschiedlichen Kenntnissen und Erfahrungen umfassen, denen das zu diskutierende Thema bzw. Problem frühzeitig und möglichst genau vorzugeben ist.

Die Gruppensitzung beginnt mit der Bekanntgabe der Sitzungsregeln, der sich der Austausch der Ideen anschließt, die zu protokollieren sind. Die Sitzungsdauer sollte 30 Minuten nicht übersteigen.

Grundregeln der Sitzung sind:

- Keine Kritik
- Quantität vor Qualität
- Weiterentwicklung der Ideen
- Freier Lauf der Phantasie
- Freier Lauf der Assoziation
- Keine Killerphrasen.

Die bei der Gruppensitzung entwickelten Ideen sind anschließend daraufhin zu überprüfen, ob sie unmittelbar, mittelbar oder nicht verwertbar sind.

- Die **Methode 635**, die mit dem Brainstorming verwandt ist. Bei ihr schreiben in einer Gruppensitzung sechs Gruppenmitglieder drei Vorschläge auf, die fünf mal weiterentwickelt werden.

  Dafür sind geeignete Vordrucke bereitzustellen. Die Vordrucke mit den drei Lösungsalternativen werden jeweils den Nachbarn weitergegeben, welche die Lösungsalternativen weiterentwickeln. Bei fünfmaliger Weitergabe der Vordrucke und entsprechender Weiterentwicklung der Lösungsalternativen ergeben sich 108 mögliche Lösungen. Die Auswertung der einzelnen Lösungsalternativen erfolgt wie beim Brainstorming.

- Die **Synektik**, die eine anspruchsvollere Methode zur Entwicklung von Kreativität darstellt. Hier werden fünf bis sieben qualifizierte Teilnehmer unterschiedlicher fachlicher Herkunft ausgewählt und in der Technik der Synektik geschult. Sie bilden ein Team, das – nach Möglichkeit – in gleichbleibender Zusammensetzung über einen längeren Zeitraum hinweg zusammenarbeitet.

  Mit der Synektik wird versucht, die unterbewusst ablaufenden Denkprozesse zu stimulieren. Dabei ist der entscheidende Aspekt die Verfremdung eines Problems. Eine Verknüpfung soll durch die Konfrontation von unabhängigen Strukturen mit dem Problem gefunden werden, die eine Lösung des Problems darstellen soll.

- Die **morphologische Methode**, die einer möglichst vollständigen Erfassung aller Lösungsalternativen und der Prüfung ihrer Kombinationsmöglichkeiten dient. Das Problem ist möglichst allgemein festzulegen, damit Lösungsmöglichkeiten nicht von vornherein ausgeschlossen werden.

  Der **Ablauf** der morphologischen Methode erfolgt:

  - Aufstellung eines morphologischen Kastens
  - Festlegung der Funktionen des Objektes
  - Eintragung der Funktionen in der Vertikalen
  - Für jede Funktion getrennte Suche nach Lösungen

- Eintragung der alternativen Lösungen in der Horizontalen
- Kombination der alternativen Lösungen
- Auswahl der optimalen Lösung.

Beispiel: Konstruktion einer Kaffeemaschine nach *Geschka*
(Beschränkung auf drei Lösungsalternativen)

	Lösungsalternativen		
Funktionen	1	2	3
Wasser kochen	Heizplatte (außen)	Heizplatte (innen)	Induktions-erhitzung
Kaffee filtern	Filter-papier	poröses Material	Zentrifuge
Kaffee warmhalten	Wärme-zufuhr	Isolierung	Wärme-haube
Kaffee ausschenken	Zweitbe-hälter zum Ausgießen	Pumpe zum Ausgeben	Hahn zum Ausschenken

Es können sich beispielsweise zwei Alternativen ergeben:

	Alternative 1	**Alternative 2**
kochen	= Heizplatte	= Heizspirale
filtern	= poröses Material	= Filterpapier
wärmen	= Wärmehaube	= Isolierung
ausschenken	= Hahn	= Zweitbehälter

2.2.3.2.4 Prüfung der Lösungen

Die aus der vorhergehenden Stufe resultierenden Lösungen werden auf ihre Eignung hin überprüft. Dabei sind besonders folgende Gesichtspunkte zu berücksichtigen:

- Die **wirtschaftliche Vorteilhaftigkeit** der Lösungsvorschläge, welche durch die Wertanalyse erreicht werden sollte.

- Die **technische Durchführbarkeit** der Lösungsvorschläge, die als Voraussetzung für deren Realisierung anzusehen ist.

2.2.3.2.5 Vorschlag und Einführung

Abschließend ist der Lösungsvorschlag auszuwählen und der Unternehmensleitung vorzuschlagen, der für das Unternehmen als der günstigste beurteilt wird.

Die Unternehmensleitung veranlasst – bei Zustimmung – die Einführung der vorgeschlagenen Lösung.

16 Seite 432

3. Materialnummerung

Neben der Materialstandardisierung und Materialanalyse – und in Verbindung mit ihnen – ist die Materialnummerung ein weiteres Instrument, in der Materialwirtschaft wirkungsvoll zu rationalisieren.

Die Nummerung, die auch **Verschlüsselung** genannt wird, hat die Aufgabe, Gegenstände, die sachlich zusammengehören, einem einheitlichen Ordnungsprinzip zu unterwerfen. In der Materialwirtschaft kann sich die Nummerung beispielsweise beziehen auf:

- Den **Beschaffungsbereich**, in dem vor allem Bestellungen, Lieferanten, Einkaufskonditionen, Lieferprogramme, Bezugskosten als Gegenstand der Nummerung angesehen werden können.
- Den **Lagerbereich**, in dem besonders Rohstoffe, Hilfsstoffe, Betriebsstoffe, Zukaufteile, Baugruppen, Baukästen, Erzeugnisse als Gegenstand der Nummerung betrachtet werden können.

Die Nummerung ist aber auch für die anderen Unternehmensbereiche von Bedeutung, beispielsweise für:

- Den **Fertigungsbereich**, in dem vor allem Stücklisten, Arbeitspläne, Konstruktionsunterlagen, Werkstücke, Maschinen, Betriebsmittel, Arbeitsplätze als Gegenstand der Nummerung angesehen werden können.
- Den **Absatzbereich**, in dem besonders Kunden, Lieferprogramme, Ersatzteile, Verkaufskonditionen der Nummerung unterliegen können.
- Das **Finanz- und Rechnungswesen**, in dem insbesondere Aufträge, Kontenrahmen, Kostenarten, Kostenstellen, Kostenträger, Budgetrechnungen als Gegenstand der Nummerung angesehen werden können.

Die Bearbeitung von Vorgängen aus den Unternehmensbereichen verlangt eine eindeutige Zuordnung von Objekt und Nummer. Für die Nummerung können **Systeme sprechender Schlüssel** aufgebaut werden, die technische und betriebswirtschaftliche Informationen enthalten. Dadurch sind sie für den Sachbearbeiter ohne Hilfsmittel, Code, Verzeichnisse, Listen, Karteien voll aussagefähig. Ebenso kann eine Änderung leicht durchgeführt werden.

Beispiel: KG 2015 A

- KG – Kühl- und Gefrierschrank
- 2015 – mit 200 bzw. 150 Litern Inhalt,
- A – Abtauautomatik

Mit zunehmender Sortimentsbreite nimmt die Aussagefähigkeit sprechender Schlüssel aber sehr schnell ab. Die Verzeichnisse werden sehr umfangreich. Das führt zu

- Großer Fehlerhaftigkeit
- Mangelnder Eindeutigkeit
- Schlechter Datenverarbeitungsfähigkeit.

Aus diesen Gründen werden in der betrieblichen Praxis weitgehend **Systeme nichtsprechender Schlüssel** verwendet, die nach den Erfordernissen der EDV-Verarbeitung gestaltet sind. Bei der heute üblichen Dialogfähigkeit von EDV-Anlagen über Bildschirm kann der Sachbearbeiter leicht alle zu einer Nummer interessierenden Angaben über den Bildschirm anfordern, sodass umfangreiche Sucharbeiten und zeitaufwendiges Blättern in Katalogen und Listen entfallen.

In der Praxis wird zur Suche von Daten häufig ein Zugriff über Match-Code ermöglicht. Es werden dabei aus zwei bis drei Schlüsseln neue Schlüssel gebildet, über die ein Zugriff auf die Daten (den Datensatz) möglich wird.

Beispiel: Teile des Namens und Postleitzahl ergeben einen Code, nach dem in der Lieferantendatei gesucht wird.

Im Folgenden soll eingegangen werden auf:

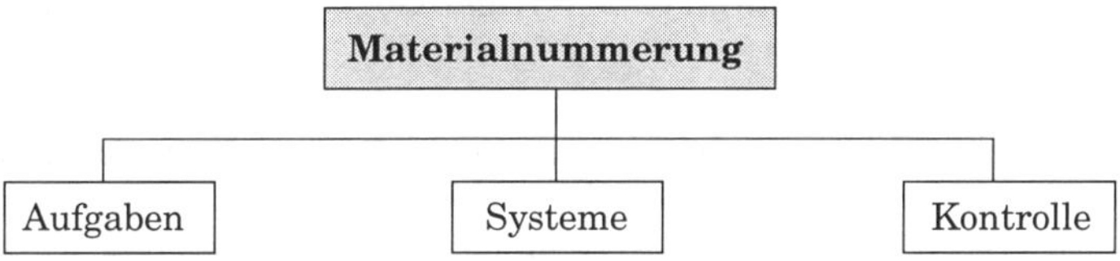

3.1 Aufgaben

Mit der Nummerung können drei Aufgaben verbunden sein:

- **Identifikation**
- **Klassifikation**
- **Information**.

Einzelne Verschlüsselungsprobleme müssen nur eine der Aufgaben erfüllen, andere dagegen haben mehreren Anforderungen gerecht zu werden.

3.1.1 Identifikation

Zur Identifikation wird eine bestimmte Nummer einer Sache zugeordnet. Keine Nummer darf doppelt oder für die gleiche Sache mehrere Nummern vergeben sein, beispielsweise unterschiedliche Zeichnungs-, Stücklisten-, Fertigungsplannummern.

Die vergebene Nummer ist absolut eindeutig. Sie ist einfach in Aufstellung, Zuordnung und Fortführung. Im Gegensatz zu anderen Verschlüsselungen weist sie – korrekt vorgenommen – keine Lücken auf, da auf eine Systematik verzichtet wurde. Die benötigte Stellenzahl lässt sich gering halten. So genügt eine 5-stellige Zahl, um 99.999 Gegenstände zu identifizieren.

3.1.2 Klassifikation

Zur Klassifikation werden einer Nummer bestimmte Merkmale zugeordnet, beispielsweise Formen, Zustände, Eigenschaften. Die Klassifizierungsnummer bestimmt eine Sache nicht ausschließlich, weil die verschlüsselten Merkmale für bestimmte Sach- und Ordnungsgruppen allgemein zutreffend sind.

Ein guter Klassifikationsschlüssel zeichnet sich dadurch aus, dass er eindeutig festlegt, welcher Gruppe, Klasse oder Sorte ein Gegenstand zuzuordnen ist. Er kennzeichnet Sachgruppen und nicht einen Gegenstand, wie dies beim Identifikationsschlüssel geschieht.

Ein **Problem** entsteht durch die Festlegung des Begriffsumfanges bzw. der Begriffsabgrenzung. Insbesondere dann, wenn Grenzfälle einzuordnen sind, die bei der Konzeption des Schlüssels noch nicht vorhersehbar waren, ergeben sich Schwierigkeiten, die ein späteres Zusammenführen gleichartiger Gegenstände nahezu unmöglich machen.

Durch Aneinanderreihen von Ordnungsbegriffen entstehen Nummernpläne. Nach DIN stellt der **Nummernplan** eine Übersicht über die im Voraus festgelegten Bedeutungen und Begriffsinhalte von klassifizierenden Nummernteilen dar. Entsprechend der unterschiedlichen Zuordnung der Begriffsinhalte der zusammengefügten **Klassifikationsschlüssel** gibt es:

- **Hierarchische Nummernpläne**, bei denen die Begriffe in dezimaler Unterordnung zusammengeführt sind. Dabei ergibt sich – von links nach rechts folgend – eine zunehmende Verfeinerung der Gruppenbegriffe. Es muss die Übergruppe bekannt sein, um eine Aussage über die untergeordneten Gruppen machen zu können. Somit ist klar, dass die Gruppenstufe eines Begriffes hier nie sinnvoll vertauscht werden kann.

  Beispiele für das hierarchische Gliederungsprinzip sind:

  - Die internationale Dezimalklassifikation (DK) der Dokumentation
  - Der Industriekontenrahmen

6	**Betriebliche Aufwendungen**
	Materialaufwand
60	**Aufwendungen für Roh-, Hilfs- und Betriebsstoffe und für bezogene Waren**
600	Aufwendungen für Rohstoffe/Fertigungsmaterial
601	Aufwendungen für Vorprodukte/Fremdbauteile

602 Aufwendungen für Hilfsstoffe
603 Aufwendungen für Betriebsstoffe/Verbrauchswerkzeuge
604 Verpackungsmaterial
605 Energie
606 Reparaturmaterial
607 Aufwendungen für sonstiges Material
608 Aufwendungen für Waren

61 **Aufwendungen für bezogene Leistungen**
610 Fremdleistungen für Erzeugnisse und andere Umsatzleistungen
614 Frachten und Nebenkosten
615 Vertriebsprovisionen
616 Fremdinstandhaltung
617 Sonstige Aufwendungen für bezogene Leistungen

- **Nebengeordnete Nummernpläne**, bei denen mehrere Stellen gleichrangig und unabhängig nebeneinander gestellt sind. Dabei kann wahlweise einmal das eine, dann das andere Merkmal zum Oberbegriff einer Auswertung gemacht werden. Auf diese Weise lassen sich die anfallenden Kosten in einem Unternehmen unabhängig voneinander nach Kostenarten und Kostenstellen verschlüsseln. Nur so ist es möglich, die Kosten auf die verursachenden Kostenstellen zu verteilen bzw. die Summe pro Kostenart zu ermitteln.

3.1.3 Information

Zur Information werden aus der Schlüsselnummer durch Angabe sinnvoll geordneter und sprechender Abkürzungen je Materialart weitgehende Angaben über Art, Größe, Wertigkeit, Alter, Hersteller u.Ä. des Materials gemacht. Häufig stellen Informationsschlüssel beschreibende Angaben dar, wie beispielsweise Kurztexte und Abkürzungen. Der Aufwand an Stellen für einen Informationsschlüssel ist im Allgemeinen sehr groß.

Beispiel: Eine Materialart liegt in fünf Formaten im Lager:

Format	Breite in cm	Länge in cm
A	25	100
B	50	500
C	100	1.000
D	150	1.500
E	200	2.000
	3 Stellen +	4 Stellen

Zur Kennzeichnung dieser fünf Formate muss der Informationsschlüssel sieben Stellen enthalten, während das Format durch eine einzige Stelle zu kennzeichnen wäre. Durch Wechsel der Maßeinheit – beispielsweise von cm auf m – könnten mehrere Stellen eingespart werden. Das führt, wenn cm-Angaben die Norm darstellen, zu halbverschlüsselten Informationen.

Stellen die Formate oder Maße feste Begriffe dar, ist ihre nochmalige Verschlüsselung unzweckmäßig. So werden beispielsweise Herren- und Damenkonfektionsgrößen durch zwei- bis dreistellige Nummern gekennzeichnet. Möchte man zu einer Hose (Größe 48) Einzelinformationen, so sind fünf Einzelmaßangaben (= fünf Informationsschlüssel) mit insgesamt 17 Stellen notwendig.

3.2 Systeme

Die Art der Verschlüsselung von Erzeugnissen, ihrer Gruppen, Teile und der zur Herstellung verwendeten Werkzeuge, Modelle usw. hat für das Betriebsgeschehen in einem vielfältig gegliederten Unternehmen große Bedeutung.

Deshalb werden bestimmte **Forderungen** an ein Nummernsystem gestellt, die abhängig von der speziellen Aufgabenstellung und der Art bzw. dem Umfang des Produktionsprogrammes der betreffenden Unternehmen sind:

- Nach Möglichkeit sollen bereits vorhandene Nummernsysteme ohne große Änderung übernommen werden.

- Das Nummernsystem muss ausbaufähig sein, d.h. für alle Teile muss die notwendige Identifizierung und Klassifizierung vorgenommen werden können. Ebenso ist es erforderlich, offenen Raum für den Änderungsdienst zu lassen.

- Die Stellenzahl ist so niedrig wie möglich zu halten.

In der betrieblichen Praxis versucht man, die Vor- und Nachteile der einzelnen Nummernsysteme auszugleichen, indem Elemente identifizierender, klassifizierender und informierender Art zu einem Nummernsystem verbunden werden.

Heute verwendete Systeme beinhalten als Basis der Nummerung grundsätzlich eine fortlaufende Identifizierungsnummer. Bei genügender Stellenzahl lassen sich jederzeit neue Objekte im Nummernkatalog einfügen.

Somit besteht die Gefahr der Sprengung eines Nummernkreises, d.h. die Tatsache, dass neue Objekte im Ordnungssystem nicht mehr einzufügen sind, da der Schlüsselumfang aufgebraucht ist, hier nicht.

Beispiel: Eine einstellige Zahl erlaubt eine von 0 bis 9 laufende Bildung von zehn Gruppen. Sind bereits zehn Erzeugnisgruppen verschlüsselt, so findet eine neu ins Produktionsprogramm aufgenommene Erzeugnisgruppe keinen Platz. Eine völlige Neugliederung ist erforderlich.

Es lassen sich folgende Systeme von Nummernschlüsseln unterscheiden:

- **Systematische Nummernschlüssel**
- **Systemfreie Nummernschlüssel**.

3.2.1 Systematische Nummernschlüssel

Bei systematischen Nummernschlüsseln beruht das Ordnungsprinzip auf strenger Logik, d.h. bei der Anwendung der Schlüssel dürfen Teile nicht vernachlässigt werden, da hierdurch der Aussagegehalt der Schlüssel beeinträchtigt würde.

Diese Schlüssel enthalten identifizierende, klassifizierende, informierende und prüfende Stellen. Unter anderem werden sprechende, halbsprechende und nicht sprechende Nummernsysteme unterschieden. Eine Unterteilung der systematischen Schlüssel ist möglich:

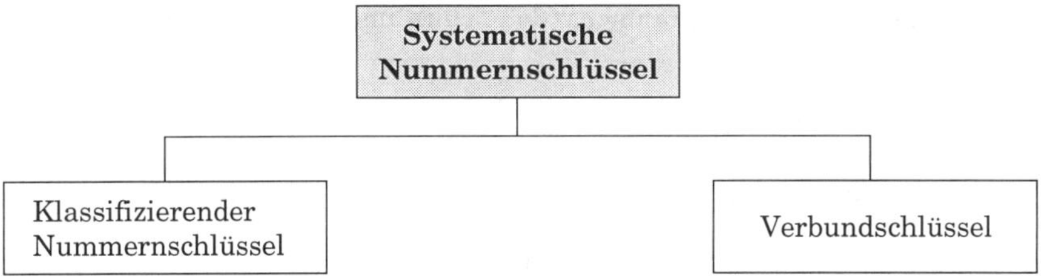

3.2.1.1 Klassifizierender Nummernschlüssel

Beim klassifizierenden Nummernschlüssel hängen die Klassifizierungsmerkmale hierarchisch voneinander ab. Dieser Nummernschlüssel erlaubt es jedem Mitarbeiter schon nach kurzer Einarbeitungszeit, Aussagen klassifizierender Art über den verschlüsselten Gegenstand zu machen.

Es wird möglich, einen Gegenstand aufgrund der aneinander gereihten Klassifizierungsschlüssel und Informationsschlüssel zweifelsfrei und eindeutig zu erkennen und zu benennen. Man spricht häufig von **sprechenden Nummernsystemen**.

Oft gelingt es nicht mehr, Gegenstände aufgrund von Klassifizierungsmerkmalen eindeutig zu bezeichnen, bzw. es wachsen die Schlüssel so stark an, dass sie für die praktische Anwendung unhandlich werden.

Grundsätzlich kann der klassifizierende Nummernschlüssel folgenden **Aufbau** haben:

Erzeugnis-Klasse	Haupt-Bauart	Größe	Unter-Bauart
X	X	XXX	XX
◄—— Klassifizierungsteil ——►			

Zweckmäßigerweise sollten bei klassifizierenden Nummernschlüsseln drei Gruppen von **Klassifizierungen** unterschieden werden:

- **Technologische Informationen**, beispielsweise Formbeschreibungen zum Auffinden ähnlicher Werkstücke

- **Organisatorische Informationen**, beispielsweise Verschlüsselungen von Lagerplätzen, Wertklassen

- **Dispositive Informationen,** beispielsweise Mengenangaben, Termine, Bezugsarten

Beispiele für Klassifizierungssysteme, insbesondere für die Fertigungsindustrie:

- Die Materialkonten des Kontenrahmens (Roh-, Hilfs- und Betriebsstoffe, Halb- und Fertigerzeugnisse)

- Die Lagerart zur Definition des Lagerortes

- Der Teile-Code, zusammengestellt nach Konstruktionsgesichtspunkten

- Der Charakterschlüssel, der die Materialart

  G = Gruppenteil
  T = Teilesatz
  E = Einzelteil
  S = Werkstoff
  R = Rohling
  M = Modell
  H = Hilfsmaterial
  W = Werkzeug
  V = Vorrichtung
  K = Transportmittel
  A = Arbeitsunterlagen

  zur Verwendung in der Stücklistenauflösung, Bedarfsrechnung, Arbeitsplanung, Terminsteuerung definiert.

- Die Unterlagenart zur Bezeichnung der technischen Unterlage einer Materialart

  Z = Zeichnung
  S = Stückliste
  P = Schaltplan
  M = Montageanleitung
  T = Technische Anweisung

- Der Normenschlüssel zur Kennzeichnung des Standardisierungsgrades

  G = Gruppengebunde Teile zur Einmalverarbeitung
  M = Mehrfachverwendungsteil
  W = Werksnormteil
  D = DIN-Normteil
  H = Handelsteil

- Der Änderungsgrund

- Die Änderungsart

- Der Maßeinheitsschlüssel (statt eines separaten Mengen- und Preiseinheitsschlüssel) gibt an, worauf sich die Mengenangabe und auf wie viel Mengen sich der Preis bezieht:

00 = 1 Stück	10 = mm
01 = 10 Stück	11 = cm
02 = 100 Stück	12 = €
03 = 1000 Stück	13 = m
20 = mm	30 = mm
22 = cm	33 = cm
24 = €	36 = €
26 = m	39 = m
40 = g	50 = l
43 = kg	52 = hl

- Der Status-Schlüssel zur Kennzeichnung der Verwendungsfähigkeit

  A = aktives Teil
  U = ungültiges Teil
  W = Wartungsteil
  V = Verwendungsteil

- Der Werks-Schlüssel zur Kennzeichnung des Werkes, seiner Fertigung oder Verwaltung

- Der Dispositions-Schlüssel zur Kennzeichnung der Bestellart

  1 = Auftragsdisposition ohne Sicherheitsbestand
  2 = Auftragsdisposition mit Sicherheitsbestand und wirtschaftlicher Losgröße
  4 = Bestellpunktdisposition mit Sicherheitsbestand und fester Losgröße
  5 = Lieferrhythmus-Disposition mit Sicherheitsbestand
  6 = Bestellrhythmus-Disposition mit Sicherbeitsbestand
  7 = manuelle Disposition
  8 = keine Bestellung

- Der Beschaffungs-Schlüssel

- Der Entnahme-Schlüssel

Die Vielzahl der Klassifizierungsmöglichkeiten erfordert in jedem Fall eine ausführliche Analyse von Möglichkeiten, Nutzen und Kosten.

Vorteile des klassifizierenden Nummernschlüssels sind:

- Es werden gleiche Merkmale und Eigenschaften zu Gruppen zusammengeführt.
- Er wird durch die hierarchische Gliederung leicht merkfähig.
- Er hat eine gute Aussagefähigkeit bei manueller Bearbeitung der Unterlagen.

Als **Nachteile** des klassifizierenden Nummernschlüssel lassen sich nennen:

- Der Schlüssel muss aus wirtschaftlichen Gründen auf eine bestimmte Länge begrenzt werden, sodass nicht alle Ordnungsmerkmale klassifiziert werden können.

- Die Festlegung und Aufteilung der Klassifizierungsmerkmale erfordert eine längere Vorbereitungszeit.

- Die Verschlüsselung muss von qualifizierten Fachkräften vorgenommen werden, beispielsweise ist in Grenzfällen eine Zuordnung zu einer Gruppe oft schwierig.
- Der Schlüssel kann leicht veralten bzw. platzen, wenn nicht alle Entwicklungen und Erweiterungen vorgesehen wurden.
- Die einmal festgelegte Abfolge der Ordnungsbegriffe kann nicht geändert werden und erfordert ein Umschlüsseln.
- Die Erweiterung eines klassifizierenden Teiles um eine Stelle stellt keine echte Verzehnfachung dar, da die Schlüssel in den einzelnen Gruppen unterschiedlich stark wachsen.

3.2.1.2 Verbundschlüssel

Bei diesem – auch als **halbsprechendem Schlüssel** bekannten – Nummernsystem werden Informations- und/oder Klassifizierungsschlüssel mit dem Identifizierungsschlüssel verschmolzen.

Durch diese Verschmelzung werden die Auswahlmöglichkeiten auf eine einzige Ordnungsdimension eingeengt, wobei der Schlüsselumfang unwirtschaftlich aufgebläht wird.

Das bedeutet, dass einem Klassifizierungsteil, das Gegenstände über die Gruppierungsmerkmale eindeutig einordnet, die abhängige Zählnummer angefügt wird. Dies ermöglicht die Identifizierung der klassifizierten Objekte.

Die Verwendung von halbsprechenden Nummernsystemen wird in starkem Maße von der Anzahl der zu erfassenden Schlüsselobjekte beeinflusst. In der Form ist der Verbundschlüssel dem Klassifizierungsschlüssel eng verwandt.

Beispiel:

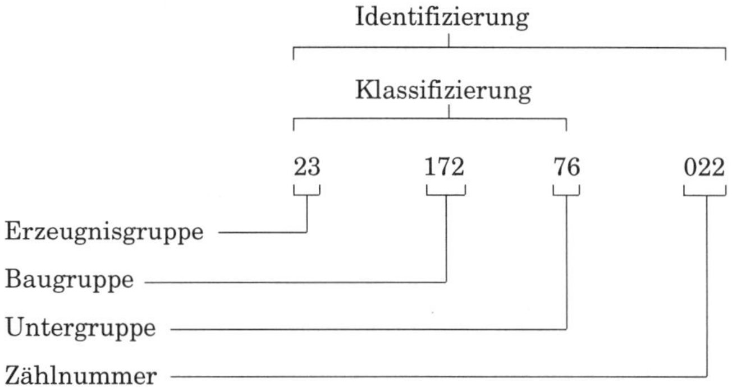

3.2.2 Systemfreier Schlüssel

Beim systemfreien Schlüssel erhält jeder Gegenstand eine vorangestellte systemfreie Zähl-Nummer oder Ident-Nummer zugeteilt. Die Klassifizierungsmerkmale eines Gegenstandes sind in einem ergänzenden, nebengeordneten Klassifizierungsschlüssel erfasst.

Im Gegensatz zum Verbundschlüssel, bei dem alle Schlüsselelemente mitgeführt werden müssen, dient hier als **Arbeitsnummer** die Ident-Nummer, während der Klassifizierungsschlüssel nach Bedarf wahlweise als Ergänzung auftreten kann.

Man spricht dann von **Parallelverschlüsselung**.

Beispiel:

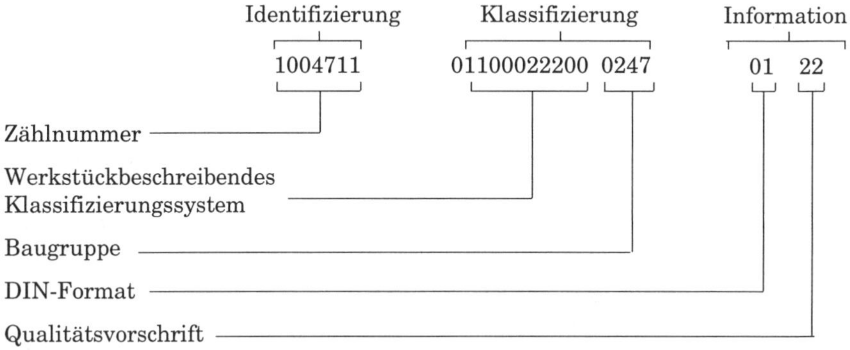

Die Ausarbeitung eines Nummernsystems muss in Zusammenhang mit der Aufgabenstellung und den Organisationshilfsmitteln erfolgen, wobei zu überprüfen ist, ob der klassifizierende oder der systemfreie Schlüssel anpassungsfähiger und beweglicher ist, da Umschlüsselungen seltener vorzunehmen sind.

So braucht beispielsweise das Konstruktionsbüro alle Merkmale eines Teilenummernsystems, der Beschaffungsbereich nur einen Teil der Informationen, abgesehen von der Ident-Nummer. Jedoch sind Lager, Fertigung (insbesondere die Arbeitsvorbereitung) die Stellen, die fast ausschließlich mit der Teilenummer arbeiten.

Das legt nahe, eine Ident-Nummer zu wählen, die wahlweise durch **nebengeordnete Spezifikationen** ergänzt wird. Diese Methode entlastet die einzelnen Stellen des Unternehmens von überlangen Schlüsselgebilden mit überflüssigen Informationen.

Klassifizierende Merkmale nach Art und Verwendungszweck werden am zweckmäßigsten nebengeordnet. Ein solches **Parallelschlüsselsystem** führt alle der Identifikation nebengeordneten Merkmale in der Stammdatei, sodass Änderungen im klassifizierenden Teil nur die Stammdatei des Gegenstandes berühren und keine sonstigen Unterlagen.

Beispiel:

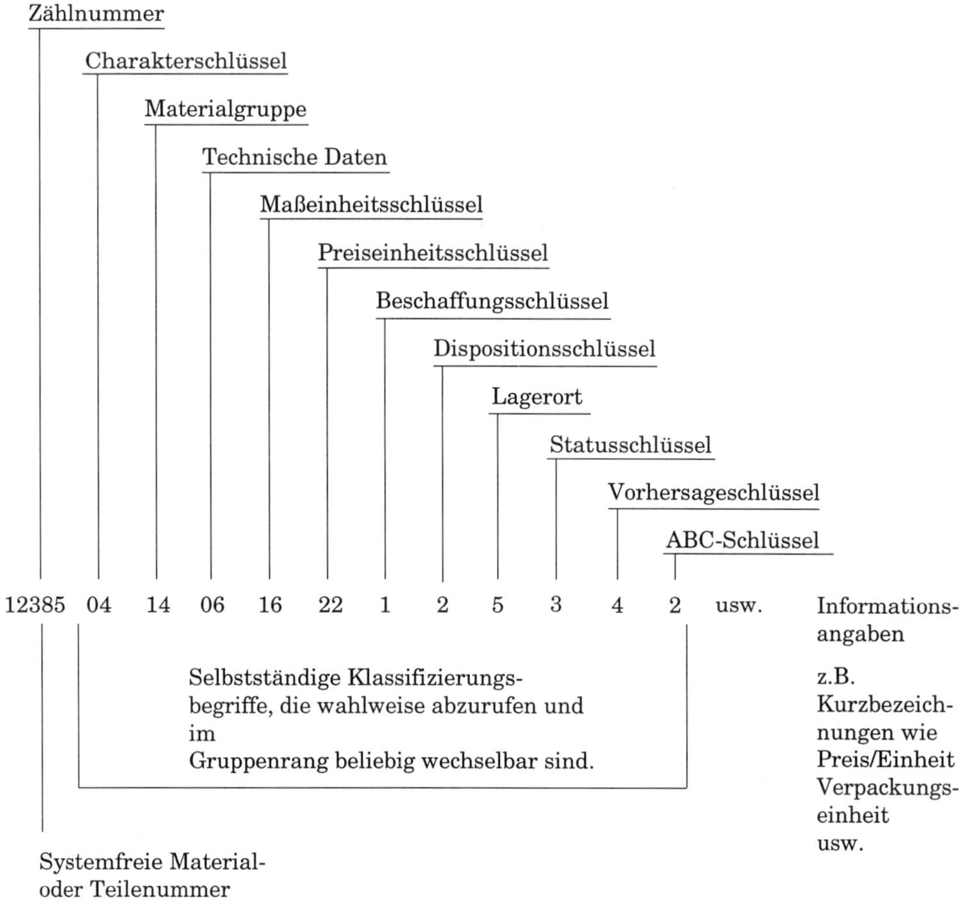

Die **Vorteile** der systemfreien Verschlüsselung sind:

- Der Identteil und der Klassifizierungsteil sind unabhängig voneinander.
- Die Ident-Nummer bleibt unbegrenzt gültig, solange das Schlüsselobjekt besteht. Lediglich der klassifizierende Teil kann sich ändern.
- Der Ident-Nummer liegt keine Systematik zu Grunde. Sie kann somit auch nicht veralten.
- Änderungen betreffen nur den Ident-Teil, sodass Umbenennungen im Unternehmen nicht erforderlich werden.
- Die Ident-Nummer wird durch Anhängen erweitert, wobei die korrespondierenden Klassifizierungsschlüssel nicht berührt werden.

- Da die nebengeordneten Klassifizierungsmerkmale selbstständig geführt werden, kann eine Neugliederung durch Hinzufügen von Schlüsseln bzw. Vertauschen und Abändern sehr leicht erfolgen.

- Die Ident-Nummer ist die kürzestmögliche Arbeitsnummer und kann von Hilfskräften vergeben werden.

Als **Nachteile** des systemfreien Schlüssels lassen sich nennen:

- Wenn die Ident-Nummer und Klassifizierungs-Nummer in bestimmten Fällen gleichzeitig geführt werden müssen, ist die Gesamtstellenzahl größer als bei anderen Schlüsseln.

- Es müssen Verzeichnisse und Kataloge zur Entschlüsselung geführt werden.

3.3 Kontrolle

Bei der Anwendung von Nummern besteht jederzeit die Gefahr, dass Ziffern fehlerhaft sind. Das kann – beispielsweise bei fehlerhaften Materialnummern – leicht zu Fehldispositionen führen. Deshalb kommt es darauf an, das Nummernsystem durch Prüfung und Kontrolle zu schützen vor:

- Verlust von Informationen
- Fehlinterpretation der Informationen
- Fehlerhafter Verarbeitung der Informationen.

Heute verwendet man in vielen Anwendungsbereichen selbstprüfende Nummernkombinationen, wodurch manuelle Kontrollarbeiten und die Fehlersuche beträchtlich eingeschränkt werden. Mit dem zunehmenden Einsatz von EDV-Anlagen erweitern sich die Möglichkeiten, Prüfungen und Kontrollen einzuführen.

Mithilfe der EDV-Anlage werden für die vorhandenen oder zu vergebenden Nummern die entsprechenden Prüfziffern gemäß den ausgewählten Verfahren errechnet und als letzte Stelle (= Einerstelle) der Nummer angehängt. Diese Ziffer wird Bestandteil der Nummer selbst.

Bei einer späteren Verarbeitung der Nummer wird festgestellt, dass die Nummer um eine Prüfziffer erweitert ist, die erneute Berechnung entsprechend dem programmierten Verfahren durchgeführt und das Ergebnis mit der eingegebenen Prüfziffer verglichen. Ergibt sich keine Übereinstimmung, wird die weitere Verarbeitung der Daten unterbrochen.

Eine einfache Methode, Fehler zu erkennen, wäre die Bildung einer Quersumme, deren Einerstelle als Prüfziffer angehängt wird. Der Nachteil des Verfahrens liegt darin, dass Zahlendreher zwischen zwei benachbarten Ziffern nicht erkannt werden.

Heute wird weitgehend das Verfahren **Modulus-11** angewandt. Die Rechenschritte laufen wie folgt ab:

- Die einzelnen Stellenwerte der Nummer – beginnend bei der Einerstelle – werden jeweils mit den Faktoren 2, 3, 4, 5, 6, 7 multipliziert. Bei Nummern, die mehr als 6 Ziffern umfassen, beginnt die Folge wieder mit 2, 3, 4, 5, 6, 7.

- Die ermittelten Produkte werden addiert.

- Die sich aus der Addition ergebende Summe wird durch 11 dividiert.

- Der sich ergebende Divisionsrest wird von 11 subtrahiert. Das Ergebnis ist die Prüfziffer.

Beispiel: Grundnummer 31816

Grundzahlen	3		1		8		1		6		
(multipliziert mit)											
Faktoren	6		5		4		3		2		
(ergibt)											
Produkte	18	+	5	+	32	+	3	+	12	=	70

Division durch den Modulus-11:

70 : 11 = 6 Rest 4

Subtraktion des Restwertes von 11:

11 – 4 = 7

Prüfziffer:

7

Selbstprüfende Ziffer:

318167

Der **Sicherheitsgrad** bei diesem Verfahren liegt bei 99 %. Zu beachten ist, dass die Prüfziffer 10, die sich aus der Subtraktion eines Restwertes von 11 ergibt, nicht vergeben werden kann, da sie nicht darstellbar ist. Eine Nummer, die zu diesem Restwert führt, ist unzulässig.

Neben dem Modulus-11-Verfahren gibt es weitere Verfahren.

17 Seite 433

18 Seite 433

	Kontrollfragen	bearbeitet	Lösungshinweis	Lösung +	Lösung –
01	Was versteht man unter Rationalisierung?		109		
02	Worauf bezieht sich die Materialstandardisierung?		109		
03	Erläutern Sie, was unter Normung zu verstehen ist!		110		
04	Welche Bedeutung hat die Normung für die Materialwirtschaft?		110		
05	Unterscheiden Sie die Normen unterschiedlicher Geltung!		110 ff.		
06	Worin liegt die Wirksamkeit der Normung für die Praxis?		111		
07	Welche Normen sind nach ihrem Inhalt zu unterscheiden?		114		
08	Grenzen Sie Grundnormen, Fachnormen und Fachgrundnormen inhaltlich ab!		115		
09	Was versteht man unter Normungsbreite, Normungstiefe und Normungsumfang?		115		
10	Worin unterscheiden sich Vollnorm, Teilnorm und Rahmennorm?		115		
11	Was versteht man unter Typung?		115		
12	Worin liegen die hauptsächlichen Vorteile der Typung für das Unternehmen?		116		
13	Welche Möglichkeiten der überbetrieblichen Typung sind denkbar und wie sind sie zu beurteilen?		116 f.		
14	Geben Sie einen Überblick über die möglichen innerbetrieblichen Typenbeschränkungen!		117		
15	Was versteht man unter Baukästen und welche Kennzeichen weisen sie auf?		118		
16	Nennen und erläutern Sie die Arten von Bausteinen!		118		
17	Nennen Sie die Vorteile und Nachteile der Baukästen, wie sie sich für Unternehmen und Kunden ergeben können!		118 f.		
18	Worum handelt es sich bei der Mengenstandardisierung?		119		
19	Wie wird der Prognose-Materialbedarf bei der Mengenstandardisierung ermittelt?		120		
20	Aus welchen Gründen werden Bruttokorrekturen vorgenommen und vermeidbarer Mehrverbrauch bei der Berechnung des Prognose-Materialbedarfs berücksichtigt?		120		
21	Welchem Zweck dient der Soll-Ist-Vergleich im Rahmen der Ermittlung des Prognose-Materialbedarfes?		122		
22	Erläutern Sie den Grundgedanken, auf dem die ABC-Analyse beruht!		122		
23	Worin unterscheiden sich A-Güter, B-Güter und C-Güter erfahrungsgemäß?		123		

	Kontrollfragen	bearbeitet	Lösungshinweis	Lösung +	Lösung −
24	Zu welchen Zwecken, allgemein und im Rahmen der Materialwirtschaft, kann die ABC-Analyse eingesetzt werden?		124		
25	Beschreiben Sie, wie der schrittweise Ablauf einer ABC-Analyse erfolgt!		125 ff.		
26	Welche Folgerungen können sich durch Kenntnis der A-Güter, B-Güter und C-Güter in der Materialwirtschaft konkret ergeben?		128		
27	Was versteht man unter der Wertanalyse?		128		
28	Nennen Sie die wesentlichen Merkmale der Wertanalyse!		129		
29	Wozu dienen Value Administration und Value Control?		129		
30	Grenzen Sie Value Analysis und Value Engineering gegeneinander ab!		130 f.		
31	Beschreiben Sie kurz den Produkt-Lebenszyklus und erläutern Sie, weshalb seine Kenntnis für die wertanalytische Arbeit wichtig sein kann!		130 f		
32	Welche organisatorischen Aspekte sind bei der Wertanalyse bedeutsam?		131 ff.		
33	Beschreiben Sie, welche Schritte der Wertanalyse vorbereitend vorangehen!		133 f.		
34	Welcher Techniken kann man sich bei der Wertanalyse bedienen, wenn es um die Auswahl des Untersuchungsobjektes geht?		133		
35	Geben Sie einen Überblick über die fünf Schritte, in denen die Wertanalyse durchgeführt wird!		134		
36	Welche Aktivitäten sind bei der Wertanalyse im Rahmen der Ermittlung des Ist-Zustandes notwendig?		134 f.		
37	Worin unterscheiden sich Gebrauchs-, Geltungs-, Haupt- und Nebenfunktionen der Erzeugnisse?		135		
38	Nach welchen Kriterien erfolgt die Prüfung des Ist-Zustandes bei der Wertanalyse?		135		
39	Zählen Sie Kreativitätstechniken auf, die für die Ermittlung von Lösungen bei der Wertanalyse eingesetzt werden können!		135 f.		
40	Beschreiben Sie, wie eine Brainstorming-Sitzung abläuft und welche Prinzipien grundsätzlich zu beachten sind!		135 f.		
41	Worin unterscheiden sich Brainstorming und Methode 635 grundlegend?		136		
42	Erläutern Sie die typischen Merkmale der Synektik!		136		
43	In welchen Schritten erfolgt der Ablauf einer Synektik-Sitzung?		136		
44	Wozu dient die morphologische Methode?		136		

	Kontrollfragen	bearbeitet	Lösungshinweis	Lösung +	Lösung –
45	Beschreiben Sie den typischen Ablauf bei der morphologischen Methode!		136 f.		
46	Nach welchen Gesichtspunkten wird die Prüfung der möglichen Lösungen im Rahmen der Wertanalyse durchgeführt?		137		
47	Welche Aufgaben hat die Nummerung?		138		
48	Welche konkreten Sachgebiete der Materialwirtschaft werden nummernmäßig erfasst?		138		
49	Geben Sie Beispiele dafür, wo Einsatzgebiete der Nummerung in anderen Unternehmensbereichen sein können!		138		
50	Warum sind Objekte der Materialwirtschaft nummernmäßig zu ordnen?		138		
51	Was versteht man unter sprechenden Schlüsseln?		138		
52	Wie sind die Einsatzmöglichkeiten sprechender Schlüssel zu beurteilen?		139		
53	Welche Aufgaben kann die Nummerung erfüllen?		139		
54	Was bedeutet Identifikation?		139 f.		
55	Welche Vorzüge hat die Vergabe laufender Nummern bei der Identifikation?		140		
56	Was bedeutet Klassifikation?		140		
57	Wodurch zeichnet sich ein guter Nummernschlüssel aus und wo liegen die Probleme bei seiner Erstellung?		140		
58	Was sind hierarchische Nummernpläne?		140		
59	Wie sind nebengeordnete Nummernpläne aufgebaut?		141		
60	In welcher Weise kann die Aufgabe der Information im Rahmen der Nummerung realisiert werden?		141		
61	Wie ist der Stellenbedarf für einen Informationsschlüssel zu beurteilen?		141		
62	Welche Forderungen sind an Nummernsysteme zu stellen?		142		
63	Auf welcher Grundlage sind heute verwendete Nummernsysteme üblicherweise aufgebaut und weshalb?		142		
64	Welche Nummernsysteme unterscheidet man grundsätzlich?		143		
65	Worauf beruht das Ordnungsprinzip systematischer Nummernschlüssel?		143		
66	Welche Arten systematischer Nummernschlüssel sind zu unterscheiden?		143		
67	Welchen Aufbau hat ein klassifizierender Nummernschlüssel?		143 f.		
68	Nennen Sie Beispiele für Klassifizierungssysteme!		144 f.		

	Kontrollfragen	bearbeitet	Lösungshinweis	Lösung +	Lösung −
69	Grenzen Sie Vor- und Nachteile klassifizierender Schlüssel gegeneinander ab!		145 f.		
70	Geben Sie Beispiele für sprechende, halbsprechende und nicht sprechende Schlüssel!		146		
71	Was versteht man unter einem Verbundschlüssel?		146		
72	Wie wird der Verbundschlüssel vielfach auch noch bezeichnet?		146		
73	Beschreiben Sie den Aufbau von systemfreien Schlüsseln!		147		
74	Welche Vorteile weisen systemfreie Schlüssel auf?		148 f.		
75	Nennen Sie Nachteile systemfreier Schlüssel!		149		
76	Welche Aufgaben stellen sich der Nummernkontrolle?		149		
77	Was sind selbstprüfende Nummernkombinationen?		149		
78	Worin liegt der Nachteil, wenn eine Nummernkontrolle lediglich mittels Quersummenbildung erfolgen soll?		149		
79	Beschreiben Sie die Rechenschritte des Modulus-11-Verfahrens!		150		
80	Bilden Sie eine 5-stellige Zahl und berechnen Sie die Prüfziffer!		150		

C. Materialbedarf

Der Materialbedarf eines Unternehmens ist

- artgerecht
- mengengerecht
- zeitgerecht

zu decken. Das erfordert zunächst eine **möglichst genaue Ermittlung** des Materialbedarfes. Erfolgt sie nicht, dann wäre eine Übereinstimmung zwischen dem beschafften und dem tatsächlich benötigten Material ein Zufall. Wahrscheinlicher sind folgende Situationen:

- Es ist eine zu geringe Materialmenge beschafft worden, was Störungen in der Leistungserstellung verursachen und dazu führen kann, dass Absatzmöglichkeiten oder Absatzverpflichtungen des Unternehmens nicht erfüllbar sind.

- Es ist eine zu große Materialmenge beschafft worden, wodurch sich die Kapitalbindung sowie die Zinskosten und Lagerkosten – gegebenenfalls beträchtlich – erhöhen können.

Wenn gefordert wurde, die Ermittlung des Materialbedarfes *möglichst* genau vorzunehmen, dann bedeutet dies,

- dass es nicht möglich sein kann, eine genaue Ermittlung des Materialbedarfes vorzunehmen, beispielsweise wegen unsicherer Absatzerwartungen der zu fertigenden oder zuzukaufenden Güter.

- dass es nicht vertretbar sein kann, eine genaue Ermittlung des Bedarfes aller Materialien vorzunehmen, vielmehr ist der Materialbedarf um so genauer zu ermitteln, je höher der Anteil der betreffenden Materialien am wertmäßigen Gesamtbedarf ist.

Der Bedarf an **A-Gütern** ist genau zu ermitteln. Bei den **B-Gütern** sollte eine weitgehend genaue Ermittlung des Materialbedarfes erfolgen. Die **C-Güter** bedürfen keiner exakten Ermittlung. Ihr Bedarf ist – unter Berücksichtigung einer angemessenen Sicherheitsspanne – aufgrund von Erfahrungen der Vergangenheit zu prognostizieren oder zu schätzen.

Für die Ermittlung des Materialbedarfes werden üblicherweise zwei **Vorgehensweisen** unterschieden:

Materialbedarf	Programmorientierte Ermittlung
	Verbrauchsorientierte Ermittlung

Die **programmorientierte Bedarfsermittlung** erfolgt – mit Ausnahme der Ersatzteile – für die Güter des Sekundärbedarfes, die meist **A-Güter** oder **B-Güter** sind:

- Rohstoffe
- Einzelteile
- Baugruppen.

Die **verbrauchsorientierte Bedarfsermittlung** beruht auf den Bedarfswerten der Vergangenheit, aus denen der künftige Bedarf prognostiziert wird. Sie wird vielfach für den Ersatzteilbedarf und für die Güter des Tertiärbedarfes durchgeführt, die meist **C-Güter** sind:

- Hilfsstoffe
- Betriebsstoffe
- Verschleißwerkzeuge.

Schließlich soll noch eine dritte Vorgehensweise der Bedarfsermittlung genannt werden, auf die nicht näher einzugehen ist. Es handelt sich um die **Schätzung des Materialbedarfes**, die vorgenommen werden muss, wenn keine Erfahrungswerte der Vergangenheit vorliegen. Sie ist bei Materialien mit sehr geringem Wert vertretbar.

1. Programmorientierte Bedarfsermittlung

Die programmorientierte Bedarfsermittlung ist ein zukunftsbezogenes Verfahren der Bedarfsermittlung. Es sollen dargestellt werden:

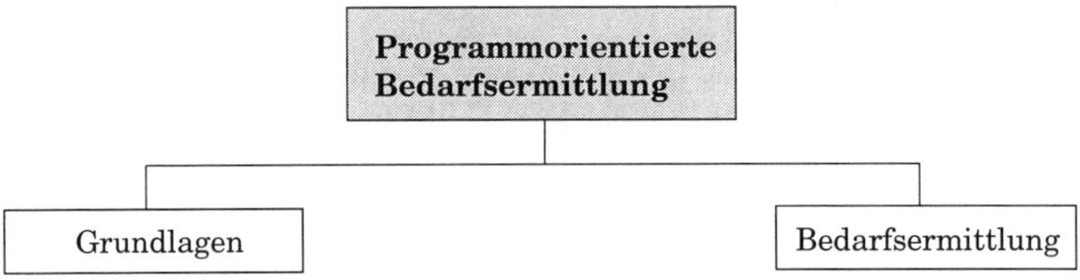

1.1 Grundlagen

Um den Materialbedarf ermitteln zu können, muss auf zwei **Informationsquellen** zurückgegriffen werden:

- **Produktionsprogramm**
- **Erzeugnis**.

1.1.1 Produktionsprogramm

Das Produktionsprogramm wird auf der Grundlage des Absatzprogrammes erstellt und legt fest, welche Aufträge von der Fertigung in bestimmten Perioden durchzuführen sind. Es ist Ausgangspunkt für die Ermittlung des Materialbedarfes.

Die vom Unternehmen zu fertigenden Erzeugnisse sind im Fertigungsbereich zu planen. Daraufhin ist der Rohstoffbedarf für die einzelnen Perioden festzulegen. Baugruppen, die in das Erzeugnis eingehen, sind frühzeitig zu planen und zu fertigen, damit sie im Zeitpunkt des Bedarfes bereitstehen.

Wenn das Absatzprogramm auch Güter enthält, die vom Unternehmen nicht selbst hergestellt werden, ist ihr Bedarf in der Beschaffungsabteilung zu planen. Dabei müssen die Lieferfristen der Lieferanten berücksichtigt werden.

Dem Produktionsprogramm können zu Grunde liegen:

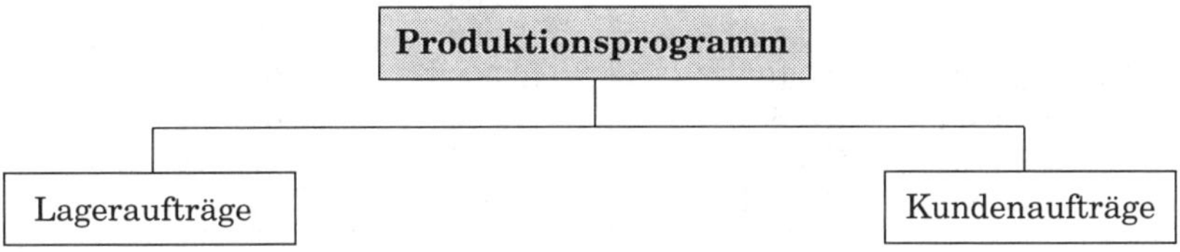

Häufig wird im Unternehmen auf der Grundlage sowohl von Kundenaufträgen als auch von Lageraufträgen gefertigt, weil:

- Die Erzeugnisse für unterschiedliche Verwendergruppen erstellt werden, beispielsweise Nähmaschinen für private Haushalte in größeren Serien aufgrund von Lageraufträgen und Nähmaschinen für industrielle Verwender aufgrund von Kundenaufträgen.

- Die Basisteile oder Basisgruppen bei Teilefamilien und Baukästen aufgrund von Lageraufträgen in größeren Serien, die Enderzeugnisse aber erst anlässlich der einzelnen Kundenbestellungen gefertigt werden.

1.1.1.1 Lageraufträge

Die industrielle Leistungserstellung erfolgt aufgrund von Lageraufträgen, wenn dem Unternehmen ein anonymer Markt gegenübersteht. Die Gesamtheit der Lageraufträge einer Periode stellt das **Fertigungsprogramm** dar. Es wird normalerweise unter Verwendung von Informationen der Marktforschung, die sich aus

- Marktanalysen
- Marktbeobachtungen
- Marktprognosen

ergeben und unter Beachtung der fertigungswirtschaftlichen Möglichkeiten – beispielsweise der Fertigungskapazitäten – erstellt.

Das Fertigungsprogramm ist besonders bei der

- Großserienfertigung
- Massenfertigung

Ausgangspunkt material- und fertigungswirtschaftlicher Planung, wobei die art- und mengenmäßige Festlegung des Fertigungsprogrammes nicht exakt vorherbestimmt werden kann, da Marktschwankungen – beispielsweise Bedarfsverschiebungen oder Modewechsel – kaum vorhergesagt werden können.

Der Periodenbedarf des Marktes ist als **Primärbedarf** für die einzelnen Erzeugnisse zu prognostizieren. Daraus wird das Fertigungsprogramm abgeleitet.

Beispiel für das erste Halbjahr 2002:

Artikel	Bezeichnung	Losgröße	Zeitraum
Handmixer	GL 18	8.000	01.01. - 05.02.
Handmixer	GU 5 de luxe	5.000	06.02. - 25.02.
Rührgerät	RT 10	10.000	26.02. - 05.04.
Handmixer	GU 5	7.000	06.04. - 04.05.
Handmixer	GL 18	7.000	05.05. - 06.06.
Handmixer	GU 5 de luxe	5.500	07.06. - 30.06.

Mithilfe der Stücklistenauflösung wird der aus dem Fertigungsprogramm resultierende **Sekundärbedarf** nach Art, Menge und Zeit bestimmt.

19 Seite 434

1.1.1.2 Kundenaufträge

Bei den Kundenaufträgen besteht ein direkter Bezug des Unternehmens zu dem Abnehmer des Erzeugnisses. Handwerksbetriebe, aber häufig auch industrielle Unternehmen, arbeiten ganz oder teilweise nach Kundenaufträgen. Dabei ist es möglich, dass Vorleistungen für die Enderzeugnisse, beispielsweise Baugruppen, in Serienfertigung oder Massenfertigung aufgrund von Lageraufträgen erstellt werden.

Die kundenbezogene Fertigung kann besonders als

- Einzelfertigung
- Kleinserienfertigung
- Variantenfertigung

erfolgen, wobei vielfach Materialien verwendet werden, die dafür speziell bestellt oder gefertigt werden müssen.

Es ist zu beachten, dass die mit dem Abnehmer des Erzeugnisses vereinbarte Lieferzeit nicht kleiner ist als die zur Leistungserstellung erforderlichen Zeiten als:

- Beschaffungszeit der Erzeugnisteile
- Durchlaufzeit der Erzeugnisteile.

Die art-, mengen- und zeitgemäße Festlegung des Fertigungsprogrammes wird von den Auftragseingängen bestimmt, die den **Primärbedarf** darstellen. Durch Stücklistenauflösung wird der **Sekundärbedarf** nach Art, Menge und Zeit festgelegt.

1.1.2 Erzeugnis

Das Fertigungsprogramm gibt Aufschluss über die Art, Menge und Zeit der zu fertigenden Erzeugnisse. Zur Ermittlung des Materialbedarfes ist nun festzustellen, woraus die Erzeugnisse bestehen. Sie können beschrieben werden durch:

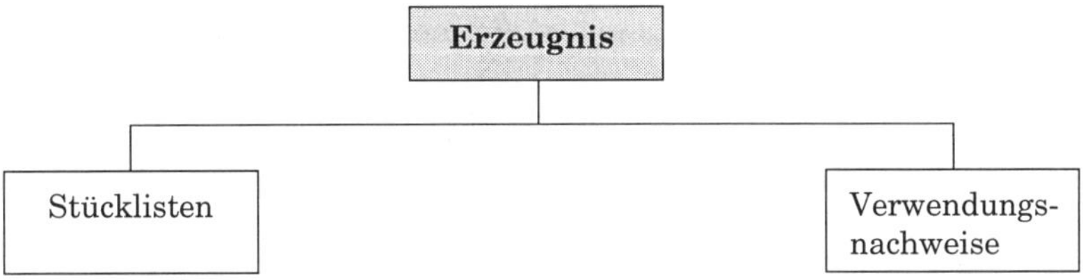

Stücklisten sind analytisch aufgebaut und zeigen, aus welchen Bestandteilen sich ein Erzeugnis zusammensetzt. **Verwendungsnachweise** haben synthetischen Charakter und dokumentieren, in welchen Erzeugnissen die einzelnen Bestandteile Verwendung finden.

Stücklisten und Verwendungsnachweise können folgende **Informationen** enthalten:

Basisdaten	Sachnummer des Materials Benennung des Materials Maßeinheit des Materials Charakterschlüssel des Materials Beschaffungsschlüssel des Materials
Technische Daten	Teileklassifikation des Materials Gewicht je Einheit des Materials Konstruktionsabteilung Konstrukteur
Daten der Materialwirtschaft	Lagerort des Materials ABC-Schlüssel des Materials Preiseinheit des Materials Lieferant des Materials
Daten des Rechnungswesens	Verrechnungswert des Materials Materialkonto Kalkulationsschlüssel des Materials Kostenträger Durchschnittspreis des Materials

1.1.2.1 Stücklisten

Die Stückliste ist ein Verzeichnis der Rohstoffe, Teile und Baugruppen eines Erzeugnisses unter Angabe verschiedener Daten. Sie gibt Auskunft über den qualitativen und quantitativen Aufbau des Erzeugnisses.

Die Stückliste wird für einen bestimmten **Verwendungszweck** erstellt. Man unterscheidet dementsprechend verschiedene Arten von Stücklisten.

Ausgangspunkt für die einzelnen Stücklisten ist die **Gesamtstückliste**, die nur der Zusammenstellung aller Rohstoffe, Teile und Baugruppen eines Erzeugnisses dient.

Beispiel:

Gesamtstückliste		**Handmixer GL 18**	**Zeichnung Nr. 15-23-1418**		
Nr.	**Anzahl**	**Benennung**	**Zeichnung/ DIN**	**Werkstoff/ Abmessungen**	**Bemerkungen**
1	1	Elektromotor	.	.	.
2	1	Außenteil, rechts	.	.	.
3	1	Außenteil, links	.	.	.
4	1	Schalter	.	.	.
.	.	.	.	.	.
.	.	.	.	.	.
.	.	.	.	.	.

Aus ihr werden speziellen Zwecken dienende Stücklisten abgeleitet:

Konstruktionsstückliste	Sie ist nach konstruktiven Gesichtspunkten sortiert, enthält die relevanten technischen Daten und ist üblicherweise eine Baukastenstückliste oder Strukturstückliste.
Dispositionsstückliste	Sie ist eine Mengenstückliste, in der nach Eigenfertigung und Fremdbeschaffung unterschieden wird.
Einkaufsstückliste	Sie wird aus der Dispositionsstückliste abgeleitet, enthält die fremd zu beschaffenden Teile und ist um die für die Beschaffung notwendigen Textspalten erweitert. Sie kann Angaben über Lieferanten, Preise, Liefertermine enthalten.
Bereitstellungsstückliste	Sie dient der Kommissionierung der einzelnen Fertigungsaufträge im Lager und ist nach den Lagerorten sortiert.
Ersatzteilstückliste	Sie dient zur Wartung und Reparatur der Erzeugnisse des Unternehmens und zur Bestellung von Ersatzteilen.
Kalkulationsstückliste	Sie wird in Abhängigkeit vom Kalkulationsverfahren gestaltet und enthält Daten der Kalkulation wie Verrechnungswerte und Durchschnittspreise.

Die Stücklisten können unterschiedlich aufgebaut sein, d.h. die **Struktur eines Erzeugnisses** in unterschiedlicher Form darstellen. Es lassen sich unterscheiden:

- **Mengenstücklisten**
- **Strukturstücklisten**
- **Baukastenstücklisten**
- **Variantenstücklisten**.

1.1.2.1.1 Mengenstücklisten

Die Mengenstücklisten, die auch Mengen**übersichts**stücklisten genannt werden, sind unstrukturierte Stücklisten. Sie weisen keine Gruppierung der Bestandteile der jeweiligen Erzeugnisse auf, sondern dokumentieren lediglich, welche Bestandteile mengenmäßig in den Erzeugnissen enthalten sind.

Für die Materialwirtschaft sind die Mengenstücklisten nur dann ausreichende Informationsmittel, wenn damit einfach strukturierte Erzeugnisse beschrieben werden, beispielsweise Spielzeuge, Schreibwaren, elektrische Kleingeräte.

Die **Erzeugnisstruktur** eines einfach strukturierten Erzeugnisses kann sein:

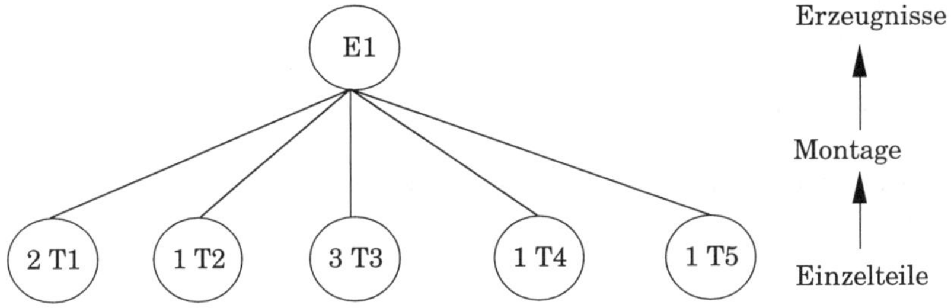

Die Mengenstückliste hat dann folgendes Aussehen:

E 1	
Bezeichnung	**Menge**
T 1	2
T 2	1
T 3	3
T 4	1
T 5	1

Die Verwendung von Mengenstücklisten ist einfach. Der **Sekundärbedarf** an Materialien lässt sich ermitteln, indem der Bedarf an Enderzeugnissen mit den im Erzeugnis enthaltenen Einzelteilen oder Baugruppen multipliziert wird:

$$\text{Sekundärbedarf} = \text{Bedarf an Enderzeugnissen} \cdot \text{Bestandteile des jeweiligen Erzeugnisses}$$

Beispiel: Für die zuvor dargestellte Erzeugnisstruktur ergibt sich, wenn pro Periode 5.500 Erzeugnisse zu fertigen sind, ein Sekundärbedarf von:

T 1:	$2 \cdot 5.500 =$	11.000 Stück	T 4:	$1 \cdot 5.500 =$	5.500 Stück
T 2:	$1 \cdot 5.500 =$	5.500 Stück	T 5:	$1 \cdot 5.500 =$	5.500 Stück
T 3:	$3 \cdot 5.500 =$	16.500 Stück			

Um die Beschaffungsmenge der Materialien zu bestimmen, sind die vorhandenen Bestände vom ermittelten Sekundärbedarf abzusetzen. Unter der Annahme, dass von T1 am Lager 4.000 Stück vorhanden sind, müssen von T1 beschafft werden: 11.000 – 4.000 = 7.000 Stück.

Diese Art der Bedarfsermittlung ist nur bei einstufiger Fertigung zweckmäßig, nicht dagegen zur Bedarfsermittlung bei mehrstufiger Fertigung. Der Änderungsdienst bei Mengenstücklisten kann schwierig sein, da nicht bekannt ist, in welchen Fertigungsstufen die einzelnen Bestandteile des Erzeugnisses vorkommen. Diese Kenntnis ist aber für die zeitliche Disposition der Materialien notwendig.

20 Seite 434

21 Seite 435

1.1.2.1.2 Strukturstücklisten

Strukturstücklisten sind nach fertigungstechnischen Strukturmerkmalen gegliederte Stücklisten. Sie werden bei mehrstufiger Fertigung verwendet und zeigen, in welcher Fertigungsstufe eine Baugruppe oder ein Einzelteil verwendet wird.

Der Zusammenhang der Fertigungsstufen ist vollständig erkennbar. Die Zuordnung der Fertigungsstufen erfolgt – vom Enderzeugnis ausgehend – über die Zergliederung in Baugruppen, Einzelteile bis zum Rohmaterial. Ein bestimmtes Teil kann auf mehreren Fertigungsstufen vorkommen.

Die mehrstufige **Erzeugnisstruktur** hat beispielsweise folgendes Aussehen:

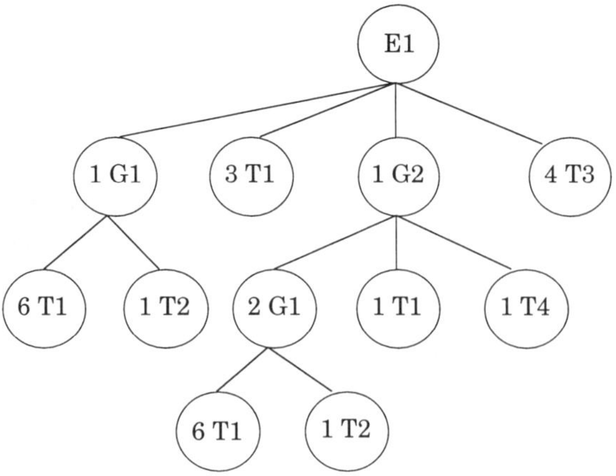

Als Strukturstückliste lässt sich diese Erzeugnisstruktur in unterschiedlicher Form darstellen:

Strukturdarstellung durch **Ebenennummern**

E 1		
Stufe	**Bezeichnung**	**Menge**
1	G 1	1
2	T 1	6
2	T 2	1
1	T 1	3
1	G 2	1
2	G 1	2
3	T 1	6
3	T 2	1
2	T 1	1
2	T 4	1
1	T 3	4

Strukturdarstellung durch **Einrücken**

E 1		
Stufe	**Bezeichnung**	**Menge**
1	G 1	1
. 2	T 1	6
. 2	T 2	1
1	T 1	3
1	G 2	1
. 2	G 1	2
. . 3	T 1	6
. . 3	T 2	1
. 2	T 1	1
. 2	T 4	1
1	T 3	4

Strukturdarstellung durch **Kreuze**

E 1		
Stufe	**Bezeichnung**	**Menge**
x	G 1	1
xx	T 1	6
xx	T 2	1
x	T 1	3
x	G 2	1
xx	G 1	2
xxx	T 1	6
xxx	T 2	1
xx	T 1	1
xx	T 4	1
x	T 3	4

Der Gesamtzusammenhang der Erzeugnisse kann bei der Verwendung von Strukturstücklisten gut erkennbar werden, ohne dass zusätzliche Stücklisten eingesehen werden müssen, wenn die Erzeugnisse nicht zu komplex sind. Bei einer großen Zahl von Erzeugnisbestandteilen in Breite und/oder Tiefe, insbesondere bei Mehrfachverwendung von Baugruppen und/oder Einzelteilen an verschiedenen Stellen der Erzeugnisse werden die Strukturstücklisten aber rasch unübersichtlich.

Strukturstücklisten mit 2.000 Strukturelementen sind keine Seltenheit. Der Änderungsdienst bei Mehrfachverwendungsteilen ist aufwendig.

22 Seite 435

1.1.2.1.3 Baukastenstücklisten

Baukastenstücklisten sind Stücklisten, die Zusammenbauten enthalten, deren struktureller Aufbau aber nur bis zur jeweils nächstniedrigeren Stufe dokumentiert wird. In ihnen wird stets nur eine Fertigungsstufe dargestellt. Darin unterscheiden sich die Baukastenstücklisten von den Strukturstücklisten, bei denen der strukturelle Aufbau vollständig bis zum letzten Einzelteil gezeigt wird.

Baukastenstücklisten haben keinen direkten Bezug zum Enderzeugnis. Das ist auch ihr **Nachteil**, denn der gesamte Erzeugnisaufbau lässt sich nur dann erkennen, wenn alle Baukastenstücklisten eines Erzeugnisses zusammengefügt werden.

Der **Vorteil** der Baukastenstücklisten liegt darin, dass mehrfach vorkommende Baugruppen nur einmal darzustellen sind, was zu einer wesentlichen Arbeitserleichterung führt. Außerdem wird der Änderungsdienst vereinfacht, da Änderungen bei mehrfach vorkommenden Baugruppen nur einmal vorzunehmen sind.

Die **Erzeugnisstruktur** kann folgendes Aussehen haben:

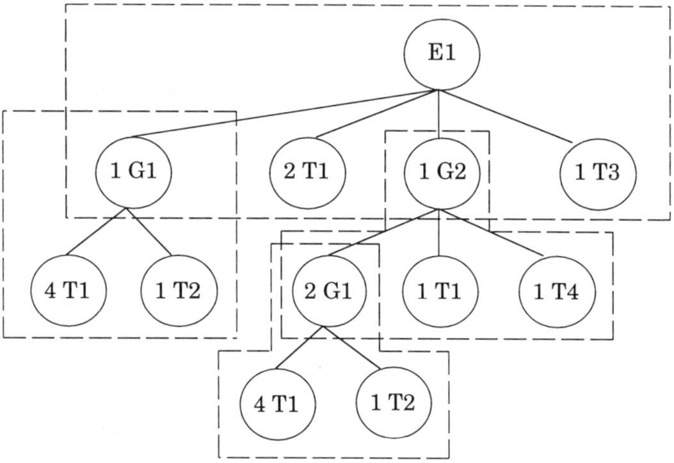

Die gezeigte Erzeugnisstruktur lässt sich in folgenden Baukastenstücklisten darstellen:

E 1	
Bezeichnung	**Menge**
G 1	1
T 1	2
G 2	1
T 3	1

G 1	
Bezeichnung	**Menge**
T 1	4
T 2	1

G 2	
Bezeichnung	**Menge**
G 1	2
T 1	1
T 4	1

Wie zu erkennen ist, muss die Wiederholbaugruppe nur einmal in einer Stückliste aufgenommen werden, auch wenn sie an mehreren Stellen innerhalb eines Erzeugnisses oder bei anderen Erzeugnissen auftritt.

23 Seite 437

24 Seite 438

1.1.2.1.4 Variantenstücklisten

Die bisher genannten Mengenstücklisten, Strukturstücklisten und Baukastenstücklisten können bei der Varianten-Fertigung als Variantenstücklisten dargestellt werden.

Unter **Varianten** werden Veränderungen der Grundausführung eines Erzeugnisses verstanden, die durch Weglassen oder Hinzufügen von Einzelteilen entstehen und sich auf Gestalt, Beschaffenheit und Eigenschaften beziehen können.

Variantenstücklisten werden benutzt, um mehrere, jedoch nur mit geringfügigen Unterschieden versehene Erzeugnisse listenmäßig auf wirtschaftliche Weise zu beschreiben. Mit den Variantenstücklisten ist es möglich, mehrere Erzeugnisse in einer Stückliste zusammenzufassen.

Variantenstücklisten sind:

Mehrfach-stückliste = **Typen-stückliste**	In ihr sind mehrere Stücklisten zu einer Stückliste zusammengefasst, in der für die verschiedenen Erzeugnisse jeweils eine Mengenspalte ausgewiesen wird.
Gleichteile-stückliste + **Endform-stückliste**	Ein Erzeugnis wird in zwei Stücklisten dargestellt: ❍ Die **Gleichteilestückliste** enthält die Baugruppen und Einzelteile, die in allen varianten Erzeugnissen vorkommen. ❍ Die **Endformstückliste** enthält Baugruppen und Einzelteile, die nur in der einzelnen Variante eines Erzeugnisses vorkommen.
Grundtypen-stückliste + **Abarten-stückliste**	Auch hier wird ein Erzeugnis durch zwei Stücklisten beschrieben: ❍ Die **Grundtypenstückliste** enthält eine Erzeugnistype, die für ein variantes Erzeugnis als Grundtyp definiert ist. ❍ Die **Abartenstückliste** wird für jede nicht der Grundtype entsprechende Erzeugnistype erstellt. Sie enthält alle gegenüber der Grundtypenstückliste gegebenen Unterschiede in Form von Plus-Komponenten und Minus-Komponenten. Die Plus-Komponenten kommen zur Grundtype hinzu, die Minus-Komponenten entfallen bei dieser Erzeugnistype. Man spricht von **Plus-Minus-Stücklisten**.

25 Seite 438

1.1.2.2 Verwendungsnachweise

Während die Stücklisten die Erzeugnisse analytisch gliedern, indem sie beschreiben, aus welchen Bestandteilen sich die Erzeugnisse zusammensetzen, wird bei den Verwendungsnachweisen festgestellt, in welchen Erzeugnissen die einzelnen Bestandteile enthalten sind. In den Verwendungsnachweisen werden die Erzeugnisse **synthetisch** gegliedert.

Beispiel: Aus folgenden Stücklisten

E 1	
Bezeichnung	**Menge**
T 1	4
T 2	1
T 3	2
T 4	1

E 2	
Bezeichnung	**Menge**
T 2	2
T 4	3
T 5	3

E 3	
Bezeichnung	**Menge**
T 1	1
T 2	4
T 4	1
T 5	2

E 4	
Bezeichnung	**Menge**
T 1	1
T 2	2

ergeben sich die Verwendungsnachweise:

T 1	
Bezeichnung	**Menge**
E 1	4
E 3	1
E 4	1

T 2	
Bezeichnung	**Menge**
E 1	1
E 2	2
E 3	4
E 4	2

T 3	
Bezeichnung	**Menge**
E 1	2

T 4	
Bezeichnung	**Menge**
E 1	1
E 2	3
E 3	1

T 5	
Bezeichnung	**Menge**
E 2	3
E 3	2

Die Verwendungsnachweise dienen vor allem folgenden **Zwecken**:

- Ermittlung des Materialbedarfes durch synthetische Bedarfsauflösung.
- Ermittlung der Erzeugnisse, die von der Änderung eines Einzelteiles betroffen sind.
- Ermittlung der Baugruppen, die wegen der Lieferverzögerung eines benötigten Materials verspätet gefertigt werden.

Wie bei den Stücklisten lassen sich unterscheiden:

Mengenverwendungsnachweise	Es wird auf die Darstellung der Fertigungsstruktur verzichtet und nur die mengenmäßige Verwendung ausgewiesen.
Strukturverwendungsnachweise	Es wird die gesamte Struktur der Verwendung in dem oder – bei Mehrfachverwendungsteilen – den Erzeugnissen ausgewiesen.
Baukastenverwendungsnachweise	Es wird lediglich dargestellt, in welche übergeordnete Komponente ein bestimmter Bestandteil eingeht.

In der betrieblichen Praxis werden die Verwendungsnachweise weniger häufig als die Stücklisten verwendet. Ihre Erstellung erfolgt heute meist mithilfe der EDV und erlaubt folgende Aussagen:

- *Welche Teile/Baugruppen/Baukästen sind von einer Änderung der Produktion betroffen?*
- *Ab welchem Zeitpunkt soll eine Änderung wirksam werden?*

26 Seite 439

1.2 Bedarfsermittlung

Die programmorientierte Bedarfsermittlung kann – schematisch dargestellt – in folgenden **Schritten** erfolgen:

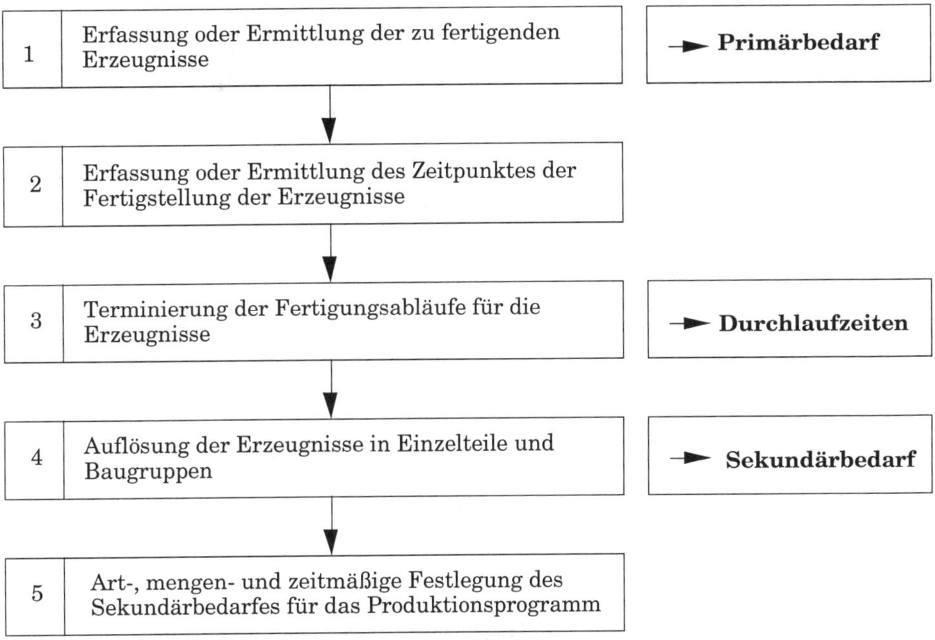

Der Materialbedarf kann ermittelt werden, indem die Daten aus dem Produktionsprogramm als Primärbedarf mit den Mengenangaben der Stücklisten multipliziert werden. Gegebenenfalls ist eine Ergänzung um Güter notwendig, die im Absatzprogramm enthalten sind, aber nicht vom Unternehmen selbst gefertigt werden.

Im Folgenden sollen betrachtet werden:

- **Bedarfsarten**
- **Zeitbezug**
- **Deterministische Methoden**.

1.2.1 Bedarfsarten

Bei der Materialbedarfsermittlung werden als Bedarfsarten unterschieden:

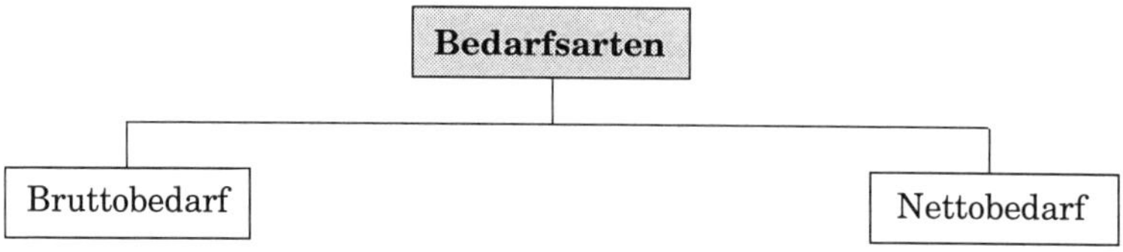

Auf sie soll näher eingegangen werden.

1.2.1.1 Bruttobedarf

Durch die Multiplikation des Primärbedarfes mit den Mengenangaben der Erzeugnisbestandteile aus den Stücklisten ergibt sich der **Sekundärbedarf**. Um den Bruttobedarf zu ermitteln, ist außerdem noch der Zusatzbedarf zu berücksichtigen:

	Sekundärbedarf
+	Zusatzbedarf
=	Bruttobedarf

Der **Zusatzbedarf** ist der ungeplante Bedarf, der zusätzlich von einem Teil benötigt wird, beispielsweise als:

- Mehrbedarf für Wartung und Reparatur
- Nebenbedarf für Sonderzwecke wie Versuche und Sondereinrichtungen
- Bedarf an selten verlangten Erzeugnissen
- Minderlieferungen wegen Ausschuss, Schwund oder Ungenauigkeit der Stücklisten.

Die ersten drei Zusatzbedarfe können durch feste Bedarfszahlen angegeben werden. Der Zusatzbedarf aus Minderlieferungen wird aufgrund von Statistiken ermittelt und dem Sekundärbedarf durch einen meist prozentualen Zuschlag zugeschlagen.

Beispiel: Bei einem erwarteten Zusatzbedarf von 10 % ergibt sich als Bruttobedarf:

	Periode	1	2	3	4	5
	Bedarf der Stufe	1.200	1.360	1.230	1.400	1.130
+	Zusatzbedarf	120	136	123	140	113
=	**Bruttobedarf**	1.320	1.496	1.353	1.540	1.243

Der Bruttobedarf ist geeignet, für die langfristige Planung des Materialbedarfes herangezogen zu werden, die als Rahmenplanung den Bedarf ermittelt. Eine genaue

Ermittlung des Materialbedarfes macht es aber notwendig, die Bestände an Materialien zu berücksichtigen.

1.2.1.2 Nettobedarf

Eine genaue Materialdisposition ist erst durch die Ermittlung des Nettobedarfes möglich, der sich wie folgt ergibt:

	Sekundärbedarf
+	Zusatzbedarf
=	**Bruttobedarf**
–	Lagerbestände
–	Bestellbestände
+	Vormerkbestände
=	**Nettobedarf**

Die Bestände sind vom Bruttobedarf abzusetzen, und zwar nicht nur die Lagerbestände als die tatsächlich im Lager vorhandenen Bestände, sondern auch die nächstens im Lager eintreffenden Bestände als Bestellbestände. Vormerkbestände sind für andere Aufträge reserviert und verlassen das Lager in Kürze, insofern sind sie zu dem Bruttobedarf zu addieren.

Der Nettobedarf ist letztlich der Beschaffungsbedarf für die Materialien, deren Bedarf programmorientiert ermittelt wird. Mit der Ermittlung des Nettobedarfes erfolgt bereits ein Vorgriff auf die Materialbestandsrechnung und die Materialbeschaffung.

1.2.2 Zeitbezug

Im Produktionsprogramm ist festgelegt, welche Erzeugnisse fertig zu stellen sind, aber auch, wann das zu erfolgen hat. Um die Erzeugnisse termingerecht verfügbar zu haben, ist es notwendig, eine zeitliche Planung vorzunehmen. Dabei geht es um:

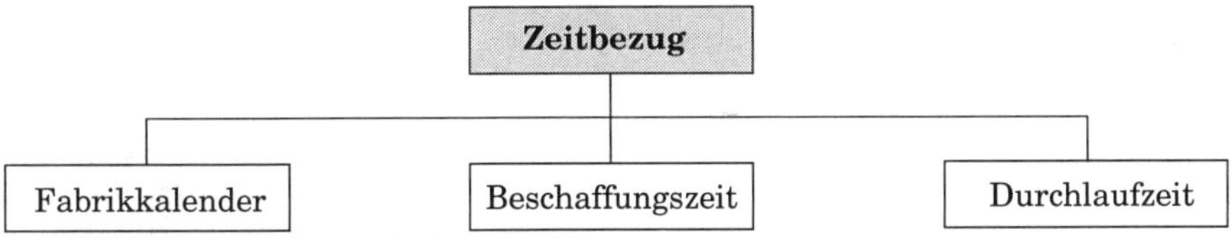

1.2.2.1 Fabrikkalender

Mit dem Fabrikkalender wird ein Zeitrahmen festgelegt, der übersichtlicher als der gregorianische Kalender ist. Er enthält Perioden gleicher Länge.

Im Fabrikkalender sind nur **Arbeitstage** berücksichtigt, die fortlaufend durchnummeriert sind. Es lassen sich unterscheiden:

Dreistelliger Arbeitstage-Kalender	Es wird jeder Arbeitstag – mit 000 beginnend und bis 999 fortlaufend – durchnummeriert. Nach rund 4 Jahren erfolgt ein Neubeginn mit 000. Der Kalender findet in der betrieblichen Praxis vielfach Verwendung.
Vierstelliger Arbeitstage-Kalender	Er ist wie der dreistellige Arbeitstage-Kalender aufgebaut, beginnt jedoch mit 0000 und endet mit 9999, umfasst also rund 40 Jahre. In der betrieblichen Praxis wird dieser Kalender weniger häufig eingesetzt.
Jahresbezogener Arbeitstage-Kalender	Die Arbeitstage eines jeden Jahres sind – mit 000 beginnend – durchnummeriert. Dabei gelangt man meist etwa bis zur Zahl 250. Der Kalender eignet sich, wenn der Planungshorizont höchstens ein Jahr umfasst. Er kann aber auch über ein Jahr ausgedehnt werden, wenn der beschriebenen Nummerierung von 000 bis rund 250 die letzte Ziffer des betreffenden Jahres vorangestellt wird, beispielsweise ergibt sich für den Arbeitstag 187 im Jahr 2002 die Zahl 2187.

1.2.2.2 Beschaffungszeit

Bei der Materialdisposition ist die Beschaffungszeit für die Materialien zu berücksichtigen, denn viele Materialien stehen normalerweise nicht unverzüglich nach ihrer Anforderung zur Verfügung.

Der **Grund** ist darin zu sehen, dass im Rahmen der Beschaffung

- der Bestellvorgang
- die Auftragsbestätigung
- der Transport
- die Materialannahme

Zeit erfordern. Dabei ist noch nicht berücksichtigt, dass möglicherweise Lieferfristen bestehen oder sonstige Lieferverzögerungen eintreten können.

1.2.2.3 Durchlaufzeit

Bei der Ermittlung des Materialbedarfes ist nicht nur die Beschaffungszeit der Materialien von Bedeutung, sondern auch die Durchlaufzeit der Materialien. Das ist die Zeit, die ein Arbeitsobjekt – vom Zeitpunkt der Bereitstellung für den ersten Arbeitsgang bis zum Zeitpunkt des letzten Arbeitsganges – benötigt, um den vorgeschriebenen Weg über die einzelnen Bearbeitungsstellen zurückzulegen.

Die Durchlaufzeit ergibt sich aus der Differenz von Fertigungstermin und Anlieferungstermin. Sie setzt sich aus den einzelnen Arbeitszeiten zusammen, die in den Arbeitsplänen festgelegt sind. Zu berücksichtigen sind außerdem die erforderlichen Förderzeiten, Liegezeiten und Kontrollzeiten.

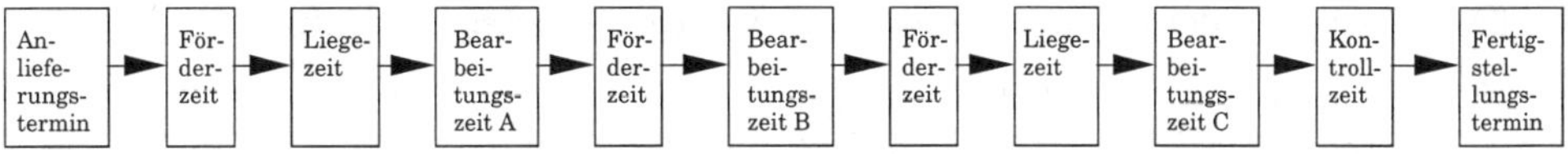

Die Durchlaufzeit eines Auftrages ist kürzer als die Summe aller Einzelarbeitszeiten, wenn die Gesamtarbeitszeit durch Überlappung, Splitting und sonstige Maßnahmen verkürzt werden kann.

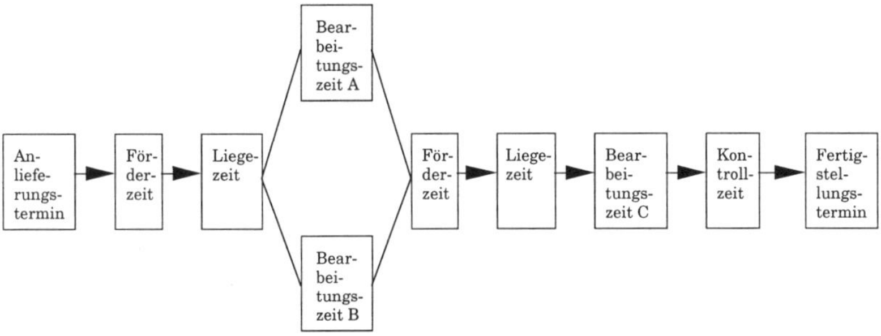

Die Materialien müssen der Fertigungswirtschaft termingerecht bereitgestellt werden, wobei eine gewisse Sicherheitszeit zu berücksichtigen ist.

Von besonderer Bedeutung für die termingerechte Materialbeschaffung ist die **Vorlaufverschiebung**, wenn die Fertigung mehrstufig durchgeführt wird. Mit der Vorlaufverschiebung wird berücksichtigt, dass – in einem Vorlauf – zunächst Einzelteile und/oder Baugruppen unterer Fertigungsstufen gefertigt werden müssen, um sie für die nächsthöhere Fertigungsstufe verfügbar zu haben und schließlich das Erzeugnis erstellen zu können:

- Bei **zeitpunktbezogener Ermittlung des Materialbedarfes** kann die Vorlaufverschiebung ebenfalls zeitpunktbezogen ermittelt werden.

  Beispiel: Ein Erzeugnis weist folgende Struktur auf, die zugleich die Reihenfolge der Fertigungsschritte zeigt:

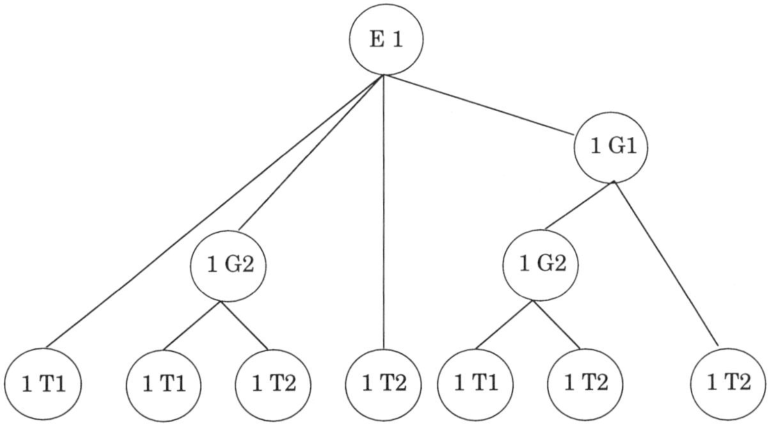

Für die Fertigung der Erzeugnisbestandteile werden als Zeiten benötigt:

Einzelteil	T 1:	3 Tage
Einzelteil	T 2:	5 Tage
Baugruppe	G 1:	7 Tage
Baugruppe	G 2:	4 Tage
Zusammenbau	E 1:	2 Tage

Wenn Lagerzeiten nicht entstehen, ergibt sich folgende Durchlaufzeit:

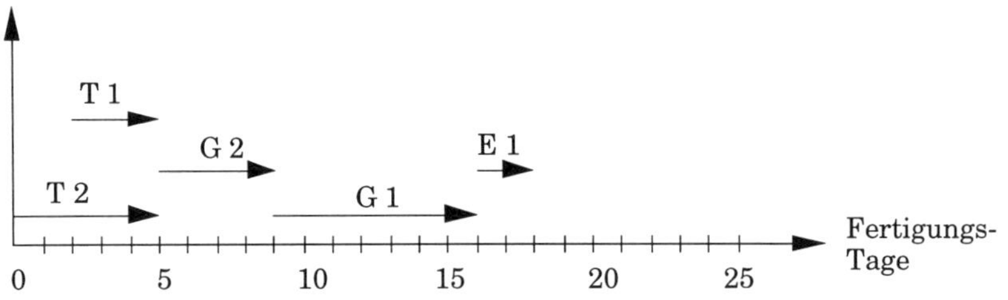

Die einzelnen Anfangs- und Endtermine der Fertigungszeiten sind als Strecken – parallel zur Zeitachse – dargestellt. Daraus ergibt sich eine gesamte Fertigungszeit von 18 Tagen. Wenn das Erzeugnis E 1 am Fabrikkalender-Tag 700 fertiggestellt sein muss, ist die Fertigung des Erzeugnisses spätestens am Fabrikalender-Tag 700 - 18 = 682 zu beginnen. Die Materialien sind entsprechend bereitzustellen.

Die Durchlaufzeit lässt sich auch anhand eines Netzplanes darstellen.

- Bei **periodenbezogener Ermittlung des Materialbedarfes** muss die Vorlaufverschiebung in ganzen Perioden vorgenommen werden. Es besteht die Gefahr, dass die Terminbestimmung nicht ausreichend genau wird.

  Um eine Einordnung des Bedarfes in eine Periode zu ermöglichen, müssen Rundungen erfolgen, die sich kumulieren können. Es ist zu versuchen, durch die Wahl eines von der Periodenlänge abhängenden Rundungswertes eine anhäufende Wirkung von Auf- und Abrundungen zu vermeiden.

  Die Festlegung des Rundungswertes kann dazu führen, dass tendenziell eine

  - Verlängerung der Durchlaufzeit erreicht wird, die zu erhöhten Beständen führt,

  - Verkürzung der Durchlaufzeit erreicht wird, die eine Unterdeckung an Beständen zur Folge hat.

27 Seite 440

1.2.3 Deterministische Methoden

Die programmorientierte Ermittlung des Materialbedarfes erfolgt mithilfe deterministischer Methoden:

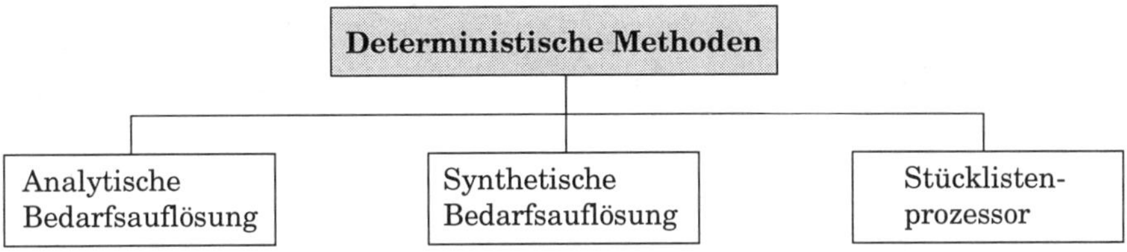

Deterministische Methoden der Bedarfsermittlung sind in der Lage, den Materialbedarf nach Art, Menge und Zeit **genau** zu bestimmen. Grundlagen sind – wie erläutert – das Produktionsprogramm und der Fristenplan der Fertigung.

Bei analytischer Bedarfsauflösung kommen die Stücklisten, bei synthetischer Bedarfsauflösung die Verwendungsnachweise hinzu.

1.2.3.1 Analytische Bedarfsauflösung

Bei der analytischen Bedarfsauflösung werden die **Baukastenstücklisten** und **Strukturstücklisten** zur Ermittlung des Nettobedarfes herangezogen.

Die Mengenstücklisten finden keine Verwendung, weil sie nicht nach strukturellen Merkmalen aufgelöst werden können, sondern lediglich einen Mengenüberblick vermitteln, ohne dass erkennbar wird, an welcher Stelle im Erzeugnis das Teil enthalten ist.

Damit lässt sich vor allem auch eine möglicherweise notwendige Vorlaufverschiebung nicht berücksichtigen.

Verfahren der analytischen Bedarfsauflösung sind:

- **Fertigungsstufen-Verfahren**
- **Renetting-Verfahren**
- **Dispositionsstufen-Verfahren**
- **Gozinto-Verfahren**.

1.2.3.1.1 Fertigungsstufen-Verfahren

Beim Fertigungsstufen-Verfahren, das auch **Baustufen-Verfahren** genannt wird, werden die Teile des Erzeugnisses in der Reihenfolge der Fertigungsstufen aufgelöst.

Beispiel: Eine nach Fertigungsstufen geordnete Erzeugnisstruktur kann folgendes Aussehen haben:

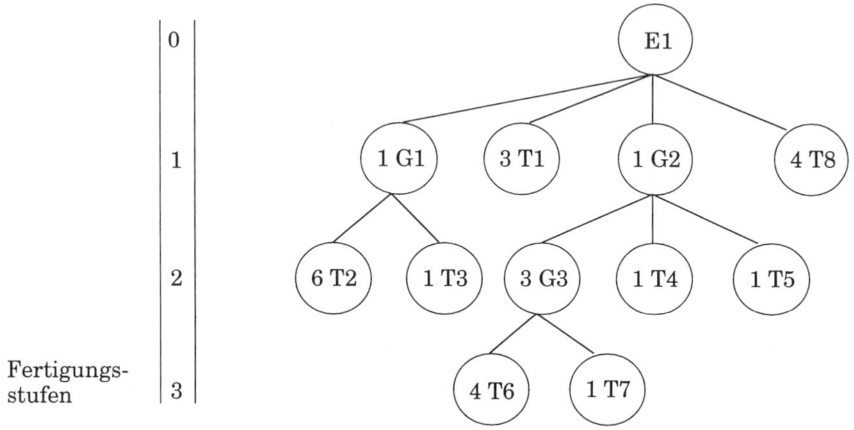

In der dargestellten Erzeugnisstruktur sind keine Mehrfachteile vorhanden, denn das Fertigungsstufen-Verfahren ist nur **anwendbar**, wenn in den Erzeugnissen keine Teile enthalten sind, die auf verschiedenen Stufen – und damit mehrfach – vorkommen.

Enthalten die Erzeugnisse jedoch Mehrfachteile auf verschiedenen Stufen, dann ist – als Abwandlung des Fertigungsstufen-Verfahrens – das Renetting-Verfahren oder das Dispositionsstufen-Verfahren anzuwenden.

1.2.3.1.2 Renetting-Verfahren

Das Renetting-Verfahren ist – im Gegensatz zum Fertigungsstufen-Verfahren – in der Lage, einen Mehrfachbedarf in verschiedenen Erzeugnissen und Fertigungsstufen zu berücksichtigen. Dabei muss die Bedarfsermittlung für ein Teil, das in mehreren Erzeugnissen vorhanden ist und/oder mehrfach auf verschiedenen Auflösungsebenen vorkommt, entsprechend oft erfolgen, wobei der jeweils bis dahin entstandene Bedarf zu berücksichtigen ist.

Beispiel: Eine nach Auflösungsstufen geordnete Stückliste

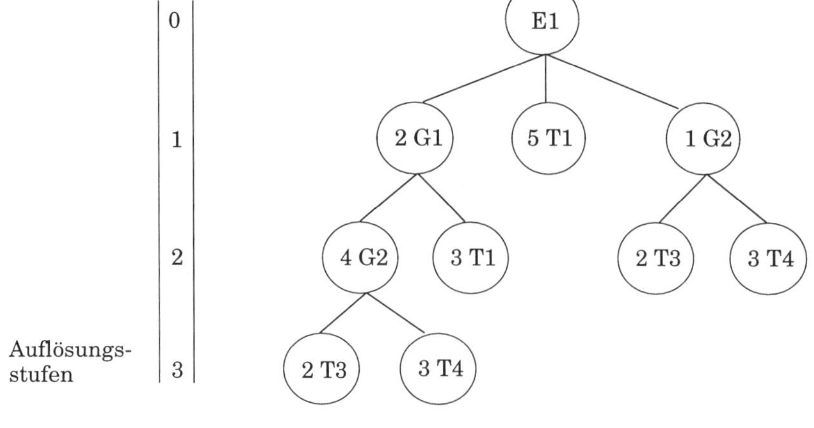

wird für die Baugruppe G 2 in folgender Weise aufgelöst, wenn der Primärbedarf für das Erzeugnis E 1 beträgt:

Periode 1:	25 Stück
Periode 2:	40 Stück
Periode 3:	50 Stück
Periode 4:	70 Stück

Zeile	Vorgang	Teil-Nr.	Gesamt-bestand	Periode			
				1	2	3	4
1	Bruttobedarf der Auslösungsstufe 1	G 2		25	40	50	70
2	Abzusetzender Bestand		80	25	40	15	0
3	Nettobedarf Auflösungsstufe 1			0	0	35	70
4	Bruttobedarf der Auflösungsstufe 2	G 2		100	160	200	280
5	Abgesetzter Bestand auf der Vorstufe			25	40	15	0
6	Nettobedarf der 2. Auflösungsstufe			125	200	215	280
7	Abzusetzender Bestand		80	80	0	0	0
8	Nettobedarf der Auflösungsstufe 2			45	200	215	280
9	Gesamter Nettobedarf	G 2		45	200	250	350

Erläuterung: Der Bedarf der Auflösungsstufe 1 wird errechnet (Zeile 1). Davon wird der vorhandene Lager- und Bestellbestand abgezogen (Zeile 2). Der so ermittelte Bedarf (Zeile 3) wird für die weitere Auflösung herangezogen.

Kommt dasselbe Teil – wie im Beispiel – noch in einer weiteren Stufe vor, so wird der Bedarf dieser Stufe errechnet (Zeile 4) und der vorher abgesetzte Bestand wieder hinzuaddiert (Zeile 5). Von diesem Gesamtbedarf (Zeile 6) wird periodengerecht der abzusetzende Gesamtbestand (Zeile 7) subtrahiert. Der so errechnete Nettobedarf der Stufe 2 (Zeile 8) ergibt, zusammen mit dem Nettobedarf der 1. Auflösungsstufe (Zeile 3) und möglichem Bedarf aus folgenden Auflösungsstufen, den Gesamtnettobedarf (Zeile 9) des betreffenden Teiles. Das bedeutet, dass die Stufen 4 bis 8 bei mehrfachem Vorkommen von G 2 mehrfach durchlaufen werden.

Das Renetting-Verfahren erfordert einen hohen Auflösungsaufwand, da Wiederholbaugruppen auf jeder Stufe in ihre Komponenten aufzulösen sind. Außerdem wird der zeitlichen Dringlichkeit des Bedarfes mit dem Abgleich zwischen dem Bruttobedarf und verfügbarem Bestand auf jeder Fertigungsstufe nicht entsprochen. Das Verfahren hat in der betrieblichen Praxis **keine große Bedeutung** erlangt.

1.2.3.1.3 Dispositionsstufen-Verfahren

Das Dispositionsstufen-Verfahren findet – wie das Renetting-Verfahren – Anwendung, wenn einzelne Teile in mehreren Erzeugnissen und/oder in verschiedenen Fertigungsstufen vorkommen. Damit jedes Teil aber nur einmal aufgelöst werden muss, werden beim Dispositionsstufen-Verfahren alle gleichen Teile auf die unterste Verwendungsstufe heruntergezogen, die als Dispositionsstufe bezeichnet wird.

In der Dispositionsstufe kommen – über das gesamte Produktionsprogramm betrachtet – alle gleichen Teile nur dort noch vor und werden insgesamt ermittelt.

Beispiel: Eine nach Fertigungsstufen geordnete Stückliste

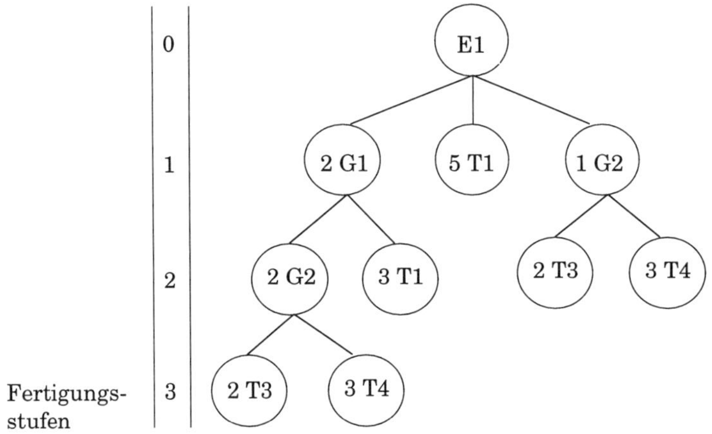

hat bei der Auflösung nach Dispositionsstufen folgendes Aussehen:

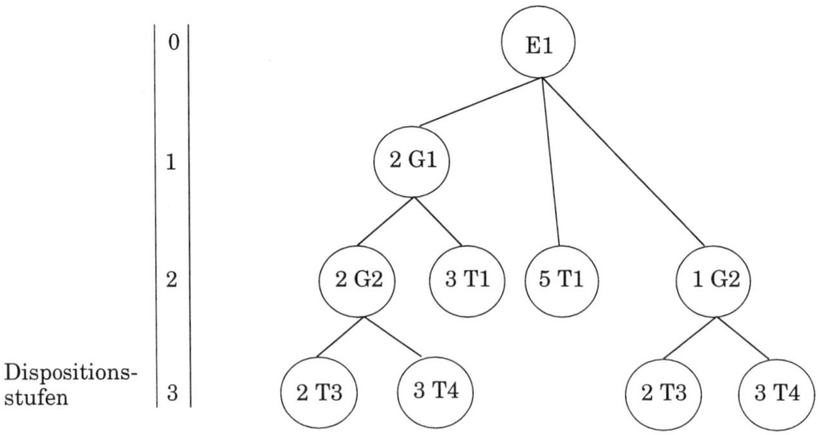

Perioden-Nr.		1	2	3	4	5	6		1	2	3	4	5	6
Stufe 0 Primärbedarf	E 1				20	25	30							
Stufe 1	G 1													
Sekundärbedarf					40	50	60							
Vorlaufverschiebung				40	50	60								
Primärbedarf (für Ersatzteile)				—	—	—	10							
Gesamtbedarf				40	50	60	10				40	50	60	10
Stufe 2	G 2							T 1						
Sekundärbedarf				100	125	150	20				220	275	330	30
Vorlaufverschiebung			100	125	150	20	—			220	275	330	30	—
Primärbedarf (für Ersatzteile)			—	—	—	—								
Gesamtbedarf			100	125	150	20	—			220	275	330	30	—
Stufe 3	T 3							T 4						
Sekundärbedarf			200	250	300	40				300	375	450	60	—
Vorlaufverschiebung		200	250	300	40				300	375	450	60	—	—
Primärbedarf (für Ersatzteile)		—	—	—	—	—			—	—	—	—	—	—
Gesamtbedarf		200	250	300	40				300	375	450	60	—	—

Erläuterung: Geht man von einem Primärbedarf in den Perioden

$t_4 = 20$ $\quad t_5 = 25$ $\quad t_6 = 30$

aus, ergibt sich für 2 · G 1 ein Sekundärbedarf von

$t_4 = 40$ $\quad t_5 = 50$ $\quad t_6 = 60$

Unter Berücksichtigung der Vorlaufverschiebung um eine Periode gilt:

$t_3 = 40$ $\quad t_4 = 50$ $\quad t_5 = 60$

Ein Primärbedarf für Ersatzteile liegt bei G 1 erst in Periode 6 mit 10 Einheiten vor.

Damit ergibt sich ein Gesamtbedarf für G 1 von

$t_3 = 40$ $\quad t_4 = 50$ $\quad t_4 = 60$ $\quad t_6 = 10$

Der Bedarf für G 2 auf der Stufe 2 wird wie folgt berechnet:

Da G 1 = 2E 1 und G 2 = 2 G 1 ergibt sich:

$$2 \cdot E\,1 + 2 \cdot G\,1 + 1 \cdot E\,1$$

Für Periode 3 beträgt der Bedarf danach:

$$t_3 = 2 \cdot 20 + 2 \cdot 40 + 1 \cdot 20$$
$$t_3 = 100$$

Der Bedarf von T 1 wird auf der Grundlage des Bedarfes von G 1 ermittelt und verdreifacht. Dazu wird der fünffache Primärbedarf von E 1 addiert.

Damit ergibt sich ein Gesamtbedarf für G 2 von

$t_2 = 100 \qquad t_3 = 125 \qquad t_4 = 150 \qquad t_5 = 20$

Für die Ermittlung des Gesamtbedarfes von T 3 bzw. T 4 wird der Gesamtbedarf von G 2 aus Stufe 2 zu Grunde gelegt. Der Gesamtbedarf für T 3 ergibt sich durch Verdoppelung des Bedarfes aus Stufe 2. Unter Berücksichtigung der Vorlaufverschiebung gilt

$t_1 = 200 \qquad t_2 = 250 \qquad t_3 = 300 \qquad t_4 = 40$

Verdreifacht man den Bedarf von G 2 aus Stufe 2, der ja bereits ermittelt wurde, erhält man den Gesamtbedarf für T 4 von

$t_1 = 300 \qquad t_2 = 375 \qquad t_3 = 450 \qquad t_4 = 60$

Das Dispositionsstufen-Verfahren ist das in der betrieblichen Praxis **überwiegend eingesetzte Verfahren**, denn es ermöglicht

- termingerechte Bedarfszuordnungen, die sich an den Erfordernissen der Fertigung orientieren.
- vor der Auflösung einer Baugruppe die Zusammenfassung der periodengerechten Nettobedarfe zu wirtschaftlichen Losgrößen.

28 **Seite 441**

1.2.3.1.4 Gozinto-Verfahren

Beim Gozinto-Verfahren werden mathematische Methoden zur Bedarfsermittlung eingesetzt. Grundlage des Gozinto-Verfahrens ist der **Gozinto-Graph**, der die Zusammensetzung der Erzeugnisse darstellt, wobei die Knoten als Teile oder Baugruppen angesehen werden und die Pfeile den jeweiligen Bedarf anzeigen:

Beispiel: Der Primärbedarf in einer Periode beträgt für 180 Erzeugnisse:

Erzeugnis	E 1	= 180 Stück
Baugruppe	G 1	= 400 Stück
Einzelteil	T 2	= 50 Stück

Der Gesamtbedarf für E 1, G 1, G 2, T 1 und T 2 soll ermittelt werden.

Die Mengenbezeichnungen werden durch folgenden Graphen dargestellt:

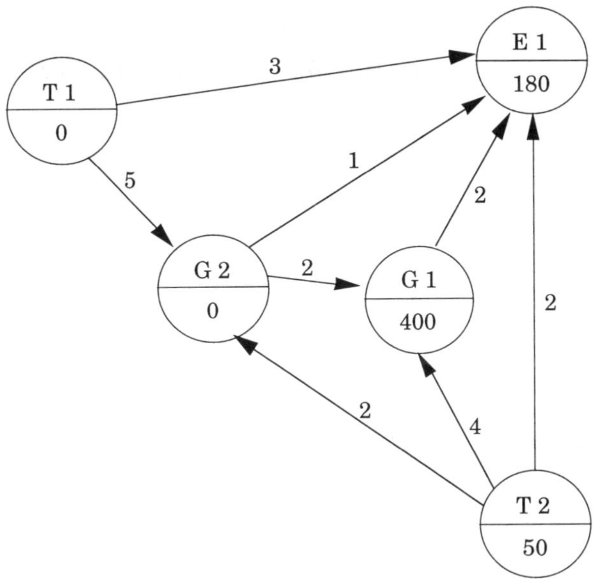

Die Bedarfsermittlung ist auch mithilfe der **Matrizenrechnung** möglich. Dabei sind zu unterscheiden:

- Die **Direktbedarfsmatrix**, die auch **Baukastenmatrix** genannt wird und angibt, welche Mengen von Einzelteilen und Baugruppen direkt in eine übergeordnete Einheit eingehen.

  Für das zuvor dargestellte **Beispiel** ergibt sich folgende Direktbedarfsmatrix:

	E 1	G 1	G 2	T 1	T 2
E 1	0	2	1	3	2
G 1	0	0	2	0	4
G 2	0	0	0	5	2
T 1	0	0	0	0	0
T 2	0	0	0	0	0

  Sie zeigt die Struktur des Erzeugnisses E 1 in Baukastenform:

  - Die 1. Zeile zeigt den Inhalt der Stückliste E 1
  - Die 2. Zeile zeigt den Inhalt der Stückliste G 1
  - Die 3. Zeile zeigt den Inhalt der Stückliste G 2

  Wird die Matrix spaltenweise gelesen, kann sie als Verwendungsnachweis der einzelnen Erzeugnisse eingesetzt werden.

- Die **Gesamtbedarfsmatrix**, die nicht den Bedarf an Einzelteilen und Baugruppen für die jeweils nächsthöhere Stufe ausweist, sondern den Bedarf angibt, der für die höchste Stufe anfällt, beispielsweise das Fertigerzeugnis.

  Damit ist die Gesamtbedarfsmatrix eine **Mengen(übersichts)matrix.**

  Für das **Beispiel** ergibt sich folgende Gesamtbedarfsmatrix:

	E 1	G 1	G 2	T 1	T 2
E 1	0	2	5	28	20
G 1	0	0	2	10	8
G 2	0	0	0	5	2
T 1	0	0	0	0	0
T 2	0	0	0	0	0

  Die Gesamtbedarfsmatrix zeigt den Sekundärbedarf:

  - in der 1. Zeile von G 1, G 2, T 1, T 2 für E 1
  - in der 2. Zeile von G 2, T 1, T 2 für G 1
  - in der 3. Zeile von T 1, T 2 für G 2

Die Gesamtbedarfsmatrix kann aus der Direktbedarfsmatrix mathematisch errechnet werden. Dabei wird die Direktbedarfsmatrix von einer Einheitsmatrix gleichen Typs, hier also $5 \cdot 5$ subtrahiert. Die so entstehende Matrix heißt »Technologiematrix«. Sie wird invertiert, es entsteht die Gesamtbedarfsmatrix.

Für das **Beispiel** erfolgt die Errechnung des gesamten Sekundärbedarfes, indem die Mengenübersichtsmatrix mit dem Zeilenvektor des Primärbedarfes der einzelnen Erzeugnisse multipliziert wird:

$$(180, 400, 0, 0, 50) \begin{bmatrix} 0 & 2 & 5 & 28 & 20 \\ 0 & 0 & 2 & 10 & 8 \\ 0 & 0 & 0 & 5 & 2 \\ 0 & 0 & 0 & 0 & 0 \\ 0 & 0 & 0 & 0 & 0 \end{bmatrix} = \begin{matrix} E\,1 = & 0 \\ G\,1 = & 360 \\ G\,2 = & 1.700 \\ T\,1 = & 9.040 \\ T\,2 = & 6.800 \end{matrix}$$

Die Matrizenmultiplikation erfolgt üblicherweise am einfachsten nach dem »Falk'schen Schema«, das nicht näher erläutert werden soll. Hier wurde die Matrizenmultiplikation – wie oben bereits beschrieben – durchgeführt, indem die Direktbedarfsmatrix von einer Einheitsmatrix gleichen Typs subtrahiert wurde. Dies war möglich, weil durch die Hinzunahme der Einheitsmatrix der Primärbedarf gleichzeitig berücksichtigt wurde.

Für das **Beispiel** muss dem errechneten Bedarf schließlich der Primärbedarf der einzelnen Erzeugnisse zugerechnet werden. Damit ergibt sich als Gesamtbedarf:

E 1	=	0	+	180	=	180
G 1	=	360	+	400	=	760
G 2	=	1.700	+	0	=	1.700
T 1	=	9.040	+	0	=	9.040
T 2	=	6.800	+	50	=	6.850

29 Seite 442

30 Seite 443

1.2.3.2 Synthetische Bedarfsauflösung

Die synthetische Bedarfsauflösung erfolgt auf der Grundlage der **Verwendungsnachweise**. Bei der Bedarfsauflösung wird nicht vom Erzeugnis ausgegangen, sondern von den einzelnen Teilen, deren Verwendung festgestellt und deren Bedarf ermittelt wird.

Wie bei der analytischen Bedarfsauflösung kann:

- Der **Bruttobedarf** ermittelt werden:

Ermittlung des Bruttobedarfes	mithilfe von Strukturverwendungsnachweisen
	mithilfe von Baukastenverwendungsnachweisen
	unter Einschränkungen mithilfe von Mengenverwendungsnachweisen

- Der **Nettobedarf** festgestellt werden:

Ermittlung des Nettobedarfes	mithilfe von Strukturverwendungsnachweisen
	mithilfe von Baukastenverwendungsnachweisen

Die synthetische Bedarfsauflösung bedient sich – wie die analytische Bedarfsauflösung – der Sortierung der Teile nach Stufen. Sie hat für die betriebliche Praxis keine große Bedeutung.

1.2.3.3 Stücklistenprozessor

Für heutige PPS-Systeme gilt, dass die Aufgaben der Planung und Steuerung in diesen Systemen mithilfe der EDV abgewickelt werden. Unternehmen, die den Einsatz von PPS-Systemen planen, stehen vor der Frage, welche

- Hardware
- Software
- Orgware

auszuwählen ist. In Abhängigkeit der Unternehmensgröße, der Komplexität des Planungsprozesses in Material- und Fertigungsbereich als auch der Datenfülle sind im Hardwarebereich folgende Lösungen denkbar:

- PC-Lösungen
  (vernetzt über PC-Server und entsprechend hoher Plattenkapazität)
- Anlagen mittlerer Größe
  (u.a. IBM AS-400 mit effektiven Betriebssystemen, gestaltet als Terminalsystem)
- Großanlagen
  (Mainframes mit hoher Verarbeitungsleistung und sehr hoher Plattenkapazität).

Es sind zu unterscheiden:

- **Informationssysteme**
- **Programme**
- **Arbeitsweise**.

1.2.3.3.1 Informationssysteme

Ein PPS-System hat die Aufgabe,

- Grunddaten aufzubauen und zu verwalten
- Verarbeitungsprogramme zur Verfügung zu stellen
- Bestandsdaten aufzubauen und zu pflegen.

Das PPS-System kann unter zwei **Aspekten** betrachtet werden:

Material-wirtschaft-licher Aspekt	Das PPS-System enthält: ❍ Materialstammdatei/Teilestammdatei ❍ Stückliste/Erzeugnisstrukturdatei
Zeitwirtschaft-licher Aspekt	Das PPS-System umfasst: ❍ Arbeitsplandatei ❍ Arbeitsplatzdatei

Jedes PPS-System muss **Programmroutinen** für folgende Aufgaben bereitstellen:

- Neuanlage einer Datenbank zur Aufnahme der Grunddaten, beispielsweise Materialdaten, Erzeugnisstrukturdaten. Die Daten können je nach System in hierarchisch gegliederten bzw. relationalen Datenbanken (= Tabellen) abgelegt werden.

- Hinzufügen und Ergänzen von Daten, beispielsweise durch Neuaufnahme von Material, das bisher nicht geführt wurde.

- Ändern von Grunddaten, beispielsweise wenn die aufgenommenen Daten durch das Marktgeschehen oder die betriebliche Entwicklung eine Änderung erfahren.

- Löschen von Grunddaten, beispielsweise wenn durch Produktionsänderungen ganze Stücklisten nicht mehr benötigt werden.

- Auswertungen wie Ausdrucke, Datensicherung und Pflege.

1.2.3.3.2 Programme

In Verbindung mit einem PPS-Datenbanksystem sind Programme nutzbar, mit denen die täglich anfallenden Geschäftsvorfälle verbucht und die Produktionsaufträge bearbeitet werden können:

- Unter der **Verbuchung** sind alle Verarbeitungen von Belegen zu verstehen, die als Zugang oder Abgang einen Bestand verändern. Durch Materialzugänge und Materialabgänge, Bestellungen bei Lieferanten, Aufträge der Kunden, Betriebsaufträge werden die Bestandszahlen in Bestandsdateien auf den neuesten Stand gebracht. Zu diesen Dateien zählen:

  - Bestellbestand
  - Auftragsbestand
  - Lagerbestand
  - Dispositionsbestände.

- Die in PPS-Systemen eingesetzten **Programme** werden je nach Detaillierungsgrad bzw. nach den Vorschlägen der Softwarehersteller unterschiedlich benannt. Sie sind zu ergänzen durch Programme wie:

Auftrags-bearbeitung	Dabei handelt es sich um Programme, die Aufträge aufnehmen, pflegen und verwalten sowie Aufträge zeitlich einordnen und terminlich überwachen.
Einkauf/ Material-steuerung	Das sind Programme, die nach einer Stücklistenauflösung die mengenmäßige Komponente im Rahmen der Auftragsabwicklung darstellen. Dies bedeutet die Übergabe der Daten der zu bestellenden Materialien an den Einkauf, der Bestellmengen im Rahmen optimaler Einkaufsstrategien und -politiken plant. Die Materialsteuerung hingegen hat die Aufgabe, Material nach Zeit, Menge und Qualität der Fertigung verfügbar zu machen.
Fertigungs-überwachung	Hier sind alle die Verarbeitungsroutinen zusammengefasst, die nach Prüfung der Verfügbarkeit der Produktionsfaktoren – Werkstoffe, Betriebsmittel, Mitarbeiter – den Produktionsprozess anstoßen, planend begleiten und bei Abweichungen steuernd eingreifen.
Abrechnung/ Kalkulation	Arbeitsschritte, die bereits durchgeführt worden sind, werden im Rahmen der Erfassung betrieblicher Daten als allgemeine Auftragsdaten, Materialdaten und Lohndaten festgehalten. Sie werden bearbeitet und dienen der Endabrechnung der Aufträge. Die Materialdaten werden schließlich in der Materialwirtschaft, die Lohndaten in der Personalabrechnung weiterverarbeitet.

1.2.3.3.3 Arbeitsweise

Ein Stücklistenprozessor ist ein Programmsystem zur Speicherung und Pflege von Teilestammdaten und Erzeugnisstrukturdaten. Bei einer einfachen Produktionsstruktur führt eine solche Stückliste nur über eine Fertigungsstufe.

Bei einer mehrstufigen Produktionsstruktur verlangt der Stücklistenprozessor eine Stückliste je Stufe. Ein Produkt wird demnach durch mehrere Baukastenstücklisten verschiedener Stufen definiert.

Der Grundgedanke eines Stücklistenprozessors ist, mehrfach benötigte Teile und Baugruppen (= Wiederholteile) nur einmal zu speichern, um Platz auf Magnetplatten zu sparen.

Beim Stücklistenprozessor sind zwei verschiedenartige Datenbestände aufzubauen und zu verwalten:

- **Teilestammdaten** dienen der Charakterisierung, Kennzeichnung und Identifizierung eines jeden im Unternehmen verwendeten Teils durch Teilenummer, Benennung, Maßeinheit, Materialangaben, Bedarfsdaten, Bestandsdaten, Bestelldaten und Lager- und Statistikdaten.

  Ein Abspeichern dieser Daten erfolgt in logisch fortlaufender Form. Dies erlaubt eine streng sequenzielle Verarbeitung der Teile, wenn alle Teile zu verarbeiten sind. Daneben lassen sich Teiledaten über Indexe oder Verweise direkt verarbeiten.

- **Erzeugnisstrukturdaten** dienen der Darstellung der Beziehung zwischen einer übergeordneten Baugruppe und den dazugehörenden Stücklistenpositionen durch Angabe von Stücklistennamen, Sachnummer und Menge. Außerdem wird aus einer Teilenummer die Verwendung in übergeordneten Baugruppen definiert.

Ein Abspeichern dieser Daten erfolgt nach den in jedem Struktursatz enthaltenen übergeordneten Teilenummern. Ein unmittelbarer Zugriff des Benutzers auf die Erzeugnisdaten ist nicht möglich.

Möchte der Benutzer Angaben zu einer Baukastenstückliste, erfolgt zuerst ein Zugriff auf die Teilestammdatei, um charakteristische Daten des Baukastens zu bekommen. Anschließend werden über die Sturkturdaten die zugehörigen Positionen angezogen.

Prinzipiell sind vier **Ketten** oder Verweise aufzubauen:

- Eine Kette, die vom Teilestamm auf die erste zugehörige Stücklistenposition verweist und danach die weiteren Stücklistenpositionen das Baukastens miteinander verbindet.

- Eine Verweiskette, die jeden Struktursatz eines Baukastens mit dem Teilestammsatz verbindet:

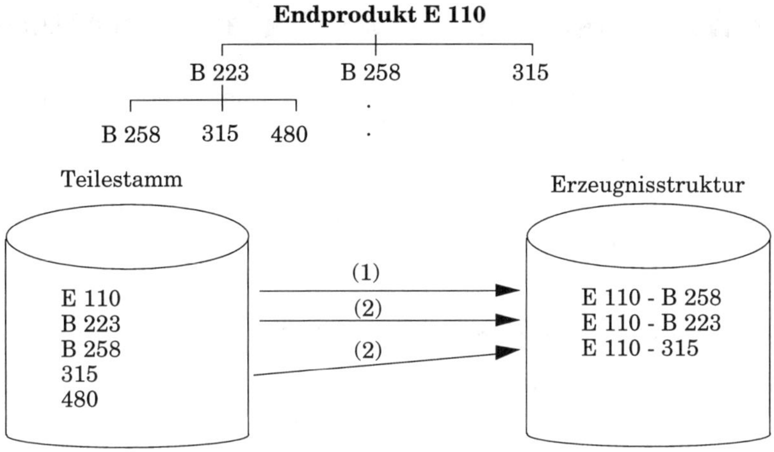

- Eine Kette, die vom Stammsatz aus aufzeigt, an welcher Stelle im Erzeugnisstrukturbereich die erste Teileverwendung zu finden ist und danach alle weiteren Verwendungen dieses Teils aufzeigt.

- Eine Kette, welche die übergeordnete Baukastennummer mit dem Teilestammsatz verbindet.

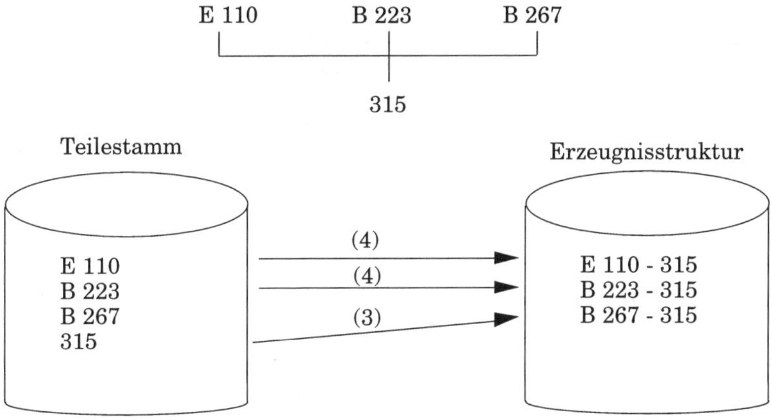

Nach dem gleichen Schema werden – ausgehend vom Teilestammsatz – die Arbeitsplandaten und Arbeitsplatzdaten miteinander verknüpft – siehe ausführlich *Steinbuch*.

2. Verbrauchsorientierte Bedarfsermittlung

Die verbrauchsorientierte Ermittlung des Materialbedarfes erfolgt im Rahmen der Bedarfsvorhersage. Dabei wird der zukünftige Materialbedarf aufgrund von **Vergangenheitswerten** prognostiziert.

Beispiel: Es wird die Entwicklung des Materialbedarfes für die letzten drei Jahre untersucht und festgestellt, dass der Materialbedarf in jedem Jahr um 5 % angestiegen ist, woraus ein um 5 % erhöhter Bedarf für das kommende Jahr abgeleitet wird.

Die verbrauchsorientierte Bedarfsermittlung erfolgt:

- Bei Gütern des Tertiärbedarfes wie Hilfsstoffen, Betriebsstoffen und Verschleißwerkzeugen, die erfahrungsgemäß C-Güter sind,
- Wenn deterministische Methoden der Bedarfsermittlung nicht anwendbar sind, beispielsweise bei Ersatzteilbedarf, ungeplanten Entnahmen, unplanmäßig hohem Ausschuss bei neuen Fertigungstechniken,
- Wenn deterministische Methoden der Bedarfsermittlung nicht wirtschaftlich sind, beispielsweise weil das Erzeugnis nur vereinzelt gefertigt wird.

Im Folgenden soll dargestellt werden:

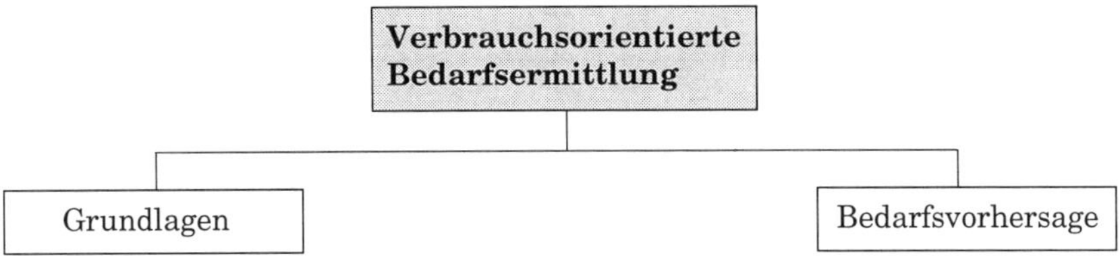

2.1 Grundlagen

Bevor im Unternehmen eine verbrauchsorientierte Bedarfsermittlung durchgeführt wird, sind vorbereitende Überlegungen anzustellen:

- **Vorhersagezeitraum**
- **Vorhersagehäufigkeit**
- **Vergangenheitswerte**.

2.1.1 Vorhersagezeitraum

Die verbrauchsorientierte Bedarfsermittlung beruht auf Vorhersagen. Sie sind grundsätzlich umso schwieriger zu erstellen und um so fehlerträchtiger, je weiter sie in die

Zukunft reichen. Andererseits sollen die Vorhersagen einen angemessenen Zeitraum überbrücken.

Für die **Größe des Vorhersagezeitraumes** sind vor allem von Bedeutung:

- Die **Basislänge** als Zeitraum der Vergangenheit, auf den man zurückgreift, um eine Vorhersage zu machen. Ist der Zeitraum lang, wirken sich unbedeutende Schwankungen nicht aus, es besteht aber die Gefahr, dass aktuelle Entwicklungen zu wenig berücksichtigt werden.

  In der betrieblichen Praxis liegt die Basislänge erfahrungsgemäß zwischen ein und drei Jahren, wobei die Möglichkeiten der Datenerfassung hierbei eine wesentliche Rolle spielen.

  Auswirkungen der Basislänge auf die Qualität der Vorhersage sind aus folgender Abbildung ersichtlich:

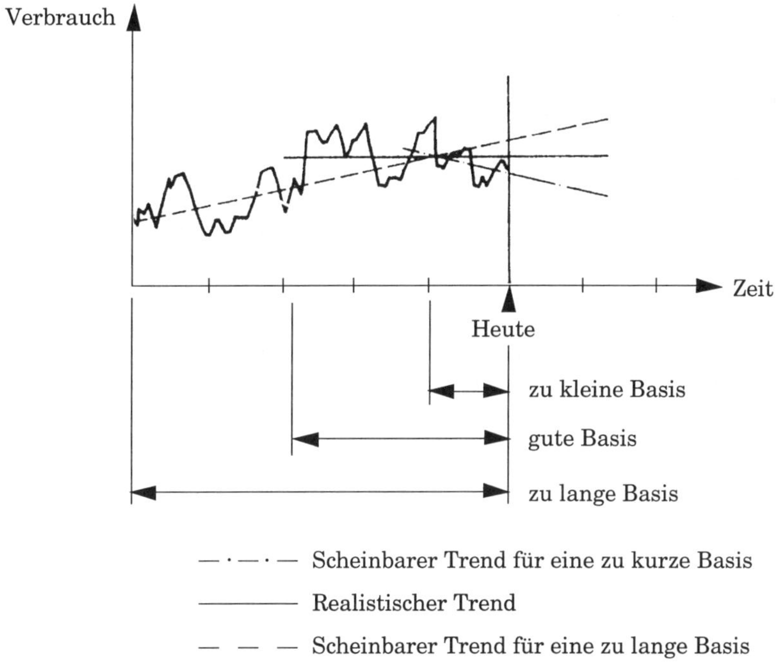

  Die Erfassung der Vergangenheitsdaten erlaubt eine Extrapolation und damit eine Vorhersage der Zukunftswerte.

- Die **Beschaffungszeit** der Materialien, die eine Untergrenze für den Vorhersagezeitraum darstellt. Betragen die Lieferfristen für in ihrem Bedarf vorherzusagende Materialien beispielsweise sechs Monate, darf der Vorhersagezeitraum keinesfalls kleiner als ein halbes Jahr sein.

2.1.2 Vorhersagehäufigkeit

Bei der verbrauchsorientierten Ermittlung des Materialbedarfes hängt die Häufigkeit der Bedarfsvorhersage vor allem davon ab, in welcher Weise die

- Bestellmengen
- Bestellzeitpunkte

geplant werden. Hierfür gibt es Modelle, die sich mit **optimalen Bestandsstrategien** befassen, wie in Kapitel D beschrieben.

Wegen der mit jeder Vorhersage verbundenen Ungenauigkeit ist es zweckmäßig, die Berechnung der Bedarfsvorhersage öfter vorzunehmen, um sie laufend an den neuesten Stand der Informationen anzupassen. Die Häufigkeit der Berechnung wird jedoch durch den Umfang und die Kosten der notwendigen Vorarbeiten beschränkt.

Ein Zeitintervall von einem Monat zwischen zwei Berechnungen der Vorhersage kann ein vernünftiger Durchschnitt sein.

2.1.3 Vergangenheitswerte

Die verbrauchsorientierte Ermittlung des Materialbedarfes kann nur dann sinnvoll durchgeführt werden, wenn eine ausreichende Anzahl von Vergangenheitswerten zu Grunde liegt. Dadurch werden unregelmäßig auftretende Ereignisse – beispielsweise ungeplante oder überhöhte Entnahmen – weitgehend eliminiert.

Neben der Anzahl an notwendigen Vergangenheitswerten ist auch der Verlauf dieser Werte von Wichtigkeit. Die mathematisch-statistischen Ermittlungsmethoden bedingen eine gewisse Kontinuität über einen längeren Zeitraum hinweg.

Das bedeutet, dass

- **sporadischer Bedarf**

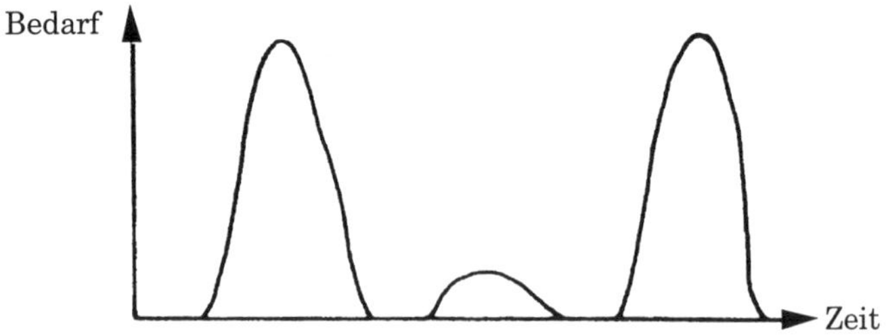

- **stark schwankender Bedarf**

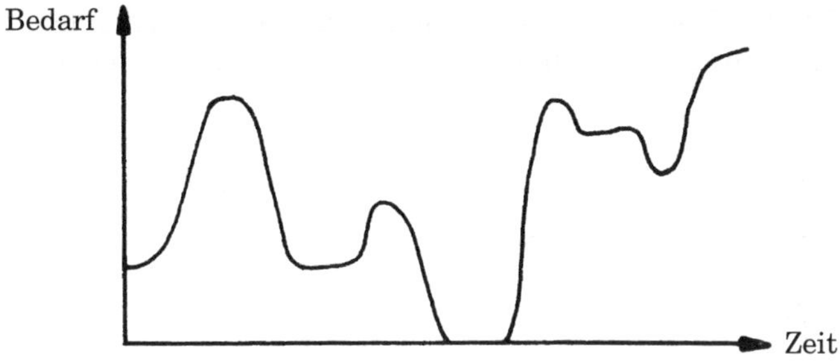

keine geeigneten Grundlagen für den Einsatz dieser Ermittlungsmethoden sind.

Dagegen erfüllen andere Bedarfsverläufe die genannten **Voraussetzungen**:

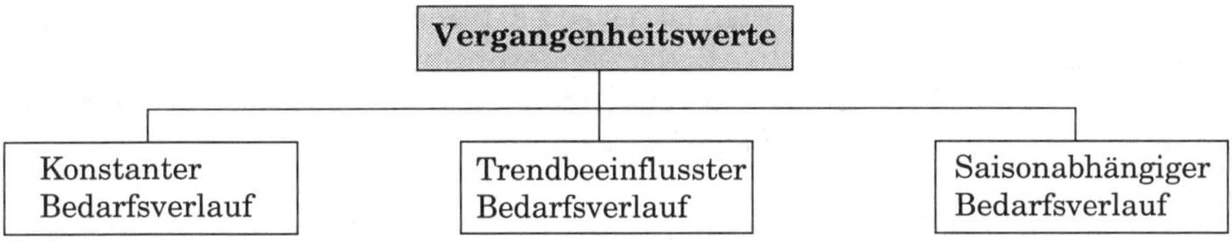

2.1.3.1 Konstanter Bedarfsverlauf

Ein konstanter Bedarfsverlauf zeichnet sich dadurch aus, dass er nahe um einen Durchschnittswert schwankt. Er ist damit langfristig konstant:

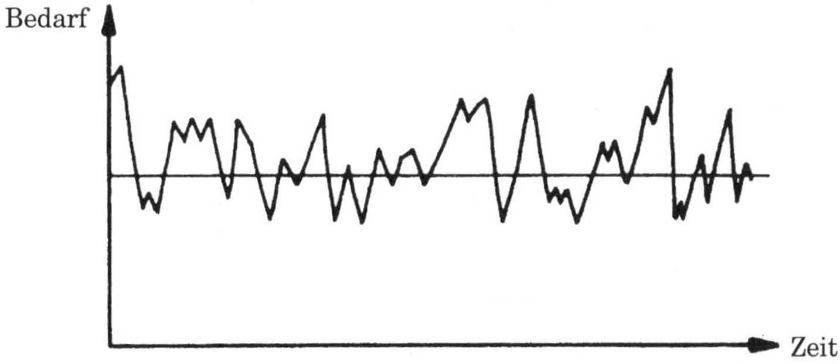

Die einzelnen Abweichungen unterliegen zufälligen Einflüssen und lassen keine Regelmäßigkeit erkennen. Deshalb können sie durch einen zusätzlichen Sicherheitsbestand aufgefangen werden.

2.1.3.2 Trendbeeinflusster Bedarfsverlauf

Ein trendbeeinflusster Bedarfsverlauf ist gegeben, wenn über einen bestimmten Zeitraum hinweg – unter Vernachlässigung von zufälligen Schwankungen – ein steigender oder fallender Bedarf festzustellen ist:

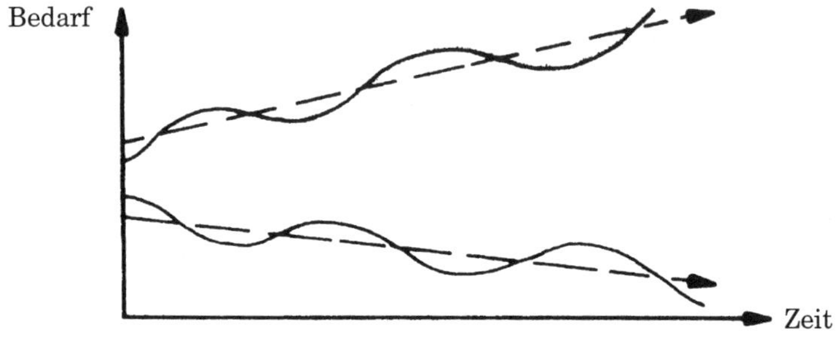

Die Bildung von Durchschnittwerten ist bei einem trendbeeinflussten Bedarfsverlauf nicht zweckmäßig, weil die jeweilige Bedarfsänderung unberücksichtigt bleibt. Es sind Methoden der Bedarfsvorhersage zu verwenden, die ohne zeitliche Verzögerung auf Zunahmen oder Abnahmen des Bedarfes reagieren.

Dabei ist darauf zu achten, dass zufällige Schwankungen nicht als Trend ausgelegt werden. Außerdem sollte ständig überprüft werden, ob der Trend nicht eine Änderung erfahren hat und somit die Vergangenheitswerte nur noch beschränkt zutreffen.

2.1.3.3 Saisonabhängiger Bedarfsverlauf

Der saisonabhängige Bedarfsverlauf zeichnet sich dadurch aus, dass zu periodisch wiederkehrenden Zeitpunkten ein Spitzen- oder Minimalbedarf auftritt, beispielsweise zu Weihnachten oder Ostern, im Sommer oder Winter.

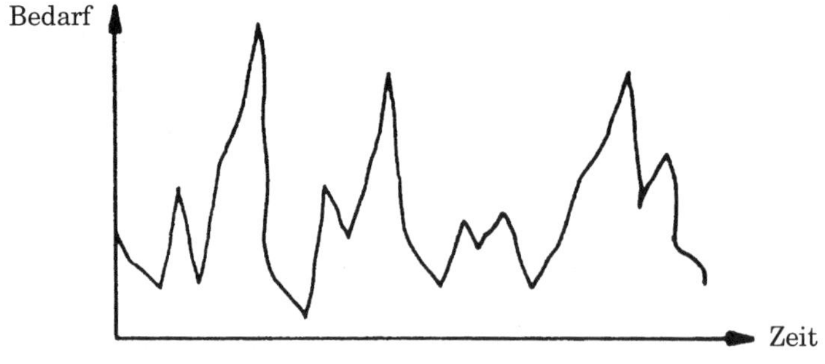

Der Spitzenbedarf soll den Durchschnittsbedarf um 20 % bis 50 % übersteigen und erheblich größer sein als die zufälligen Bedarfsschwankungen.

2.2 Bedarfsvorhersage

Die mathematisch-statistischen Methoden, die zur verbrauchsbedingten Ermittlung des Materialbedarfes herangezogen werden, sind **stochastische Methoden**. Sie gehen von der Wahrscheinlichkeitstheorie aus und bedienen sich direkt oder indirekt messbarer Daten oder geschätzter Werte.

Die stochastischen Methoden sind heute Bestandteil in EDV-Programmen der Materialwirtschaft. Sie besitzen erhebliche praktische Bedeutung, da sie häufig zur Ermittlung des Bedarfes an C-Teilen herangezogen werden.

Für die Bedarfsvorhersage sind zu untersuchen:

- **Stochastische Methoden**
- **Fehlervorhersage**.

2.2.1 Stochastische Methoden

Als stochastische Methoden der Bedarfsvorhersage lassen sich unterscheiden:

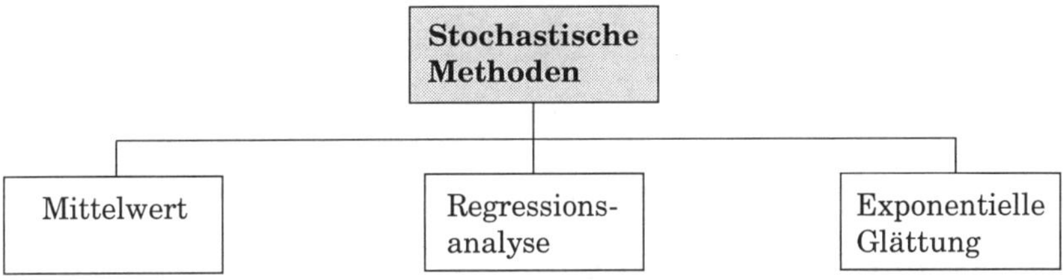

2.2.1.1 Mittelwert

Der Mittelwert ist für eine Bedarfsvorhersage geeignet, wenn der **Bedarfsverlauf** der Materialien **konstant** ist. Es lassen sich zwei Möglichkeiten der Mittelwertbildung unterscheiden:

- **Gleitender Mittelwert**
- **Gewogener gleitender Mittelwert**.

2.2.1.1.1 Gleitender Mittelwert

Die einfachste Methode der Bedarfsvorhersage ist die Verwendung des Mittelwertes der Verbrauchszahlen, die sich in der Vergangenheit ergeben haben. Es ist aber leicht einzusehen, dass diese Vorgehensweise nur im Falle eines konstanten Verlaufes zu brauchbaren Ergebnissen führt. Sobald ein Trend auftritt, ist die Vorhersage falsch.

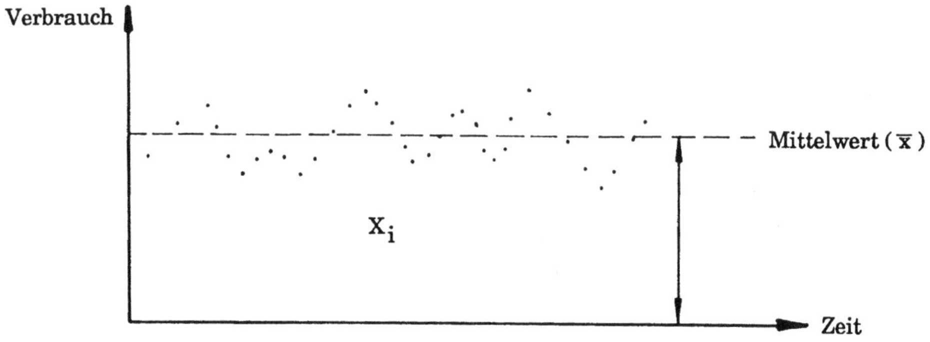

Auf einen Trend reagiert der gleitende Mittelwert zunächst kaum, da alle Daten, die in den gleitenden Mittelwert eingehen, gleich gewichtet sind.

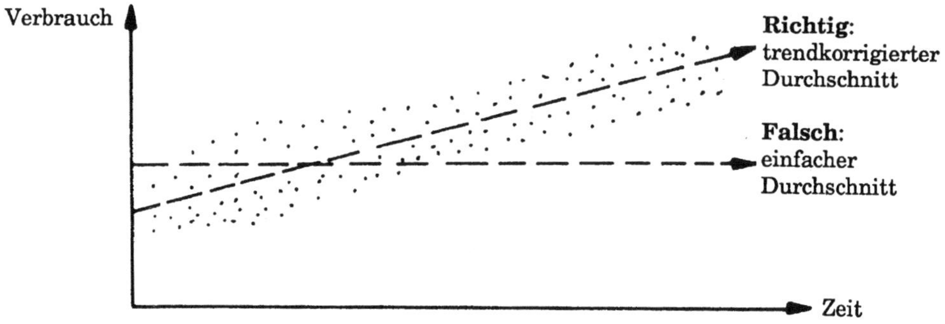

Erst mit beträchtlicher zeitlicher Verzögerung wird ein Trend erkennbar.

Der gleitende Mittelwert wird errechnet:

$$V = \frac{T_1 + T_2 + \ldots + T_n}{n}$$

V = Vorhersagewert für die nächste Periode
T_i = Materialbedarf der Periode i
n = Anzahl der betreffenden Perioden

Wenn alle erfassbaren Bedarfswerte der »n« Perioden zur Rechnung herangezogen werden, ist das Verfahren zeitintensiv und erfordert einen hohen Rechenaufwand. Deshalb sollte die Anzahl der Perioden so begrenzt werden, dass kurzfristige Zufallsschwankungen möglichst ausgeschaltet werden. Andererseits sollten möglichst nicht mehr als sechs Perioden in die Betrachtung einbezogen werden.

Je kleiner die Anzahl der betrachteten Perioden gewählt wird, umso schneller reagiert die Vorhersage auf Schwankungen. Die Anzahl der für die Berechnung zu betrachtenden Perioden bleibt stets gleich. Mit Beginn einer neuen Periode fällt jeweils der älteste Wert weg, der neueste Wert – das ist der Wert der letzten Periode – kommt hinzu.

Beispiel: Der Materialbedarf für 2001 bildet folgende Zahlenreihe:

Mai	100	September	126
Juni	103	Oktober	98
Juli	138	November	169
August	114	Dezember	144

Der gleitende Durchschnitt der sechs letzten Perioden ergibt als Vorhersage für den Januar 2002:

$$V = \frac{T_7 + T_8 + T_9 + T_{10} + T_{11} + T_{12}}{6}$$

$$V = \frac{138 + 114 + 126 + 98 + 169 + 144}{6}$$

$$V = \mathbf{131{,}5}$$

Im Januar 2002 liegt der tatsächliche Verbrauch bei 150 Stück, sodass eine neue Vorhersage für Februar 2002 aufgrund der Verbrauchszahlen von August 2001 bis Januar 2002 stattfindet. Dabei entfällt die älteste Zahl – 138 – und die jüngste Zahl – 150 – kommt neu hinzu, sodass sich ein neuer Vorhersagewert von 133,5 ergibt.

2.2.1.1.2 Gewogener gleitender Mittelwert

Bei dieser Methode der Bedarfsermittlung können die einzelnen Perioden gewichtet werden. Dabei wird man den jüngeren Perioden ein größeres Gewicht zumessen als den älteren Perioden, um trendmäßige Entwicklungen besser erkennen zu können.

Die Berechnung des gewogenen gleitenden Mittelwertes erfolgt:

$$V = \frac{T_1G_1 + T_2G_2 + T_3G_3 + \ldots + T_nG_n}{G_1 + G_2 + G_3 + \ldots + G_n}$$

G = Gewicht der Periode i

Beispiel: Für das vorangegangene Beispiel gilt unter der Annahme folgender Gewichte:

$G_1 = 6\,\%$ $\quad G_4 = 18\,\%$

$G_2 = 9\,\%$ $\quad G_5 = 24\,\%$

$G_3 = 13\,\%$ $\quad G_6 = 30\,\%$

$$V = \frac{138 \cdot 6 + 114 \cdot 9 + 126 \cdot 13 + 98 \cdot 18 + 169 \cdot 24 + 144 \cdot 30}{6 + 9 + 13 + 18 + 24 + 30}$$

$$V = \frac{13.600}{100}$$

$$V = \mathbf{136}$$

31 > **Seite 443**

2.2.1.2 Regressionsanalyse

Bei Bedarfszahlen mit einem **trendförmigen Verlauf** muss festgestellt werden, ob die Zahlen schwanken um eine

- lineare (Regressions-) Kurve
- nicht lineare (Regressions-) Kurve.

Regressionskurven können mit einer Unsicherheit behaftet sein. Wie groß die Genauigkeit der Kurve ist, wird durch die **Vertrauensgrenze** ausgedrückt, deren Berechnung aber einen hohen Rechenaufwand erfordert. Eine Gewichtung der Daten ist nicht möglich.

Entsprechend dem betrachteten Kurvenverlauf werden unterschieden:

- **Lineare Regressionsanalyse**
- **Nicht lineare Regressionsanalyse**.

2.2.1.2.1 Lineare Regressionsanalyse

Bei einem linear verlaufenden Trend bietet es sich an, eine lineare Regressionsanalyse durchzuführen, für die es – als **Trendrechnung** – eine vereinfachte Form gibt:

$$\boxed{y = a + bt}$$

y = Regressionswert in Abhängigkeit von der Zeit
a = Die von der Regressionskurve auf der y-Achse abgeschnittene Größe
b = Steigungsmaß der Regressionskurve
t = Unabhängige Analyse

Die Werte a, b, t werden folgendermaßen ermittelt:

$$\boxed{a = \frac{1}{n}(y_1 + y_2 + y_3 + \ldots + y_n)}$$

$$\boxed{b = \frac{12}{n(n^2 - 1)} \cdot \left[y_1 \left(1 - \frac{n+1}{2}\right) + y_2 \left(2 - \frac{n+1}{2}\right) + y_3 \left(3 - \frac{n+1}{2}\right) + \ldots + y_n \left(n - \frac{n+1}{2}\right) \right]}$$

$$\boxed{t = i - \frac{n+1}{2}}$$

i = Anzahl der Betrachtungsperioden + 1

Beispiel: Der Materialbedarf betrug im Jahre 2001

August = 192 Stück = y_1
September = 201 Stück = y_2
Oktober = 198 Stück = y_3
November = 203 Stück = y_4
Dezember = 206 Stück = y_5

$$a = \frac{1}{5}(192 + 201 + 198 + 203 + 206)$$

$$a = \mathbf{200}$$

$$b = \frac{12}{5(25-1)} \cdot \left[y_1 (1 - \frac{6}{2}) + y_2 (2 - \frac{6}{2}) + y_3 (3 - \frac{6}{2}) + y_4 (4 - \frac{6}{2}) + y_5 (5 - \frac{6}{2})\right]$$

$$b = \mathbf{3}$$

$$t = i - \frac{5 + 1}{2}$$

$$t = \mathbf{i - 3}$$

$$y = \mathbf{200 + 3\ (i - 3)}$$

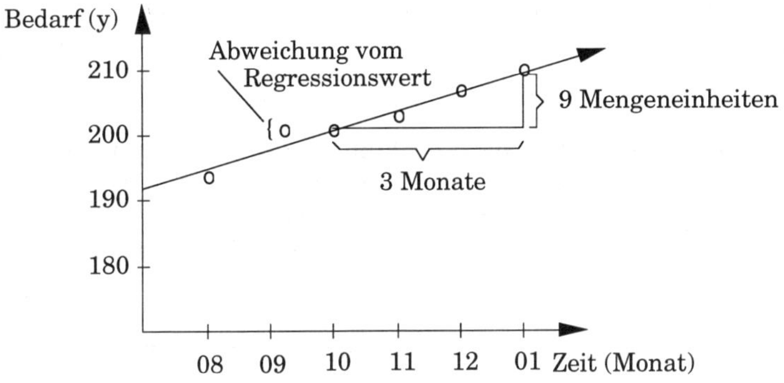

$$\text{Anstieg} = \frac{9 \text{ (Mengeneinheiten)}}{3 \text{ (Monate)}}$$

$$y = 3\,(i - 3) + 200$$

$$y = 3i + 191$$

Januar 2002:

$$y = 3 \cdot 6 + 191$$

$$y = \mathbf{209}$$

Der voraussichtliche Bedarf im Januar 2002 beträgt 209 Stück.

2.2.1.2.2 Nicht lineare Regressionsanalyse

Die nicht lineare Regressionsanalyse findet ihre Anwendung bei nicht linearem Verlauf der Kurve des Materialbedarfes.

Für die nicht lineare Regressionsanalyse gilt, sofern sie polynominal ist:

$$y = a + bt + ct^2 + dt^3 + \ldots + zt^n$$

Die nicht lineare Regressionsanalyse versucht, sich über die ($t^1 - t^n$)-Werte den nicht linearen Bedarfsverläufen anzupassen. Eine Anwendung ist nur bei Einsatz von EDV-Programmen möglich, wobei das Programm die Regressionskurve »selbstständig« ermittelt.

32 Seite 444

2.2.1.3 Exponentielle Glättung

Die exponentielle Glättung ist die wichtigste Methode der verbrauchsbedingten Ermittlung des Materialbedarfes. Sie beansprucht einen geringen Rechenaufwand und ist in der Lage, die Daten zu gewichten.

Die **Gewichtung** erfolgt durch den Glättungsfaktor α, der zwischen den Werten 0 und 1 liegt. Je kleiner α ist, umso stärker werden die Perioden der Vergangenheit gewichtet, die Zufallsschwankungen werden stark geglättet. Bei einem hohen α–Wert – beispielsweise 0,5 – erfolgt eine geringe Glättung der Zufallsschwankungen, die jüngste Vergangenheit erfährt eine besondere Gewichtung.

In der betrieblichen Praxis haben sich insbesondere α-Werte zwischen 0,1 und 0,3 durchgesetzt.

Man unterscheidet:

- **Exponentielle Glättung erster Ordnung**
- **Exponentielle Glättung höherer Ordnung**.

2.2.1.3.1 Exponentielle Glättung erster Ordnung

Mit der exponentiellen Glättung erster Ordnung ist eine Vorhersage bei **konstantem Bedarf** möglich. Dabei wird der Materialbedarf durch eine fortgeschriebene Mittelwertbildung festgestellt, wobei die Gewichtung mithilfe des Glättungsfaktors mit zunehmender Vergangenheit vermindert wird.

Es gilt:

$$V_n = V_a + \alpha (T_i - V_a)$$

V_n = Neue Vorhersage
V_a = Alte Vorhersage
T_i = Tatsächlicher Bedarf der abgelaufenen Periode
α = Glättungsfaktor

Beispiel: Folgene Werte werden angenommen:

$V_a = 200$
$T_i = 250$
$\alpha = 0{,}2$

$V_n = 200 + 0{,}2\,(250 - 200)$
$V_n = \mathbf{210}$

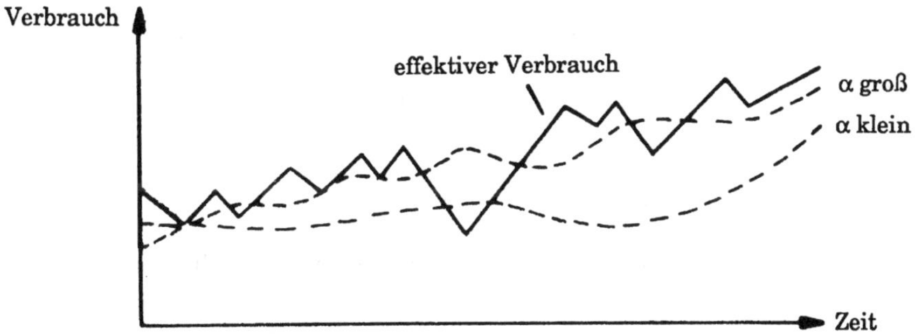

2.2.1.3.2 Exponentielle Glättung zweiter Ordnung

Während die exponentielle Glättung erster Ordnung nur für konstanten Materialbedarf einsetzbar ist, ermöglicht die exponentielle Glättung zweiter Ordnung die Berücksichtigung von **Trends**.

Für die Bedarfsvorhersage werden zwei Punkte auf der Trendgeraden benötigt:

- Der erste Punkt ergibt sich aus dem Glättungswert erster Ordnung.

$$V_n^{(1)} = V_a^{(1)} + \alpha\,(T_i^{(1)} - V_a^{(1)})$$

- Der zweite Punkt wird in der Vergangenheit angesetzt. Durch die Formel erhält man den um den Zeitraum

$$\frac{1 - \alpha}{\alpha}$$

zurückliegenden doppelt geglätteten Mittelwert, den Glättungswert zweiter Ordnung:

$$V_n^{(2)} = V_a^{(2)} + \alpha\,(T_i^{(2)} - V_a^{(2)})$$

Aus diesen beiden Formeln kann der Mittelwert für die laufende Periode errechnet werden:

$$V_n = V_n^{(1)} + (V_n^{(1)} - V_n^{(2)})$$

Mithilfe der errechneten Mittelwerte wird die Steigung der Trendgeraden ermittelt:

$$b_n = \frac{\alpha}{1-\alpha} (V_n^{(1)} - V_n^{(2)})$$

b_n = Neuer Aufstiegsfaktor der Trendgeraden

Die Bedarfsvorhersage für die nächste Periode ist somit möglich:

$$V_{n+1} = V_n + \frac{1-\alpha}{\alpha} \cdot b_n$$

Beispiel: Das vorangegangene Beispiel mit $V_a = 200$, $T_i = 250$, $\alpha = 0{,}2$ ergibt:

$V_n^{(1)} = \mathbf{210}$

Der Glättungswert zweiter Ordnung beträgt:

$V_n^{(2)} = 200 + 0{,}2\,(210 - 200)$

$V_n^{(2)} = 202$

Damit ist der Vorhersagewert für die laufende Periode:

$V_n = 210 + 210 - 202$

$V_n = \mathbf{218}$

Die Steigung der Trendgeraden ist:

$b_n = \frac{0{,}2}{1 - 0{,}2} (210 - 202)$

$b_n = \mathbf{2}$

Es ergibt sich als neuer Vorhersagewert:

$$V_{n+1} = 218 + \frac{1 - 0{,}2}{0{,}2} \cdot 2$$

$$V_{n+1} = \mathbf{226}$$

33 Seite 444

2.2.2 Fehlervorhersage

Die mithilfe der stochastischen Methoden errechneten Werte sind Vorhersagewerte, d.h. bei ihnen besteht die Gefahr fehlerhafter Aussagen. Daher erscheint es zweckmäßig, eine Fehlervorhersage durchzuführen, die beruhen kann auf:

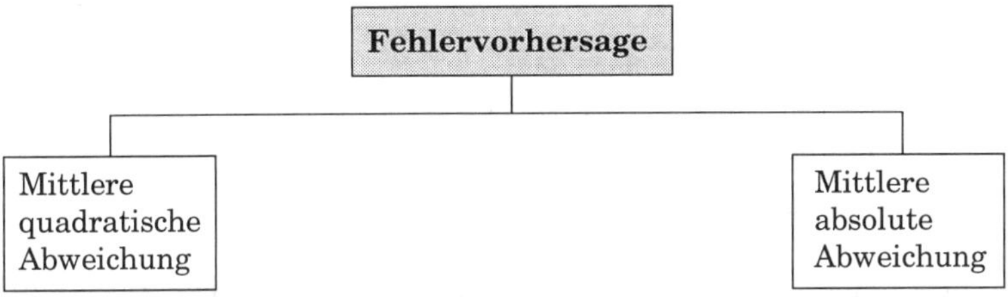

2.2.2.1 Mittlere quadratische Abweichung

Die Abweichungen der Vorhersagen gruppieren sich über einen längeren Zeitraum um den arithmetischen Mittelwert im Sinne einer Gauß'schen Normalverteilung. Die Hälfte aller Vorhersagen wird zu niedrig und die andere Hälfte zu hoch sein.

Die Verteilung lässt sich grafisch in Form einer **symmetrischen Glockenkurve** darstellen. Die Wurzel aus der mittleren quadratischen Abweichung, welche auch Varianz genannt wird, ist die Standardabweichung.

Die mittlere quadratische Abweichung ist ein **Streuungsmaß** und gibt an, wie sich die Abweichungen zwischen den Vorhersagen und der tatsächlichen Entwicklung um das arithmetische Mittel verteilen. Die Art der Verteilung zeigt, ob eine gute oder schlechte Vorhersage gemacht wurde:

- Ist σ groß, bedeutet das eine schlechte Vorhersage. Die Abweichungen sind weit um das arithmetische Mittel gestreut. Die Glockenkurve wird flach.

- Ist σ klein, weist die Vorhersage nur geringe Schwankungen gegenüber der tatsächlichen Entwicklung auf. Die Abweichungen liegen eng um das arithmetische Mittel. Die Glockenkurve wird steil.

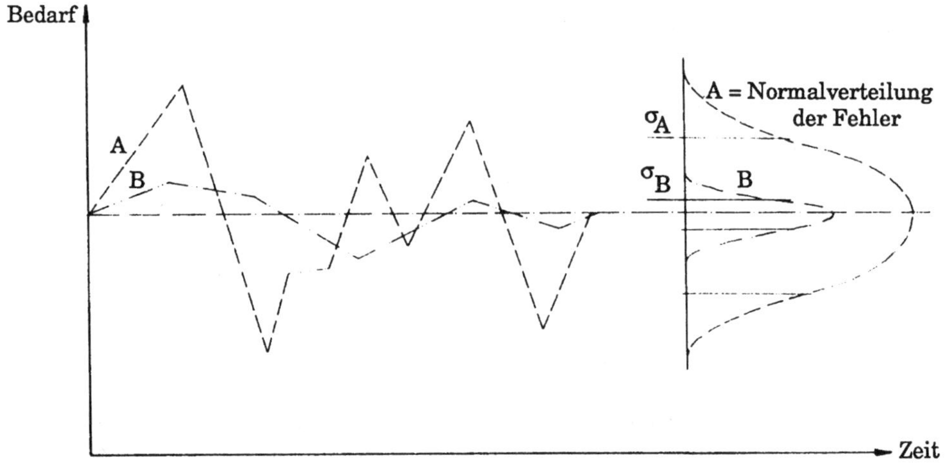

Die Standardabweichung σ wird wie folgt errechnet:

$$\sigma = \sqrt{\frac{\sum_{i=1}^{n} (X_i - \overline{X})}{n}}$$

Die Fehlervorhersage als mittlere quadratische Abweichung ist ein rechenaufwendiges Verfahren.

2.2.2.2 Mittlere absolute Abweichung

Die mittlere absolute Abweichung stellt ein **vereinfachtes Verfahren** zur Fehlervorhersage dar, das unter der Annahme einer Normalverteilung hinreichend für eine Fehlervorhersage geeignet ist:

Die Berechnung erfolgt:

$$MAD = \frac{1}{n} \sum_{i=1}^{n} \left| T_i - V_i \right|$$

Der absolute Fehler berechnet sich dabei aus:

$$\left| T_i - V_i \right|$$

3 4 Seite 445

3. Technische Losgröße

Die technische Losgröße ergibt sich aus den Bedarfswerten, die ermittelt worden sind mithilfe

- deterministischer Methoden der Bedarfsermittlung
- stochastischer Methoden der Bedarfsermittlung.

Die technische Losgröße ist die Gesamtheit der **Nettobedarfe** eines Unternehmens an Materialien, in denen mögliche Zusatzbedarfe enthalten, eventuell zu berücksichtigende Bestände jedoch abgesetzt sind.

Die technische Losgröße muss nicht mit der wirtschaftlichen Losgröße übereinstimmen, deren Aufgabe es ist, die kostenoptimale Beschaffungsmenge zu ermitteln. So kann die wirtschaftliche Losgröße beträchtlich höherliegen als die technische Losgröße, wenn damit beträchtliche Preisnachlässe erreicht werden, beispielsweise durch Ausnutzung von Rabattstaffeln.

Technische Losgröße	**Wirtschaftliche Losgröße**
als Summe aller Nettobedarfe	als kostenminimale Beschaffungsmenge

Andererseits kann die wirtschaftliche Losgröße nicht ohne Berücksichtigung der technischen Losgröße bestimmt werden.

Beispiel: Es hat für ein Unternehmen keinen Nutzen, wenn festgestellt wird, dass die Beschaffung von 8.000 Stück eines Teiles kostenmäßig ein Optimum darstellt, wenn die Fertigung – als technische Losgröße – 8.200 Stück des Teiles zu einem bestimmten Zeitpunkt benötigt.

	Kontrollfragen	bearbeitet	Lösungshinweis	Lösung +	Lösung −
01	In welcher Form ist der Materialbedarf eines Unternehmens zu decken?		155		
02	Welche Folgen können für das Unternehmen eintreten, wenn eine Ermittlung des Materialbedarfes erfolgt?		155		
03	Ist es sinnvoll, den Materialbedarf für jede Materialart völlig exakt zu ermitteln?		155		
04	Welches analytischen Hilfsmittels bedient man sich, wenn festgelegt werden soll, welche Materialien in ihrem Bedarf mit welcher Präzision zu ermitteln sind?		155		
05	Nennen Sie die unterschiedlichen Vorgehensweisen bei der Ermittlung des Materialbedarfes!		155		
06	Ordnen Sie die Güter, die Sie als Objekte der Materialwirtschaft kennengelernt haben, der jeweils zutreffenden Vorgehensweise der Bedarfsermittlung zu!		156		
07	In welchen Fällen sind Schätzungen des Materialbedarfes vertretbar?		156		
08	Welche Kenntnis setzt die Verwendung der programmorientierten Bedarfsermittlung voraus?		156		
09	Was versteht man unter dem Produktionsprogramm?		157		
10	Nennen und erläutern Sie, worauf das Produktionsprogramm basiert!		157 f.		
11	Welche Gründe kann es geben, dass ein Unternehmen sowohl aufgrund von Lageraufträgen als auch von Kundenaufträgen fertigt?		158		
12	Worin unterscheiden sich Stücklisten und Verwendungsnachweise grundsätzlich?		159		
13	Welche Informationen können Stücklisten und Verwendungsnachweise bei entsprechender Gestaltung vermitteln?		159		
14	Nennen und erläutern Sie die wichtigsten Arten von Stücklisten, die entsprechend ihrem Verwendungszweck zu unterscheiden sind!		160		
15	Zählen Sie die Stücklisten auf, die ihrem unterschiedlichen Aufbau entsprechend unterschieden werden können!		161		
16	Was sind Mengenstücklisten?		161		
17	Wofür sind Mengenstücklisten geeignet und wofür nicht?		162		
18	Was versteht man unter Strukturstücklisten?		162		
19	Beurteilen Sie die Eignung der Strukturstücklisten!		163		
20	Worin liegt der Unterschied zwischen Strukturstücklisten und Baukastenstücklisten?		163		

	Kontrollfragen	bearbeitet	Lösungshinweis	Lösung +	Lösung −
21	Welche Vor- und Nachteile weisen Baukastenstücklisten auf?		163 f.		
22	In welchem Bezug stehen Mengen-, Struktur- und Baukastenstücklisten zu den Variantenstücklisten?		164		
23	Was versteht man in der Fertigungswirtschaft unter Varianten?		165		
24	Weshalb und wofür verwendet man Variantenstücklisten?		165		
25	Nennen und erläutern Sie, welche Arten von Variantenstücklisten unterschieden werden können!		165		
26	Worin unterscheiden sich Gleichteile- und Endformstückliste?		165		
27	Wie werden Abartenstücklisten in der betrieblichen Praxis meist genannt?		165		
28	Was versteht man unter Verwendungsnachweisen und in welchen Formen können sie auftreten?		165 f.		
29	Welchen Zwecken dienen Verwendungsnachweise?		166		
30	Welche Bedeutung haben Verwendungsnachweise in der betrieblichen Praxis?		166		
31	In welchen Stufen kann die programmorientierte Ermittlung des Materialbedarfes erfolgen?		167		
32	Aus welchen Komponenten besteht der Bruttobedarf?		168		
33	Wozu dient der Bruttobedarf im Rahmen der Ermittlung des Materialbedarfes?		168		
34	Weshalb reicht der Bruttobedarf für eine genaue Ermittlung des Materialbedarfes nicht aus?		168 f.		
35	Welche Größen werden im Nettobedarf berücksichtigt und weshalb ?		169		
36	Welche Funktion nimmt der Nettobedarf in der Materialwirtschaft ein?		169		
37	Aus welchen Gründen ist der Zeitfaktor bei der Ermittlung des Materialbedarfes zu berücksichtigen?		169		
38	Weshalb bedient sich die betriebliche Praxis eines Fabrikkalenders?		169		
39	Erläutern Sie, welche Arten von Fabrikkalendern in der betrieblichen Praxis vorkommen können!		170		
40	Aus welchen Gründen muss bei der Ermittlung des Materialbedarfes die Beschaffungszeit beachtet werden?		170		
41	Was versteht man unter der Durchlaufzeit?		170		
42	Welche Bedeutung hat die Vorlaufverschiebung bei der Ermittlung des Materialbedarfes?		171		

	Kontrollfragen	bearbeitet	Lösungshinweis	Lösung +	Lösung −
43	Welches Problem kann auftreten, wenn der Materialbedarf periodenbezogen ermittelt wird?		172		
44	Welcher Methoden bedient man sich bei der programmorientierten Ermittlung des Materialbedarfes?		173		
45	Welche Stücklisten eignen sich für die programmorientierte Ermittlung des Materialbedarfes ?		173		
46	Was versteht man unter analytischer Bedarfsauflösung?		173		
47	Welche Verfahren analytischer Bedarfsauflösung können unterschieden werden?		173		
48	Welche Vorgehensweise gilt für das Fertigungsstufen-Verfahren und wie ist es zu beurteilen?		173 f.		
49	Beschreiben Sie das Renetting-Verfahren!		174 f.		
50	Wann und wie kann das Dispositionsstufen-Verfahren angewendet werden?		176		
51	Was ist das Gozinto-Verfahren?		178		
52	Was versteht man unter der synthetischen Bedarfsauflösung?		181		
53	Für welche Aufgaben müssen PPS-Systeme Programmroutinen bereitstellen?		182		
54	Welche material- bzw. fertigungswirtschaftlichen Programme zählen nicht zum PPS-System?		183		
55	Erläutern Sie die Arbeitsweise eines Stücklistenprozessors!		184 f.		
56	Was ist unter der verbrauchsorientierten Bedarfsermittlung zu verstehen?		186		
57	In welchen Fällen bedient man sich der verbrauchsorientierten Bedarfsermittlung?		186		
58	Welche Gesichtspunkte sind bei der Festlegung der Größe des Vorhersagezeitraumes von Bedeutung?		187		
59	Von welchen Gegebenheiten hängt die Häufigkeit der Bedarfsvorhersage ab?		188		
60	Aus welchem Grund ist es notwendig, der Prognose eine ausreichende Anzahl von Vergangenheitswerten zu Grunde zu legen?		188		
61	Nennen Sie zwei Bedarfsverläufe, die sich für Prognosen nicht eignen und erläutern Sie weshalb!		189		
62	Was versteht man unter konstantem Bedarfsverlauf?		189		
63	Wann spricht man von trendbeeinflusstem Bedarfsverlauf?		190		
64	Grenzen Sie den konstanten Bedarfsverlauf mit größeren Schwankungen vom saisonabhängigen Bedarfsverlauf ab!		190		

	Kontrollfragen	bearbeitet	Lösungshinweis	Lösung +	Lösung −
65	Worauf beruhen die stochastischen Methoden der Bedarfsermittlung?		191		
66	Nennen Sie die stochastischen Methoden der Bedarfsermittlung!		191		
67	Erläutern Sie, wie der gleitende Mittelwert festgestellt wird, und wofür er geeignet ist !		191 f.		
68	Welchen Vorzug weist der gewogene gleitende Mittelwert gegenüber dem gleitenden Mittelwert auf?		193		
69	Bei welchem Bedarfsverlauf bedient man sich der Regressionsanalyse?		194		
70	Worin unterscheidet sich das Einsatzgebiet der linearen und nichtlinearen Regressionsanalyse?		194 f.		
71	Welche Bedeutung hat die exponentielle Glättung bei der Bedarfsvorhersage und wie ist ihre Vorgehensweise?		196		
72	Bei welchem Bedarfsverlauf kann die exponentielle Glättung erster Ordnung angewendet werden?		196		
73	Ist der Einsatz der exponentiellen Glättung auch bei trendmäßigem Bedarfsverlauf möglich?		197		
74	Aus welchen Gründen erfolgt in Verbindung mit der Anwendung stochastischer Verfahren der Bedarfsermittlung eine Fehlervorhersage?		199		
75	Erläutern Sie die Vorgehensweise bei der Ermittlung der mittleren quadratischen Abweichung!		199		
76	Was bedeutet ein großes σ bei der Fehlervorhersage?		199		
77	Weshalb und wie wird die Fehlerschätzung häufig auch mithilfe der mittleren absoluten Abweichung vorgenommen?		200		
78	Was versteht man unter der technischen Losgröße?		201		
79	Wie gelangt man im Unternehmen konkret zu der technischen Losgröße?		201		
80	In welcher Beziehung steht die technische Losgröße zu der wirtschaftlichen Losgröße?		201		

D. Materialbestand

Um ermitteln zu können, welche Materialien für die Leistungserstellung des Unternehmens nach

- Art
- Menge
- Zeit

bereitzustellen sind, muss zunächst der Bedarf an Materialien festgestellt werden. Der ermittelte Bedarf gibt jedoch keine Auskunft darüber, wieviel Materialien zu bestimmten Zeitpunkten zu beschaffen sind.

Mengen und Zeitpunkte der Beschaffung von Materialien hängen wesentlich davon ab, welche Höhe die Bestände an Materialien im Unternehmen aufweisen. Dabei sind nicht nur Bestände zu berücksichtigen, die sich im Betrachtungszeitpunkt tatsächlich im Lager befinden, sondern auch Bestände, die bereits bestellt sind und spätestens bis zum Zeitpunkt des Materialbedarfes eingetroffen sein werden.

Andererseits ist zu beachten, dass es im Lager auch Materialbestände gibt, die im Betrachtungszeitpunkt zwar vorhanden, aber bereits für andere Fertigungsaufträge reserviert sind.

Beispiel: Zum 15. Oktober werden 5.000 Aggregate benötigt. Im Lager befinden sich 2.700 Aggregate, wovon 800 Aggregate für einen anderen Fertigungsauftrag reserviert sind. Am 1. Oktober wurden 2.000 Aggregate bestellt, die am 12. Oktober eintreffen werden. Demnach müssen nicht 5.000 Aggregate beschafft werden, sondern 5.000 – 2.700 + 800 – 2.000 = 1.100 Aggregate.

Das Beispiel lässt die Bedeutung der Bestandsrechnung erkennen, die – neben der Bedarfsrechnung und Bestellrechnung – wichtiger Bestandteil der Materialdisposition ist.

Die **Materialbestandsrechnung** erfolgt als Mengenrechnung und Wertrechnung:

<table>
<tr><td rowspan="2">Material-bestands-rechnung</td><td>Mengenrechnung
als Grundlage für die Fertigungsdisposition</td></tr>
<tr><td>Wertrechnung
als Grundlage für die Betriebsabrechnung</td></tr>
</table>

Die Unterteilung der Materialbestandsrechnung in eine Mengenrechnung und eine Wertrechnung bedeutet nicht, dass die Materialien zweifach geführt und abgerechnet werden. Schon seit langem werden die Lagerbestände in einem Vorgang EDV-mäßig geführt und abgerechnet:

- Die **Stammdaten**, die für eine überschaubare Zeit keiner Änderung unterliegen, sind im Materialstammsatz enthalten, der auf den Datenträgern gespeichert ist.

- Die **Bewegungsdaten** ergeben sich aus den Zugängen und Abgängen der vergangenen Fertigungsperioden. Findet ein Materialabgang statt, wird die Menge vom Lagerbestand abgebucht und der Fertigungsdisposition per Programm zur Verfügung gestellt. Die der Fertigung zugeführte Menge wird mit dem Verrechnungspreis des Stammsatzes multipliziert, der sich ergebende Wert der Betriebsabrechnung zugeführt.

Die Materialbestandsrechnung erfolgt in folgenden **Phasen**:

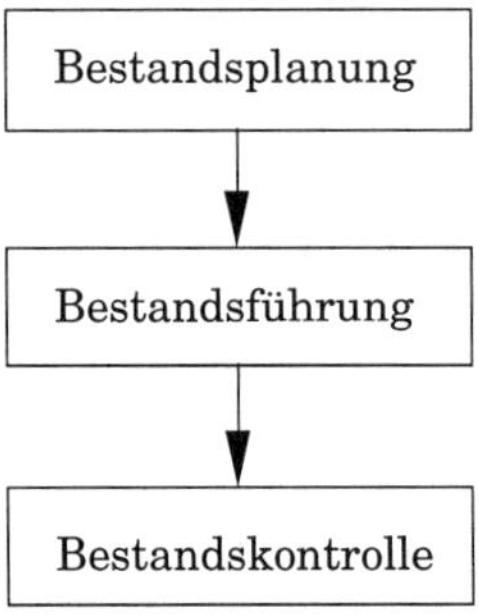

1. Bestandsplanung

Zweck der Bestandsplanung ist es, das Vorhandensein der erforderlichen Materialien nach Art, Menge und Zeit sicherzustellen. Damit soll vermieden werden, dass

- zu geringe Bestände die Leistungserstellung des Unternehmens gefährden,
- zu hohe Bestände die Wirtschaftlichkeit des Unternehmens mindern.

Die Bestandsplanung kann dazu beitragen, die Kapitalbindung zu vermindern oder zur Verfügung stehendes Kapital für andere Verwendungen freizusetzen. Schließlich liegen die Bestände an Materialien in Unternehmen häufig zwischen 20 % und 30 % über den durchschnittlichen Bedarfswerten, wobei Sicherheitsbestände bereits berücksichtigt sind.

Überhöhte Bestände bei einzelnen Materialien und nicht ausreichende Bestände bei anderen Materialien sind vielfach auf fehlerhafte Entscheidungen der Materialdisposition zurückzuführen. Ein Disponent, der mit seiner Entscheidung in der Vergangenheit einen Materialengpass bewirkte, wird künftig eher zu viel Material auf Lager nehmen als wiederum zu wenig.

Mithilfe von EDV-Programmen ist es möglich, Missverhältnisse zwischen dem Bestand und dem Bedarf zu erkennen. Dazu müssen die Vergangenheitswerte für den

Verbrauch, den Bestand und die Bestellmenge bekannt sein, um die Bedarfszahlen zu ermitteln. Die Vorbereitung der Entscheidung über die auszulösende Bestellung liegt somit nicht mehr beim Disponenten, sondern erfolgt über die Analyse der Vergangenheitswerte durch das EDV-Programm.

Überhöhte Bestände können sich auch aus der Unsicherheit des Disponenten oder aufgrund von Ungenauigkeiten des Rechenverfahrens ergeben. Ihr Abbau ist durch folgende Maßnahmen erreichbar, die einzeln oder in Kombination miteinander erfolgen können:

- Reduzierung der Bestellmengen
- Verminderung des Sicherheitsbestandes
- Bestellung zum spätestmöglichen Termin.

Die Bestandsplanung soll unter folgenden Gesichtspunkten behandelt werden:

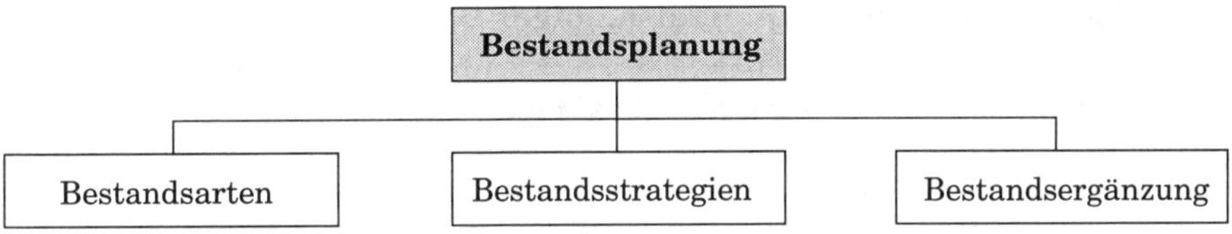

1.1 Bestandsarten

Die Bestandsplanung bezieht sich vor allem auf folgende Arten von Beständen:

- **Lagerbestand**
- **Sicherheitsbestand**
- **Meldebestand**
- **Höchstbestand**.

1.1.1 Lagerbestand

Der Lagerbestand ist der Bestand, der sich körperlich zum Planungs- und Überprüfungszeitpunkt im Lager befindet. Die Höhe des Bestandes hängt von der Höhe der jeweiligen Lagerzugänge und Lagerabgänge ab.

Folgende **Kennzahlen** des Lagerbestandes lassen sich unterscheiden:

- **Mittelwert aus den begrenzenden Beständen des Gesamtzeitraumes**

$$B_D = \frac{\text{Anfangsbestand} + \text{Endbestand}}{2}$$

- **Mittelwert aus Überprüfungszeitpunkten**

$$B_D = \frac{\text{Summe der Bestände aus der Überprüfung}}{\text{Anzahl der Überprüfungen}}$$

- **Bestandsdurchschnitt bei monatlicher Bestimmung**

$$B_D = \frac{\text{Anfangsbestand} + \text{12 Monats-Endbestände}}{13}$$

$$B_D = \frac{\text{1/2 Anfangsbestand} + \text{11 Monatsbestände} + \text{1/2 Endbestand}}{12}$$

- **Bestandsdurchschnitt bei quartalsmäßiger Bestimmung**

$$B_D = \frac{\text{Anfangsbestand} + \text{4 Quartalsendbestände}}{5}$$

$$B_D = \frac{\text{1/2 Anfangsbestand} + \text{2 Monatsbestände} + \text{1/2 Quartalsendbestand}}{3}$$

Beispiel: Die Monatswerte 2001 betrugen:

Januar	635	Juli	500
Februar	600	August	480
März	540	September	550
April	590	Oktober	600
Mai	545	November	650
Juni	530	Dezember	680

Der Monatsendwert des Dezember 2000 betrug 600.

Mittelwert aus begrenzenden Beständen des Gesamtzeitraumes	$B_D = \frac{600 + 680}{2}$ $B_D = \mathbf{640}$
Bestandsdurchschnitt bei monatlicher Bestimmung	$B_D = \frac{600 + 6.900}{13}$ $B_D = \mathbf{577}$ $B_D = \frac{300 + 6.220 + 340}{12}$ $B_D = \mathbf{571{,}7}$

Bestandsdurchschnitt bei quartalsmäßiger Bestimmung	$B_D = \frac{600 + 540 + 530 + 550 + 680}{5}$ $B_D = \mathbf{580}$ $B_D = \frac{300 + 1.235 + 270}{3}$ $B_D = \mathbf{601{,}7}$

Der Lagerbestand kann sein:

- Der **verfügbare Bestand**, der eine Teilmenge des Lagerbestandes darstellt. Seine Ermittlung muss vorgenommen werden, wenn Vormerkungen für den Fertigungsplan oder offene Bestellungen zu bestimmten Terminen gegeben sind:

	Bestand am Lager
+	Offene Bestellungen
–	Vormerkungen
=	**Verfügbarer Bestand**

- Der **disponierte Bestand**, der auch **Vormerkungen** oder **Reservierungen** genannt wird und die Bestandsmengen umfasst, die für bereits laufende Aufträge geplant sind. Je nach Auftragsgröße, Auftragsdurchführungszeit, vorhandenem Lagerraum und Reichweite der Planungsperioden werden Vollreservierungen oder Teilreservierungen vorgenommen.

  Mitunter führen Störungen im betrieblichen Ablauf zu Umdispositionen. Lieferverzögerungen bei Materialien oder Maschinenausfälle können eine Auftragsrückstellung notwendig machen, weshalb bereits disponierte Bestände vorübergehend freigegeben werden. Für Aufträge mit kurzen Lieferfristen, die zeitlich vorgezogen werden, sind Vormerkungen zu machen.

  Werden die Bestände durch EDV-Programme geführt, erfolgt beim disponierten Bestand des Materialstammsatzes der Ausweis der für sämtliche Aufträge reservierten Mengen kumulativ. Die einzelnen Vormerkungen im Dispositionssatz werden gesondert geführt, wobei folgende Daten festgehalten werden:

❍ Planungsperiode	❍ Materialnummer
❍ Planungstermin	❍ Materialmenge
❍ Auftragsnummer	❍ Daten der Arbeitsvorbereitung

  Die Dispositionsliste geht der Arbeitsvorbereitung und der Lagerverwaltung zu Beginn der Planungsperiode zu. In ihr werden auch die Änderungen – beispielsweise Freigaben – gegenüber der Vorperiode mit ausgewiesen.

35 Seite 446

1.1.2 Sicherheitsbestand

Der Sicherheitsbestand, der auch **eiserner Bestand, Mindestbestand, Reserve** genannt wird, ist der Bestand an Materialien, der normalerweise nicht zur Fertigung herangezogen wird. Er stellt einen Puffer dar, der die Leistungsbereitschaft des Unternehmens bei Lieferschwierigkeiten oder sonstigen Ausfällen gewährleisten soll.

Seine **Größe** richtet sich nach dem Durchschnittsverbrauch an Materialien innerhalb eines bestimmten Zeitraumes, der sein kann:

- Der Zeitraum, der für eine reibungslose **Wiederbeschaffung** der Materialien anzusetzen ist. Er besteht aus:

Zeitraum der Wiederbeschaffung	Beschaffungsvorbereitung
	Lieferzeit
	Transportzeit
	Materialentnahme
	Qualitätskontrolle
	Risikozuschlag

- Der Zeitraum, der für die Fertigung der Güter bei **Eigenerstellung** benötigt wird. Er umfasst:

Zeitraum der Eigenerstellung	Arbeitsvorbereitung
	Auftragsdurchführung
	Fertigmeldung
	Qualitätskontrolle
	Risikozuschlag

Sicherheitsbestand und Lagerbestand können **grafisch** dargestellt werden:

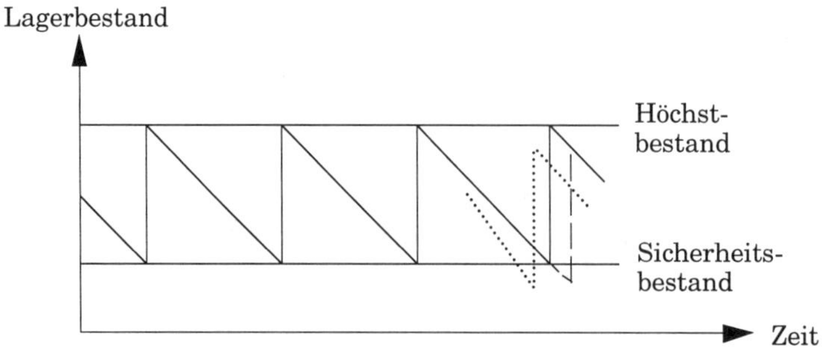

Es lassen sich drei Verläufe erkennen:

Normaler Verbrauch	———————	Der Sicherheitsbestand wird nicht angegriffen.
Überhöhter Verbrauch	....	Der Sicherheitsbestand wird angegriffen und der geplante Höchstbestand nicht mehr erreicht.
Überschreitung des Liefertermines	— — — — — —	Der Sicherheitsbestand wird angegriffen und der geplante Höchstbestand nicht mehr erreicht.

Der Sicherheitsbestand soll drei **Unsicherheiten** abdecken:

Bedarfs-unsicherheit	Der ermittelte Bedarf stimmt nicht mit dem effektiven Bedarf überein.
Lieferzeit-unsicherheit	Der im Fertigungsplan festgelegte Soll-Liefertermin und der effektive Liefertermin stimmen nicht überein.
Bestands-unsicherheit	Der Buchbestand und der Lagerbestand stimmen nicht überein.

Diese Unsicherheiten können grafisch dargestellt werden:

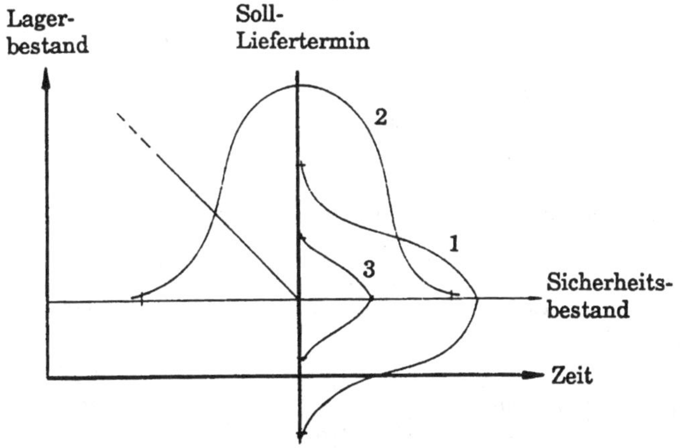

Kurve 1 zeigt die Verteilung des tatsächlichen Verbrauches, Kurve 2 den Liefertermin und Kurve 3 die Bestandsabweichungen. Die Abnahme des Bestandes ist durch die Gerade dargestellt, die schräg auf die parallel zur Abszisse verlaufenden Gerade des Sicherheitsbestandes zuläuft.

- **Kurve 1** gibt die Wahrscheinlichkeit wieder, dass der Verbrauch sich tatsächlich in dieser Weise verhält. Ein stärkerer oder geringerer Verbrauch hätte einen Knick in der Bestandsgeraden zur Folge. Wie die Glockenkurve zeigt, wird dieser Entwicklung allerdings eine geringere Wahrscheinlichkeit zugemessen.

- **Kurve 2** stellt die Häufigkeitsverteilung für den erwarteten Liefertermin dar. Daß der Liefertermin nicht eingehalten und somit der Sicherheitsbestand angegriffen wird, hat geringere Wahrscheinlichkeit.

- **Kurve 3** zeigt die Wahrscheinlichkeit, dass von der richtigen Bestandmenge ausgegangen wurde.

Die Höhe des Sicherheitsbestandes ist von der Art der Bedarfsvorhersage abhängig. Bei deterministischer Ermittlung des Materialbedarfes kann der Sicherheitsbestand kleiner gehalten werden als bei stochastischer Ermittlung des Materialbedarfes, die weniger genau ist.

Die Ermittlung des Sicherheitsbestandes B_S erfolgt häufig mithilfe relativ grober **Näherungsrechnungen**:

B_S = Durchschnittlicher Verbrauch je Periode · Beschaffungsdauer

B_S = Errechneter Verbrauch in der Zeit der Beschaffung
+ Zuschlag für Verbrauchs- und Beschaffungsschwankungen

B_S = Mengemäßiger Umsatz pro Monat · Reichweite für den Mindestbestand

Beispiel: Betragen die Monatsendwerte der Lagerbestände

Dezember	2000	600
Januar	2001	635
Februar	2001	600
März	2001	540
April	2001	590

und der Verbrauch 20 % der Bestände, ergibt sich der Sicherheitsbestand bei einer Beschaffungsdauer von 1,5 Monaten:

Monat	Bestand	Verbrauch	Sicherheitsbestand
Dezember	600	120	180
Januar	635	127	190
Februar	600	120	180
März	540	108	162
April	590	118	177

Vielfach werden Durchschnittswerte ermittelt, beispielsweise aus dem Verbrauch mehrerer Monate und daraus der Sicherheitsbestand abgeleitet.

Beispiel: Der Verbrauch der obigen 5 Monate liegt insgesamt bei 593 Einheiten. Der durchschnittliche monatliche Verbrauch beträgt damit 118,6 Einheiten. Bei einer Beschaffungsdauer von 1,5 Monaten ergibt sich ein Sicherheitsbestand von 118,6 · 1,5 = 178 Einheiten.

36 Seite 446

1.1.3 Meldebestand

Der Meldebestand, der auch **Bestellpunkt** genannt wird, ist der Bestand, bei dessen Unterschreiten eine Bestellung ausgelöst wird. Der Zeitpunkt der Bestellung muss so frühzeitig liegen, dass der Sicherheitsbestand im Verlaufe der Beschaffungsdauer nach Möglichkeit nicht angegriffen wird.

Sicherheitsbestand und Meldebestand sind eng miteinander verknüpft. Die Festlegung ihrer Höhe setzt die genaue Kenntnis der Verbrauchssituation des Unternehmens und der Zuverlässigkeit der Lieferanten voraus.

Der Meldebestand B_M kann auf unterschiedliche Weise ermittelt werden:

$$B_M = \text{Verbrauch je Periode} \cdot \text{Beschaffungszeit} + \text{Sicherheitsbestand}$$

$$B_M = 2 \cdot \text{Sicherheitsbestand}$$

$$B_M = \text{Mindest-Bestellmenge} + \text{Sicherheitsbestand}$$

Beispiel: Betragen die Monatsendwerte der Lagerbestände

Dezember	2000	600
Januar	2001	635
Februar	2001	600
März	2001	540
April	2001	590

und der Verbrauch 20 % der Bestände, ergibt sich bei einer Beschaffungsdauer von 0,5 Monaten:

Monat	Verbrauch	Beschaffungs-dauer	Sicherheits-bestand	Meldebestand	
				1. Formel	2. Formel
Dezember	120	0,5	180	240	360
Januar	127	0,5	190	254	380
Februar	120	0,5	180	240	360
März	108	0,5	162	216	324
April	118	0,5	177	236	354

37 Seite 446

1.1.4 Höchstbestand

Der Höchstbestand gibt an, welche Materialmenge maximal am Lager vorhanden sein darf. Mit seiner Hilfe sollen ein überhöhter Lagervorrat und damit eine zu hohe Kapitalbindung am Lager vermieden werden. Die Bestandsarten

- Lagerbestand
- Sicherheitsbestand
- Meldebestand
- Höchstbestand

lassen sich – unter der Annahme eines gleichmäßigen Verbrauches und periodisch gleichmäßiger Zugänge der Bestellmengen – in einem Schaubild darstellen:

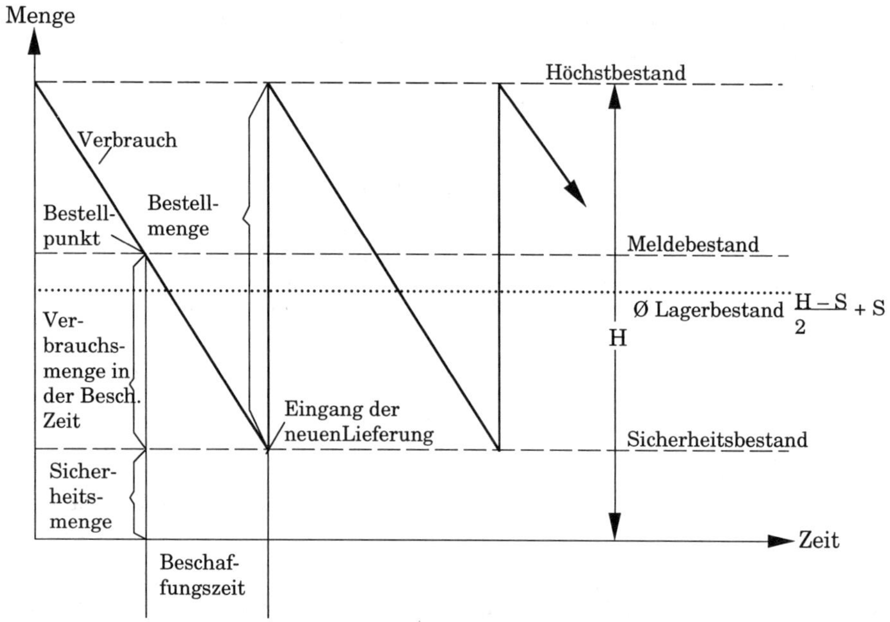

Der Bestand nimmt während der Betrachtungsperiode ständig ab und erreicht den Bestellpunkt, an dem die Bestellung neuen Materials ausgelöst wird. Mit dem Erreichen des Sicherheitsbestandes trifft das bestellte Material ein.

Die betriebliche Praxis kennt zwei **Varianten** zur Festlegung des Bestellpunktes:

Fester Bestellpunkt	Er wird über einen längeren Zeitraum, beispielsweise eine Planungsperiode, festgelegt und bei manuell geführten Lagerhaltungssystemen angewendet.
Gleitender Bestellpunkt	Er passt sich Änderungen laufend an. Die Einflussgrößen sind festzuhalten und die mathematische Ermittlung ist kontinuierlich vorzunehmen. Sie ist jedoch recht komplex und bedarf deshalb des Einsatzes von EDV-Programmen.

Der durchschnittliche Lagerbestand ist im Schaubild mit $\frac{H-S}{2} + S$ angegeben, einem Nährungswert, der zutreffend ist, wenn das Lager voll aufgefüllt ist.

1.2 Bestandsstrategien

Die Bestandsstrategien, die auch **Lagerhaltungsstrategien** genannt werden, dienen dazu, im Rahmen von Lagerhaltungsproblemen Entscheidungen darüber herbeizuführen,

- wann
- wie viel

Materialien bereitzustellen sind. Ihre Anwendbarkeit setzt voraus, dass umfangreiche Aufzeichnungen vorgenommen werden. Die Sammlung, Speicherung, Ordnung, Gruppierung und Darstellung des Zahlenmaterials ist wirtschaftlich nur mithilfe der EDV möglich.

Vielfach sind die EDV-Verarbeitungsprogramme so gestaltet, dass sie das Zahlenmaterial einem Analyseprozess unterziehen und – je nach Güte des Zahlenmaterials – eine geeignete Bestandsstrategie vorschlagen.

Der Eingriff durch den Materialdisponenten ist dennoch weiterhin möglich, um auf aktuelle Änderungen der Bedarfssituation reagieren zu können.

Bei der **zeit**orientierten Bestandsergänzung ist der Termin anzusetzen,

- bei dem der Bestand kleiner oder gleich einer bestimmten Mengeneinheit ist,
- zu dem das Lager überprüft und eine Ergänzung vorgenommen wird.

Bei der **mengen**orientierten Bestandsergänzung ist denkbar,

- eine Bestellung in festgelegten Mengeneinheiten vorzunehmen,
- den Lagerbestand durch die Bestellmenge auf einen bestimmten Stand zu bringen.

Im Folgenden sollen dargestellt werden:

- **Einflussfaktoren**
- **Arten**
- **Anwendung**.

1.2.1 Einflussfaktoren

Einflussfaktoren auf die Bestandsstrategie sind vor allem:

1.2.1.1 Lieferbereitschaftsgrad

Jede Bedarfsvorhersage birgt die Gefahr fehlerhaft zu sein, da ihr Vergangenheitswerte zu Grunde liegen. Ohne Sicherheitsbestand kann ein Teil der Bedarfsanforderungen möglicherweise nicht gedeckt werden.

Ein Sicherheitsbestand, der die Bedarfsanforderungen zu 100 % erfüllen würde, ist unwirtschaftlich, weil der durchschnittliche Lagerbestand und die Lagerhaltungskosten stark anwachsen.

Deshalb legt man zweckmäßigerweise einen bestimmten Lieferbereitschaftsgrad fest, der auch **Service-Grad** genannt wird. Er gibt an, welche Anteile an Bedarfsanforderungen das Lager auszuführen im Stande sein soll.

Der Lieferbereitschaftsgrad wird als Prozentsatz der Bedarfsanforderungen ermittelt, die in der Planperiode durch den Lagervorrat gedeckt werden. Vielfach wird ein Lieferbereitschaftsgrad von 90 % bis 95 % als ausreichend angesehen. Ein höherer Lieferbereitschaftsgrad lässt die Lagerhaltungskosten überproportional ansteigen.

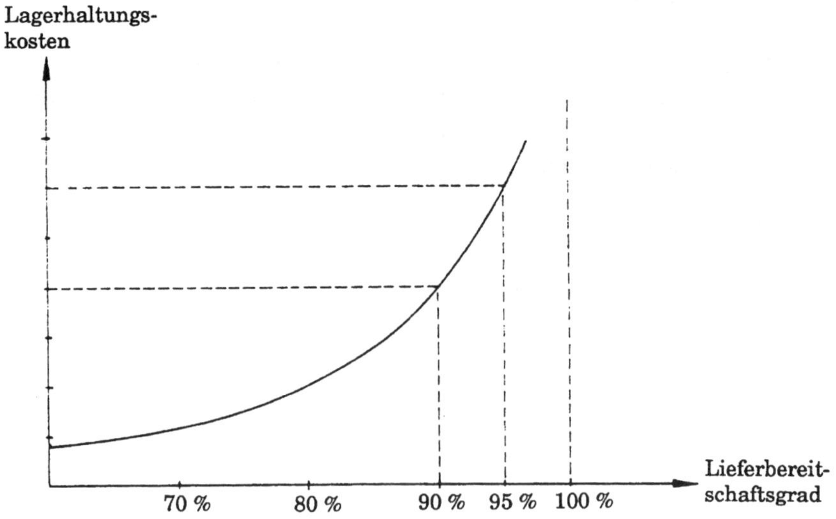

Der Lieferbereitschaftsgrad L wird rechnerisch ermittelt:

- **Lieferbereitschaftsgrad als Bedarfsservice L_B**

$$L_B = \frac{\text{Anzahl der bedienten Bedarfspositionen} \cdot 100}{\text{Anzahl aller Bedarfspositionen}}$$

Beispiel:

Monat	Aufträge	Davon sofort ausführbar
Juli	100	85
August	30	24
September	200	170
Oktober	350	295
November	500	425
Dezember	200	170

Der Lieferbereitschaftsgrad liegt bei rund 85 %.

- **Lieferbereitschaft als Stückservice L_S**

$$L_S = \frac{\text{Anzahl sofort bedienter Menge} \cdot 100}{\text{Gesamtmenge der Nachfrage}}$$

Beispiel:

Monat	Nachfrage	Verfügbare Lagermenge
Juli	500	300
August	200	125
September	400	240
Oktober	1.200	720
November	1.800	1.080
Dezember	1.500	900

Der Lieferbereitschaftsgrad liegt bei 60 %.

Bei normaler Verteilung des Vorhersagefehlers erhält man für einen Lieferbereitschaftsgrad von 95 % folgende Darstellung:

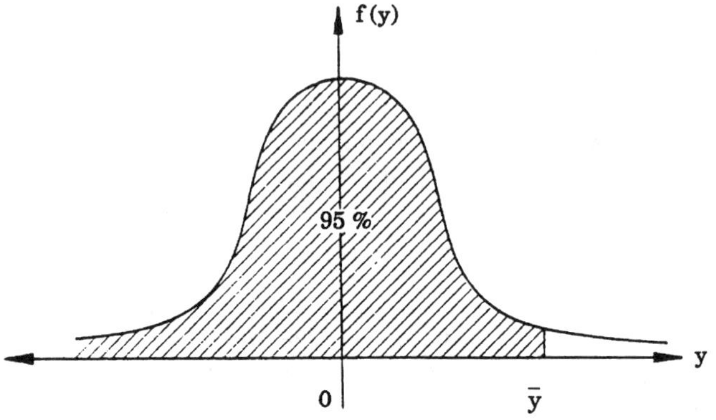

ȳ = Verfügbare Lagermenge

Die Wahrscheinlichkeit, dass der Vorhersagefehler kleiner oder gleich y ist, wird durch die schraffierte Fläche gezeigt. Dadurch wird deutlich, dass die Bedarfsanforderungen in 95 % aller Fälle durchgeführt werden können. Lediglich für 5 % der Bedarfsanforderungen, die nicht ausgeführt werden können, entstehen Fehlmengenkosten.

Der optimale Lieferbereitschaftsgrad ergibt sich aus dem Minimum der gegenläufigen Kosten, das sind die Fehlmengenkosten und die Kosten des Sicherheitsbestandes.

1.2.1.2 Fehlmengenkosten

Fehlmengenkosten entstehen, wenn eine Bestellung, die bei dem Unternehmen eingeht, nicht ausgeführt werden kann. Die Fehlmengenkosten sind von der Höhe des Lieferbereitschaftsgrades abhängig. Bei einem hohen Lieferbereitschaftsgrad – beispielsweise 90 % – entstehen geringe Fehlmengenkosten. Wird der Lieferbereitschaftsgrad auf 60 % gesenkt, besteht die Gefahr beträchtlich höherer Fehlmengenkosten.

Im Schaubild lässt sich dieser Tatbestand darstellen:

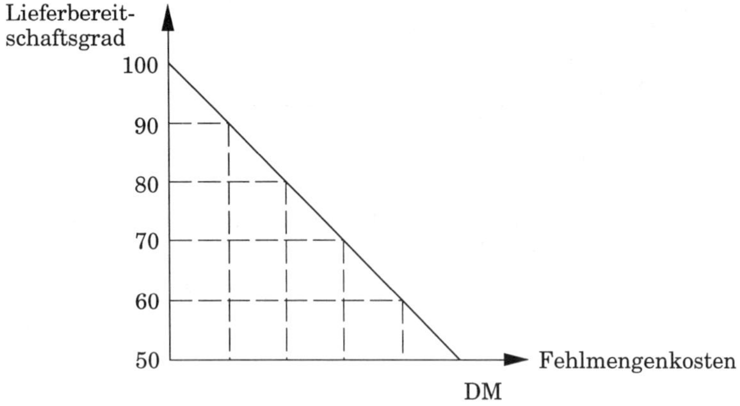

Es zeigt sich, dass die Fehlmengenkosten mit sinkendem Lieferbereitschaftsgrad ansteigen.

38 Seite 447

1.2.2 Arten

In der betrieblichen Praxis sind mehrere **Bestandsstrategien** entwickelt worden. Es lassen sich vor allem unterscheiden:

- **Die (S, T)-Strategie**. Der Lagerbestand wird in konstanten Zeitintervallen (T) programmgemäß überprüft und disponiert. Ergibt sich eine Mindermenge, wird auf den Grundbestand (S) aufgefüllt.

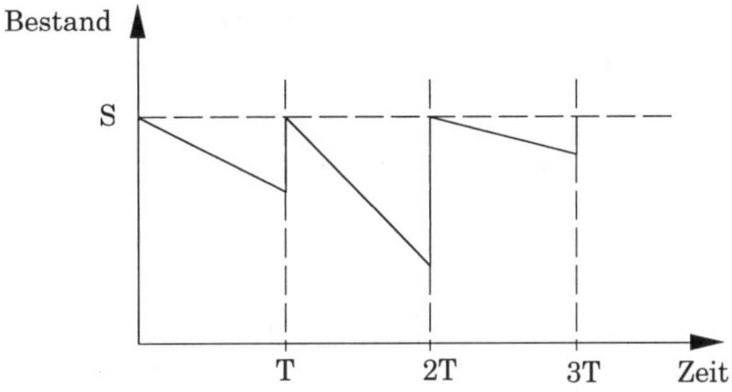

- **Die (s, S)-Strategie**. Nach jeder Entnahme findet eine Überprüfung des Lagerbestandes statt. Sobald der Bestellpunkt (s) erreicht wird, wird eine Auffüllung auf den Grundbestand (S) veranlasst.

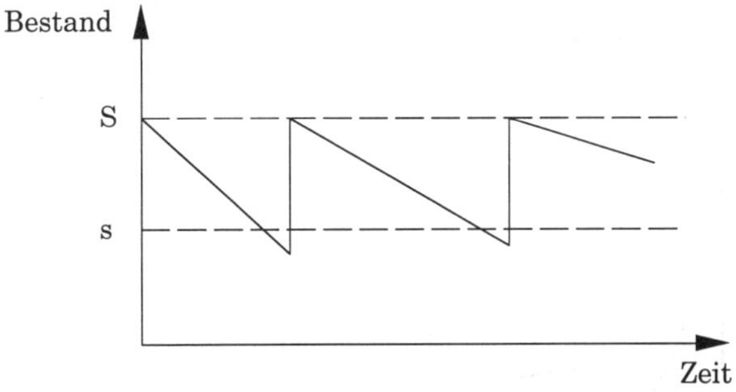

- **Die (s, Q)-Strategie**. Nach jeder Entnahme findet eine Überprüfung des Lagerbestandes statt. Sobald der Bestellpunkt (s) unterschritten wird, erfolgt die Auslösung einer Bestellung in der Menge (Q). Sie sollte nach Möglichkeit kostenoptimal sein, d.h. eine optimale Bestellmenge darstellen bzw. in optimaler Bestellhäufigkeit erfolgen.

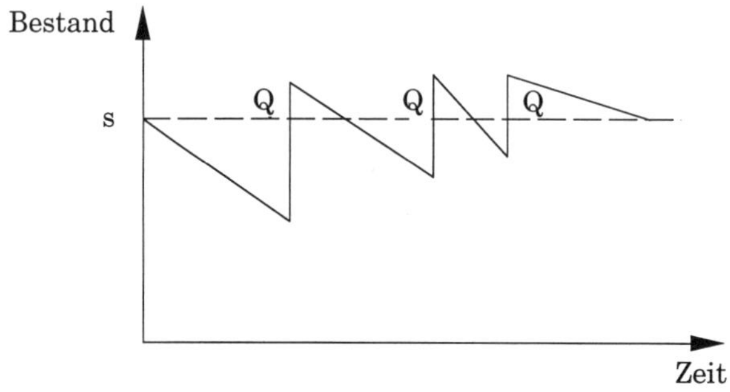

- **Die (s, S, T)-Strategie**. Der Lagerbestand wird in konstanten Zeitintervallen (T) überprüft. Ergibt sich eine Unterschreitung des Bestellpunktes (s), wird auf den Grundbestand (S) aufgefüllt.

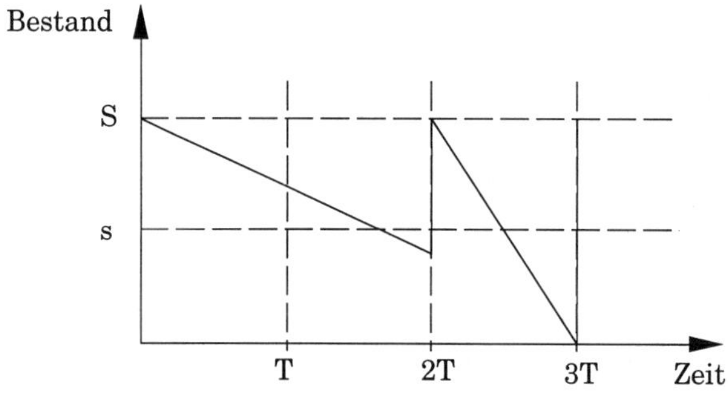

- **Die (s, Q, T)-Strategie**. Der Lagerbestand wird in konstanten Zeitintervallen (T) überprüft. Ergibt sich eine Unterschreitung des Bestellpunktes (s), wird die Menge (Q) bestellt.

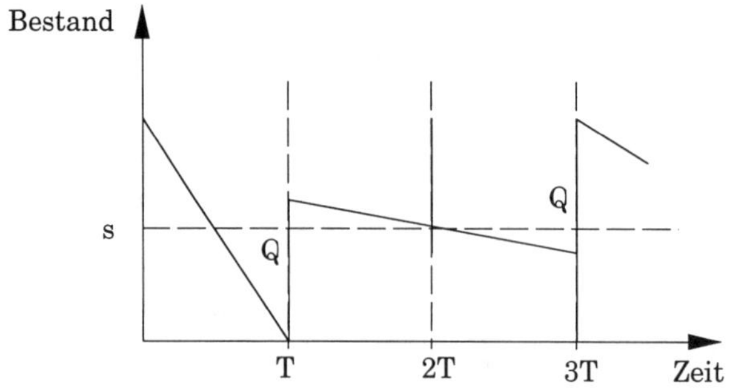

1.2.3 Anwendung

Bei der Anwendung der Bestandsstrategien sind zu unterscheiden:

- **Vorratsmaterialien**, die ständig in bestimmten Mengen benötigt und lagermäßig auf Vorrat gehalten werden. Deshalb bietet es sich an, sie in Zeitintervallen (T) zu überprüfen und auf den Grundbestand (S) aufzufüllen.

- **Auftragsmaterialien**, bei denen eine Bestellung in Höhe der Menge (Q) ausgelöst wird, wenn der Meldebestand (s) unterschritten wird. Die Ermittlung des Bedarfes an Auftragsmaterialien erfolgt fallweise durch Stücklistenauflösung.

  Die Überprüfung der Materialien nach jeder Entnahme würde ohne Einsatz der EDV einen hohen Arbeitsaufwand erfordern und erscheint daher aus Kostengründen unzweckmäßig. Deshalb sind die Sicherheitsbestände entsprechend groß zu halten, um eine Lieferbereitschaft zwischen den Zeitintervallen (T) zu gewährleisten.

Eine Reduzierung der Sicherheitsbestände am Lager kann erreicht werden, wenn die Materialien einer ABC-Analyse unterzogen werden und die nach jedem Abgang vorgenommene Überprüfung sich auf die A-Materialien beschränkt.

Die EDV-Programme in der Materialwirtschaft erlauben jedoch eine Überprüfung der Materialbestände nach jedem Zugang und Abgang. Die Veränderungen der Bestände werden über Terminal eingegeben. Das Erreichen des Meldebestandes bewirkt eine sofortige Reaktion.

Die heutigen Verarbeitungsformen mit EDV führen zu (s, S)-Strategien bei **Vorratsmaterialien**, bei denen jeweils auf den Grundbestand aufgefüllt wird und zu (s, Q)-Strategien bei **Auftragsmaterialien**, bei denen Ergänzungen in einer bestimmten Menge vorgenommen werden.

1.3 Bestandsergänzung

Die Frage, wann zu bestellen ist, wird durch die Überprüfung des Lagerbestandes beantwortet. Dabei ist zum Bestellzeitpunkt oder Bestelltermin die benötigte Menge an Material zu bestellen.

Der zwischen der Bestellauslösung und der Verfügbarkeit im Lager auftretende Bedarf ist zu berücksichtigen, damit der Sicherheitsbestand nicht angegriffen wird.

39 Seite 448

Die Bestandsergänzung kann grafisch dargestellt werden:

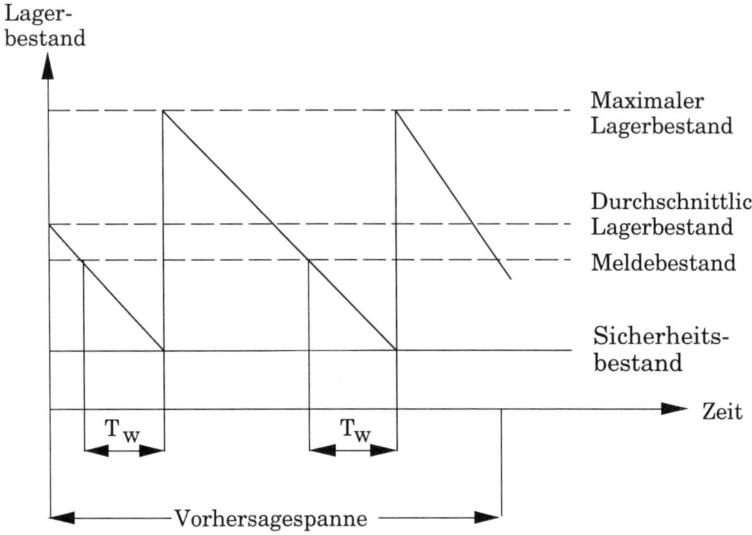

T_W = Wiederbeschaffungszeit

Dabei gilt:

- Die **Vorhersagespanne** ist die Länge des Zeitintervalls, für das eine Bedarfsvorhersage gemacht wird. Die Bedarfsvorhersage gibt den geschätzten Durchschnittsverbrauch an, aus dem im Falle eines regelmäßigen Bedarfes unmittelbar die Steigung der Lagerbestandskurve ermittelt werden kann.

- Die **Wiederbeschaffungszeit** ist die Zeitdauer zwischen der Bestellauslösung und dem Zeitpunkt der Verfügbarkeit des bestellten Materials im Lager. Sie enthält:

  - Die administrative Frist der Bestellerteilung
  - Die effektive Lieferfrist
  - Die Dauer der Einlagerungskontrolle
  - Eine an der Zuverlässigkeit des Lieferanten ausgerichtete Reservezeit.

Die Bestandsergänzung kann erfolgen als:

- **Verbrauchsbedingte Bestandsergänzung**
- **Bedarfsbedingte Bestandsergänzung**.

1.3.1 Verbrauchsbedingte Bestandsergänzung

Die verbrauchsbedingte Bestandsergänzung wird – wie die verbrauchsbedingte Bedarfsermittlung – vor allem dort angewandt, wo ein regelmäßiger Verbrauch an Hilfs- und Betriebsstoffen sowie sonstigen relativ geringwertigen Materialien vorliegt.

Häufig erfolgt in der betrieblichen Praxis die Bestandsergänzung, indem auf einen Grundbestand aufgefüllt wird, beispielsweise bei Silos, Bunkern, Tanks. Dabei wird die fehlende Menge in Abhängigkeit vom Bestand zum Überprüfungszeitpunkt bestellt.

Bei der verbrauchsbedingten Bestandsergänzung sind zu unterscheiden:

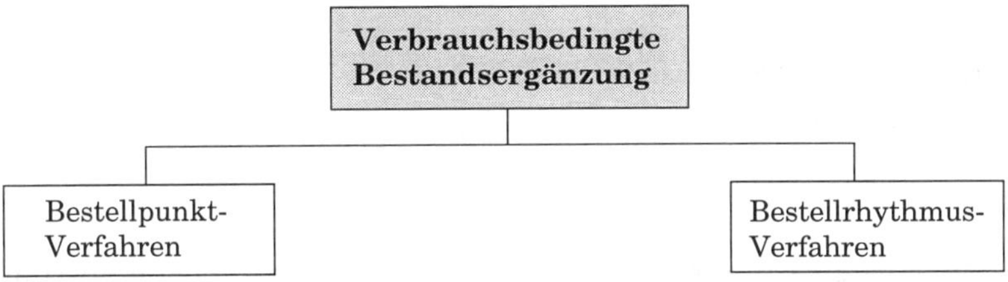

1.3.1.1 Bestellpunkt-Verfahren

Der Bestellpunkt ist die Menge des verfügbaren Lagerbestandes, bei der eine Bestellung ausgelöst wird. Deshalb ist zunächst die Entscheidung über die Höhe der Bestellmenge und des Bestellpunktes zu treffen, bei dessen Erreichen ein Bestellvorgang ausgelöst wird. Bei jeder Buchung eines Lagerabganges wird geprüft, ob der Bestellpunkt erreicht ist oder nicht.

Der Einsatz einer EDV-Anlage erlaubt die Verarbeitung der Daten im Dialog. Durch die sofortige Verarbeitung der Lagerzugänge und Lagerabgänge ist eine schnelle Reaktion auf kritische Bestandssituationen möglich. Damit kann der Sicherheitsbestand gering gehalten werden.

Eine manuelle Überprüfung des Lagerbestandes in bestimmten Zeitintervallen, wie sie ohne EDV-Einsatz erfolgen muss, erfordert einen relativ hohen Sicherheitsbestand, da über die Bestandssituation zwischen den Überprüfungszeitpunkten keine Aussage möglich ist.

Durch ungleichmäßige Verteilung des Bedarfes wird der Bestellpunkt nicht in gleichen Zeitintervallen erreicht, woraus sich unterschiedliche Bestellintervalle ergeben.

Das Bestellpunkt-Verfahren wird in zwei **Arten** praktiziert:

- **Sofortige Lagerergänzung**
- **Langfristige Lagerergänzung**.

1.3.1.1.1 Sofortige Lagerergänzung

Die sofortige Lagerergänzung wird bei Materialien angewendet, deren Wiederbeschaffung zwischen zwei Lagerabgängen vorgenommen werden kann, weil ihre **Beschaffungszeiten** entsprechend **kurz** sind. Ihre Ermittlung geschieht mithilfe des Meldebestandes:

$$B_M = (T_W + T_U) \cdot P + B_S$$

B_M = Meldebestand
T_W = Wiederbeschaffungszeit
T_U = Überprüfungszeit
P = Bedarf pro Periode
B_S = Sicherheitsbestand

Dabei gilt:

- Die **Wiederbeschaffungszeit** ist so groß zu wählen, dass sie der durchschnittlichen Verbrauchsmenge in der Wiederbeschaffungszeit entspricht. Sie umfasst:

Wiederbeschaffungszeit	Bestellauslösung
	Bestellabwicklung
	Auftragsannahme
	Auftragsbearbeitung
	Transport
	Materialeingang

- Nach dem Eingang im Unternehmen ist das Material zu prüfen, wofür die erforderliche **Überprüfungszeit** einzuplanen ist.

Der **Bedarf pro Periode** umfasst den Verbrauch pro Zeiteinheit, beispielsweise Tag, Woche, Dekade.

Beispiel:

Beschaffungsvorbereitung	2 Tage
Lieferzeit	5 Tage
Transportzeit	2 Tage
Materialannahme und -prüfung	1 Tag
Gesamt	10 Tage

Bei einem durchschnittlichen Materialverbrauch von 350 Einheiten pro Tag und einem Sicherheitsbestand von 500 Einheiten ergibt sich:

$B_M = (T_W + T_U) \cdot P + B$

$B_M = 10 \cdot 350 + 500$

$B_M = \mathbf{4.000}$

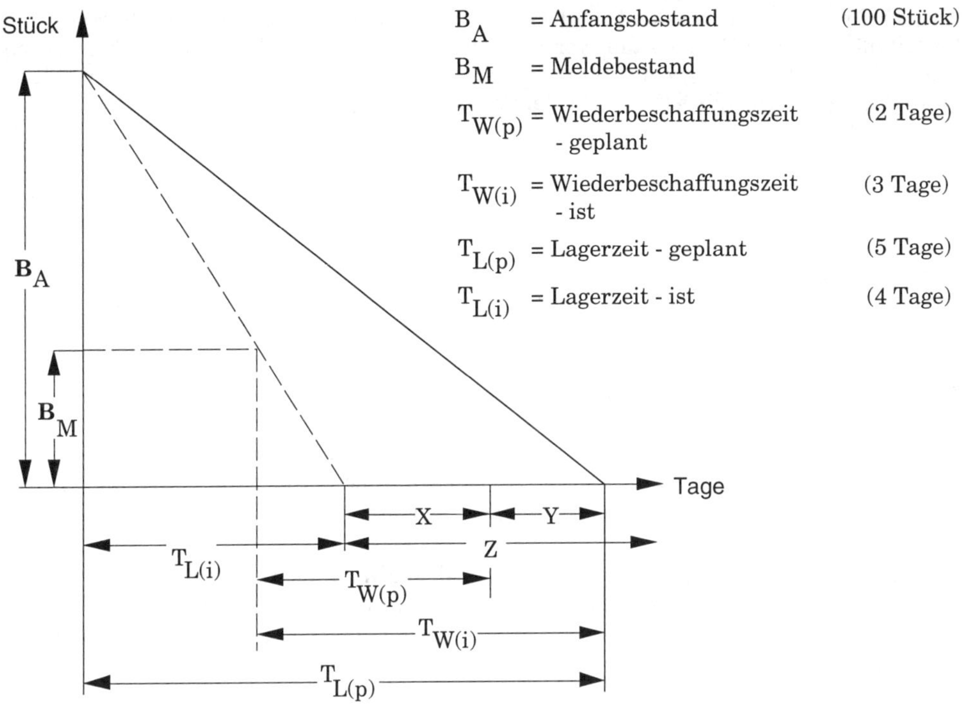

Es wird angenommen, dass sich

- die Wiederbeschaffungszeit von 2 auf 3 Tage erhöht,
- der Materialbedarf erhöht, was durch eine Verkürzung der Lagerzeit von 5 Tagen auf 4 Tage zum Ausdruck kommt.

Bei einem Anfangsbestand von 100 Einheiten und einer geplanten Lagerzeit von 5 Tagen ergibt sich ein täglicher Verbrauch von 100 : 5 = 20 Einheiten.

Beträgt die geplante Wiederbeschaffungszeit 2 Tage, muss die Bestellung bei der Menge ausgelöst werden, die einen Stillstand der Fertigung ausschließt. Der Meldebestand umfasst damit den durchschnittlichen Verbrauch für 2 Tage:

$$B_M = 2 \cdot 20$$
$$B_M = \mathbf{40}$$

Verkürzt sich die geplante Lagerzeit des Anfangsbestandes von 100 Einheiten auf 4 Tage, beträgt der tägliche Verbrauch 100 : 4 = 25 Einheiten.

Bei einer Wiederbeschaffungszeit von 2 Tagen ergibt sich ein Meldebestand von:

$$B_M = 2 \cdot 25$$
$$B_M = \mathbf{50}$$

Aus der Zeichnung ist zu erkennen, dass die Fertigung für eine Zeit x stillsteht, wenn die Bestellung bei einem Meldebestand von 40 Einheiten ausgelöst wird. Kommt zusätzlich noch eine Lieferzeitüberziehung y hinzu, steht die Fertigung für die Zeit x + y still. Zur Vermeidung dieses Fertigungsausfalls hätte die Bestellung bereits ausgelöst werden müssen bei:

$$B_M = 3 \cdot 25$$

$$B_M = \mathbf{75}$$

40 Seite 448

1.3.1.1.2 Langfristige Lagerergänzung

Bei der langfristigen Lagerergänzung wird davon ausgegangen, dass zwischen der aufgrund des erreichten Meldebestandes erfolgten Bestellauslösung und dem Eintreffen der Materialien dem Lager noch mehrmals Materialien entnommen werden.

Da bei jeder Materialentnahme geprüft wird, ob der Meldebestand erreicht ist, würden mehrere weitere Bestellungen ausgelöst. Die notwendige Bestellung ist aber bereits erfolgt, wegen der langen Wiederbeschaffungszeit der Materialien nur noch nicht eingetroffen.

Deshalb muss außer den bereits genannten vier **Faktoren**, von denen der Bestellpunkt abhängig ist,

- Materialbedarf
- Wiederbeschaffungszeit
- Überprüfungszeitraum
- Größe des Vorhersagefehlers

als **weiterer Faktor** hinzugefügt werden:

- Berücksichtigung bereits laufender Bestellungen

Die **Regeln** für die Auslösung eines Bestellvorganges lauten:

- Bei jeder Bestandsüberprüfung ist festzustellen, ob der Lagerbestand einschließlich der bereits bestellten Mengen den Meldebestand erreicht.

- Ist der Meldebestand erreicht oder unterschritten, muss die Menge bestellt werden, welche die vorhandenen und bestellten Mengen bis zur Höhe des Grundbestandes ergänzt.

- Ergibt die Bestandsprüfung, dass die verfügbare und bestellte Menge größer als der Meldebestand ist, erfolgt keine Bestellauslösung.

Eine Bestellung wird demnach ausgelöst, wenn die Summe aus Lagerbestand und Eindeckung – als Menge der laufenden Bestellungen – unter dem Meldebestand liegt.

Der **Eindeckungs-Meldebestand** ergibt sich:

$$B_E = B_L + B_B$$

B_E = Eindeckungs-Meldebestand
B_L = Lagerbestand
B_B = Bestellbestand

Der Vergleich des Eindeckungs-Meldebestandes mit dem ermittelten Bedarf zeigt den Grad der Bedarfsdeckung.

Beispiel:

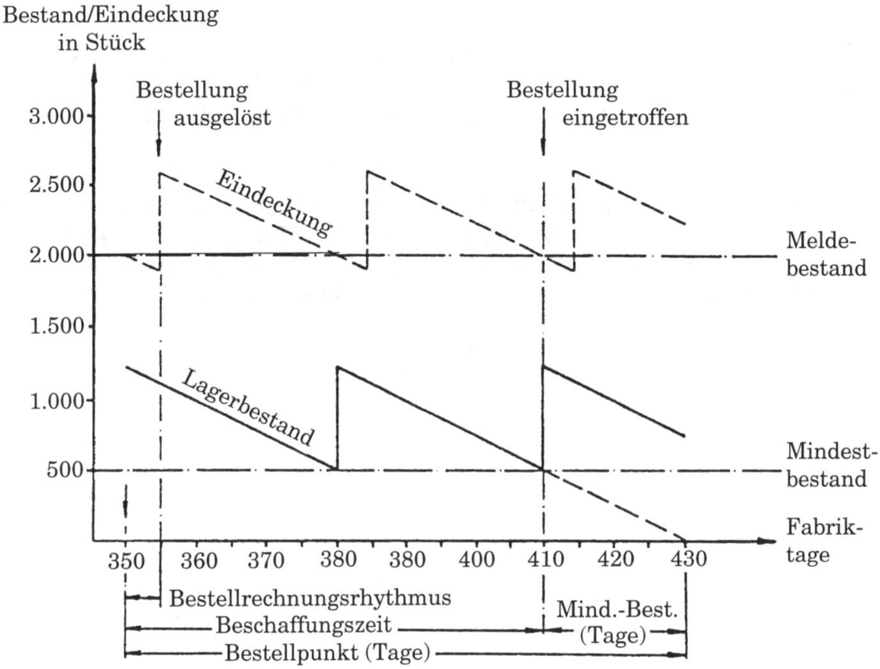

Die Darstellung zeigt, dass am Fabriktag 350 eine Bestellpunktüberprüfung stattfindet. Am Fabriktag 355 wird daraufhin eine Bestellung ausgelöst, die den Lagerbestand zunächst nicht verändert. Erst am Ende der Beschaffungszeit, dem Fabriktag 410, erhöht sich der Lagerbestand.

41 Seite 449

1.3.1.1.3 Vereinfachte Verfahren

In der betrieblichen Praxis werden vielfach vereinfachte Verfahren zur Bedarfsauslösung eingesetzt, die sich leicht anwenden lassen und einen geringen Arbeitsaufwand erfordern.

Diese Verfahren lassen sich vor allem bei **C-Teilen** anwenden, aber auch dort, wo eine bestimmte Verbrauchsfolge einzuhalten ist. Dabei kann sichergestellt werden, dass die zuerst angelieferten Materialien auch als erste im Fertigungsprozess verbraucht werden. Dieses Prinzip des first-in-first-out berücksichtigt, dass die Materialien durch längere Liegezeiten in ihrer Qualität beeinträchtigt werden können.

Meist erfolgt die Einlagerung in der Form, dass die lagermäßige Bestandsführung eine Entnahme der ältesten Materialien vor den zuletzt eingelagerten Materialien erlaubt. Das bedingt entsprechende Lagereinbauten und das Einhalten von organisatorischen Regeln.

In der betrieblichen Praxis haben sich zwei **Verfahren** entwickelt, die in vielerlei Variationen anzutreffen sind:

- Beim **Reihenfolge-Verfahren** werden die einzelnen Stücke, beispielsweise Behälter, Dosen, Kästen, Fässer, so hintereinander angeordnet, dass ein Abgang stets auf das älteste Stück zugreift. Neue Zugänge werden hinter den zeitlich letzten Zugängen angefügt.

  Als Kontrollgröße für die Bestellauslösung dient der Mindestbestand, bei dessen Erreichen eine Meldung erfolgt. Sind vier Einheiten als Mindestbestand festgesetzt, wird die viertletzte Einheit im Regal mit einer Karte, die gleichzeitig eine Bestellkarte sein kann, oder einem sonstigen Merkmal gekennzeichnet.

  Werden Karten als Markierung des Mindestbestandes oder Bestellpunktes verwendet, sind sie häufig als Datenträger gestaltet, die sich unmittelbar automatisiert weiterverarbeiten lassen. Sie können im Lager mit einem Lesegerät gelesen und ihre Informationen einem zentralen Rechner zugeführt werden, der daraus Bestellungen erzeugt.

- Beim **Vorratsbehälter-Verfahren** werden die einzelnen Lagerabgänge aus den Vorratsbehältern nicht separat erfasst, sondern nur die verbrauchten Mengen registriert. Das Auslösen einer Bestellung geschieht durch Sichtkontrolle. Wenn Behälter wie Fässer, Tanks, Lagerfächer leer sind, wird eine Bestellung in der Höhe des leeren Behälters ausgelöst.

  In der betrieblichen Praxis findet man Verfahren mit drei oder vier Behältern.

  Beispiel für die Vorgehensweise beim Vier-Behälter-Verfahren unter der Annahme, dass die Wiederbeschaffungszeit der Verbrauchszeit für zwei Behälter entspricht.

  Zu Beginn sind alle Behälter gefüllt, aus Behälter 1 wird entnommen. Muss auf Behälter 2 übergegangen werden, erfolgt die Wiederbeschaffung für Behälter 1 und Behälter 3 und 4 dienen als Sicherheitsbestand.

Das Übergehen auf Behälter 3 löst eine Wiederbeschaffung für Behälter 2 aus. Mit dem Übergang auf Behälter 4 findet eine Wiederbeschaffung für Behälter 3 statt und Behälter 1 wird aufgefüllt.

Das **Vier-Behälter-Verfahren** hat den Vorteil, dass bei Lieferausfall einer Beschaffung auf einen Sicherheitsbehälter zugegriffen werden kann.

Wendet man das **Drei-Behälter-Verfahren** an, besteht die Gefahr, dass der Bestand bei erhöhtem Bedarf in der Wiederbeschaffungszeit auf Null geht.

42 Seite 449

1.3.1.2 Bestellrhythmus-Verfahren

Das Bestellrhythmus-Verfahren ist durch festgelegte Beschaffungsrhythmen und variable Bestellmengen gekennzeichnet, deren Umfang vor allem vom Verbrauch zwischen den Überprüfungszeitpunkten abhängt.

Voraussetzung für den Ablauf der Ermittlung ist eine periodische Vorratsüberprüfung, die den Verbrauch der vergangenen Bestellperiode zu erfassen hat. Je häufiger Kontrollen zwischen den Bestellrhythmen vorgenommen werden, umso genauer kann die Bestellmenge zum Beschaffungszeitpunkt festgelegt werden.

Das Bestellrhythmus-Verfahren findet Anwendung, wenn ein Lieferrhythmus durch den Lieferanten vorgegeben ist oder der Fertigungsrhythmus des Unternehmens eine Bestellung fehlender Materialien nur zu bestimmten Vorhersageperioden zulässt.

Da der Bestand zwischen den Überprüfungszeitpunkten unbekannt ist, muss der Bedarf während der Überprüfungszeit berücksichtigt werden:

$$B_M = \frac{V_T\,(T_W + T_U)}{T_P} + B_S$$

B_M = Bestellpunkt (= Meldebestand)
V_T = Verbrauch in Tagen
T_W = Wiederbeschaffungszeit in Tagen
T_U = Überprüfungszeit in Tagen
T_P = Vorhersageperiode in Tagen
B_S = Sicherheitsbestand

Beispiel: V_T = 150 Stück
T_W = 15 Tage
T_U = 5 Tage
T_P = 5 Tage
B_S = 20 Stück

Der Bestellpunkt beim Bestellrhythmus-Verfahren ergibt sich:

$$B_M = \frac{V_T (T_W + T_U)}{T_P} + B_S$$

$$B_M = \frac{150 \cdot (15 + 5)}{5} + 20$$

$$B_M = \mathbf{620}$$

43 Seite 450

1.3.2 Bedarfsbedingte Bestandsergänzung

Die bedarfsbedingte Bestandsergänzung wird angewandt, wenn hochwertige Materialien zu planen sind, d.h. in jedem Falle bei A-Gütern, häufig auch bei B-Gütern. Sie baut auf den deterministisch ermittelten Bedarfswerten auf, die durch eine Bedarfsauflösung gewonnen wurden.

Die Aufgabe der bedarfsbedingten Bestandsergänzung ist es, die Reichweite des Lagers festzustellen und eine Lagerergänzung dann vorzunehmen, wenn die Eindeckung einen bestimmten Wert erreicht hat.

Es lassen sich unterscheiden:

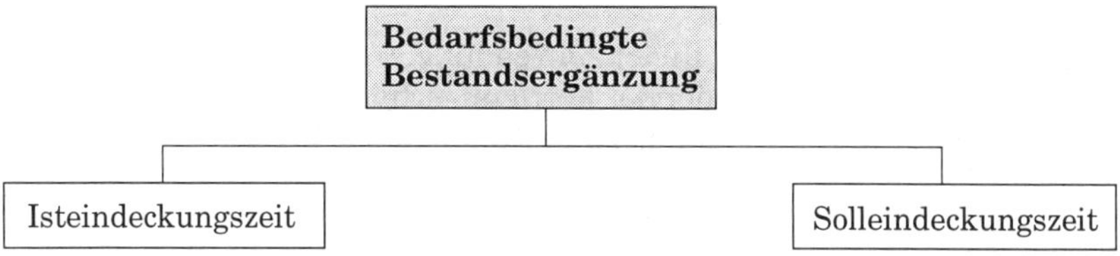

1.3.2.1 Isteindeckungszeit

Die Isteindeckungszeit ist die Zeit, bis zu welcher der verfügbare Bestand unter Zugrundelegung des zu erwartenden Bedarfes ausreicht. Der erste Tag der Periode, deren Bedarf nicht mehr gedeckt werden kann, liegt damit außerhalb der Isteindeckungszeit.

Bei der Errechnung der Isteindeckungszeit wird davon ausgegangen, dass der Bedarf zum Beginn einer Planungsperiode auftritt. Es muss zum ersten Tag einer Planungsperiode in ausreichendem Maße ein verfügbarer Bestand vorhanden sein.

Beispiel: Der Materialbedarf der Perioden 1 bis 5 beträgt 200, 200, 300, 500, 400 Einheiten. Der verfügbare Lagerbestand umfasst zu Beginn der 1. Periode 1.400 Einheiten und reicht für 4,5 Perioden aus, was sich durch Subtraktion der Bedarfswerte der jeweiligen Perioden vom verfügbaren Lagerbestand ergibt:

	Periode 1	Periode 2	Periode 3	Periode 4	Periode 5
Verfügbarer Lagerbestand	1.400	1.200	1.000	700	200
– Bedarf	200	200	300	500	400
= Restbestand	1.200	1.000	700	200	– 200

Der verfügbare Lagerbestand reicht für vier Perioden, die fünfte Periode kann nur noch zur Hälfte bedient werden. Bei einer Periodenlänge von 10 Tagen sind 45 Tage der Fertigung abgedeckt.

Zur Berechnung des Isteindeckungs-Termins erfolgt eine Umrechnung auf den Fabrikkalender. Gilt als Starttag der Berechnung der Fabriktag 360, wird der für 45 Fertigungstage ausreichende Bestand hinzugerechnet. Die Fertigung reicht damit bis zum Fabriktag 405.

Bereits laufende Bestellungen erhöhen den verfügbaren Lagerbestand.

1.3.2.2 Solleindeckungszeit

Die Solleindeckungszeit gibt die Zeit an, bis zu welcher der Lagerbestand und Bestellbestand ausreichen sollen. Um Leistungsunterbrechungen zu vermeiden, müssen folgende Zeiten abgedeckt sein:

- Wiederbeschaffungszeit
- Überprüfungszeit
- Sicherheitszeit
- Länge der Planperiode.

Die Solleindeckungszeit ergibt sich aus:

$$T_{Soll} = T_X + T_W + T_U + T_P + T_S$$

T_{Soll} = Solleindeckungszeit
T_X = Tag der Bestellung
T_W = Wiederbeschaffungszeit
T_U = Überprüfungszeit
T_P = Länge der Planperiode
T_S = Sicherheitszeit

Der Tag der Bestellung stellt den Ausgangstermin dar, ab dem die Terminrechnung vorgenommen wird. Damit kann der Zeitpunkt errechnet werden, zu dem der effektive Lagerbestand erhöht wird.

Ein Bestellvorgang wird ausgelöst, wenn die Solleindeckungszeit größer als die Isteindeckungszeit ist:

$$T_{Ist} < T_{Soll}$$

Für den Bestellvorgang ist der Soll-Liefertermin zu errechnen. Das ist der letztmögliche Termin, der die Lieferbereitschaft sicherzustellen in der Lage ist. Er ergibt sich aus dem Isteindeckungstermin abzüglich einer Sicherheitszeit und Überprüfungszeit:

$$T_{L\text{-}Soll} = T_{Ist} - T_S - T_U$$

$T_{L\text{-}Soll}$ = Soll-Liefertermin
T_S = Sicherheitszeit
T_U = Überprüfungszeit

Diese Berechnung soll zusätzlich garantieren, dass eine Lagerergänzung zum Zeitpunkt der Isteindeckung möglich ist. Daher wird eine Zeit für die Unsicherheit der Beschaffung und des Materialeinganges vorgesehen, um die der Liefertermin vorverlegt wird, damit Unterbrechungen in der Fertigung vermieden werden.

Beispiel: Die folgende Darstellung zeigt den Gesamtzusammenhang:

Ausgangstermin	100
Isteindeckungstermin	160
Solleindeckungszeit	166
Soll-Liefertermin	140

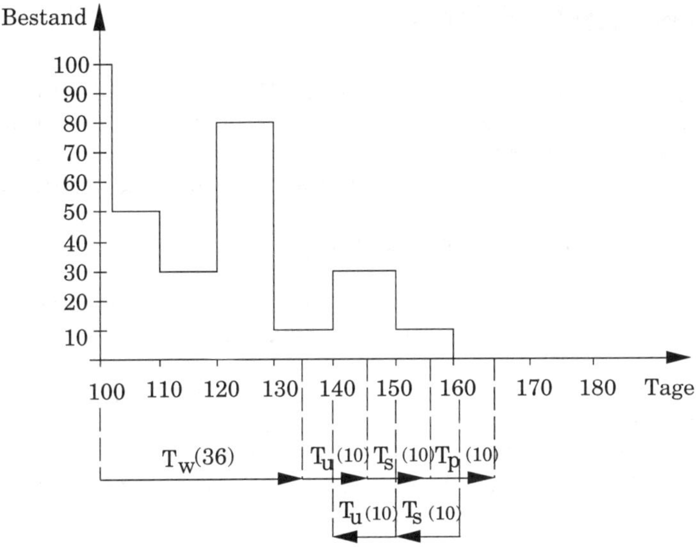

Es wird vom Fabrikkalendertag 100 ausgegangen. Der vorhandene Lagerbestand reicht zur Bedarfsdeckung bis zum Fabrikkalendertag 160 aus.

Ermittelt man die Zeit, die benötigt wird, um eine Eindeckung vorzunehmen, sind vor allem zu berücksichtigen:

• die Wiederbeschaffungszeit	36 Tage
• die Überprüfungszeit	10 Tage
• die Sicherheitszeit	10 Tage
• die Länge der Planperiode	10 Tage

Unter Beachtung dieser Faktoren ist eine Eindeckung frühestens zum Fabrikkalendertag 166 möglich.

Da im Beispiel die Isteindeckung kleiner als die Solleindeckung ist, muss der Soll-Liefertermin ermittelt werden:

$$T_{L\text{-}Soll} = T_{Ist} - T_S - T_U$$

$$T_{L\text{-}Soll} = 160 - 10 - 10$$

$$T_{L\text{-}Soll} = \mathbf{140}$$

In der betrieblichen Praxis werden für dieses Verfahren, mit dem sich *Trux* ausführlich befasst, optimierende Rechenverfahren über EDV eingesetzt.

Seite 450

2. Bestandsführung

Die Bestandsführung hat die Aufgabe, den Materialbestand festzustellen, indem die durch die Bedarfsrechnung realisierten Materialabgänge erfasst und bewertet werden. Sie erfüllt ihrem Wesen nach relativ einfache Funktionen, die jedoch bei der Anwendung von EDV-unterstützten Planungs- und Steuerungsverfahren bedeutsam sind.

Die **Aufgaben** der Bestandsführung sind:

- Erstellen aktueller Unterlagen über die Bestände nach Menge und Wert
- Erstellen von Nachweisen über lagermäßige Änderungen der geführten Materialien
- Durchführen der Inventur nach handels- bzw. steuerrechtlichen Vorschriften
- Überwachen der mengenmäßigen Fertigungsdisposition
- Erstellen von Daten zur Ermittlung des Brutto- und Nettobedarfes
- Erstellen von Daten für die Bestellabwicklung
- Überwachen von Ausschuss, ungeplantem Mehrverbrauch, sonstigen Fehlmengen
- Erstellen, Ändern und Löschen von Bestellmengen
- Durchführen von Bestandskontrollen.

Die Bestandsführung erfolgt als

2.1 Mengenerfassung

Die Erfassung der Verbrauchsmengen dient dem Nachweis, welche Materialien für die einzelnen Aufträge verbraucht wurden. Wenn der Materialverbrauch pro Auftrag vorher bestimmt wurde, kann der buchmäßige Nachweis der tatsächlich verbrauchten Materialien zur Feststellung von Soll-Ist-Abweichungen dienen. Liegt ein Mehrverbrauch vor, können Maßnahmen zur Materialreduzierung eingeleitet werden.

Im Rahmen der Mengenerfassung von Materialien sollen dargestellt werden:

- **Erfassungsmethoden**
- **Inventur**
- **Bestandsbewegungen**.

2.1.1 Erfassungsmethoden

Die Erfassungsmethoden des Materialverbrauches dienen dazu, die bestandsverändernden Vorgänge festzuhalten, wodurch die Bestandsführung möglich wird.

Man unterscheidet:

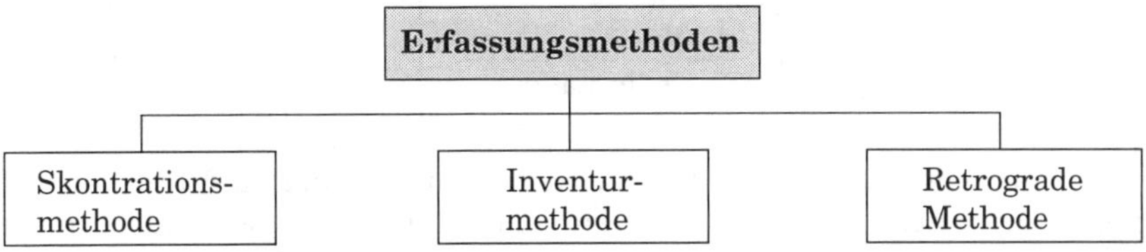

2.1.1.1 Skontrationsmethode

Die Skontrationsmethode, die auch als **Fortschreibungsmethode** bezeichnet wird, ist das genaueste Verfahren zur Ermittlung der Verbrauchsmengen. Sie setzt das Vorhandensein einer Lagerbuchhaltung voraus.

In der Lagerbuchhaltung wird eine **Lagerkartei** bzw. **Lagerdatei** geführt, mit deren Hilfe die Veränderungen im Lager genau erfasst werden:

- Die **Zugänge** werden auf der Grundlage der **Lieferscheine**, welche der Lagerbuchhaltung zugehen, ermittelt.

- Die **Abgänge** werden durch die **Materialentnahmescheine** belegmäßig erfasst, die darüber informieren,

  - um welche Kostenarten es sich handelt,
  - welche Kostenstellen die Materialien benötigen,
  - für welche Kostenträger der Verbrauch erfolgt,
  - wann die Entnahme vorgenommen worden ist.

  Dementsprechend müssen die Materialentnahmescheine mindestens folgende Angaben enthalten:

  - Materialnummer
  - Datum
  - Materialart
  - Materialmenge
  - Kostenstellennummer
  - Auftragsnummer.

  Die Auftragsnummer, die Auskunft über den Kostenträger gibt, kann nur für Fertigungsstoffe angegeben werden, die dem betreffenden Kostenträger als Einzelkosten direkt zurechenbar sind.

  Bei den Hilfs- und Betriebsstoffen können – wegen ihres Gemeinkosten-Charakters – nur Angaben über die zu belastende Kostenstelle erfolgen. Die Verbrauchsmengen an Materialien ergeben sich aus der Summe der Abgänge gemäß der Materialentnahmescheine.

Um den buchmäßigen **Endbestand** zu ermitteln, sind neben den Zugängen und Abgängen auch die Bestände an Materialien zu Beginn der Rechnungsperiode zu berücksichtigen:

Anfangsbestand
+ Zugang
– Abgang
= Endbestand

Außer der buchmäßigen Feststellung wird der Endbestand an Materialien jährlich durch eine **Inventur** ermittelt, das ist eine körperliche Bestandsaufnahme der vorhandenen Materialien.

Die Skontrationsmethode hat folgende **Vorteile**:

- Die Erfassung von Kostenart, Kostenstelle und Kostenträger ist genau möglich.
- Bestandsverminderungen, die nicht auf regulären Lagerentnahmen – beispielsweise Diebstahl, Schwund – beruhen, sind durch Vergleich des rechnerisch ermittelten mit dem durch Inventur festgestellten Bestand erkennbar.
- Die Durchführung der permanenten Inventur, die jährlich zu einem beliebigen Zeitpunkt erfolgen kann, ist nur bei Vorliegen einer Lagerbuchhaltung zulässig.

Der **Nachteil** der Skontrationsmethode ist die aufwendige belegmäßige Organisation. Durch die Möglichkeiten des EDV-Einsatzes kann dieser Nachteil, der besonders kleinere Unternehmen betrifft, jedoch deutlich gemildert werden.

45 **Seite 451**

46 **Seite 451**

2.1.1.2 Inventurmethode

Die Inventurmethode versucht, den Nachteil der Skontrationsmethode auszugleichen, eine Lagerbuchhaltung führen und ein Belegwesen aufbauen zu müssen. Sie wird auch als **Bestandsdifferenzrechnung** oder **Befundrechnung** bezeichnet.

Bei der Inventurmethode wird keine laufende Ermittlung der Verbrauchsmengen durchgeführt, Materialentnahmescheine gibt es nicht. Damit sind die Auftragsabrechnung und Nachkalkulation nicht möglich.

Die Verbrauchsmengen ergeben sich erst am Ende der Rechnungsperiode im Rahmen eines Vergleichs der Zahlen aus der letzten Inventur als Anfangsbestand und einer neu durchgeführten Inventur als Endbestand. Der Zugang an Materialien ist dabei – entsprechend der Lieferscheine – zu berücksichtigen:

Anfangsbestand
+ Zugang
– Endbestand
= Verbrauch

Der **Vorteil** der Inventurmethode besteht darin, dass keine Materialentnahmescheine verwendet werden und damit auch keine verwaltungsmäßige Belastung erfolgt, da sich die Zugänge aus der Finanzbuchhaltung und die Endbestände durch die Inventur ergeben.

Die **Nachteile** der Inventurmethode sind:

- Bestandsminderungen durch nicht reguläre Abgänge aus dem Lager – beispielsweise durch Schwund, Diebstahl – sind nicht feststellbar und werden nicht abgestellt.

- Die nur einmal jährlich erforderliche Stichtagsinventur kann am Jahresende unvorhergesehene Bestandsabweichungen aufdecken, die zu unerfreulichen Veränderungen des Ergebnisses führen können.

- Die Zurechnung des Materialverbrauchs auf die Kostenstellen und Kostenträger, die zumindest für die Fertigungsstoffe gefordert werden muss, ist nicht möglich, da nur der Gesamtverbrauch festgestellt wird.

Die genannten Nachteile lassen erkennen, dass die Inventurmethode für Unternehmen, die mehrere Erzeugnisse herstellen, unbrauchbar ist.

2.1.1.3 Retrograde Methode

Bei der retrograden Methode, die auch als **Rückrechnung** bezeichnet wird, kann der Stoffverbrauch aus den erstellten Halb- und Fertigerzeugnissen abgeleitet werden.

Man rechnet – von einem hergestellten Erzeugnis ausgehend – zurück, welches Material in welchen Mengen in das Erzeugnis eingegangen ist, wobei auch die Abfälle in der Rechnung berücksichtigt werden, die bei der Fertigung notwendigerweise angefallen sind.

Der Soll-Verbrauch ergibt sich:

$$\text{Soll-Verbrauch} = \text{Hergestellte Stückzahl} \cdot \text{Soll-Verbrauchsmenge pro Stück}$$

Daraus können ermittelt werden:

$$\text{Sollbestand} = \text{Anfangsbestand} + \text{Zugänge} - \text{Sollverbrauch}$$

$$\text{Mehr-/Minderverbrauch} = \text{Sollbestand} - \text{Istbestand}$$

$$\text{Istverbrauch} = \text{Sollverbrauch} \pm \text{Mehr-/Minderverbrauch}$$

Bei der retrograden Methode wird von der Kostenträgerrechnung in die Kostenstellenrechnung und in die Kostenartenrechnung zurückgegangen.

Als Grundlage für die Rückrechnung bietet sich häufig die **Stückliste** für die rückzurechnenden Erzeugnisse an, die eine vollständige Aufstellung aller Einzelteile und Baugruppen enthält, welche zur Herstellung der Erzeugnisse benötigt werden.

Die **Nachteile** der retrograden Methode sind:

- Die Rückrechnung kann keine genauen Werte hervorbringen. Das gilt umso mehr, je komplizierter die Fertigung der betreffenden Erzeugnisse ist.
- Die Rückrechnung ist ungenau, weil das Gemeinkostenmaterial nicht direkt zurechenbar ist.
- Bestandsminderungen durch nicht reguläre Stoffentnahmen aus dem Lager – beispielsweise Diebstahl, Schwund – sind nicht ohne zusätzliche Kontrollen feststellbar.

Die retrograde Methode kann letztlich nur bei einfach strukturierten, aus wenigen Teilen bestehenden Erzeugnissen verwendet werden.

47 Seite 451

2.1.2 Inventur

Mit der Inventur wird der tatsächliche Bestand des Vermögens und der Schulden für einen bestimmten Zeitpunkt durch körperliche Bestandsaufnahme mengenmäßig und wertmäßig erfasst.

Sie dient dazu, die tatsächlich vorhandenen Bestände aufzunehmen und sie den Buchbeständen gegenüberzustellen. Nach § 240 HGB ist jeder Kaufmann verpflichtet, für den Schluss eines jeden Geschäftsjahres ein Inventar aufzustellen. Die Inventur zählt demnach zu den wesentlichen Arbeiten am Ende eines Geschäftsjahres. Sie muss folgenden **Grundsätzen** entsprechen:

- Vollständigkeit
- Richtigkeit
- Wirtschaftlichkeit
- Wesentlichkeit
- Klarheit
- Nachprüfbarkeit.

Die Durchführung und Organisation der Inventur kann in der betrieblichen Praxis auf verschiedene Weise erfolgen. Man unterscheidet – siehe ausführlich *Olfert / Körner / Langenbeck*:

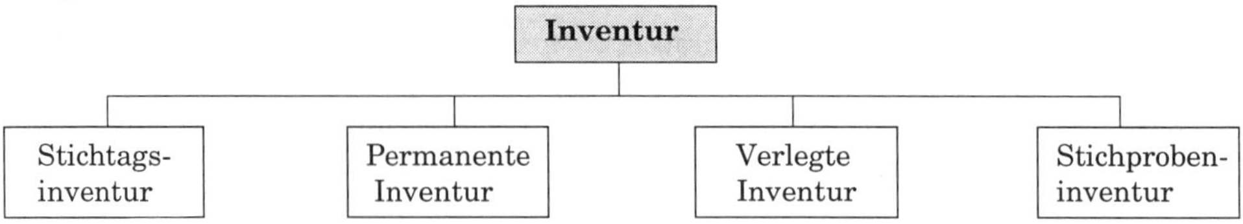

2.1.2.1 Stichtagsinventur

Die Stichtagsinventur ist eine körperliche Bestandsaufnahme durch Zählen, Messen, Wiegen, die zeitnah zum Bilanzstichtag – innerhalb von 10 Tagen vor oder nach dem Bilanzstichtag – durchzuführen ist. Bestandsveränderungen bis zum bzw. vom Bilanzstichtag an sind durch **Wertfortschreibung** oder **Wertrückrechnung** zu berücksichtigen.

Nur wenn die körperliche Bestandsaufnahme am Bilanzstichtag selbst erfolgt, kann ihr Ergebnis – unverändert durch buchmäßige Wertfortschreibung oder Wertrückrechnung – in das Inventar übernommen werden.

Die Stichtagsinventur erfordert häufig Betriebsunterbrechungen. Alle erfassten Materialien werden normalerweise doppelt geprüft und in Listen eingetragen. Dennoch können **Zählfehler** auftreten, weil

- das Zählen von ungeschultem Personal durchgeführt wird,
- unrichtige Teile-Nummern festgestellt werden,
- verschiedene Einlagerungen gleicher Teile nicht erkannt werden.

Die körperliche Kontrolle der Lagerbestände ist wichtig, weil deren richtige Führung die grundlegende Voraussetzung für eine qualifizierte Materialplanung und Materialsteuerung ist.

Durch den Einsatz von EDV-Anlagen wird die Fehlerhäufigkeit stark reduziert, da bei jeder Eingabe eine Folge von Prüfschritten abläuft, die – aufgrund von Kontrollmechanismen – Fehler entdecken oder sie nicht zulassen. Dennoch kann es **Unstimmigkeiten** geben, beispielsweise durch:

- Fehlerhaftes Erfassen beim Einlagern
- Irrtümlichen Ausweis als ungeplante Entnahme
- Sonstige ungeplante Entnahmen
- Einlagern an falschen Lagerorten
- Diebstahl oder unberechtigtes Zurückhalten
- Zuordnen von falschen Materialnummern.

2.1.2.2 Permanente Inventur

Neben der Stichtagsinventur lässt der Gesetzgeber nach § 241 Abs. 2 HGB auch die permanente Inventur zu. Sie ist durch eine Zweiteilung des Aufnahmeaktes in eine körperliche Bestandsaufnahme und eine buchmäßige Bestandsaufnahme gekennzeichnet. Die permanente Inventur erfolgt damit durch:

- Körperliche Bestandsaufnahme zu einem beliebigen Zeitpunkt des Geschäftsjahres.
- Fortschreibung bis zum Bilanzstichtag hinsichtlich Art, Menge und Wert der einzelnen Vermögensgegenstände.

Je nach dem Wert der Materialien und der Diebstahlgefahr können auch mehrere körperliche Überprüfungen im Jahr vorgenommen werden. Die Auswahl der zu überprüfenden Materialien sollte im Rahmen der Bestandsführung mit EDV maschinell erfolgen. Das für den Bilanzstichtag zu erstellende Inventar (§ 241 Abs. 2 HGB) wird durch Fortschreibung der Lagerbuchhaltung ermittelt.

Voraussetzung für die praktische Durchführung und rechtliche Zulässigkeit der permanenten Inventur ist eine ordnungsgemäße Lagerbuchführung, die mithilfe der durch EDV geführten Lagerdatei fortlaufend die Zu- und Abgänge der Stoffe nach Art und Menge erfasst.

Gegenstände, bei denen durch Schwund, Verdunsten, Verderb, leichte Zerbrechlichkeit oder ähnliche Vorgänge ins Gewicht fallende unkontrollierbare Abgänge eintreten, dürfen nicht mithilfe der permanenten Inventur erfasst werden, es sei denn, dass diese Abgänge sich mit Erfahrungssätzen zutreffend schätzen lassen.

Die permanente Inventur wird üblicherweise von einer Gruppe von Prüfern durchgeführt. A-Güter sollten häufiger geprüft werden als B-Güter und C-Güter, ebenso Materialien, die in der Vergangenheit öfter fehlerhaft waren. Somit ist es denkbar A-Güter monatlich, B-Güter vierteljährlich und C-Güter jährlich zu erfassen. Der jeweilige Zeitpunkt der körperlichen Erfassung der Güter sollte sich am – möglichst niedrigen – Lagerbestand orientieren.

Die **Vorteile** der permanenten Inventur sind:

- Die Aufnahme der Materialien kann laufend während des Geschäftsjahres und Geschäftsbetriebes erfolgen.
- Der Abzug von notwendigem Personal aus anderen Abteilungen, das nicht die notwendige Sachkenntnis besitzt, ist nicht erforderlich.
- Die Prüfung der Materialien mit hohem Wert und kritischer Materialien kann häufiger erfolgen.
- Die Durchführung der Prüfung durch eine Prüfergruppe führt zu einer Verbesserung der Prüfungsarbeit.
- Der Hinweis auf eine fehlerhafte Verbuchung kann unverzüglich zu einer Überprüfung der Materialien und zur Korrektur führen.
- Der Turnus und die Pläne der körperlichen Bestandsaufnahmen sind nur einer neutralen Stelle bekannt.

2.1.2.3 Verlegte Inventur

Eine Inventur zum Bilanzstichtag ist nach § 241 Abs. 3 HGB dann nicht erforderlich, wenn eine körperliche Bestandsaufnahme für einen Tag innerhalb der letzten drei Monate vor oder der beiden ersten Monate nach dem Schluss des Geschäftsjahres aufgestellt wurde oder wird.

Entsprechend muss eine wertmäßige Fortschreibung oder Rückrechnung auf den Bilanzstichtag vorgenommen werden. Das Inventar wird bei der verlegten Inventur – im Gegensatz zur permanenten Inventur – auf den Tag seiner Erstellung datiert.

Es ist dem Unternehmen freigestellt, sowohl die verlegte als auch die permanente Inventur nur für bestimmte Vermögenswerte anzuwenden, während die übrigen Inventurgüter durch die Stichtagsinventur erfasst werden. Die verlegte Inventur bietet für die Unternehmen gewisse Erleichterungen.

2.1.2.4 Stichprobeninventur

Die Stichprobeninventur darf angewendet werden, wenn sie den Grundsätzen ordnungsmäßiger Buchführung entspricht. Der Aussagewert des auf diese Weise aufgestellten Inventars muss dem eines aufgrund einer körperlichen Bestandsaufnahme aufgestellten Inventars entsprechen (§ 241 Abs. 1 HGB).

Die Stichprobeninventur ist eine Inventurmethode, bei der unter Anwendung der Stichproben-Theorie der Inventurwert eines Lagers in der Weise ermittelt wird, dass – vom Wert der entnommenen Stichproben ausgehend – durch Hochrechnung auf den Wert des gesamten Lagers geschlossen wird. Lediglich hochwertige Güter sollen vollständig aufgenommen und bewertet werden.

Ihrem Wesen nach stellt die Stichprobeninventur eine wertmäßige Aufnahme dar, denn es werden nicht Mengen, sondern Werte errechnet.

Im Gegensatz zur permanenten Inventur, bei der i. d. R. keine Verringerung des Arbeitsaufwandes, sondern lediglich eine zeitliche Verschiebung erfolgt, führt die Stichprobeninventur nach Einführung zu einer Verkleinerung des Arbeitsvolumens und stellt damit eine Rationalisierungsmaßnahme dar.

2.1.3 Bestandsbewegungen

Bestandsbewegungen sind Vorgänge, die eine Änderung des Bestandes bewirken. Sie können von verschiedenen **Stellen** veranlasst werden:

Fertigungsplanung	Sie meldet einen Bedarf, wodurch Reservierungen vorgenommen werden und ein Anstoß der Fertigung erfolgt. Die Fertigungsplanung zeigt das Belastungsprofil des Unternehmens durch freigegebene und geplante Aufträge, die unmittelbaren Einfluss auf die Verfügbarkeit des Materials haben.
Kundenauftragsverwaltung	Sie meldet Anforderungen der Kunden und greift auf verfügbare Bestände des gewünschten Erzeugnisses zu. Gleichzeitig werden Auslieferungsanforderungen an das Erzeugnislager mitgeteilt und Kommissionierlisten erstellt.
Lagerverwaltung	Sie erfasst die Anforderungen nach Materialien, wobei Bestand, Bedarf und Vormerkungen korrigiert werden. Ebenso werden Berichtigungen aufgrund körperlicher Bestandsaufnahmen erfasst.
Materialplanung	Sie ermittelt verbrauchs- oder bedarfsgesteuert den Bedarf an Materialien.

Konstruktions- und Entwicklungsbereich	Er legt fest, wann der Bedarf für ein altes Teil ausläuft oder für ein neues Teil auftritt.
Werkstatt-überwachung	Sie steuert den Auftrag und hält den Arbeitsfortschritt fest, wobei die Auftragsmenge um den Ausschuss zu vermindern oder der ungeplante Verbrauch bei Nacharbeit zu erfassen ist.
Beschaffungs-planung	Sie hält die erfolgte Beschaffungsanforderung fest, wobei der Bestand als disponierte Größe nach Menge, Termin und Lieferant erfasst wird.
Material-eingang	Er stellt die eingegangene Menge fest und nimmt Umbuchungen beim Bestellbestand vor.

Als Bestandsbewegungen sollen betrachtet werden:

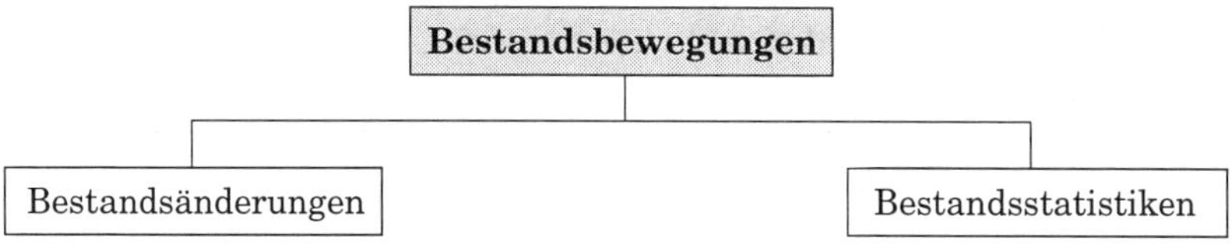

2.1.3.1 Bestandsänderungen

Bestandssätze können Ungenauigkeiten enthalten, weil zwischen der effektiven Bewegung und ihrer Verbuchung eine zeitliche Verzögerung auftritt. Bei der Verbuchung von Bewegungen können aber auch Fehler gemacht werden.

Beispiel: Es ist möglich, dass eine Verbuchung bei einer falschen Teilenummer ausgelöst wird, wodurch der Bestandssatz dieser Teilenummer fehlerhaft wird, aber auch der Bestandssatz der richtigen Teilenummer, bei der die Buchung unterbleibt.

Bestandsänderungen aufgrund von Schwund, Diebstahl sind schwer kontrollierbar. Teile der Fertigung werden nach Fertigstellung des Arbeitsganges mitunter nicht dem Lager zurücküberstellt und damit nicht als Zugang gebucht, sondern direkt der Montage zugeleitet.

Um derartige Fälle zu vermeiden, sind **Prüfungen** in die EDV-Programme eingebaut, die ein unkorrektes Verbuchen verhindern und helfen sollen, Fehler aufzuspüren:

Vollständigkeits-prüfungen	Sie sollen gewährleisten, dass sämtliche Angaben zu einer Bewegung vorhanden sind, beispielsweise Bewegungsart, Auftragsnummer, Fertigungsperiode, Menge.
Plausibilitäts-prüfungen	Sie sollen sicherstellen, dass unrealistische Vorgänge nicht verbucht werden, beispielsweise eine Lagerentnahme, die über dem Jahresverbrauch liegt bzw. eine Lagerentnahme, die einen negativen Lagerbestand ergibt.

Die Prüfungen können sich auf folgende Punkte beziehen:

- Anforderungen von Teilen sollten nicht größer sein als die Menge an Materialien, die bei der Auftragserstellung oder Bedarfsauflösung ermittelt wurde.

- Zugänge aus Bestellungen sollten nicht größer sein als die entsprechenden Bestellungen.
- Fertigerzeugnisse sollten nur ausgeliefert werden, wenn sie dem Lager zugebucht wurden.
- Fertigstellungsdaten fertiger Aufträge sollten unverändert bleiben.

Bei den Prozessen des Materialbereiches ist nicht immer ohne weiteres erkennbar, ob es sich um Informationen handelt, die nur zu registrieren sind oder ob tatsächlich Material bewegt wird. Entsprechend sind zu unterscheiden:

- **Körperliche Bestandsänderungen**
- **Nicht körperliche Bestandsänderungen**.

2.1.3.1.1 Körperliche Bestandsänderungen

Unter körperlichen Bestandsänderungen sind Vorgänge zu verstehen, denen eine konkrete Lagerbewegung zu Grunde liegt. Dabei handelt es sich um:

- **Zugänge** als körperliche Bestandsänderungen, die den Lagerbestand physisch erhöhen. Grundsätzlich ist eine Unterscheidung in ungeplante und geplante Zugänge möglich.

  Geplante Zugänge können sein:

Material-eingänge	Der Zugang wird dem Lager entweder unmittelbar beim Materialeingang oder erst nach der Materialeingangsprüfung zugebucht. Bei unmittelbarer Zubuchung steht die Materialmenge frühzeitig zur Verfügung. Der grundsätzliche Vorteil der frühzeitigen Disposition durch unmittelbares Zubuchen wirkt sich dann negativ aus, wenn durch Fehlmengenlieferungen Unter- bzw. Überlieferungsbelege und Ausschussbelege der Disposition zu melden sind. Erweisen sich ganze Sendungen als fehlerhaft, sind Umbuchungen vorzunehmen.
Eigen-fertigung	Dabei werden im Unternehmen selbst erstellte Güter an das Lager geliefert. Mit der Meldung des letzten Arbeitsganges kann die Menge dem Bestand zugebucht werden, jedoch zunächst als Unterwegsbestand und erst mit der tatsächlichen Hereinnahme in das Lager als Lagerbestand. Der Unterwegsbestand steht jedoch für die Nettobedarfsermittlung zur Verfügung, sodass letztlich die Transportzeit und der Transportweg zwischen dem Fertigungsbereich und dem Lager entscheidend für die Vorgehensweise sein werden. Mit der Zubuchung aus Eigenfertigung findet gegebenenfalls auch eine Rücklieferung von zu viel entnommenem Material statt.

- **Abgänge** als körperliche Bestandsänderungen, die den Lagerbestand physisch vermindern. Bei Lagerentnahmen muss festgehalten werden, ob es sich um interne oder externe Entnahmen handelt:

Interne Entnahmen	Das sind Abgänge, bei denen Materialien zur Weiterverarbeitung der Werkstatt zugeleitet werden. Man spricht auch vom ❍ Unterwegsbestand ❍ Werkstattbestand.
Externe Entnahmen	Das sind Abgänge, bei denen Entnahmen im Rahmen der Erfüllung eines Kundenauftrags vorgenommen werden.

Nach dem Grad der Planbarkeit werden unterschieden:

Geplante Abgänge	Das sind Entnahmen, deren Bedarf stochastisch oder deterministisch ermittelt wurden. Werden Aufträge zeitlich vorgezogen oder umdisponiert, bleibt der Tatbestand eines geplanten Bedarfes weiterhin bestehen.
Ungeplante Abgänge	Das sind Entnahmen, die sich einer kontrollierten Planung entziehen, beispielsweise Ausschuss, Verschrottung, Verderb, Diebstahl. In der betrieblichen Praxis empfiehlt sich die Erfassung der ungeplanten Entnahmen und die Festlegung von Entnahmetoleranzen, um rechtzeitig Neubestellungen zu veranlassen.

2.1.3.1.2 Nichtkörperliche Bestandsänderungen

Unter nichtkörperlichen Bestandsänderungen sind alle Maßnahmen zu sehen, die in einem zukünftigen Zeitpunkt eine Lagerbewegung verursachen. Es sind meist Tätigkeiten buchungstechnischer Art, die nicht unmittelbar eine Lagerbewegung bewirken.

Als nichtkörperliche Bestandsveränderungen lassen sich unterscheiden:

Reservierungen = Vormerkungen	Das sind Materialmengen, die dem Lager für einen bestimmten Auftrag zu einem späteren Termin entnommen werden. Dies betrifft nicht nur Fertigungsaufträge, sondern auch Kundenaufträge, d.h. es werden auch Reservierungen im Erzeugnislager vorgenommen. Unter gewissen Einschränkungen kann auch der Sicherheitsbestand als Reservierung angesehen werden, weil dieser Bestand eine Verfügung über Bestandsunsicherheiten darstellt.
Beschaffungen	Sie beziehen sich auf Materialmengen, die den Bestand aufgrund einer Bestellung oder eines internen Auftrages zur Eigenfertigung erhöhen werden. Dieser Bestand wird auch als **Eindeckung** bezeichnet. Bei der Realisierung der Beschaffung, d.h. wenn das Material im Lager eintrifft, findet eine körperliche Bestandsänderung statt.
Stornierungen	Das sind die Freigaben früherer Reservierungen und Umbuchungen. Sie erfolgen, wenn Differenzen zwischen dem Inventurbestand und dem Buchbestand festgestellt werden.

2.1.3.2 Bestandsstatistiken

Jeder bestandsverändernde Vorgang ist belegmäßig zu erfassen und findet seinen Niederschlag in einer Liste. Das entspricht nicht nur den rechtlichen Erfordernissen, die für die Buchführung gelten, sondern auch der Notwendigkeit, Dispositionen vornehmen zu können.

Bestandsstatistiken dienen dem Materialdisponenten als wichtige Entscheidungsgrundlage. Je nach dem Entwicklungsstand der Organisation gilt:

- Bei den heutigen Systemen mit direktem Zugriff zu den Materialdaten sowie Datensichtstationen besteht kein Zwang, permanent Listen zu produzieren, da der **Bildschirm** jederzeit Bestände und Bewegungen aufzeigt. Lediglich der Gesetzgeber verlangt zum Ende eines Rechnungsjahres den Nachweis über die Transaktionen am Lager.

- Besteht ein solcher unmittelbarer Zugriff nicht, müssen dem Disponenten **Listenausdrucke** an die Hand gegeben werden,um die Materialien planend und steuernd betreuen zu können. Die Zugänge und Abgänge werden täglich – mindestens aber wöchentlich – erfasst, nach Materialnummern sortiert und eine **Bewegungsliste** erstellt.

  Nach jedem dritten bis vierten Bewegungslauf werden die Bestände mitgeführt und eine neue **Bestandsliste** – eventuell mit Zugängen und Abgängen – ausgegeben.

- Es werden nur die Bestände aufgelistet, die durch Zugänge und Abgänge eine Änderung erfahren haben. Dies erschwert allerdings die Suche nach Beständen mit relativ geringer Bewegungshäufigkeit.

- Möglich ist auch ein Ausdrucken von **Kontenblättern**, die jede Änderung auf einem separaten Blatt nachweisen, sodass in einer Kartei zu jedem Material-Konto die einzelnen Kontenblätter abgestellt werden. Dieses Verfahren wird heute nicht mehr häufig angewandt, da es sehr umständlich und aufwendig ist.

Die betriebliche Praxis zeigt, dass eine »beleglose« Informationsverarbeitung durchaus möglich ist und in vielen Programmen in dieser Weise realisiert wird. Materialdispositionen, Materialfreigaben, Verbuchen von Zugängen, Abgängen und Stornierungen sowie Freigaben bereits disponierter Materialien lassen sich heute problemlos über Bildschirmeingaben vornehmen.

Viele Materialdisponenten bevorzugen allerdings neben der Darstellung der Arbeitsergebnisse am Bildschirm weiterhin Listen und führen notwendige Materialdispositionen in den Listen durch, bevor sie eine Eingabe über dem Bildschirm vornehmen.

48 > Seite 452

49 > Seite 452

50 > Seite 453

Beispiel für eine Bestandsstatistik:

17.04.01 310 Lagerbewegungen

Teile-Nr.	Kla-SI.	Kennzeichen/ Schl.Nr.	Dat	Vorgang SI	Best/ Bewegung	Wert/ Bewegung	Lag/ Beleg	Kost	Dispohinw.
1/ 12820	1112EF	1 K-5600 79	210	Bestand	29 500	1 029.55			
1/ 12822	1112EF	1 K-5600 81	290	Bestand	3 464	137.86			
			302	BestKor	1 400.	55.71	A502		
			306	Abgang 1	100. –	3.98 –	A503		
			309	Abgang 1	100. –	3.98 –	1504		
			310	Bestand	4 664	185.61			
		1 1-421-	300	Bestand	2 380	78.54			
1/ 12 826	1012EF	048.600-F							
			300	Abgang 1	100. –	3.30 –	A109		
			306	Abgang 1	50. –	1.65 –	A110		
			310	Bestand	2 230	73.59			
1/ 12628	1112EF	1 1-421-981.51	300	Bestand	1 610	5 602.80			
			296	WertKor 4		0.00	E22662		
			305	Zugang 30	400.0	1 392.00	E22688		
			291	Zugang 30	234.0	814.32	E19995		
			300	Abgang 1	165. –	574.20 –	A434		
			300	Abgang 1	110. –	382.80	A435		
			301	Abgang 1	210. –	730.80	A436		
			302	Abgang 1	200. –	696.00 –	A401		
			303	Abgang 1	215. –	748.20	A402		
			304	Abgang 1	145. –	504.60	A403		
			305	Abgang 1	225. –	783.00 –	A404		
			306	Abgang 1	145. –	504.60 –	A405		
			307	Abgang 1	160. –	556.80 –	A406		
			308	Abgang 1	210. –	730.80	A407		Toleranz
			310	Bestand	459.	1 597.32			gesperrt
1/ 12829	1112EF	1 421-981.65	300	Bestand	4 727	647.04			
			304	Zugang 30	1 500.0	210.00	E22684		
			300	Abgang 1	570. –	78.45 –	A422		
			300	Abgang 1	580. –	79.82 –	A423		
			301	Abgang 1	610. –	83.95 –	A424		
			302	Abgang 1	500. –	68.81 –	A425		

2.2 Werterfassung

Die Materialien sind nicht nur mengenmäßig zu erfassen, sondern auch wertmäßig zu führen. Die **Bewertung** hat

- den Nachweis über den Verbleib der am Lager geführten Materialien nach Handels- und Steuerrecht zu erbringen,
- die Zugänge und Abgänge sowie die Bestände für die Buchhaltung, Kostenrechnung, Kalkulation und betriebliche Statistiken zu erfassen,
- die Zugänge und Abgänge sowie die Bestände für die Materialabrechnung zu erfassen.

Die Materialien können Preisschwankungen unterliegen. Da ihr Eingang und Verbrauch zeitlich auseinander liegen und die Preise sich in dieser Zeit verändert haben können, taucht die Frage auf, mit welchem Preis der Materialverbrauch bewertet werden soll.

Bei lagermäßig vertretbaren Materialien, deren Zugänge und Abgänge sich laufend überschneiden, ist im Übrigen nicht erkennbar, zu welchen Preisen die ausgefassten Materialien beschafft worden sind.

Im Rahmen der Werterfassung sind zu betrachten:

- **Wertansätze**
- **Verbrauchsfolgen**
- **Probleme**.

2.2.1 Wertansätze

In der betrieblichen Praxis gibt es keine einheitliche Bewertung des Materialverbrauches. Je nach der Organisation und Zielsetzung des Rechnungswesens bedient man sich unterschiedlicher Wertansätze.

Handels- und steuerrechtlich gilt für das Umlaufvermögen der **Grundsatz der Einzelbewertung**. Dabei erfolgt die Bewertung der Bestände an Roh-, Hilfs- und Betriebsstoffen sowie an unfertigen und Fertigerzeugnissen zu **Anschaffungs- oder Herstellungskosten**.

Dies bedeutet, dass die einzelnen Mengen, die den Gesamtbestand bilden, nach ihren verschiedenen Anschaffungskosten getrennt zu erfassen und zu lagern sind. Werden sie nicht getrennt erfasst und gelagert, ist eine **Sammelbewertung** zulässig.

Als **Wertansätze** sind vor allem zu unterscheiden:

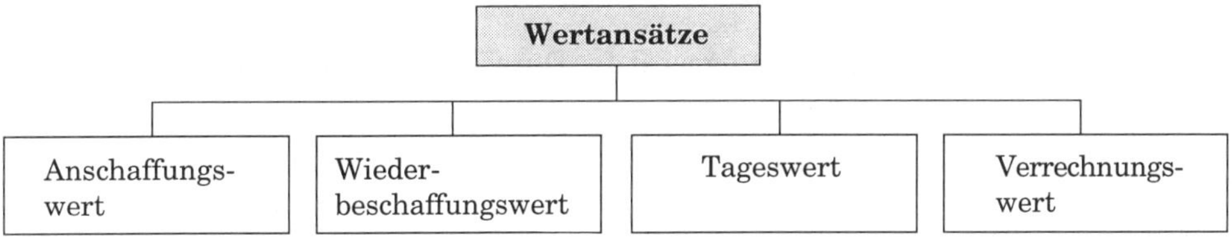

2.2.1.1 Anschaffungswert

Der Anschaffungswert ist der bei der Beschaffung des Materials zu zahlende Preis, der auch als **Einstandspreis** bezeichnet wird. Er kann sich zusammensetzen aus:

	Angebotspreis
–	Rabatt
–	Bonus
+	Mindermengenzuschlag
=	Zieleinkaufspreis
–	Skonto
=	Bareinkaufspreis
+	Bezugskosten
	Verpackung
	Fracht
	Rollgeld
	Versicherung
	Zoll
=	**Einstandspreis**

Die **Bewertung** der Verbrauchsmengen mithilfe der Anschaffungswerte kann erfolgen:

- Unter Verwendung der **effektiven Anschaffungspreise**, die bei jedem Materialeingang erfasst und bei jedem Materialverbrauch verrechnet werden. Dieses Verfahren ist aufwendig und bietet sich für Materialien an, die höherwertig und bereits bei ihrem Eingang für bestimmte Aufträge reserviert sind.

  Effektive Einstandspreise können auch dann angesetzt werden, wenn die Bestände aus einer Lieferung erst aufgebraucht werden, bevor eine neue Lieferung im Lager eintrifft.

- Unter Verwendung von **durchschnittlichen Anschaffungspreisen**, wenn die Materialien zu unterschiedlichen Zeitpunkten und Preisen beschafft werden.

  Zu unterscheiden sind:

  - **Permanente Durchschnittsbewertung**

    Bei der permanenten Bewertung wird der Durchschnittspreis nach jedem Zugang ermittelt:

Beispiel:

		Stück (Menge)	Preis (€) pro Einheit	Wert in €	Ø Wert pro Einheit
Anfangsbestand	01.01.	100	6,00	600	
+ Zugang	15.01	50	8,00	400	
Bestand		150		1.000	6,67
– Abgang	01.02.	80	6,67	534	
Bestand		70		466	6,66
+ Zugang	15.02.	50	5,00	250	
Bestand		120		716	5,97
+ Zugang	18.02.	40	7,00	280	
Bestand		160		996	6,23
– Abgang	01.03.	60	6,23		
– Abgang	05.03.	60	6,23	748	
Bestand		40		248	6,20
+ Zugang	01.04.	120	4,00	480	
Bestand		160		728	4,55
– Abgang	15.05	100	4,56	456	
Endbestand	31.12.	60		272	4,53

Es ergibt sich also für den Endbestand ein Durchschnittspreis pro Einheit von 4,53 €, obwohl zum Teil viel höhere Einzelpreise vorkommen.

- **Periodische Durchschnittsbewertung**

Bei der periodischen Bewertung wird unter Berücksichtigung aller Zugänge einer Periode nur einmal am Ende der Periode der Durchschnittspreis ermittelt. Sie ist deshalb praktikabler als die permanente Durchschnittsbewertung.

Beispiel:

		Stück (Menge)	Preis (€) pro Einheit	Wert in €
Anfangsbestand	01.01.	100	6,00	600
+ Zugang	15.01.	50	8,00	400
+ Zugang	15.02.	50	5,00	250
+ Zugang	18.02.	40	7,00	280
+ Zugang	01.04.	120	4,00	480
Summe		360		2.010
Ø Preis pro Einheit			5,58	
Endbestand		60	5,58	335
Verbrauch		300	5,58	1.674

Der durchschnittliche Preis pro Einheit von 5,58 € ergibt sich aus:

$$\text{Durchschnittlicher Anschaffungspreis} = \frac{\text{Summe der Zugänge (€)}}{\text{Summe der Zugänge (Stück)}}$$

$$\text{Durchschnittlicher Anschaffungspreis} = \frac{2.010}{360} = \underline{\underline{5{,}58\ €/\text{Stück}}}$$

Im Gegensatz zur permanenten Bewertung, bei der sich für den Endbestand ein Wert von 4,53 € pro Einheit (insgesamt 272 €) ergibt, beträgt dieser nach der Perioden-Bewertung 5,58 € pro Einheit (insgesamt 335 €).

Der Vergleich der beiden Bewertungsverfahren zeigt, dass die permanente Durchschnittsbewertung »zeitnaher« ist und damit am ehesten den tatsächlichen Anschaffungskosten entspricht.

- Unter Verwendung **fiktiver Anschaffungspreise**, die aufgrund unterstellter Verbrauchsfolgen ermittelt werden. Hier sollen genannt werden – siehe ausführlich *Olfert / Ditges / Langenbeck*:

- **Lifo-Verfahren**

Bei diesem Verfahren wird unterstellt, dass stets die zuletzt beschafften Gegenständen zuerst wieder verbraucht oder veräußert werden *(last in – first out)*. Es bezweckt, außer einer vereinfachten Feststellung der Anschaffungskosten, den Materialverbrauch im Rahmen des Anschaffungswertprinzips, d.h. zu möglichst gegenwartsnahen Preisen abzurechnen.

Zwei **Formen** des Lifo-Verfahrens können unterschieden werden:

○ Beim **permanenten Lifo** wird der Materialverbrauch fortlaufend während des ganzen Jahres erfasst und nach der Methode »last in - first out« bewertet.

Beispiel:

	Stück	**Preis (€) pro Einheit**	**Wert in €**
Anfangsbestand 01.01.	100	6,00	600
+ Zugang 15.01.	50	8,00	400
Bestand	150		1.000
– Abgang 01.02.	80	50 · 8,00; 30 · 6,00	580
Bestand	70		420
+ Zugang 15.02.	50	9,00	450
Bestand	120		870
– Abgang 01.03.	30	9,00	270
Bestand	90		600
– Abgang 15.03.	30	20 · 9,00; 10 · 6,00	240
Bestand	60		360

○ Das **Perioden-Lifo** (end of the period lifo-method) ist das allgemein übliche Verfahren. Es wird lediglich der Endbestand mengenmäßig mit dem Anfangsbestand verglichen.

Beispiele:

Anfangsbestand = Endbestand				
		Stück (Menge)	**Preis (€) pro Einheit**	**Wert in €**
Anfangsbestand	01.01.	100	6,00	600
+ Zugänge	15.01.	50	8,00	400
+ Zugänge	15.02.	50	9,00	450
Buchbestand		200		1.450
Endbestand	31.12.	100	6,00	600
			50 · 9,00	
Verbrauch		100		850
			50 · 8,00	

Anfangsbestand < Endbestand				
		Stück (Menge)	**Preis (€) pro Einheit**	**Wert in €**
Anfangsbestand	01.01.	100	6,00	600
+ Zugänge	15.01.	50	8,00	400
+ Zugänge	15.02.	50	9,00	450
Buchbestand		200		1.450
			100 · 6,00	
Endbestand	31.12.	160	50 · 8,00	1.090
			10 · 9,00	
		40	9,00	360

Anfangsbestand > Endbestand				
		Stück (Menge)	**Preis (€) pro Einheit**	**Wert in €**
Anfangsbestand	01.01.	100	6,00	600
+ Zugänge	15.01.	50	8,00	400
+ Zugänge	15.02.	50	9,00	450
Buchbestand		200		1.450
Endbestand	31.12.	60	6,00	360
			50 · 9,00	
Verbrauch		140	50 · 8,00	1.090
			40 · 6,00	

Innerhalb der Lifo-Methode sind demnach sowohl für die Berechnung eines Mehr- als auch eines Minderbestandes verschiedene Methoden möglich, wobei sich erhebliche Unterschiede in der technischen Durchführung ergeben. Die Anwendung der periodischen Lifo-Methode ist einfacher als die permanente Lifo-Methode, da hier nur die Zugänge chronologisch mit Menge und Preis, nicht aber der Verbrauch erfasst werden müssen.

- **Fifo-Verfahren**

Das in § 256 Satz 1 HGB ausdrücklich zugelassene Fifo- *(first in - first out)* Verfahren geht von der Annahme aus, dass die zuerst angeschafften oder hergestellten Gegenstände auch zuerst verbraucht oder veräußert worden sind, d.h. dass die am Bilanzstichtag vorhandenen Mengen demgemäß aus den letzten Einkäufen stammen.

Die praktische Anwendung des Verfahrens ist im Gegensatz zur Lifo-Methode, bei der erhebliche technische Probleme auftreten können, relativ einfach.

Voraussetzung ist eine fortlaufende Aufzeichnung zumindest aller Zugänge. Zur Bestimmung des wertmäßigen Endbestandes genügt es, von den jeweils letzten Eingangsrechnungen so lange zurückzurechnen, bis der mengenmäßige Bestand durch entsprechende Einkäufe gedeckt ist.

Beispiel:

		Stück (Menge)	**Preis (€) pro Einheit**	**Wert in €**
Anfangsbestand	01.01.	100	6,00	600
+ Zugänge	15.01.	50	8,00	400
+ Zugänge	15.02.	50	9,00	450
Buchbestand		200		1.450
Endbestand	31.12.	60	50 · 9,00 10 · 8,00	530
Verbrauch		140		920

Wurden innerhalb der Rechnungsperiode keine Einkäufe getätigt, so ist der Endbestand zu den Preisen des Anfangsbestandes anzusetzen,.

	Stück (Menge)	**Preis (€) pro Einheit**	**Wert in €**
Buchbestand	100	6,00	600
Endbestand	60	6,00	360
Verbrauch	40		240

- **Hifo-Verfahren**

Dieses Verfahren geht von der Fiktion aus, dass die zu den höchsten Preisen erworbenen Vorratsgüter zuerst verbraucht werden *(highest in – first out)*. Bei konstant steigenden bzw. sinkenden Preisen entspricht es dem Lifo- bzw. Fifo-Verfahren. Das Hifo-Verfahren ist in zwei **Formen** anwendbar:

○ Beim **permanenten Hifo** werden alle Zu- und Abgänge eines Geschäftsjahres fortlaufend aufgezeichnet und der jeweils nächste Abgang entsprechend der unterstellten Verbrauchsfolge bewertet. Demnach ist prinzipiell für jeden Abgang gesondert festzustellen, welches der in Betracht kommende höchste Einkaufswert ist. Dies setzt eine wert- und mengenmäßig geführte Lagerbuchführung voraus.

Beispiel:

		Stück (Menge)	**Preis (€) pro Einheit**	**Wert in €**
Anfangsbestand	01.01.	100	6,00	600
+ Zugang	15.01.	50	8,00	400
Bestand		150		1.000
– Abgang	01.02.	80	50 · 8,00 30 · 6,00	580
Bestand		70		420
+ Zugang	15.02.	50	5,00	250
Bestand		120		670
+ Zugang	18.02.	40	7,00	280
Bestand		160		950
– Abgang	01.03.	60	40 · 7,00 20 · 6,00	400
Bestand		100		550
– Abgang	15.03	60	50 · 6,00 10 · 5,00	350
Bestand		40		200
+ Zugang	01.04.	120	4,00	480
		160		680
– Abgang	15.04.	100	40 · 5,00 60 · 4,00	440
Endbestand	31.12.	60	4,00	240

- Da das permanente Hifo sehr umfangreiche Aufzeichnungen erfordert und deshalb kaum praktikabel ist, wird in Anlehnung an das Lifo-Verfahren ein **Perioden-Hifo** vorgeschlagen.

In diesem Falle brauchen lediglich die Zugänge des Jahres zu den jeweiligen Mengen und Preisen bzw. Herstellungskosten gesondert festgehalten werden. Am Jahresende wird der Verbrauch jeweils von den teuersten Zugängen, nicht aber vom Anfangsbestand abgetragen, es sei denn, die Zugänge reichen nicht aus.

Beispiel:

		Stück (Menge)	Preis (€) pro Einheit	Wert in €
Anfangsbestand	01.01.	100	6,00	600
+ Zugang	15.01.	50	8,00	400
+ Zugang	15.02.	50	5,00	250
+ Zugang	18.02.	40	7,00	280
+ Zugang	01.04.	120	4,00	480
Buchbestand		360		2.010
Endbestand	31.12.	60		360
			50 · 8,00	
			40 · 7,00	
Verbrauch		300	50 · 5,00	1.650
			120 · 4,00	
			40 · 6,00	

Unter Berücksichtigung des Anfangsbestandes errechnet sich für den Endbestand folgender Wertansatz:

Buchbestand		360		2.010
Endbestand	31.12.	60	50 · 8,00	270
			40 · 7,00	
Verbrauch		300	100 · 5,00	1.740
			50 · 4,00	
			60 · 6,00	

- **Lofo-Verfahren**

Das Lofo-Verfahren unterstellt ebenfalls eine wertmäßige Verbrauchsfolge, und zwar wird angenommen, dass **die am billigsten erworbenen Gegenstände zuerst verbraucht oder veräußert** worden sind *(lowest in – first out)*. Die am Bilanzstichtag vorhandenen Mengen werden demgemäß mit den höchstmöglichen Wertansätzen aktiviert.

Neben der periodischen Berechnung lässt sich das Lofo-Verfahren auch in permanenter Form durchführen. Der ermittelte Wertansatz entspricht in beiden Fällen bei konstant steigenden Preisen jeweils dem des Fifo-Verfahrens, bei konstant sinkenden Preisen dem des Lifo-Verfahrens.

Für die Bewertung der Vorräte zum Bilanzstichtag sind **steuerlich** nur die permanente und die periodische Durchschnittsbewertung sowie das Lifo-Verfahren zulässig.

2.2.1.2 Wiederbeschaffungswert

Mit dem Ansatz des Wiederbeschaffungswertes oder **Ersatzwertes** wird die Substanz des Unternehmens erhalten, indem der Wert in der Kostenrechnung angesetzt wird, der erforderlich ist, um das vorhandene Material zu einem späteren Zeitpunkt wieder zu beschaffen.

In der betrieblichen Praxis kann der Ansatz des Wiederbeschaffungswertes indessen **Schwierigkeiten** bereiten, weil

- der Zeitpunkt der Wiederbeschaffung schwer abschätzbar ist,
- die Schätzung des Wiederbeschaffungswertes für diesen Zeitpunkt schwierig ist.

Wegen der genannten Probleme kommt dem Wiederbeschaffungswert für die Bewertung der Verbrauchsmengen keine allzu große Bedeutung zu.

2.2.1.3 Tageswert

Da ein Wiederbeschaffungswert vielfach nicht ohne weiteres ermittelt werden kann, wird mitunter der Tageswert für die Bewertung der Verbrauchsmengen angesetzt. Der Tageswert kann sich beziehen auf den

- Tag des Angebotes
- Tag der Lagerentnahme
- Tag des Umsatzes
- Tag des Zahlungseinganges.

Meist ist es empfehlenswert, den Tageswert auf den **Tag der Lagerentnahme** der Materialien zu beziehen.

2.2.1.4 Verrechnungswert

Die bisher dargestellten Ansätze zur Bewertung der Verbrauchsmengen orientieren sich am Beschaffungsmarkt und unterliegen damit dessen Schwankungen. Der Verrechnungswert ist ein über einen längeren Zeitraum festgelegter Wert, der künftige Preiserwartungen berücksichtigt. Er wird nach unternehmensspezifischen Gesichtspunkten gebildet und **nur** in der **Betriebsbuchhaltung** verwendet.

Mit dem Ansatz eines Verrechnungswertes sollen unternehmensexterne Einflüsse ausgeschaltet werden, insbesondere ständig wechselnde Preise, welche die Kontinuität der Kostenrechnung negativ beeinflussen. Außerdem können Kostenkontrollen besser vorgenommen werden.

In der betrieblichen Praxis hat der Verrechnungswert besondere **Bedeutung**:

- Bei der innerbetrieblichen Leistungsverrechnung
- Bei der Abrechnung von Kuppelprodukten
- Bei der Abrechnung zwischen Konzernunternehmen.

51 **Seite 453**

52 **Seite 454**

2.2.2 Probleme

Die Bewertung der Bestände erfolgt zum Bilanzstichtag und bietet bei EDV-mäßiger Speicherung der Materialien keine Schwierigkeiten. In den Dateien sind mehrere Werte enthalten, beispielsweise Einstandspreis, Verrechnungspreis, Durchschnittspreis, Preise der letzten Zugänge.

Bei Anwendung des Niederstwertprinzips wird der Tagespreis, Marktpreis oder Börsenpreis eingegeben. Ist ein solcher Preis nicht verfügbar, muss der im Stammsatz gespeicherte niederste Wert ausgewählt werden. Liegt das Datum des letzten Zuganges nicht allzu lange vor dem Bilanzstichtag, so kann der Wert des Zugangs als Tageswert herangezogen werden.

Für die körperliche Aufnahme der Materialien werden Inventurlisten gedruckt. Die Listen werden mit dem Bestand und Datum versehen und – zusammen mit den Bewegungen desselben Tages – verarbeitet. Bei Inventurdifferenzen wird der Buchbestand gemäß dem ermittelten Ist-Bestand korrigiert, so weit die Differenz innerhalb eines bestimmten Toleranzwertes liegt.

Die korrekte Erfassung aller Bestände ist problematisch, wenn die Bestandspositionen nicht genau geführt worden sind. So ist der Inventurbestand selten mit dem Buchbestand identisch, weshalb der Buchbestand zu korrigieren ist. Häufig sind Abweichungen auf Zähl-, Mess-, Schreib- und Übertragungsfehler sowie auf Verlust, Verderb zurückzuführen.

Folgende Bestände sind vielfach nicht korrekt zu erfassen:

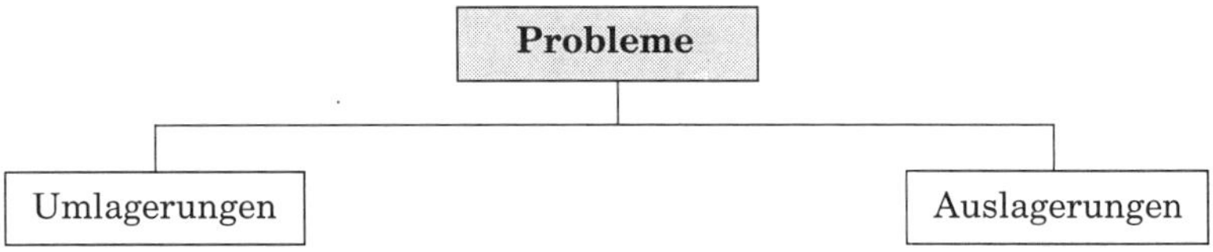

2.2.2.1 Umlagerungen

Aus verschiedenen Gründen können innerbetriebliche Umlagerungen erforderlich sein, beispielsweise:

- Aus fertigungstechnischen Gründen
- Aus technologischen Gründen
- Aus vertriebspolitischen Gründen.

Falls die Informationsunterlagen wie Umlagerungsscheine, Rückgabescheine, Ausschussscheine nicht ordnungsgemäß geführt werden, sind diese Unterwegsbestände nicht korrekt erfassbar.

Meist sind es Positionen in Eigenfertigung, Restrücklauf oder Materalien in der Materialannahme, die noch nicht für Dispositionszwecke freigegeben wurden.

2.2.2.2 Auslagerungen

Unter Auslagerungen sind Materialbewegungen zu verstehen, bei denen das Material dem Lager entnommen wird, beispielsweise bei:

- Lieferung an Kunden
- Bereitstellung für die Fertigung
- Rücklieferung an Lieferanten.

Auslagerungen sind genau zu erfassen, da sonst Fehlmengen auftreten.

Die Bereitstellung von Materialien für die Fertigung erfolgt unter Verwendung von Materialentnahmescheinen. Da die Materialien einer Bearbeitung unterworfen werden, können sie bei der Bewertung nicht einfach mit dem Materialwert angesetzt werden. Oft erscheint daher bei manuellen Organisationen eine körperliche Aufnahme und Bewertung zur Vermeidung allzu großer Differenzen unumgänglich.

Bei EDV-gestützten Verfahren werden Auftragsnummern und Auftragsstammsätze für die Fertigungs- und Werkstattaufträge angelegt. Somit lassen sich die anfallenden Einzelkosten wie Fertigungslohn, Fertigungsmaterial und Sondereinzelkosten der Fertigung dem Auftrag direkt zurechnen. Dadurch wird die Bewertung der in Arbeit befindlichen Bestände mit ihren bis dahin angefallenen möglichen Kosten zu Herstellkosten möglich.

Erfolgt für einen Auftrag eine Fertigmeldung, werden die prozentualen Zuschläge für Gemeinkosten ermittelt und die Nachkalkulation durchgeführt. Dabei erfolgt eine letztmalige Umbuchung, wobei die Werkstattbestände entlastet und das Halb- und Fertigerzeugniskonto oder – bei selbsterstellten Anlagen – das Anlagenkonto erkannt werden.

3. Bestandsüberwachung

Die Bestandsüberwachung steht in engem Zusammenhang mit der Bestandsführung. Sie hat in den letzten Jahren zunehmende Bedeutung erlangt, was sich darin zeigt, dass in EDV-geführten Materialstammsätzen neben den effektiven Lagerbeständen eine Vielzahl von Reservierungen, Dispositionsbeständen und sonstigen Planungsbeständen geführt wird.

Es ist erkennbar, dass mit abnehmendem Planungshorizont eine stärker werdende Abhängigkeit der Fertigungsplanung von der Materialbereitstellung besteht. Dieses Problem lässt sich bei homogener Massenfertigung leichter lösen als bei einer differenzierten Auftragsfertigung, da hier der Planungsspielraum weitaus geringer ist.

Die Bestandsüberwachung kann unterteilt werden in:

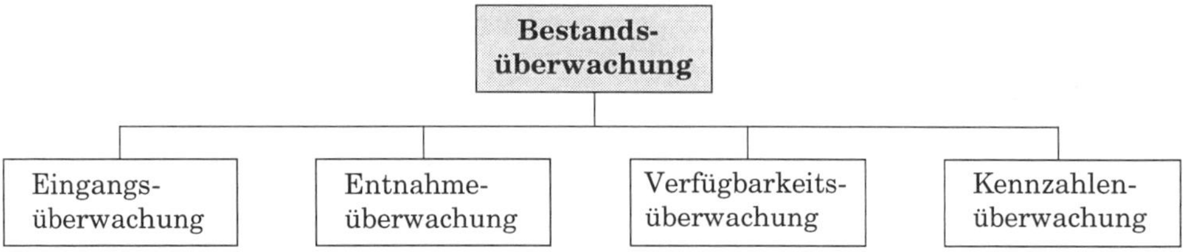

3.1 Eingangsüberwachung

Im Rahmen der Eingangsüberwachung sollen die Möglichkeiten und der Ablauf des Einganges betrachtet werden:

- **Eingangsmöglichkeiten**
- **Eingangsablauf**.

3.1.1 Eingangsmöglichkeiten

Nach der Auslösung einer Bestellung wird ein Bestellsatz erstellt und der Bestellbestand erhöht. Beim Eingang der Materialien können sich folgende Fälle ergeben:

- **Voll-Lieferung** und Löschung des Bestellsatzes bei Einlagerung
- **Teil-Lieferung** und entsprechende Bestellbestandsänderung
- **Bestellmengen- oder Terminänderung** und Stornierung des Bestellsatzes.

Probleme ergeben sich bei der Überwachung der Werkstattbestände. Sobald die Teile von der nächst höheren Fertigungsstufe wieder dem Lager zugeführt werden, wird durch die Hinzuziehung der Stücklistendatei dieser nächst höhere Zusammenbau in seine Komponenten zerlegt und der Werkstattbestand der jeweiligen Teilekomponenten entlastet.

3.1.2 Eingangsablauf

Bevor die Materialien der Disposition zur Verfügung stehen, laufen folgende **Schritte** ab:

Quantitäts-kontrolle	Bei der Materialannahme findet eine erste Prüfung auf die richtige Quantität, ordnungsgemäße Verpackung, äußerlich sichtbare Mängel statt.
Qualitäts-kontrolle	Die Materialien werden im Eingangslager aufgenommen. Bei Mängeln steht gegebenenfalls die gesamte Lieferung der Fertigung nicht zur Verfügung.

Rechnungs-prüfung	Die eingegangenen Rechnungen werden sachlich, preislich und rechnerisch auf ihre Richtigkeit hin überprüft.
Buchhalterische Erfassung	Das Material wird den Lägern zugeteilt, wobei seine mengen- und wertmäßige Erfassung in der Buchhaltung erfolgt. Meist werden neue Durchschnittspreise ermittelt.

Obwohl die Materialien mit der Materialannahme bereits im Einflussbereich des Unternehmens und damit der Fertigung sind, stehen sie der Arbeitsvorbereitung grundsätzlich erst zu einem späteren Zeitpunkt – nach Abschluss der Eingangsmodalitäten – zur Verfügung.

Bei Anwendung der EDV können die einzelnen Schritte des Eingangsablaufes zeitlich überlappt ablaufen. Die mit einem Lieferschein eintreffenden Materialien können der Materialstammdatei direkt zugeführt werden und stehen damit – zu Verrechnungspreisen bewertet – der Disposition zur Verfügung. Die Qualitätsdaten und Rechnungsdaten werden nachgeliefert.

3.2 Entnahmeüberwachung

Bei der Entnahmeüberwachung gilt es, die Entnahmemöglichkeiten und den Entnahmeablauf zu erläutern:

- **Entnahmemöglichkeiten**
- **Entnahmeablauf**.

3.2.1 Entnahmemöglichkeiten

Im Mittelpunkt der Entnahmeüberwachung stehen die **geplanten Entnahmen**, d.h. die auftragsmäßig abzurechnenden Entnahmen.

Als Entnahmen sind aber auch zu berücksichtigen:

Ungeplante Entnahmen	Sie sind nicht auftragsmäßig abrechenbar, beispielsweise Schwund, Diebstahl. Ihre Überwachung empfiehlt sich, um den Meldebestand bei stochastischer Bedarfsermittlung der gegebenen Situation anzupassen und einen entsprechenden Zusatzbedarf einzuplanen.
Ausschuss	Er ist anhand der Auftrags-Sollmenge und der Ist-Ablieferung feststellbar. Zur Berechnung des Ausschussfaktors werden Faktoren der Mittelwertbildung herangezogen. Dies bedeutet eine Fortschreibung der Periodenfelder für Auftrags-Sollmengen und Ausschussmengen für abgeschlossene Aufträge. Somit kann pro Auftrag ein Zuschlag erfolgen. Treten Ausschussänderungen auf, erfolgt ein Eingreifen des Disponenten bzw. nach erfolgter Fehlerforschung eine Änderung der zulässigen Ausschusstoleranzen.

3.2.2 Entnahmeablauf

Welche Unternehmensbereiche berührt und welche Aktivitäten durch einen Auftrag ausgelöst werden, soll kurz dargestellt werden:

- Anhand der vorliegenden Stücklisten werden von der **Arbeitsvorbereitung** die Materialentnahmescheine auftragsgebunden erstellt, das Material ausgefasst sowie die Werkstattbestände fortgeschrieben.

- Aufgrund der Materialentnahmescheine wird im **Lager** der Lagerbestand fortgeschrieben, gleichzeitig erfolgt die Bewertung der Materialien.

- Materialentnahmescheine werden gesammelt und im Rahmen der **Betriebsabrechnung** auf Kostenarten, Läger und Kostenstellen verteilt, die Ergebnisse als monatliche Verbrauchslisten ausgegeben, beispielsweise als Betriebsabrechnungsbogen.

- Das tatsächlich verbrauchte Fertigungsmaterial wird den Kostenträgern bei der **Nachkalkulation** direkt zugebucht. Die Gemeinkostenmaterialien werden monatlich erfasst und den Aufträgen als prozentuale Zuschläge zugebucht.

Bei einer organisatorisch anderen Form werden auf der Grundlage von EDV-gespeicherten Stücklisten und Arbeitsplänen über eine von der Arbeitsvorbereitung vorgegebene Auftragsnummer und Auftragsmenge

- Materialkarten
- Lohnkarten
- Arbeitsgangkarten
- Fertigmeldekarten

erstellt. Diese Karten enthalten die relevanten Daten in Form eines Strichcodes (Barcode) und laufen als Begleitpapiere mit dem Auftrag mit.

Mit dem Grad der Fertigstellung werden die Informationen des Strichcodes gelesen und laufen zu Abrechnungszwecken wieder in die Betriebsabrechnung zurück.

An die Stelle der Belege mit Strichcode sind heute auch Klarschriftbelege (OCR-Belege), Bildschirmmasken und mobile Erfassungsgeräte getreten.

3.3 Verfügbarkeitsüberwachung

Im Rahmen der Verfügbarkeitsüberwachung sind zu unterscheiden:

- **Verfügbarkeitsplanung**
- **Verfügbarkeitskontrolle**.

3.3.1 Verfügbarkeitsplanung

Mithilfe der Verfügbarkeitsplanung soll sichergestellt werden, dass die benötigten Materialien rechtzeitig verfügbar sind. Dabei sind unterschiedliche **Planungshorizonte** zu betrachten:

- Die **langfristige Verfügbarkeitsplanung**, bei der mitunter Materialdispositionen für einzelne Materialien wegen ihrer langen Lieferfristen durchgeführt werden müssen, obwohl konkrete Kundenaufträge noch nicht vorliegen.

  Meist gibt es Erfahrungswerte, die eine Grobplanung des wahrscheinlichen Fertigungsprogrammes ermöglichen, sodass ein ungefährer Materialbedarf abgeleitet werden kann. Dabei wird ein Grundbestand bestellt und eingelagert, der etwa 15 bis 20 % des geschätzten Materialbedarfes umfasst. Für die Fertigung sicherer Aufträge kann bereits zu diesem Zeitpunkt eine Materialeindeckung vorgenommen werden.

  Nähert man sich der mittelfristigen Planung, lässt sich aufgrund der wirtschaftlichen Lage und stochastischer Bedarfsvorhersagen ein Vorfertigungsplan erstellen. Mit seiner Hilfe wird durch Lagerfertigung ein Teil des erwarteten Auftragseinganges abgedeckt. Hierbei wird der Grundbestand zur Fertigung herangezogen.

  Aufgrund des Vorfertigungsplanes lässt sich der vorläufige Gesamtbedarf ermitteln. Beim Lieferanten können daraufhin Vormerkungen getroffen werden, die ihm eine Planungshilfe sind. Das Unternehmen selbst sollte die Spezifizierung des Bedarfes erst vornehmen, wenn die Kundenaufträge realisiert sind.

- Die **mittelfristige Verfügbarkeitsplanung**, bei welcher der gesamte Materialbedarf aufgrund der fortgeführten langfristigen Verfügbarkeitsplanung und der vorliegenden konkreten Kundenaufträge ermittelt wird. Damit können erstmalig Auftragsdaten einer laufenden Planungsperiode zugeteilt werden. Die mittelfristige Verfügbarkeitsplanung dient dazu, frühestmöglich Aufschluss über die Auftragsentwicklung zu erhalten, um Daten für die Materialdisposition gewinnen zu können.

  Aus den Vormerkungen im Materialbestandssatz werden Eindeckungsbestände, da eine Bestellung nach Art, Menge, Beschaffenheit und Lieferzeit des Materials erfolgen kann. Es ist üblich, dass Nachbestellungen oder Teillieferungen – bedingt durch die letzte Verbrauchsentwicklung – von den Lieferanten akzeptiert werden.

- Die **kurzfristige Verfügbarkeitsplanung**, die in der betrieblichen Praxis meist einen Zeitraum von einer Woche oder einer Dekade umfasst.

  Sie baut auf den effektiv vorhandenen Materialbeständen auf und stellt Fertigungsaufträge unter Berücksichtigung von Kapazitätsplänen, Maschinenplänen, bestätigten Fertigungsterminen zusammen. Die Planungsschritte lassen sich nur unter Zuhilfenahme der EDV durchführen.

  Lässt sich der Planungshorizont auf einen bis zwei Tage verkürzen, können auch zeitkritische Materialien eingeplant werden, da die Eindeckungsbestände mittlerweile verfügbar sind. Die Aufträge können freigegeben und die Fertigungspapiere der Arbeitsvorbereitung zugeleitet werden.

3.3.2 Verfügbarkeitskontrolle

Mithilfe der Verfügbarkeitskontrolle soll festgestellt werden, ob die benötigten Materialien rechtzeitig verfügbar sind und die Fertigung nach Erstellen der Auftragspapiere angestoßen werden kann.

Bei der Ermittlung des Bedarfes wird entweder deterministisch – durch Stücklistenauflösung – oder stochastisch – aufgrund von Vergangenheitswerten – vorgegangen, der Bedarf ermittelt und die Bestellung in Anlehnung an den Fertigungsplan termingerecht veranlasst.

Der **zeitliche Ablauf** der Verfügbarkeitskontrolle ist:

- Die Teilestammdatei wird abgefragt, ob der verfügbare Lagerbestand für die erste Fertigungsperiode ausreicht. Treten Fehlmengen auf, kann der Auftrag nicht gestartet werden und ein Sperrvermerk erfolgt.
- In einer Folgerechnung wird geprüft, ob der Lagerbestand und Lieferungen aus Bestellungen oder Eigenfertigungen zur ersten Periode zur Verfügung stehen, um in die zweite Periode einzugehen. Treten hierbei Fehlmengen auf, sind den Aufträgen Bestellhinweise beizugeben, um die Fertigung noch rechtzeitig anstoßen zu können.
- Fehlmengen der zweiten und der folgenden Perioden werden – unter Berücksichtigung der letzten Bestandsrechnungen und Bestandsfortschreibungen – als Warnungen ausgegeben, da hier meist noch Zeit zum Eingreifen ist.

53 Seite 454

3.4 Kennzahlenüberwachung

Mit der Abwicklung der verschiedenen Überwachungsfunktionen kann in der Bestandsrechnung eine Reihe von statistischen Auswertungen gewonnen werden. Diese Kennzahlen bieten wertvolle Informationen und werden zu Betriebsvergleichen und Periodenvergleichen herangezogen.

Neben den bereits im Text besprochenen Kennzahlen sollen als Formeln genannt werden:

Reichweite des Lagerbestandes	$\frac{\text{Durchschnittlicher Lagerbestand}}{\text{Durchschnittlicher Bedarf}}$
Lagerbestand in Prozent des Umsatzes	$\frac{\text{Lagerbestand}}{\text{Umsatz}} \cdot 100$
Lagerbestand in Prozent des Auftragsbestandes	$\frac{\text{Lagerbestand}}{\text{Auftragsvermögen}} \cdot 100$
Lagerbestand in Prozent des Umlaufvermögens	$\frac{\text{Lagerbestand}}{\text{Umlaufvermögen}} \cdot 100$
Sicherheitskoeffizient	$\frac{\text{Mindestbestand}}{\text{Durchschnittlicher Lagerbestand}} \cdot 100$
Lagerbestandsstruktur nach Versorgungssicherheit	$\frac{\text{Eiserner Bestand}}{\text{Gesamt-Lagerbestand}} \cdot 100$
Lagerbestandsstruktur nach der Lagerreichweite	$\frac{\text{Lagerbestand mit einer Reichweite von 1 Monat}}{\text{Gesamt-Lagerbestand}} \cdot 100$
Lagerbestandsstruktur nach der Lagerfähigkeit und Qualität der Waren	$\frac{\text{Lagerbestand verderblicher Waren}}{\text{Gesamt-Lagerbestand}} \cdot 100$
Lagerbestandsstruktur nach der Verkäuflichkeit der Waren	$\frac{\text{Lagerbestand leicht verkäuflicher Waren}}{\text{Gesamt-Lagerbestand}} \cdot 100$
Materialumschlag	$\frac{\text{Material-Verbrauch}}{\text{Durchschnittlicher Materialbestand}} \cdot 100$
Lagerumschlag/Umschlagshäufigkeit	$\frac{\text{Lager-Abgang}}{\text{Durchschnittlicher Lagerbestand}} \cdot 100$
Lagerumschlag/Umschlagshäufigkeit	$\frac{\text{Umsatz}}{\text{Durchschnittlicher Lagerbestand}} \cdot 100$
Lagerumschlag/Umschlagshäufigkeit	$\frac{\text{Mengen-Umsatz}}{\text{Durchschnittlicher mengenmäßiger Lagerbestand}} \cdot 100$
Lagerdauer (in Tagen)	$\frac{\text{Zahl der Tage des Rechnungszeitraumes}}{\text{Umschlagshäufigkeit}} \cdot 100$
Lagerdauer (in Tagen)	$\frac{\text{Durchschnittlicher Lagerbestand}}{\text{Jahresumsatz}} \cdot 100$

54 Seite 455

55 Seite 456

	Kontrollfragen	bearbeitet	Lösungshinweis	Lösung +	Lösung –
01	Welchen Zwecken dient die Bestandsrechnung ?		207		
02	Wie wird die Verrechnung der Zu- und Abgänge bei EDV-mäßiger Verarbeitung durchgeführt?		208		
03	Welche Aufgabe erfüllt die Bestandsplanung?		208		
04	Welche Möglichkeiten bietet der Einsatz von EDV-Programmen im Rahmen der Materialbestandsplanung?		208 f.		
05	Nennen Sie Maßnahmen, wie überhöhte Bestände abgebaut werden können!		209		
06	Nennen Sie die verschiedenen Bestandsarten!		209		
07	Was versteht man unter dem verfügbaren Bestand?		211		
08	Wie kann der durchschnittliche Lagerbestand ermittelt werden?		209 f.		
09	Warum unterscheidet man – im Rahmen der Führung des Lagerbestandes – den verfügbaren und disponierten Bestand?		211		
10	Nennen Sie Gründe für die Führung des disponierten Bestandes!		211		
11	Welche Unsicherheiten soll der Sicherheitsbestand abdecken?		213		
12	Durch welche Faktoren wird die Höhe des Sicherheitsbestandes bestimmt?		212		
13	Welche groben Näherungsformeln für die Ermittlung des Sicherheitsbestandes gibt es?		214		
14	Inwiefern beeinflusst die Höhe des Sicherheitsbestandes den Meldebestand?		215		
15	Zeigen Sie in einer schaubildlichen Darstellung die wichtigsten Bestandarten!		216		
16	Beschreiben Sie die heute üblichen Varianten zur Feststellung des Bestellpunktes!		216		
17	Wozu dienen die wichtigsten Bestandsstrategien?		217		
18	Nennen Sie die Einflussfaktoren auf die Bestandsstrategie!		217		
19	In welcher Beziehung stehen Lieferbereitschaftsgrad und Sicherheitsbestand?		218		
20	Welche Bestandsstrategien lassen sich unterscheiden?		221 f.		
21	Wie kann der Lieferbereitschaftsgrad errechnet werden?		219		
22	Wie beeinflusst der Lieferbereitschaftsgrad die Fehlmengenplanung?		220		
23	Wie unterscheiden sich Vorratsmaterialien und Auftragsmaterialien im Rahmen der Anwendung einer geeigneten Bestandsstrategie?		223		

	Kontrollfragen	bearbeitet	Lösungshinweis	Lösung +	Lösung -
24	Welche Zeit umfasst die Vorhersagezeitspanne?		224		
25	Welche Zeit umfasst die Wiederbeschaffungszeit?		224		
26	Welche Arten der Bestandsergänzung lassen sich unterscheiden?		224		
27	Welche Arten des Bestellpunkt-Verfahrens gibt es?		225		
28	Bei welchen Materialien wird die sofortige Lagerergänzung genutzt?		225		
29	Wann wird das Verfahren der langfristigen Lagerergänzung angewandt?		228		
30	Bei welchen Materialien können die vereinfachten Verfahren der Verbrauchsfolge angewandt werden?		230		
31	Nennen Sie die für die Praxis typischen Verfahren der Verbrauchsfolge!		229		
32	Wann ist eine Anwendung des Bestellrhythmus-Verfahrens sinnvoll?		231		
33	Was versteht man unter Ist- bzw. Soll-Eindeckungszeit?		232 f.		
34	Nennen Sie die wesentlichen Aufgaben der Bestandsführung!		236		
35	Welche Methoden der Mengenerfassung von Materialien lassen sich unterscheiden?		237		
36	Welche Voraussetzung muss bei der Skontrationsmethode gegeben sein?		237		
37	Welche Informationen sollten Materialentnahmescheine enthalten?		237		
38	Wie werden der buchmäßige und tatsächliche Endbestand an Materialien bei der Skontrationsmethode ermittelt?		238		
39	Beurteilen Sie die Skontrationsmethode!		238		
40	Beschreiben Sie die Vorgehensweise bei der Inventurmethode!		238		
41	Wie ist die Inventurmethode zu beurteilen?		239		
42	Erläutern Sie, wie bei der retrograden Methode vorgegangen wird!		239		
43	Wie ist die retrograde Methode zu beurteilen?		240		
44	Wozu dient die Inventur?		240		
45	Welchen Grundsätzen sollte die Inventur entsprechen?		240		
46	Was versteht man unter der Stichtagsinventur?		241		
47	Wieso kann die Fehlerhäufigkeit bei der EDV-mäßigen Erfassung der Bestandsmengen reduziert werden?		241		

	Kontrollfragen	bearbeitet	Lösungshinweis	Lösung +	Lösung −
48	Erläutern Sie, was unter der permanenten Inventur zu verstehen ist!		241		
49	Was ist die Voraussetzung für die Zuverlässigkeit der permanenten Inventur?		241		
50	Wie ist die permanente Inventur zu beurteilen?		242		
51	Beschreiben Sie die verlegte Inventur!		243		
52	Welche betrieblichen Stellen veranlassen Bestandsbewegungen?		243		
53	Nennen Sie Beispiele für Vollständigkeits- und Plausibilitätsprüfungen, die von EDV-Programmen durchgeführt werden!		244		
54	Welche Bestandsänderungen unterscheidet man?		245		
55	Erläutern Sie, welche Bestandszugänge man unterscheidet!		245		
56	Was versteht man unter internen und externen Entnahmen?		246		
57	Was sind ungeplante Entnahmen und wie können sie kontrolliert werden?		246		
58	Was versteht man unter nichtkörperlichen Bestandsänderungen?		246		
59	Beschreiben Sie mögliche Organisationsformen beim Erstellen von Bestands- und Bewegungsstatistiken!		247		
60	Welche Aufgabe kommt der Bewertung im Rahmen der Materialwirtschaft zu?		248		
61	Was ist eine Einzel- bzw. Sammelbewertung, wann werden sie angewandt?		249		
62	Welche Möglichkeiten der Bewertung der Bestände gibt es grundsätzlich?		249		
63	Was versteht man unter dem Anschaffungswert?		249 f.		
64	Welche Anschaffungspreise lassen sich unterscheiden?		249 ff.		
65	In welchen Fällen werden effektive Anschaffungspreise angesetzt?		250		
66	Erläutern Sie die Möglichkeiten durchschnittliche Anschaffungspreise zu verwenden!		250		
67	Welche Verfahren gibt es, verbrauchsfolgenbezogene Anschaffungspreise zu ermitteln?		252 ff.		
68	Wie kann das Lifo-Verfahren durchgeführt werden?		252		
69	Beschreiben Sie das Fifo-Verfahren!		254		
70	In welchen Formen lässt sich das Hifo-Verfahren anwenden?		254		
71	Was versteht man unter dem Lofo-Verfahren?		256		

	Kontrollfragen	bearbeitet	Lösungshinweis	Lösung +	Lösung –
72	Weshalb werden Wiederbeschaffungswerte bei der Bestandsführung verwendet?		256 f.		
73	In welchen Fällen bietet es sich an, Tageswerte anzusetzen?		257		
74	Wozu dienen Verrechnungswerte?		257		
75	Welche Probleme können sich bei der Erfassung der Bestände grundsätzlich ergeben?		258		
76	Welche Gründe kann es geben, innerbetriebliche Umlagerungen vorzunehmen?		258		
77	Was versteht man unter Auslagerungen?		259		
78	Welche Bedeutung hat die Bestandsüberwachung?		259		
79	Welche Schritte laufen beim Eingang von Materalien ab?		260		
80	Was versteht man unter geplanten und ungeplanten Entnahmen?		261		
81	Wie kann der Ausschuss festgestellt werden?		261		
82	Welche Unternehmensbereiche werden durch Materialentnahmen berührt?		262		
83	Welche Maßnahmen umfasst die Verfügbarkeitsüberwachung?		262 f.		
84	Wozu dient die Verfügbarkeitsplanung?		263		
85	Beschreiben Sie die langfristige Verfügbarkeitsplanung!		263		
86	Was geschieht bei der mittelfristigen Verfügbarkeitsplanung?		263		
87	Worin besteht die Aufgabe der kurzfristigen Verfügbarkeitsplanung?		263		
88	Wozu dient die Verfügbarkeitskontrolle?		264		
89	Erläutern Sie den zeitlichen Ablauf derVerfügbarkeitskontrolle!		264		
90	Geben Sie Beispiele für bestandsorientierte Kennzahlen!		265		

E. Materialbeschaffung

Die Materialbeschaffung hat den Materialbedarf des Unternehmens nach

- Art
- Menge
- Zeit

zu decken, so weit er nicht bereits im Unternehmen verfügbar ist. Sie baut damit auf der Materialbedarfsrechnung und der Materialbestandsrechnung auf:

Material-bedarfsrechnung	Ermittlung des Materialbedarfes nach Art, Menge, Zeit.
↓	
Material-bestandsrechnung	Feststellung, ob und wie viel der benötigten Materialien vorhanden sind.
↓	
Material-beschaffungsrechnung	Deckung des Materialbedarfes, soweit er nicht bereits verfügbar ist.

Die Materialbeschaffung kann die benötigten Materialien grundsätzlich von außerhalb des Unternehmens – von Lieferanten – beziehen oder vom Unternehmen selbst, indem eine Eigenerstellung erfolgt. Sie hat sich bei ihren Aktivitäten an den betrieblichen **Zielen** zu orientieren. Insbesondere ist – neben der art-, mengen- und zeitgerechten Beschaffung – sicherzustellen, dass die Beschaffung

- kostengünstig
- zuverlässig

erfolgt und die Lieferanten im Stande und bereit sind, dem technischen Fortschritt gerecht zu werden.

Die Materialbeschaffung ist ein Teilbereich der Materialdisposition und wirkt eng mit deren übrigen Teilbereichen zusammen. Eine genaue Abgrenzung der einzelnen Teilbereiche ist in der betrieblichen Praxis, wie die bisherigen Ausführungen gezeigt haben, nicht immer möglich:

Materialdisposition	Bedarfsrechnung
	Bestandsrechnung
	Beschaffungs- bzw. Bestellrechnung

Die Organisation der Materialbeschaffung kann unter zwei Gesichtspunkten gesehen werden:

- Die **Eingliederung** der Materialbeschaffung in die Gesamtorganisation des Unternehmens kann zentralisiert oder dezentralisiert oder in einer Kombination beider Möglichkeiten erfolgen:

  - Bei **zentraler Beschaffung** wird der gesamte Bedarf an Materialien von einer einzigen Stelle im Unternehmen beschafft. Das kann – besonders für Klein- und Mittelbetriebe – einige **Vorteile** haben:

    - Die zeitliche Steuerung der Materialien und die Kontrolle der Beschaffungstätigkeit sind relativ leicht möglich.

    - Das Zusammenfassen des Gesamtbedarfes in großen Bestellmengen lässt eine kostengünstige Beschaffung durch Ausnutzen von Preisstaffeln und Mengenrabatten erwarten.

    - Das Zusammenführen der Materialanforderungen kann die Beschaffung – vor allem bei nicht gerechtfertigter Unterschiedlichkeit der Materialien – in die Lage versetzen, auf Standardisierung hinzuarbeiten.

    - Das Standardisieren und Zusammenführen des Bedarfes der einzelnen Fertigungsbereiche ermöglichen eine bessere Disposition der Lagerbestände, die insgesamt geringer gehalten werden können.

    - Das Betreuen einzelner Beschaffungsmärkte durch qualifiziertes Personal ermöglicht es, das Marktgeschehen intensiver zu beobachten.

  - Eine **dezentrale Beschaffung** kann örtlich und/oder sachlich erfolgen, indem mehrere Stellen im Unternehmen nebeneinander den Bedarf an Materialien decken. Sie können unterschiedliche Standorte haben und/oder sich auf die Beschaffung bestimmter Materialien beschränken. Das kann **vorteilhaft** sein, wenn

    - die Materialien bei Einzelfertigung oder Kleinserienfertigung entsprechend dem Fertigungsanfall beschafft werden, was ein schnelles Reagieren auf Bedarfssituationen verlangt,

    - die Beschaffung nur von Spezialisten vorgenommen werden kann, besonders dann, wenn entschieden werden muss, ob Ersatzmaterialien einzusetzen sind,

    - die räumliche Lage der Unternehmensteile so ungünstig ist, dass die Beschaffungskosten steigen würden,

    - eine Vorratshaltung der Materialien aufgrund ihrer Beschaffenheit nicht vorgenommen werden kann.

- Der **Aufbau** der Materialbeschaffung, mit dem die Arbeitseinheiten in der Beschaffungsabteilung gebildet werden, kann nach dem Verrichtungsprinzip oder Objektprinzip erfolgen:

- Beim **Verrichtungsprinzip** sind die Arbeitseinheiten nach dem organisatorischen Ablauf gegliedert.

Beispiel:

Angebots-/ Anfrage-bearbeitung	Bestell-wesen	Termin-kontrolle	Qualitäts-kontrolle	Rechnungs-prüfung

- Beim **Objektprinzip** kann eine Gliederung nach Materialgruppen vorgenommen werden.

Beispiel:

Rohstoffe	Hilfsstoffe	Betriebs-stoffe	Werkzeuge

Außerdem ist eine Gliederung nach Erzeugnisgruppen möglich.

Beispiel:

Personen-kraftwagen	Lastkraft-wagen	Kettenfahr-zeuge	Zweirad-fahrzeuge

Der Materialbedarf muss aus den verschiedenen Bereichen des Unternehmens zum Zwecke der gemeinsamen Beschaffung übergeordneten Stellen gemeldet werden.

Das Verrichtungsprinzip und das Objektprinzip können miteinander kombiniert werden. Bei Anforderungen an die Beschaffungsabteilung, die spezielle technische, abrechnungstechnische oder rechtliche Kenntnisse erfordern, empfiehlt sich vielfach zunächst eine objektorientierte Gliederung. Sie kann bei den dann nachfolgenden Tätigkeiten als verrichtungsorientierte Gliederung fortgeführt werden.

Die betriebliche Praxis lässt erkennen, dass Klein- und Mittelunternehmen überwiegend eine Gliederung nach dem Verrichtungsprinzip vornehmen, Großunternehmen dagegen die Gliederung nach dem Objektprinzip bevorzugen.

Die Materialbeschaffung erfolgt – wie jeder Führungsprozess – auf der Grundlage vorgegebener Ziele in drei **Phasen**:

Beschaffungsplanung
↓
Beschaffungsdurchführung
↓
Beschaffungskontrolle

Die **Voraussetzung** für die Materialbeschaffung sind umfassende Informationen. Sie können mithilfe der Beschaffungsmarktforschung gewonnen werden, auf die zunächst eingegangen werden soll.

1. Beschaffungsmarktforschung

Die Beschaffungsmarktforschung ist das systematisch und methodisch einwandfreie Untersuchen eines Beschaffungsmarktes mit dem Ziel, Entscheidungen in diesem Bereich zu treffen und zu erklären. Sie zu nutzen, ist angesichts der immer unüberschaubarer werdenden Beschaffungsmärkte für ein Unternehmen zunehmend wichtiger.

Die Beschaffungsmärkte verändern sich teilweise relativ rasch, sie weiten sich bezüglich der angebotenen Güter wie auch international aus. Damit ergeben sich Wandlungen, die sowohl die Marktstruktur als auch die Marktentwicklung einschließen.

Mithilfe der Beschaffungsmarktforschung soll das Unternehmen in die Lage versetzt werden, insbesondere die

- Beschaffungsgüter
- Marktstrukturen
- Marktentwicklungen
- Lieferanten
- Preise

zu erkunden und geeignete, den betrieblichen Zielen entsprechende Entscheidungen zu treffen.

Die Beschaffungsmarktforschung ist in einer modernen Materialwirtschaft ein unerlässliches Instrument zur Erlangung der für die Beschaffung notwendigen Informationen. Das wird besonders deutlich, wenn man den Wert der zu beschaffenden Güter mit dem Wert des Verkaufsumsatzes vergleicht. Danach beträgt der Beschaffungswert der Güter bei industriellen Unternehmen vielfach 40 % bis 60 % des Verkaufsumsatzes.

Bei Kenntnis dieses Wertanteiles überrascht es, dass in der Vergangenheit der Beschaffungsmarktforschung in den industriellen Unternehmen weithin eine eher untergeordnete Bedeutung zukam. Auch im Bereich der wissenschaftlichen Forschung befasste man sich noch vor Jahren im Wesentlichen nur mit der Absatzmarktforschung.

Als Beschaffungsmarktforschung werden dargestellt:

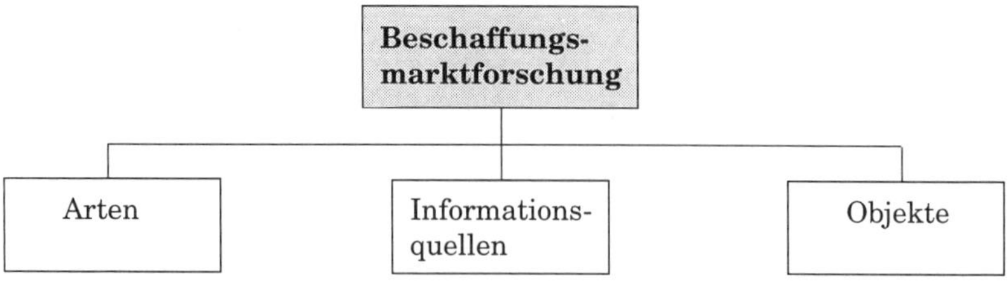

1.1 Arten

Die Beschaffungsmarktforschung kann sein:

- **Marktanalyse/-beobachtung**
- **Sekundär-/Primärforschung**.

Während sich die Marktanalyse und Marktbeobachtung zeitbezogen unterscheiden, bedienen sich die Sekundärforschung und Primärforschung verschiedener Informationsquellen.

1.1.1 Marktanalyse/-beobachtung

Die **Marktanalyse** wird einmalig oder in bestimmten Intervallen durchgeführt. Sie dient der Erforschung von Beschaffungsmarktdaten zu einem bestimmten **Zeitpunkt**, stellt also eine Momentaufnahme dar. Damit ermöglicht sie Aussagen über marktbezogene Grundstrukturen.

Beispiele: Ermittlung der Anbieter nach Zahl, Größe, Marktanteil, Feststellung der Preise.

Die **Marktbeobachtung** befasst sich mit der Entwicklung der Beschaffungsmärkte im **Zeitablauf**. Sie dient dazu, die Veränderungen der Beschaffungsmarktdaten offenzulegen, damit das Unternehmen in geeigneter Weise reagieren kann.

Beispiele: Feststellung von Neuentwicklungen und Substitutionsgütern, von Veränderungen bei Anbietern, Marktanteilen, Preisen.

Die Marktanalyse und Marktbeobachtung werden im Unternehmen meist nebeneinander eingesetzt, wobei ihre Gewichte situationsbedingt unterschiedlich sein und sich im Zeitablauf verändern können. Vielfach baut die Marktbeobachtung auf den Erkenntnissen aus der Marktanalyse auf.

Aufgrund der Informationen aus der Marktanalyse, insbesondere aber der Marktbeobachtung kann eine **Marktprognose** erstellt werden, welche die Entwicklung von Beschaffungsmarktdaten für die Zukunft vorhersagt.

1.1.2 Sekundär-/Primärforschung

Der Unterschied von Sekundärforschung und Primärforschung liegt in den unterschiedlichen Informationsquellen.

Die **Sekundärforschung** ist dadurch gekennzeichnet, dass zu anderen Zwecken dienendes Informationsmaterial ausgewertet wird. Grundsätzlich empfiehlt es sich bei jedem Beschaffungsmarktproblem, zunächst vorhandenes oder leicht beschaffbares »Sekundärmaterial« zu nutzen, denn durch seine Auswertung können

- Fragestellungen oft bereits beantwortet werden, ohne dass eine Primärforschung erforderlich wird,
- Fragestellungen so eingegrenzt bzw. konkretisiert werden, dass eine Primärforschung nur noch in begrenztem Umfang notwendig wird,
- Kosten eingespart werden, denn die Kosten der Sekundärforschung liegen ganz erheblich unter den bei einer Primärerhebung anfallenden Kosten.

Beispiele: Auswertung von Prospekten, Preislisten, Katalogen, Messeinformationen, Lieferanteninformationen, Fachzeitschriften.

Die **Primärforschung** umfasst Untersuchungen, die speziell für die Zwecke der Beschaffungsmarktforschung durchgeführt werden. Sie sollte sich – so weit erforderlich – an die Sekundärforschung anschließen, es sei denn,

- die Sekundärforschung kommt vom Erhebungsobjekt her überhaupt nicht in Betracht oder verspricht keine hinreichend geeigneten Ergebnisse.
- die hohen Kosten der Primärforschung werden durch die Bedeutsamkeit der zu treffenden Entscheidung gerechtfertigt.

Die Kosten für die Primärforschung sind meist beträchtlich. Andererseits vermag die Primärforschung vielfach wesentlich sachgerechtere, genauere und aktuellere Informationen zu liefern als die kostengünstige Sekundärforschung.

Beispiele: Telefonische oder schriftliche Befragung von Lieferanten, Besuch von Messen, Ausstellungen, Lieferanten.

1.2 Informationsquellen

Die Beschaffungsmarktforschung ist bestrebt, die benötigten Beschaffungsmarktdaten mithilfe der Sekundär- und Primärforschung zu erlangen. Dabei kann sie, wie beispielhaft bereits gezeigt wurde, auf eine Anzahl von Informationsquellen zurückgreifen.

Ohne einen Anspruch auf Vollständigkeit zu erheben, sollen genannt werden:

- **Unternehmensinterne Informationsquellen**
- **Unternehmensexterne Informationsquellen**.

Die Eignung der Informationsquellen hängt insbesondere davon ab, inwieweit sie objektiv, genau, sachgerecht, aktuell informieren und wie das Verhältnis der Informationskosten zum Informationsnutzen ist.

1.2.1 Unternehmensinterne Informationsquellen

Als unternehmensinterne Informationsquellen werden im Wesentlichen »**Sekundär**«-quellen genutzt. Das können vor allem sein:

Prospektkartei/-datei	Sie enthält die Bezugsquellen in Form von Prospekten. Wegen ihrer unterschiedlichen Gestaltung – Einzelprospekte, Sammelprospekte, gesamtes Lieferprogramm – ist ihre Ablage, die nach Warengruppen erfolgen sollte, schwierig.
Bezugsquellen-kartei/-datei	Sie wird auch **Anfrageregister** genannt und enthält Namen, Anschriften und Lieferprogramme von Lieferanten, die ❍ bereits Aufträge erhielten ❍ brauchbare Angebote abgaben ❍ als leistungsfähig erkannt wurden.
Lieferanten-kartei/-datei	Sie enthält die Lieferanten, wobei die Informationen je nach Bedeutung des einzelnen Lieferanten unterschiedlich sein können: ❍ Name, Anschrift, Telefon, Telefax ❍ Ansprechpartner, Vertreter ❍ Liefer-, Zahlungsbedingungen, Preisvereinbarungen ❍ Lieferprogramm ❍ Umsätze (jährlich) ❍ Zuverlässigkeit (Qualität, Lieferzeit) ❍ Kapazität, Bonität usw.
Einkaufs-statistiken	Das können sein: ❍ Die **Statistik über die Jahresverbrauchswerte**, die der Beschaffungsmarktforschung – bei ABC-analytischer Aufbereitung – die Bedeutung der einzelnen Beschaffungsgüter zeigt. ❍ Die **Statistik über Lieferantenumsätze**, die über die – steigende, fallende, absolute – Absatzentwicklung pro Lieferant informiert und in Verbindung mit der ABC-Klassifizierung als A-, B-, C-Lieferant eine wichtige Verhandlungsgrundlage ist.
Abteilungen/ Bereiche	In Betracht kommen vor allem: ❍ Fertigungsbereich ❍ Forschungs- und Entwicklungsbereich ❍ Investitionsbereich ❍ Finanzierungsbereich ❍ Marketingbereich

1.2.2 Unternehmensexterne Informationsquellen

Unternehmensexterne Informationsquellen können sowohl »Sekundär«quellen als auch »Primär«quellen sein.

»**Sekundär**«quellen sind:

Informationen von Lieferanten	Dazu zählen: ○ **Geschäftsberichte**, welche die wirtschaftliche Lage zeigen und gegebenenfalls Informationen über Auftragsentwicklung, Absatzprogramm, Mitarbeiter, Entwicklungspläne, beteiligungsmäßige Verflechtungen enthalten. ○ **Kataloge**, die das gesamte Absatzprogramm, meist mit technischen Details und Preisangaben enthalten. ○ **Prospekte**, die Produktbeschreibungen, meist mit technischen Details und Preisangaben, geben. ○ **Preislisten**, die über die Preise, aber auch über die Liefer- und Zahlungsbedingungen informieren. ○ **Hausinformationen**, die Aktuelles und oft Wissenswertes vermitteln, das aber subjektiv gefärbt ist.
Informationen von aktuellen Medien	Das können sein: ○ **Fachzeitschriften**, die in ihren Beiträgen, aber auch in ihren Anzeigen, aktuelle Entwicklungen zeigen. ○ **Überregionale Zeitungen**, die über wirtschaftliche Entwicklungen informieren. ○ **Informations-Dienste**, die oftmals abonniert werden können.
Informationen von sonstigen Medien	In Betracht kommen: ○ Adressbücher ○ Branchenhandbücher ○ Bezugsquellenverzeichnisse ○ Internet
Informationen durch Auskünfte	Sie können gegeben werden von: ○ Industrie- und Handelskammern ○ Banken ○ Wirtschaftsverbänden
Informationen durch Statistiken	Dazu zählen: ○ Amtliche Statistiken ○ Statistiken der Wirtschaftsverbände ○ Statistiken sonstiger Institutionen

»**Primär**«quellen können sein:

Informationen durch Anfragen	Sie können erfolgen ❍ schriftlich ❍ mündlich und dienen der Abgabe eines Angebotes durch den Lieferanten.
Informationen auf Veranstaltungen	Sie können vor allem beschafft werden auf ❍ Messen ❍ Ausstellungen. Meist findet sich dort ein umfangreiches Angebot verschiedener Lieferanten, das gegebenenfalls im praktischen Einsatz kennengelernt werden kann. Nachteilig sind die häufig sehr begrenzte Zeit und die hohen Kosten für Veranstaltungsbesuche.
Informationen durch Besuch bei Lieferanten	Lieferanten können besucht werden zum Zwecke der ❍ Einkaufsverhandlung ❍ Betriebsbesichtigung. Damit kann ein umfassendes Bild über die Lieferanten gewonnen werden, das die beträchtlichen Kosten rechtfertigen kann.
Informationen durch Besuch von Lieferanten	Meist suchen Vertreter der Lieferanten die Beschaffungsabteilung auf. Die Gespräche können bei guter Vorbereitung auf beiden Seiten sehr nützlich sein.
Informationen durch Befragung von Lieferanten	Zu bestimmten Fragestellungen kann sich eine systematische Befragung von Lieferanten mithilfe von ❍ Fragebogen ❍ Expertengesprächen anbieten. Sie kann recht kostenintensiv sein.

1.3 Objekte

Die Beschaffungsmarktforschung hat eine Vielzahl einzelner Informationen zusammenzutragen. Sie bezieht sich dabei vor allem auf folgende Objekte:

- **Beschaffungsgüter**
- **Markt**
- **Lieferanten**
- **Preise**.

Sie sollen im Überblick dargestellt werden.

1.3.1 Beschaffungsgüter

Die Beschaffungsmarktforschung hat sich mit den zu beschaffenden Materialien und ihren Besonderheiten zu befassen. Das sind:

Beschaffungsgüter = Materialien	Rohstoffe
	Hilfsstoffe
	Betriebsstoffe
	Zulieferteile
	Waren
	Verschleißwerkzeuge

Die Daten, die von der Beschaffungsmarktforschung zu erheben sind, können sein:

- **Beschaffungsseitige Daten**

  Beispiele: Materialgüte, Materialzusammensetzung, Materialbestandteile, Materialerstellung.

  Die beschaffungsseitigen Daten sollen zwei **Zwecken** gerecht werden:

  - Sie sollen der Beschaffungsmarktforschung ein umfassendes Bild über die zu beschaffenden Materialien vermitteln, beispielsweise für einen Kostenvergleich zwischen mehreren Lieferanten.

  - Sie sollen offenlegen, ob die zu beschaffenden Materialien den Anforderungen des Unternehmens genügen.

- **Verwendungsseitige Daten**

  Beispiele: Materialgüte, Materialzusammensetzung, Materialbestandteile, Materialerstellung.

An die Beschaffungsmarktforschung werden beträchtliche Anforderungen wirtschaftlicher und technischer Art gestellt. Das Zurückgreifen auf Normteile bei der Beschaffung kann die Aufgabe der Beschaffungsmarktforschung erleichtern.

1.3.2 Markt

Der Markt ist die wirtschaftlich bedeutsame Umwelt eines Unternehmens, mit der es durch bestimmte Beziehungen verbunden ist oder Beziehungen anstrebt. Er wird von der Beschaffungsmarktforschung unter zwei Aspekten betrachtet:

- Die **Marktstruktur** wird mithilfe einer Marktanalyse nach Angebot und Nachfrage untersucht:

  - Bei der Untersuchung des **Angebotes** sind die Quantitäten und Qualitäten des Angebotes sowie die Anbieter zu erfassen.

    - Die **Quantitäten des Angebotes** sind die Mengen eines Materials, die insgesamt am Markt angeboten werden. Für die eigene Verhandlungsposition ist außerdem die Information wichtig, in welchem Umfang das angebotene Material auch Absatz findet bzw. wie viel Lagerbestände dieses Materials am Markt vorhanden sind.

    - Die **Qualitäten des Angebotes** sind ebenfalls von Bedeutung. Möglicherweise bietet es sich an, mit Anbietern in Kontakt zu treten, um die Fertigung anderer Qualitäten als der angebotenen anzuregen, die für das Unternehmen geeigneter – eventuell auch kostengünstiger – sind.

    - Die **Anbieter** sind hinsichtlich ihrer Marktstärke, Marktanteile und Verkaufsprogramme zu untersuchen. Man unterscheidet:

Angebots-monopol	Der einzige Anbieter hat eine relativ starke Verhandlungsposition.
Angebots-oligopol	Es gibt wenige Anbieter.
Angebots-polypol	Es gibt viele Anbieter, die geringe Einflussmöglichkeiten besitzen.

  - Bei der Untersuchung der **Nachfrage** ist die Position des Unternehmens als Nachfrager festzustellen. Dabei wird erkundet, wie viel Nachfrager vorhanden sind, wer die Nachfrager sind und welche Marktmacht sie besitzen.

    Es lassen sich unterscheiden:

Nachfrage-monopol	Der einzige Nachfrager hat eine relativ starke Verhandlungsposition.
Nachfrage-oligopol	Es gibt wenige Nachfrager.
Nachfrage-polypol	Es gibt viele Nachfrager, die geringe Einflussmöglichkeiten besitzen.

- Die **Marktentwicklung** wird durch Marktbeobachtung erfasst. Sie zu kennen ist wichtig, denn der Markt kann im Zeitablauf ständig Schwankungen unterliegen:

  - Bei **saisonalen Marktschwankungen** handelt es sich weitgehend um vorhersehbare kurzzeitige Schwankungen am Markt, deren Höhe allerdings nicht genau zu prognostizieren ist.

- Bei **konjunkturellen Marktschwankungen** lassen sich Anfall, Länge und Ausmaß der Schwankungen schwer vorhersehen und abschätzen.

  Mit positiver Konjunkturentwicklung besteht die Gefahr, dass die Preise und Lieferfristen für die Materialien sich erhöhen, Liefertreue, Qualität und Konditionen sich verschlechtern.

- Bei **trendbedingten Marktveränderungen** verändert sich die Marktstruktur. Gründe dafür können beispielsweise der technische Fortschritt, die Verknappung der Rohstoffe oder die wirtschaftliche Konzentration sein.

1.3.3 Lieferanten

Die Lieferanten sind weitere Objekte der Beschaffungsmarktforschung. Eine Fehlentscheidung bei der Auswahl der Lieferanten kann das Unternehmen in erhebliche Schwierigkeiten bringen, besonders wenn seine Leistungserstellung – beispielsweise durch fehlende Rohstoffe oder Zulieferteile, die anderweitig nicht kurzfristig beschaffbar sind – blockiert wird.

Vor einer Untersuchung der Lieferanten ist die **ABC-Analyse** zu Rate zu ziehen, denn die Gesamtheit der Lieferanten eines Unternehmens kann nicht im Einzelnen analysiert werden. Dies wird deutlich, wenn man sieht, dass ein namhaftes industrielles Unternehmen

im Jahre 1970	ca. 8.000 Lieferanten
im Jahre 1980	ca. 9.000 Lieferanten
im Jahre 1990	ca. 7.500 Lieferanten

hatte. Das Schwergewicht der beschaffungsmarktforscherischen Untersuchung sollte daher auf den A-Lieferanten liegen.

Kriterien für die Beurteilung von Lieferanten können beispielsweise sein:

- Wirtschaftliche Leistungsfähigkeit
- Technische Leistungsfähigkeit.

Zunehmend greifen die Unternehmen auf **Systemlieferanten** zurück.

Die Kriterien zur Beurteilung von Lieferanten werden bei der Lieferantenauswahl näher betrachtet - siehe Seite 309.

1.3.4 Preis

Dem Preis kommt bei der Materialbeschaffung erhebliche Bedeutung zu. Insofern ist es einsichtig, wenn ihm in der Beschaffungsmarktforschung besonderer Raum gewidmet wird. Für die Materialbeschaffung kann es zweckmäßig sein, den Preis nicht nur in seiner Höhe zu kennen, sondern auch zu wissen, wie er sich kostenmäßig zusammensetzt:

- Die **Preishöhe** ist grundsätzlich für jedes zu beschaffende Material zu untersuchen. Das sollte um so eingehender erfolgen, je größer der Wert und die Bedarfshäufigkeit eines Materials ist.

  Für A-Güter wird eine intensive Untersuchung notwendig und lohnend sein. Bei C-Gütern sollte der Untersuchungsaufwand gering gehalten und in ein vernünftiges Verhältnis zu dem daraus resultierenden wirtschaftlichen Erfolg gestellt werden.

  Die Untersuchung der Preishöhe erfolgt durch:

  - **Preisvergleiche**, mit deren Hilfe die Preise verschiedener Lieferanten und/oder Qualitäten festgestellt werden. Sie erfolgen als Marktanalysen. In diese Betrachtung sollten auch Substitutionsgüter einbezogen werden.

  - **Preisbeobachtungen**, die für mehrfach oder ständig benötigte Materialien durchzuführen sind, denn die einmal ermittelten Preise sind nicht aussagekräftig und über längere Zeit geeignet, Entscheidungsgrundlagen für die Materialbeschaffung zu sein.

    Die Preise der verschiedenen Lieferanten und/oder Qualitäten sind – periodisch oder beim jeweiligen Bedarf – für die betreffenden Materialien, aber auch für mögliche Substitutionsgüter, einer Beobachtung zu unterziehen.

    Preisveränderungen bei einzelnen Lieferanten können preispolitisch motiviert sein oder kostenbedingte Gründe – beispielsweise durch Verteuerung von Rohstoffen – haben, ebenso kann technischer Fortschritt die Preise verändern und/oder Substitutionsgüter entstehen lassen.

  Um die Vorteilhaftigkeit der Lieferanten zu beurteilen, sind in die preisliche Betrachtung neben dem Angebotspreis auch die

  - Lieferbedingungen
  - Zahlungsbedingungen

  der Lieferanten einzubeziehen, um den **Einstandspreis** festzustellen.

- Die **Preisstruktur** kann der Beschaffungsabteilung einen Aufschluss darüber geben,

  - ob ein geforderter Preis angemessen ist,
  - welcher Verhandlungsspielraum möglich sein könnte,
  - wie die künftige Preisentwicklung verlaufen könnte,
  - ob eine Selbsterstellung günstiger wäre.

  Die Untersuchung der Preisstruktur ist meist kostenaufwendig und bietet sich deshalb im Wesentlichen nur bei A-Gütern an.

Die **Analyse** der Preisstruktur kann erfolgen:

- **Auf Vollkostenbasis**, wobei zweckmäßigerweise das Kalkulationsschema, das in der Zuschlagskalkulation üblich ist, als Grundlage für die Untersuchung dient – siehe ausführlich *Olfert*:

	Materialeinzelkosten	
+	Materialgemeinkosten	= Materialkosten
+	Lohneinzelkosten	
+	Fertigungsgemeinkosten	
+	Sondereinzelkosten der Fertigung	= Fertigungskosten
=	Herstellkosten	
+	Verwaltungsgemeinkosten	
+	Vertriebsgemeinkosten	= Verwaltungs- und Vertriebskosten
+	Sondereinzelkosten des Vertriebes	
=	Selbstkosten	

Die einzelnen Kostenarten – insbesondere die Gemeinkosten – sind vielfach nicht einfach rückrechenbar oder schätzbar. Sie setzen Kenntnisse über den materialwirtschaftlichen, fertigungswirtschaftlichen und personalwirtschaftlichen Bereich bei Lieferanten voraus.

- **Auf Teilkostenbasis**, wobei lediglich die variablen Kosten, das sind die Einzelkosten und die variablen Anteile der Gemeinkosten, rückgerechnet oder geschätzt werden – siehe ausführlich *Olfert*.

56 Seite 456

2. Beschaffungsplanung

Die Beschaffungsplanung ist der Ausgangspunkt, um den konkreten Beschaffungsvorgang einzuleiten. Dabei sind Entscheidungen zu treffen über:

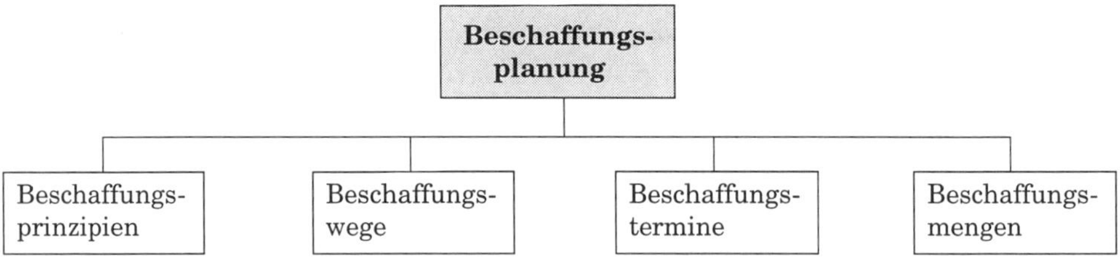

2.1 Beschaffungsprinzipien

Im beschaffenden Unternehmen ist zunächst zu überlegen, für welchen Zeitraum die Materialien beschafft werden sollen. Aus Gründen der zeitlichen Kapitalbindung kann es vorteilhaft erscheinen, die Materialien kurz vor ihrem Bedarf zu beschaffen. Gegen diese Vorgehensweise spricht möglicherweise, dass sie risikoreich ist und größere Mengen von Materialien vielfach günstiger zu beschaffen sind als kleinere Mengen.

Dem Unternehmen bieten sich verschiedene Prinzipien der Materialbeschaffung, wobei nicht gesagt sein muss, dass ein bestimmtes Beschaffungsprinzip bei sämtlichen Materialien angewendet wird. Es ist auch möglich, verschiedene Materialien – beispielsweise A-Materialien und C-Materialien – nach unterschiedlichen Prinzipien zu beschaffen. Zu unterscheiden sind:

- **Traditionelle Beschaffungsprinzipien**
- **Kanban/Just-in-time-Systeme**.

2.1.1 Traditionelle Beschaffungsprinzipien

Es haben sich folgende Beschaffungsprinzipien entwickelt:

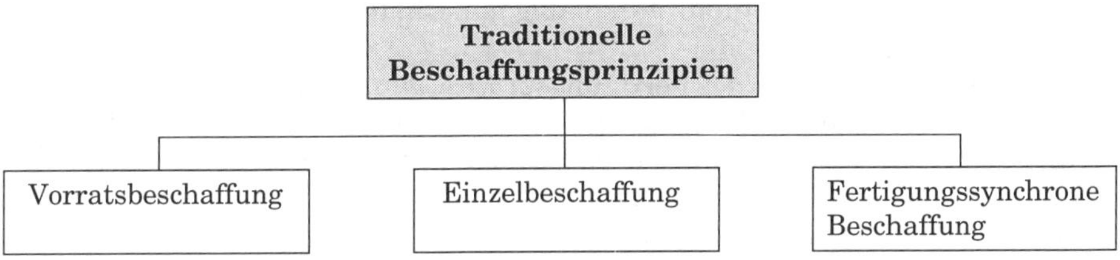

2.1.1.1 Vorratsbeschaffung

Bei der Vorratsbeschaffung, die bei industriellen Unternehmen häufig anzutreffen ist, besteht keine Übereinstimmung von Beschaffungsmengen und Verbrauchsmengen zu einem bestimmten Zeitpunkt. Es wird eine relativ große Materialmenge in Zeitabständen, die

- periodisch
- verbrauchsorientiert
- spekulativ

sein können, beschafft und auf Lager genommen. Sie steht der Fertigung kurzfristig zur Verfügung. Damit erlangt das beschaffende Unternehmen eine gewisse Unabhängigkeit vom Beschaffungsmarkt, die besonders bei knappen Gütern von Bedeutung sein kann. Es hat die Möglichkeit, günstige Angebote wahrzunehmen und bei größeren Beschaffungsmengen kostengünstiger einzukaufen.

Die Vorratsbeschaffung hat aber auch **Nachteile**:

- Hohe Lagerhaltung
- Hohe Lager- und Zinskosten
- Hohe Kapitalbindung.

Wenn sich Unternehmen dennoch für die Vorratsbeschaffung entscheiden, liegt das häufig nicht (nur) an den günstigen Beschaffungskosten, sondern ist in der Abhängigkeit von den Lieferanten zu sehen, die um so ausgeprägter sein kann, je schwächer die Marktstellung des beschaffenden und je stärker die Position des liefernden Unternehmens ist.

2.1.1.2 Einzelbeschaffung

Bei der Einzelbeschaffung werden die Materialien in der benötigten Menge jeweils erst zum Zeitpunkt ihrer Verwendung beschafft. Damit kommt der Lagerung der Materialien keine große Bedeutung zu. Die Kapitalbindung verringert sich im Vergleich zur Vorratsbeschaffung erheblich. Gleiches gilt für die Zins- und Lagerkosten.

Der Zeitpunkt der Beschaffung wird von der Terminplanung des Fertigungsvollzuges bestimmt. Die **Terminplanung** muss die sich ergebenden Risiken berücksichtigen:

- Das Risiko der verspäteten oder Nichtlieferung der Materialien.
- Das Risiko qualitäts- oder quantitätsmäßig fehlerhaft gelieferter Materialien.

Bei Eintritt des Risikos kann der Fertigungsprozess ganz oder teilweise zum Erliegen kommen. Die Einzelbeschaffung erfolgt vor allem bei Unternehmen, die Einzelfertigung betreiben, wird aber auch dort vielfach nicht für häufig verwendete Normteile eingesetzt. Ebenso kann für Aufträge, die nach Zeit und Menge begrenzt sind, die Einzelbeschaffung angewendet werden.

2.1.1.3 Fertigungssynchrone Beschaffung

Bei der fertigungssynchronen Beschaffung handelt es sich um eine Kombination von Vorratsbeschaffung und Einzelbeschaffung. Das Unternehmen beschafft einerseits in Abstimmung mit der Fertigung, weshalb die Läger klein sind. Andererseits werden **rahmenmäßige Lieferverträge** über große Materialmengen abgeschlossen, sodass eine kostenoptimale Beschaffung möglich ist.

Die Lieferverträge beinhalten vielfach **Konventionalstrafen** bei

- Nichtlieferung zu vereinbarten Zeitpunkten
- Nichtlieferung nach Abruf innerhalb einer vereinbarten Frist
- Fehlerhafter Lieferung.

Die Vereinbarung von Konventionalstrafen ist gerechtfertigt, weil die Fertigung des beschaffenden Unternehmens zum Erliegen gebracht werden kann, wodurch erhebliche Kosten entstehen würden.

Zwei **Voraussetzungen** müssen erfüllt sein, wenn ein Unternehmen sich der fertigungssynchronen Beschaffung bedienen will:

- Es muss eine Großserienfertigung oder Massenfertigung zu Grunde liegen.

- Das beschaffende Unternehmen muss eine relativ starke Stellung am Markt haben, um angemessene Lieferverträge aushandeln zu können.

57 Seite 457

2.1.2 Kanban/Just in Time-Systeme

Die Versorgung von Produktionseinheiten wurde in der Vergangenheit durch die verstärkte Komplexität des Produktionsgeschehens zunehmend schwieriger. Aus diesem Grunde entwickelte sich in Japan bereits vor rund 40 Jahren das Kanban-System als ein Informationssystem zur kurzfristigen Disposition und Produktionssteuerung.

Bei der Toyota Motor Company wurde vorgeschlagen, die Organisation des Materialflusses nach dem »Supermarkt-Prinzip« zu gestalten, d.h. eine bestimmte Ware wird aus einem Regal entnommen, die Lücke wird bemerkt und wieder aufgefüllt. Man hoffte dadurch, die Bestände zu reduzieren und eine hohe Termineinhaltung zu gewährleisten.

In den 50iger Jahren konzipierte Toyota und in den darauffolgenden Jahren weitere japanische Unternehmen Kanban-Fertigungssteuerungssysteme. Die Erfolgsmeldungen hinsichtlich Umschlagshäufigkeit der Bestände, Flexibilität und Lieferservice erreichten Ende der 70iger Jahre die USA und Deutschland. Die Amerikaner griffen als erste das japanische Konzept der Fertigungssteuerung auf, adaptierten es in unterschiedlicher Weise auf ihre Verhältnisse und nannten es »Just in Time Production«.

Die grundlegende Überlegung, nur die Art und Menge eines Produktes zu fertigen, die gerade verbraucht wurde, ist beim Kanban- und Just in Time-System einheitlich. Das gleiche gilt für das Steuerungsprinzip. Die im Vordergrund stehenden Ziele sind die Minimierung von Beständen und Durchlaufzeiten. Ausgangspunkt der Steuerimpulse ist die letzte verbrauchende Stufe des Produktionssystems.

Als wichtigstes Charakteristikum des Kanban-Systems ist die Aufteilung der Produktion in Regelkreise anzusehen, die eine stufenbezogene Selbststeuerung des Materialflusses ermöglichen.

Die **Elemente** des Kanban-Systems sind:

- Schaffung miteinander verflochtener selbststeuernder Regelkreise
- Implementierung des Hol-Prinzips für die jeweilige nachfolgende Verbrauchsstufe
- Flexibilisierung des Personal- und Betriebsmitteleinsatzes
- Übertragung der kurzfristigen Steuerung an die ausführenden Mitarbeiter mithilfe des speziellen Informationsträgers, der Kanban-Karte.

Ziel des Kanban-Systems ist es, auf allen Fertigungsstufen eine »Produktion auf Abruf«, also eine Just-in-Time-Produktion zu erreichen, damit den Materialbestand zu reduzieren und gleichzeitig eine hohe Termineinhaltung zu gewährleisten.

Heute werden zunehmend Just in Time-Techniken erprobt. Jedoch ist eine strategisch orientierte Gesamtkonzeption noch nicht realisiert. Kurzfristige Ziele wie Reduzierung des Umlaufvermögens, kürzere Durchlaufzeiten und Senkung der Herstellungskosten dominieren. Meistens soll eine schon laufende Produktion in eine Just-in-Time-orientierte Produktion verändert werden.

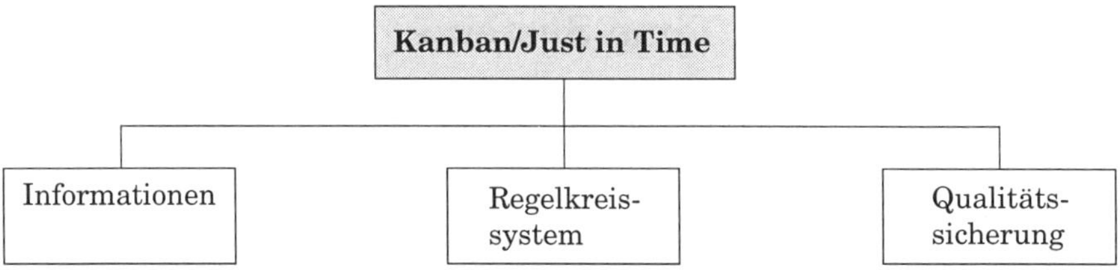

2.1.2.1 Informationen

Das charakteristische Merkmal des Kanban-Systems sind die einfachen organisatorischen Mittel, die zur Verwirklichung des Steuerungsprinzips eingesetzt werden.

Das japanische Wort Kanban bedeutet im weiteren Sinne **Karte**. Sie ist Informationsträger zwischen erzeugender und verbrauchender Fertigungsstelle. Die Aufbewahrung von Materialien, Zwischenprodukten und Erzeugnissen erfolgt in standardisierten Kanban-Behältern bzw. -Containern. Je Kanban-Karte erhält man Auskunft über Art, Menge, Bereitstellungs- und Aufbewahrungsort eines Behälters. Im Einzelnen sind auf jeder Karte mindestens folgende **Informationen** aufgeführt:

1. Artikel (Teile-)daten
   1.1 Ident-Nummer
   1.2 Artikel (Teile-)Namen
   1.3 evtl. Plan/Skizze
2. Transportdaten
   2.1 Behälterart
   2.2 Teileanzahl je Behälter
3. Angabe des Erzeugers (Quelle)
4. Angaben des Verbrauchers (Senke)
5. Kartendaten
   5.1 Nummer der Karte
   5.2 lfd. Nummer, Datum

Diese Angaben sind oft zu ergänzen durch

- Arbeitsanweisungen
- Werkzeugverwendung
- Qualitätsdaten.

Zur Funktionsweise des Kanban-Systems gehört auch die Beachtung genereller **organisatorischer Regelungen** *(Wildemann)*:

- Der Verbraucher darf niemals
  - mehr Material als benötigt anfordern,
  - vorzeitig Material anfordern.
- Der Erzeuger darf niemals
  - mehr Teile als angefordert herstellen,
  - fehlerhafte Erzeugnisse abliefern.
- Der Steuerer soll
  - für eine gleichmäßige Aus- und Belastung der einzelnen Produktionsbereiche sorgen,
  - eine angemessene – möglichst geringe – Anzahl von Kanban-Karten in die Regelkreise einschleusen.

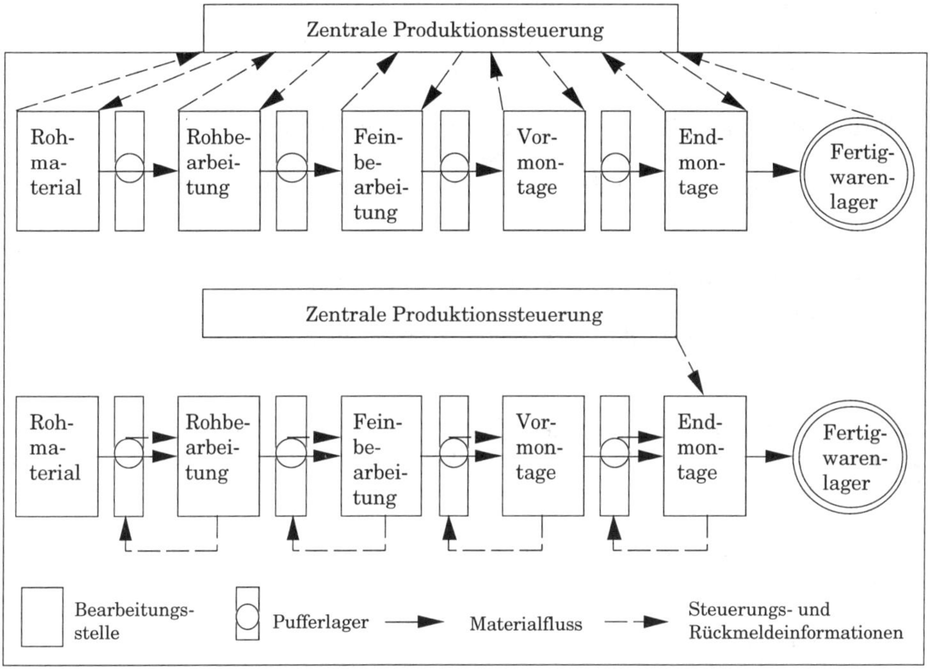

Daneben ist als grundlegendes Prinzip der Materialflussgestaltung die Holpflicht zu praktizieren.

2.1.2.2 Regelkreissystem

Der Einsatz einer Kanban-Karte erfolgt beim Kanban-System jeweils in einem Regelkreis, d.h. zwischen einer bereitstellenden Stelle und einer verbrauchenden Stelle.

Das gesamte Materialflusssystem besteht somit aus mehreren miteinander verflochtenen Regelkreisen. Über die Kanban-Karte werden die Produktionsaktivitäten in Form einer rückläufigen Informationsflusskette und einer vorwärtslaufenden Materialflusskette verknüpft.

Der **Ablauf** sei im Folgenden dargestellt:

- Der Produktionsplan, der in der Regel einen Tagesbedarf umfasst, trifft auf der letzten Fertigungsstufe ein, d.h. auf derjenigen mit dem höchsten Reifegrad. Es kann sich dabei auch um das Fertigwarenlager handeln. Die Abarbeitungsreihenfolge je Auftrag kann vorgegeben oder völlig frei sein.

- Die zur Bearbeitung der Aufträge benötigten Teile werden, sofern kein Vorrat an den Arbeitsplätzen vorhanden ist, aus dem Pufferlager der technologischen Vorgängerstufe entnommen, indem der entsprechende Behälter geholt wird (Holprinzip).

- Die an ihm befestigte Kanban-Karte wird entfernt und in ein Ablagefach als »Sammelbox« gelegt. Der Inhalt dieses Behälters muss zunächst aufgebraucht werden, bevor ein neuer Behälter mit gleichen Teilen angebrochen werden darf.

- Die Kanban-Sammelboxen werden in bestimmten Zeitabständen geleert. Die Karten werden entsprechend ihren Angaben über den Bereitstellungsort (Quelle) der zuständigen Fertigungsstufe bzw. dem Lager oder der Transporteinheit zugeführt.

- Dort angekommen, lösen sie einen Produktions- bzw. Bereitstellungsauftrag über die auf der Karte vermerkte Art und Menge einer Teileart aus. Nach der Auftragsausführung werden die Erzeugnisse in leere Behälter gefüllt, mit der Kanban-Karte versehen und an das Pufferlager (Senke) übergeben, aus dem sie vorher entnommen wurden.

Somit ist ein Kanban-Kreislauf geschlossen. Produktionsanstöße bzw. Beschaffungsaufträge werden auf die gleiche Art und Weise auf den vorgelagerten Stufen bis zum Materiallager oder sogar bis zum Lieferanten ausgelöst.

Zu beachten ist, dass diese Steuerungsprinzipien bereits in der Entstehungszeit von Kanban mit EDV-Programmen der Produktionssteuerungs verknüpft wurden.

Es zeichnen sich zwei grundlegende **Kombinationen** ab:

- Unterstützung der Steuerungsaktivitäten des Kanban-Systems,

- Paralleleinsatz von Kanban und zentralem EDV-gestützem Produktionssteuerungssystem nach einer organisatorischen Aufteilung des Produktionsprogrammes.

Die Unterstützung könnte dabei eine Lösung auf der Basis eines Mikrorechnersystems (vernetzt) bestehen. Hier werden dann bereichsbezogene Daten verwaltet, beispielsweise Produkte, Arbeitspläne, Produktionspläne, Anlagenkapazität, Werkzeuge, Vorrichtungen, Personal.

Weitere Daten sind gemäß Produktionsplan im Rahmen des Produktionszeitraumes:

- Produktart
- Menge
- Wiederholfrequenz.

2.1.2.3 Qualitätssicherung

Voraussetzung für das Kanban-System ist, dass nur fehlerfreie und verwendbare Teile an den Verbraucher oder die nächste Fertigungsstufe weitergegeben werden. Dies ist unbedingt erforderlich, da keine Reserveteile eingeplant sind. Würde also die vorgelagerte »erzeugende« Stelle Ausschussteile weitergeben, so müsste, als Folge davon, ein Versorgungsengpass in allen nachgelagerten Bereichen auftreten.

Um die geforderte Qualitätssicherheit zu garantieren, gibt es zwei **Strategien**:

- Die Qualitätssicherung durch **automatisierte Prozessüberwachung** bei der die Kontrolle durch automatische Einrichtungen im Produktionsprozess übernommen wird.

- Die Qualitätssicherung in Form der **Selbstkontrolle** durch Motivationssteigerung der Mitarbeiter zur Hebung des Qualitätsstandards.

Hier werden steigende Anforderungen an die Mess- und Prüftechnik gestellt. Die Funktionen der Steuerung und Auswertung von Messergebnissen können jedoch zunehmend von Prozessrechnern übernommen werden.

Bei der Qualitätssicherung durch Selbstkontrolle werden die Mitarbeiter vom obersten Management bis zur ausführenden Ebene durch eine »Selbstkontrolle« aktiv in den Qualitätssicherungsprozess einbezogen. Diese Arbeitskontrolle ist von jeder Gruppe bzw. jedem Arbeitnehmer für seine eigenen Aufgaben mit dem Hauptziel durchzuführen, die Qualitätssicherungskosten möglichst niedrig zu halten und eine Weitergabe fehlerhafter Produkte zu vermeiden.

Die Einführung eines Selbstkontrollsystems in Verbindung mit dem Kanban-System bedeutet, dass durch die hohe Transparenz des Werkstattgeschehens – infolge der Übersichtlichkeit des Materialflusses und der Kartenkreisläufe – jedem Mitarbeiter die Wirkungen einer Weitergabe von Ausschussmaterialien vor Augen geführt werden.

58 Seite 457

2.2 Beschaffungswege

Außer der Frage, für welchen Zeitraum die Materialien zu beschaffen sind, ist bei dem beschaffenden Unternehmen zu klären, auf welchen Wegen die Materialien bezogen werden sollen. Es sind zu unterscheiden:

- **Direkte Beschaffungswege**
- **Indirekte Beschaffungswege.**

2.2.1 Direkte Beschaffungswege

Die direkte Beschaffung, die unmittelbar beim Hersteller erfolgt, bietet sich vor allem für A-Güter an. Sie verursacht möglicherweise niedrigere Beschaffungskosten als die indirekte Beschaffung über den Handel. Davon ist aber nicht immer auszugehen.

Außerdem ist nicht zu verkennen, dass sich bei direkter Beschaffung verschiedene **Kosten** ergeben können, die bei indirekter Beschaffung nicht anfallen müssen. Sie beruhen auf:

- Intensiven Verhandlungsaktivitäten
- Mindestabnahmemengen über den tatsächlich benötigten Mengen
- Mindermengenzuschläge.

Bestimmte Materialien – beispielsweise spezielle Zulieferteile – sind mitunter nur vom Hersteller beziehbar. Außerdem kann es sein, dass das beschaffende Unternehmen entsprechenden Einfluss auf die Erzeugisgestaltung des Herstellers nehmen oder Sonderanfertigungen beziehen will.

Spezielle **Formen** direkter Beschaffung können sein:

Einkaufsbüros	Sie dienen dazu, direkt am Ort der Erzeugung zu beschaffen. Es handelt sich dabei um Außenstellen der beschaffenden Unternehmen.
Einkaufs-gemeinschaften	Hierin schließen sich vor allem kleinere oder mittlere Unternehmen zusammen, die ihre Beschaffungskosten minimieren wollen. Wegen der damit verbundenen hohen Beschaffungsmengen ergibt sich eine relativ starke Marktstellung. Es lassen sich deshalb günstige Preise, Konditionen und sonstige Vertragsvereinbarungen erzielen.

2.2.2 Indirekte Beschaffungswege

Indirekte Beschaffungswege sind alle Beschaffungswege, bei denen zwischen dem Hersteller und dem beschaffenden Unternehmen zumindest ein Absatzorgan geschaltet ist. Es lassen sich unterscheiden:

Handel	Er bietet normalerweise ein umfassendes Sortiment an, dessen Artikel meist von mehreren Herstellern gefertigt werden. Damit wird eine gewisse Markttransparenz geschaffen, es bestehen Wahlmöglichkeiten für das beschaffende Unternehmen und es können unterschiedliche Materialien von einem Marktpartner bezogen werden.

Kommissionäre	Kommissionäre sind Kaufleute, die gewerbsmäßig im eigenen Namen für Rechnung anderer Waren oder Wertpapiere kaufen oder verkaufen. Sie nehmen bei einigen Materialien ausschließlich die Beschaffung vor. Dabei bieten sich keine anderen Beschaffungswege, das beschaffende Unternehmen kann lediglich unter verschiedenen Kommissionären auswählen.
Importeure	Sie werden besonders von kleineren und mittleren Unternehmen eingeschaltet, da sie auf einem ausländischen Markt über die erforderlichen Kenntnisse verfügen. Eine Beschaffung, die direkt beim ausländischen Hersteller erfolgt, ist eher für größere Unternehmen zweckmäßig, die Auslandsmärkte intensiver beobachten und analysieren können.

Die Beschaffungskosten bei Einschaltung des Handels können höher sein als bei direkter Beschaffung, weil eine Handelsspanne auf den Herstellerpreis bzw. den Großhandelspreis geschlagen wird.

Sie muss sich aber nicht wesentlich kostenerhöhend auswirken, weil der Handel die Güter möglicherweise zu günstigeren Preisen, Konditionen und – bei größeren Transporteinheiten – geringeren Transportkosten erhält als der Abnehmer, der oft nur wenige Güter benötigt.

Der Handel entlastet das beschaffende Unternehmen weitgehend von der Transportfunktion, der Lagerfunktion und von den damit verbundenen Risiken. Lieferfristen des Handels können – bedingt durch seine Lagerfunktion – geringer sein als Lieferfristen des Herstellers.

Dennoch sollte bei ausreichendem mengenmäßigen Bedarf geprüft werden, inwieweit es zweckmäßig ist, den Handel zumindest bei A-Gütern auszuschalten.

2.3 Beschaffungstermine

Die Beschaffungstermine bedürfen einer genauen Planung, weil die Materialien meist nicht unverzüglich nach ihrer Anforderung zur Verfügung stehen. **Gründe** hierfür sind:

- Lieferzeiten
- Beschaffungszeiten
- Prüfungszeiten.

Die Beschaffungstermine werden auf unterschiedliche Weise ermittelt, je nachdem, ob es sich um eine verbrauchsgesteuerte oder eine bedarfsgesteuerte Beschaffung handelt:

- **Verbrauchsgesteuerte Beschaffung**
- **Bedarfsgesteuerte Beschaffung**.

2.3.1 Verbrauchsgesteuerte Beschaffung

Die verbrauchsgesteuerte Beschaffung kann durchgeführt werden als:

Bestellpunkt-Verfahren	Die Beschaffung wird ausgelöst, wenn der verfügbare Lagerbestand, der bei jedem Lagerabgang geprüft wird, eine bestimmte Menge – den Bestellpunkt – erreicht hat. Die zu beschaffende Menge soll spätestens im Lager eingetroffen sein, wenn der Sicherheitsbestand erreicht ist. Das Bestellpunkt-Verfahren kann durchgeführt werden – siehe *Kapitel D* – als: ○ Sofortige Lagerergänzung ○ Langfristige Lagerergänzung.
Bestellrhythmus-Verfahren	Eine Überprüfung des Lagerbestandes wird in konstanten Zeitintervallen vorgenommen. Bei Unterschreitung des Bestellpunktes wird die Beschaffung ausgelöst.

Die verbrauchsgesteuerte Beschaffung findet dort Anwendung, wo ein regelmäßiger Verbrauch an Hilfs- und Betriebsstoffen sowie sonstigen geringerwertigen Materialien vorliegt.

2.3.2 Bedarfsgesteuerte Beschaffung

Die bedarfsgesteuerte Beschaffung erfolgt bei höherwertigen Materialien. Sie basiert auf der Bedarfsermittlung durch Stücklistenauflösung, wobei zur Ermittlung des Nettobedarfes vorhandene Lagerbestände und Bestellbestände abzusetzen sind.

	Bedarf aus Stücklistenauflösung
–	Lagerbestände
–	Bestellbestände
=	**Zu beschaffende Menge**

Die Bestelltermine werden unter Berücksichtigung der jeweiligen Solleindeckungstermine planerisch genau festgelegt.

2.4 Beschaffungsmenge

Im Rahmen der Beschaffungsplanung sind nicht nur die Prinzipien, Wege und Termine der Beschaffung festzulegen. Auch die Beschaffungsmengen bedürfen der Bestimmung.

Grundlage für die Festlegung einer Beschaffungsmenge ist die **technische Losgröße**. Sie ergibt sich aus den Bedarfswerten, die aufgrund

- deterministischer Methoden
- stochastischer Methoden

der Bedarfsermittlung als Gesamtheit des Nettobedarfes – d.h. unter Berücksichtigung von möglichem Zusatzbedarf und etwaigen Beständen – ermittelt worden sind.

In der technischen Losgröße finden die fertigungswirtschaftlichen Erfordernisse ihren Niederschlag. Damit ist aber nicht geklärt, welche Losgröße für die Beschaffung wirtschaftlich ist.

Bezüglich der Beschaffungsmenge sind zu unterscheiden:

- **Einflussfaktoren**
- **Optimierung**.

2.4.1 Einflussfaktoren

Die Höhe wirtschaftlicher Beschaffungsmengen hängt von mehreren Faktoren ab, vor allem von:

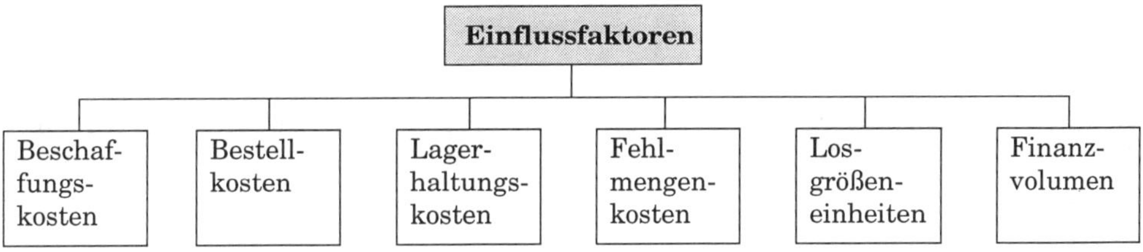

2.4.1.1 Beschaffungskosten

Die Beschaffungskosten umfassen alle **bestellmengenabhängigen Kosten**, die durch den Fremdbezug von Material entstehen. Sie ergeben sich aus:

	Angebotspreis
–	Rabatt
–	Bonus
+	Mindermengenzuschlag
=	Zieleinkaufspreis
–	Skonto
=	Bareinkaufspreis
+	Bezugskosten
	Verpackung
	Fracht
	Rollgeld
	Versicherung
	Zoll
=	**Einstandspreis**

Beispiel: Der Angebotspreis eines Materials beträgt 5 €/Stück. Für Verpackung werden per 100 Stück 3 € berechnet. Bei Abnahme von 1.000 Stück wird ein Mengenrabatt von 20 % gewährt. Erfolgt die Zahlung innerhalb von 10 Tagen nach Rechnungstellung, können 3 % Skonto abgesetzt werden. Das Material wird frei Haus geliefert.

Bei Abnahme von 1.200 Stück und Rechnungsbegleichung innerhalb von einer Woche nach Rechnungstellung ergeben sich für das Unternehmen als Beschaffungskosten:

	Angebotspreis	1.200 · 5,00	6.000 €
–	20 % Rabatt	6.000 · 0,20	1.200 €
–	3 % Skonto	4.800 · 0,03	144 €
+	Verpackung	12 · 3,00	36 €
=	**Einstandspreis**		**4.692 €**

Mithilfe der differenzierten Aufschlüsselung einzelner Komponenten der Beschaffungskosten wird die Beschaffungsabteilung in die Lage versetzt, alternative Lieferanten einem Vergleich zu unterziehen.

59 Seite 458

2.4.1.2 Bestellkosten

Die Bestellkosten, die auch Bestell**abwicklungs**kosten genannt werden, sind Kosten, die innerhalb des Unternehmens für die Materialbeschaffung anfallen. Sie sind **von der Anzahl der Bestellungen abhängig**, nicht dagegen von der Beschaffungsmenge.

Beispiele für Bestellkosten:

- Personalkosten der Beschaffung
- Sachkosten der Beschaffung
- Personalkosten der Materialprüfung
- Sachkosten der Materialprüfung
- Personalkosten der Rechnungsprüfung
- Sachkosten der Rechnungsprüfung
- Personalkosten der (EDV-)Organisation
- Sachkosten der (EDV-)Organisation.

Die Kosten der (EDV-) Organisation sind anteilig, die übrigen Kosten hingegen in vollem Umfang ihres Anfalles zu berechnen.

Die Bestellkosten werden bei der Berechnung optimaler Bestellmengen als **fixe Kosten** angesehen. Das ist aber nur richtig, wenn die Summe der Sachkosten und Personalkosten einerseits und die Bestellhäufigkeit andererseits gleich bleiben. Ändert sich eine der Größen, dann verändern sich auch die Bestellkosten.

Beispiel: Eine Veränderung der Bestellkosten pro Periode ergibt sich, wenn die Bestellhäufigkeit – unter der Annahme gleichbleibender Bestellkosten pro Bestellung – verändert wird.

Der Jahresbedarf an Material umfasst: 1.200 Stück
Die Bestellkosten pro Bestellung betragen: 30 €

Bestellhäufigkeit pro Periode	Bestellmenge pro Bestellung	Bestellkosten pro Periode (€)
4	300	120
3	400	90
2	600	60
1	1.200	30

Die Bestellkosten pro Periode sind um so geringer, je weniger häufig Bestellungen ausgelöst werden bzw. je größer die Bestellmengen pro Bestellung sind. Dieser Kostenminimierung stehen aber erhöhte Lagerhaltungskosten gegenüber.

Untersuchungen haben ergeben, dass die Bestellkosten pro Bestellung bei 20 € bis 100 € liegen können.

60 Seite 458

2.4.1.3 Lagerhaltungskosten

Lagerhaltungskosten sind alle Kosten, die durch die Lagerung von Material verursacht werden.

Die Lagerhaltungskosten werden ermittelt:

pro Einheit $$L_{HK} = E \cdot L_{HS}$$

gesamt $$L_{HK} = B_D \cdot L_{HS}$$

wobei $$L_{HS} = p + L_S$$

L_{HK} = Lagerhaltungskosten
L_{HS} = Lagerhaltungskostensatz
L_S = Lagerkostensatz
p = Zinssatz
E = Einstandspreis
B_D = Durchschnittlich im Lager gebundenes Kapital

Ausgangspunkt für die Ermittlung der Lagerhaltungskosten ist der **Einstandspreis** des Materials, der für die Optimierung der Bestellmenge als konstant angesehen wird.

Außerdem sind **zu errechnen**:

- Der **Zinssatz**, der meist als der kalkulatorische Zinssatz des Unternehmens angesetzt wird. Bei einem gegebenen Zinssatz lassen sich die Zinskosten pro Jahr ermitteln:

$$K_Z = \frac{B_D \cdot p}{100}$$

K_Z = Zinskosten
B_D = Durchschnittlich im Lager gebundenes Kapital
p = Zinssatz

Das durchschnittlich im Lager gebundene Kapital wird errechnet:

- Bei **ungleichmäßigen** Lagerzugängen und Lagerabgängen:

$$B_D = \frac{\text{Jahresanfangsbestand} + 12 \text{ Monats-Endbestände}}{13}$$

- Bei **gleichmäßigen** Lagerzugängen und Lagerabgängen:

$$B_D = \frac{B_L}{2} \cdot E$$

B_L = Lagerbestand

Hieraus lassen sich die **Zinskosten** ermitteln:

$$K_Z = \frac{B_L}{2} \cdot E \, \frac{p}{100}$$

Die Formel kann auch umgestellt werden:

$$K_Z = \frac{B_L \cdot E \cdot p}{2 \cdot 100}$$

Beispiel: Jährlich werden 40.000 Stück eines Materials benötigt, dessen Einstandspreis 6 € pro Stück beträgt. Bei einem Zinssatz von 8 % ergibt dies jährliche Zinskosten:

$$K_Z = \frac{40.000 \cdot 6 \cdot 8}{2 \cdot 100}$$

$$K_Z = \mathbf{9.600}$$

- Der **Lagerkostensatz** ergibt sich:

$$L_S = \frac{K_L \cdot 100 \cdot 2}{B_L \cdot E}$$

oder

$$L_S = \frac{K_L \cdot 100}{B_D}$$

L_S = Lagerkostensatz
K_L = Lagerkosten

Als Lagerkosten werden alle Kosten erfasst, die im Lager - mit Ausnahme der Zinskosten – anfallen. Das sind vor allem:

- Raumkosten
- Personalkosten
- Miete
- Abschreibung
- Instandhaltung
- Heizung
- Beleuchtung
- Wartung
- Materialfluss
- Versicherung
- Schwund
- Verderb
- Veralterung

Beispiel: Der Lagerbestand betrug 2001 für alle Materialien 1.400.000 €. Lagerkosten fielen in Höhe von 105.000 € an.

Damit beträgt der Lagerkostensatz:

$$L_S = \frac{105.000 \cdot 100 \cdot 2}{1.400.000}$$

$$L_S = \mathbf{15{,}00\ \%}$$

Bei einem Zinssatz von 8 % ergibt sich der Lagerhaltungskostensatz:

L_{HS} = 15,00 + 8,00

L_{HS} = **23 %**

In der betrieblichen Praxis liegt der Lagerhaltungskostensatz erfahrungsgemäß zwischen 15 % und 25 %.

61 Seite 459

2.4.1.4 Fehlmengenkosten

Fehlmengenkosten fallen an, wenn das beschaffte Material den Bedarf der Fertigung nicht deckt, wodurch der Leistungsprozess teilweise oder ganz unterbrochen wird. Sie entstehen durch:

Mögliche Preis-differenzen	Es werden höherwertige Güter zur Überbrückung der Störung eingesetzt.
Entgangene Gewinne	Es kann nicht gefertigt und damit auch nicht verkauft werden.
Konventional-strafen	Sie sind wegen **Nichtlieferung** an die Abnehmer zu zahlen: ❍ als absoluter Betrag ❍ als relativer Betrag ❍ als sich mit der Verzögerungszeit vergrößernder Betrag.
Goodwill-Verluste	Sie ergeben sich aus einem verminderten Auftragseingang, da Abnehmer anderweitig beschaffen.

Die Höhe der Fehlmengenkosten hängt von den Möglichkeiten der Verschiebung oder Veränderung des geplanten Fertigungsablaufes und von der Dauer der Störung ab.

Beispiel: Durch ein Versehen beim Lieferanten werden 5.000 Stahlteile gefertigt und geliefert, die nicht die vom beschaffenden Unternehmen als notwendig erachtete Zugfestigkeit besitzen. Die Lieferung muss zurückgeschickt werden. Eine Ersatzlieferung ist dem Lieferanten erst in 20 Tagen möglich, die Vorräte des Unternehmens reichen aber nur noch für 12 Tage aus.

Um einen Stillstand der Fertigung abzuwenden, hat das Unternehmen einen anderen Lieferanten erkundet, der die Versorgungslücke überbrücken kann. Allerdings verursacht die Überbrückungslieferung – im Vergleich zu dem in Verzug geratenen Lieferanten – um 14.000 € höhere Kosten.

Da mit dem bisherigen Lieferanten eine Konventionalstrafe von 8.000 € vereinbart worden war, die bei Lieferungsverzug wirksam wird, entstehen dem beschaffenden Unternehmen als Fehlmengenkosten:

14.000 € – 8.000 € = **6.000 €**.

62 Seite 460

2.4.1.5 Losgrößeneinheiten

Die Höhe wirtschaftlicher Beschaffungsmengen wird nicht nur durch die Kosten der Beschaffung beeinflusst, wie oben dargestellt wurde, sondern auch durch andere Faktoren wie die Losgrößeneinheiten, die sein können:

Transportmitteleinheit	Die Losgröße ist ein Vielfaches des Fassungsvermögens des kostengünstigsten oder aus anderen Gründen einzusetzenden Transportmittels.	Kesselwagen, Lastkraftwagen, Schiff.
Verpackungseinheit	Die Losgröße ist ein Vielfaches des Fassungsvermögens der kostengünstigsten oder üblichen Verpackungsform.	Bahnbehälter, Paletten, DIN-Kartons, branchen- oder firmenübliche Kartongrößen.
Lagerraumeinheit	Die Losgröße ist ein Vielfaches des Fassungsvermögens von Lagerraum.	Lagerfächer, Lagerfelder, Silos, Bunker.
Branchenübliche Bestelleinheit	Die Bestellung hat sich daran zu orientieren.	Per 10, 100, 1.000 Stück, kg, Dutzend, Ries, Gros.

2.4.1.6 Finanzvolumen

Neben den Überlegungen zur Kostenoptimierung und dem Gesichtspunkt geeigneter Losgrößeneinheiten hängt die Höhe der Beschaffungsmenge von den Möglichkeiten ab, die sich finanzwirtschaftlich ergeben. Die wirtschaftlich zweckmäßige Beschaffungsmenge kann nur beschafft werden, wenn das Material auch bezahlbar ist.

Sofern das Unternehmen über den notwendigen Finanzierungsspielraum verfügt, wäre die als zweckmäßig erachtete Beschaffungsmenge grundsätzlich realisierbar. Es gilt aber zu prüfen, welche Kosten durch eine größere Beschaffungsmenge im Vergleich zu einer kleineren Menge – beispielsweise der zur Aufrechterhaltung der Fertigung unbedingt notwendigen Menge – eingespart werden. Diese Kostenersparnis ist mit den für das Fremdkapital anfallenden Kosten zu vergleichen, um zu entscheiden, ob die Beschaffung der größeren Menge vorteilhaft ist.

Das beschaffende Unternehmen kann versuchen, die Zahlungsbedingungen mit dem Lieferanten so zu gestalten, dass der Rechnungsbetrag – ganz oder teilweise – erst später fällig wird. Dies kann günstig sein, wenn sich damit nicht der Preis oder sonstige Konditionen verändern.

Im Falle eines bereits ausgeschöpften Finanzierungsspielraumes ist der Versuch, den Rechnungsbetrag erst später fällig werden zu lassen, für das Unternehmen meist lebensnotwendig und ohne Alternative, selbst wenn der Preis oder sonstige Konditionen nicht günstig sind.

2.4.2 Optimierung

Die Optimierung der Beschaffungsmengen ist mithilfe folgender Verfahren möglich:

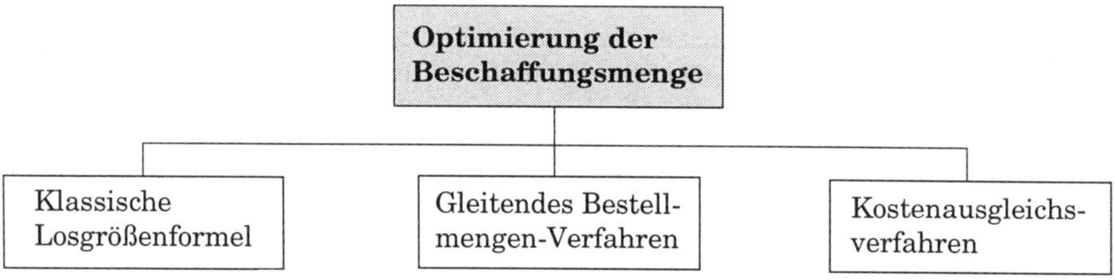

Die klassische Losgrößenformel kann – unter Einschränkungen – bei gleichbleibendem Materialbedarf, das gleitende Beschaffungsmengen-Verfahren und das Kostenausgleichs-Verfahren bei schwankendem Materialbedarf verwendet werden.

Alle drei Verfahren zeichnen sich durch ihre Einfachheit in der Handhabung und gleiche Optimierungskriterien aus, für die **EDV-Standardprogramme** vorliegen.

Während die klassische Losgrößenformel statischen Charakter besitzt, sind die anderen beiden Verfahren dynamisiert.

2.4.2.1 Klassische Losgrößenformel

Mithilfe der klassischen Losgrößenformel soll die optimale Beschaffungsmenge bei verbrauchsgesteuerter Beschaffung ermittelt werden, indem berücksichtigt werden:

- Jahresbedarfsmenge
- Bestellkosten als losfixe Kosten, die sich mit zunehmender Beschaffungsmenge pro Mengeneinheit vermindern.
- Lagerhaltungskosten als variable Kosten, die sich mit zunehmender Beschaffungsmenge proportional erhöhen.

Die **Beschaffungsmenge** gilt als **optimal**, wenn die Kosten für die Bestellung und Lagerung zusammen ein Minimum ergeben:

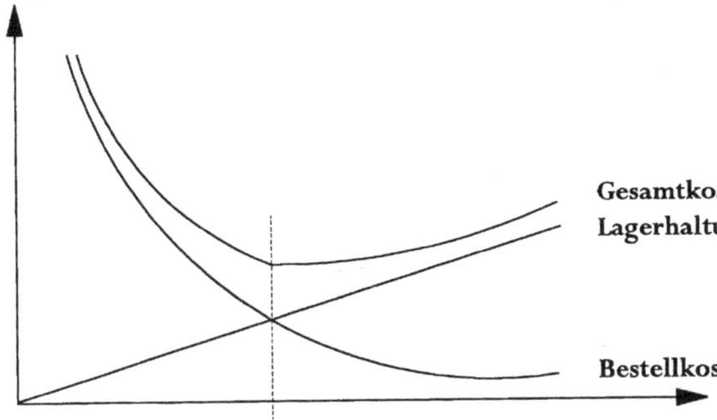

Rechnerisch wird die optimale Beschaffungsmenge ermittelt:

$$x_{opt} = \sqrt{\frac{200 \cdot M \cdot K_B}{E \cdot L_{HS}}}$$

x_{opt}	=	Optimale Beschaffungsmenge
M	=	Jahresbedarfsmenge
E	=	Einstandspreis pro Mengeneinheit
K_B	=	Bestellkosten je Bestellung
L_{HS}	=	Lagerhaltungskostensatz

Die optimale Bestellmenge wird umso größer, je größer die Werte im Zähler und je kleiner die Werte im Nenner sind.

Beispiel: Ein Unternehmen benötigt für 2002 voraussichtlich 1.200 Mengeneinheiten eines Materials, dessen Einstandspreis 4 €/Einheit beträgt. Die Bestellkosten für eine Bestellung betragen 40 €, der Lagerhaltungskostensatz wird mit 12 % des durchschnittlichen Lagerbestandes angesetzt.

$$x_{opt} = \sqrt{\frac{200 \cdot 1.200 \cdot 40}{4 \cdot 12}}$$

x_{opt} = **447,2 Stück**

Die klassische Losgrößenformel kann – in umgewandelter Form – auch dazu dienen, die **optimale Beschaffungshäufigkeit** zu ermitteln. Dabei gilt:

$$x = \frac{M}{n}$$

n = Häufigkeit der Beschaffungen

Wird x in der klassischen Losgrößenformel durch $\frac{M}{n}$ ersetzt, ergibt sich:

$$\frac{M}{n} = \sqrt{\frac{200 \cdot M \cdot K_B}{E \cdot L_{HS}}}$$

Die Auflösung der Gleichung nach n führt zu:

$$n_{opt} = \sqrt{\frac{M \cdot E \cdot L_{HS}}{200 \cdot K_B}}$$

Beispiel: Unter Verwendung der Daten aus dem vorangegangenen Beispiel kann die optimale Beschaffungshäufigkeit errechnet werden:

$$n_{opt} = \sqrt{\frac{1.200 \cdot 4 \cdot 12}{200 \cdot 40}}$$

$$n_{opt} = \mathbf{2{,}7}$$

Bei flachem Verlauf der Gesamtkostenkurve im Minimumbereich kann es sich anbieten, die Beschaffungshäufigkeit von 2,69 auf 3 aufzurunden, was dann zu einer optimalen Beschaffungsmenge von 1.200 : 3 = 400 Stück führt.

Die Verwendung der klassischen Losgrößenformel wird dadurch erleichtert, dass es hierfür EDV-Standardprogramme gibt.

Die Anwendbarkeit der klassischen Losgrößenformel für die Ermittlung der optimalen Beschaffungsmenge bzw. optimalen Beschaffungshäufigkeit ist an mehrere **Voraussetzungen** geknüpft:

- Der Stückpreis ist unabhängig von der Beschaffungsmenge.
- Der Bedarf ist bekannt und konstant.
- Fehlmengen sind nicht zugelassen.
- Die Grenzkosten der Lagerhaltung sind konstant.
- Die zeitliche Verteilung der Lagerabgänge ist stetig.
- Die Lieferzeit ist praktisch Null.
- Mindestbestellungen sind nicht vorgesehen.
- Die Bestellung eines Materials kann unabhängig von anderen Materialien erfolgen.

Diese Voraussetzungen sind in der betrieblichen Praxis kaum alle erfüllt. Dennoch findet die klassische Losgrößenformel in vielen Unternehmen entsprechende Anwendung, da sie grundlegende Zusammenhänge verarbeitet.

Differenzierte Operations Research-Modelle, die realistischer sind, haben in der betrieblichen Praxis keine nennenswerte Bedeutung erlangt.

63 Seite 460

2.4.2.2 Gleitendes Beschaffungsmengen-Verfahren

Das gleitende Beschaffungsmengen-Verfahren dient der Optimierung der Beschaffungsmenge, wobei – wie bei der klassischen Losgrößenformel – das Minimum der Summe aus Bestellkosten und Lagerhaltungskosten pro Mengeneinheit das Optimierungskriterium darstellt.

Im Gegensatz zu der klassischen Losgrößenformel setzt das gleitende Beschaffungsmengen-Verfahren keinen Durchschnittsbedarf voraus, d.h. die Bedarfsmengen in den einzelnen Perioden können schwanken. Damit wird eine größere Praxisnähe erreicht.

Die Ermittlung der optimalen Beschaffungsmenge erfolgt in einem **schrittweisen Rechenprozess**, in dem die Summe der anfallenden Bestell- und Lagerhaltungskosten pro Mengeneinheit für jede einzelne Periode ermittelt wird. Die Kosten werden für jede Periode miteinander verglichen. In der Periode mit den geringsten Kosten wird die Rechnung abgeschlossen, der bis dahin aufgelaufene Bedarf ist die **optimale Beschaffungsmenge**.

Mit der nachfolgenden Periode beginnt der Rechenprozess wieder von vorne, bis das nächste Minimum erreicht ist.

In der betrieblichen Praxis wird das gleitende Beschaffungsmengen-Verfahren wegen seiner hohen Rechenintensität nicht manuell eingesetzt, aber EDV-mäßig durchaus genutzt.

Beispiel: Der Nettobedarf eines Unternehmens beträgt in:

Dekade	1	140	Mengeneinheiten
Dekade	2	60	Mengeneinheiten
Dekade	3	50	Mengeneinheiten
Dekade	4	50	Mengeneinheiten
Dekade	5	40	Mengeneinheiten
Dekade	6	90	Mengeneinheiten
Dekade	7	90	Mengeneinheiten
Dekade	8	60	Mengeneinheiten
Dekade	9	30	Mengeneinheiten
Dekade	10	110	Mengeneinheiten

Die Bestellkosten betragen 30 € pro Bestellung, der Lagerhaltungskostensatz pro Mengeneinheit und Dekade 0,25 €. Das Material soll zu Beginn jeder Dekade verfügbar sein und gleichmäßig im Verlaufe der Dekade entnommen werden.

Rechnerisch lagert das Material in der jeweils zuletzt betrachteten - aktuellen - Dekade durchschnittlich eine halbe Dekade lang, in den vorangegangenen Dekaden des jeweiligen Rechenprozesses beträgt die durchschnittliche Lagerzeit jeweils die ganze Dekade.

	Dekade	Nettobedarf	Nettobedarf kumuliert	Lagerdauer kumuliert	Lagerhaltungskostensatz	Lagerhaltungskosten	Bestellkosten	Gesamtkosten der Bestellung und Lagerhaltung	Kosten der Bestellung und Lagerhaltung pro Mengeneinheit	Optimale Beschaffungsmenge
		A	B	C	D	E	F	G	H	I
						A · C · D		E + F	G : B	
	1	140	140	0,5	0,25	17,50	30	47,50	0,34	
	2	60	200	1,5	0,25	22,50	30	52,50	0,26	
	3	50	250	2,5	0,25	31,25	30	61,25	0,25	
	4	50	300	3,5	0,25	43,75	30	73,75	0,25	
Min.	5	40	340	4,5	0,25	45,00	30	75,00	0,22	340
	6	90	430	5,5	0,25	123,75	30	153,75	0,36	
►	6	90	90	0,5	0,25	11,25	30	41,25	0,46	
	7	90	180	1,5	0,25	33,75	30	63,75	0,35	
	8	60	240	2,5	0,25	37,50	30	67,50	0,28	
Min.	9	30	270	3,5	0,25	26,25	30	56,25	0,21	270
	10	110	380	4,5	0,25	123,75	30	153,75	0,40	
►	10	110	110	0,5	0,25	13,75	30	43,75	0,40	
	.									
	.									
	.									
	.									

64 Seite 461

2.4.2.3 Kostenausgleichs-Verfahren

Während beim gleitenden Beschaffungsmengen-Verfahren die Summe aus Bestellkosten und Lagerhaltungskosten pro Mengeneinheit als Optimierungskriterium dient, deren Minimum gesucht wird, gilt als Optimierungskriterium des Kostenausgleichs-Verfahrens der Tatbestand, dass im Minimum der Summe aus Bestellkosten und Lagerhaltungskosten pro Mengeneinheit beide Kostenarten die gleiche Höhe aufweisen.

Beide Optimierungskriterien wurden bereits bei der klassischen Losgrößenformel – siehe die Zeichnung auf Seite 265 – erfüllt.

Wie beim gleitenden Beschaffungsmengen-Verfahren ist es auch beim Kostenausgleichs-Verfahren – im Gegensatz zum klassischen Losgrößenverfahren – möglich, Schwankungen der Bedarfsmengen für die einzelnen Perioden zu berücksichtigen.

Rechnerisch erfolgt die Ermittlung der **optimalen Beschaffungsmenge**, indem die kumulierten Lagerhaltungskosten stufenweise für jede Periode ermittelt werden, bis sie in ihrer Höhe den Bestellkosten (im Wesentlichen) entsprechen. Ist dieser Punkt erreicht, stellt der bis dahin kumulierte Nettobedarf die optimale Beschaffungsmenge dar. Der Rechenprozess beginnt für die folgenden Perioden wieder neu.

Beispiel: Das beim gleitenden Beschaffungsmengen-Verfahren dargestellte Beispiel gilt hier entsprechend:

	Dekade	Netto-bedarf	Netto-bedarf kumu-liert	Lager-dauer kumu-liert	Lager-hal-tungs-kosten-satz	Lager-hal-tungs-kosten	Lager-hal-tungs-kosten kumu-liert	Be-stell-kosten	Opti-male Be-schaf-fungs-menge
		A	B	C	D	E	F	G	H
						A · C · D			
	1	140	140	0,5	0,25	17,50	17,50	30	
opt.	2	60	200	1,5	0,25	22,50	40,00	30	200
	3	50	50	0,5	0,25	6,25	6,25	30	
opt.	4	50	100	1,5	0,25	18,75	25,00	30	100
	5	40	40	0,5	0,25	5,00	5,00	30	
opt.	6	90	130	1,5	0,25	33,75	38,75	30	130
	7	90	90	0,5	0,25	11,25	11,25	30	
opt.	8	60	150	1,5	0,25	22,50	33,75	30	150
	9	30	30	0,5	0,25	3,75	3,75	30	
opt.	10	110	140	1,5	0,25	41,25	45,00	30	110

Das gleitende Beschaffungsmengen-Verfahren und das Kostenausgleichs-Verfahren liefern wegen ihrer unterschiedlichen Ansätze verschiedene Ergebnisse.

65 Seite 461

3. Beschaffungsdurchführung

Nachdem im Rahmen der Beschaffungsplanung festgelegt wurde,

- welche Beschaffungsprinzipien
- welche Beschaffungswege
- welche Beschaffungstermine
- welche Beschaffungsmengen

zu realisieren sind, kann die Durchführung der Beschaffung erfolgen, die in mehreren **Stufen** vor sich geht:

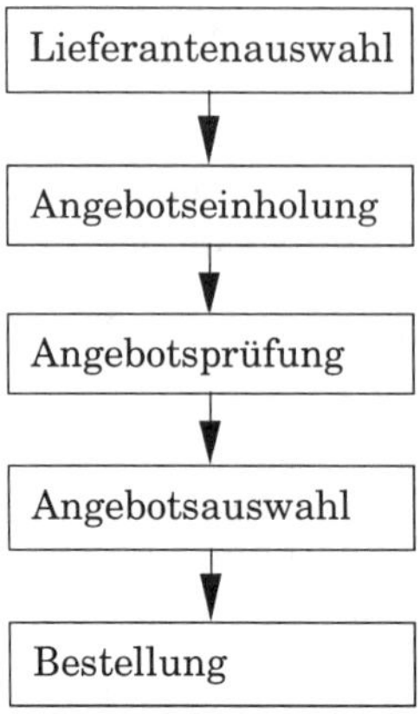

3.1 Lieferantenauswahl

Um die Beschaffung durchführen zu können, ist es zunächst notwendig, die infrage kommenden Lieferanten herauszufinden. Schließlich hat es nur einen Sinn, Angebote von Unternehmen einzuholen, die positiv eingeschätzt werden. Die Lieferantenauswahl ist in den letzten Jahren **immer bedeutsamer** geworden. Sie wird sich auch künftig weiter verstärken.

Gründe hierfür sind:

- Der Fremdbezug gewinnt für die Unternehmen ständig größere Bedeutung.
- Die Unternehmen binden die Lieferanten immer enger an sich.
- Die Fertigungstiefe der Unternehmen nimmt vielfach ab.
- Die modernen Zuliefertechniken – fertigungssynchrone Anlieferung, Just-in-Time, Kanban – erfordern absolut zuverlässige Lieferanten.

3.1.1 Hauptziele

Bei der Lieferantenauswahl verfolgt das Unternehmen als **Hauptziele** (*Hartwig, Mai*):

<table>
<tr><td>Produktqualitätsziel</td><td>Daraus ergibt sich das Bedarfsdeckungsziel.</td></tr>
<tr><td>Preisziel</td><td rowspan="3">Hierzu zählen beispielsweise:
○ Einstandspreise
○ Bestellfixe Kosten
○ Lagerkosten
○ Fehlmengenkosten</td></tr>
<tr><td>Kostenziel</td></tr>
<tr><td>Erfolgsziel</td></tr>
<tr><td>Liquiditätsziel</td><td>Es bezieht sich auf die Einhaltung eines Beschaffungsbudgets, innerhalb dessen die Beschaffungsabteilung handelt.</td></tr>
</table>

3.1.2 Bewertungskriterien

Um die für das Unternehmen vorteilhaftesten Lieferanten auswählen zu können, bedarf es einer systematischen Lieferantenbewertung. Sie erfolgt auf der Grundlage von **Bewertungskriterien**, die vor allem sein können (*Eschenbach*, *Buchinger, Tonew-Iliitschew*):

Kriterien der Beurteilung der Lieferungen und Leistungen des Lieferanten	○ Qualität ○ Preis ○ Konditionen ○ Lieferzuverlässigkeit ○ Liefertreue ○ Nebenleistungen
Kriterien zur Beurteilung des Lieferanten selbst	○ Rechtsform ○ Finanzieller Status ○ Kostenstruktur ○ Marktanteil/-entwicklung ○ Struktur/Qualität des Managements ○ Qualitätsfähigkeit ○ Forschungs-/Entwicklungsintensität ○ Ruf bei Wettbewerbern ○ Kooperationsbereitschaft ○ Bereitschaft zu Gegengeschäften
Kriterien zur Beurteilung des Umfeldes des Lieferanten	○ Bevölkerung ○ Ökologie ○ Volkswirtschaft ○ Außenwirtschaft ○ Zahlungsbilanz ○ Währung/Geld/Kapital ○ Staat/Gesellschaft ○ Technologie ○ Wirtschaftszweige ○ Wirtschaftsregionen ○ Nachfrage des Unternehmens ○ Konkurrenz des Unternehmens ○ Produktion des Unternehmens ○ Beschaffung des Unternehmens ○ Personal des Unternehmens ○ Finanzen des Unternehmens

Die Lieferantenbewertung erfolgt zweckmäßigerweise mithilfe von **Nutzwertrechnungen** – siehe ausführlich *Olfert*. Dabei wird eine Punktbewertung der einzelnen Kriterien vorgenommen. Die Punktskala umfasst häufig 0 bis 5, 0 bis 10 oder 0 bis 20 Punkte, wobei die Bewertung umso besser ist, je höher die Punktzahl ist.

Die Summe der Punkte, die sich bei jedem Lieferanten ergibt, stellt den **Nutzwert** dar und ermöglicht, die Lieferanten in eine Rangfolge der Vorteilhaftigkeit einzuordnen.

Beispiel:

	Gewicht	Bewertung von 1 bis 10 Punkten			
		Firma A	Firma B	Firma C	Firma D
Zuverlässigkeit					
Allgemeiner Ruf					
Finanzielle Situation					
Qualität und Durchführung					
Qualitätskontrolle ausreichend					
Wertanalyseprogramm vorhanden					
Technische Leistungsfähigkeit					
Forschungsprogramm vorhanden					
Wird Grundlagenforschung betrieben					
Übernimmt Lieferer Einbau und Service					
Einarbeitung an der Maschine					
Sonderwünsche					
Kundendienst					
Kundendienstabteilung vorhanden					
Kundendienst preisgünstig					
Notdienst vorhanden					
Austauschteile vorrätig					
Wartungsprogramm vorhanden					
Verfügbarkeit					
Termineinhaltung gesichert					
Kurzfristiger Ablauf möglich					
Örtliche Lage vorteilhaft					
Eilaufträge					
Verpflichtungen des Lieferers gegenüber anderen Kunden					
Ersatzteile zu späterem Zeitpunkt					
Angemessene Kaufmöglichkeit					
Umfangreiches Fertigungsprogramm					
Kreditvereinbarungen					
Verpackung					
Örtliche Verkaufsbüros					
Lösung von Spezialproblemen					
Unterstützung beim Verkauf					
Förderung des Rufs durch Unterstützung des Lieferers					
Summe					

Die Bewertungskriterien können, wie im Beispiel zu sehen ist, nach ihrer Bedeutung entsprechend gewichtet werden.

66 Seite 461

3.2 Angebotseinholung

Ein Angebot ist eine an eine bestimmte Person bzw. an ein bestimmtes Unternehmen gerichtete Willenserklärung, Güter zu den angegebenen Bedingungen zu liefern. An die Allgemeinheit gerichtete Informationen über Güter – beispielsweise in Anzeigen, Prospekten, Katalogen – sind **Anpreisungen** und gelten nicht als Angebot im rechtlichen Sinne.

Ein Angebot kann verbindlich abgegeben werden, d.h. der Anbieter verpflichtet sich, innerhalb der – gesetzlichen oder vertraglichen – Bindungsfrist die angebotene Leistung zu erbringen. Der Anbieter kann die Bindung an das Angebot aber auch einschränken oder ausschließen, beispielsweise durch folgende Formulierungen:

- Solange Vorrat reicht
- Liefermöglichkeit vorbehalten
- Preis freibleibend
- Unverbindlich.

Für Angebote gibt es keine Formvorschriften, sie können schriftlich, mündlich oder durch schlüssiges Handeln abgegeben werden. Mündlich unterbreitete Angebote werden zweckmäßigerweise schriftlich bestätigt.

Grundsätzlich sollen **mehrere Angebote** eingeholt werden. Die Anzahl der einzuholenden Angebote ist in den meisten Unternehmen durch Dienstanweisungen geregelt. Sie hängt üblicherweise vom Auftragswert ab. Die Beschaffungsabteilung muss bemüht sein, die möglichen Lieferanten und deren Leistungsprogramme genau kennen und einschätzen zu lernen.

Die erwünschten Angebote sollten – worauf in den Anfragen an die Lieferanten hinzuweisen ist – vor allem Klarheit vermitteln über:

- Materialart
- Materialmenge
- Materialqualität
- Materialpreis
- Lieferbedingungen
- Zahlungsbedingungen
- Erfüllungsort
- Gerichtsstand.

Soweit notwendig, sind die Anfragen durch Zeichnungen oder andere Anlagen zu ergänzen, deren Rückgabe sicherzustellen und deren missbräuchliche Verwendung auszuschließen ist.

Bei der Auswahl infrage kommender Lieferanten kann sich die Beschaffungsabteilung – wie gezeigt wurde – verschiedener **Hilfsmittel** bedienen, beispielsweise der

- Prospektkartei
- Bezugsquellenkartei
- Lieferantenkartei
- EDV-Datenbanken (dBASE, SQL).

Für höherwertige Materialien – insbesondere A-Güter – bietet es sich an, bei jedem Bedarf die Angebotsseite zu überprüfen. Materialien geringeren Wertes – im Wesentlichen sind das C-Güter – rechtfertigen eine ständige Überprüfung der Angebotsseite nicht. Angebote werden häufig nur ein- oder zweimal im Jahr eingeholt, um mögliche Marktveränderungen festzustellen.

Diese Verfahrensweise hat keine Gültigkeit, wenn sich offensichtlich **Marktveränderungen** ergeben haben, beispielsweise bei Preisen, Konditionen oder Lieferzeiten. In diesen Fällen sind neue Angebote unmittelbar nach Feststellung der Marktveränderung einzuholen, unabhängig vom sonstigen Zeitrahmen der routinemäßigen Angebotseinholung. Es werden unterschieden:

- **Mündliche Einholung**
- **Schriftliche Einholung**.

3.2.1 Mündliche Einholung

Die mündliche Einholung von Angeboten bietet sich für Materialien geringeren Wertes an, die den Aufwand schriftlicher Anfragen nicht rechtfertigen. Dies gilt im Wesentlichen für C-Materialien.

Dabei ist auch denkbar, dass die Grundsatzentscheidung, bei welchen Lieferanten C-Materialien beschafft werden sollen, durch schriftliche Einholung von Angeboten abgesichert wird und die – beispielsweise periodische – Anfrage bei den möglichen Marktpartnern zum Zwecke der Beobachtung der Marktentwicklung in mündlicher Form erfolgt.

Die Bindung eines Lieferanten an ein mündlich, auch telefonisch gegebenes Angebot gilt nur, solange das Gespräch dauert, es sei denn, die Gesprächspartner vereinbaren eine andere Erklärungs- oder Überlegungsfrist.

3.2.2 Schriftliche Einholung

Die schriftliche Einholung von Angeboten ist bei A- und B-Materialien üblich, nicht nur wegen der rechtlichen Absicherung, sondern auch aus der Notwendigkeit heraus, Missverständnisse und Versäumnisse – die sich bei mündlichem Kontakt ergeben können – weitestgehend auszuschalten.

Aus Gründen der Rationalisierung werden vielfach **Formulare** verwendet, die ein schnelles und genaues Ausfüllen gewährleisten. Sie können folgendes Aussehen haben:

<table>
<tr><td colspan="3">Feld für Lieferanschrift</td><td colspan="3">Absender-Angaben
Anfrage-Nr. vom</td></tr>
<tr><td colspan="6">Bitte unterbreiten Sie uns kostenlos bis spätestens .... Ihr Angebot für nachstehend aufgeführte Positionen unter Zugrundelegung unserer rückseitig vermerkten Einkaufsbedingungen.</td></tr>
<tr><td>Material-Nr.</td><td>Material-Benennung</td><td>Menge</td><td>Einheit</td><td>Preis pro Einheit</td><td>Preis gesamt</td></tr>
<tr><td></td><td></td><td></td><td></td><td></td><td></td></tr>
<tr><td colspan="3">Liefertermin erwünscht:
Zahlungsbedingungen:
Lieferungsbedingungen:</td><td colspan="3">Mit freundlichen Grüßen

MASCHINENBAU GMBH</td></tr>
</table>

<table>
<tr><td colspan="3"></td><td colspan="3">Anfrage
Nr.
vom</td></tr>
<tr><td colspan="3">Unser Zeichen</td><td colspan="3">Wir bitten um Ihr Angebot gemäß unserer unten- bzw. umstehenden Bedingungen für nachstehend bezeichnete Waren/Dienstleistungen. Verwenden Sie bitte das beigefügte Angebotsformular.</td></tr>
<tr><td>Pos.</td><td>Bestellnummer</td><td>Bezeichnung der Lieferung</td><td>Menge</td><td>Einheit</td><td>Preis €</td></tr>
<tr><td></td><td></td><td></td><td></td><td></td><td></td></tr>
<tr><td colspan="6">Angebotsabgabe bis:
Liefertermin erwünscht:</td></tr>
</table>

Oft sind die Formulare so gestaltet, dass die befragte Firma ihr Angebot abgeben kann, indem sie lediglich den Durchschlag der Anfrage um die ausstehenden Daten wie Preise, Konditionen, Liefertermine ergänzt und zurücksendet. Die Daten werden in dafür vorgesehene Felder eingetragen und können, wenn eine OCR-Schrift* verwendet wurde, durch automatisierte Verfahren gelesen und verarbeitet werden.

* OCR = Optical Character Recognition = Optische Zeichenerkennung

Die Formulare sollten zwecks rascher und problemloser Verständigung des Lieferanten mit dem Einkäufer des beschaffenden Unternehmens – beispielsweise bei Rückfragen – enthalten:

- Name oder Zeichen des Einkäufers
- Datum der Anfrage
- Nummer der Anfrage als Identifizierungsmerkmal.

Anfrageformulare sind – wenn ihre Rücksendung vorgesehen ist – auch unter dem Gesichtspunkt zu gestalten, dass die Angebote rationell geprüft werden können.

Anfragen bei Lieferanten dürfen weder zu früh – wegen sich noch ergebender Marktveränderungen – noch zu spät vorgenommen werden, damit das beschaffende Unternehmen bei der Angebotsprüfung nicht in Zeitdruck gerät. Der termingerechte Eingang der Angebote ist zu überwachen. Alle eingegangenen Angebote werden in das **Anfrageregister** aufgenommen.

Eine organisatorisch günstigere Lösung erfasst bereits zu diesem Zeitpunkt die Anfragedaten mittels EDV. Der Einkäufer kann über den Bildschirm die variablen Daten wie Menge und Lieferdatum in einer Maske eingeben. Die anderen Daten stehen meist bereits zur Verfügung:

- Die Lieferdaten in der Lieferantenstammdatei
- Die Artikeldaten in der Artikelstammdatei
- Einkäuferdaten und Datum der Anfrage durch das EDV-System.

Somit erstellt das EDV-System automatisiert einen Anfragesatz, der in der Anfragedatei festgehalten wird.

Spätere Arbeiten – beispielsweise Korrekturen der Ausgangsdaten, Bestellungen, Mahnungen bei nicht erfolgter bzw. unkorrekter Lieferung – greifen immer wieder auf diese Ausgangsdaten zu. Lediglich ein Statuskennzeichen im Satz gibt an, ob es sich um eine Anfrage, Bestellung oder angemahnte Lieferung handelt. Diese Form integrierter Verarbeitung vermeidet Fehler durch wiederholte Eingabe der letztlich gleichen Daten.

Die Bindung eines Lieferanten an ein schriftlich gegebenes Angebot umfasst einen Zeitraum, in dem der Eingang einer Antwort unter regelmäßigen Umständen erwartet werden darf, es sei denn, das Angebot enthält eine Frist. Der Widerruf eines Angebotes ist möglich. Um rechtswirksam zu sein, muss er aber spätestens gleichzeitig mit dem Angebot beim beschaffenden Unternehmen eingehen.

3.3 Angebotsprüfung

Die beim beschaffenden Unternehmen eingegangenen Angebote sind systematisch zu prüfen, um den Lieferanten zu ermitteln, der das günstigste Angebot abgegeben hat. Die Angebotsprüfung erfolgt unter zwei Gesichtspunkten:

- **Formelle Angebotsprüfung**
- **Materielle Angebotsprüfung**.

3.3.1 Formelle Angebotsprüfung

Mit der formellen Angebotsprüfung soll sichergestellt werden, dass die Anfrage des Unternehmens und das Angebot des Lieferanten sachlich übereinstimmen, d.h. wenn eine bestimmte Qualität nachgefragt wird, darf nicht eine andere Qualität angeboten werden.

Die formelle Prüfung des Angebotes bezieht sich auf alle vom anfragenden Unternehmen gesetzten **Daten**, die teilweise auch in den Einkaufsbedingungen des beschaffenden Unternehmens festgehalten sind, beispielsweise:

- Materialart
- Materialmenge
- Materialqualität
- Materialpreis
- Lieferbedingungen
- Zahlungsbedingungen
- Erfüllungsort
- Gerichtsstand.

Ergeben sich Abweichungen des Angebotes von der Anfrage, kann es zweckmäßig sein, mit dem betreffenden Lieferanten nochmals Kontakt aufzunehmen, um doch noch ein anfragekonformes Angebot zu erhalten.

Bei Verarbeitung der Anfragedaten mit EDV kann über ein Prüfprogramm sichergestellt werden, ob alle Einkaufsbedingungen – wie vorgegeben – akzeptiert werden. Abweichungen können in einer Protokolldatei festgehalten werden und dienen einer späteren Nachbearbeitung.

Von Vorteil kann sein, bereits hier EDV-Programme zur Lieferantenauswahl einzusetzen. Die daraus resultierenden Vorschläge binden zwar den Einkäufer nicht und geben ihm weiterhin die Möglichkeit den Lieferanten zu wählen. Sie fordern ihn allerdings zu einer Begründung auf, zumal bei Anwendung einer Just in Time-Politik auch andere Kriterien neben dem Preis zu beachten sind.

3.3.2 Materielle Angebotsprüfung

Die materielle Prüfung der Angebote von Lieferanten erfolgt unter Anlegung bestimmter **Kriterien**, die üblicherweise sind:

- Die **Qualität des Materials**, die Gegenstand des Angebotes ist. Sie muss entweder detailliert beschrieben werden oder im Rahmen der Normung vorgegeben sein, denn sie ist von ausschlaggebender Bedeutung für die Beschaffungsentscheidung. Wird die Qualität nach der Vorstellung des beschaffenden Unternehmens unterschritten, eignet sich das Material meist nicht für den Einsatz in der Fertigung. In diesem Falle sind preisliche und andere Vorteile ohne Bedeutung. Der Anbieter kommt nicht in Betracht.

Auch eine bessere als die verlangte Qualität muss für das beschaffende Unternehmen nicht vorteilhaft sein, weil der Preis vielfach ebenfalls entsprechend höher liegt. Sie kann interessant sein, wenn das angebotene Material in Großserien- oder Massenfertigung kostengünstiger gefertigt und angeboten werden kann als die gewünschte, niedrigere Qualität in Einzel- oder Kleinserienfertigung.

- Der **Preis**, der für das angebotene Material gefordert wird. Um die Angebote vergleichen zu können, ist es – unter Beachtung der geforderten Mindestqualität – notwendig, die Beschaffungskosten für das Material zu ermitteln. Das geschieht durch Ermittlung des Einstandspreises als einheitlicher Beurteilungsgrundlage, in dem die

  - Lieferbedingungen
  - Zahlungsbedingungen

  Berücksichtigung finden, sofern sie Einfluss auf die Beschaffungskosten haben.

- Die **Lieferfrist**, die insofern von Bedeutung ist, als sie für das beschaffende Unternehmen zu lang sein kann, um das Material einzusetzen. Das kann zwei Gründe haben:

  - Das Unternehmen hat die bestehenden Lieferfristen unterschätzt und die Angebote zu spät eingeholt.
  - Das Unternehmen führt Einzelbeschaffungen für Einzel- oder Kleinserienfertigung durch und ist darauf angewiesen, möglichst rasch an die Materialien zu gelangen.

  Ein ansonsten günstiges Angebot, das lediglich an der Lieferfrist scheitert, kann für die Zukunft interessant sein, wenn der Bestellvorgang früher ausgelöst wird.

  Neben der Länge der Lieferfristen ist auch noch die Zuverlässigkeit bei der Einhaltung dieser Fristen von Bedeutung.

- Die **Flexibilität des Lieferanten**, die sich in dessen qualitativen und quantitativen Fertigungsmöglichkeiten ausdrückt. Bei guter Ausstattung des Fertigungsbereiches des Lieferanten sollte es möglich sein,

  - besondere Anfertigungen
  - Großaufträge
  - kurzfristigen Bedarf

  in einer angemessenen Frist zu fertigen.

- Die **Marktstellung des Lieferanten**, die aus mehreren Gründen von Bedeutung sein kann. Je stärker die Marktstellung des Lieferanten und je schwächer das beschaffende Unternehmen ist, umso ungünstiger werden sich Preise, Liefer- und Zahlungsbedingungen gestalten lassen.

- Der **Ruf des Lieferanten**, unter dem mehrere Gesichtspunkte gefasst werden, die vor allem sein können:

  - Aufgeschlossenheit für technischen Fortschritt
  - Fortschrittlichkeit des Managements
  - Forschungsaktivitäten
  - Kundendienstleistungen
  - Garantieleistungen
  - Kulanzleistungen
  - Bonität

  Je nach dem zu beschaffenden Material sind die genannten Gesichtspunkte mehr oder weniger bedeutsam für die Beurteilung des Lieferanten.

- **Der Standort des Lieferanten**, der die Transportkosten als Bestandteil der Lieferbedingungen beeinflusst, aber auch die Schnelligkeit und Sicherheit der Materialversorgung.

3.4 Angebotsauswahl

Die Angebotsprüfung, die formell und materiell nach den für die Beschaffung relevanten Kriterien erfolgte, findet ihren Abschluss in der Feststellung des bzw. der günstigsten Angebote. Unter Umständen bietet es sich noch an, auf der Grundlage von gegebenen Angeboten ergänzende Verhandlungen zu führen. Es sind also zu unterscheiden:

- **Durchführung**
- **Verhandlungen**.

3.4.1 Durchführung

Die Kriterien und ihre Beurteilung für die einzelnen anbietenden Lieferanten sollten zweckmäßigerweise systematisch und übersichtlich zusammengestellt werden, um das oder die günstigsten Angebote feststellen zu können. Dabei kann für die nicht oder schwer quantitativ erfassbaren Daten ein standardisiertes Schema verwendet werden.

Die tabellarische Beurteilung der Angebote hinsichtlich der quantitativ nicht oder schwer erfassbaren Daten und die Beurteilung der quantitativ erfassbaren Daten – vor allem des Einstandspreises – führen zur Auswahl des oder der günstigsten Angebote.

Liegt ein Angebot in deutlichem Abstand vor den übrigen Angeboten, ist die Angebotsauswahl kein Problem. Es kann aber auch sein, dass mehrere Angebote ähnlich günstig sind. Handelt es sich bei den Angeboten um höherwertige Materialien, kann es sich anbieten, ergänzende Verhandlungen aufzunehmen.

3.4.2 Verhandlungen

Die Beschaffungsabteilung, von der hohe Markttransparenz erwartet wird, muss beurteilen können, ob es sich möglicherweise lohnt, mit einem ohnehin schon günstig anbietenden Lieferanten noch in Verhandlungen zu treten.

In vielen Fällen wird dies nicht zweckmäßig sein, weil die eventuell noch erzielbaren Vorteile beim Angebot in keinem wirtschaftlichen Verhältnis zu dem damit verbundenen Aufwand stehen. Ist das der Fall, dann ist die Bestellung unmittelbar auszulösen.

Sind mehrere günstige Angebote ermittelt worden und handelt es sich um hochwertige Materialien – besonders A-Güter –, erweist es sich mitunter als vorteilhaft, noch eingehende Verhandlungen über die einzelnen Bestandteile des Angebotes zu führen.

Steht der günstigste Lieferant fest, wird mit ihm der Vertrag über das von ihm angebotene Material abgeschlossen, was der Auslösung der Bestellung entspricht.

67 Seite 462

3.5 Bestellung

Die Bestellung ist die Willenserklärung einer Person bzw. eines Unternehmens, bestimmte Güter zu den angegebenen Bedingungen zu kaufen. Sie ist an keine besondere Form gebunden und kann deshalb

- schriftlich
- fernschriftlich
- mündlich

erfolgen, wobei aus Gründen der rechtlichen Absicherung einer schriftlichen Bestellung der Vorzug zu geben ist. Wurde eine andere Form der Bestellung gewählt, sollte der vereinbarte Inhalt zusätzlich schriftlich festgehalten und dem Marktpartner zugeleitet werden. Widerspricht dieser binnen angemessener Frist nicht, kann das Unternehmen von der Richtigkeit des Inhaltes ausgehen.

Liegt ein Angebot des Lieferanten vor und wird – ohne Abweichung zum Angebot – bestellt, entsteht mit der Bestellung ein rechtswirksamer Vertrag.

Ist der Bestellung kein Angebot vorausgegangen oder ein von der Bestellung abweichendes Angebot, entsteht ein rechtswirksamer Vertrag erst durch **Zustimmung des Lieferanten**, die erfolgen kann

- schriftlich
- mündlich
- stillschweigend.

Das beschaffende Unternehmen sollte Wert darauf legen, eine **schriftliche Auftragsbestätigung** zu erhalten. Sie ist nach ihrem Eingang unverzüglich dem Inhalt nach zu prüfen, da als verbindlich immer diejenigen Bedingungen gelten, die zuletzt und unwidersprochen abgegeben worden sind.

Der mit der Bestellung abzuschließende bzw. abgeschlossene **Vertrag** kann sein:

Kaufvertrag	Es ist die Lieferung bestimmter Sachen vereinbart. Der Kaufvertrag findet seine rechtliche Regelung in den §§ 433 ff. BGB.
Werkvertrag	Es ist die Herstellung bestimmter Sachen vereinbart, wobei die Ausgangsstoffe von beiden Vertragspartnern gestellt werden können. Der Werkvertrag findet seine rechtliche Regelung in den §§ 631 ff. BGB.
Werklieferungsvertrag	Es ist die Herstellung bestimmter Sachen vereinbart, wobei die Ausgangsstoffe vom Lieferanten gestellt werden. Der Werklieferungsvertrag findet seine rechtliche Regelung in den §§ 651 ff. BGB.

Mit der Bestellung sind folgende **Vereinbarungen** zu treffen:

- **Beschaffenheit des Materials**
- **Menge des Materials**
- **Verpackung des Materials**
- **Erfüllungszeit**
- **Erfüllungsort**
- **Preis**
- **Zahlungsbedingungen**
- **Lieferbedingungen**.

Ein Teil dieser Vereinbarungen ist rahmenmäßig häufig in Form von **Geschäftsbedingungen** erfasst, die sein können:

- Einkaufsbedingungen
- Verkaufsbedingungen.

Die Geschäftsbedingungen gelten in ihren Grundzügen oft einheitlich für eine ganze Branche und sind von den entsprechenden Verbänden erarbeitet worden.

3.5.1 Beschaffenheit des Materials

Die Beschaffenheit des Materials kann vertraglich auf unterschiedliche Weise festgelegt bzw. abgesichert werden, beispielsweise durch:

Beschreibung des Materials	Sie erfolgt im Einzelnen – gegebenenfalls unter Verwendung von Zeichnungen, Stücklisten und sonstigen Informationsmitteln – oder ist durch allgemein verbindliche Qualitätsbezeichnungen – Normen oder Typen – festgelegt.
Kauf nach Probe	Es liegt ein fester Kauf nach einer Warenprobe, einem Muster oder nach früheren Lieferungen vor. Damit sind Art und Güte des Materials genau festgelegt. Bei Abweichungen besitzt das beschaffende Unternehmen besondere Rechte gegen den Lieferanten.
Kauf zur Probe	Es erfolgt ein fester Kauf einer kleinen Warenmenge, wobei der Preis pro Einheit demjenigen entspricht, der beim Bezug einer großen Menge gefordert würde.
Kauf auf Probe	Das beschaffende Unternehmen behält sich das Recht vor, das Material innerhalb einer vereinbarten oder angemessenen Frist ohne weitere Verpflichtung zurückzugeben.
Kauf auf Basis einer bestimmten Qualität	Es wird eine bestimmte Qualitäts-Preis-Relation festgelegt. Der Lieferant darf eine andere als die vorgesehene Qualität liefern, wobei sich jedoch der Preis entsprechend verändert.
Kauf en bloc	Das beschaffende Unternehmen erwirbt größere Partien, ganze Warenläger oder Konkursmassen ohne Zusicherung einer bestimmten Güte zu einem Pauschalpreis.

Enthält die Bestellung keine Festlegung der Qualität der Ware, ist der Lieferant verpflichtet, eine **Ware mittlerer Art und Güte** zu liefern.

3.5.2 Menge des Materials

Die Materialmenge kann ebenfalls auf unterschiedliche Weise festgelegt sein. Als Vereinbarungen sind möglich:

Genaue Maßangabe	Die Materialmenge wird indirekt – 10 Packungen – oder direkt – 10 · 5 kg – angegeben.
Ungefähre Maßangabe	Die Materialmenge wird mit dem Zusatz »ungefähr« oder »zirka« versehen. Abweichungen können vertraglich vereinbart werden – beispielsweise ± 2,5 % – oder sind durch den Handelsbrauch bestimmt.
Garantie einer Materialmenge	Der Lieferant verpflichtet sich, die vereinbarte Menge am Ablieferungsort zu übergeben. Die Vereinbarung ist bei leicht verdunstenden und Feuchtigkeit aufnehmenden Materialien zweckmäßig.

Wird die Menge des Materials durch die Gewichtsangabe beschrieben, ist bedeutsam, welches **Gewicht** der Preisberechnung zu Grunde liegt:

- Das **Bruttogewicht** als Gewicht das Materials einschließlich der Verpackung.
- Das **Nettogewicht** oder **Reingewicht** als Gewicht des Materials ohne Verpackung.

Die Differenz zwischen Bruttogewicht und Nettogewicht – das Gewicht der Verpackung – wird als **Tara** bezeichnet, die mit unterschiedlichem Genauigkeitsgrad ermittelt werden kann.

Geht aus dem Kaufvertrag nicht hervor, welches Gewicht dem Preis zu Grunde liegen soll, gelten Handelsbräuche oder Branchenbedingungen, ersatzweise das Reingewicht.

3.5.3 Verpackung des Materials

Die **Aufmachungsverpackung** oder **Verkaufsverpackung** kann als Bestandteil des Materials angesehen werden. Die Kosten der Verpackung wären damit im Preis enthalten.

Die Kosten der **Versandverpackung** oder **Schutzverpackung** sind mitunter nicht im Preis enthalten, sie werden dann gesondert berechnet. Dabei bieten sich folgende Möglichkeiten an:

- Der Lieferant berechnet die Verpackung zum Selbstkostenpreis.
- Der Lieferant fordert die frachtfreie Rücksendung der Verpackung und erstattet den dafür berechneten Betrag teilweise oder ganz zurück.
- Der Lieferant überlässt dem beschaffenden Unternehmen die Verpackung leihweise gegen Miete oder gegen Pfand.

Bei einer Vereinbarung **»brutto für netto«** wird die Verpackung als Material mitgewogen und mitberechnet.

Liegt keine Vereinbarung darüber vor, wer die Kosten der Verpackung zu tragen hat, gilt der Handelsbrauch, andernfalls sind sie vom beschaffenden Unternehmen zu tragen.

3.5.4 Erfüllungszeit

Die Erfüllungszeit ist die Zeit, zu welcher der Lieferant das Material zu übergeben hat. Ist vertraglich nichts vereinbart, kann der Lieferant sofort liefern, das beschaffende Unternehmen sofortige Lieferung verlangen. Es ist zweckmäßig, die Erfüllungszeit vertraglich festzulegen, wobei folgende **Geschäfte** unterschieden werden:

Prompt-geschäfte	Es wird vereinbart, dass die Lieferung sofort, d.h. innerhalb kurzer Frist, zu erfolgen hat.
Lieferungs-geschäfte	Es wird eine spätere Erfüllungszeit vereinbart. Möglich sind Abruf-, Sukzessivlieferungs-, Rahmenverträge.

Werden Qualität, Preis, Liefer- und Zahlungsbedingungen sowie die innerhalb eines bestimmten Zeitraumes abzunehmende Menge vertraglich festgelegt, ohne dass Abruf- oder Lieferzeitpunkte bestimmt werden, liegen **Abrufaufträge** vor.

Bei Verträgen, die auch die Abruf- oder Liefertermine und Liefermenge fixieren, handelt es sich um **Sukzessivlieferungsverträge**.

Werden lediglich Vereinbarungen über die Qualität sowie die Liefer- und Zahlungsbedingungen geschlossen, ohne dass die Menge und die Abruf- oder Lieferzeitpunkte verbindlich festgelegt werden, handelt es sich um **Rahmenverträge**. Sie enthalten meist keine konkreten vertraglich vereinbarten Preise.

Die Promptgeschäfte und Lieferungsgeschäfte stellen **Fixgeschäfte** dar, wenn das Material ausschließlich genau zu dem oder den vereinbarten Terminen zu liefern ist.

3.5.5 Erfüllungsort

Der Erfüllungsort ist der Ort, an dem die Übergabe des Materials zu erfolgen hat. Am Erfüllungsort hat das gelieferte Material die Menge und Beschaffenheit aufzuweisen, die vertraglich festgelegt sind. Es sind zu unterscheiden:

Gesetzlicher Erfüllungsort	Das ist der Ort, an dem der Lieferant des Materials seinen Wohn- oder Geschäftssitz hat.
Vertraglicher Erfüllungsort	Das ist der Ort, der zwischen den Vertragspartnern vereinbart ist bzw. der im Angebot oder in der Bestellung genannt und unwidersprochen geblieben ist, nicht jedoch erst in der Rechnung.
Natürlicher Erfüllungsort	Das ist der Ort, an dem die Leistung ihrer Natur oder den Umständen nach zu bewirken ist.

Am Erfüllungsort geht die **Gefahr** für das Material vom Lieferanten auf das beschaffende Unternehmen über. Vom Erfüllungsort ist bei Vollkaufleuten auch der Gerichtsstand abhängig.

Abschließend sei darauf hingewiesen, dass es nicht nur einen Erfüllungsort des Lieferanten gibt, sondern auch einen Erfüllungsort des beschaffenden Unternehmens, an dem die Zahlung des Kaufpreises zu erfolgen hat.

3.5.6 Preis

Der Preis für das zu beschaffende Material kann sein:

Fester Preis	Es wird vertraglich genau festgelegt, welcher Preis pro Mengeneinheit zu zahlen ist.
Fester Ausgangspreis	Er wird für den Zeitpunkt des Vertragsabschlusses genau festgelegt und kann sich – bedingt durch äußere Einflüsse – im Zeitablauf ändern, wobei das Ausmaß der Änderung nicht willkürlich vom Lieferanten vorgenommen werden kann, sondern sich an bestimmten Entwicklungen orientieren muss. Man unterscheidet Klauseln mit festen Ausgangspreisen und Preisgleitklauseln – siehe unten.
Tagespreis	Dabei sollte Einigung darüber erzielt werden, auf welche Weise er zu ermitteln ist. Die Zugrundelegung des Tagespreises ist für das beschaffende Unternehmen nicht unproblematisch, vor allem wenn keine Regelung getroffen ist, die es dem Unternehmen ermöglicht, teilweise oder ganz aus dem Vertrag herauszukommen.
Unbestimmter Preis	Er kann theoretisch zwar vereinbart werden, sollte für das beschaffende Unternehmen aus Gründen der Ungewissheit normalerweise aber keine Vertragsgrundlage sein.

Bei **Klauseln mit festen Ausgangspreisen** wird ein bestimmter Basispreis festgelegt, der Grundlage für die endgültige Preisfestsetzung ist, die mithilfe von Indices erfolgt.

Bei **Preisgleitklauseln** liegen keine Indices zu Grunde. Es können vereinbart sein:

- **Leistungswertklauseln**, bei denen der Unterschied zwischen den an den fraglichen Stichtagen festgestellten Preisen repräsentativer Materialien für die Preisfestsetzung benutzt wird.

- **Kostenelementklauseln**, bei denen die endgültige Preisfestlegung im Verhältnis der veränderten Kostenbestandteile für den zu betrachtenden Zeitraum erfolgt.

Es gibt Formeln, die ein automatisches Anpassen der gleitenden Preise ermöglichen.

In engem Zusammenhang mit dem Preis sind die Liefer- und Zahlungsbedingungen zu sehen.

3.5.7 Zahlungsbedingungen

In den Zahlungsbedingungen erfolgen insbesondere die folgenden vertraglichen Festlegungen:

Zahlungsort	Er ist vertraglicher Erfüllungsort für die Bezahlung des Materials. Mangels einer vertraglichen Vereinbarung gilt als Zahlungsort gesetzlich der Wohn- oder Geschäftssitz des Schuldners.
Zahlungszeitpunkt	Er kann unterschiedlich geregelt sein: ❍ Zahlung vor Lieferung (Anzahlung, Vorauszahlung) ❍ Zahlung gegen Lieferung (Barkauf) ❍ Zahlung nach Lieferung (Zielkauf, Kreditkauf) Die Zahlung nach Lieferung ermöglicht vielfach die Inanspruchnahme eines Lieferantenkredites, der allerdings sehr teuer ist – siehe ausführlich *Olfert*.
Rabatt	Er vermindert den Einstandspreis, beispielsweise als ❍ Mengenrabatt ❍ Barzahlungsrabatt ❍ Sonderrabatt ❍ Funktionsrabatt.

3.5.8 Lieferbedingungen

Die Lieferbedingungen umfassen Regelungen, die teilweise bereits behandelt wurden:

- Lieferbereitschaft
- Lieferzeit
- Lieferart
- Umtauschmöglichkeiten
- Rücktrittsmöglichkeiten
- Berechnung der Verpackungskosten
- Berechnung der Frachtkosten
- Berechnung der Versicherungskosten.

Die **Lieferart** spielt bei den Lieferbedingungen eine besondere Rolle. Mit ihr wird der Weg des Materials vom Lieferanten zum Käufer beschrieben. Dabei ist zu regeln:

- Welche **Transportmittel** sind zu benutzen?

  Beispiele: Bahn, Schiff, Lastkraftwagen, Flugzeug.

- Wer trägt die **Kosten** der Lieferung?

  Beispiel: Die Lieferung kann frei Haus erfolgen – damit trägt der Lieferant die Kosten – oder ab Werk.

Durch die Aufstellung der **Incoterms** stehen eindeutige Klauseln, insbesondere auch für den zwischenstaatlichen Handelsverkehr, zur Verfügung. Sie regeln in der nachfolgenden Fassung von 1990 u.a. auch den Kosten- und Gefahrenübergang:

Die nach der Fassung von 1990 gültigen Klauseln gibt die folgende Übersicht wieder:

Gruppeneinteilung der Incoterms		**Transportart**
Gruppe E (Abholklausel)		
EXW	Ex works (ab Werk)	jede Transportart einschließlich multimodaler Transport (.. benannter Ort)
Gruppe F (Haupttransport wird vom Verkäufer nicht bezahlt)		
FCA	Free carrier (frei Frachtführer)	jede Transportart (.. benannter Ort)
FAS	free alongside ship (frei Längsseite Schiff)	See- und Binnenschiffstransport (.. benannter Verschiffungshafen)
FOB	free on board (frei an Bord)	See- und Binnenschiffstransport (.. benannter Verschiffungshafen)
Gruppe C (Haupttransport wird vom Verkäufer bezahlt)		
CFR	cost and freight (Kosten und Fracht)	See- und Binnenschiffstransport (.. benannter Bestimmungshafen)
CIF	cost, insurance and freight (Kosten, Versicherung, Fracht)	See- und Binnenschiffstransport (.. benannter Bestimmungshafen)
CPT	carriage paid to (frachtfrei)	jede Transportart (.. benannter Bestimmungsort)
CIP	carriage and insurance paid to (frachtfrei versichert)	jede Transportart (.. benannter Bestimmungsort)
Gruppe D (Ankunftsklauseln)		
DAF	delivered at frontier (geliefert Grenze)	jede Transportart (.. benannter Ort)
DES	delivered ex ship (geliefert ab Schiff)	See- und Binnenschiffstransport (.. benannter Bestimmungshafen)
DEQ	delivered ex quay (geliefert verzollt ab Kai)	See- und Bestimmungstransport (.. benannter Bestimmungshafen)
DDU	delivered duty unpaid (geliefert unverzollt)	jede Transportart (.. benannter Ort)
DDP	delivered duty paid (geliefert verzollt)	jede Transportart (.. benannter Ort)

Incoterms gelten nicht automatisch: Sie müssen durch **Vereinbarung in den Vertrag zwischen Käufer und Verkäufer** aufgenommen werden.

Die Incoterms bestehen aus 13 Klauseln, die nach einem 3-Buchstabensystem abgekürzt werden: Neu ist die Aufteilung der Klauseln in vier Kategorien E, F, C und D. Einzelheiten siehe *Weis*.

Die gegenseitigen Verpflichtungen, die sich aus den Klauseln der Incoterms ergeben, können durch Vereinbarung zwischen Lieferant und Käufer abgeändert werden. Letztlich hängen die jeweiligen Lieferbedingungen vom Produkt, vom Lieferanten, vom Kunden, vom Absatzweg, von der Branche, von Maßnahmen der Konkurrenz, der abgenommenen Menge und weiteren Faktoren ab, die im Einzelfall berücksichtigt werden müssen.

So liefern verschiedene Anbieter erst ab einer bestimmten **Mindestauftragsgröße** bzw. erheben auf kleine Aufträge **Mindermengenzuschläge**. In anderen Fällen werden die Lieferbedingungen, aber auch die Zahlungsbedingungen zwischen den Verbänden der Anbieter und Nachfrager für ganze Branchen bzw. Wirtschaftszweige generell geregelt und in **Konditionskartellen** niedergelegt.

4. Beschaffungskontrolle

Der Beschaffungskontrolle ist in der Materialwirtschaft besondere Aufmerksamkeit zu widmen. Dabei erfolgt die Kontrolle zweckmäßigerweise als:

4.1 Kostenkontrolle

Die Kostenkontrolle bezieht sich im Wesentlichen auf diejenigen Kosten, welche die Einflussfaktoren auf die Höhe einer optimalen Bestellmenge sind. Die Daten werden heute zunehmend in Kennzahlensysteme des Beschaffungs-Controlling einbezogen. Zu unterscheiden sind:

- Die **Beschaffungskosten** als Gesamtheit der sich aus der Multiplikation von Einstandspreisen und Beschaffungsmengen ergebenden Kosten können der Kontrolle unterzogen werden durch:

  - **Preisvergleiche**, mit deren Hilfe es möglich ist, die vom Unternehmen tatsächlich gezahlten Preise für die einzelnen Materialien mit den

    - Preisen vergangener Perioden
    - durchschnittlichen Marktpreisen
    - geplanten Standardpreisen

    zu vergleichen und Abwicklungen zu analysieren.

    Preisvergleiche können auch mithilfe von **Kennzahlen** vorgenommen werden, beispielsweise:

$$\text{Preisindex eines Materials} = \frac{\text{Preis im Berichtsmonat} \cdot 100}{\text{Preis im Basismonat}}$$

$$\text{Preisabweichung vom Durchschnittspreis in \%} = \frac{\text{Höchster Einstandspreis in € pro Mengeneinheit des Materials A} \cdot 100}{\text{Durchschnittlicher Einstandspreis in € pro Mengeneinheit des Materials A}}$$

- **Rabattvergleiche**, da die Rabatte den Hauptanteil der Abzüge von den Angebotspreisen darstellen. Deshalb ist es nützlich, sie bei der Kontrolle der Beschaffungskosten gesondert zu berücksichtigen. Dabei kann sich ein Vergleich der absoluten Rabattsätze einzelner Materialien anbieten. Es können aber auch **Kennzahlen** ermittelt werden, beispielsweise:

$$\text{Preisnachlassquote} = \frac{\text{Erzielte Preisnachlässe} \cdot 100}{\text{Durchschnittspreis}}$$

$$\text{Rabattstruktur nach Rabattarten in \%} = \frac{\text{Gesamt-Rabattwert} \cdot 100}{\text{Einkaufswert zu Bruttopreisen}}$$

$$\text{Rabattstruktur nach Rabatthöhe in \%} = \frac{\text{Einkäufe mit Rabatten von ... bis ... \%} \cdot 100}{\text{Gesamt-Einkauf mit Rabatten}}$$

- Um die **Bestellkosten** zu kontrollieren, bieten sich die folgenden **Kennzahlen** an:

$$\text{Kosten einer Bestellung in €} = \frac{\text{Bestellkosten pro Monat bzw. Jahr}}{\text{Anzahl der Bestellungen pro Monat bzw. Jahr}}$$

$$\text{Bestellkosten je 1.000 € Beschaffungskosten in €} = \frac{\text{Bestellkosten pro Monat bzw. Jahr} \cdot 1.000}{\text{Beschaffungskosten pro Monat bzw. Jahr}}$$

$$\text{Bestellkosten in \% der Beschaffungskosten in €} = \frac{\text{Bestellkosten pro Monat bzw. Jahr} \cdot 100}{\text{Beschaffungskosten pro Monat bzw. Jahr}}$$

- Die **Lagerhaltungskosten** lassen sich insbesondere durch die Feststellung der Lagerumschlagshäufigkeit kontrollieren:

$$\text{Lagerumschlags-häufigkeit} = \frac{\text{Materialverbrauch pro Jahr}}{\text{Durchschnittlicher Lagerbestand}}$$

  Je höher die Lagerumschlagshäufigkeit ist, umso vorteilhafter ist es für das Unternehmen, denn eine hohe Lagerumschlagshäufigkeit ergibt:

  - Geringe Kapitalbindung
  - Geringe Zinskosten
  - Geringe Versicherungskosten
  - Geringe Veralterung
  - Geringen Schwund.

  Wenn der durchschnittliche Lagerbestand gering und damit die Umschlagshäufigkeit hoch ist, kann vermutet werden, dass keine überhöhten Sicherheitsbestände vorhanden sind.

- Die **Fehlmengenkosten** können ebenfalls betrachtet werden. Halten sie sich in engen Grenzen, deutet das auf eine gute Lagerpolitik hin.

  In der betrieblichen Praxis ist es allerdings schwierig, die Fehlmengenkosten genau zu ermitteln oder zu kontrollieren. Insofern ist ihre praktische Bedeutung als Kontrollmaßstab begrenzt.

68 **Seite 462**

4.2 Ablaufkontrolle

Im Rahmen der Ablaufkontrolle geht es im Wesentlichen um zwei Fragestellungen:

- **Bestellmengenkontrolle**
- **Lieferterminkontrolle**.

4.2.1 Bestellmengenkontrolle

Die Beschaffungsabteilung muss jederzeit rasch in der Lage sein, sich einen Überblick darüber zu verschaffen,

- welche Arten von Materialien
- welche Mengen von Materialien

- zu welchen Lieferterminen
- bei welchen Lieferanten

bestellt worden sind.

Diese Kenntnis ermöglicht ihr eine ständige Kontrolle der Bestellmengen, die zumindest wöchentlich erfolgen sollte, um erkennen zu können, inwieweit der Beschaffungsplan realisiert ist. Folgende Situationen sind denkbar:

- Wird festgestellt, dass der Beschaffungsplan nicht erfüllt ist, besteht die Möglichkeit, kurzfristig noch notwendige Bestellungen vorzunehmen.

- Ergibt sich, dass die bereits bestellten Materialmengen die geplanten Zahlen übersteigen, können Bestellungen möglicherweise rückgängig gemacht oder zumindest Liefertermine verlängert werden. Sollte beides nicht möglich sein, muss der Überschuss an Materialien bei künftigen Bestellungen berücksichtigt werden.

4.2.2 Lieferterminkontrolle

Die laufende Kontrolle der Liefertermine ist wichtig, da sicherzustellen ist, dass die für einen bestimmten Zeitpunkt zu liefernden Materialien auch termingerecht eintreffen. Ansonsten besteht die Gefahr, dass über kürzere oder längere Distanz die Leistungserstellung gefährdet wird.

Die Lieferterminkontrolle kann unterschiedlich erfolgen:

- Durch den **Einkäufer** selbst, der einen Terminkalender führt oder bei größerem Anfall von Überwachungen die Bestellkopien entsprechend ordnet bzw. die ohnehin vorhandenen Karteikarten – beispielsweise mit Reitern – kennzeichnet.

- Durch eine **Terminüberwachungsstelle**, welche die Überwachung mittels Bestellkopien oder eigens dafür erstellten Terminüberwachungskarten durchführt.

- Durch die **EDV**, welche die erteilten Bestellungen terminlich überwacht und rechtzeitig fällige Posten listenmäßig – beispielsweise zweimal wöchentlich – ausgibt. Daneben sind nicht gelieferte Positionen anzugeben, damit schnell Ersatzbeschaffungen eingeleitet werden können, um Ausfälle in der Fertigung zu verhindern.

Sind die Bestelldaten über EDV erfasst, erlauben Abfrageprogramme das Durchsuchen der Bestellsätze daraufhin, ob fällige Positionen vorhanden sind. Diese Zugriffe auf die Bestellsätze finden im Dialog statt und lassen selektiv einen Zugriff auf einzelne Sätze zu.

Die Ausgabe der Daten in Listenform kann nur im Stapel (= Batch) erfolgen und erlaubt eine Selektion einzelner Sätze nicht.

Mit der Lieferterminkontrolle wird eine Verbindung zwischen der Beschaffungswirtschaft und der Lagerwirtschaft hergestellt. Denn es ist die Lagerwirtschaft und die ihr nachgelagerten Abteilungen, welche die Materialien bei ihrem Eingang erfassen und daraufhin prüfen, ob

- die Begleitpapiere inhaltlich der Bestellung entsprechen
- die angelieferte Menge der bestellten Anzahl entspricht
- die angelieferten Materialien termingerecht eingetroffen sind
- die angelieferten Materialien qualitativ der Bestellung entsprechen
- der Inhalt der Rechnung der vertraglichen Vereinbarung entspricht.

	Kontrollfragen	bear-beitet	Lösungs-hinweis	Lösung +	Lösung −
01	Erläutern Sie die Aufgaben der Materialbeschaffung!		271		
02	In welchem Zusammenhang stehen Materialbedarfsrechnung, Materialbestandsrechnung und Materialbeschaffungsrechnung?		271		
03	Welche grundsätzlichen Möglichkeiten gibt es bei der Eingliederung der Beschaffung als Abteilung im Unternehmen ?		272		
04	Welche Vorteile bringt eine zentrale Beschaffung mit sich?		272		
05	In welchen Fällen ist eine dezentrale Organisation der Beschaffung zweckmäßig?		272		
06	Erläutern Sie die Prinzipien, nach denen der Aufbau der Beschaffungsabteilung im Unternehmen erfolgen kann!		273		
07	In welchen Phasen erfolgt die Materialbeschaffung?		273		
08	Was ist unter der Beschaffungsmarktforschung zu verstehen?		274		
09	Welche Bedeutung hat die Beschaffungsmarktforschung im Unternehmen?		274		
10	Worin unterscheiden sich Marktanalyse und Marktbeobachtung?		275		
11	Was versteht man unter der Marktprognose?		275		
12	Erläutern Sie, was unter Sekundärforschung zu verstehen ist!		275		
13	Worin liegen die Vorteile der Sekundärforschung?		276		
14	Was versteht man unter Primärforschung?		276		
15	Wie ist die Primärforschung zu beurteilen?		276		
16	Auf welche unternehmensinternen Informationsquellen kann die Marktforschung zurückgreifen?		277		
17	Welche unternehmensexternen Informationsquellen bieten sich der Marktforschung an?		278 f.		
18	Was sind die Objekte, auf die sich die Beschaffungsmarktforschung beziehen kann?		279		
19	Erläutern Sie, welche beschaffungsseitigen Daten marktforscherisch Beachtung finden sollten!		280		
20	Nennen Sie die verwendungsseitigen Daten, die für die Marktforschung interessant sein könnten!		280		
21	Was versteht man unter dem Markt?		280		
22	Welche Gesichtspunkte sind zu betrachten, wenn die Marktstruktur untersucht werden soll?		281		
23	Was versteht man unter einem Angebotsmonopol, -oligopol, und -polypol?		281		
24	Wie wird die Marktentwicklung erfasst?		281 f.		

	Kontrollfragen	bearbeitet	Lösungshinweis	Lösung +	Lösung –
25	Grenzen Sie saisonale und konjunkturelle Schwankungen des Marktes ab!		281 f.		
26	Aus welchen Gründen sind die Lieferanten als Objekte marktforscherischer Aktivitäten anzusehen?		282		
27	Inwieweit ist es zweckmäßig, alle Lieferanten eines Unternehmens detailliert zu erforschen?		282		
28	Welche Bedeutung kommt dem Preis als Objekt der Marktforschung zu?		282		
29	Beschreiben Sie, wie die Preishöhe marktforscherisch erfasst werden sollte!		283		
30	Genügt es, zur Beurteilung der wirtschaftlichen Vorteilhaftigkeit ausschließlich den Angebotspreis zu betrachten?		283		
31	Welche Gründe gibt es, die Struktur eines Preises zu untersuchen?		283		
32	Auf welche Arten kann die Analyse der Preisstruktur erfolgen?		284		
33	Nennen Sie die Entscheidungen, die im Rahmen der Beschaffungsplanung zu treffen sind!		284		
34	Welche Überlegungen haben dazu geführt, verschiedene Beschaffungsprinzipien aufzustellen?		284 f.		
35	Nennen Sie die traditionellen Beschaffungsprinzipien!		285		
36	Stellen Sie die Vorratsbeschaffung dar!		285		
37	Beschreiben Sie die Einzelbeschaffung!		286		
38	Erläutern Sie, was eine fertigungssynchrone Beschaffung ist!		286		
39	Warum und wofür werden vielfach Konventionalstrafen vereinbart?		286		
40	Beschreiben Sie die Entwicklung von Kanban/Just in Time-Systemen!		287		
41	Auf welchen informationellen Grundlagen beruht das Kanban-System?		288		
42	Stellen Sie den Ablauf beim Kanban-System dar!		290		
43	Welche Bedeutung hat die Qualitätssicherung beim Kanban-System?		291		
44	Welche Strategien können der Qualitätssicherung dienen?		291		
45	Nennen Sie die Möglichkeiten, die es bei der Wahl des Beschaffungsweges gibt!		292		
46	Welche Gesichtspunkte sprechen für, welche gegen die Wahl eines direkten Beschaffungsweges?		292		

	Kontrollfragen	bearbeitet	Lösungshinweis	Lösung +	Lösung −
47	Nennen Sie spezielle Formen der direkten Beschaffung!		292		
48	In welchen Fällen spricht man von indirekten Beschaffungswegen?		292		
49	Erläutern Sie indirekte Beschaffungswege!		292 f.		
50	Welche Gründe gibt es, die Beschaffungstermine genau zu planen?		293		
51	Welche Möglichkeiten gibt es, Beschaffungstermine zu planen?		293		
52	Mithilfe welcher Verfahren kann die verbrauchsgesteuerte Beschaffung durchgeführt werden?		294		
53	Bei welchen Materialien finden sie Verwendung?		294		
54	Wie wird die bedarfsgesteuerte Beschaffung durchgeführt!		294		
55	Welche Bedeutung hat die technische Losgröße für die Höhe der Beschaffungsmenge?		294 f.		
56	Nennen Sie die wirtschaftlichen Einflussfaktoren für die Höhe der Beschaffungsmenge!		295		
57	Was versteht man unter den Beschaffungskosten?		295		
58	Erstellen Sie ein Berechnungsschema, das den Weg vom Angebotspreis zum Einstandspreis zeigt!		295		
59	Was versteht man unter den Bestellkosten?		296		
60	Welche Kosten gehören dazu?		296		
61	Was versteht man unter den Lagerhaltungskosten?		297		
62	Woraus bestehen die Lagerhaltungskosten?		297 f.		
63	Geben Sie Beispiele für Lagerkosten!		299		
64	Was versteht man unter Fehlmengenkosten?		300		
65	Wodurch können Fehlmengenkosten entstehen?		300		
66	Inwieweit können gebräuchliche Losgrößeneinheiten die Höhe der Beschaffungsmenge beeinflussen?		301		
67	Welche Bedeutung hat das betriebliche Finanzvolumen auf die Höhe der Beschaffungsmenge?		301		
68	Welche Verfahren zur Optimierung der Beschaffungsmenge können unterschieden werden?		302		
69	Bei welchen Bedarfsverläufen können die Verfahren eingesetzt werden?		302		
70	Welche Daten werden bei der Ermittlung der klassischen Losgröße berücksichtigt, wann ist die Beschaffungsmenge optimal?		302		

	Kontrollfragen	bear-beitet	Lösungs-hinweis	Lösung +	Lösung –
71	Welchem Zweck kann es dienen, die klassische Losgrößenformel so umzuwandeln, dass die optimale Beschaffungshäufigkeit ermittelt wird?		304		
72	Wodurch wird die Anwendung der klassischen Losgrößenformel in der Praxis erleichtert?		304		
73	Welche Voraussetzungen gibt es für die Anwendbarkeit der klassischen Losgrößenformel?		304		
74	Beschreiben Sie die Vorgehensweise beim gleitenden Beschaffungsmengen-Verfahren!		305		
75	Wie wird beim Kostenausgleichs-Verfahren vorgegangen?		306		
76	In welchen Stufen erfolgt die Durchführung der Beschaffung grundsätzlich?		308		
77	Welche Bedeutung hat die Lieferantenauswahl?		308		
78	Welche Ziele verfolgt ein Unternehmen bei der Lieferantenauswahl?		308		
79	Nennen Sie mögliche Bewertungskriterien für die Lieferantenauswahl!		309		
80	Beschreiben Sie, wie bei der Angebotseinholung vorgegangen wird!		311		
81	Welcher Hilfsmittel kann sich der Einkäufer bei der Angebotseinholung bedienen, um die infrage kommenden Lieferanten festzustellen?		312		
82	Wovon hängen Intensität und Häufigkeit der Angebotseinholung vor allem ab?		312		
83	In welchen Fällen bietet sich eine mündliche Angebotseinholung an?		312		
84	Welche Gründe sprechen für eine schriftliche Angebotseinholung?		312		
85	Unter welchen Gesichtspunkten sollten die Formulare zur Angebotseinholung gestaltet werden?		313		
86	Aus welchen Teilen besteht die Angebotsprüfung?		314		
87	Worauf bezieht sich die formelle Angebotsprüfung?		315		
88	Erläutern sie, welche Kriterien bei der materiellen Prüfung von Angeboten besondere Beachtung finden!		315 ff.		
89	Wie kann die Angebotsauswahl erfolgen?		317		
90	Welche Vorzüge weisen tabellarische Beurteilungsschemata auf?		317		
91	In welchen Fällen sollten Verhandlungen die Angebotsauswahl ergänzen?		318		
92	Stellen Sie die Möglichkeiten dar, Bestellungen vorzunehmen!		318		

	Kontrollfragen	bearbeitet	Lösungshinweis	Lösung +	Lösung –
93	Erläutern Sie, unter welchen Bedingungen ein rechtswirksamer Vertrag zu Stande kommt!		318		
94	Welche Bedeutung hat in der betrieblichen Praxis die Auftragsbestätigung ?		319		
95	Was versteht man unter einem Kaufvertrag, Werkvertrag und Werklieferungsvertrag?		319		
96	Geben Sie einen Überblick, welche Vereinbarungen mit einer Bestellung getroffen werden!		319		
97	Welche Möglichkeiten gibt es, die Beschaffenheit des Materials zu beschreiben?		320		
98	Wie kann die Menge des zu liefernden Materials festgelegt werden?		320		
99	Welche Vereinbarungen lassen sich hinsichtlich der Verpackung treffen?		321		
100	Worin unterscheiden sich Promptgeschäfte und Lieferungsgeschäfte?		321		
101	Was versteht man unter dem Erfüllungsort?		322		
102	Welche Möglichkeiten gibt es, den Preis festzusetzen?		323		
103	Welche Regelungen sind in den Zahlungsbedingungen enthalten?		324		
104	Inwieweit kann einem beschaffenden Unternehmen geraten werden, einen Lieferantenkredit zu nutzen?		324		
105	Welche Lieferbedingungen können vertraglich vereinbart werden?		324		
106	Beschreiben Sie, wie die Kontrolle der Materialkosten erfolgen kann!		326		
107	Nennen Sie fünf Kennzahlen, welche der Kostenkontrolle dienen!		327 f.		
108	Wozu dient die Bestellmengenkontrolle?		328		
109	Wie kann die Liefertermінkontrolle erfolgen?		329		
110	Welche Verbindung ergibt sich zwischen Beschaffungswirtschaft und Lagerwirtschaft?		330		

F. Materiallagerung

Die Materiallagerung erfasst die Vorgänge des Materialeinganges, des Materialeinlagerns und der Materialentnahme. Sie bietet – in Verbindung mit der Bestandsführung, bei der die Bestände mengen- und wertmäßig erfasst werden – die Grundlage für eine umfassende Planung und Steuerung des Bestandes.

Die Bedeutung der Materiallagerung wird erkennbar, wenn ihre Aufgaben im Zusammenwirken mit anderen betrieblichen Funktionsbereichen betrachtet werden:

- Die **Arbeitsvorbereitung** verwaltet die Fertigungsdaten in Form von Materialstammsätzen, die auch Lagerdaten enthalten.
- Die **Materialbedarfsplanung** bestimmt die Höhe der in den Lägern zu haltenden Bestände und plant die ein- und ausgehenden Lagerbewegungen auf der Basis des Fertigungsprogrammes.
- Die **Fertigungssteuerung** ermittelt die Materialabgänge im Lager anhand errechneter Auftragsfreigaben und Fälligkeitstermine.
- Die **Materialeingangsstelle** meldet dem Lager alle Eingänge von Materialien.
- Die **Kostenrechnung** ermittelt die Kosten aller ein- und ausgehenden Lagerbewegungen.
- Die **Werkstatt** stellt den Materialbedarf fest und meldet ihn dem Lager.
- Der **Verkauf** legt die Liefertermine für die Kunden fest und meldet sie dem Lager, ebenso Vormerkungen und sonstige Anforderungen.

Die Materiallagerung erfolgt grundsätzlich in folgenden **Phasen**:

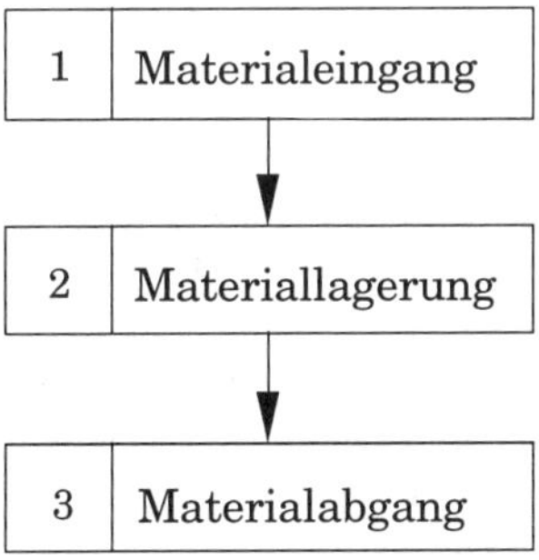

1. Materialeingang

Der Materialeingang geht in mehreren **Schritten** vor sich:

Annahme des Materials	Sie findet im Eingangslager statt. Dem Lagerpersonal sollten Listen zur Verfügung stehen, welche die erwarteten Materialien – nach Terminen geordnet – führen, damit festgestellt werden kann, ob eine Materiallieferung am betreffenden Tag erfolgen soll und welche Bearbeitungsschritte die angelieferten Materialien durchlaufen. Gleichzeitig findet eine Materialeingangsprüfung statt, die sich aber nur auf sofort erkennbare Mängel bezieht.
Identifizierung des Materials	Sie erfolgt im Hinblick darauf, ob dem Materialeingang eine Bestellung zu Grunde liegt. Das geschieht durch die Erfassung der Auftragsnummer, die manuell oder – bei EDV-Einsatz – durch Eingabe über den Bildschirm erfolgen kann, und anschließendem Vergleich mit der Bestelldatei. Die Identifizierung wird erschwert, wenn das Material ohne Begleitpapiere eintrifft.
Art-/Mengenprüfung des Materials	Sie wird unter Verwendung des Lieferscheines durchgeführt. Bei Abweichungen zwischen der Bestellung und der Lieferung ist zu entscheiden, ob die Differenzen akzeptierbar sind, ob Nachlieferungen verlangt oder ob das Material teilweise oder insgesamt zurückgesandt werden soll. Erforderliche Maßnahmen sind im Zusammenwirken mit der Beschaffungsabteilung einzuleiten.
Qualitätsprüfung des Materials	Sie erfolgt auf der Grundlage der auf dem Lieferschein angegebenen Qualität. Zuvor ist festzulegen, nach welchen Standards die Prüfung zu erfolgen hat. Ebenso müssen Art und Umfang der Prüfung bekannt sein. Bei Qualitätsabweichungen ist zu entscheiden, welche Reaktion erfolgen soll.
Rechnungsprüfung des Materials	Sie wird durchgeführt, indem die Menge, Art und Qualität des Materials, die auf dem Lieferschein angegeben sind, mit dem Bestellsatz auf Übereinstimmung geprüft werden. Sind Abweichungen nicht gegeben oder akzeptierbar, wird der Bestand fortgeschrieben und die Begleichung der Rechnung veranlasst.
Erstellung der Materialeingangspapiere	Sie schließt den Materialeingang ab. Darin wird dokumentiert, wohin das Material zu transportieren ist, beispielsweise in welches Lager oder in welchen Fertigungsbereich. Bei Lieferung zeitkritischer Materialien ist die Benachrichtigung des Einkäufers oder Disponenten sowie die Vergabe von Prioritätskennzeichen notwendig, damit die rasche und direkte Zuleitung an die Fertigung erfolgen kann.

Große und sperrige Güter werden vielfach unmittelbar an die Abteilung gesandt, die sie benötigt. Die Unterlagen sind an das Eingangslager zu schicken, um die entsprechenden Prüfungen vornehmen zu können.

Der Materialeingang umfasst damit:

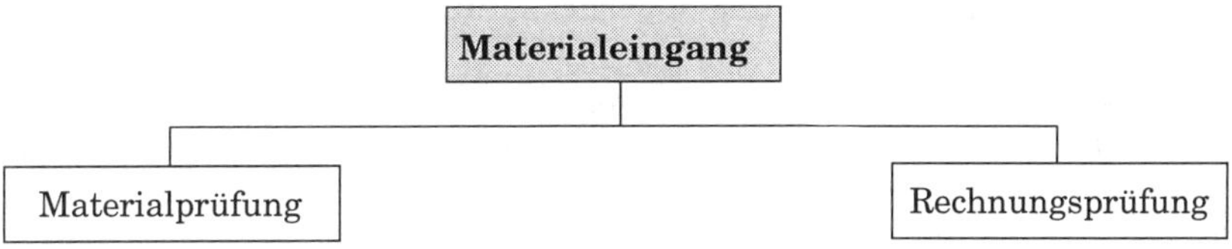

1.1 Materialprüfung

Die Materialprüfung erfolgt im Verlaufe oder unmittelbar nach der Materialannahme. Sie umfasst folgende Tätigkeiten:

- **Belegprüfung**
- **Mengenprüfung**
- **Zeitprüfung**
- **Qualitätsprüfung**.

1.1.1 Belegprüfung

Material, das im Unternehmen eintrifft, wird fast immer von Packlisten wie Transportpapieren, Warenbegleitscheinen oder Lieferscheinen begleitet, auf denen zumindest die Auftragsnummer der Bestellung, die Sachnummer und die Menge des Materials enthalten sind. Diese Daten werden mit den Bestellkopien verglichen, um eventuelle Fehler zu erkennen.

Ist ein Bildschirm verfügbar, werden die Daten gemäß der Materialeingangspapiere eingegeben, worauf ein Vergleich mit dem Bestellsatz erfolgt.

Es findet eine **Überprüfung** nach den Grundsätzen des Handelskaufes (§ 377 HGB) statt:

- Das eingehende Material ist auf **äußerlich erkennbare Schäden** hin zu **untersuchen**. Sind solche feststellbar, muss entschieden werden, ob das Material zurückgesandt oder weiteren Prüfschritten unterzogen wird.

  Bei zeitlich knapp terminiertem Material kann die Rückgabe an den Lieferanten zu einer Störung in der Fertigung führen. Es kann daher zweckmäßig sein, das Material unter Vorbehalt anzunehmen, um die mängelfreien Teile – je nach Art und Größe des Schadens – der Fertigung zuzuführen.

- Das eingehende Material ist mithilfe der Begleitpapiere zu **identifizieren**. Ergeben sich dabei Probleme, sind die Beschaffungs- und Fertigungsabteilung einzuschalten.

- Die Existenz eines **Bestellsatzes** ist zu überprüfen. Das Fehlen des Bestellsatzes kann auf telefonische Eilbestellungen zurückzuführen sein.

Während die meisten Materialien beim Eingang aufgrund ihrer Begleitpapiere identifiziert werden, können auch Materialien mit unvollständigen oder fehlenden Begleitpapieren eintreffen, oder es werden zu den Begleitpapieren im Unternehmen keine Bestellsätze gefunden.

In diesen Fällen ist folgende Vorgehensweise zu empfehlen:

- Bei **fehlerhaften Begleitpapieren** können die benötigten Informationen häufig über die Lieferantennummern beschafft werden, unter denen die offenen Bestellungen der einzelnen Lieferanten geführt werden. Durch den EDV-Einsatz stellt der Suchprozess keinen allzu großen Arbeitsaufwand dar. Durch die Eingabe von Matchcodes kann das Suchen sehr schnell durchgeführt werden.

  Es kann aber auch eine Anfrage beim Einkäufer erfolgen, der die Lieferung veranlasst hat, um zu einer Identifizierung der Materialien zu gelangen.

- Sind die Materialbegleitpapiere vollständig, kann jedoch der entsprechende **Bestellsatz nicht gefunden** werden, ist es möglich, dass

  - die Materialbegleitpapiere fehlerhafte Eintragungen enthalten,
  - der Auftrag bereits ausgeführt wurde und eine doppelte Lieferung erfolgt,
  - kein Auftrag erteilt wurde und an den falschen Kunden geliefert wurde,
  - eine telefonische Eilbestellung erfolgt ist und Unterlagen nicht erstellt wurden,
  - an das falsche Eingangslager geliefert wurde.

  Auch hier wird der Lieferantenstammsatz mit den zugehörigen offenen Bestellungen herangezogen. Außerdem erfolgt die Überprüfung der erledigten Bestellungen, wodurch festgestellt werden kann, ob es sich um eine doppelte Lieferung handelt. Häufig empfiehlt es sich, den Einkäufer einzuschalten.

1.1.2 Mengenprüfung

Der Belegprüfung schließt sich eine Mengenprüfung an. Sie erfolgt als ein Vergleich zwischen

- den gelieferten Materialmengen und den Mengen der Begleitpapiere,
- den gelieferten Materialmengen und den Mengen des Bestellsatzes,
- den gelieferten Materialmengen und den nach dem Fertigungsplan erforderlichen Mengen.

Der Vergleich kann folgende **Abweichungen** erkennen lassen:

Über-lieferungen	Sie sind möglicherweise auf mehrere Bestellvorgänge zurückzuführen. Der Lieferant fasst die Bestellungen, die vom Unternehmen zu unterschiedlichen Zeitpunkten ausgelöst wurden, zu einer Lieferung zusammen, wobei er in den Lieferpapieren nur die erste Bestellnummer verwendet. Werden Bestellungen – beispielsweise bei zeitkritischen Fertigungsaufträgen – telefonisch ausgelöst, fehlen zunächst die schriftlichen Bestellunterlagen. Die gelieferten Materialien werden nicht als offene Bestellung geführt. Bestellungen können auch von Unternehmensbereichen ausgelöst worden sein, die keine Bestellberechtigung besitzen. In diesen Fällen ist es schwierig, die Richtigkeit und Ordnungsmäßigkeit der Lieferung festzustellen.
Unter-lieferungen	Sie sind – sofern keine Transportschäden festgestellt werden – häufig auf Fehler beim Lieferanten zurückzuführen und werden im gegenseitigen Einvernehmen bereinigt.

Bei Teilmengenlieferungen, Unterlieferungen und verspäteten Lieferungen kann der Materialeingangsbereich nicht allein entscheiden, welche Maßnahmen zu treffen sind, weil die Aufrechterhaltung der Fertigung gefährdet sein kann.

1.1.3 Zeitprüfung

Die Prüfung der Liefertermine ist Voraussetzung für eine geeignete Planung und Steuerung der Materialien im Unternehmen. Die Zeitprüfung wird durchgeführt als Vergleich zwischen:

- Den gelieferten Materialmengen zum Liefertermin und dem im Bestellsatz festgelegten Termin,
- Dem Fertigstellungstermin und dem geplanten Termin bei Eigenfertigung,
- Der geplanten Liefermenge und nicht vereinbarten Teillieferungen bzw. unerwartet hohem Ausschuss bei der Eingangsprüfung.

Da die Zahlen der Lagerbuchführung unmittelbar für Dispositionen im Rahmen der Steuerung der Fertigung und Kundenaufträge herangezogen werden, ist auf die **sofortige Verbuchung** der Bewegungen zu achten. Eine verzögerte Verbuchung der Bewegungen kann dazu führen, dass Fertigungsaufträge zurückgestellt werden, obwohl deren Materialien im Lager vorhanden sind.

Die Lieferung von Materialien vor ihrem Fälligkeitstermin führt zu überhöhten Lagerbeständen und erfordert zusätzlichen Lagerplatz. Um ihre Lagerkosten zu senken, nehmen die Lieferanten vielfach Teillieferungen vor, was von der Beschaffungsabteilung möglicherweise nicht erkannt wird. Eine zu frühe Lieferung scheint ihren Sicherheitsüberlegungen zu entsprechen.

Beim Materialeingang muss aus Gründen der Kostenminimierung entschieden werden, ob das Material nicht zurückzusenden ist, wenn es (wesentlich) zu früh geliefert wird.

69 Seite 463

1.1.4 Qualitätsprüfung

Die Qualitätsprüfung beim Materialeingang hat den Zweck, nur solche Materialien einzulagern, welche die geforderte Qualität hinreichend erfüllen. Sie ist der wichtigste Teil der Materialprüfung und dient der Qualitätssicherung der eingehenden Materialien. Über die Prüfung der in das Erzeugnis eingehenden Materialien wird zugleich das Qualitätsniveau der zu fertigenden Erzeugnisse festgelegt.

Die Verwendung ungeprüfter Materialien, die sich als qualitativ ungeeignet erweisen, kann zu Schwierigkeiten und Verzögerungen in der Fertigung und – damit verbunden – zu höheren Kosten führen. Wird die Minderqualität erst während des Fertigungsprozesses entdeckt, fallen neben den Kosten des minderwertigen Materials auch die Kosten für mitverarbeitete Stoffe, Löhne und Energie an.

Die an ein Material gestellten **Qualitätsanforderungen** (ISO 9000 bis 9003) sind festgelegt durch:

- Gesetze und Verordnungen
- DIN-Normen, Verbandsnormen, Gütebestimmungen
- Beschaffungsvorschriften.

Die Materialannahme arbeitet eng mit der Qualitätsprüfung zusammen. Es wird bestimmt, ob eine Lieferung zu prüfen ist und wohin die Materialien nach der Prüfung zu senden sind. Dazu erhält die Qualitätsprüfung entsprechende **Informationen**:

- Identifikation des Materials
- Eingangsdaten des Materials
- Priorität der Lieferung
- Standort der Lieferung
- Technischer Änderungsstand.

Für die Qualitätsprüfung sind **Prüfvorschriften** festzulegen, nach denen die Materialien zu prüfen sind. Sie können von den Lieferanten beeinflusst sein. Außerdem ist vorzugeben, ob ein festgelegtes Prüfverfahren auch für Materialien neuer Lieferanten gilt oder ob besondere Anweisungen gelten, bis die Qualitätstreue des Lieferanten bekannt ist.

Wichtig sind auch festzulegen:

Ort der Prüfung	Es gibt innerbetrieblich nach dem Grad und dem Umfang der zu prüfenden Eigenschaften bzw. abhängig von den Prüfgeräten und sonstigen Prüfeinrichtungen verschiedene Möglichkeiten, beispielsweise den Materialeingang, das Prüflabor, die Werkstatt. Daneben können außerbetriebliche staatliche und freie Forschungseinrichtungen und Prüfstellen herangezogen werden.
Anforderungen an die Prüfung	Daraus ergeben sich die Anforderungen an das Testpersonal sowie die Mess-, Prüf- und sonstigen Geräte. Sie bestimmen auch die Dauer des Prüfvorganges.

Für die Durchführung der Qualitätsprüfung sind zu betrachten:

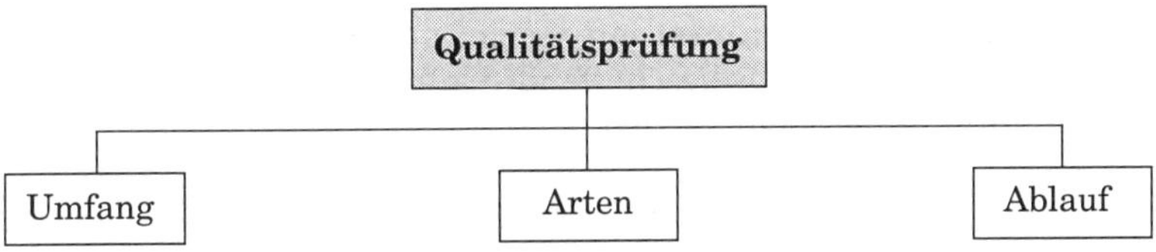

1.1.4.1 Umfang

Mit dem Umfang der Qualitätsprüfung wird festgestellt, wie viele Teile einer Materiallieferung und welche Eigenschaften des Materials zu prüfen sind:

Häufigkeit der Prüfung	Sie kann im Unternehmen so geregelt sein, dass beispielsweise jede Sendung, jede 10. oder 15. Sendung oder in größeren Intervallen geprüft wird.
Umfang der Prüfung	Er kann sich auf die gesamte Sendung oder einen geringeren Umfang beziehen, beispielsweise 10 %, 25 %, 50 %. EDV-gestützte Prüfungspläne erlauben eine Reduktion des Stichprobenumfanges in Abhängigkeit von der Güte der vergangenen Prüfungsergebnisse. **Beispiel**: Wurden bei einer 20 %-Stichprobe mehrfach keine Fehler festgestellt, reduziert sich der Stichprobenumfang automatisch auf 10 % der angelieferten Materialien eines Lieferanten.

Wichtig ist es, genaue Aufzeichnungen vorzunehmen, welche die Prüfungsergebnisse pro Lieferant registrieren. Darin werden die Beanstandungen global und nach einzelnen Merkmalen erfasst.

Nach dem Umfang der Materialprüfung sind zu unterscheiden:

- **Hundertprozentprüfung**
- **Stichprobenprüfung**.

1.1.4.1.1 Hundertprozentprüfung

Die Hundertprozentprüfung, bei der jedes Stück einer Lieferung der Prüfung unterzogen wird, garantiert am sichersten die Einhaltung des geforderten Prüfstandards. Grundsätzlich können alle wesentlichen Qualitätsmerkmale geprüft werden. Wichtig sind aber nur solche Merkmale, welche die Funktionsfähigkeit und spätere Verwendbarkeit des Erzeugnisses beeinflussen.

Die Hundertprozentprüfung ist dann **ungeeignet**, wenn die Qualität durch zerstörende Prüfverfahren wie Lebensdauerversuche, Zerreißproben oder Crash-Tests zu bestimmen ist. Es lassen sich aber auch wirtschaftliche Gründe aufzeigen, die eine Anwendung der Hundertprozentprüfung infrage stellen:

- Um die Funktionsfähigkeit von Materialien zu gewährleisten, durchlaufen sie bereits beim Lieferanten entsprechende Prüfungen.

- Die Prüfung erfolgt beim Lieferanten mit speziell auf die Materialien ausgerichteten Prüfvorrichtungen, über die das beschaffende Unternehmen wegen der Vielzahl der zu prüfenden Materialien nicht verfügt.

- Eine Vollprüfung scheidet aus, wenn die Materialien dem Fertigungsprozess ohne allzu große Verzögerungen zuzuführen sind.

- Die Qualitätsberichte der Vergangenheit zeigen, dass ein hoher Prozentsatz der Materialien unbeanstandet ist.

- Die Prüfungstätigkeiten sind kostspielig, vielfach nicht mit eigenen Prüfgeräten durchführbar, und die Fertigungsschritte lassen sich nicht ohne weiteres nachvollziehen.

1.1.4.1.2 Stichprobenprüfung

Das kostengünstigere Stichprobenverfahren nimmt aus der Grundgesamtheit der jeweiligen Lieferung eine **repräsentative Stichprobe**, deren Umfang sich aus der Risikohöhe und der Wahrscheinlichkeit, mit der ein Fehlerereignis eintreten kann, bestimmt.

Die Grundgesamtheit ist die Menge aller Ereignisse oder Einheiten, die in die statistische Untersuchung einbezogen wird. Die Stichprobe wird ihr zufällig entnommen, d.h. jedes Element der Grundgesamtheit hat die gleiche Wahrscheinlichkeit, in die Stichprobe mit einbezogen zu werden.

Die betriebliche Praxis hat mehrere **Verfahren** entwickelt, welche die Zufälligkeit des Stichprobenloses garantieren, beispielsweise:

- Das Auslosen und Auswürfeln der kleineren Stichproben
- Die Auswahl aus einer Zufallszahlentabelle bei geordneten Elementen
- Die Auswahl mit einem Zufallszahlengenerator bei EDV-Einsatz
- Die Auswahl nach Zeitpunkten bei kontinuierlicher Fertigung.

Wesentliche **Bestandteile der Stichprobenprüfung** sind:

- Der **Stichprobenplan** als eine Vorschrift, in der Richtlinien zur Annahme oder Zurückweisung des beurteilten Loses in Abhängigkeit von den Prüfergebnissen dargestellt sind. Um die Handhabung zu erleichtern, werden in der betrieblichen Praxis verschiedene **Systeme** angewandt.

Beispiele:

- ABC-Standard (USA)
- Standard-Stichproben-System (Firma Philips)
- Dodge-Romig-System (USA)

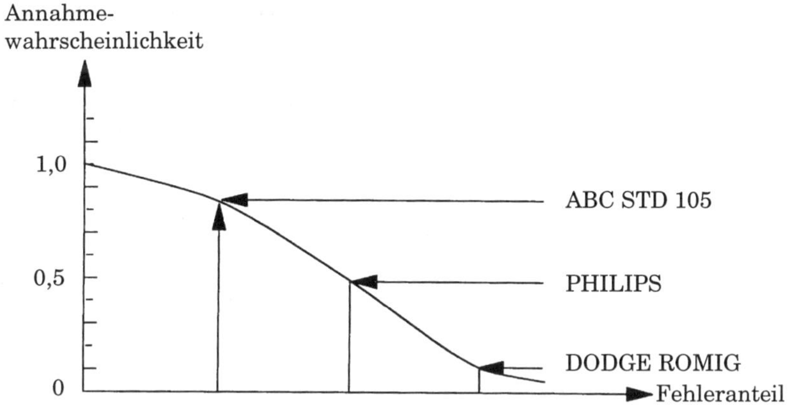

Heute haben weltweit nur noch die Normen auf der Basis des ABC-STD 105 Bedeutung, auf dem in Deutschland die VG 95083, DGQ/SAQ/ÖPWZ 1 und DIN 40080 beruhen.

Die Systeme enthalten tabellarische Eintragungen und legen fest, wie hoch der Stichprobenumfang bei einer bestimmten Grundgesamtheit sein muss, um mit hinreichender Genauigkeit Rückschlüsse auf die Lieferung ziehen zu können.

Man unterscheidet folgende **Stichprobenpläne**:

Einfach-Stichproben-pläne	Die Entscheidung über die Annahme oder Rückweisung eines Prüfloses wird auf der Grundlage einer Entnahme gefällt. Dabei ist das zulässige Qualitätsniveau festzulegen, bei dem die Lieferung noch angenommen wird. **Beispiel**: Aus einer Grundgesamtheit von 15.000 Stück ist eine Zufallsstichprobe von 250 Stück zu entnehmen. Liegt das Qualitätsniveau bei 50 Stück, wäre eine Sendung bei 51 fehlerhaften Stücken zurückzuweisen. Das Verfahren ist auf einfache Weise abzuwickeln und auch von wenig geschultem Personal in kurzer Zeit erlernbar. Nachteilig ist, dass der Stichprobenumfang recht groß zu wählen ist.

Mehrfach-Stichproben-pläne	Sie werden häufig auch als Doppel- oder Folge-Stichprobenpläne eingesezt. Dabei wird die Annahme oder Ablehnung einer Lieferung vom Ergebnis zweier Stichproben abhängig gemacht, wodurch der Umfang der einzelnen Stichproben wesentlich geringer gehalten werden kann als bei den Einfach-Stichprobenplänen.

- Die **Stichprobenauswertung** erfolgt, indem die Ergebnisse der Prüfung in Diagrammform dargestellt werden. Damit lässt sich bildlich erkennen, ob eine Lieferung anzunehmen oder zurückzuweisen ist.

  Mithilfe von **Annahmekennlinien** wird versucht, einen Zusammenhang zwischen der Annahmewahrscheinlichkeit – der Wahrscheinlichkeit der Annahme eines Prüfloses unter Berücksichtigung einer Anzahl fehlerhafter Einheiten – und dem Anteil fehlerhafter Einheiten im Prüflos darzustellen.

  Diese Erkenntnisse sind in den Stichprobenplänen der DGQ* eingearbeitet und geben den Sachverhalt tabellarisch wieder. Damit lassen sie sich ohne die Kenntnis von statistischen Häufigkeitsverteilungen anwenden.

Aufgrund der Stichprobe ergibt sich folgende Häufigkeitsverteilung:

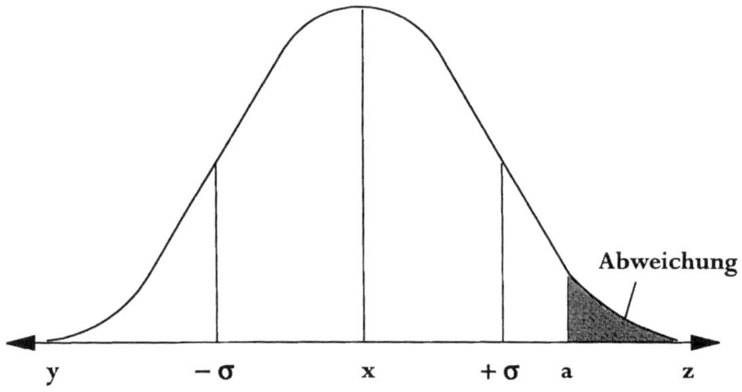

Es ist zu erkennen, dass die Qualität der Gesamtheit bei einem durchschnittlichen Wert von x liegt. Dabei schwanken die Werte zwischen den Extrempunkten y und z. Etwa 90 % aller Elemente der Grundgesamtheit fallen in die Annahmekennlinie a.

1.1.4.2 Arten

Entscheidend für die Art und das Ausmaß der gütebestimmenden Eigenschaften sind die Anforderungen, die der Markt an ein Erzeugnis stellt. Damit ist die Qualität als diejenige Beschaffenheit beschrieben, die ein Erzeugnis zur Erfüllung vorgesehener Funktionen geeignet macht. Die Funktionen ergeben sich im Allgemeinen aus dem Verwendungszweck.

* Deutsche-Gesellschaft für Qualität e.V.

Es ist zwischen verschiedenen **Qualitäten** zu unterscheiden:

Entwurfsqualität	Sie betrachtet die Eignung eines Erzeugnisses für den geplanten Verwendungszweck aufgrund seiner fertigungstechnischen Konzeption. Dabei spielen Fragen des Fertigungsverfahrens, der konstruktiven Eignung, des Materialeinsatzes und der Kosten eine Rolle.
Fertigungsqualität	Sie bezieht sich auf die Güte des Erzeugnisses und stellt Abweichungen von bestimmten gewünschten Eigenschaften der Entwurfsqualität fest. Hier sind vor allem die Mängel, die beim Übertragen des Entwurfs in die praktische Durchführung entstehen, zu nennen.

Mithilfe der Qualitätsprüfung kann das Vorhandensein bestimmter Eigenschaften festgestellt werden, um die Qualität eines Erzeugnisses zu beurteilen. Man unterscheidet:

- **Attributprüfung**
- **Variablenprüfung**.

1.1.4.2.1 Attributprüfung

Bei der Attributprüfung, die auch **Gut-Schlecht-Prüfung** genannt wird, erfolgt die Prüfung lediglich danach, ob ein Prüfmerkmal der Qualitätsnorm entspricht oder nicht.

Zur Prüfung wird dem Los eine Stichprobe entnommen. Die Zahl der durch die Prüfung festgestellten fehlerhaften Einheiten wird ermittelt und mit einer Kennzahl verglichen, welche die Anzahl der Einheiten festlegt, bei der das Los noch angenommen wird. Übersteigt die Zahl der fehlerhaften Einheiten die Kennzahl, ist das Los zurückzuweisen.

Mithilfe von Rechenverfahren der Stichprobentheorie kann die Wahrscheinlichkeit ermittelt werden, ob die Grundgesamtheit nicht mehr als einen bestimmten Anteil an fehlerhaften Materialien enthält.

Beispiel: Wird einem Los eine Stichprobe von 90 Einheiten entnommen und soll der Anteil mit drei fehlerhaften Einheiten im Prüflos nicht überschritten werden, kann mit einer Wahrscheinlichkeit von 97 % gesagt werden, dass der Anteil fehlerhafter Einheiten in der Grundgesamtheit dei Einheiten nicht übersteigt.

Die Durchführung der Attributprüfung ist einfach, da ein Mindeststichprobenumfang genügt. Die zu ermittelnden Werte sind üblicherweise in Tabellen dargestellt, aus denen sie leicht abzulesen sind.

1.1.4.2.2 Variablenprüfung

Bei der Variablenprüfung, die auch **messende Prüfung** genannt wird, erfolgt bei einem vorgelegten Los die Entnahme einer Stichprobe. An jeder Einheit der Stichprobe wird das interessierende Qualitätsmerkmal gemessen. Als Maß für die Qualität des Loses dient eine Prüfgröße. Sie stellt den Soll- oder Grenzwert dar, der eine Entscheidung über Annahme oder Ablehnung des Loses ermöglicht.

Da ein Messwert mehr Informationen über die einzelne Einheit enthält als die Angabe »gut« oder »schlecht«, reichen bei der Variablenprüfung meist erheblich **kleinere Stichprobenumfänge** als bei der Attributprüfung aus – gleiche Risiken vorausgesetzt.

Die Variablenprüfung kann deshalb in vielen Fällen – trotz höherer Prüfkosten – wirtschaftlicher sein als die Attributprüfung. Dennoch ist sie in der betrieblichen Praxis nicht so verbreitet wie die Attributprüfung, da sie mathematisch und prüftechnisch hohe Anforderungen an das Prüfpersonal stellt.

1.1.4.3 Ablauf

Die Durchführung der Qualitätsprüfung bezieht sich grundsätzlich auf alle Materialien, die von außerhalb des Unternehmens angeliefert werden. Um die Fertigung fehlerhafter Teile frühzeitig erkennen und eine Ausschussfertigung verhindern zu können, sind einzelne **Prüfschritte** zu beachten:

Festlegen der notwendigen Prüfungen	Erstellen von Prüfvorschriften, die das anzuwendende Prüfverfahren bestimmen.
Bereitstellen von Informationen	Informationen für den Prüfvorgang beziehen sich u.a. auf: ❍ Art der Prüfung ❍ Toleranzen der Prüfung ❍ Dauer der Prüfung ❍ Methode der Stichprobe
Dokumentieren der Prüfergebnisse	Es erfolgt meist grafisch. Die Ergebnisse sollten mit den Lieferanten besprochen werden, um eine genaue und realitätsbezogene Fehleranalyse durchführen zu können.
Festlegen von Prüfungsstandards	Es geschieht oft im Zusammenwirken mit den Lieferanten, besonders bei neuen Lieferanten und neuen Materialien.

Es sollen näher betrachtet werden:

- **Prüfungsverfahren**
- **Prüfbericht**.

1.1.4.3.1 Prüfungsverfahren

Die Qualitätsprüfung muss die für den Fertigungsprozess und das Erzeugnis wichtigen **Eigenschaften** prüfen, die vor allem sein können:

- Festigkeit
- Formänderungsvermögen
- Abmessung, Gewicht, Dichte
- Thermische Ausdehnung
- Leitfähigkeit für Wärme, Schall und Elektrizität
- Feuchtigkeitsgehalt der Werkstoffe
- Verhalten der Werkstoffe im Feuer
- Korrosion und Verschleißfestigkeit
- Widerstandsfähigkeit gegen chemische Einflüsse.

Verfahren zur Prüfung dieser Eigenschaften sind:

- **Chemische Analysen** zur Ermittlung der Zusammensetzung eines Werkstoffes. Heute überwiegen die physikalisch-chemischen und physikalischen Methoden, die Potentiometrie, die Photometrie und Flammenphotometrie, die Polarografie, die Spektral- und Röntgenfluoreszenz-Verfahren sowie das Schmelzverfahren.

- **Metallurgische Prüfverfahren**, bei denen das Mikro- und Makrogefüge von Metallen und Legierungen zur Erforschung von Umwandlungs-, Ausscheidungs- und Lösungsvorgängen untersucht werden.

  Dabei werden mikroskopische Gefügeuntersuchungen mit 40facher Vergrößerung, lichtmikroskopische Gefügeuntersuchungen mit 1.500facher Vergrößerung und elektronenmikroskopische Gefügeuntersuchungen mit 160.000facher Vergrößerung unterschieden.

- **Mechanische Prüfverfahren**, die sich mit der Bewegung von Körpern und Kräften befassen, die sie verursachen oder die sie zueinander im Gleichgewicht halten. Die Prüfung erstreckt sich auf die Festigkeit der Teile. Festigkeitsprüfverfahren können bei ruhender, dynamischer oder schwingender Beanspruchung durchgeführt werden.

  Bei Schlagbeanspruchung wird zwischen Festigkeit auf Zug, Druck, Biegung, Abscherung unterschieden. Zu den mechanischen Prüfungen rechnet man auch die statischen und dynamischen Härteprüfverfahren.

- **Korrosions-Prüfverfahren**, die das Auftreten von Korrosionen untersuchen. Da Korrosionen beim praktischen Gebrauch erst nach längerer Zeit auftreten, muss bei den Korrosions-Prüfverfahren eine Zeitraffung erfolgen, um den Effekt schon nach Tagen oder Wochen herbeizuführen.

  Ein allgemeines Verfahren für die Korrosionsprüfung gibt es nicht, weil die Korrosionserscheinungen vielfältiger Art sind. Bewertungen werden nach Gewichtsveränderungen oder äußeren Veränderungen der Proben vorgenommen.

- **Zerstörungsfreie Prüfverfahren**, die einen bedeutsamen Platz bei der Materialprüfung einnehmen. Die wichtigsten Verfahren sind:

Eindringungs-verfahren	Mit ihm können unsichtbare Risse oder Gefügetrennungen an der Oberfläche von Werkstoffen erkannt werden. Dabei bringt man eine Farblösung auf die zu prüfende Oberfläche, trocknet sie und trägt – nass oder trocken – einen Entwickler auf, der die aus einer Fehlerstelle wieder austretenden Farbspuren sichtbar macht.
Gammastrahl-verfahren	Mit ihm werden Gussstücke und Schweißverbindungen auf Fremdeinschlüsse und Bindefehler hin untersucht, wenn die Durchstrahlung mit Röntgenstrahlen nicht mehr ausreicht oder zu lange Belichtungszeiten erfordern würde, oder wenn es auf eine leicht transportable Prüfausrüstung bei schlecht zugänglichen Baustellen ankommt.
Magnetpulver-verfahren	Bei ihm wird das Prüfstück in ein magnetisches Feld gebracht. Fehlerstellen werden durch feines Eisenpulver unter ultraviolettem Licht angezeigt.
Röntgenstrahl-verfahren	Es ist eine Untersuchung der Grobstruktur und dient zum Nachweis voluminöser Fehler - beispielsweise Gasblasen, Poren, Schlackeneinschlüssen - in Bauteilen.
Ultraschall-verfahren	Es dient zur Gütesicherung bei hochwertigen Anlagen, da es metallische Wanddicken von mehreren 100 mm auf Fehlerstellen hin überprüfen kann.

1.1.4.3.2 Prüfbericht

Die bei der Materialprüfung erzielten Ergebnisse sind in einem Prüfbericht zusammenzufassen, der dient als:

- **Fertigmeldung der Prüfarbeiten**, worauf das mängelfreie Material dem vorhandenen Bestand zugebucht und für Dispositonszwecke verwendet werden kann. Gleichzeitig wird die Einlagerung veranlasst.

- **Überwachung von Reklamationen**, die in Bezug auf das fehlerhafte Material in Zusammenarbeit mit Arbeitsvorbereitung, Disposition und anfordernder Abteilung erfolgen muss.

  Eine Annahme des Materials kann erfolgen, wenn die Art des Fehlers sich auf die Qualität des Erzeugnisses nicht auswirkt oder eine Umdisposition des Materials möglich ist. Ansonsten wird das Material an den Lieferanten zurückgegeben, der auszubessern oder auszutauschen hat.

  Bei geringfügigen Fehlern, vor allem aber bei zeitkritischen Teilen ist es möglich, eine Nacharbeit im eigenen Unternehmen durchzuführen. Dabei muss sichergestellt sein, dass der Lieferant zustimmt und die Werkstatt freie Kapazitäten zur Nacharbeit zur Verfügung hat.

  Sind Ausbesserungen und Nachbesserungen vorzunehmen, müssen die Kosten erfasst und der Bestellung zugerechnet werden.

Mitunter kann die Lieferung lediglich verschrottet werden. Dabei können Kosten anfallen, die durch den Schrottwert nicht gedeckt werden. In diesen Fällen muss eine Kostenzusage des Lieferanten erwirkt werden.

- **Voraussetzung für die Rechnungsprüfung**, die rechnerisch erst dann erfolgt, wenn die Lieferung nach Art und Menge geprüft ist. Da die Rechnung erst nach Ablauf all dieser Prüfungen zur Zahlung angewiesen wird, kann es sein, dass ein Skonto nicht mehr auszunutzen ist. Wenn die Prüfungen auch bis zur Zahlungsfrist nicht abgeschlossen sind, sollte der Rechnungsbetrag unter Vorbehalt zur Zahlung angewiesen werden.

Eine **Verbesserung der Prüfung** ist möglich, wenn

- die Bestelldaten zentral geführt werden, sodass alle Prüfdaten an einer Stelle zusammenlaufen und zur Bestellauslösung führen,

- eine zentrale Steuerung des Prüfwesens erfolgt, wobei auch entsprechende Zeiten vorgegeben werden,

- eine Analyse der Vergangenheitsdaten erfolgt.

  Tritt beispielsweise bei einer Materialnummer der gleiche Fehler beim gleichen Lieferanten mehrfach auf, führt dies zu einer Überprüfung und zu einer Änderung der Prüfvorschriften.

  Andererseits führen Folgen von Gut-Lieferungen bestimmter Lieferanten dazu, dass der Stichprobenumfang und die Häufigkeit der Stichprobennahme geändert werden kann.

70 **Seite 463**

1.2 Rechnungsprüfung

Die Rechnungsprüfung erstreckt sich auf einen Vergleich der Lieferantenrechnung mit der Auftragsbestätigung, der Bestellung, den Materialbegleitpapieren und dem Prüfbericht. Dabei findet eine Prüfung in dreifacher Hinsicht statt:

- **Sachliche Prüfung**
- **Preisliche Prüfung**
- **Rechnerische Prüfung**.

1.2.1 Sachliche Prüfung

Anhand der Unterlagen des Bestellvorganges ist die sachliche Richtigkeit der Rechnung zu kontrollieren. Abweichungen zwischen der Bestellmenge und der Liefermenge sind zu reklamieren, wenn sie über das vereinbarte oder handelsübliche Maß hinausgehen.

Probleme ergeben sich, wenn

- zur Rechnung eine entsprechende Lieferung nicht vorliegt,
- eine Über- oder Unterlieferung erfolgt ist,
- der Lieferant eine Teillieferung vornimmt, die Rechnung jedoch über den vollen Betrag lautet.

In der betrieblichen Praxis wird die sachliche Rechnungsprüfung meist durch die Beschaffungsabteilung wahrgenommen, während die rechnerische Prüfung von der Buchhaltung erfolgt.

Die sachliche Prüfung dient vor allem der Kontrolle des Lieferanten. Sie umfasst besonders folgende **Fragestellungen**:

- *Liegen zur Lieferung kontierte Bedarfsmeldungen vor?*
- *Ist der Bedarf im Beschaffungsprogramm vorhanden?*
- *War die Bedarfsmeldung vollständig?*
- *Nahm der Lieferant selbstständig Änderungen vor?*
- *Wurden die Beschaffungsrichtlinien eingehalten?*
- *Entsprechen die vereinbarten Lieferbedingungen und Termine den Richtlinien?*

1.2.2 Preisliche Prüfung

Häufig kann eine Überprüfung des Preises, wie er von der Beschaffungsabteilung in der Bestellung akzeptiert wurde, nicht erfolgen. Inwieweit der Preis eines Lieferanten hingenommen wurde, ohne eine Überprüfung des Marktpreises vorzunehmen, lässt sich bei manueller Organisation nur mit hohem Aufwand durchführen.

Die Rechnungsprüfer müssten beispielsweise folgenden **Fragen** nachgehen:

- *Weicht der vorliegende Preis wesentlich vom Marktpreis ab?*
- *Sind mindestens drei Preisangebote von Lieferanten eingeholt?*
- *Warum wurde ein Lieferant bei der Belieferung bevorzugt?*
- *Bevorzugt ein Einkäufer einen bestimmten Lieferanten?*
- *Liegt dessen Preis über dem Marktpreis?*
- *Sind zugesagte Konditionen im Rechnungsformular berücksichtigt?*

Eine manuelle Rechnungsprüfung kann vielfach nur A-Materialien einer preislichen Prüfung unterziehen. Bei einer Automatisierung der Rechnungsschreibung lassen sich **Prüfschritte** einbauen, die jede Bestellposition mit der Lieferposition und mit allgemeinen Marktdaten vergleichen.

Eine Datei enthält die Marktdaten sämtlicher Materialien, beispielsweise:

- Nach Lieferanten geordnete Preise und Konditionen
- Preisstaffelungen und Preisgefüge
- Zuverlässigkeitsschlüssel der Lieferanten.

Damit kann die Arbeit der Beschaffungsabteilung überprüft werden. Für das Unternehmen schädliche Absprachen mit Lieferanten werden erschwert.

1.2.3 Rechnerische Prüfung

Die rechnerische Prüfung soll feststellen, ob bei der Ermittlung der Rechnungssumme möglicherweise ein Rechenfehler unterlaufen oder eine mehrfache Rechnungstellung erfolgt ist.

Da die Eingangsrechnung meist als Basis für Finanzübersichten und Zahlungsanweisungen herangezogen wird, ist bei der Rechnungsprüfung auch zu prüfen, ob die vereinbarten Konditionen in der bei der Bestellung vereinbarten Weise mit den Rechnungsdaten übereinstimmen.

Eine weitere Aufgabe der rechnerischen Prüfung besteht darin, die effektiven Einstandspreise der Materialien zu ermitteln. Dazu muss der Frachtanteil aus den einzelnen Materialpositionen herausgerechnet werden, was auch der ordnungsgemäßen Verbuchung der Materialkosten und Frachtkosten dient.

Das umfangreiche Nachrechnen der Rechnungen, wobei der Wert jeder Materialposition festgestellt und danach der Gesamtpreis ermittelt wird, erfolgt heute in vielen Unternehmen nicht mehr. Durch die maschinelle Erstellung der Rechnungen sind Rechenfehler unwahrscheinlich.

71 Seite 464

72 Seite 464

2. Materiallagerung

Die Materiallagerung erfolgt in Lägern. Das sind Einrichtungen, die Materialien aufbewahren und verfügbar halten. Darin wird das gesamte Material im Unternehmen aufgenommen, auch die Teile des Materials, die sich in der Fertigung befinden.

Der Lagerprozess beginnt mit der Übernahme des Materials und endet mit der Abgabe der Erzeugnisse aus dem Erzeugnis- oder Versandlager.

Die **Funktionen der Läger** sind:

Mengenmäßige Anpassung	Sie ist erforderlich, wenn die Anlieferung des Materials in größeren Mengen erfolgt als das für die Fertigung kurzfristig erforderlich ist. Die Läger gleichen die Schwankungen in Beschaffung und Absatz sowie innerhalb des betrieblichen Leistungsprozesses aus.
Zeitliche Anpassung	Sie ist notwendig, weil die Materialien vielfach bereits vor ihrer Verwendung im Fertigungsprozess und die Erzeugnisse häufig vor dem Verkauf zur Verfügung stehen müssen.
Qualitative Anpassung	Durch sie wird eine Wertverbesserung erreicht, die im Verlaufe der Lagerzeit eintritt, beispielsweise bei Holz.
Wertmäßige Anpassung	Sie erfolgt durch Ausnutzen spezieller Situationen auf dem Beschaffungs- oder Absatzmarkt ohne zwingende technische oder wirtschaftliche Gründe mit dem Ziel, Kostenvorteile zu erlangen.

Um die Lagerfunktionen optimal erfüllen zu können, bietet sich als Unterscheidung der **Läger** an:

Hauptläger	Das sind Läger, welche die von ihnen aufgenommenen Güter aus werksexternen Quellen erhalten oder an werksexterne Bezieher abgeben.
Nebenläger	Sie haben keine Kontakte mit werksfremden Wirtschaftseinheiten, sondern beziehen das Material von werksinternen Quellen oder geben es an werksinterne Bezieher ab.
Hilfsläger	Das sind Läger, die Güter aufnehmen, die aus raumtechnischen Gründen nicht oder nur unter Gefährdung der Ordnung in Haupt- oder Nebenlägern aufgenommen werden können.

Im Folgenden sollen betrachtet werden:

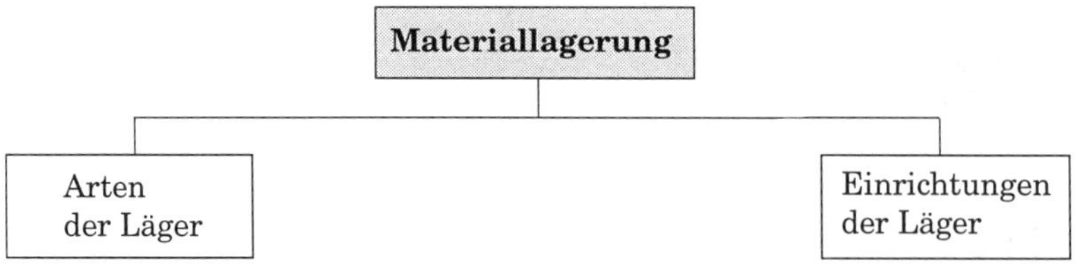

2.1 Arten der Läger

Die Lagerorganisation ist eine wichtige Voraussetzung für eine wirtschaftliche Lagerhaltung. Welche Lagerorganisation angewandt wird, hängt von vielen Einflussgrößen ab, vor allem von der Materialbeschaffenheit und der Fertigungsmethode.

Grundsätzlich können Läger nach folgenden **Prinzipien** aufgebaut sein:

- **Stofforientiert**, wenn bestimmte Lagergüter und Lagergruppen in dafür vorgesehenen Lägern zusammengefasst werden. Um eine wirtschaftliche Lagerung zu ermöglichen, verfügen die Läger über spezielle Lagereinrichtungen, die der jeweiligen Materialart angepasst sind.

  Beispiele: Stangenlager, Kabellager, Treibstofflager, Kühllager.

- **Verbrauchsorientiert**, wenn die Läger den im Fertigungsprozess anfallenden Materialbedarf befriedigen sollen. Die Läger orientieren sich am Fertigungsablauf und werden in die Planung der Fertigung einbezogen.

- **Zugriffsfrei**, wenn das Fertigungspersonal berechtigt ist, den Lägern bei Bedarf Material zu entnehmen. Das kann vorteilhaft sein, weil der Verwaltungsaufwand dadurch vermindert wird. Dem stehen aber auch **Nachteile** entgegen:

  - Es werden unberechtigterweise Materialien entnommen, die anderweitig bereits disponiert sind.

  - Die Entnahmen werden nicht ordnungsgemäß erfasst, sodass eine auftragsbezogene Verrechnung der Materialien nicht möglich ist.

  - Es werden irrtümlich falsche Materialien entnommen, die nicht wieder ordnungsgemäß eingelagert werden.

- **Zugriffsgebunden**, wenn sichernde Maßnahmen die Gewähr für ordnungsgemäße Entnahmen und sachgemäße Führung der Lagerbestände bieten. Wegen des damit verbundenen Verwaltungsaufwandes sollte die Zahl zugriffsgebundener Läger auf wenige große Läger begrenzt sein. Ihre **Vorteile** sind:

  - Die Auslastung des eingesetzten Personals kann in großen Lagereinheiten besser geplant werden.

    Beispiel: Reservierungen für künftige Aufträge lassen sich in betriebsarmen Zeiten vornehmen.

  - Die Lagervorgänge werden über Informationsträger erfasst, sodass ein lückenloser Nachweis aller Entnahmen gewährleistet ist.

    Beispiel: Entnahmebelege, Lagerfachkarten, Bildschirmterminals.

  - Die Entnahmen lassen sich zu größeren Einheiten zusammenfassen, wodurch der Verwaltungsaufwand im Lager vermindert wird.

  - Die Bestände von Fertigungsmaterialien und Ersatzteilen können getrennt geführt und disponiert werden.

Die wichtigsten Arten von Lägern sind:

- **Stufenbezogene Läger**
- **Standortbezogene Läger**
- **Gestaltungsbezogene Läger**.

2.1.1 Stufenbezogene Läger

Im Verlaufe des Fertigungsprozesses durchläuft das Material verschiedene **Lagerstufen**. Diese vielgeteilte Struktur der Materiallagerung ist dem Verlauf des Materialflusses nachgebildet:

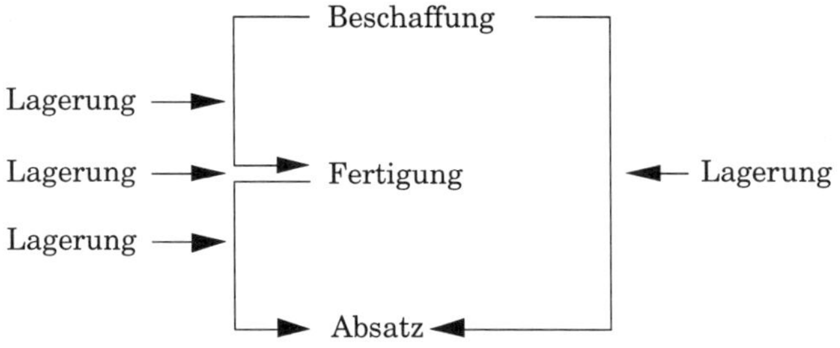

Dementsprechend lassen sich grundsätzlich drei Lagerstufen unterscheiden:

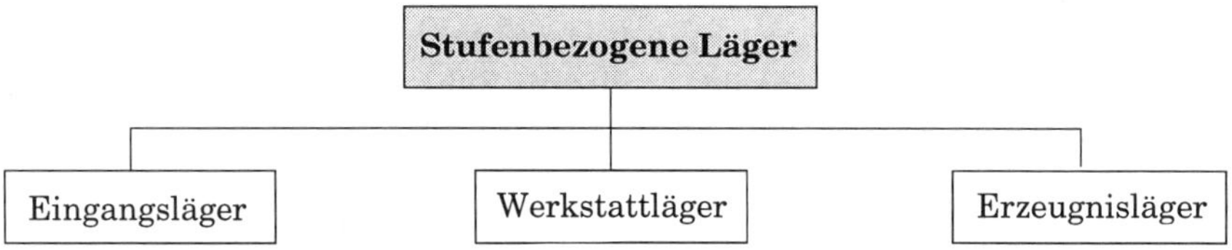

2.1.1.1 Eingangsläger

Eingangsläger sind nach außen gerichtete Läger, die der Fertigung als Puffer zwischen Beschaffungsrhythmus und Fertigungsrhythmus dienen. Sie haben die **Aufgaben**,

- die Fertigung laufend mit Material zu versorgen
- Material aus spekulativen Gründen aufzunehmen
- den Fertigungsablauf von Marktschwankungen freizuhalten.

Vielfach haben die Eingangsläger die Funktion, die Materialien im Eingangsbereich so lange festzuhalten, bis sämtliche Tätigkeiten im Rahmen des Materialeinganges – beispielsweise Qualitäts- und Quantitätsprüfungen – durchgeführt sind. Erst dann werden die Materialien auf Anforderung den Werkstattlägern zugeführt.

2.1.1.2 Werkstattläger

Werkstattläger sind Zwischenläger, die im Fertigungsbereich die Materialien aufnehmen, wenn sie bereits eine oder mehrere Fertigungsstufen durchlaufen haben, aber noch eine weitere Bearbeitung erfahren sollen.

Die Größe der Werkstattläger ist weitgehend von der Art der Fertigung abhängig. Bei einer Werkstattfertigung entstehen meist mehrere Werkstattläger zwischen den einzelnen Fertigungsabschnitten. Bei einer Fließfertigung sind Werkstattläger weitgehend vermeidbar.

Vielfach werden großvolumige und geringwertige Materialien im Verlaufe der Fertigung zwischengelagert. Dadurch ergibt sich ein Bestandspuffer in der Werkstatt, der den Bedarf eines bestimmten Zeitraumes abzudecken vermag. Die Wiederauffüllung erfolgt in unregelmäßigen Zeitabständen.

2.1.1.3 Erzeugnisläger

Die Lagerung, die nach dem Abschluss der Fertigung notwendig ist, erfolgt in den Erzeugnislägern, die aufnehmen:

- Erzeugnisse
- Ersatzteile
- Halbfabrikate
- Waren.

Sie dienen vorwiegend dazu, Schwankungen des Absatzmarktes aufzufangen, denn während die Fertigungsanlagen kontinuierlich genutzt werden müssen, weist der Absatz meist keine Kontinuität auf.

Die Organisation der Erzeugnisläger hängt davon ab, ob unmittelbar an die Endverbraucher, über Auslieferungsläger oder über rechtlich selbstständige Vertriebsorganisationen geliefert wird.

Bei Einzel- und Kleinserienfertigung empfiehlt es sich, die Bereitstellung der Auftragseinheiten bereits im Lager vorzunehmen. Bei Massenfertigung sollten Auslieferungsläger in Kundennähe eingerichtet werden, die Erzeugnisse in großen Mengeneinheiten aufnehmen und sie in kleineren Mengeneinheiten an die Käufer ausliefern.

2.1.2 Standortbezogene Läger

Die Standorte der Läger sind so zu planen, dass die Fertigungsstellen fortlaufend mit den benötigten Materialien versorgt werden können. Der Bestimmung eines optimalen Standorts können zwei **Ausgangssituationen** zu Grunde liegen:

- Die räumliche **Struktur** ist **vorgegeben**, sodass lediglich versucht werden kann, den innerbetrieblichen Standort zu wählen, bei dem die Transportkosten minimiert werden.

- Die räumliche **Struktur** ist **frei gestaltbar**. Da es sich um eine Gesamtplanung handelt, muss die Lagerplanung in engem Zusammenhang mit der allgemeinen Standortwahl der Fabrikgebäude, der Planung der Fertigungsverfahren und der einzusetzenden Betriebsmittel erfolgen.

Bei den standortorientierten Lägern sind zu untersuchen:

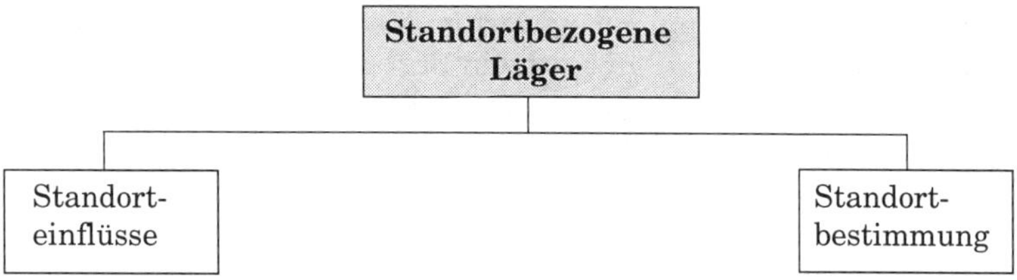

2.1.2.1 Standorteinflüsse

Die Wahl der Standorte und deren Gestaltung richten sich vor allem nach den Anforderungen der einzulagernden Materialien und der ablauftechnischen Eingliederung. Allgemein sind zu unterscheiden:

- **Innerbetrieblicher Einfluss**
- **Außerbetrieblicher Einfluss**.

2.1.2.1.1 Innerbetrieblicher Einfluss

Als innerbetriebliche Einflussfaktoren auf die Wahl des Standortes lassen sich nennen:

Material-annahme	Ihre Lage wird durch die Art, Form und Beschaffenheit des Materials bestimmt. Die physikalische Form des Materials ist dafür entscheidend, welche Lagerhilfsmittel und Geräte dem Lagerbereich zur Verfügung zu stellen sind.
Material eingangs-menge	Sie beeinflusst die Lagergröße und bestimmt die Art des Materialtransportes. Bei großvolumigen Materialien sind die Bearbeitungsaggregate so zu kombinieren, dass Transporte und Zwischenlagerungen minimiert werden.
Material-lagerungs-häufigkeit	Sie beeinflusst den Bedarf an Lagerfläche. Werden große Mengen an Material geliefert, die den Materialeingang in hoher Frequenz belasten, kann versucht werden, die Abruffrequenz so abzustimmen, dass sich eine Verringerung des Bedarfes an Lagerfläche ergibt.

Die innerbetrieblichen Einflussfaktoren sind in die Planung des Materialflusses einzubeziehen, deren Aufgabe es ist, den Ablauf des Materials durch die einzelnen Bearbeitungsstationen nach räumlichen, zeitlichen und damit kostenmäßigen Gesichtspunkten optimal zu gestalten.

Die Betriebsmittel und sonstigen Betriebseinrichtungen sind transport-optimal anzuordnen und durch Fördermittel zu verbinden. Die **fördertechnische Gestaltung** richtet sich nach dem Umfang der jeweiligen Förderaufgabe. Sie ist im Wesentlichen abhängig von:

- Art und Gewicht des Materials

  Beispiele: Stückgut, Schüttgut, Flüssigstoffe.

- Transport und Förderweg

  Beispiele: in senkrechter, waagrechter oder geneigter Richtung.

- Notwendiger Förderleistung

  Beispiele: Stück/h, m^3/h.

Durch die Auswahl der entsprechenden Fördermittel werden Fertigungs- und Lagerflächen miteinander verknüpft. Dabei gilt es, Maschinengruppen zu bilden und sie zeitlich mit den einzusetzenden Fördermitteln so abzustimmen, dass Engpässe und Zwischenlagerungen vermieden werden.

Ein wichtiger Bestandteil eines reibungslosen Materialflusses ist das **Mengengerüst**, über das die einzelnen Komponenten zueinander in Beziehung zu setzen sind. Dabei sind folgende Größen zu beachten:

- Maschinen und Maschinengruppen
- Raum- und Personalbedarf
- Losgrößen
- Transportmittel.

Oft lässt sich eine volle zeitliche Abstimmung der Maschinen- und Fördereinheiten nicht erreichen. Förderer mit Speicherfunktion sorgen dann für einen Ausgleich der Leistungsdifferenzen.

2.1.2.1.2 Außerbetrieblicher Einfluss

Unter dem außerbetrieblichen Einfluss sind vor allem Vorschriften und Bestimmungen zu sehen, die von Behörden und Versicherungen festgelegt werden. Beispielsweise gibt es Verordnungen, die das Errichten von Lägern an bestimmten Stellen untersagen. Gegebenenfalls müssen Baumaßnahmen im Lagerbereich aus umweltpolitischen Gründen getroffen werden, die ein Mehrfaches der üblichen Bausumme ausmachen können.

Bei den **außerbetrieblichen Einflussfaktoren** auf die Wahl des Standortes lassen sich nennen:

- Die Zuleitung und Versorgung des Unternehmens mit Materialien, die nach Art und Beschaffenheit der Materialien eine stärkere Orientierung nach Bahn, Straße oder Wasser aufweist.

- Die Planung der Hilfs- und Versorgungsanlagen, wozu die Einrichtungen zählen, die zur Unterstützung und Versorgung der Fertigung erforderlich sind. Eine optimale räumliche Zuordnung zu den Fertigungsanlagen sowie die entsprechende Versorgungskapazität müssen gewährleistet sein.

  Beispiele: Versorgung mit Strom, Gas, Wasser, Dampf sowie solche Betriebe, die wegen der hohen Lärm-, Hitze- und Feuchtigkeitsbeeinflussung von den übrigen Anlagen getrennt sind.

2.1.2.2 Standortbestimmung

Die Standortbestimmung der Läger erfolgt nach dem Grundsatz, dass die Fertigungsstätten unter Minimierung der Transportwege mit den benötigten Materialien versorgt werden. Da die zu fördernden Materialien und die notwendigen Fördereinrichtungen durch das Fertigungsprogramm bekannt sind, gilt es, die Läger und Fertigungsstätten entsprechend anzuordnen.

Dabei müssen bekannt sein:

- Die Förderungen je Materialart und Zeitperiode
- Die Belegung der Betriebsmittel in ihrer zeitlich bedingten Reihenfolge
- Die Belegung der Betriebsmittel in ihrer technologisch bedingten Reihenfolge
- Der Raumbedarf der Betriebsmittel
- Die Arten der eingesetzten Transport- und Fördermittel.

Zur Standortbestimmung werden mathematische Verfahren angewandt. Sie weisen den Transportkosten die entscheidende Rolle zu. Das **Optimum** liegt dort, wo das Produkt aus der Entfernung zwischen zwei Orten und dem Gewicht des zu transportierenden Materials am geringsten ist.

Mit der Standortbestimmung stellt sich auch die Frage der Zentralisation oder Dezentralisation der Läger:

- **Zentrale Läger**
- **Dezentrale Läger**.

2.1.2.2.1 Zentrale Läger

Die Einrichtung zentraler Läger ist bei Klein- und Mittelunternehmen die vorherrschende Form. Eine zentrale Lagerung bietet sich an, wo mehrere Lagerstellen verschiedener Unternehmensteile zentral zusammengefasst und wegen der Konzentrierung der Lageraufgaben größere Lagereinheiten gebildet werden können.

Neben der wirtschaftlichen und technischen Nutzung der Einrichtung von Speziallägern lässt sich die Kontrolle bei der Materialannahme und -abgabe rationeller gestalten.

Die **Vorteile** der Zentralisation von Lägern sind:

- Die Materialvorräte sind erfahrungsgemäß geringer als bei dezentraler Lagerung.
- Der Mindestbestand der Materialien ist niedriger als die Summe aller Mindestbestände bei dezentraler Lagerung.
- Das führt zu einer niedrigeren Kapitalbindung.
- Die Lagerbelegung bei zentraler Lagerung ist kompakter als bei dezentraler Lagerung und nutzt die Raumkapazität besser aus.
- Die Gefahr des Verderbens ist geringer, weil der Materialumschlag bei einzelnen Materialien höher ist als bei dezentralen Lägern.
- Der Personaleinsatz ist wirtschaftlicher als bei dezentraler Lagerung.
- Die Nutzung der Lagereinrichtungen ist effektiver als bei dezentraler Lagerung.

2.1.2.2.2 Dezentrale Läger

Dezentrale Läger können zweckmäßig sein, wenn verschiedenartige Rohstoffe und schwere, sperrige Güter zu lagern sind. Vielfach ist die räumliche Entfernung zwischen dem Lagerstandort und dem jeweiligen Fertigungsbereich bestimmend für die Einrichtung von dezentralen Lägern.

Werden Stoffe gelagert, die beispielsweise wegen Hitze, Staub, Erschütterung eine sachgemäße Lagerung verlangen, erfolgt das in separaten Lägern. Häufig werden Läger angelegt, um in den einzelnen Stufen des Fertigungsprozesses die jeweils benötigten Materialien bereitzuhalten, besonders bei Fließfertigung.

Vorteile der Dezentralisation von Lägern sind:

- Die Disposition der Materialien in den Fertigungsbereichen erfolgt genauer.
- Bei räumlich getrennten Werken ist eine Dezentralisation unumgänglich.
- Bei stofforientierten Lägern ist eine sachgemäße Lagerung möglich.
- Spezialgeräte sind besser einsetzbar, z.B. zur Heizung, Belüftung, Befeuchtung.
- Speziell ausgebildetes Bedienungspersonal kann eingesetzt werden.

73 Seite 464

2.1.3 Gestaltungsbezogene Läger

Die Lagerung der unterschiedlichen Materialien geschieht unter dem Aspekt der Vorratshaltung für die verschiedenen Verbrauchsstellen im Unternehmen. Die Organisation und Gestaltung der Läger sollte am Materialfluss orientiert sein, um eine schnelle Versorgung der Verbrauchsstellen garantieren zu können.

Je nach Unternehmensgröße, Materialien und Organisationsstruktur findet sich in der betrieblichen Praxis eine Vielzahl von Lagertypen. Man unterscheidet vor allem:

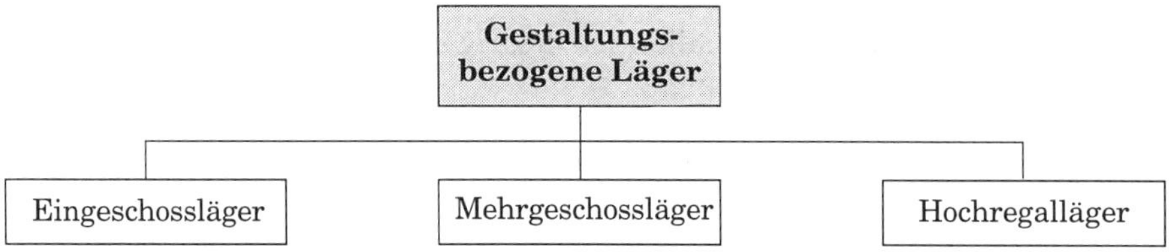

2.1.3.1 Eingeschossläger

Eingeschossläger bieten sich an, wenn keine Notwendigkeit besteht, die Läger wegen einer Beschränkung der verfügbaren Lagerfläche über mehrere Geschosse zu verteilen. Der An- und Abtransport lässt sich leicht realisieren.

Da die Fertigungshallen meist als Eingeschossbauten angelegt sind, bietet sich die organisatorische Anbindung der Läger als Eingeschossläger an.

Die Eingeschossläger können nach verschiedenen Kriterien unterteilt werden:

- **Bauart**
- **Objekte**
- **Funktionen**.

2.1.3.1.1 Bauart

Nach der Bauart lassen sich unterscheiden:

Offene Läger	Sie sind - meist eingezäunte - Plätze, die keinen Schutz vor Witterungseinflüssen gewähren, und eignen sich lediglich zur Lagerung von Materialien, die durch eine offene Lagerung keine Qualitätseinbußen erleiden, beispielsweise Rohstoffe.

Halboffene Läger	Sie sind überdachte Lagerflächen, die meist zum Lagern von Fertigerzeugnissen gewählt werden. Wegen ihrer Verpackung ist eine Qualitätsminderung der Lagermaterialien vielfach nicht zu befürchten, beispielsweise Automobile, verpackte Maschinen, Rohre, Erze, Stähle.
Geschlossene Läger	Dabei handelt es sich vielfach um eingeschossige Hallen oder um Gebäude, die Lagerzwecken dienen. Sie enthalten Einrichtungen zum Aufbewahren, Fördern, Messen und Wiegen der zu lagernden Materialien. Außerdem sind in diesen Lägern entsprechende **Funktionsräume** vorhanden, die dem Lagerpersonal ein sachgemäßes Arbeiten ermöglichen, wozu Tätigkeiten wie Zählen, Messen, Wiegen, Registrieren ankommender und ausgehender Materialien, Umlagern und Kommissionieren, Disponieren für Fertigungsaufträge und administrative Tätigkeiten zählen.
Spezialläger	Sie sind für bestimmte Materialien geschaffen, um deren technologischer Beschaffenheit gerecht zu werden. Dazu zählen vor allem flüssige, gasförmige und giftige Stoffe: ○ **Flüssige Materialien** – beispielsweise Treibstoffe, Energiestoffe, Schmierstoffe, Säuren, Laugen und andere chemische Stoffe – bedürfen einer Tanklagerung, wobei zunehmend gesetzliche Bestimmungen bezüglich Feuergefahr, Umweltschutz usw. zu beachten sind. ○ **Gasförmige Materialien** – beispielsweise Treibstoffe, Energiestoffe, chemische Grundstoffe – müssen meist in drucksicheren Behältern und Rohrleitungen gelagert werden. Die sorgfältige Lagerung ist vor allem wegen der Druck- und Explosionsgefahr notwendig. ○ Zu den **giftigen Materialien** zählen chemische Giftstoffe und Säuren, deren schädliche Auswirkungen auf die Umwelt eine besondere sorgfältige Lagerung bedingen.

2.1.3.1.2 Objekte

Neben der Bauart lassen sich Läger auch nach den zu lagernden Objekten gliedern. Dabei werden die einzelnen Materialien ihrer Menge und ihres Raumbedarfes wegen zu Materialgruppen zusammengefasst.

Aus folgenden **Gründen** erscheint eine Lagerung nach Objektgruppen notwendig:

- Gleiche Materialgruppen erfahren eine einheitliche Behandlung.
- Eine bessere Lagertransparenz ist gewährleistet.
- Die Möglichkeit eines besseren Bestands- und Bewertungsüberblicks ist gegeben.
- Die Materialgruppen werden von qualifiziertem Lagerpersonal betreut.

Eine **Unterteilung der Läger** wird meist in folgender Weise vorgenommen:

Rohstoffläger	Sie dienen beispielsweise der Lagerung von Eisen und Stahl, Erz, Kohle, Gussteilen, NE-Metallen.
Fertigteileläger	Sie dienen beispielsweise der Lagerung von Einzelteilen, Gruppenteilen, Motoren und Getrieben, Normteilen.
Hilfs- und Betriebsstoffläger	Sie dienen beispielsweise der Lagerung von Werkzeugen, Installationsmaterial, Schmierstoffen, Elektromaterial, Labormaterial.

2.1.3.1.3 Funktionen

Die Läger lassen sich auch nach den ihnen zugeordneten Funktionen unterteilen, beispielsweise in:

- Reparaturläger
- Außenläger
- Monteurläger
- Ersatzteilläger.

Die Vorratshaltung in diesen Lägern ist schwierig, da der genaue Bedarf in vielen Fällen nur geschätzt werden kann. So kann beispielsweise erst die Durchführung einer Reparatur zeigen, welche Teile benötigt werden.

2.1.3.2 Mehrgeschossläger

Mehrgeschossläger sind Läger, welche die einzulagernden Materialien auf verschiedenen Ebenen aufbewahren. Sie ergeben sich häufig aus der Forderung nach einem reibungslosen und wirtschaftlichen Materialfluss.

Der Hochbau hat gegenüber Eingeschossbauten geringere Aufwendungen für Unterhalts- und Betriebskosten. Dem stehen allerdings höhere Kosten für Fundament, Deckenlast, Treppenhäuser sowie Transporteinrichtungen gegenüber.

Ein Mehrgeschossbau ist **vertretbar**, wenn

- die Grundstücksverhältnisse so beengt sind, dass der Lagerraum ebenerdig nicht ausreicht,

- die Fertigung mehrgeschossig eingerichtet und die Versorgung aus dem Lager nur geschossweise wirtschaftlich ist,

- die Fertigungs- und Lagerebenen so günstig zueinander angeordnet werden können, dass kürzeste Versorgungswege von Geschoss zu Geschoss entstehen.

Typisch für den Geschossbau ist das sich langsam umschlagende Lager. Dazu muss die Lagerkapazität auf den einzelnen Geschossebenen so groß sein, dass sowohl das Ausgangsmaterial als auch das Eingangsmaterial reibungslos gelagert und transportiert werden können.

In der betrieblichen Praxis finden sich Mehrgeschossläger vornehmlich bei mechanischer Fertigung der Elektronik und der Elektrotechnik. Die Materialien werden über eine vorgegebene Fertigungslinie bewegt, welche die Montageschritte bis zur Fertigstellung der Erzeugnisse umfasst. Die zu fertigenden Erzeugnisse lassen sich problemlos transportieren. Der Fertigungsdurchlauf ist aber zeitaufwendig und führt zu einem geringen Lagerumschlag.

Abschließend ist darauf hinzuweisen, dass trotz einer Fertigung in mehreren Geschossen die Läger meist als Eingeschosslager gestaltet sind.

2.1.3.3 Hochregalläger

Eine zentrale Aufgabe der Materiallagerung ist es, die Materialien so zu speichern, dass sie leicht wiedergefunden und dem Fertigungsbereich in kurzer Zeit überstellt werden können.

Dabei zeigt sich, dass die **herkömmlichen Läger** mehrere **Nachteile** haben:

- Die Belegung der Läger erfolgt nicht nach Zugangs- und Abgangshäufigkeit.
- Bei fehlerhaften Zugangsverbuchungen können Materialien oft nicht sofort wiedergefunden werden.
- Bei Verteilung von Materialien auf mehrere Fächer gestaltet sich das spätere Wiederauffinden schwierig, wenn in der Lagerkartei nur das erste belegte Lagerfach vermerkt ist.
- Die Lagerbelegung ist nicht optimal, weil die Lagerfächer keine genormte Größen haben.

Die Abmessungen der Hochregalläger richten sich nach den verwendeten Paletten oder den sonstigen Lagereinheiten. Die einzelnen Regale sind durch Gänge voneinander getrennt, wobei die Gangbreite auf das Palettenmaß zugeschnitten ist.

Automatisierte Hochregalläger arbeiten mit einer großen Zahl spezialisierter Hebe- und Förderzeuge. Über Steigfördersysteme werden die Materialien – meist vom Materialeingang oder der Fertigung – zum Hochregallager gefördert. Dem Abtransport dienen Abförderungssysteme.

In der betrieblichen Praxis finden sich **EDV-gesteuerte Zu- und Abfördersysteme**, die eine bessere Raumausnutzung und schnellere Abwicklung garantieren. Sie erfordern einen höheren Automatisierungsaufwand gegenüber einfachen Systemen, die lediglich zufördern *oder* abfördern können.

Die Hochregalläger sollen unter folgenden Gesichtspunkten betrachtet werden:

- **Lagerformen**
- **Lagerfunktionen**
- **Lagerautomation**.

2.1.3.3.1 Lagerformen

Die für die Hochregallagerung typische Einordnung der Materialien wird als **chaotische Lagerung** bezeichnet. Das bedeutet, dass jede neu ankommende Lagereinheit auf einen – vom System ausgewählten – freien Platz abgelegt wird.

Diese Form der willkürlichen Zuordnung des Lagerplatzes ermöglicht gegenüber der herkömmlichen Form der festen Platzvergabe eine erhebliche Platzersparnis.

Bei einer festen Platzvergabe muss für jede Materialart der maximale Kapazitätsbedarf vorgesehen werden, während bei willkürlicher Zuordnung des Lagerplatzes von einem durchschnittlichen Lagerbestand zuzüglich einem Sicherheitsbestand auszugehen ist.

Die Art und Form der Regalförderfahrzeuge bestimmt die Bedienungsleistung. Fahr- und Hubgeschwindigkeiten sowie Beschleunigungen sind auf die Höhe des Lagerhauses abzustimmen.

2.1.3.3.2 Lagerfunktionen

Um die Ein- und Auslagerungsanordnungen erfüllen zu können, die an automatisierte Hochregalläger gestellt werden, haben die Läger bestimmte **Funktionen** zu erfüllen:

- Die Vergabe der Lagerplätze nach der Umschlagshäufigkeit, wobei Materialien, die häufig benötigt werden, in den Bereichen der Regale zu lagern sind, die von den Förderzeugen am schnellsten erreicht werden.

- Die Anwendung des Fifo-Prinzips, bei dem die ältesten Materialien dem Fertigungsprozess zuerst zugeführt werden sollen.

- Die Sicherstellung der vorrangigen Auslagerung von Materialien, insbesondere für zeitkritische Aufträge.

- Die gleichmäßige Auslastung aller Regalförderungen, indem Leerfahrten durch Verknüpfung von Ein- und Auslagerungen vermieden werden.

- Die gleichmäßige Verteilung der Materialien auf die Regale, wodurch eine Beschleunigung bei der Bereitstellung der Auftragsmaterialien möglich ist.

2.1.3.3.3 Lagerautomatisierung

Der Arbeitsbereich normaler Förderzeuge – beispielsweise der Gabelstapler – ist in seiner Höhe begrenzt. Bei einer Lagerautomatisierung erfolgen die Bewegungen durch Kletterkräne, die Stapelhöhen ermöglichen, die weit darüber hinausgehen. Dadurch werden die Raumausnutzung und die Nutzung der Arbeitskräfte wesentlich verbessert.

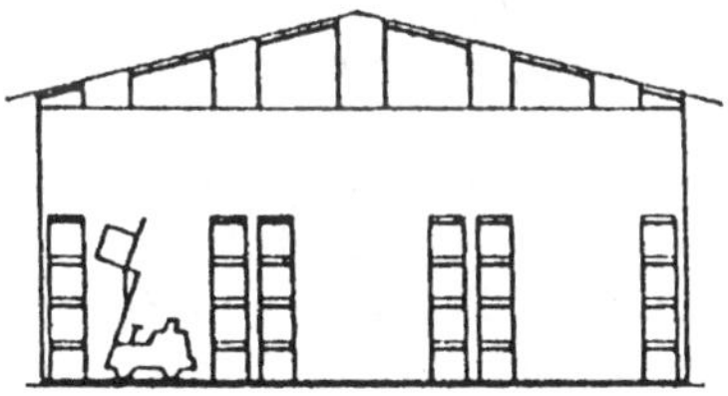

Traditionelle Läger:

6 · 4 = 24 Behälter

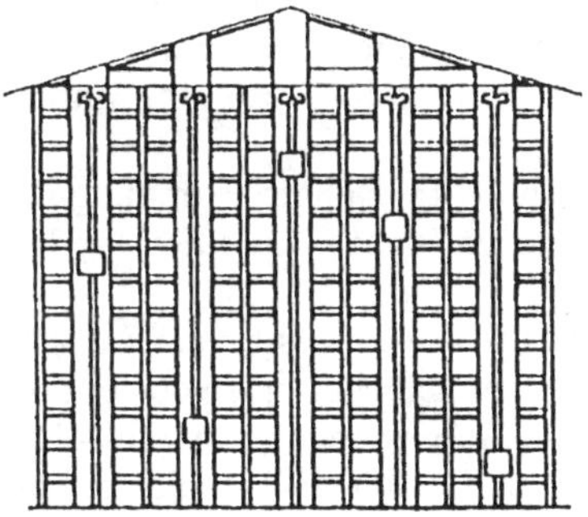

Hochregal-Läger mit gleicher Grundfläche:

10 · 12 = 120 Behälter

Für die Belegung werden die einzelnen Hochregalwände, die beispielsweise von 1 bis 10 nummeriert sind, mit ihren maximalen Belegungsmöglichkeiten als Matrizen in der EDV-Anlage abgespeichert. So ergeben sich pro Regalwand bei einer Höhe von 12 Behältern und einer Gangtiefe von 10 Behältern 120 Behälter.

Der Lagerraum besteht damit aus einer bestimmten Anzahl von Behälterplätzen. Jeder Platz kann über einen dreistufigen Index – Regalwand, Regalhöhe, Gangtiefe – angesteuert werden.

Einen **hohen Automatisierungsgrad** erreicht man, wenn die Materiallagerung und Bestandsführung gleichzeitig durchgeführt werden. Dazu sind einzusetzen:

- Eine **zentrale EDV-Anlage**, welche die Bestandsführung übernimmt und alle Informationen über die eingelagerten Materialien festhält. Es werden zwar alle Lagerzugänge und Lagerabgänge erfasst, jedoch fehlen Hinweise auf den Lagerort, wie er bisher in konventionellen Systemen geführt wurde.

- Ein **Hochregallagerrechner**, der Informationen über Lagerzugänge und Lagerabgänge von der zentralen EDV-Anlage erhält.

  Aufgrund des gespeicherten Lagerabbildes und der vorgegebenen Materialflusssteuerung erfolgt eine Einlagerung unter Berücksichtigung von vorher festgelegten Prioritäten. Ein gefundener Lagerplatz wird im intern gespeicherten Lagerabbild belegt und steht für eine weitere Reservierung nicht mehr zur Verfügung.

Da die Materialsuche nur über den Lagerplatz möglich ist, müssen gegebenenfalls sämtliche Regale durchsucht werden, um die gewünschte Materialnummer zu finden. Deshalb werden in vielen Systemen **Tabellen** aufgebaut, die so angelegt sind, dass über die Materialnummer auf die Regalnummer(n) zurückgegriffen werden kann.

Die Echtzeiterfassung der Lagerzugänge und Lagerabgänge erfolgt im Materialeingangs- oder Lagerbereich. Die notwendigen Daten werden über den Bildschirm eingegeben, beispielsweise die Materialnummer, Materialbezeichnung, Menge, Behälteranzahl, Maße. Daraufhin erfolgt die Ermittlung der Regalnummer und die Verbuchung der Daten im Materialbestandssatz des zentralen Rechners.

Freigemachte Behälter im Lagerabbild sind nicht mehr reserviert und bei einer unmittelbar später ablaufenden Reservierung sofort wieder verwendbar.

Das EDV-System besitzt die Fähigkeit, die Bewegungsstrecken von Einlagerungs- und Auslagerungsarbeiten zu optimieren. Ferner kann das System – innerhalb der gespeicherten Rahmenbedingungen – Entscheidungen treffen, die Auslagerung nach dem Fifo-Prinzip oder nach anderen Prioritätsregeln vorzunehmen.

74 **Seite 465**

2.2 Einrichtung der Läger

Für die Einrichtung der Läger steht eine Vielzahl von Sachmitteln zur Verfügung, deren Anwendbarkeit vom einzelnen Lagerobjekt abhängt. Als Einflussgrößen sind zu berücksichtigen:

- Flächen- und Raumnutzung
- Transportmöglichkeit
- Qualifikation des Personals.

Für die zweckmäßige Lagerung kommen vor allem folgende Einrichtungen in Betracht:

- **Regale**
- **Packmittel**
- **Fördermittel**.

2.2.1 Regale

Die Regale werden in verschiedenen Formen und Materialien angeboten und stellen die traditionellen Einrichtungen dar. Es gibt sie als Systeme im Baukasten, die sich individuell an das jeweilige Lager anpassen lassen.

In der betrieblichen Praxis bedient man sich folgender **Regalsysteme**:

Durchlaufregale	Sie gestatten das Beschicken von einer Seite und die Entnahme von der anderen Seite der Regale. Dadurch ist das Fifo-Prinzip anwendbar, wodurch vermieden wird, dass Materialien trotz laufender Entnahme zu Lagerhütern werden.
Compactregale	Sie werden in Regaleinheiten so zusammengestellt, dass Zwischengänge entfallen. Bei Bedarf kann der Zugriff zu den Regalen durch Auseinanderschieben erreicht werden. Bei hohem Bewegungsaufwand ist dieses Verfahren nicht günstig.
Paternosterregale	Sie sind so angeordnet, dass vertikale Bewegungen ermöglicht werden. Damit können die Materialien – beispielsweise Rohre, Stangen, Profileisen – per Regal an die Fertigungsstätte gebracht werden.
Palettenregale	Sie haben sich wegen ihrer wirtschaftlichen Einsatzmöglichkeit in den letzten Jahren durchgesetzt. Durch die Kette ❍ Ladeeinheit ❍ Transporteinheit ❍ Lagereinheit ❍ Entnahmeeinheit ❍ Bearbeitungseinheit sind die Materialien ohne Umpacken transportierbar. Außerdem kann eine gute Stapelhöhe erreicht werden, sodass der Einsatz wirtschaftlich ist.
Sonderformen	Ständerregale, Fachregale, Wabenregale, Röhrenregale.

2.2.2 Packmittel

Packmittel dienen dazu, Materialien zu transportieren und zu lagern. Gleichzeitig schützen sie die Materialien. Der Transport und die Lagerung in genormten Behältern hat eine wesentliche Senkung der Verpackungs- und Transportkosten zur Folge. Im Einzelnen unterscheidet man:

Container	Das sind Behälter, deren Größe genormt ist und zwischen 20 und 40 Fuß* liegt. Sie werden wechselweise auf verschiedenen Transportmitteln eingesetzt. Wegen ihrer Größe haben sie im Lagerbereich nicht die Bedeutung, die ihnen als Transportmittel zukommt.
Collico-Behälter	Das sind Behälter, die sich durch einen stabilen Behälteraufbau auszeichnen, der einen hohen Schutz gewährleistet. Da sie in etwa 20 verschiedenen Maßen verfügbar und in Europa teilweise genormt sind, kann eine Kette vom Lieferanten bis zum Kunden realisiert werden.
Paletten	Das sind tragbare Plattformen mit oder ohne Aufbau zu einer Ladeeinheit, die dazu dienen, Materialien zusammenzufassen. Sie sind genormt und werden hauptsächlich als Flachpaletten und als Gitterboxpaletten eingesetzt.

* 1 (englisches) Fuß = 30,48 cm

2.2.3 Fördermittel

Die technische Entwicklung der Fördermittel führte in den letzten Jahren im Lagerbereich dazu, die Transportkapazität bei gleichem Bedienungspersonal zu steigern. Man unterscheidet vor allem:

Ladegeräte	Mithilfe von Be- und Entladegeräten kann das Material eingelagert oder dem Lager entnommen werden, um es der Fertigung zuzuführen. Hilfreich sind: ○ Bodenfahrzeuge ○ Kranen ○ Flurfördergeräte
Transportgeräte	Ihre Einsetzbarkeit hängt vom Lagerort, der Lagereinrichtung und dem Transportweg zur Fertigungsstelle ab. Von Bedeutung für die Wahl der geeigneten Transportgeräte ist auch die Art der Fertigung. Es wird eine Vielzahl an Fördermitteln angeboten. Sie lassen sich in folgenden Gruppen zusammenfassen: ○ Transportfahrzeuge ○ Transportbänder ○ Paternoster ○ Kettenförderanlagen ○ Aufhängevorrichtungen
Lagerhilfsgeräte	Sie werden für unterschiedliche Tätigkeiten benutzt, beispielsweise zum Umlagern, Auslagern, Kommissionieren, Zählen, Messen, Wiegen, Pflegen und Betreuen der Materialien.

75 Seite 465

3. Materialabgang

Materialabgänge stellen bestandsvermindernde Lagerbewegungen dar. Sie sind mengenmäßig genau zu erfassen. Man unterscheidet die folgenden **Phasen** des Materialabganges:

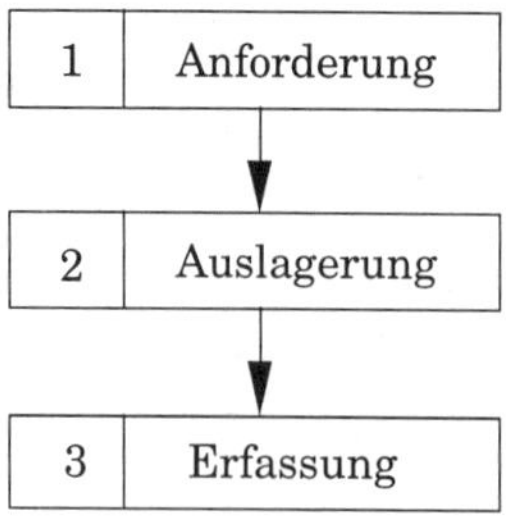

3.1 Anforderung

Anforderungen werden von unterschiedlichen Bereichen an das Lager gegeben, dessen Aufgabe es ist, sie zu erfassen und die Materialien für den Abgang bereitzuhalten.

Überwiegend finden Materialentnahmen im Rahmen der Fertigungsplanung statt. Die **Materialentnahmescheine** beziehen sich – je nach Fertigungsprogramm – auf Fertigungsaufträge, Baugruppen oder auch nur einzelne Materialien.

Häufig sind Anforderungen aus den Bereichen Konstruktion, Qualitätsprüfung, vorbeugende Wartung zu bedienen. Diese entnehmen Teile, Materialien und Baugruppen, aber auch Fertigerzeugnisse, um sie nach qualitativen oder konstruktiven Gesichtspunkten zu untersuchen. Je nach Art der Untersuchung, die zerstörungsfrei oder nicht zerstörungsfrei sein kann, erfolgt eine Rückgabe der Teile.

Weiterhin sind Entnahmen im Rahmen von Kundenaufträgen festzuhalten. Diese Aufträge beziehen sich auf Erzeugnisse, Ersatzteile und Reparaturteile.

Ungeplante Entnahmen, die aufgrund des hohen Ausschusses einer Fertigungsstufe oder aufgrund der Beachtung gesetzlicher Verordnungen, Vorschriften oder sonstiger Normungsregeln basieren, sind schwer zu erfassen. Beispielsweise werden Erzeugnisse vom Hersteller zurückgenommen, um neue Aggregate einzubauen, die den gesetzlichen Bestimmungen entsprechen.

3.2 Auslagerung

Die Lagerverwaltung steht vor der Frage, wie die Anforderungen an das Lager durchzuführen sind. Um die Tätigkeit im Lager wirtschaftlich zu gestalten, ist der Einsatz von EDV unerlässlich. Nicht nur in Handelsunternehmen mit breitem Warensortiment, sondern auch in Industrieunternehmen werden **Optimierungsprogramme** für das Lagerwesen eingesetzt.

Dazu werden die unterschiedlichen Bedarfsanforderungen erfasst und in eine Warteschlange eingereiht. Der Computer versucht dann, unter Beachtung von bestimmten Faktoren eine nach Prioritäten geordnete Ausfassliste zu erstellen. Dabei muss die Lagerverwaltung die **Kriterien für Anforderungen** festlegen und sie in einem Katalog ordnen, beispielsweise:

- Dringlichkeit der Materialien
- Mehrfachbedarf an gleichen Materialien
- Terminierung der Aufträge
- Begrenzung der Ausfassvorgänge.

Auf der Grundlage der verfügbaren Lagerarbeiter ist die pro Arbeitstag zu leistende Arbeit festzulegen. Sind pro Arbeitstag mehrmals die gleichen Lagerfächer auszuwählen, werden sie zusammengefasst. In einer weiteren Stufe können die Wege minimiert werden.

Abweichend vom normalen Ablauf ergeben sich Probleme dann, wenn der Bestandssatz einen **Mindestbestand** ausweist. Ob das fehlende Material zu einer Auftragsrückstellung führt, kann nur im Zusammenwirken mit der Fertigungssteuerung geklärt werden. Mitunter ist es möglich, fehlendes Material nachträglich einzubauen, ohne den gesamten Auftrag terminlich zurückstellen zu müssen.

Das fehlende Material kann auch durch ein anderes Material substituiert werden. Vielfach kann als Substitutionsgut nur ein teureres Material verwendet werden, was sich negativ auf die Herstellkosten auswirkt. Manchmal ist das allerdings die einzige Möglichkeit, um den Liefertermin einzuhalten.

Mitunter stimmt die Anforderungsmenge mit der Lagereinheit nicht überein. Bei Materialien wie Draht, Nägeln, Farben, Chemikalien, Reinigungsmitteln, werden oft Teilmengen der gelagerten Materialeinheiten angefordert. Da es sich vor allem um C-Teile handelt, werden die Überlieferungen vielfach nicht zurückgefordert, sodass ein überhöhter Verbrauch die Folge ist.

Das Problem kann dadurch gelöst werden, dass Umlagerungen vom Materiallager auf das Werkstattlager vorgenommen werden, von dem aus die Abbuchungen erfolgen.

3.3 Erfassung

Das Erfassungsproblem stellt sich bei allen Formen des Materialausganges. Es kann sich beziehen auf:

- Lieferung an Kunden
- Materialbereitstellung für die Fertigung
- Sonstige interne Bereitstellungen
- Rücklieferung an den Lieferanten.

Die Erfassung der Menge und des Wertes bei Rücklieferung an den Lieferanten bedeutet den geringsten Aufwand. Im Lieferantenstammsatz stehen die Lieferdaten zur Verfügung, sodass ein selbsterstellter Beleg die Löschung des Liefersatzes zur Folge hat.

Bei der Erfassung der Bereitstellungsmaterialien sind die entsprechenden Belege zu erstellen. Die betriebliche Praxis kennt vor allem

- Entnahmescheine
- Ausfassscheine
- Materialanforderungsscheine.

Sie werden mit der Auftragsnummer versehen und bewirken Materialkosten. Fehlt die Auftragsnummer, handelt es sich um Gemeinkostenmaterial, wobei eine Verbuchung über eine Kostenstelle erfolgt.

Erfolgt eine Lieferung an den Kunden, wird das Lagerpersonal tätig, wenn ein **Lieferschein** vorliegt. Es ist nicht Aufgabe der Lagerverwaltung, auftragsbezogene Daten festzuhalten, da in Verkaufsverhandlungen die Auftragsdaten bereits festgestellt wurden.

Die Auswertung der Daten des Lagerbereiches liefert verschiedene **Ansatzpunkte zur Rationalisierung** am Lager:

- Aufgrund der Verbuchung der Materialeingänge und -ausgänge können Belastungsprofile für verschiedene Lagerorte oder Lagerbereiche ermittelt werden. Durch eine geänderte Materialverteilung lassen sich Engpässe beseitigen.

- Übersichten über die Verweilzeiten der Materialien in den einzelnen Materialbereichen wie Materialausgangskontrolle, Qualitätskontrolle, Packerei, Transportbereich geben Hinweise auf Stockungen in der Lagerbereitschaft und können zu Fertigungsengpässen und Lieferverzögerungen führen.

- Übersichten über fehlende Materialien bzw. Auftragspositionen werden aufgelistet und fortgeschrieben und geben somit ein Bild über Engpass-Situationen.

- Dort werden bei Ausfassarbeiten Inventurdifferenzen beim Nachzählen der Bestände ermittelt. Sie werden umgehend bereinigt.

76 Seite 465

	Kontrollfragen	bearbeitet	Lösungshinweis	Lösung +	Lösung −
01	Was versteht man unter Materiallagerung?		337		
02	Inwieweit wirkt die Materiallagerung mit anderen betrieblichen Funktionsbereichen zusammen?		337		
03	In welchen Schritten geht der Materialeingang vor sich?		338		
04	Wie werden zeitkritische Teile beim Materialeingang behandelt?		338		
05	Wie werden große und sperrige Güter beim Materialeingang behandelt?		338		
06	Welche Tätigkeiten umfasst die Materialprüfung?		338		
07	Erläutern Sie, wie die Belegprüfung vorgenommen wird!		339		
08	Wie kann bei fehlerhaften oder unvollständigen Materialbegleitpapieren vorgegangen werden?		340		
09	Wie erfolgt die Mengenprüfung des eingegangenen Materials?		340		
10	Worauf können Über- oder Unterlieferungen beruhen?		341		
11	Wie wird die Zeitprüfung durchgeführt?		341		
12	Weshalb ist es wichtig, Materialbewegungen sofort zu verbuchen?		341		
13	Wie ist die Lieferung von Materialien vor ihrem Fälligkeitstermin zu beurteilen?		341		
14	Welchen Zweck hat die Qualitätsprüfung der Materialien?		342		
15	Welche überbetrieblichen Stellen legen Qualitätsnormen fest?		342		
16	Welche Informationen braucht die Qualitätsprüfung?		342		
17	Nennen Sie Möglichkeiten unterschiedlicher Prüfungsorte!		343		
18	Wie kann die Häufigkeit der Prüfung geregelt sein?		343		
19	Wovon wird der Umfang der Qualitätsprüfung bestimmt?		343		
20	Welche umfangbezogenen Arten der Prüfung sind zu unterscheiden?		343		
21	Was versteht man unter einer Hundertprozentprüfung?		344		
22	Welche Gründe sprechen gegen eine Hundertprozentprüfung?		344		
23	Erläutern Sie, was eine Stichprobenprüfung ist?		344		
24	Wie kann die Entnahme einer Stichprobe erfolgen?		345 f.		
25	Welche Bestandteile umfasst die Stichprobenprüfung?		345		
26	Wozu dient der Stichprobenplan?		345		
27	Was sind Einfach-Stichprobenpläne?		345		
28	Was ist unter Mehrfach-Stichprobenplänen zu verstehen?		346		

	Kontrollfragen	bearbeitet	Lösungshinweis	Lösung +	Lösung −
29	Worin liegt der Vorteil von Mehrfachstichprobenplänen?		346		
30	Wie erfolgt die Stichprobenauswertung?		346		
31	Erläutern Sie, was unter Qualität zu verstehen ist!		346		
32	Was versteht man unter Entwurfs- und Fertigungsqualität?		347		
33	Worin liegt der Unterschied der Attributprüfung und Variablenprüfung!		347 f.		
34	Welche Prüfschritte gibt es bei der Qualitätsprüfung?		348		
35	Welche Materialeigenschaften können Gegenstände der Materialprüfung sein?		349		
36	Geben Sie einen Überblick über mögliche Prüfungsverfahren!		350 f.		
37	Welche Aufgaben erfüllt der Prüfbericht?		350		
38	Welche Möglichkeiten zu Verbesserungen im Prüfungswesen sind denkbar?		351		
39	Worauf erstreckt sich die Rechnungsprüfung?		351		
40	Beschreiben Sie die sachliche Rechnungsprüfung!		351 f.		
41	Welche Fragen interessieren den Rechnungsprüfer bei der preislichen Rechnungsprüfung?		352		
42	Worauf bezieht sich die rechnerische Überprüfung?		353		
43	Was versteht man unter Lägern?		353		
44	Welche Funktionen erfüllen die Läger?		354		
45	Worin unterscheiden sich Haupt-, Neben- und Hilfsläger?		354		
46	Nach welchen Prinzipien können Läger grundsätzlich aufgebaut sein?		355		
47	Worin unterscheiden sich stoff- und verbrauchsorientierte Läger?		355		
48	Beurteilen Sie die Vorteilhaftigkeit zugriffsfreier Läger!		355		
49	Welche Vorteile können zugriffsgebundene Läger aufweisen?		355		
50	Welche Aufgaben haben Eingangsläger?		356		
51	Erläutern Sie, was unter Werkstattlägern zu verstehen ist!		357		
52	Was versteht man unter Erzeugnislägern?		357		
53	Welche Standorteinflüsse können unterschieden werden?		358		
54	Erläutern Sie innerbetriebliche Einflussgrößen!		358 f.		
55	Welche außerbetrieblichen Einflussgrößen lassen sich nennen?		360		
56	Welche Rechengrößen müssen bei der Standortplanung bekannt sein?		360		

	Kontrollfragen	bearbeitet	Lösungshinweis	Lösung +	Lösung –
57	Worin können Vorteile zentraler Läger gesehen werden?		361		
58	Welche Vorteile können dezentrale Läger aufweisen?		361		
59	Welche gestaltungsbezogenen Läger sind zu unterscheiden?		362		
60	Was versteht man unter Eingeschosslägern?		362		
61	Welche Läger werden nach der Bauart unterschieden?		362 f.		
62	Welche Aufgabe erfüllen Spezialläger?		363		
63	Aus welchen Gründen bietet sich eine Lagerung nach Objektgruppen an?		363		
64	Welche Läger können nach Objekten unterteilt werden?		364		
65	Worin können die Probleme bei Reparatur-, Monteur- und Ersatzteillägern bestehen?		364		
66	In welchen Fällen sind Mehrgeschossläger vertretbar!		364		
67	Was versteht man unter Hochregallägern?		365		
68	Welche Vorteile haben EDV-gesteuerte Zu- und Abfördersysteme?		365		
69	Welche Funktionen sind von Hochregallägern zu erfüllen?		366		
70	Welche Hilfsmittel werden bei der Führung von Hochregallägern eingesetzt?		367		
71	Wie arbeitet ein Hochregallagerrechner?		367		
72	Welche Einflussgrößen sind bei der Einrichtung von Lägern zu berücksichtigen?		368		
73	Welche Regalsysteme werden in der Praxis verwendet?		369		
74	Wozu dienen Packmittel?		369		
75	Welche Arten von Packmitteln können unterschieden werden?		369		
76	Welche Fördermittel lassen sich unterscheiden?		370		
77	Nennen Sie die Phasen des Materialabganges!		370		
78	Welche Abteilungen stellen Materialanforderungen?		371		
79	Wie erfolgt die Auslagerung der Materialien?		371		
80	Welche Belege können typischerweise der Erfassung der Bereitstellungsmaterialien dienen?		372		

G. Materialverteilung

Ein vereinfachtes **Materialflusssystem** besteht allgemein aus den Funktionen:

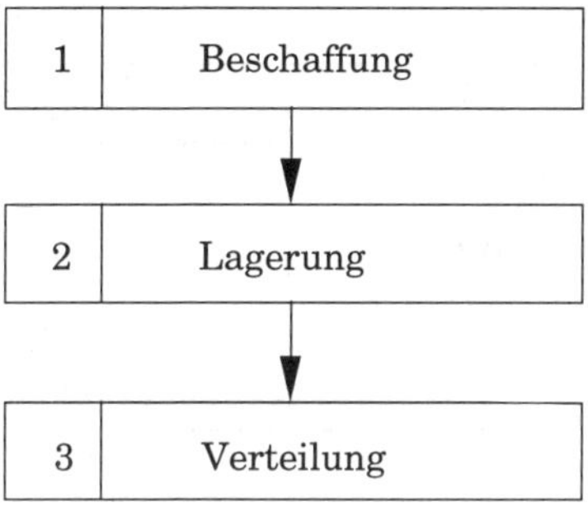

Erfolgt beim Unternehmen eine Bestellung, geht eine Information zum Lager, welche die Bereitstellung und Verladung der Erzeugnisse zum Kunden veranlasst. Solange das Lager lieferbereit ist, kann dieser Vorgang im Bereich des Absatzes autonom ablaufen.

Zur Sicherung der Lieferbereitschaft muss das Unternehmen entsprechende Bestellungen bei seinen Lieferanten vornehmen, damit eine Auffüllung des Lagers erfolgt.

Bei industriellen Unternehmen erweitern sich die Funktionen im Materialflusssystem um die Fertigung. Damit steigt die Komplexität des Materialflusssystems. Geht eine Bestellorder an das Erzeugnislager, findet eine Kommissionierung des Auftrages statt. Gleichzeitig wird die Information an die Lagerbuchhaltung geleitet, die zu einer Order an die Fertigung führt. Dadurch wird eine Beschaffungsorder für die in das Erzeugnis eingehenden Materialien ausgelöst, die in der Beschaffungsabteilung zu einer Einkaufsorder führt, welche die Verbindung zum Lieferanten herstellt.

Der Materialfluss läuft durch verschiedene Systeme, die alle ihr eigenes Informationssystem besitzen. Eine Koordination zwischen Beschaffungssystem, Fertigungssystem und Absatzsystem ist notwendig, um die Effektivität des Gesamtsystems zu sichern.

Dazu ist es erforderlich, den gesamten Distributionskanal – vom Rohstofflieferanten bis zum Endverbraucher oder Endverwender – als ein internes System zu betrachten und einer gemeinsamen Leitung zu unterstellen.

Die Materialverteilung ist die zusammenfassende Bezeichnung für alle Aktivitäten, die den Materialfluss

- zum Unternehmen
- im Unternehmen
- vom Unternehmen

als eine Einheit bezeichnen. Sie hat die Aufgabe, den Materialfluss vom Rohstofflieferanten bis zum Verbraucher oder Verwender durch Planung, Steuerung und Kontrolle wirtschaftlich zu gestalten.

Im Rahmen der Materialverteilung sollen betrachtet werden:

Materialverteilung	Konzepte
	Tätigkeiten
	Optimierung
	Risiken
	Planung

1. Konzepte

Die Materialverteilung soll dazu beitragen, die Kosten für Transport, Umlagerung, Einlagerung und Lagerbestandskontrollen zu minimieren. Eine intensive Beschäftigung mit der Materialverteilung ist notwendig, weil

- die Kosten der Materialverteilung ständig steigen. So betragen die Gesamtkosten für Lagerung, Verladung und Transport unternehmensabhängig zwischen 15 % und 35 % des Umsatzes.
- der Lieferbereitschaftsgrad eine der wesentlichsten Kostenkomponenten der Materialwirtschaft darstellt.
- die Abnehmer in starkem Maße versuchen, die Lagerhaltung auf den Lieferanten abzuwälzen. Durch die Erteilung kleinerer Auftragspositionen in kurzen Abständen verringern sich beim Abnehmer die Kosten der Lagerbestandsführung. Andererseits steigen beim Lieferanten die Lagerhaltungs- und Auftragsabwicklungskosten.
- die Abnehmer eine breitere und tiefere Erzeugnispalette fordern. Dies führt zu höheren Lieferbereitschafts-, Lagerhaltungs- und Auftragsbearbeitungskosten.

Man unterscheidet folgende Konzepte der Materialverteilung:

Konzepte der Materialverteilung

- Logistik
- Material-Management
- Physical Distribution

1.1 Logistik

Die Logistik ist die Summe aller Tätigkeiten, die sich mit der Planung, Steuerung und Kontrolle des gesamten Flusses innerhalb und zwischen Wirtschaftseinheiten befasst, der sich bezieht auf:

- Materialien
- Personen
- Energie
- Informationen.

Da die Logistik sich nicht nur mit Transportprozessen befasst, sondern auch Prozesse der Lagerung oder Speicherung sowie der zeitlichen Verfügbarkeit von Leistungen widerspiegelt, beinhaltet sie einen

- räumlichen Aspekt
- zeitlichen Aspekt.

In den letzten Jahren wurde die Einbindung der Logistik in die Unternehmen immer bedeutsamer, da sich die Situation der Unternehmen drastisch verändert hat. Die Ursachen hierfür lagen vor allem im Umfeld der Unternehmen. Zu nennen sind:

- Globalisierung der Märkte
- Wettbewerbsverschärfung
- Verkürzung der Produktlebenszyklen
- Steigerung der Rohstoff- und Halbfabrikatspreise.

1.2 Material Management

Beim Material Management geht es um Fragen des Materialflusses. Dieser Teilfunktion des betrieblichen Versorgungssystems muss besondere Aufmerksamkeit gewidmet werden, da allein zwischen 10 % und 20 % der Personalkosten im Fertigungsbereich auf Tätigkeiten des Materialtransports entfallen.

Das Material Management kann in zwei **Bereichen** angewendet werden:

- Innerhalb des Unternehmens
- Innerhalb des Distributionskanals.

Der Planungsprozess beginnt meist innerhalb des Unternehmens, um den Materialfluss möglichst problemlos mit dem Fertigungsbereich zu verknüpfen. Danach werden außerhalb des Unternehmens liegende Faktoren berücksichtigt.

Gegenwärtig ist die Verantwortung über den Materialfluss vielfach auf mehrere Funktionsbereiche verteilt. Dies bedeutet, dass Optimierungen des Materialflusses kaum erreicht werden können. Erst durch eine zielgerichtete Planung, Steuerung und Kontrolle des Materialflusses ist die Sicherung einer optimalen Wirtschaftlichkeit möglich.

1.3 Physical Distribution

Es gibt vor allem zwei unterschiedliche **Auffassungen** darüber, was unter Physical Distribution zu verstehen ist:

- Die Physical Distribution kann als **Synonym zur Logistik** verstanden werden. Häufig wird auch von Material Management oder Business Logistics gesprochen. Darunter fasst man alle Aufgaben der Steuerung, Lagerung und Bewegung der Materialien zwischen Lieferanten oder Rohstoffquellen und Kunden zusammen.

  Die Konzeption schließt auch den innerbetrieblichen Transport als Versorgungsaufgabe mit ein. Die Physical Distribution in diesem weiten Sinne ist allenfalls bei Unternehmen der Petrochemie und Papierindustrie realisiert.

  Bei bestehenden Unternehmen ist es häufig wegen bestehender Strukturen innerhalb und außerhalb der Unternehmer nicht ohne weiteres möglich, optimale Materialverteilungsmodelle zu verwirklichen.

  Dagegen können die relevanten Einflussfaktoren für ein optimales Verteilungssystem bei neu zu erstellenden Unternehmen berücksichtigt werden, beispielsweise

  - Auswahl der Lieferanten
  - Standort und Anzahl der Fertigungsstätten
  - Standort und Anzahl der Läger
  - Art und Form des Handels.

- Die engere Fassung der Physical Distribution berücksichtigt, dass der Spielraum bei der Wahl des Verteilungssystems weitaus enger ist, da Lieferanten, Fertigungs- und Lagerstätten und Abnehmer der Leistung meist feststehen.

  Danach ist es Aufgabe der Materialverteilung, den **Fluss der verkaufsfähigen Erzeugnisse** vom Abschluss der Fertigung bis zum Empfang beim Verbraucher oder Verwender zu **gestalten**.

  Da die Absatzwege feststehen, beschränkt sich ihre Aufgabe darauf, das richtige Material in der gewünschten Menge und zum richtigen Zeitpunkt bei minimalen Kosten am Ort der Nachfrage verfügbar zu machen.

2. Tätigkeiten

In der Vergangenheit wurden die Tätigkeiten der Materialverteilung meist durch verschiedene Unternehmensabteilungen abgewickelt. Sie werden heute vielfach als Teile einer einzigen Funktion betrachtet und zu anderen betrieblichen Funktionen in Beziehung gesetzt.

Im Rahmen der Materialverteilung lassen sich besonders als Tätigkeiten nennen:

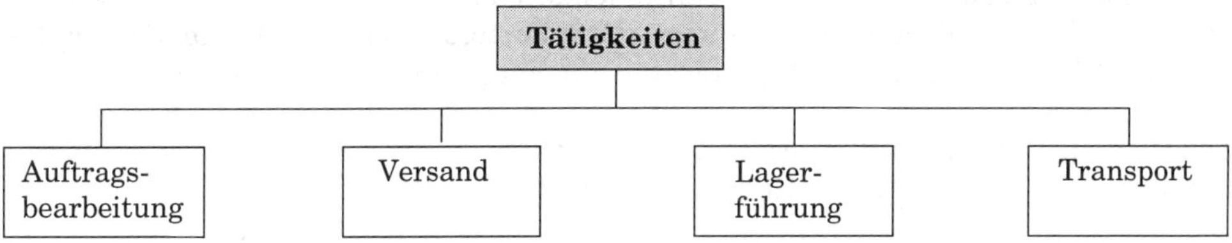

2.1 Auftragsbearbeitung

Die Kunden beurteilen das sie beliefernde Unternehmen nicht nur nach Qualität, Leistung und Preis der Erzeugnisse, sondern auch danach, wie Kundenaufträge, Anfragen und Angebote bearbeitet werden.

Die Auftragsbearbeitung verwaltet alle Auftragsdaten, von der Angebotserstellung über den Auftrag und die Auftragsdurchführung bis zur Auslieferung der fertiggestellten Erzeugnisse. Während die Erstellung der Daten zur Rechnungserstellung noch von der Auftragsbearbeitung wahrgenommen wird, zählen die Rechnungsbegleichung, Offene-Posten-Buchhaltung und die Verkaufsstatistiken nicht mehr hierzu.

Wesentliche **Merkmale** der Auftragsbearbeitung sind:

- **Ziel**
- **Aufgaben**
- **Umfang**.

2.1.1 Ziel

Ziel der Auftragsbearbeitung ist es, sämtliche Auftragsdaten fehlerfrei und ohne Verzögerung zu erfassen, um eine **pünktliche Auslieferung** und eine verbesserte Beantwortung bei Kundenanfragen zu erreichen. Werden die Daten über EDV-Terminals erfasst, verringert sich der Umfang der einzugebenden Daten und die Gefahr von Eingabefehlern, da ein Großteil der Informationen bereits im Computer gespeichert ist.

Folgende Tätigkeiten werden bei der **Auftragsannahme** durchgeführt:

- Bearbeitung von Unterlagen für die Preisgestaltung
- Reservierung von Beständen
- Erstellen von Auftragsbestätigungen
- Ausstellen der Versand- und Lieferpapiere.

Durch die Verringerung der Zeit für die Auftragsbearbeitung wird die Gesamtdurchlaufzeit des Auftrages verkürzt, sodass sich für den Kunden eine geringere Lieferzeit ergeben kann.

Bei der Auftragsbearbeitung genügt es im Wesentlichen Auftragsmengen, Liefertermine und Sonderwünsche neben den Kundendaten zu erfassen. Über eine automatische Stücklistenauflösung und automatisierte Fertigungsplanerstellung können der Auftragsbearbeitung die benötigten Daten zur Verfügung gestellt werden.

Die Überwachung der Aufträge bis zur Auslieferung an den Kunden ist zu gewährleisten, sodass folgende **Informationen** möglich sind:

- Grad der Fertigstellung des Auftrages
- Erkennbare Nichteinhaltung von Terminen
- Lieferrückstand bei Gruppenteilen in der Montage
- Alternativpläne bei Lieferrückständen.

Eine wesentliche Arbeitserleichterung ergibt sich bei der automatisierten Angebotsbearbeitung, bei der auf gespeicherte Stücklisten, Arbeitspläne und Kapazitätsdaten zugegriffen wird.

2.1.2 Aufgaben

Die im Unternehmen eingehenden Aufträge führen einerseits zu Fertigungsaufträgen mit besonderer Terminermittlung, andererseits können Aufträge lediglich Lageraufträge darstellen, die terminlich sofort abgewickelt werden können.

Unabhängig davon durchläuft ein Auftrag folgende **Schritte**:

Auftrags-erfassung	Sie kann in der Zentrale, in Niederlassungen oder in Auslieferungslägern erfolgen, wobei der Auftrag auf Gültigkeit geprüft und gegebenenfalls eine Kreditprüfung des Kunden veranlasst wird. Die Kreditprüfung erstreckt sich auf das Kreditlimit und die Außenstände des Kunden. Sie stellt diese Zahlen dem Auftragswert gegenüber. Erst bei positivem Ausgang der Prüfung wird der Auftrag angenommen.
Verfügbarkeits-prüfung	Sie soll zeigen, ob der vorliegende Auftrag als Sofortauftrag ausgeführt werden kann. In diesem Falle erfolgt eine Reservierung von Teilen des verfügbaren Bestandes, und die Auslieferung wird veranlasst. Bei lagermäßig nicht verfügbaren Erzeugnissen sind die Teile im Fertigungsplan zu berücksichtigen. Aufträge, die über die derzeit geplanten Fertigungsmengen hinausgehen, sind kapazitätsmäßig in spätere Planungsperioden einzuplanen.
Auftrags-steuerung	Durch sie wird der Auftrag überwacht und erforderliche Änderungen berücksichtigt, die Auswirkungen auf den Fertigstellungstermin haben können.
Kunden-anfragen	Sie müssen bearbeitet werden. Dem Kunden ist der ermittelte Termin mitzuteilen. Häufig finden Anfragen des Kunden über den Arbeitsfortschritt statt, die beantwortet werden müssen.

2.1.3 Umfang

Die Auftragsbearbeitung arbeitet eng mit anderen Funktionsbereichen des Unternehmens zusammen. Die Konstruktions- und Entwicklungsabteilung liefert die Unterlagen über Variantenfertigung, Stücklistenerstellung, Angebotsbearbeitung und Kalkulationsunterlagen.

Die Lagerwirtschaft koordiniert die Materialzuordnung und die Materialverfügbarkeit. Die Fertigungssteuerung überwacht die Liefertermine und teilt die vorhandene Fertigungskapazität zu.

2.2 Versand

Sobald Aufträge fertiggestellt sind, werden sie zur Auslieferung bereitgestellt. Dazu sind im Auslieferungslager entsprechende Pläne aufzustellen, welche die Arbeitsbelastung des Versandpersonals und die Kapazität der Transportmittel berücksichtigen.

Die bei der Auftragsannahme festgelegten Lieferanweisungen sind zu beachten. Sie können sich beziehen auf:

Verpackung	Es sind bestimmte Verpackungseinheiten, gesetzliche Bestimmungen, Höchstgewichte oder bestimmte, vom Kunden gewünschte Verpackungsgrößen zu verwenden.
Verladung	Sie bezieht sich auf die Art des Versands, beispielsweise Bahn, Lkw, Luftfracht.
Auslieferung	Sie wird anhand der Auslastung der Transportmittel und unter Berücksichtigung des Wunschtermins des Kunden geplant.

2.3 Lagerführung

Die Voraussetzung zur Erfüllung der Distributionsfunktion sind ausreichende Lagerbestände. Bei der Führung von Lagerbeständen unterscheidet man:

- **Erzeugnisläger**
- **Außenläger**.

2.3.1 Erzeugnisläger

Häufig führen Unternehmen Erzeugnisläger, die zur Aufnahme aller verkaufsfähigen Erzeugnisse, Ersatzteile und Waren dienen. Darin sind die hauptsächlich nachgefragten Güter in ausreichender Menge bereitzuhalten. **Aufträge**, die aus den Lagerbeständen erfüllt werden, sind:

- **Sofortaufträge**, die unmittelbar nach Auftragseingang erfüllt werden. Da Aufträge verschiedener Kunden um den gleichen Lagerbestand konkurrieren können, erfolgt eine Reservierung im Lagerbestand für die Kunden, die – nach dem Fifo-Prinzip – ihren Auftrag zuerst gemeldet hatten. Daraufhin werden Ausfasspapiere erstellt, die zum Empfang der Güter berechtigen.

  Zweckmäßigerweise wendet man dieses Verfahren dann an, wenn das Unternehmen über ein ausreichendes Erzeugnislager verfügt und die Möglichkeit besteht, Lieferwünsche sofort festhalten zu können. Um eine ordnungsgemäße Verbuchung der Aufträge zu gewährleisten, werden vielfach Terminals eingesetzt. Damit ist es möglich, direkt am Ausgabeschalter des Lagers über Terminal

  - Lieferantennummer
  - Teilenummer
  - benötigte Menge

  einzugeben und die gewünschten Güter zu reservieren.

- **Lageraufträge**, bei denen eine Auftragserfassung derart erfolgt, dass die schriftlich oder fernmündlich eingegangenen Aufträge EDV-mäßig erfasst werden.

  Die weitere Bearbeitung läuft so ab, dass der vorhandene Lagerbestand auf seine Verfügbarkeit überprüft wird. Ist genügend Lagerbestand vorhanden, erfolgt eine Reservierung, und der Lagerbestand wird gekennzeichnet. Wird der Auftrag mit den Auftragspapieren ausgeliefert, erfolgt eine Reduzierung des verfügbaren Lagerbestandes.

  Sind die Materialien nicht im Lager vorrätig, muss im Fertigungsplan überprüft werden, wann die Erzeugnisse fertiggestellt sein werden. Daraufhin erfolgt eine Reservierung beim offenen Auftragsbestand. Durch die Erstellung einer Auftragsbestätigung wird sichergestellt, dass noch nicht ausgelieferte Aufträge richtig ausgeliefert werden.

2.3.2 Außenläger

Vielfach wird zwischen der Fertigungsstätte und dem Kunden ein Netz von Außenlägern aufgebaut. Da die Lagerbestandsführung vom Unternehmen zentral gesteuert wird, richtet sich der Fertigungsplan nach den jeweiligen Lagerplänen der einzelnen Außenläger.

Es besteht ein zeitlicher Unterschied zwischen dem Bedarf des Kunden und dem Bedarf für eine Wiederauffüllung der Läger. **Gründe** hierfür sind:

- Die Außenläger werden ihre Bestellungen in kostengünstigen Losgrößen beim Hauptwerk veranlassen. Die nachfolgende Kommissionierung, Verpackung, Portionierung, Etikettierung oder auch Endmontage finden in den Außenlägern statt.

- Die Bedarfszahlen berücksichtigen Losgrößen, wie sie aus Kostengesichtspunkten für die Fertigung relevant sind. Damit findet eine Bedarfsauslösung statt, welche die Zahlen mehrerer Perioden umfasst.
- Häufig werden die Wiederbeschaffungsaufträge für ein Lager oder mehrere Läger so kombiniert, dass die Transportkosten minimiert werden.

Um den Kundenbedarf bei den Lägern zu bestimmen, erfolgt eine nach den einzelnen Außenlägern getrennte Bedarfsvorhersage für jedes Lagerteil. Damit wird regionalen Besonderheiten im Materialverbrauch Rechnung getragen. Mit der Berechnung des Bedarfes erfolgt auch die Festlegung des Sicherheitsbestandes. Werden in jedem Außenlager für jedes Lagerteil Sicherheitsbestände geführt, ergibt sich dadurch ein hoher Gesamtsicherheitsbestand.

Besteht die Möglichkeit, den Kundenbedarf aus einem der vorhandenen Außenläger zu erfüllen, kann der Sicherheitsbestand niedriger gehalten und den Außenlägern ihrem Verkaufsvolumen entsprechend zugeordnet werden.

Dieses System setzt voraus, dass die Bedarfszahlen sämtlicher Außenläger zentral im Computer geführt werden und von dieser Stelle eine Zuordnung erfolgt.

2.4 Transport

Aufträge, die versandfertig sind, werden täglich ermittelt. Erst dadurch, dass die Aufträge mit späteren Lieferterminen bis zur Verfügbarkeit des bestellten Erzeugnisses zurückgehalten werden, erreicht man eine Liste der Aufträge, die zu versenden sind.

Mit dem Schreiben der Versandpapiere ist zu überprüfen, ob die im Auftrag vereinbarten Transportmittel verfügbar sind. Werden die Versandpapiere über den Computer erstellt, können die verfügbaren Versandkapazitäten automatisch berücksichtigt werden.

Die Freigabe von Aufträgen an den Versand löst folgende **Tätigkeiten** aus:

- **Lagertätigkeiten**
- **Verpackungstätigkeiten**
- **Transporttätigkeiten**.

2.4.1 Lagertätigkeiten

Für die meisten Aufträge lässt sich die Reihenfolge der Versandtätigkeiten im Lager – wie Ausfassen, Verpacken, Beladen, Endkontrollieren, dem Transport überstellen – bestimmen. Daraus werden Vorgaben ermittelt, die dazu dienen, den zeitlichen Anfall der Lagertätigkeiten zu steuern.

Werden pro Lagerteil die Zeiten der Lagertätigkeiten gespeichert, lassen sich Belastungsprofile für die nächsten Planungszeiträume ermitteln. Diese Vorgaben sind Näherungswerte. Oft ist durch Volumen und Gewicht die Anzahl benötigter Arbeitskräfte festgelegt.

Abweichungen vom vorgesehenen Plan ergeben sich durch überfällige Aufträge, die mit hoher Priorität in die Versandtätigkeiten einzuordnen sind.

2.4.2 Verpackungstätigkeiten

Der Verbrauch von Verpackungsmaterialien kann aufgrund von Daten der Vergangenheit vorhergesagt werden. Es handelt sich hierbei um Kästen, Kartons, Aufkleber, Etiketten sowie Polstermaterial, das die Lagerteile gegen Beschädigung schützen soll. Der Bedarf wird meist langfristig ermittelt, die Bedarfsermittlung erfolgt nach den Methoden der Verbrauchssteuerung.

Für größere Verpackungseinheiten wie Kisten, Fässer, Leihemballagen und Collicos kann der Bedarf in der gleichen Weise wie bei der Stücklistenauflösung ermittelt werden.

Zweckmäßigerweise wird man mit dem Wiederauffüllen der Außenläger den Bedarf an Verpackungsmaterial berücksichtigen und die Bestände dadurch niedriger halten.

2.4.3 Transporttätigkeiten

Mit den genannten Planungen findet eine Belastungsplanung der Transportmittel statt, deren Belastung davon abhängt, ob große Strecken zu überbrücken sind oder ob kleinere Lieferungen in den umliegenden Orten zu erfolgen haben.

Bei Lieferungen mit großen Entfernungen ist es sinnvoll, Sammelladungen zu bestimmten Knotenpunkten zusammenzustellen. Bei computergesteuerter Versanddurchführung werden die Aufträge nach gemeinsamen Zielorten sortiert, das zu befördernde Gewicht summiert und bei Erreichen einer Ladung eine Freigabe erteilt.

Es lassen sich nach **Art der Transportwege** unterscheiden:

- **Lieferungen auf festen Transportwegen**, die normalerweise dort durchgeführt werden, wo die Transporte in einer fest vorgegebenen Reihenfolge zu erfolgen haben. Die Lage der Außenläger, ihr Bedarf sowie der Bedarf der Kunden haben großen Einfluss darauf, ob der Materialtransport in dieser Weise durchgeführt wird.

  Nur wenn große Transportmengen immer denselben Weg nehmen, sind feste Touren wirtschaftlich. Die Lieferungen auf festen Transportwegen haben **Nachteile**, da sie die Transporteinrichtungen nicht optimal nutzen:

  - Sie sind unflexibel und passen sich Änderungen schlecht an.
  - Sie berücksichtigen nicht den Transport nach Prioritäten.

- Sie berücksichtigen nicht die unterschiedlichen Mengen, die zu einzelnen Punkten des Tourennetzes zu transportieren sind.

• **Lieferungen auf variablen Transportwegen** finden häufiger Anwendung als feste Transportwege. Das erfordert allerdings eine umfangreichere Steuerung als in festen Transportsystemen.

Das variable System kann flexibel an die Bewegungen und Änderungen angepasst werden. Transportaufträge lassen sich durch eine Kombination von Prioritätsregeln mit der Minimierung der Transportwege, die leer zurückgelegt werden, durchführen.

Bei der Tourenplanung werden nach dem Umfang der Aufträge, der gewünschten Lieferfähigkeit gegenüber den Kunden und der Fahrzeit die Lieferpunkte für die einzelnen Auslieferungstouren festgelegt. Die Standortschlüssel der Kunden ermöglichen es, Versandpapiere in Übereinstimmung mit dem Tourenplan des Transportmittels zu schreiben und sie als Verladeplan zu benutzen.

In der Regel verringert eine Tourenplanung die Anzahl der Lieferfahrzeuge und die Fahrstrecke, wobei dennoch ein gleich hoher Grad an Lieferbereitschft gegenüber dem Kunden aufrechterhalten wird.

77 **Seite 466**

3. Optimierung

Die Güte eines Verteilungssystems wird daran gemessen, wie schnell und exakt ein Lieferant eine bestehende Nachfrage erfüllen kann. Das erfordert eine optimale Gestaltung der Lieferbereitschaft und des Kundendienstes.

Die Einhaltung eines hohen Lieferbereitschaftsgrades erfordert hohe Distributionskosten, weshalb diese ebenfalls im Rahmen der Optimierung zu betrachten sind:

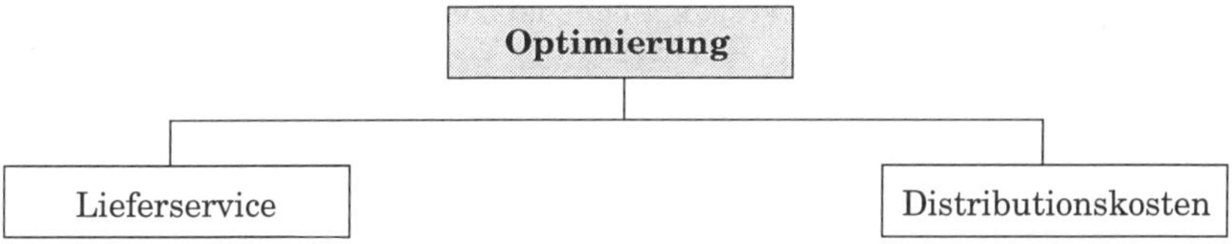

3.1 Lieferservice

Bei den hier zu Grunde liegenden Planungsschritten wird versucht, eventuelle Kostensenkungen mit einer marktorientierten Steigerung der Distributionsleistung zu optimieren. Marktleistungsfähigkeit und Distributionskosten sind die entscheidenden

Kriterien für die Wettbewerbsfähigkeit. Ein Maß für die Wettbewerbsfähigkeit ist der Lieferservice, der beeinflusst wird von:

- **Lieferzeit**
- **Lieferbereitschaft**
- **Lieferzuverlässigkeit**.

3.1.1 Lieferzeit

Die Lieferzeit ist die Zeit zwischen dem Auftragseingang und der Auslieferung an den Kunden. Sie wird von folgenden **Faktoren** beeinflusst:

- Verfügbarkeit der Erzeugnisse am Lager
- Zeitspanne des Fertigungsrhythmus
- Dauer der Auftragsbearbeitung
- Prozentsatz der lagermäßig nicht verfügbaren Güter
- Belieferungshäufigkeit und -zuverlässigkeit.

Ein höherer Lieferservice wird durch schnellere Bearbeitung der einzelnen Tätigkeiten erreicht. Folgende Maßnahmen sind möglich:

Auftragsübermittlung und -bearbeitung	Sie erfolgt mithilfe moderner Erfassungsgeräte, die entscheidend dazu beitragen, die Lieferzeit zu verkürzen. Es ist in einigen Geschäftszweigen üblich, dass die Aufträge beim Kunden direkt über Datenfernverarbeitung an das liefernde Unternehmen ermittelt werden. Aber schon durch die Erfassung der Aufträge auf EDV-lesbaren Datenträgern ergibt sich eine Vereinfachung bei der Auftragserfassung. Die zentrale Steuerung der Außenläger sowie die zentrale Auftragsbearbeitung führen zu schnellerer Bearbeitung.
Kommissionierung	Sie wird durch eine Mechanisierung der Lagereinrichtungen und die Normung der Verpackungseinheiten beschleunigt.
Verpackung, Verladung, Transport	Hier sollen die Vorgänge der Umlagerung vermieden werden, indem die Lagereinheiten gleichzeitig die Verpackungs- und Verladeeinheiten sind.

3.1.2 Lieferbereitschaft

Die Lieferbereitschaft ist ein Maß für die Verfügbarkeit der Güter. Eine Erhöhung der Lieferbereitschaft wird dadurch erreicht, dass

- die Zahl der Außenläger erhöht wird,
- günstigere Standorte der Außenläger gewählt werden,
- die Anzahl der Transporteinheiten erhöht wird.

Diese Möglichkeiten der Erhöhung müssen nicht zwangsläufig zu Kostensteigerungen führen. Wenn die Erhöhung der Außenläger gleichzeitig zu einer sinnvolleren Lagerhaltungspolitik führt oder wenn durch günstigere Tourenplanung die Belieferungshäufigkeit gesteigert wird, haben diese Maßnahmen möglicherweise keine Kostensteigerung zur Folge.

Dabei ist zu prüfen, ob für alle Kunden bzw. Erzeugnisgruppen eine Nachfrageabdeckung von beispielsweise 90 % in 2 Tagen gehalten werden muss. Mithilfe einer ABC-Analyse könnte möglicherweise erkannt werden, dass C-Teile wegen des geringen Umsatzes eine Lieferzeit von 3 und mehr Tagen haben dürfen.

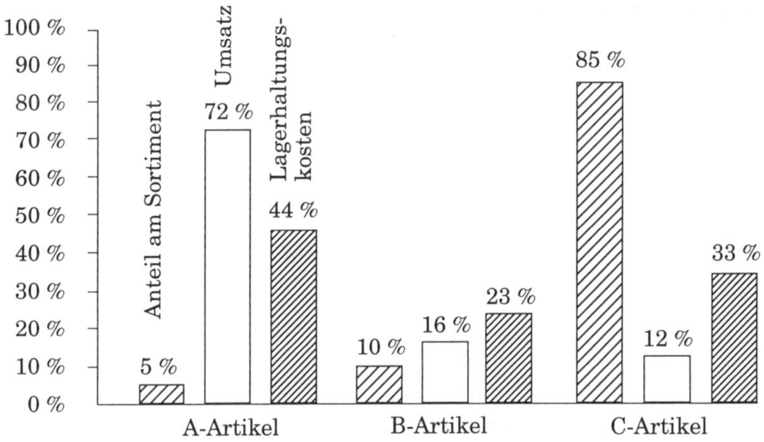

3.1.3 Lieferzuverlässigkeit

Für den Kunden ist allein entscheidend, wie zuverlässig sich der Kreislauf von der Bestellung bis zum Eingang der Erzeugnisse vollzieht.

Zur Beurteilung der Zuverlässigkeit sind folgende **Fragen** zu beantworten:

- Kann die Entfernung zwischen Außenlager und Fertigungsort sowie Auslieferungsort beim Kunden optimiert werden?
- Kann der unterschiedliche Verbrauch in den Außenlägern so gesteuert werden, dass den Außenlägern noch Service-Läger vorgeschoben werden?
- Soll das Risiko einer hohen Zuverlässigkeit nicht durch die Verpflichtung des Kunden zu Kaufaufträgen mitgetragen werden?

Zur Abdeckung des Risikos ist normalerweise ein Sicherheitsbestand für Lagerartikel zu halten. Die Höhe dieses Bestandes richtet sich nach dem Vorhersagefehler der Vergangenheit. Daneben gilt es, den gewünschten Servicegrad festzulegen. Der Servicegrad ist der Prozentsatz des Lagerbedarfs, der normalerweise aus dem vorhandenen Lagerbestand abgedeckt werden soll.

78 Seite 466

3.2 Distributionskosten

Die Teilbereiche Lagerbestandskontrolle, Lagerung und Transport sind einer Kostenüberprüfung zu unterziehen.

Dabei dürfen nicht die Kostenreduktionen einzelner Bereiche gesehen werden, sondern die Kostenauswirkungen auf das Gesamtsystem. Die Betrachtung bezieht sich auf:

- **Kostenhöhe**
- **Kostenzusammensetzung**.

3.2.1 Kostenhöhe

Jedes mögliche Verteilungssystem ist mit bestimmten Gesamtkosten verbunden:

$$K_V = K_T + L_{HKf} + L_{HKv} + K_U$$

K_V = Gesamtkosten der Verteilung

K_T = Transportkosten von der Fertigung zum Lager

L_{HKv} = Variable Lagerhaltungskosten

L_{HKf} = Fixe Lagerhaltungskosten

K_U = Kosten für entgangenen Umsatz aufgrund durchschnittlicher Lieferzeit

Die Beachtung dieser Kosten bestimmt die Entscheidung über Zahl, Standort und Größe der Außenläger.

Beispiel: Es wird der Verlauf der Kosten in Abhängigkeit von der Anzahl der Außenläger gezeigt.

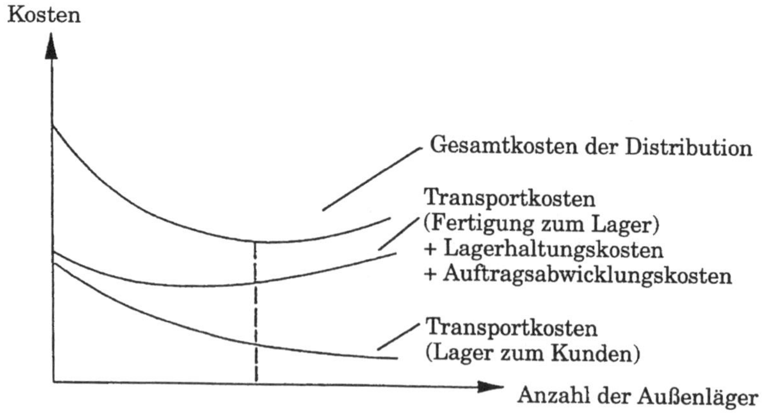

Das Schaubild lässt erkennen, dass die Kosten für den Transport vom Lager zum Kunden mit der Zahl der Außenläger abnehmen. Lagerhaltungs-, Auftragsabwicklungs- und Transportkosten zum Lager steigen, da kleinere Einheiten zu versorgen sind. Ebenso steigen die Lagerfixkosten sowie Kosten für Personal und Lagereinrichtungen.

Die optimale Anzahl von Außenlägern liegt da, wo die Gesamtkosten minimal sind. Dabei bleibt allerdings der Lieferservice unberücksichtigt.

3.2.2 Kostenzusammensetzung

Ein Großteil der zu untersuchenden Kosten fällt als Vertriebskosten an. Sie sind einer detaillierten Aufgliederung zu unterziehen, um Kostenanalysen durchführen zu können. Dabei werden unterschieden:

- **Einzelkosten des Vertriebs**, wozu Kosten für Kundendienst, Spezialverpackung, Transport vom Lager zum Kunden zählen. Sie lassen sich einzeln erfassen und einem Auftrag zurechnen.

- **Gemeinkosten des Vertriebs**, die für Werbung, Verkaufsförderung, Akquisition, Vertriebsleitung und Vertriebsverwaltung anfallen und sich nicht einem bestimmten Auftrag zurechnen lassen.

Die Kosten der Materialverteilung können dagegen relativ leicht den Kostenträgern zugeteilt werden. Durch Zeitstudien – beispielsweise Multimomentaufnahmen – können die sich ständig wiederholenden gleichartigen Aufgaben gemessen werden, um prozentuale Zuschläge auf die ermittelten Herstellkosten zu erhalten.

Als **Bezugsgrößen** für die Kostenverursachung und zur Umlage der Kosten werden folgende Größen erfasst:

- Anzahl der Aufträge und Auftragspositionen:
  Kostenstelle für Auftragseingang und -aufbereitung

- Anzahl der Lieferungen und Lieferpositionen:
  Kostenstelle für Lagerabwicklung

- Verpackungs- und Versandeinheiten, Gewicht, Güterart:
  Kostenstellen für Versand und Transport

- Anzahl der Rechnungen und Rechnungszeiten:
  Kostenstellen für Fakturierung und Debitorenbuchhaltung

79 Seite 467

4. Lagerrisiken

Die Außenläger werden eingerichtet und unterhalten, weil Fertigungs- und Verwendungsaktivitäten zu verschiedenen Zeiten, an verschiedenen Orten und in unterschiedlichen Mengen auftreten. Als Einflussgrößen sind zu berücksichtigen:

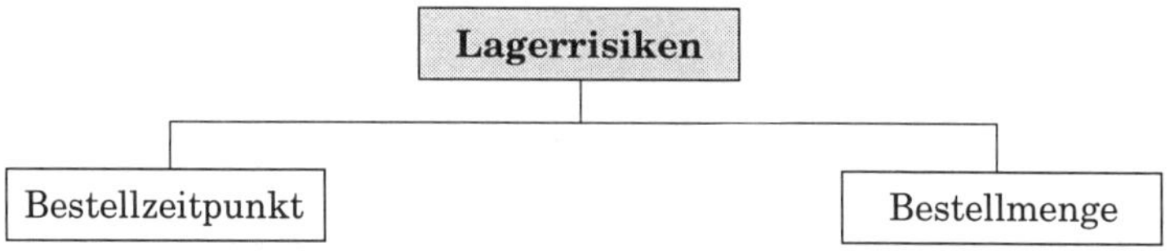

4.1 Bestellzeitpunkt

Ein Lager wird im Zeitablauf abgebaut. Dies bedeutet, dass zum Bestellpunkt eine Bestellung erfolgen muss.

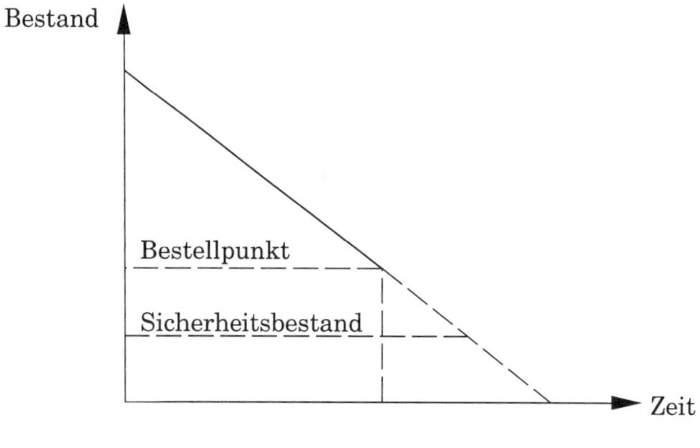

Dabei stellen sich bei Außenlägern die Probleme des Bestellbestandes, der Bestellmenge und des Sicherheitsbestandes in gleicher Weise, wie dies für die Innenläger im Rahmen des Kapitels D ausführlich dargelegt wurde.

Der **Servicegrad-Standard** ist festzulegen. Er gibt an, wie viel Prozent der Kundenaufträge aus dem Lagerbestand zu decken sind, wobei ein Lagerfehlbestand bewusst eingeplant wird.

4.2 Bestellmenge

Die Frage der Bestellmenge kann auch als Bestellfrequenz gesehen werden. Bei der Versorgung der Außenläger sind die gleichen Kriterien zu beachten, wie im Kapitel E ausführlich dargestellt wurde.

Die **optimale Bestellmenge** – als Häufigkeit der Versorgung durch den Fertigungsbereich – ergibt sich vor allem aus:

Bestellkosten	Sie fallen im Materialverteilungsbereich an als ○ Kosten der Auftragsbearbeitung ○ Kosten der Einlagerung.
Lagerhaltungskosten	Sie sind insbesondere Raum-, Kapital-, Steuer-, Versicherungskosten und Abschreibungen.

5. Planung

Durch die Vorgehensweise bei der Planungsmethodik werden Stärken und Schwächen des bestehenden Verteilungssystems aufgezeigt. Es werden betrachtet:

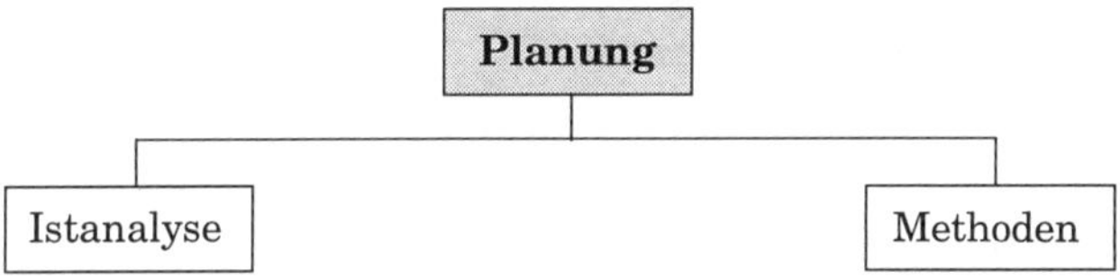

5.1 Istanalyse

Die Istanalyse soll einen Überblick über die Einflussgrößen des Materialverteilungssystems geben. Es sind die Nachfrage- und Absatzsituation zu ermitteln sowie über die Berücksichtigung der Absatzziele, Absatzpläne und Absatzstrategien die **Ziele** festzulegen, die sein können:

- Verbesserung des Lieferservice
- Reduzierung der Materialverteilungskosten
- Neugestaltung des Verteilungssystems bzw. seiner Teilfunktionen
- Einführung rationeller Arbeitstechniken
- Einsatz von EDV im Verteilungsbereich.

Die Untersuchung erstreckt sich dabei auf folgende **Bereiche**:

- **Auftragsabwicklung**
  - Auftragsvolumen und deren Schwankungen
  - Anzahl der Artikel pro Auftrag und Stückzahl pro Artikel
  - Auftragsabwicklungsmethoden und deren Kapazität
  - Integrationsgrad der EDV

- **Lagerwesen**
  - Lagerkosten für Erzeugnisse nach Fabrik- und Außenlägern
  - Durchlaufvolumen für jedes Lager
  - Geografischer Lieferbereich für jedes Lager
  - Personalkosten für jedes Lager
  - Art und Auslastung der Lagereinrichtung und -ausnutzung, Kauf im Vergleich zu Leasing
  - Automatisierungs- und Mechanisierungsgrad der Lagereinrichtung
  - Umfang und Kosten der Lagerverwaltung

- **Lagerbestände**
  - Zahl und Wert der Durchschnittsbestände nach Artikeln oder Erzeugnisgruppen
  - Umschlaggeschwindigkeiten
  - Bestandspolitik
  - Kosten für in Beständen gebundenes Kapital
  - Instandhaltungs- und Versicherungskosten
  - Kosten für veraltete und verdorbene Bestände
  - Verfahren der Bestandssteuerung
  - Verfahren der Inventur

- **Verpackung**
  - Verpackungsarten und -kosten
  - Eventuelle Umpackkosten
  - Verpackungsbestimmungen
  - Möglichkeiten der Standardisierung

- **Transport**
  - Transportkosten nach Versandart, geografischen Gebieten, Gewichts- und Volumenklassen und Erzeugnisgruppen differenziert
  - Transportzeiten und Zuverlässigkeit der verschiedenen Verkehrsträger

5.2 Methoden

Bei den anzuwendenden Methoden werden meist Alternativlösungen aufgezeigt, die einen bisherigen Zustand mit einem neu konzipierten Zustand vergleichen. Dabei kann sich die Untersuchung beziehen auf:

- die gegenwärtige Organisationsstruktur
- die Arbeitsprozesse im Rahmen der Ablauforganisation
- Planungsverfahren und Kontrolltätigkeiten der Materialverteilung
- Verfahren der Verrechnung der Materialverteilungskosten.

Bei Unternehmen mit einfachen und geradlinigen Materialverteilungssystemen kann die **Wirtschaftlichkeitsrechnung** eingesetzt werden. Sie soll Investitions- und Betriebskostenänderungen bei Änderung von Lieferzeit, Lieferbereitschaftsgrad und Lieferservice aufzeigen.

Bei komplexen Situationen lassen sich Berechnungen nicht mehr manuell durchführen. Man bedient sich der Methoden des **Operations Research**. Ausgangspunkt bildet ein der Wirklichkeit nachgestaltetes Modell, das in mathematischer Form alle Einflussgrößen und Variablen, die die Entscheidungen beeinflussen, beinhaltet.

Die Simulation findet dort Anwendung, wo ein oder mehrere Fertigungsstätten verschiedene Läger mit unterschiedlichen Erzeugnissen oder Erzeugnisgruppen auf vielen Teilmärkten versorgen, wobei man sich unterschiedlicher Transportträger bedient, die unterschiedliche, oft nichtlineare Kostenverläufe haben.

Häufig werden diese Problemstellungen als Warteschlangenprobleme dargestellt, wobei die Erzeugnisse vom Werk zu den Lägern geleitet werden und dabei modellhaft die Auswirkungen auf das Transportsystem bzw. auf die Ankunftsrate im Lager untersucht wird.

Außerdem finden folgende **Methoden** Anwendung:

- Die **lineare Programmierung**, die zur Lösung von Transportproblemen unter Minimierung der Transportkosten und Wegezeiten und zur Lösung von Standortproblemen herangezogen wird.

- Die **heuristischen Verfahren**, die sich überwiegend mit Standortproblemen, Tourenplanung und Reihenfolgeproblemen beschäftigen.

In Unternehmen, in denen die Materialverteilung sowohl für die Rohstoffe als auch die Fertigerzeugnisse zuständig ist, empfiehlt sich die Bildung einer eigenen Abteilung neben den bereits existierenden Funktionsbereichen Materialwirtschaft, Fertigung und Absatzwirtschaft. Je nach stärkerer Betonung zum Rohstoff bzw. Fertigerzeugnis erscheint eine Eingliederung in die Materialwirtschaft bzw. Absatzwirtschaft sinnvoll.

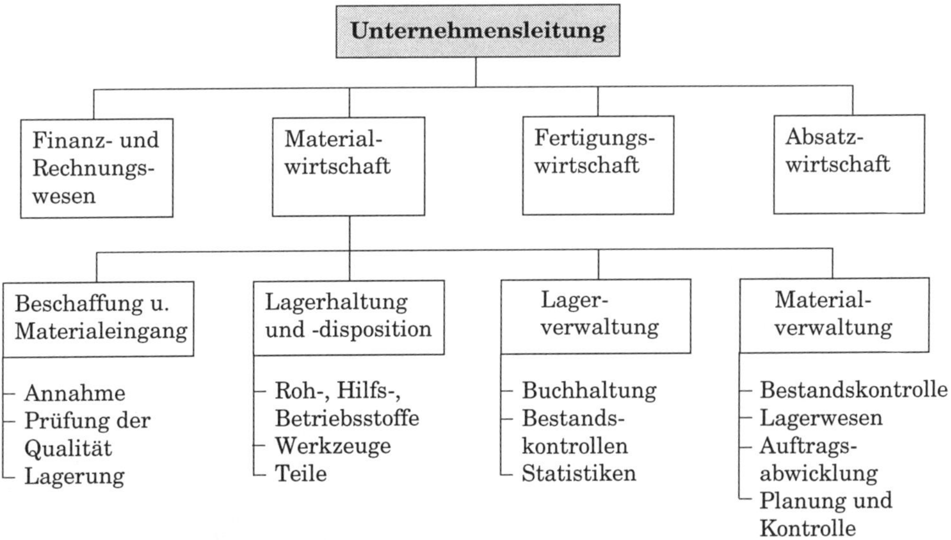

Um der Bedeutung der Materialverteilung entsprechend Rechnung zu tragen, sollten alle Bereiche, die mit Materialverteilung in Zusammenhang stehen, einer eigenen Abteilung eingegliedert werden. Darunter fallen:

- Werklager, Fertiglager, Ersatzteillager und Außenläger, die bisher der Fertigung und dem Absatz unterstehen.

- Fuhrpark, Transport und Verpackung, die bisher der Verwaltung unterstehen.

80 Seite 467

	Kontrollfragen	bear- beitet	Lösungs- hinweis	Lösung +	−
01	Welche Funktionen umfasst ein industrielles Materialflusssystem?		377		
02	Welche Bearbeitungsschritte lösen eine Bestellorder an das Erzeugnislager aus?		377		
03	Worin besteht die Aufgabe der Materialverteilung?		378		
04	Aus welchen Gründen sollte ein Unternehmen sich mit der Materialverteilung beschäftigen?		378		
05	Welche Konzepte der Materialverteilung lassen sich unterscheiden?		378		
06	Was kann unter Logistik verstanden werden?		379		
07	Worum geht es beim Material Management?		379		
08	Was kann unter Physical Distribution verstanden werden?		380		
09	Welche Tätigkeiten umfasst die Materialverteilung?		381		
10	Worin besteht die Aufgabe der Auftragsbearbeitung?		381		
11	Was ist das zentrale Ziel der Auftragsbearbeitung?		381		
12	Wie läuft die Auftragserfassung bei EDV-gesteuerter Verarbeitung ab?		381		
13	Welche Tätigkeiten werden bei der Auftragsannahme durchgeführt?		381		
14	Welche Schritte durchläuft ein Auftrag?		382		
15	Was erfolgt bei der Auftragserfassung?		382		
16	Wozu dient die Verfügbarkeitsprüfung?		382		
17	Welche Aufgabe hat die Auftragssteuerung?		382		
18	Worauf können sich Kundenanfragen beziehen?		382		
19	Welche Funktionsbereiche arbeiten eng mit der Auftragsbearbeitung zusammen?		383		
20	Worin bestehen die Aufgaben des Versandes?		383		
21	Welche Aufgaben haben Erzeugnisläger?		383		
22	Welche aus den Lagerbeständen zu erfüllenden Aufträge lassen sich unterscheiden?		384		
23	Wie werden Sofortaufträge bearbeitet?		384		
24	Wie läuft die Verarbeitung der Lageraufträge ab?		384		
25	Nennen Sie Gründe, weshalb der Bedarf in Außenlägern zeitlich nicht exakt bestimmt werden kann!		384 f.		
26	Welche Tätigkeiten löst die Freigabe von Aufträgen an den Versand aus?		385		

	Kontrollfragen	bearbeitet	Lösungshinweis	Lösung +	Lösung −
27	Wie sollten Lieferungen bei großen Entfernungen erfolgen?		386		
28	Welche Lieferungen lassen sich nach der Art der Transportwege unterscheiden?		386 f.		
29	Welche Nachteile weisen Lieferungen auf festen Transportwegen auf?		386 f.		
30	Wie wird bei Lieferungen auf variablen Transportwegen vorgegangen?		387		
31	Welche Faktoren wirken auf den Lieferservice ein?		388		
32	Wovon wird die Lieferzeit beeinflusst?		388		
33	Welche Maßnahmen dienen der Erhöhung des Lieferservices?		388		
34	Auf welche Weisen kann eine Erhöhung der Lieferbereitschaft erreicht werden?		389		
35	Was versteht man unter Distributionskosten?		390		
36	Wodurch bestimmt sich die Zahl der Außenläger?		390		
37	Wie kann eine Kostengliederung vorgenommen werden?		391		
38	Welche Einflussgrößen sollen die Lagerrisiken abdecken?		392		
39	Worin sind die Ziele der Materialverteilung zu sehen?		393		
40	Mithilfe welcher Methoden kann die Materialverteilung optimiert werden?		394 f.		

H. Materialentsorgung

Die vom Unternehmen benötigten Materialien sind, wie in den vorangegangenen Kapiteln dargestellt,

- artgerecht
- mengengerecht
- zeitgerecht

bereitzustellen. Dies geschieht in den **Schritten**:

1	Bedarfsermittlung
2	Bestandsermittlung
3	Beschaffung
4	Lagerung
5	Verteilung

Mit der Bereitstellung der Materialien ist es dem Unternehmen möglich, seine Leistungserstellung zu bewirken. Wenn die Materialien in vollem Umfang in die Erzeugnisse eingegangen sind, ist der materialwirtschaftliche Prozess abgeschlossen.

Beispiele: Einbau von Zulieferteilen und Normteilen.

Es ist aber auch möglich, dass Materialien nicht oder nicht in vollem Umfang zu Bestandteilen der Erzeugnisse werden und hierfür eine weitere materialwirtschaftliche Maßnahme notwendig wird, die Materialentsorgung.

Beispiele: Spanabhebende Bearbeitung von Materialien führt zu Abfällen. Bei der Bearbeitung von Materialien werden Schmiermittel verwendet, die zu entsorgen sind.

Die Materialwirtschaft hat eigentlich von jeher die Entsorgungsaufgabe gehabt. Sie wurde früher aber eher als »lästige« Nebenaufgabe angesehen. Inzwischen jedoch hat sie eine **bedeutsame Stellung** in der Materialwirtschaft eingenommen, die auf mehrere **Ursachen** zurückzuführen ist:

- Im Verlaufe der letzten Jahre ist das **Umweltbewusstsein** der Bevölkerung erheblich gestiegen, nicht zuletzt durch Baumsterben, sauren Regen, Grundwassergefährdungen.

- Die **Umweltbelastung** durch die Unternehmen ist deutlich angewachsen. So fallen gegenwärtig jährlich – allein in den alten Bundesländern – bereits über 200 Millionen Tonnen an Industrieabfällen an.

- Die **gesetzlichen Bestimmungen** im Umweltrecht wurden erweitert und verschärft, beispielsweise durch

  - Gesetz über die Vermeidung und Entsorgung von Abfällen
  - Abfallbestimmungsverordnung
  - Abfallnachweisverordnung
  - Verordnung über Betriebsbeauftragte für Abfall
  - Bundesimmissionsgesetz.

- Die Suche nach Möglichkeiten zur **Kostenreduzierung** der Unternehmen hat umweltfördernde Wirkungen, beispielsweise durch die Senkung der Kosten für Wasser, Energie, Rohstoffe und Abfallagerung.

- Die Suche der Unternehmen nach immer **neuen Marktchancen** hat sie den Umweltmarkt bzw. Recyclingmarkt entdecken lassen, der zukünftig beträchtliche Wachstumsraten verzeichnen wird.

- Die **Knappheit** einzelner Rohstoffe und **Begrenztheit** der (sicheren) Flächen zur Abfallagerung erfordert zunehmend größere Anstrengungen zur Abfallvermeidung und Abfallentsorgung.

- Die **Werbewirksamkeit** umweltgerechten Verhaltens der Unternehmen hat sich in den letzten Jahren deutlich verstärkt. Das Image umweltfreundlicher Unternehmen ist gewachsen.

Als **Materialentsorgung** kann – in Anlehnung an *Maier-Rothe* – verstanden werden:

- Das Erfassen, Sammeln, Selektieren, Separieren, Einstufen der Rückstände nach der Möglichkeit der Verwertung, ihrer Gefährlichkeit und Umweltbelastungswirkung

- Das Aufbereiten, Umformen, Regenerieren, Bearbeiten, Sichern der Materialien

- Die Suche nach Abnehmern sowie der Verkauf oder die Abgabe der zu entsorgenden Materialien an Dritte.

Die **Bedeutung** der Materialentsorgung wurde insbesondere vom »Bundesverband Materialwirtschaft, Einkauf und Logistik e.V.« erkannt, der seit 1984 eine »Arbeitsgruppe Entsorgung« gebildet hat. Eine Umfrage bei 800 Mitgliedsunternehmen ergab 1987 folgendes Bild:

- Rückstände zur Entsorgung fielen bei 97 % der befragten Unternehmen an.

- Betriebsbeauftragte für Abfall hatten 70 % der befragten Unternehmen.

- Die Materialwirtschaft war bei 65 % der Unternehmen für die Entsorgung zuständig.
- Die Entsorgung wurde bei 73 % der Unternehmen bereits bei der Beschaffung mit den Lieferanten erörtert.

Im Rahmen der Materialentsorgung sollen nachfolgend behandelt werden:

- **Abfallrecht**
- **Abfallwirtschaft**.

1. Abfallrecht

Das Abfallrecht gibt es in Form von Gesetzen und Verordnungen. Sie können vom Bund und den Ländern erlassen werden. Das Grundgesetz gibt den Ländern die Möglichkeit, Umweltgesetze zu erlassen, solange und soweit der Bund von seinem Gesetzgebungsrecht keinen Gebrauch macht. Zu Rahmengesetzen des Bundes erlassen sie Ausführungsgesetze.

Es werden dargestellt:

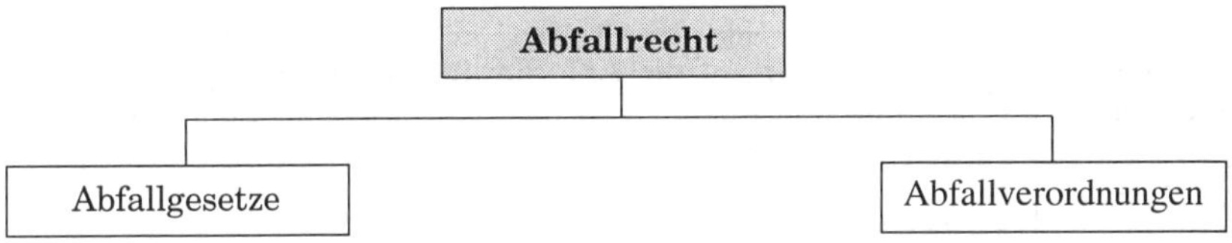

1.1 Abfallgesetze

Wichtige Gesetze, welche die Abfallwirtschaft betreffen, sind:

Gesetz zur Förderung der Kreislaufwirtschaft und Sicherung der umweltverträglichen Beseitigung von Abfällen (KrW/AbfG) von 1994	Das Gesetz löste ab 09/1996 das Gesetz über die Vermeidung und Entsorgung von Abfällen aus dem Jahre 1986 ab. Die Einfügung des »Kreislaufgedankens« soll vermitteln, dass die Beseitigung eines Stoffes als Abfall und damit auch sein Ausscheiden aus dem Wirtschaftskreislauf die Ausnahme sein soll. Wichtige Inhalte sind: ❍ Abfallbegriff ❍ Grundsätze und Pflichten der Erzeuger von Abfällen ❍ Grundsätze und Pflichten der Entsorgungsträger ❍ Produktverantwortung/Rücknahme/Rückgabe ❍ Planungsverantwortung/Beseitigung von Abfällen ❍ Absatzförderung ❍ Informationspflichten ❍ Überwachung ❍ Betriebsorganisation ❍ Beauftragter für Abfall

Bundesimmissionsschutzgesetz (BImSchG)	Es ergänzt das Abfallrecht und dient der umfassenden bundeseinheitlichen Regelung der Luftreinhaltung und Lärmbekämpfung, um Menschen, Tiere, Pflanzen und andere Sachen vor schädlichen Umwelteinwirkungen zu schützen. Inhalte sind: ❍ Bestimmungen über die Errichtung, die Beschaffenheit und den Betrieb umweltgefährdender Anlagen. ❍ Bestimmungen über die Bestellung von Immissionsbeauftragten für genehmigungspflichtige Anlagen. ❍ Verpflichtung der Betreiber genehmigungspflichtiger Anlagen, Reststoffe aus dem Betrieb der Anlagen möglichst zu vermeiden oder ordnungsgemäß und schadlos zu verwerten. ❍ Vernichtung oder Beseitigung der Reststoffe als Abfall im Rahmen der Entsorgung, wenn sie nicht vermieden bzw. ordnungsgemäß und schadlos verwertet werden können.

1.2 Abfallverordnungen

Wichtige Verordnungen, die als Grundlage für die Abfallwirtschaft dienen, sind:

Abfallbestimmungsverordnung von 1987 (nach § 2 Abs. 2 AbfG)	Es bezieht sich auf die Anforderungen an die Entsorgung, die für bestimmte überwachungsbedürftige Abfälle als Sonderabfälle zu berücksichtigen sind und enthält: ❍ »Automatische« Nachweispflicht nach § 11 Abs. 3 AbfG und § 1 Abs. 2 der Abfallnachweisverordnung ❍ Pflicht zur Bestellung eines »Betriebsbeauftragten für Abfall« für Sonderabfälle. ❍ Pflicht der Länder, vorläufig geltende Abfall-Entsorgungspläne für Sonderabfälle aufzustellen. ❍ Pflicht der zuständigen Behörden zur Auskunftserteilung über geeignete Entsorgungsmöglichkeiten.
Abfallnachweisverordnung von 1983	Darin wird geregelt, für welche Produktionsanlagen und Abfallarten der Nachweis über Menge, Art und Beseitigung zu führen und zu erbringen ist (Abfallbegleitschein).
Verordnung über Betriebsbeauftragte für Abfall von 1977	Es werden Verfahrensalternativen und Voraussetzungen für die Genehmigung von Abfalltransporten festgelegt, sowie das Einsammeln und Befördern von Abfällen geregelt. Die Verordnung enthält auch eine detallierte Verfahrensbeschreibung zur Erlangung der Transportgenehmigung. Darin wird die Bestellung des Betriebsbeauftragten für bestimmte ortsfeste Abfallbehandlungsanlagen und Abfall erzeugende Anlagen sowie seine Pflichten geregelt, beispielsweise: ❍ Überwachung des Weges der Abfälle von der Entstehung bis zur Beseitigung

	❍ Kontrolle der Einhaltung der Gesetze ❍ Mitteilung von Mängeln der betrieblichen Abfallentsorgung an die Unternehmensleitung ❍ Einbringung von Vorschlägen zur besseren Entsorgung ❍ Aufklärung der Betriebsangehörigen über schädliche Umwelteinwirkungen ❍ Förderung umweltschonender Verfahren zur Reduzierung von Abfällen.
Verpackungsverordnung von 1991	Damit soll die Flut des Verpackungsmülls eingedämmt werden, der rund 50 % des gesamten Hausmülls und hausmüllähnlichen Gewerbemülls ausmacht. Wesentliche **Inhalte** sind: ❍ Verpackungen sind nach Größe und Gewicht auf das unbedingt notwendige Maß zu beschränken. ❍ Verpackungen müssen, sofern - technisch möglich und - zumutbar, wiederbefüllt werden können. ❍ Soweit Wiederbefüllungen nicht möglich sind, muss das Verpackungsmaterial weiterverwertet – beispielsweise kompostiert – werden können. Transportverpackungen müssen vom Hersteller oder Handel zurückgenommen werden, um sie wieder zu verwenden bzw. stofflich zu verwerten.

2. Abfallwirtschaft

Abfallwirtschaft ist die Gesamtheit der planmäßigen Aktionen und die Organisation, die der

- Vermeidung und Verringerung von Abfallstoffen
- Behandlung von Abfallstoffen

unter besonderer Berücksichtigung der Wirtschaftlichkeit der angestrebten Verfahren dienen (*Bloech*).

Dabei sind nach dem Gesetz über die Vermeidung und Entsorgung von Abfällen (§ 1) als **Abfall** »alle beweglichen Sachen, deren sich der Besitzer entledigen will oder deren geordnete Entsorgung zur Wahrung des Wohls der Allgemeinheit, insbesondere des Schutzes der Umwelt, geboten ist« zu verstehen.

Unter praktischen Gesichtspunkten kann der Abfallbegriff unterschiedlich weit gefasst werden:

- Im **weiteren Sinne** umfasst der Abfall alle nicht angestrebten Material- und Energiemengen, die im Verlaufe des betrieblichen Leistungsprozesses anfallen oder freigesetzt werden. Er beinhaltet folgende Stoffe:

Abfall i.w.S.	Weiter verwert- oder verwendbare Stoffe als Reststoffe oder Wertstoffe.
	Nicht weiter verwert- oder verwendbare Stoffe als **Abfall i.e.S.**

- Im **engeren Sinne** wird von Abfall gesprochen, wenn folgende Kriterien erfüllt sind (*Kleinaltenkamp*):

  - Die Abfälle leisten einen negativen Beitrag zur Erreichung der betrieblichen Formalziele.
  - Den Abfällen wird unternehmensspezifisch kein wirtschaftlicher Wert mehr beigemessen.
  - Die Abfälle können nicht wieder in den Wirtschaftsprozess zurückgeführt werden, sondern müssen vernichtet oder beseitigt werden.

An erster Stelle sollte für die Abfallwirtschaft immer die Vermeidung und Verringerung der Abfallstoffe stehen, die unvermeidliche Behandlung von Abfallstoffen sollte so umweltgerecht wie möglich erfolgen. Für die **Materialwirtschaft** ergeben sich daraus folgende Forderungen (*Stahlmann*):

- Auswahl der Materialien nach Recyclingfähigkeit und Umweltverträglichkeit
- Förderung industrieller Zusammenarbeit zur Verringerung der Abfallstoffe
- Zusammenarbeit von Beschaffung und Konstruktion zur Vermeidung von Materialvermischungen
- Modifizierung des Produktprogrammes zu Gunsten wiederverwertbarer Langzeitprodukte
- Feststellung und Auflistung der betrieblichen Stoff- und Abfallströme
- Auswahl eines abfallarmen, wirtschaftlichen Produktionsverfahrens
- Abfallvermeidung von Gewinnung über Produktion bis zum Konsum
- Lieferanten- und Produktauswahl unter Umweltgesichtspunkten
- Umweltfreundliche Logistik
- Ökologieorientiertes Beschaffungsmarketing.

Die Abfallwirtschaft kann sich, wie gezeigt wurde, beziehen auf:

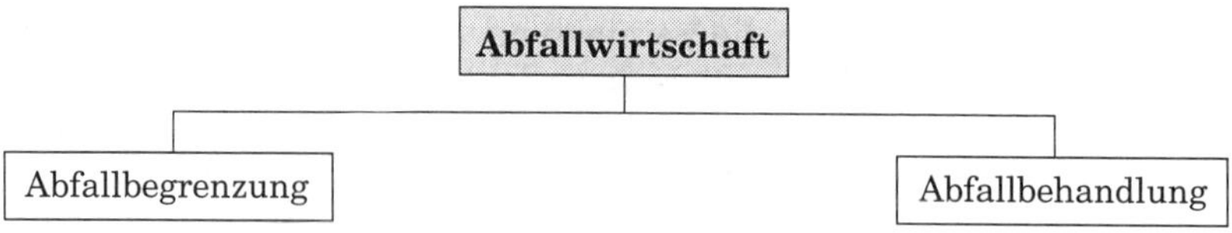

2.1 Abfallbegrenzung

Der beste Weg, umweltgerechte Unternehmenspolitik zu betreiben, ist die Begrenzung des Abfalls. Damit wird das Problem der Abfallbehandlung minimiert. Sie kann mithilfe des zuvor dargestellten Kriterienkataloges unterstützt werden.

Die Abfallbegrenzung kann sein:

- **Abfallvermeidung**
- **Abfallverminderung**.

2.1.1 Abfallvermeidung

Die Abfallvermeidung ist eine Strategie, die eine Entstehung von Abfällen vor, während und nach dem betrieblichen Leistungsprozess gänzlich unterbindet. Sie ist bereits bei der Auswahl der

- Materialien
- Fertigungsverfahren
- Distributionswege

in geeigneter Weise zu berücksichtigen.

Die völlige Abfallvermeidung ist vielfach aus dem Wesen des betrieblichen Prozesses heraus nicht zu verwirklichen. Das Unternehmen sollte in jedem Falle aber versuchen, der Abfallvermeidung so nah wie möglich zu kommen, indem eine größtmögliche Abfallverminderung angestrebt wird.

2.1.2 Abfallverminderung

Wenn das Unternehmen eine absolute Abfallvermeidung nicht zu erreichen vermag, sollte versucht werden, möglichst wenig und möglichst nur solche Abfälle in Kauf zu nehmen, die eine hohe, wirtschaftlich sinnvolle Recyclingfähigkeit aufweisen.

Maßnahmen zur Verminderung des Abfalles können vor allem sein (*Möcker*):

- Verringerung des Materialeinsatzes
- Verringerung der Produktionsverluste
- Erhöhung der Lebensdauer der Materialien
- Mehrfachnutzung der Materialien
- Verbesserung der Reparaturfreundlichkeit
- Verbesserung der Wartungsfreundlichkeit
- Reduzierung der Abgabe von Abfallstoffen.

Auf geringstmögliche Abfälle ist bereits bei der Planung und Entwicklung von Erzeugnissen zu achten. Ebenso müssen die verwendeten Technologien auf die Umwelterfordernisse ausgerichtet sein, beispielsweise gehören abfallarme (oder abfallose) Produktionsverfahren und Produktionsmaschinen dazu.

2.2 Abfallbehandlung

Lassen sich die Abfälle nicht vermeiden und nur begrenzen, müssen sie entsorgt und mithilfe geeigneter und rechtmäßig zugelassener Verfahren behandelt werden.

Die **Entsorgung** umfasst nicht nur die Abfälle im engeren Sinne, die zu vernichten, zu lagern oder abzulagern sind. Sie bezieht sich auch auf die Reststoffe, die dem Wirtschaftskreislauf erhalten bleiben und wieder zu Materialien werden.

Während der Schwerpunkt der Entsorgung in früheren Jahren auf der Abfallvernichtung und Abfallbeseitigung lag, sind die Unternehmen inzwischen bestrebt, Abfälle zu vermeiden, zu verwerten sowie schadlos zu vernichten und zu beseitigen. Insbesondere die Abfallverwertung hat aufgrund verbesserter und erweiterter Recyclingverfahren erhebliche Bedeutung erlangt.

Wichtig ist für das abfallwirtschaftliche Management festzustellen,

- welche Materialien
- in welcher Zusammensetzung
- in welcher Menge
- in welchem Zeitraum (-punkt)
- an welcher Stelle

anfallen. Die Abfälle müssen genau erfasst und – in geeigneter Weise sortiert – gesammelt werden. Bei einem notwendig werdenden Transport sind gegebenenfalls Beförderungsvorschriften zu beachten.

Grundsätzlich lassen sich folgende **Strategien der Abfallbehandlung** unterscheiden:

- **Recycling**
- **Abfallvernichtung**
- **Abfallbeseitigung**.

Welche der Strategien im Einzelfall anzuwenden ist, kann von mehreren Faktoren abhängen:

- Verwertbarkeit des Abfalles
- Recyclingfähigkeit des Abfalles
- Technische und organisatorische Gegebenheiten des Unternehmens
- Know How des Unternehmens
- Entsorgungsinteressen und - zielsetzungen des Unternehmens
- Gesetzliche Rahmenbedingungen

- Kosten-Nutzen-Analyse alternativer Abfallbehandlungen
- Bedarf des Unternehmens an Abfällen
- Zeitlich konzentrierte Abfallmenge, -qualität, -homogenität
- Räumlich konzentrierte Abfallmenge, -qualität, -homogenität.

2.2.1 Recycling

Mithilfe des Recycling werden Abfälle, die an sich für den Leistungsprozess des Unternehmens nicht mehr verwertbar sind, durch geeignete Prozesse für diesen oder einen anderen Leistungsprozess wieder verwendbar gemacht. Gleiches gilt für die Rückgewinnung und Nutzung von Stoffen oder Energieinhalten aus gebrauchten Enderzeugnissen.

Je höher die Abfallquote eines Unternehmens ist, umso größer sollte das Interesse sein, neue oder alternative Verwendbarkeiten aufzuspüren, die sowohl wirtschaftliche Lösungen darstellen als auch der Abfallproblematik gerecht werden.

Es lassen sich vier **Recyclingstrategien** unterscheiden (*Heeg, Arbeitsgruppe Entsorgung*):

Wieder-verwertung	Der Abfall, der häufig einer bestimmten Vorbehandlung oder Aufbereitung unterzogen werden musste, wird unter teilweiser oder völliger Gestaltauflösung als Erzeugnisstoff in dem gleichen, bereits durchlaufenen Transformationsprozess bzw. Einsatzbereich wiederholt eingesetzt. Er besteht aus Produktionsrückständen oder verbrauchten Produkten bzw. Altstoffen, welche die gleiche Substanz wie das Ursprungsmaterial aufzuweisen haben. **Beispiele**: Die Verwertung in Form des erneuten Einschmelzens von Schrott in der Stahlindustrie, die Verwendung von Altpapier in der Papiererzeugung, die Rückführung von Aluminium oder Weißblech in der Dosenherstellung, die Wiederverwendung von Kunststoffabfällen in der Kunststoffverarbeitung, der Wiedereinsatz von beschädigten Bauteilen oder Baugruppen nach Behebung der qualitativen Mängel.
Weiterverwertung und -verarbeitung	Hier werden Produktionsrückstände oder »verbrauchte« Produkte bzw. Altstoffe nicht in dem für sie ursprünglich vorgesehenen Fertigungsprozess eingesetzt. Die Weiterverwertung findet in einem noch nicht durchlaufenen, anders gearteten Fertigungsprozess oder Einsatzbereich statt, nachdem das neue Erzeugnis durch biologische, chemische, mechanische oder thermische Behandlung dem neuen Einsatzgebiet und dessen Voraussetzungen entsprechend vorbehandelt wurde. **Beispiele**: Es ist möglich, Altglas im Straßenbau einzusetzen, Fischabfälle zu Fischmehl zu verarbeiten, aber auch Stanzrückstände bei der Herstellung neuer Blechprodukte einzusetzen, brennbare Abfälle jeglicher Konsistenz für die Erzeugung von Prozess- oder Heizwärme oder zur Energieerzeugung zu nutzen oder schwefelhaltige Abgase aus Raffinerien und der Erdgasaufbereitung zu Elementarschwefel und Schwefelsäure weiterzuverarbeiten.

Wieder-verwendung	Das gebrauchte oder schon einmal eingesetzte Produkt wird für den gleichen oder ähnlichen Verwendungszweck, für den es ursprünglich hergestellt wurde, wiederholt benutzt, wobei es gegebenenfalls einer entsprechenden Vorbehandlung unterzogen werden muss. Es kann sich hier um die mehrmalige Benutzung von bestimmten Behältern, Transport- oder Verpackungsmaterialien handeln. **Beispiele**: Getränkeflaschen, Normpaletten, Gitterboxen oder Kisten etc. Es geht hier aber auch um den erneuten Einsatz eines Austauschmotors oder -getriebes für Maschinen oder Autos, den Rücklauf von bestimmten Betriebsstoffen wie zu reinigendes Altöl oder prozessbedingtes Wasser (Kühlstoffe) bei Dreh-, Fräs- oder Bohrmaschinen, aber auch um den Wiedereinsatz von nicht mehr für die Produktion benötigten Bauteilen als Ersatzteile selbst oder Ersatzteilträger.
Weiter-verwendung	Es handelt sich um eine Alternative der Reststoffverwendung, bei der das gebrauchte Produkt für einen Verwendungszweck benutzt wird, für den es ursprünglich nicht hergestellt wurde, d.h. seinen Einsatz nicht in dem als Erstverwendung vorgesehenen Zweck findet. **Beispiele**: Die Verwendung eines Polierlappens als Putztuch, die Verwendung des leeren Senfglases als Trinkbecher, die Verwendung eines Automotors in einem Boot.

Seit 1975 gibt es bei den Industrie- und Handelskammern **Abfallbörsen**, deren Zweck es ist,

- Rohstoffe und Produktionsrückstände
- in geringem Maße auch gebrauchte Verpackungsmaterialien

einer Wiederverwendung oder Weiterverwendung bzw. Wiederverwertung oder Weiterverwertung zuzuführen. Dadurch wird ein Beitrag zur Abfallverminderung und zu einem erweiterten, unternehmensübergreifenden Abfallrecycling geleistet.

2.2.2 Abfallvernichtung

Der Abfallvernichtung kann ein Unternehmen sich bedienen, wenn die Abfälle

- mangelnde oder fehlende Recyclingfähigkeit aufweisen, sodass sie ökologisch und wirtschaftlich nicht sinnvoll zu verwerten sind
- bei ihrer Verwertung nicht recycelbare Rückstände hervorrufen
- bei ihrer Verwertung nicht deponiefähige Rückstände ergeben.

Die Kosten der Abfallvernichtung sind vielfach sehr hoch. Aus dem Vernichtungsprozess bleiben nicht nur problemlose, wiederzuverwendende Stoffe zurück, beispielsweise rückstandsfreier Klärschlamm oder Dünger. Oft verbleiben auch Stoffe, die ökologisch gefährlich sind und im Wege der Abfallbeseitigung – gegebenenfalls sogar als Sondermüll – auf Deponien abzulagern ist.

Verfahren der Abfallvernichtung sind:

Verfahren der Abfallvernichtung	Physikalische Abfallvernichtung
	Chemische Abfallvernichtung
	Elektrotechnische Abfallvernichtung
	Biologische Abfallvernichtung
	Thermische Abfallvernichtung

2.2.3 Abfallbeseitigung

Die Abfallbeseitigung bezieht sich ebenfalls auf nicht verwertbare Abfälle. Sie kann sein:

Abfalldiffusion und -lagerung	Abfälle werden an die Umweltmedien abgegeben und dort verteilt (diffundiert). Handlungsweisen können sein: ❍ Die Verdünnung der Abfälle und ihre Zuleitung in Umweltmedien, indem feste Partikel enthaltende, gas- oder dampfförmige Abfallstoffe an die Atmosphäre oder flüssige Rückstände in Gewässer abgeführt werden. ❍ Die Konzentration der Abfälle als kompaktes räumliches Zusammenfassen, dem sich die geordnete Deponierung anschließt.
Abfall-ablagerung	Der geordneten Ablagerung kommt heute noch – trotz der vielfältigen Möglichkeit des Recycling – die größte Bedeutung zu. Abfälle sind: ❍ Hausabfälle ❍ Industrieabfälle ❍ Sonderabfälle ❍ Spezialabfälle Die **Deponie** ist eine Anlage zur dauerhaften, geordneten und kontrollierten Ablagerung von Abfall. Technische Standards sollen die gefahrlose, unproblematische Deponierung sichern.

Die Abfallbeseitigung ist mitunter als besonders problematisch anzusehen, da

- die Verfahren ökologisch nicht immer völlig sicher sind,
- der Deponieraum nicht mit den Abfallmengen wächst.

	Kontrollfragen	bearbeitet	Lösungshinweis	Lösung +	Lösung −
01	Weshalb hat die Materialentsorgung inzwischen eine bedeutsame Stellung in der Materialwirtschaft erlangt?		399 f.		
02	Was ist unter Materialentsorgung zu verstehen?		400		
03	Auf welchen Grundlagen basiert das Abfallrecht?		401		
04	Nennen Sie wichtige abfallorientierte Gesetze!		401 f.		
05	Welche Regelungen erfolgen im Gesetz zur Förderung der Kreislaufwirtschaft?		401		
06	Welche Inhalte weist das Bundesimmissionsschutzgesetz auf?		402		
07	Geben Sie einen Überblick über abfallorientierte Verordnungen!		402 f.		
08	Was versteht man unter Abfallwirtschaft?		403		
09	Was kann unter Abfall verstanden werden?		403		
10	Welchen Forderungen sollte eine umweltfreundliche Materialwirtschaft gerecht werden?		404		
11	Welche Möglichkeiten der Abfallbegrenzung können unterschieden werden?		405		
12	Was versteht man unter Abfallvermeidung?		405		
13	Was kann unter Abfallverminderung verstanden werden?		405		
14	Nennen Sie mögliche Maßnahmen zur Absatzverminderung!		405		
15	Erläutern Sie, was unter Entsorgung zu verstehen ist!		406		
16	Welche Strategien der Abfallbehandlung lassen sich unterscheiden?		406		
17	Von welchen Faktoren kann die Wahl der einzelnen Strategie abhängen?		406 f.		
18	Was versteht man unter Recycling?		407		
19	Welche Recyclingstrategien sind möglich?		407 f.		
20	Inwieweit kann eine Wiederverwertung erfolgen?		407		
21	Beschreiben Sie die Weiterverwertung bzw. Weiterverarbeitung!		407		
22	Inwieweit kann eine Wiederverwendung möglich sein?		408		
23	Erläutern Sie die Weiterverwertung!		408		
24	Geben Sie Beispiele für die einzelnen Recyclingstrategien!		407 f.		
25	Welchen Zweck verfolgen die Abfallbörsen der Industrie- und Handelskammern?		408		
26	In welchen Fällen ist eine Abfallvernichtung erforderlich?		408		
27	Mithilfe welcher Verfahren kann die Abfallvernichtung durchgeführt werden?		409		

	Kontrollfragen	bearbeitet	Lösungshinweis	Lösung +	Lösung −
28	Welche Möglichkeiten der Abfallbeseitigung gibt es?		409		
29	Wie kann die Abfalldiffusion und -lagerung erfolgen?		409		
30	Welche Bedeutung hat die Abfallablagerung?		409		

Gesamtliteraturverzeichnis

A. Grundlagen

Arnolds/Heege/Tussing, Materialwirtschaft und Einkauf, 10. Auflage, Wiesbaden 2001
Arnold/Knoblich/Treis, Lexikon der Beschaffung und Materialwirtschaft, München 1995
Baetge/Lilienstern/Schäfer (Hrsg.), Logistik - eine Aufgabe der Unternehmenspolitik, Berlin 1987
Bichler, K., Beschaffungs- und Materialwirtschaft, 6. Auflage, Wiesbaden 1992
Bierhals, E., Organisation der Materialwirtschaft, Wiesbaden 1986
Bleymüller/Gehlert/Gülicher, Statistik für Wirtschaftswissenschaftler, 12. Auflage, München 2000
Bloech/Rottenbacher (Hrsg.), Materialwirtschaft, Stuttgart 1986
Bloech/Rottenbacher (Hrsg.)., Materialwirtschaft, Kostenanalyse, Ergebnisdarstellung und Planungsansätze, Stuttgart 1986
Bornemann, H., Controlling im Einkauf, Wiesbaden 1987
BME, Materialwirtschaft heute und morgen, Düsseldorf 1976
BME, Materialwirtschaft heute und morgen - Ziele und Möglichkeiten, Frankfurt/Main
BME, Integrierte Materialwirtschaft - eine unternehmerische Herausforderung für Heute und Morgen, Frankfurt/Main
Brachten, H. u.a., Zentrale Auftragsabwicklung und Materialwirtschaft, Eschborn 1981
Bücker, R., Statistik für Wirtschaftswissenschaftler, 4. Auflage, München/Wien 1999
Busch, H. , Materialmanagement in Theorie und Praxis, Lage/Lippe 1984
Busch, H. F., Einführung in das Materialmanagement, Wiesbaden 1988
Ehrmann, H., Logistik, 2. Auflage, Ludwigshafen 2000
Eschenbach, R., Erfolgspotential Materialwirtschaft, Wien/München 1990
Fischer/Dittrich, Materialfluß und Logistik, Berlin/Heidelberg 1997
Franken, R., Materialwirtschaft, Stuttgart 1984
Freitag/Weidner, Organisation in der Unternehmung, 6. Auflage, München/Wien 1998
Fuhrmann, K., Fertigungs- und Materialwirtschaft, Berlin 1983
Grochla, E., Grundlagen der Materialwirtschaft, 3. Auflage, Wiesbaden 1992
Grochla/Fieten/Puhlmann, Erfolgsorientierte Materialwirtschaft im mittelständischen Unternehmen, Köln 1984
Grochla/Fieten/Puhlmann, Aktive Materialwirtschaft im mittelständischen Unternehmen, Köln 1984
Grupp, B., Materialwirtschaft mit EDV, 5. Auflage, Grafenau 1997
Grupp, B., Bildschirmeinsatz im Einkauf, 2. Auflage, Stuttgart/Wiesbaden 1985
Grupp, B., Materialwirtschaft mit Bildschirmeinsatz, 2. Auflage, Wiesbaden 1991
Grupp, B., Materialwirtschaft mit EDV im Mittel- und Kleinbetrieb, 5. Auflage, Grafenau 1997
Harlander/Platz, Beschaffungsmarketing und Materialwirtschaft, 5. Auflage, Stuttgart/Ehningen 1991
Hartmann, H., Materialwirtschaft, 7. Auflage, Gernsbach 1997
Hartmann, H., Materialwirtschaft - aber wie?, Nürnberg 1981
Hessenberger, M., Die Organisation des Beschaffungsbereichs in ein- und mehrgliedrigen Unternehmungen, Frankfurt 1970
Ihde, G.B., Transport, Verkehr, Logistik, 3. Auflage, München 2001
Imai, M., Kaizen, 11. Auflage, München 1993
Jünemann, R., Logistische Systeme, Köln 1988
Jünemann, R., Steuerung von Materialflußsystemen und Logistiksystemen, Berlin/Heidelberg u.a., 2. Auflage, 1998
Juran, J.M., Der neue Juran, Qualität von Anfang an, Landsberg/Lech 1993
Kopsidis, R.M., Materialwirtschaft, 3. Auflage, München/Wien 1997
Kowarik, R., Organisation der Materialwirtschaft, München 1986
Männel, W. (Hrsg.), Logistik-Controlling, Wiesbaden 1993
Martin, H., Transportlogistik und Lagerlogistik, 3. Auflage, 2000
Melzer-Ridinger, R., Materialwirtschaft und Einkauf, Bd. 1, 3. Auflage, München/Wien 1994
Mertens, P., Integrierte Informationsverarbeitung, Administrations- und Dispositionssysteme, 12. Auflage, Wiesbaden 2000

Olfert, K., Kompakt-Training Kostenrechnung, Ludwigshafen/Rhein 2001
Olfert, K., Kostenrechnung, 12. Auflage, Ludwigshafen/Rhein 2001
Olfert, K., Investition, 8. Auflage, Ludwigshafen/Rhein 2001
Olfert/Rahn, Kompakt-Training Organisation, Ludwigshafen/Rhein 2001
Olfert/Reichel, Kompakt-Training Investition, 2. Auflage, Ludwigshafen/Rhein 2002
Pahlitzsch, W., Aufgaben der Materialwirtschaft, 2. Auflage, Wiesbaden 1997
Pfohl, H.C., Logistiksysteme, 6. Auflage, Berlin/Heidelberg u.a. 2000
Pfohl, H.C., Logistikmanagement, Berlin/Heidelberg u.a. 1994
Puhlmann, M., Die organisatorische Gestaltung der integrierten Materialwirtschaft in industriellen Betrieben, Bergisch-Gladbach/Köln 1985
Rahn, H.-J., Unternehmensführung, 4. Auflage, Ludwigshafen/Rhein 2000
SAP (Hrsg.), System RM, Einkauf, Disposition, Lager, Rechnungsprüfung, Walldorf/Baden
Scheer, A.W., Wirtschaftsinformatik, Berlin/Heidelberg u.a. 1995
Schwarz, H., Betriebsorganisation als Führungsaufgabe, 9. Auflage, München 1983
Schulte, C., Logistik, 3. Auflage, München 1999
Seggewiß, K.-H., Die Organisation der Materialbeschaffung in Großunternehmungen, Frankfurt/Main/Bern/New York 1985
Spohrer, H., Controlling in Einkauf und Logistik, Gernsbach 1995
Steinbeck, H.-H., Das neue Total Quality Management, Landsberg/Lech 1995
Steinbuch, P.A., Organisation, 12. Auflage, Ludwigshafen/Rhein 2001
Steinbuch, P.A., Betriebliche Informatik, 7. Auflage, Ludwigshafen/Rhein 1998
Steinbuch, P.A., Fertigungswirtschaft, 7. Auflage, Ludwigshafen/Rhein 1999
Szyperski/Roth, Beschaffung und Unternehmensführung, Stuttgart 1982
Tempelmeier, H., Material-Logistik, 4. Auflage, Berlin/Heidelberg u.a. 1999
Trux, W.R., Einkauf und Lagerdisposition mit Datenverarbeitung - Bedarf, Bestand, Bestellung, Wirtschaftlichkeit, 2. Auflage, München 1972
Ulrich/Fluri, Management, 6. Auflage, Bern/Stuttgart 1992
Weber, J., Logistik-Controlling, 4. Auflage, München 1995
Zeigermann, J., Elektronische Datenverarbeitung in der Materialwirtschaft, Stuttgart 1970
Ziegenbein, K., Controlling, 7. Auflage, Ludwigshafen/Rhein 2002
Ziegenbein, K., Kompakt-Training Controlling, Ludwigshafen/Rhein 2002

B. Materialrationalisierung

Arnolds/Heege/Tussing, Materialwirtschaft und Einkauf, 10. Auflage, Wiesbaden 2001
Arnold/Knoblich/Treis, Lexikon der Beschaffung und Materialwirtschaft, München 1995
Baier, P., Wertgestaltung - Ein Leitfaden zur organisierten Kostensenkung, München 1969
Bloech/Rottenbacher (Hrsg.), Materialwirtschaft, Stuttgart 1986
Cordts/Lensing, ABC-Analyse, Preisanalyse für Einkäufer, 3. Auflage, Wiesbaden 1992
Eschenbach, R., Erfolgspotential Materialwirtschaft, Wien/München 1990
Franken, R., Materialwirtschaft, Stuttgart/Berlin 1984
Grochla, E., Grundlagen der Materialwirtschaft, 3. Auflage, Wiesbaden 1992
Grupp, B., Materialwirtschaft mit EDV, 5. Auflage, Grafenau 1997
Grupp, B., Materialwirtschaft mit Bildschirmeinsatz, 2. Auflage, Wiesbaden 1991
Grupp, B., Materialwirtschaft mit EDV im Mittel- und Kleinbetrieb, 5. Auflage, Grafenau 1997
Hartmann, H., Materialwirtschaft, 7. Auflage, Gernsbach 1997
Hoffmann, H.J., Wertanalyse, 1993
Krieg/Heller/Hunecker, Leitfaden der DIN-Normen, 1983
Lensing/Sonnemann, Materialwirtschaft und Einkaufm, Wiesbaden 1995
Olfert, K., Investition, 8. Auflage, Ludwigshafen (Rhein) 2001
Olfert/Reichel, Kompakt-Training Investition, 2. Auflage, Ludwigshafen/Rhein 2002
REFA, Methodenlehre der Betriebsorganisation Planung und Steuerung, Teil 1, München 1991
Schneider, H., Checklist - Rationalisieren und Kostensenken in der Materialwirtschaft, München 1983
Specht/Ahrens/Wolter, Material + Fertigungswirtschaft, 2. Auflage, Ludwigshafen 1996
Steinbuch, P.A., Fertigungswirtschaft, 7. Auflage, Ludwigshafen (Rhein) 1999
Westermann, H., Gewinnorientierter Einkauf, 3. Auflage, Berlin 1982
Zeigermann, I.R., Elektronische Datenverarbeitung in der Materialwirtschaft, Stuttgart 1970
Zentrum Wertanalyse (Hrsg.), Wertanalyse, 5. Auflage, Berlin/Heidelberg 1995

C. Materialbedarf

Arnolds/Heege/Tussing, Materialwirtschaft und Einkauf, 10. Auflage, Wiesbaden 2001
Arnold/Knoblich/Treis, Lexikon der Beschaffung und Materialwirtschaft, München 1995
Bleymüller/Gehlert/Gülicher, Statistik für Wirtschaftswissenschaftler, 12. Auflage, München 2000
Bloech/Rottenbacher (Hrsg.), Materialwirtschaft, Stuttgart 1986
Bücker, R., Statistik für Wirtschaftswissenschaftler, 4. Auflage, München/Wien 1999
Eschenbach, R., Erfolgspotential Materialwirtschaft, Wien/München 1990
Franken, R., Materialwirtschaft, Stuttgart/Berlin 1984
Grochla, E., Grundlagen der Materialwirtschaft, 3. Auflage, Wiesbaden 1992
Grochla/Fieten/Puhlmann/Vahle, Erfolgsorientierte Materialwirtschaft durch Kennzahlen, Baden-Baden 1983
Grupp, B., Elektronische Stücklisten und Arbeitsplanorganisation, Stuttgart 1971
Grupp, B., Materialwirtschaft mit EDV im Mittelbetrieb und Kleinbetrieb, 4. Auflage, Grafenau 1997
Grupp, B., Elektronische Stücklistenorganisation in der Praxis, Stuttgart 1976
Grupp, B., Bildschirmeinsatz im Einkauf, 2. Auflage, Stuttgart/Wiesbaden 1985
Grupp, B., Materialwirtschaft mit Bildschirmeinsatz, 2. Auflage, Wiesbaden 1991
Grupp, B., Aufbau einer optimalen Stücklistenorganisation, 1995
Harlander/Platz, Beschaffungsmarketing und Materialwirtschaft, 5. Auflage, Stuttgart 1991
Hartmann, H., Materialwirtschaft, 7. Auflage, Gernsbach1997
Hausmann, K.-W., Kurzlehrbuch Prognoseverfahren, Wiesbaden 1983
Jacob, H. (Hrsg.), Industriebetriebslehre II, 4. Auflage, Wiesbaden 1990
Kopsidis, R.M., Materialwirtschaft, 3. Auflage, München/Wien 1997
Lensing/Sonnemann, Materialwirtschaft und Einkauf, Wiesbaden 1995
Melzer-Ridinger, R., Materialwirtschaft und Einkauf, Bd. 1, 3. Auflage, München/Wien 1994
Mertens, P. (Hrsg.), Prognoserechnung, 5. Auflage, Würzburg 1994
Mertens, P., Integrierte Informationsverarbeitung, Administrations- und Dispositionssysteme, 12. Auflage, Wiesbaden 2000
REFA, Methodenlehre der Betriebsorganisation Planung und Steuerung, Teil 1, München 1991
Roth, M., Materialbedarf und Bestellmenge, 2. Auflage, Wiesbaden 1993
Specht/Ahrens/Wolter, Material + Fertigungswirtschaft, 2. Auflage, Ludwigshafen 1996
Steinbuch, P.A., Fertigungswirtschaft, 7. Auflage, Ludwigshafen (Rhein) 1999
Trux, W.R., Einkaufs- und Lagerdisposition mit Datenverarbeitung, 2. Auflage, München 1972
Wissebach, B., Beschaffung und Materialwirtschaft, Herne/Berlin 1977
Zeigermann, J.R., Elektronische Datenverarbeitung in der Materialwirtschaft, Stuttgart 1970

D. Materialbestand

Arnolds/Heege/Tussing, Materialwirtschaft und Einkauf, 10. Auflage, Wiesbaden 2001
Arnold/Knoblich/Treis, Lexikon der Beschaffung und Materialwirtschaft, München 1995
Bloech/Rottenbacher (Hrsg.), Materialwirtschaft, Stuttgart 1986
Eschenbach, R., Erfolgspotential Materialwirtschaft, Wien/München 1990
Franken, R., Materialwirtschaft, Stuttgart/Berlin 1984
Grefe, Kompakt-Training Bilanzen, 2. Auflage, Ludwigshafen 2001
Grochla, E., Grundlagen der Materialwirtschaft, 3. Auflage, Wiesbaden 1992
Grochla/Fieten/Puhlmann/Vahle, Erfolgsorientierte Materialwirtschaft durch Kennzahlen, Baden-Baden 1983
Grupp, B., Materialwirtschaft mit EDV, 5. Auflage, Grafenau 1997
Grupp, B., Bildschirmeinsatz im Einkauf, 2. Auflage, Stuttgart/Wiesbaden 1985
Grupp, B., Materialwirtschaft mit Bildschirmeinsatz, 2. Auflage, Wiesbaden 1991
Grupp, B., Materialwirtschaft mit EDV im Mittel- und Kleinbetrieb, 5. Auflage, Grafenau 1997
Harlander/Platz, Beschaffungsmarketing und Materialwirtschaft, 5. Auflage, Stuttgart/Ehingen 1991
Hartmann, H., Materialwirtschaft, 7. Auflage, Gernsbach 1997
Kopsidis, R.M., Materialwirtschaft, 3. Auflage, München/Wien 1997
Lensing/Sonnemann, Materialwirtschaft und Einkaufm, Wiesbaden 1995

Männel, W., Die Wahl zwischen Eigenfertigung und Fremdbezug, 2. Auflage, Herne/Berlin 1981
Melzer-Ridinger, R., Materialwirtschaft und Einkauf, Bd. 1, 3. Auflage, München/Wien 1994
Mertens, P., Integrierte Informationsverarbeitung, Administrations- und Dispositionssysteme, 12. Auflage, Wiesbaden 2000
Olfert, K., Kompakt-Training Kostenrechnung, 2. Auflage, Ludwigshafen/Rhein 2001
Olfert, K., Kostenrechnung, 12. Auflage, Ludwigshafen/Rhein 2001
Olfert/Ditges/Langenbeck, Bilanzen, 9. Auflage, Ludwigshafen/Rhein 2000
Radke, M., Die große betriebswirtschaftliche Formelsammlung, 10. Auflage, München 1999
Scherrer/Obermeier, Stichprobeninventur, Theoretische Grundlage und praktische Anwendung, München 1981
Specht/Ahrens/Wolter, Material + Fertigungswirtschaft, 2. Auflage, Ludwigshafen 1996
Trux, W., Einkauf und Lagerdisposition mit Datenverarbeitung, 2. Auflage, Würzburg 1972
Zeigermann, J.R., Elektronische Datenverarbeitung in der Materialwirtschaft, Stuttgart 1970

E. Materialbeschaffung

Arnold, U., Strategische Beschaffungspolitik, Frankfurt a.M./Bern 1982
Arnolds/Heege/Tussing, Materialwirtschaft und Einkauf, 10. Auflage, Wiesbaden 2001
Arnold/Knoblich/Treis, Lexikon der Beschaffung und Materialwirtschaft, München 1995
Bahlmann, A., Informationsbedarfsanalyse für das Beschaffungsmanagement, Gelsenkirchen 1982
Berg, C.C., Beschaffungsmarketing, Würzburg/Wien 1981
Bergerfurth/Menrad, Das Kaufrecht, 3. Auflage, Freiburg 1984
Bichler, K., Beschaffungs- und Lagerwirtschaft, 6. Auflage, Wiesbaden 1992
Biergans, B., Zur Entwicklung eines marketingadäquaten Ansatzes und Instrumentariums für die Beschaffung, 2. Auflage, Köln 1986
Bloech/Rottenbacher (Hrsg.), Materialwirtschaft - Kostenanalyse, Ergebnisdarstellung und Planungsansätze, Stuttgart 1986
Blom, F., Beschaffungsmarktforschung, Wiesbaden 1982
Cordts/Lensing, ABC-Analyse, Preisanalyse für Einkäufer, 3. Auflage, Wiesbaden 1992
Eschenbach, R., Erfolgspotential Materialwirtschaft, Wien/München 1990
Franken, R., Materialwirtschaft, Stuttgart/Berlin 1984
Glaser, H., Material- und Produktionswirtschaft, 3. Auflage, Düsseldorf 1986
Grochla, E., Grundlagen der Materialwirtschaft, 3. Auflage, Wiesbaden 1992
Grochla/Fieten/Puhlmann/Vahle, Erfolgsorientierte Materialwirtschaft durch Kennzahlen, Baden-Baden 1983
Grochla/Schömbohm, Beschaffung in der Unternehmung, Stuttgart 1980
Grunwald, H., Vorteilhafte Verträge im Einkauf, Freiburg 1984
Grundwald, H., Kosten senken im Einkauf, Freiburg 1994
Grupp, B., Elektronische Einkaufsorganisation, Berlin/New York 1974
Grupp, B., Bildschirmeinsatz im Einkauf, 2. Auflage, Stuttgart/Wiesbaden 1991
Grupp, B., Materialwirtschaft mit Bildschirmeinsatz, 2. Auflage, Wiesbaden 1985
Grupp, B., Materialwirtschaft mit EDV im Mittel- und Kleinbetrieb, 5. Auflage, Grafenau 1997
Hammann/Lohrberg, Beschaffungsmarketing, Stuttgart 1986
Harlander/Platz, Beschaffungsmarketing und Materialwirtschaft, 5. Auflage, Ehningen/Stuttgart 1991
Harting, D., Lieferanten-Wertanalyse, 2. Auflage, 1994
Hartmann, H., Materialwirtschaft, 7. Auflage, Gernsbach 1997
Hartmann, H., Optimierung der Einkaufsorganisation, Gernsbach 1996
Hartmann, H., Materialdisposition in der Praxis, Gernsbach 1992
Heege, F., Lieferantenportfolio, Nürnberg 1987
Kastreuz, G., Management von Qualität und Zuverlässigkeit im Einkauf, 1994
Klamroth, S., Das neue Recht der Allgemeinen Geschäftsbedingungen, Frankfurt/Main 1983
Klamroth, S., Recht im Einkauf, Lage/Lippe 1980
Koppelmann/Lumbe (Hrsg.), Prozeßorientierte Beschaffung, 1994
Lensing/Sonnemann, Materialwirtschaft und Einkauf, Wiesbaden 1995
Lindner, T., Strategische Entscheidungen im Beschaffungsbereich, München 1983
Kopsidis, R.M., Materialwirtschaft, 3. Auflage, München/Wien 1997

Meinecke, H., Einkaufsleiter-Checklist, 2 Bände, München 1983
Melzer-Ridinger, R., Materialwirtschaft und Einkauf, Bd. 2, München/Wien 1995
Melzer-Ridinger, R., Materialwirtschaft und Einkauf, Bd. 1, 3. Auflage, München/Wien 1994
Mertens, J., Zur Entwicklung und zum konstellationsadäquaten Einsatz eines Beschaffungsmarketing-Instrumentariums im Einzelhandel, Köln 1986
Mertens, P., Integrierte Informationsverarbeitung, Administrations- und Dispositionssysteme, 12. Auflage, Wiesbaden 2000
Mindach, U., Qualitätsmanagement im Einkauf, Gernsbach 1997
Olfert, K., Investition, 8. Auflage, Ludwigshafen (Rhein) 2001
Olfert, K., Finanzierung, 11. Auflage, Ludwigshafen (Rhein) 2001
Olfert, K., Kompakt-Training Kostenrechnung, 2. Auflage, Ludwigshafen (Rhein) 2001
Olfert, K., Kostenrechnung, 12. Auflage, Ludwigshafen (Rhein) 2001
Olfert/Reichel, Kompakt-Training Investition, Ludwigshafen/Rhein 2001
Olfert/Reichel, Kompakt-Training Finanzierung, 2.Auflage, Ludwigshafen/Rhein 2001
Reese/Sporer, Vorteilhafte Vertragsgestaltung für erfolgreiches Einkaufen, Gernsbach 1993
Roth, M., Materialbedarf und Bestellmenge, 2. Auflage, Wiesbaden 1993
Seehofer, J., Perfekte Kaufverträge, München 1983
Seggewiß, K.-H., Die Organisation der Materialbeschaffung in Großunternehmungen, Frankfurt/Main 1985
Spohrer, H., Controlling in Einkauf und Logistik, Gernsbach 1995
Steinbuch, P.A., Fertigungswirtschaft, 7. Auflage, Ludwigshafen (Rhein) 1999
Strache, H., Preisarbeit - Arbeitstechnik im Einkauf, Nürnberg 1981
Szyperski/Roth (Hrsg.), Beschaffung und Unternehmensführung, Stuttgart 1982
Trux, W.E., Einkauf und Lagerdisposition mit Datenverarbeitung, 2. Auflage, München 1972
Türke, D., Das KANBAN-System aus Japan oder wie man fast lagerlos fertigt, Nürnberg 1983
Vry, W., Beschaffung und Lagerhaltung, 5. Auflage, Ludwigshafen 2000
Wage, J.L., Psychologie und Technik des Verkaufsgesprächs, 7. Auflage, München 1981
Weis, H.C., Kompakt-Training Marketing, 2. Auflage, Ludwigshafen (Rhein) 2001
Weis, H.C., Marketing, 12. Auflage, Ludwigshafen (Rhein) 2001
Wildemann, H., Flexible Werkstattsteuerung durch Integration von KANBAN-Prinzipien, München 1984
Wildemann, H., Produktionssynchrone Beschaffung, 3. Auflage, München 1995
Wildemann, H., Das Just-in-Time-Konzept, 5. Auflage, München 2000
Zeigermann, J.R., Elektronische Datenverarbeitung in der Materialwirtschaft, Stuttgart 1970
Zibell, R.M., Just-in-Time, München 1990

F. Materiallagerung

Arnolds/Heege/Tussing, Materialwirtschaft und Einkauf, 10. Auflage, Wiesbaden 2001
Arnold/Knoblich/Treis, Lexikon der Beschaffung und Materialwirtschaft, München 1995
Bartmann/Beckmann, Lagerhaltung, Berlin/Heidelberg u.a. 1989
Bichler, K., Beschaffungs- und Lagerwirtschaft, 5. Auflage, Wiesbaden 1990
Bloech/Rottenbacher (Hrsg.), Materialwirtschaft, Stuttgart 1986
Brauer/Krieger, Betriebswirtschaftliche Logistik, Berlin 1982
Budde, R., Materialfluß und Lagerung, Nürnberg 1985
Eichner/Braun/König, Lagerwirtschaft, Wiesbaden, Nachdruck 2000
Eschenbach, R., Erfolgspotential Materialwirtschaft, Wien/München 1990
Fischer/Dittrich, Materialfluß und Logistik, Berlin/Heidelberg 1997
Franke, H., Qualitätssicherung von Zulieferungen, 2. Auflage, Grafenau 1980
Franken, R., Materialwirtschaft, Stuttgart/Berlin 1984
Franzkowski, R., Annahmeprüfung mit Stichproben, in: W. Masing (Hrsg.), Handbuch der Qualitätssicherung, München 1980
Grochla, E., Grundlagen der Materialwirtschaft, 3. Auflage, Wiesbaden 1992
Grochla/Fieten/Puhlmann/Vahle, Erfolgsorientierte Materialwirtschaft durch Kennzahlen, Baden-Baden 1983
Grupp, B., Materialwirtschaft mit EDV, 4. Auflage, Grafenau 1997
Grupp, B., Bildschirmeinsatz im Einkauf, 2. Auflage, Stuttgart/Wiesbaden 1991

Grupp, B., Materialwirtschaft mit EDV im Mittel- und Kleinbetrieb, 5. Auflage, Grafenau 1997
Hartmann, H., Materialwirtschaft, 7. Auflage, Gernsbach 1997
Kopsidis, R.M., Materialwirtschaft, 3. Auflage, München/Wien 1997
Martin, H., Transportlogistik und Lagerlogistik, 3. Auflage 2000
Masing, W. (Hrsg.), Handbuch der Qualitätssicherung, München/Wien 1980
Melzer-Ridinger, R., Materialwirtschaft und Einkauf, Bd. 1, 3. Auflage, München/Wien 1994
Mertens, P., Integrierte Informationsverarbeitung, Administrations- und Dispositionssysteme, 12. Auflage, Wiesbaden 2000
Pahlitzsch, W., Industrielle Lagerwirtschaft, Wiesbaden 1979
Pfohl, H.-C., Logistiksysteme, Betriebswirtschaftliche Grundlagen, 6.Auflage, Berlin 2000
Rupper, P. (Hrsg.), Unternehmens-Logistik. Ein Handbuch für Einführung und Ausbau der Logistik im Unternehmen, 3. Auflage, Zürich 1991
Rupper/Scheuchzer (Hrsg.), Lagerlogistik. Planung, Steuerung und Kontrolle von Transport- und Lagervorgängen, Zürich 1987
Trux, W.R., Einkauf und Lagerdisposition mit Datenverarbeitung - Bedarf, Bestand, Bestellung, Wirtschaftlichkeit, 2. Auflage, München 1972
Vry, W., Beschaffung und Lagerhaltung, 5. Auflage, Ludwigshafen 2000
Weber, R., Zeitgemäße Materialwirtschaft mit Lagerhaltung, 5. Auflage, 2000
Wucherer, H., Industrielle Qualitätssicherung, Würzburg 1981
Zeigermann, J., Elektronische Datenverarbeitung in der Materialwirtschaft, Stuttgart 1970

G. Materialverteilung

Aggteleky, B., Fabrikplanung
- Band 1: Grundlagen, Zielplanung, vorbereitende Arbeiten, 3. Auflage, 1987
- Band 2: Betriebsanalyse und Feasibilitystudie, München 1987

Arnolds/Heege/Tussing, Materialwirtschaft und Einkauf, 10. Auflage, Wiesbaden 2001
Baetge/Lilienstern/Schäfer (Hrsg.), Logistik - eine Aufgabe der Unternehmenspolitik, Berlin 1987
Bloech/Rottenbacher (Hrsg.), Materialwirtschaft, Stuttgart 1986
Brauer, K., Materialwirtschaftliche Logistik, in: Lück (Hrsg.), Logistik und Materialwirtschaft, Berlin 1984
Ehrmann, H., Logistik, 2. Auflage, Ludwigshafen 2000
Eschenbach, R., Erfolgspotential Materialwirtschaft, Wien/München 1990
Felsner, J., Kriterien zur Planung und Realisierung von Logistik-Konzeptionen in Industrieunternehmen, Bremen 1983
Fischer/Dittrich, Materialfluß und Logistik, Berlin/Heidelberg 1997
Franken, R., Materialwirtschaft, Stuttgart/Berlin 1984
Fricke, U., Struktur und Aufbau des Material- und Warenflusses der Beschaffung, in: RKW-Handbuch der Logistik, Berlin 1981
Grupp, B., Materialwirtschaft mit EDV im Mittel- und Kleinbetrieb, 5. Auflage, Grafenau 1997
Hartmann, H., Materialwirtschaft, 7. Auflage, Gernsbach 1997
Ihde, G., Transport, Verkehr, Logistik, 3. Auflage, Stuttgart 2001
Jünemann, R., Steuerung von Materialflußsystemen und Logistiksystemen, Berlin/Heidelberg u.a., 2. Auflage, 1998
Jünemann, R., Logistische Systeme, Köln 1988
Kopsidis, R.M., Materialwirtschaft, 3. Auflage, München/Wien 1997
Kotler/Bliemel, Marketing-Management, 10. Auflage, Stuttgart 2001
Lück, W., Logistik und Materialwirtschaft, Berlin 1984
Männel, W. (Hrsg.), Logistik-Controlling, Wiesbaden 1993
Martin, H., Transportlogistik und Lagerlogistik, 3. Auflage 2000
Nieschlag/Dichtl/Hörschgen, Marketing, 18. Auflage, Berlin 1997
Pfohl, H.-C., Logistiksysteme. Betriebswirtschaftliche Grundlagen, 6. Auflage, Heidelberg 2000
Pfohl, H.C., Logistiksysteme, 5. Auflage, Berlin/Heidelberg u.a. 1996
Pfohl, H.C., Logistikmanagement, Berlin/Heidelberg u.a. 1994
Schulte, C., Logistik, 3. Auflage, München 1999
Tempelmaier, H., Material-Logistik, 4. Auflage, Berlin/Heidelberg 1999
Weber, J., Logistik-Controlling, 4. Auflage, München 1995

H. Materialentsorgung

Arbeitsgruppe Entsorgung BME-AK Essen, Abfallwirtschaft - eine Aufgabe der Materialwirtschaft, Frankfurt/Main 1987
Arnolds/Heege/Tussing, Materialwirtschaft und Einkauf, 10. Auflage, Wiesbaden 2001
Bloech, J., Die Abfallwirtschaft im Blickpunkt des Material-Managements - Eine neue Herausforderung, in: BA, 1987
Bloech/Rottenbacher (Hrsg.), Materialwirtschaft, Stuttgart 1986
Eschenbach, R., Erfolgspotential Materialwirtschaft, Wien/München 1990
Fieten, R., Integrierte Materialwirtschaft (Hrsg.), Schriftenreihe „wissen und beraten", 3. Auflage, Frankfurt/Main 1994
Franken, R., Materialwirtschaft: Planung und Steuerung des betrieblichen Materialflusses, Stuttgart/ Berlin/Köln/Mainz 1984
Hartmann, H., Materialwirtschaft, 7. Auflage, Stuttgart 1997
Heeg, F.J., Recycling-Management, 1984
Heuer, M.F., Kontrolle und Steuerung der Materialwirtschaft, Wiesbaden 1988
Kleialtenkamp, M., Recyclingstrategien, Berlin 1985
Koch, T., Ökologische Müllverwertung, 4. Auflage, Karlsruhe 1992
Maier-Rothe, C., Logistik als kritischer Erfolgsfaktor, in: Little, A.D., International (Hrsg.), Management der Geschäfte von Morgen, 2. Auflage, Wiesbaden 1987
Möcker, V., Was Sie schon immer über Abfall und Umwelt wissen wollten, 3. Auflage, BUNR (Hrsg.), Stuttgart/Berlin/Köln/Mainz 1993
Stahlmann, V., Umweltorientierte Materialwirtschaft, Das Optimierungskonzept für Ressourcen, Recycling und Rendite, Wiesbaden 1994
Tiltmann, K.O. (Hrsg.), Handbuch Abfallwirtschaft und Recycling, 1993
Warnecke, H.-J., Der Produktionsbetrieb, 3. Auflage, Berlin/Heidelberg u.a. 1995
Wittl, H., Recycling, 1996
Wogrolly, E., Abfall, Ablagerung-Transport-Verbrennung-Gesetze, Wien 1986

Übungsteil

Aufgaben/Fälle

Übungsteil (Aufgaben/Fälle)

1 : Arten der Materialien

(1) Kennzeichnen Sie die folgenden Materialien als Rohstoffe, Hilfsstoffe, Betriebsstoffe, Zulieferteile und Waren, die von Unternehmen verschiedener Branchen beschafft werden!

Materialien	Unternehmen/ Branche	Roh-stoffe	Hilfs-stoffe	Be-triebs-stoffe	Zu-liefer-teile	Wa-ren
Schrauben	Holzindustrie					
Schmierstoffe	Industrie					
Stahl	Maschinenbau					
Chemikalien	Kunststoffindustrie					
Stoffe/Garne	Weberei					
Getreide	Mühle					
Mikrochips	Computerhersteller					
Anhängerkupplung	Campingausrüster					
Kautschuk	Reifenhersteller					
Gas/Öl	Industrie					
Kühlschrank	Handel					
Mehl	Brotfabrik					
Kühlaggregat	Kühlschrankhersteller					

(2) Warum werden diese Unterscheidungen vorgenommen?

(3) Welcher Art von Materialien ordnen Sie Automotoren zu?

2 : Aufbauorganisation

Ein Unternehmen der Möbelindustrie hat zwei Geschäftsbereiche. Es werden Möbel für den Wohnbereich und Möbel für den Bürobereich hergestellt. Wohnmöbel werden in großen Stückzahlen gefertigt und an Warenhäuser und Möbelhäuser geliefert. Büromöbel werden aus Aufträgen aus der Auftragsannahme in die Produktion gegeben und dort gefertigt.

Die Möbel für den Bürobereich weisen einen hohen Anteil an Metallteilen auf und sind mit den vorhandenen Produktionsmaschinen nicht zu fertigen.

(1) Sollen alle für die Fertigung erforderlichen Teile zentral gelagert und geführt werden?

(2) Welche Aufgaben der Materialwirtschaft sollten im vorliegenden Fall zentral abgewickelt werden?

(3) Inwieweit kann bei dezentraler Führung der Lagerbestände eine Optimierung der Materialwirtschaft erreicht werden?

3 : Moderne Organisation

Die Gestaltung der Unternehmensorganisation und die Einbindung der Materialwirtschaft müssen heute unter Beachtung der Veränderungsprozesse in den Unternehmen überdacht werden. Als ein Unternehmen, das Fenster, Türen, Dachfenster und Holztreppen herstellt, sind wir gezwungen unsere Kunden, die Baumärkte, Einkaufsgenossenschaften der Handwerker und der Baugroßhandel sind, schnell zu versorgen. Die Konkurrenz ist hart. Bei Liefermängeln und Lieferengpässen ist mit Stornierungen zu rechnen.

Wir bekommen die Liefermengen meist erst dann mitgeteilt, wenn beim Kunden kein Bestand mehr vorhanden ist. Eine rechtzeitige Meldung könnte das Problem lösen. Dazu müsste allerdings der Kunde bereit sein, die Daten rechtzeitig zur Verfügung zu stellen. Schließlich weiß der Disponent beim Kunden rechtzeitig, wann bestimmte Waren nachbestellt werden müssen.

(1) Welche Organisationsformen könnten geeignet sein, die anstehenden Probleme zu lösen?

(2) Wie soll die Zusammenarbeit zwischen den Unternehmen und seinen Kunden realisiert werden?

(3) Welche Voraussetzungen müssen zur Problemlösung heute gegeben sein?

4 : Funktionen der Materialwirtschaft

Aus den materialwirtschaftlichen Zielsetzungen der Versorgung des Unternehmens mit den benötigten Materialien und der Minimierung von Kosten unter Beachtung der Höhe der Materialeinzelkosten und Materialgemeinkosten resultieren die Aufgaben der Materialwirtschaft.

Die zentrale Aufgabe der Materialwirtschaft besteht darin, das richtige Material zum richtigen Zeitpunkt am richtigen Ort in der richtigen Menge und der richtigen Qualität zu wirtschaftlichen Bedingungen unter Schonung der Umwelt bereitzustellen.

Ein materialwirtschaftliches Optimum lässt sich erzielen, wenn die Aufgaben der Materialwirtschaft richtig miteinander kombiniert werden.

(1) Welche Teilbereiche der Materialwirtschaft werden bei der Erfüllung der materialwirtschaftlichen Aufgaben angesprochen?

(2) Nennen Sie zu diesen Teilbereichen jeweils Aufgaben!

(3) Zu welchen anderen betrieblichen Funktionsbereichen hat die Materialwirtschaft Schnittstellen?

5 : Funktionen des PPS

Das PPS besteht aus vielen Teilfunktionen, die einzelnen Hauptfunktionen zugeordnet werden können. Die PPS-Funktionen sind in ihrer zeitlichen und logischen Abfolge zu sehen. Wichtige Bausteine sind die Programmbildung und die Mengenplanung.

(1) Welche Einzelfunktionen der Mengenplanung sollen von den Mitarbeitern ständig einer Kontrolle unterzogen werden?

(2) Welche Fristigkeit hat dabei die Produktionsprogrammplanung?

(3) Welche Einzelfunktionen weisen einen hohen Aufwand an zusätzlicher Planung auf?

6 : Ablauf in der Materialwirtschaft

Ein Unternehmen stellt Öle, Lacke, Verdünner und Spezialprodukte für die Automobilindustrie her. Besonders die letztgenannten Produkte werden benötigt, um Bleche so zu säubern und zu entfetten, dass der anschließende Lackiervorgang keine Qualitätsmängel zeigt. Die Automobilindustrie verlangt sofortige Belieferung, da eine Bevorratung nicht vorgesehen ist. Dies zwingt das Unternehmen, diese Produkte in Tanks vorzuhalten. Dazu ist zuerst ein Bedarf beim Vorlieferanten anzumelden. Dieser kann dann in kürzester Zeit liefern.

Bisher laufen die Prozesse getrennt ab. Dies bedeutet, dass die Bedarfsermittlung erst tätig wird, wenn neue Aufträge vom Kunden kommen. Die Bestandsrechnung erfolgt, wenn die Tanks leer sind. Die Beschaffung wird vorgenommen, wenn sie Bedarfsmeldungen erhält und sie festgestellt hat, dass die Tanks leer sind. Die Lagerhaltung und Lagerverwaltung wird tätig, wenn die Tankfahrzeuge ankommen, um dann die Wareneingänge vorzunehmen.

(1) In welcher Abfolge sollten die geschilderten materialwirtschaftlichen Vorgänge gestaltet werden?

(2) In welcher Weise kann eine Standard-Software die materialwirtschaftlichen Vorgänge unterstützen?

7 : Darstellung materialwirtschaftlicher Prozesse

(1) Bei der Metallbau GmbH wird Vierkantstahl per Lkw angeliefert. Die Sendung wird vom Lagerpersonal auf Richtigkeit und Vollständigkeit überprüft und danach im Zentrallager an die dafür vorgesehene Stelle gebracht.

Nach einer Woche erfolgt eine Materialanforderung für das gelieferte Material. Es wird in das Werkstattlager transportiert, von wo es zwei Tage später in die Fräserei gelangt und dort unverzüglich bearbeitet und danach geprüft wird.

Sodann wird das Material in die Dreherei befördert. Es kann aber nicht sofort weiterverarbeitet werden, weil die Maschinen noch durch einen anderen Auftrag belegt sind. Am nächsten Tag jedoch werden die Werkstücke bearbeitet und danach auf Maßgenauigkeit kontrolliert.

Schließlich gelangen die bearbeiteten Teile in das Erzeugnislager, von dem sie eine Woche später vom Kunden abgeholt werden.

(a) Erstellen Sie einen Arbeitsablaufplan nach folgendem Schema (ohne Zeit- und Wegangaben)!

	Arbeitsablaufplan					
	Ablaufschritt	○	⇨	□	D	△
1						
2						
3						
4						
5						
6						
7						
8						
9						
10						
11						
12						
13						
14						
15						

(b) Das in die Dreherei beförderte Material kann - abweichend vom obigen Arbeitsablauf - nicht sofort weiterbearbeitet werden, da eine Stichprobe für die Qualitätsprüfung zu entnehmen ist. In Abhängigkeit vom Prüfergebnis werden die Teile entweder auf der Universaldrehmaschine oder auf der Spezialdrehbank gedreht. Ist der Auftrag nicht zeitkritisch, erhält die Bearbeitung auf der Spezialmaschine eine niedrigere Bearbeitungspriorität. Wie lässt sich dieser Arbeitsprozess zweckmäßigerweise darstellen?

(2) Im Rahmen der Lagerhaltung ergeben sich – wie bei der Bedarfsplanung – Vorgangsketten. Diese sind gekennzeichnet durch die Organisationseinheit (O), die verwendete Funktion (F) und die Daten (D), auf die zugegriffen wird.

Kennzeichnen Sie die folgenden Begriffe mit O, F, D um sie entsprechend zuzuordnen!

	O	F	D
Lagerdeckung			
Beschaffungslager			
Zwischenlager			
Verbuchen Bewegungen Beschaffungslager			
Bestellbestand			
Zu-/Abgänge Zwischenlager			
Kundenauftrags-, Fertigungsauftragsbestand			
Lagerbestand			
Lager			
Fertiglager			
Verbuchen Zu-/Abgänge Fertiglager			
Verbuchen Bewegungen Gesamtlager			

8 : Materialwirtschaftliche Führung

Im Rahmen der Gestaltung eines Unternehmensleitbildes wird der Leiter der Materialwirtschaft beauftragt, Ziele und deren Umsetzung zu erarbeiten. Um den Umfang der Ausarbeitung festzulegen, wurde folgende Definition getroffen:

Die Materialwirtschaft erstreckt sich vom Lieferanten über alle Wertsteigerungsstufen bis zum Kunden. Als Wertsteigerungsstufe soll jede Bearbeitung oder Veredelung des Produktes verstanden werden. Transport- und Materialfluss sind ebenso mit einzubeziehen.

(1) Woraus ergibt sich die Bedeutung der Materialwirtschaft?

(2) Welche Ziele und Zielkonflikte ergeben sich in der Materialwirtschaft?

(3) Worauf kann sich die Minimierung der Kosten in der Materialwirtschaft beziehen und welche Maßnahmen dienen dazu?

9 : Ursache-Wirkungs-Diagramm

Das Ursache-Wirkungs-Diagramm versucht den Einsatz der Produktionsfaktoren kritisch auf ihre Brauchbarkeit zu untersuchen. Bildhaft wird es auch bezeichnet als Fischgrätdiagramm. Dabei handelt es sich um ein gutes Verfahren, mit dem Mängel, die auf den nicht optimalen Einsatz der Produktionsfaktoren zurückzuführen sind, erkennen zu können.

Beispiel:

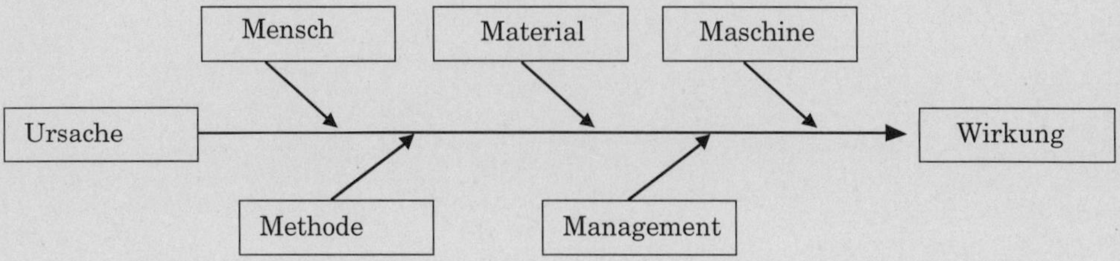

Oft wird diese Methode mit der 5 W-Methode verbunden. Dies bedeutet, dass bei Vorliegen eines Mangels nach dem »Warum« gefragt wird, und zwar fünf mal nacheinander.

Folgendes Interview liegt vor: »Immer wenn ich ins Lager komme, muss ich - obwohl ich einen Materialentnahmeschein habe, nach den bereitgestellten Kisten schauen. Wenn ich nicht schon lange in der Firma wäre, würde ich mein Material nicht finden, da keine Kennzeichnung vorliegt. Habe ich die Kisten endlich, muss ich feststellen, dass Teile fehlen. Das ist auf die Lagerorganisation zurückzuführen. Der Lagerleiter gibt dann die fehlenden Teile aus dem Lager aus. Ob diese für andere Aufträge reserviert sind, geht mich ja nichts an. Diese Teile sind aber oft fehlerhaft oder entsprechen nicht der geforderten Qualität.«

(1) Formulieren Sie die fünf geeigneten Warum-Fragen!

(2) Wie kann dieser Sachverhalt grafisch dargestellt werden?

10 : Make-or-Buy-Portfolio

Ein Möbelhersteller stellt alle Teile selbst her, beispielsweise Holzteile, Polsterei, Metallteile, Kunststoffteile, und führt die Endproduktion selbst durch. Ein Unternehmensberater verdeutlicht ihm, dass dies zu aufwendig ist und im Übrigen mit großen Risiken verbunden ist. Durch die Zusammenarbeit mit einem namhaften Architekten und Designer sollen neue Geschäftsfelder eröffent werden. Hier sind mit gutem Design Programme möglich, welche die Sparten Einrichtung von Schulen und Hochschulen und der gehobene Büromöbelbereiche umfassen sollen.

(1) Welche Teile sollen nicht mehr selbst gefertigt werden? Machen Sie Vorschläge!

(2) Wie könnte man ein Portfolio beschreiben?

11 : Logistik-Controlling

Das Logistik-Controlling verwendet Kennzahlen, die den Logistikvorgang beschreiben. Logistik beschreibt in der Materialwirtschaft einen Vorgang, bei dem Menschen mit Hilfe von Maschinen oder Geräten etwas einlagern, bewegen und transportieren oder auslagern. Sinnvoll ist es, die Kennzahlen zu unterscheiden nach:

A: Strukturkennzahlen
B: Produktivitäts- und Prozesskennzahlen
C: Kostenkennzahlen
D: Qualitätskennzahlen

und

1: Beschaffungslogistik
2: Materialfluss und Materialtransport
3: Materiallagerung und Kommissionierung
4: Produktionslogistik
5: Distributionslogistik

(1) Weisen Sie die folgenden Kennzahlen nach A, B, C, D aus und zeigen Sie, inwieweit sie nach 1, 2, 3, 4, 5 zuzuordnen sind!

	A	B	C	D	1	2	3	4	5
Bestellposition pro Monat									
Kapazität der Fahrzeuge									
Anzahl der Mitarbeiter im Lager									
Anzahl der zu disponierenden Teile									
Verweilzeit der Waren im Wareneingang (durchschn.)									
Anzahl bearbeiteter Sendungen pro Mitarbeiter									
Lagerkostensatz									
Transportzeit je Transportauftrag									
Termintreue									
Lagerkostensatz									
Transportstrecke je Fahrer									
Mitarbeiteranzahl in der Bestellabwicklung									

(2) Wie könnten folgende Kennzahlen ermittelt werden:

- Beschaffungskosten je Bestellung
- Fehllieferungsquote

12 : Sourcing / Normung / Typung

Die heutigen Formen der Produktion sind durch einen schnellen Wandel in den marktfähigen Produkten als auch durch eine hohe Globalisierung der Märkte gekennzeichnet. In diesem Zusammenhang wird gesprochen von:

- Single Sourcing
- Global Sourcing
- Modular Sourcing
- System Sourcing

Diese Begriffe zeigen, dass die Durchgängigkeit in den Produkten, bezogen auf einen Hersteller, nicht mehr gegeben ist.

(1) Welche Vorteile erhoffen sich die Hersteller von dieser Vorgehensweise?

(2) Welche Vorteile erhofft sich ein Unternehmen, wenn er sich vom Single Sourcer zum System Sourcer entwickelt?

(3) Welche Vorteile bieten nationale und internationale Normen?

(4) Sind bei dieser Vielfalt für einzelne Hersteller noch Möglichkeiten gegeben eigene marktfähige Typen herzustellen?

13 : Prognose-Materialbedarf

Die Plastic GmbH fertigt u.a. Kunststoffhalterungen für die Löschgeräte GmbH. Vertraglich ist vereinbart, dass die Plastic GmbH jeweils zu Ende eines Quartals 5.000 Kunststoffhalterungen liefert.

Zur Herstellung einer Halterung werden normalerweise 300 Gramm eines Kunststoffgranulates benötigt. Erfahrungsgemäß erfordert der Anlauf einer Serie aus Gründen der Produktionsregulierung (Mischungsverhältnis) und der Materialprüfung, dass die ersten 50 hergestellten Halterungen nicht absetzbar sind. Für den Ausschuss sind 10 % anzusetzen.

(1) Wie groß muss die Serie angesetzt werden, um die vereinbarten 5.000 Kunststoffhalterungen übergeben zu können und wie groß ist der Prognose-Materialbedarf (in kg)?

(2) Der Materialbedarf für das Kunststoffgranulat betrug 1.720 kg für die Serie. Was bedeutet diese Feststellung für die Plastic GmbH?

14 : XYZ-Analyse

Die XYZ-Analyse ist eine zusätzliche Methode zur Gewichtung der Teile nach ihrer Verbrauchsstruktur. Das heißt, es wird für jedes einzelne Teil eine Kennzahl der Verbrauchsschwankung ermittelt. Hieraus ergibt sich dann die Notwendigkeit, Sicherheitsbestände zu führen.

(1) Welche Merkmale gelten für XYZ-Teile?

(2) Wie werden XYZ-Teile geplant?

(3) Welche Vorgehensweise bezüglich der Disposition der Teile sollte man anstreben?

(4) Welche Folgerungen können für die sich aus der Kombination von ABC-Analyse und XYZ-Analyse ergebenden Kombinationen hinsichtlich ihrer Bedeutung sowie des daraus resultierenden Steuerungsaufwandes ableiten?

15 : ABC-Analyse

Erstellen Sie eine ABC-Analyse aufgrund folgender Daten:

Material Nr.	Jahresbedarf Stück/m/kg	Preis je Mengeneinheit
1017	150	430,00
1018	10.000	4,50
1019	1.500	3,00
1020	5.000	1,30
1021	1.000	6,20
1022	850	7,90
1023	15.000	0,12
1024	17.500	0,09
1025	12.000	0,08
1026	40.000	0,02

(1) Nennen Sie die Materialien, bei denen Sie dem Unternehmen vorschlagen würden,

- mehr als drei Angebote bei der Beschaffung einzuholen, und eventuell in eingehende Kaufverhandlungen einzutreten,
- drei Angebote bei der Beschaffung einzuholen,
- mehrere Angebote nur von Zeit zu Zeit, nicht aber bei jeder Bestellung einzuholen.

(2) Welche Materialien würden Sie

- unter Kontrolle lagern und nur gegen Materialentnahmeschein abgeben,
- unkontrolliert lagern, sodass jeder Mitarbeiter in dem betreffenden Fertigungsbereich die Materialien eigenständig und ohne Materialentnahmeschein entnehmen kann?

16 : Wertanalyse

Die Maschinen GmbH produziert und verkauft 5 Maschinentypen. Der steigende Kostendruck auf der einen Seite und die Unmöglichkeit, die Preise der Maschinen zu erhöhen, führt zu der Überlegung, eine Wertanalyse durchzuführen.

Folgende Situation ist gegeben:

Erzeugnistypen	I	II	III	IV	V
Geschätzte Restlebensdauer (Jahre)	2	3	1	6	8
Materialwert pro Stück (€)	1.600	900	2.000	2.400	3.600
Umsatz Ø (Stück/Jahr)	1.000	950	1.100	1.050	2.000
Absatzerwartungen	steigend	konstant	fallend	konstant	steigend
Wertanalyse bereits früher erfolgt?	nein	ja	nein	ja	nein

Welcher Erzeugnistyp oder welche Erzeugnistypen würden Sie der Wertanalyse unterziehen bzw. nicht unterziehen? Begründen Sie Ihre Antwort bei jedem der Erzeugnistypen!

17 : Nummerung I

Bisher wurden die Informationen, welche die Materialien kennzeichnen, in mehreren Karteien geführt. Mit der Übernahme der Materialwirtschaft auf eine EDV-Anlage sollen diese Daten in einem Materialstammsatz zusammengeführt werden. Im Stammsatz werden folgende Felder geführt:

1. Artikel-, Teile-, Materialnummer
2. Bezeichnung
3. Charakterschlüssel
4. Normenschlüssel
5. ABC-Schlüssel
6. Maßeinheitsschlüssel
7. Preiseinheitsschlüssel
8. Bedarfsermittlungsverfahren
9. Dispositionsschlüssel
10. Beschaffungsschlüssel
11. Materialdisponent
12. Statusschlüssel
13. Änderungsdatum
14. Kostenstelle des Lagers
15. Materialkosten
16. Fertigungskosten
17. Rüstkosten
18. Herstellkosten, Verrechnungspreis
19. Erteilte Bestellung und Preis (3 mal)
20. Jahresbedarfsmenge
21. Jahresbedarfswert
22. Lagerbestand (Menge)
23. Lagerbestand (Wert)
24. Lagerwert
25. Werkstattbestand (Menge)
26. Bestellbestand (Menge)
27. Disponierter Bestand (Menge)
28. Durchschnittlicher Lagerbestand
29. Tag der letzten Inventur
30. Summe der Zugänge lfd. Periode (Menge)
31. Summe der Zugänge lfd. Jahr (Menge)
32. Summe der Zugänge lfd. Jahr (Wert)
33. Summe der Entnahmen lfd. Periode (Menge)
34. Summe der Entnahmen lfd. Jahr (Wert)
35. Summe der Entnahmen lfd. Jahr (Wert)
36. Summe der ungeplanten Entnahmen
37. Summe der Ausschussmengen
38. Mindestbestand
39. Bestellbestand, -punkt
40. Lagerprüfperiode (in Tagen)
41. Maximale Bestellmenge
42. Kosten für Nichtlieferung

(1) Ergänzen Sie zu den hier aufgeführten Feldern die Länge und ermitteln Sie die Gesamtlänge des Materialstammsatzes!

(2) Interpretieren Sie die Klassifizierungsschlüssel der Felder 3 bis 10 und 12!

(3) In welchem Zusammenhang stehen die Felder 22, 25, 26, 27, 38 und 39?

18 : Nummerung II

(1) Bei der Erfassung der Eingabedaten im Rahmen der Materialzugänge und Materialabgänge werden häufig Zahlen fehlerhaft eingegeben.

Zur Erkennung von Fehlern soll daher die Materialnummer mit einer Prüfziffer versehen werden.

Wie lautet – beispielhaft – die Prüfziffer für folgende Zahl: 456267

(2) Wann ist die Anwendung der Prüfziffer sinnvoll?

(3) Es werden Teile-Nummern verarbeitet, deren Einerstelle eine Prüfziffer enthält.

Überprüfen Sie, ob die Prüfziffer 2 bei der Nummer 76.528.632 korrekt ermittelt wurde!

19 : Jahrs-/Monats-/Wochenplanung

Eine Maschinenfabrik weist folgende Produktionszahlen auf:

Januar	Februar	März	April	Mai	Juni
230	245	215	280	250	260

Pro Einheit werden Umsatzerlöse von 20.000 € erzielt. Dies ergibt pro Monat:

4.600.000	4.900.000	4.300.000	5.600.000	5.000.000	5.200.000

(1) Welche Mengen ergeben sich auf die Tagesproduktion, wenn der Monat mit 18 Produktionstagen gerechnet wird?

(2) Welche Umsatzsteigerung ergibt sich, wenn die Geschäftsleitung die Tagesproduktion um ca. 20 % heraufsetzt?

(3) Wie hoch ist der Tagesumsatz?

(4) Wie hoch ist der Halbjahresumsatz?

20 : Mengenstückliste

(1) Erstellen Sie aus der folgenden Erzeugnisstruktur die Mengenstückliste:

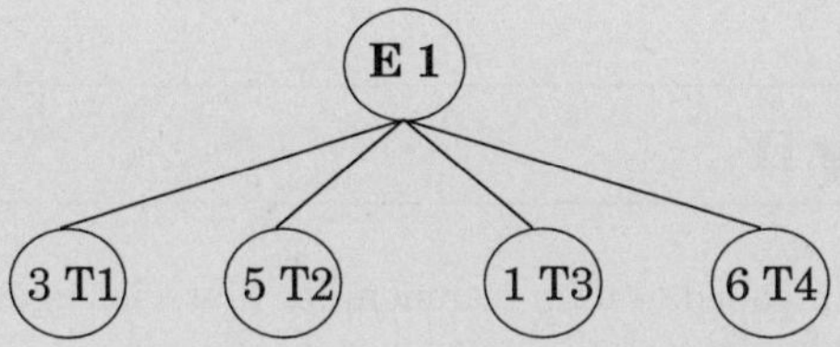

(2) Erstellen Sie aus der folgenden Erzeugnisstruktur die Mengenstückliste:

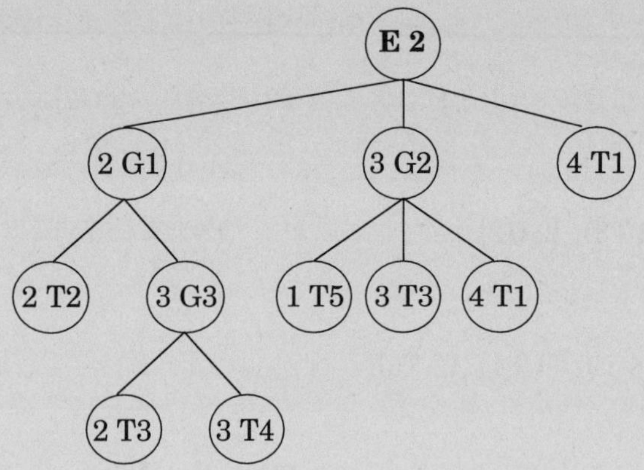

(3) Ermitteln Sie den Materialbedarf, der für 250 Erzeugnisse E 2 anfällt!

21 : Strukturstückliste I

Ein Erzeugnis E605 weist folgende Struktur auf:

Stufe	Erzeugnis	Menge
1	G471	1
.2	T20	3
.2	T25	4
.2	G134	2
..3	T30	1
..3	T40	2
1	G246	2
.2	T20	1
.2	T10	2

(1) Wie kann man dies als Struktur zeichnen?

(2) Ermitteln Sie den Materialbedarf der Teile, wenn 300 Erzeugnisse produziert werden sollen!

22 : Strukturstückliste II

(1) Erstellen Sie aus der folgenden Erzeugnisstruktur die Stukturstückliste:

- durch Ebenennummern
- durch Einrücken
- durch Kreuze

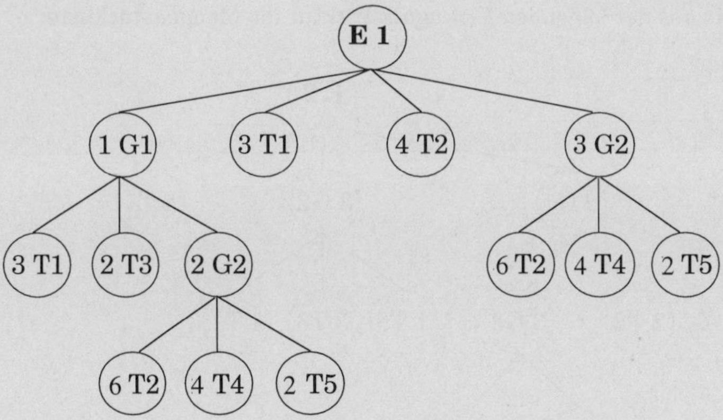

(2) Zeichnen Sie auf der Grundlage der folgenden Sturkturstückliste die Erzeugnisstruktur von E2:

E 2		
Stufe	**Bezeichnung**	**Menge**
1	G 1	1
. 2	T 1	4
. 2	T 2	1
1	T 1	3
1	G 2	1
. 2	G 1	2
. . 3	T 1	4
. . 3	T 2	1
. 2	T 1	1
. 2	T 4	1
1	T 3	3

23 : Baukastenstückliste I

(1) Erstellen Sie aus folgender Erzeugnisstruktur die Baukastenstücklisten:

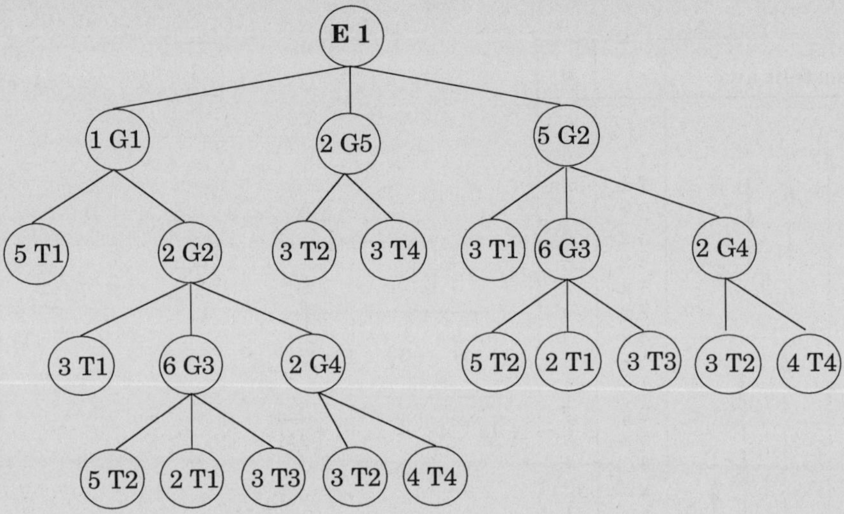

(2) Stellen Sie aus folgenden Baukastenstücklisten die Erzeugnisstruktur von E2 graphisch dar:

E 2	
Bezeichnung	**Menge**
G1	5
G2	2
G3	8

G 2	
Bezeichnung	**Menge**
G3	1
G1	2

G 1	
Bezeichnung	**Menge**
T1	3
T2	2
T3	3

G 3	
Bezeichnung	**Menge**
T3	2
T4	6

24 : Baukastenstückliste II

Erstellen Sie aus der folgenden Strukturstückliste graphisch und tabellarisch eine Baukastenstückliste:

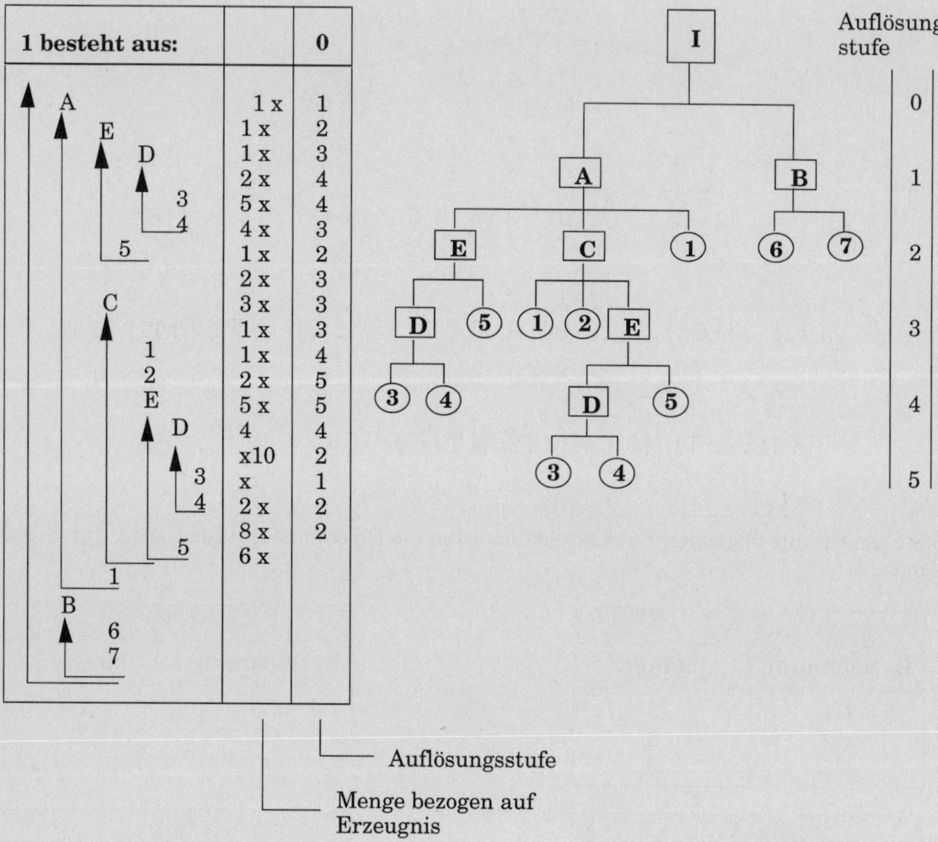

25 : Variantenstückliste

Folgende Erzeugnisstrukturen sind gegeben:

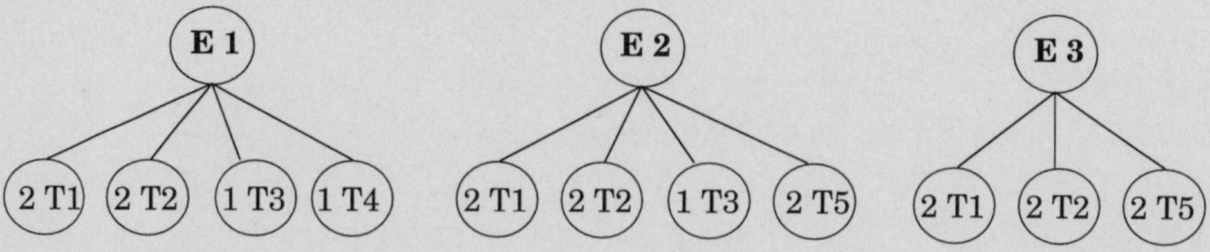

(1) Erstellen Sie eine Gleichteilestückliste!

(2) Erstellen Sie eine Plus-/Minusstückliste!

(3) Erstellen Sie eine Mehrfachstückliste!

26 : Verwendungsnachweis

(1) Erstellen Sie die Verwendungsnachweise aus den folgenden Mengenstücklisten:

E 1	
Bezeichnung	**Menge**
T1	5
T2	7
T4	2
T5	6
T8	1

E 2	
Bezeichnung	**Menge**
T1	3
T3	2
T4	1
T6	6

E 3	
Bezeichnung	**Menge**
T2	4
T3	3
T4	1
T5	1
T7	3

(2) Erstellen Sie für die folgenden Erzeugnisstrukturen die entsprechenden Struktur-Verwendungsnachweise unter Angabe der Stufenbezeichnung:

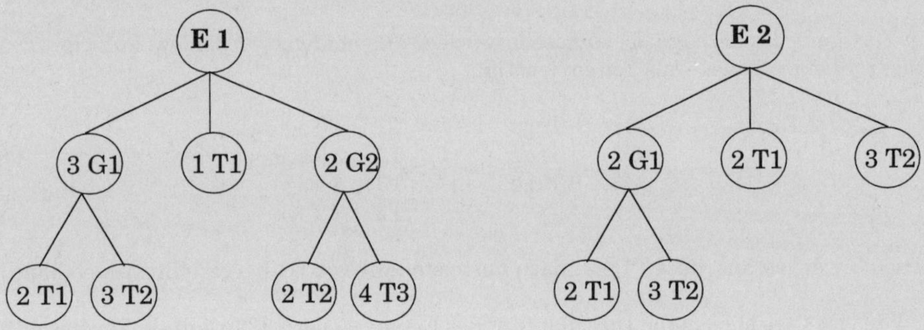

(3) Erstellen Sie für die in (2) dargestellte Erzeugnisstruktur die entsprechenden Baukasten-Verwendungsnachweise!

27 : Vorlaufverschiebung

Gegeben ist folgende Erzeugnisstruktur, die zugleich die Reihenfolge der Fertigungsschritte zeigt:

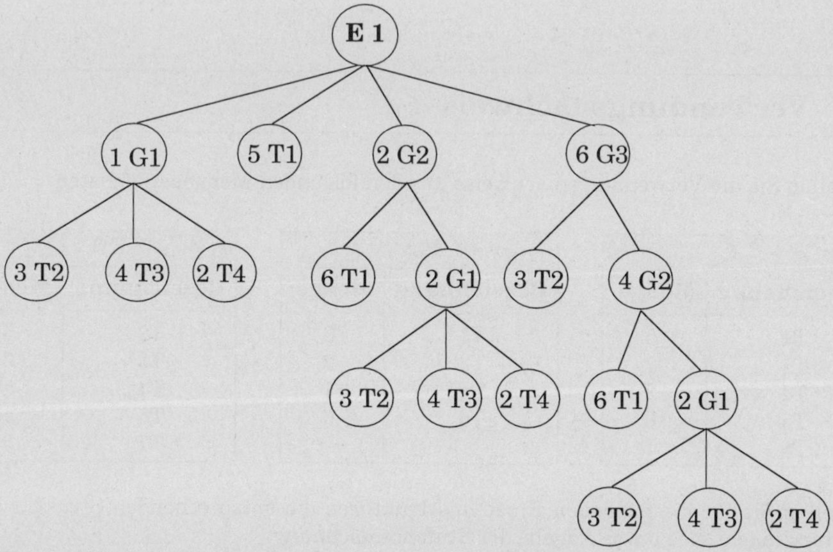

Zur Fertigung der Erzeugnisbestandteile werden – unabhängig von der jeweils zu fertigenden Stückzahl eines Teiles – als Zeiten benötigt:

E1	2 Tage	G1	8 Tage	T1	4 Tage
		G2	5 Tage	T2	3 Tage
		G3	9 Tage	T3	6 Tage
				T4	7 Tage

Gehen Sie davon aus, dass T1 erst nach Fertigstellung von G1 hergestellt werden kann.

(1) Wie viel Tage beträgt die Durchlaufzeit des Erzeugnisses E 1? Ermitteln Sie dies mithilfe eines Balkendiagrammes! Die Fertigung gleicher Teile soll dabei gemeinsam beim erstmaligen Bedarf des jeweiligen Teiles erfolgen. T 1 kann dabei erst nach Fertigung von G 1 erstellt werden.

(2) An welchem Fabrikkalender-Tag muss die Fertigung spätestens begonnen werden, wenn das Erzeugnis am Fabrikkalender-Tag 600 fertiggestellt sein muss?

(3) Die Fertigung des Erzeugnisses kann bereits am Fabrikkalender-Tag 550 begonnen werden. Welchen Nutzen hat diese Information für das Unternehmen?

28 : Dispositionsstufen

Die Erzeugnisse E1 und E2 weisen folgende nach Dispositionsstufen gegliederte Struktur auf: Ermitteln Sie den Gesamtbedarf für G1 und T2!

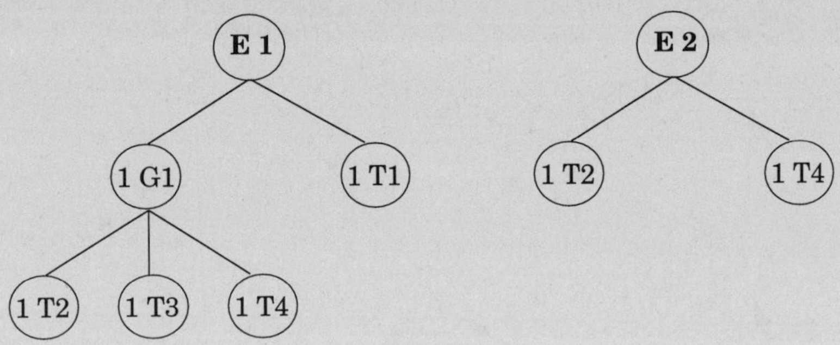

Primärbedarf für E1	Periode 4	10 Einheiten
	Periode 5	20 Einheiten
	Periode 6	30 Einheiten
Primärbedarf für E2	Periode 4	5 Einheiten
	Periode 5	10 Einheiten
	Periode 6	15 Einheiten
Ersatzbedarf für G1:	Periode 4	1 Einheit
	Periode 5	2 Einheiten
	Periode 6	3 Einheiten
Ersatzbedarf für T2 bei E1:	Periode 4	2 Einheiten
	Periode 5	2 Einheiten
	Periode 6	2 Einheiten

Die Vorlaufverschiebung beträgt für G1 zwei Perioden, für T2 eine Periode.

29 : Gozinto-Graph I

(1) Erstellen Sie für folgende Graphen eine Direktbedarfs- und Gesamtbedarfsmatrix!

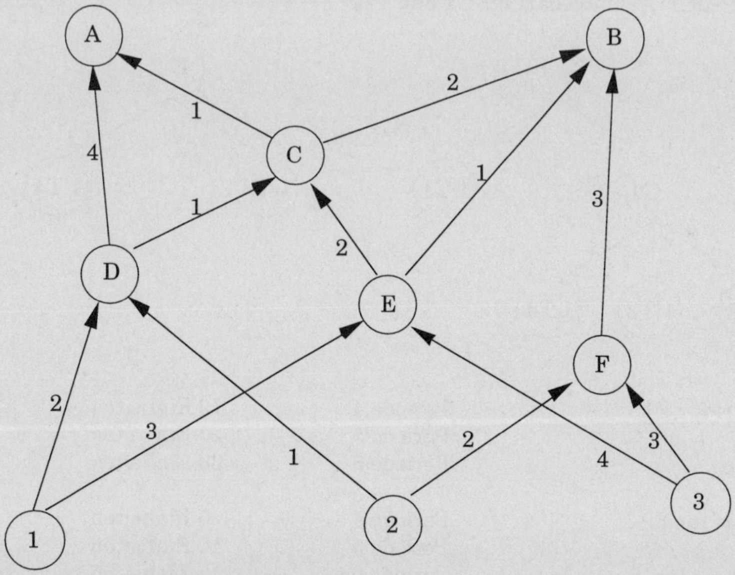

(2) Gegeben sind: **Direktbedarfsmatrix**

nach / von	3	6	5	4	2	1
3	0	0	0	0	0	0
6	1	0	0	0	0	0
5	0	1	0	0	0	3
4	0	0	0	0	0	0
2	4	0	0	3	0	1
1	2	2	0	2	0	0

Gesamtbedarfsmatrix

nach / von	3	6	5	4	2	1
3	1	0	0	0	0	0
6	1	1	0	0	0	0
5	13	1	1	6	0	3
4	0	0	0	1	0	0
2	8	2	0	5	1	1
1	4	2	0	2	0	1

Zeichnen Sie den zugehörigen Gozinto-Graphen!

30 : Gozinto-Graph II

Zeichnen Sie zu folgenden Stücklisten den Gozinto-Graphen und erstellen Sie die Direktbedarfsmatrix und Gesamtbedarfsmatrix!

Fertigungsstufe	Sachkode	Benennung	Menge
0	A	–	x
. 1	B	–	1
. . 2	C	–	1
. . . 3	D	–	2
. . . . 4	1	–	2
. . . . 4	11	–	1
. . . . 4	12	–	4
. . . 3	2	–	1
. . . 3	4	–	1
. . 2	1	–	3
. . 2	2	–	1
. 1	C	–	1
. . 2	D	–	2
. . . 3	1	–	2
. . . 3	11	–	1
. . . 3	12	–	4
. . 2	2	–	1
. . 2	4	–	1
. 1	1	–	2
0	K	–	y
. 1	D		1
. . 2	1		2
. . 2	11		1
. . 2	12		4
. 1	1		2

31 : Mittelwert

Bei der Werkzeugbau GmbH wird der Verbrauch an Schmierstoffen mit Hilfe des gleitenden Mittelwertes geplant, wobei stets die letzten vier Perioden Grundlage der Berechnung sind. Der Verbrauch erreichte in der Vergangenheit folgende Werte:

Januar	2001	4.000 kg
Februar	2001	4.200 kg
März	2001	4.500 kg
April	2001	4.500 kg
Mai	2001	4.600 kg
Juni	2001	4.900 kg
Juli	2001	4.900 kg

(1) Ermitteln Sie den voraussichtlichen Bedarf für August 2001 mithilfe des gleitenden Mittelwertes!

Nehmen Sie an, im August 2001 wurden tatsächlich 5.100 kg Schmierstoffe verbraucht. Welcher Planwert ergibt sich für September 2001?

Halten Sie die Verwendung der Methode des gleitenden Mittelwertes zur Berechnung des künftigen Materialbedarfes in diesem Falle für geeignet?

(2) Ermitteln Sie für August 2001 den Materialbedarf, wobei Sie sich des gewogenen gleitenden Mittelwertes bedienen!

Die Gewichtung beträgt:	viertletzter Monat	10 %
	drittletzter Monat	20 %
	vorletzter Monat	30 %
	letzter Monat	40 %

Begründen Sie, weshalb dieses Ergebnis beträchtlich vom Ergebnis aus (1) abweicht, das sich auf die gleichen Perioden bezieht.

32 : Regressionsanalyse

Gegeben ist folgender Bedarfsverlauf:

1. Quartal 2001	280 Einheiten
2. Quartal 2001	290 Einheiten
3. Quartal 2001	330 Einheiten
4. Quartal 2001	350 Einheiten

(1) Ermitteln Sie, welcher Bedarf für das erste Quartal 2002 zu prognostizieren ist!

(2) Stellen Sie den Bedarfsverlauf zeichnerisch dar!

33 : Exponentielle Glättung

(1) Gegeben sind folgende Verbrauchswerte:

Periode 1	300 Einheiten
Periode 2	240 Einheiten
Periode 3	270 Einheiten
Periode 4	350 Einheiten
Periode 5	320 Einheiten

Ermitteln Sie mittels der exponentiellen Glättung erster Ordnung die Vorhersagewerte für die Perioden 2 bis 5 für

$\alpha = 0{,}1$ $\alpha = 0{,}4$ $\alpha = 0{,}8$

und stellen Sie die Ergebnisse graphisch dar! Als Vorhersagewert für die Periode 1 gilt der Wert 280.

(2) Für eine Periode x war ein Verbrauch von 400 Stück vorausgesagt. Tatsächlich werden 450 Stück verbraucht.

Ermitteln Sie mittels der exponentiellen Glättung zweiter Ordnung einen neuen Prognosewert und bedienen Sie sich dabei eines $\alpha = 0{,}5$!

34 : Fehlervorhersage

Gegeben sind folgende Nachfragewerte:

Periode i	Tatsächliche Nachfrage T_i
1	100
2	120
3	130
4	115
5	105
6	110
7	120
8	100
9	130
10	120
11	140
12	100

Ermitteln Sie:

(1) Den absoluten Fehler und die mittlere absolute Abweichung für die einzelnen Perioden bei Einsatz des gleitenden Mittelwertes, wobei für die Prognose die 5 letzten Perioden dienen;

(2) Den absoluten Fehler und die mittlere absolute Abweichung für die einzelnen Perioden bei Einsatz des gewogenen gleitenden Mittelwertes, wobei folgende Gewichtung erfolgt:

Periode	i - 5	10 %
Periode	i - 4	15 %
Periode	i - 3	20 %
Periode	i - 2	25 %
Periode	i - 1	30 %

(3) Für die Perioden 7 bis 12 bei Einsatz der exponentiellen Glättung erster Ordnung, wobei ein $\alpha = 0{,}3$ angesetzt wird.

35: Lagerbestand

Ein Unternehmen der Elektronikindustrie produziert Simulationsgeräte. Zur Beobachtung der laufenden Fertigung werden umfangreiche Testreihen durchgeführt. Da die Fertigung der Simulationsgeräte stark vom Auftragseingang abhängt, ist die Kenntnis des jeweiligen Lagerbestandes besonders wichtig.

Folgendes Zahlenmaterial ist gegeben:

Januar	300	Juli	360
Februar	260	August	340
März	320	September	440
April	340	Oktober	400
Mai	400	November	420
Juni	200	Dezember	380

(1) Stellen Sie den durchschnittlichen Lagerbestand fest!

(2) Ermitteln Sie den verfügbaren Bestand, wenn zu berücksichtigen sind:

- offene Bestellungen von Januar bis Dezember: 50, 50, 50, 40, 45, 80, 0, 40, 50, 60, 55, 50
- Vormerkungen von Januar bis Dezember: 25, 30, 100, 120, 90, 150, 130, 90, 70, 0, 0, 50

(3) Wie hoch ist der verfügbare Bestand im Durchschnitt?

36 : Sicherheitsbestand

Der Sicherheitsbestand für die Simulationsgeräte aus Übung 35 ist zu ermitteln. Der Verbrauch entspricht den Vormerkungen, da überwiegend nur auf Bestellung geliefert wird. Die Beschaffungsdauer (hier = interne Fertigungsdauer) beträgt 2 Monate.

(1) Wie hoch ist der Sicherheitsbestand?

(2) Welche Werte ergeben sich bei einer gleitenden Ermittlung?

(3) Welchen Vorteil hat das Verfahren der gleitenden Ermittlung?

37 : Meldebestand

(1) Wie groß ist der Meldebestand, wenn die Überprüfungszeit 3 Tage, die Wiederbeschaffungszeit 7 Tage und der Bedarf pro Tag (= Lagerentnahme) 15.000 Stück beträgt?

Der Sicherheitsbestand ist so anzusetzen, dass eine verspätete Lieferung von 2,5 Tagen aufgefangen werden kann.

(2) Wie verändert sich der Meldebestand, wenn der Sicherheitsbestand den Bedarf eines Tages abdecken soll, die Wiederbeschaffungs- und Überprüfungszeit zwischen 7 und 12 Tagen liegt?

38 : Lieferbereitschaftsgrad

Ein Unternehmen der Konsumgüterindustrie möchte einen Lieferbereitschaftsgrad von 95 % für seine A-Artikel einhalten. Es kann mit einem gesicherten Lagereingang gerechnet werden, wobei eine Wiederbeschaffung innerhalb von 1 Monat möglich ist.

Die Geschäftsleitung überlegt nun, ob eine 85 %ige Lieferbereitschaft möglich ist. Dabei müsste die Wiederbeschaffung um 1 Woche verkürzt werden.

Um zu gesicherten Zahlen zu gelangen, wurden die Bedarfsmengen (in Tausend) der letzten drei Jahre ermittelt:

	1999	2000	2001	Summe
Januar	180	240	200	620
Februar	220	180	220	620
März	200	210	160	570
April	240	200	200	640
Mai	150	180	200	530
Juni	180	220	240	640
Juli	230	200	150	580
August	200	200	180	580
September	210	230	200	640
Oktober	180	160	210	550
November	220	240	220	680
Dezember	200	200	180	580

(1) Wie hoch ist die durchschnittliche Bedarfsmenge für alle drei Jahre?

(2) Zählen Sie die absolute Häufigkeit, mit der die oben genannten Bedarfsmengen bestimmten Klassen zuzuordnen sind! Ermitteln Sie die relative Häufigkeit!

Klasse von – bis	Klassenmitte
0 – 149	140
150 – 170	160
171 – 190	180
191 – 210	200
211 – 230	220
231 – 250	240
über 250	260

(3) Wie lässt sich das gesuchte Ergebnis interpretieren?

(4) Tragen Sie dies in einem Stabdiagramm ein!

(5) Wie hoch ist der Service-Grad bei 95 %?

(6) Wieviel Stücke sind über dem durchschnittlichen Bedarf im Lager zu halten?

39 : Bestandsstrategien

Die Lagerhaltung ist der Bereich, der heute sehr kritisch betrachtet wird. Einerseits gilt es, die Lieferbereitschaft sicherzustellen, andererseits ist der Lagerbestand aus Kostengründen niedrig zu halten. Die Bestandsstrategien weisen verschiedene Strategien auf, die dem Rechnung tragen.

(1) Welche Strategien erweisen sich nicht mehr als vorteilhaft?

(2) Welche Strategien empfehlen Sie, für A- und C-Materialien zu nutzen?

(3) Worauf ist beim Einsatz von Bestandsstrategien besonders zu achten?

40 : Sofortige Lagerergänzung

Ein Unternehmen benötigt pro Tag 80 Halbfabrikate zum Einbau in sein Enderzeugnis. Es wurden in der Vergangenheit monatlich 2.400 Einheiten aus einem Zweigwerk bezogen.

Da bisher in Fließfertigung gearbeitet wurde, war die Entnahme der zugelieferten Halbfabrikate regelmäßig und kontinuierlich. In letzter Zeit kam es zu Mehrentnahmen, weil das Halbfabrikat durch Verbesserung in mehreren Teilen und Erzeugnissen eingebaut werden konnte. Es besteht eine Lieferzeit von 2 Wochen für eventuellen Mehrbedarf, während der Grundbedarf durch langfristige Lieferverträge abgesichert ist.

Das Unternehmen möchte mit folgenden Zahlen arbeiten:

1 Woche Sicherheit für Lieferverzögerungen

15 % Sicherheitszuschlag für eventuelle Mehrentnahmen aus dem Lager während der Beschaffungszeit.

(1) Wie hoch sind der Meldebestand B_M und der Sicherheitsbestand B_S ?

(2) Welche Reichweite für den Grundbedarf und den Zusatzbedarf ergibt sich, wenn die Woche zu 5 Arbeitstagen und der Monat zu 20 Arbeitstagen gerechnet wird, bei Verwendung von Fabriktagen (Starttermin 450)?

41 : Langfristige Lagerergänzung

Ein Unternehmen bezieht Ventile, die in Endprodukte eingebaut werden. Es werden pro Endprodukt 10 Ventile benötigt. Sie sind Präzisionsgeräte und äußerst störanfällig. Es hat sich gezeigt, dass mit einer Quote von 20 % für Ausschuss (bezogen auf die Jahresproduktion) gerechnet werden muss. Die Fertigungsmenge pro Monat beträgt 1.000 Stück.

(1) Wie groß ist die Jahresproduktion?

(2) Wie groß ist die monatliche Ausschussmenge?

(3) Durch die lange Beschaffungszeit von 90 Tagen ist der Sicherheitsbestand so anzusetzen, dass eine Lieferverzögerung von 20 Tagen nicht zur Arbeitsunterbrechung führt.

Bei einer Lagerüberprüfung wird festgestellt, dass der vorhandene Bestand bei 25.000 Stück liegt. Es liegt eine offene Bestellung von 50.000 Stück vor. Aus einer früheren Bestellung fehlt noch eine Restlieferung von 10.000 Stück.

Muss eine Bestellung erfolgen?

42 : Vereinfachte Verfahren

Ein Unternehmen der Maschinenbauindustrie stellt Produkte in Serie bzw. in Einzelfertigung her. Die Arbeitspapiere sind über Software disponiert und stehen auch Mitarbeitern rechtzeitig zur Verfügung. Probleme gibt es dadurch, dass C-Teile fehlen, sodass Mitarbeiter ihren Arbeitsplatz verlassen müssen, um diese Teile aus dem Lager zu holen. Dies hat zur Folge, dass die Produktionsbereitschaft sinkt und Liefertermine kritisch werden.

Überlegungen gehen dahin, wie die C-Teile in der Fertigung verfügbar gehalten werden, um den Produktionsfluss zu steigern. Vielleicht sind einfache Lösungen realisierbar, die eine aufwendige Organisation nicht notwendig machen.

In einem gemeinsamen Brainstorming kamen folgende Vorschläge:

- Zugriffsfreies Lager
- Lagerzonen in der Produktion einrichten
- Die Auftragsplanung sorgt für alle Materialien
- Nach dem »Marketenderprinzip« fahren Mitarbeiter mit Wagen, die die üblichen C-Teile enthalten, ständig durch die Produktion
- Eine Rohrpostanlage versorgt die Produktion

(1) Welche der Vorschläge halten Sie für zweckmäßig?

(2) Welcher Vorschlag weist die geringsten Kosten auf?

43 : Bestellrhythmus-Verfahren

Zur Herstellung von Kunstfasern werden die Ausgangsstoffe vom Hauptwerk geliefert und im 3-Schicht-Betrieb zu Fasern verarbeitet. Eine Überprüfung des Lagertanks findet in Dekaden statt.

Die Ergänzung der chemischen Grundstoffe erfolgt durch Tankschiffe und dauert – einschließlich der Überprüfungszeit – 20 Tage. Täglich werden 1.000 t der Ausgangsstoffe verarbeitet. Der Sicherheitsbestand beträgt 100 t.

(1) Ermitteln Sie den Bestellpunkt!

(2) Das Unternehmen beabsichtigt, eine zweite Anlage zu installieren und auf 2-Schicht-Betrieb überzugehen. Dies würde eine tägliche Verarbeitung von 1.500 t bedeuten. Um die Lagerbestände zu reduzieren, erwägt man eine Reduktion der Auffüllung der Tanks alle 10 Arbeitstage (= 2 Wochen). Der Sicherheitsbestand beträgt 120 t.

Welcher Bestellpunkt ergibt sich, wenn eine Überprüfung jede Woche (= Arbeitstage) vorgenommen wird?

44 : Bedarfsbedingte Bestandsergänzung

Folgende Zahlen liegen vor:

Bedarf/Periode	150	90	240	30	90	90
Verfügbarer Lagerbestand Lagerzugänge	250	100	10 440	210	180	90
Rest	100	10	210	180	90	0

Die Periode umfasst jeweils eine Woche. Die Solleindeckungszeit ergibt sich aus:

$$T_W = 10 \text{ Tage}$$
$$T_U = 5 \text{ Tage}$$
$$T_S = 15 \text{ Tage}$$
$$T_P = 10 \text{ Tage}$$

Der Ausgangspunkt der Planung ist die 30. Woche.

Stellen Sie diesen Sachverhalt graphisch dar und ermitteln Sie daraus folgende Daten:

(1) Tag der Bestellung

(2) Isteindeckungszeit

(3) Solleindeckungszeit

(4) Soll-Liefertermin

45 : Befundrechnung

In der Firma Petersen & Sohn wird der Stoffverbrauch nicht belegmäßig erfasst. Der Verbrauch von Schrauben M 8 soll für das erste Quartal 2001 festgestellt werden.

Der Bestand am 31.12.2000 betrug 70 Packungen à 250 Schrauben. Bestellt wurden am 10.1.2000 und am 20.2.2000 je 100 Packungen à 400 Schrauben, die 3 Tage danach geliefert wurden. Die Inventur am 31.3.2000 ergibt, dass noch 20 Packungen à 250 Schrauben und 65 Packungen à 400 Schrauben vorhanden sind.

Wie viel Schrauben wurden im ersten Quartal 2001 verbraucht?

46 : Skontration

(1) In der Chemie AG erfolgt der Verbrauch von Stoffen durch belegmäßige Erfassung.

Am 01.03.2001 beträgt der Bestand an leichtem Heizöl 30.000 Liter. Am 10., 20. und 30.3. werden je 7.500 Liter entnommen. Am 25.03. kommt eine Lieferung von 6.000 Litern. Zum Quartalsende (31.03.) soll der Bestand an leichtem Heizöl festgestellt werden. Wie groß ist der Bestand zum 31.03.2001?

(2) Die Skontration ist dann zulässig, wenn eine belegmäßige Erfassung des Materialverbrauchs erfolgt. Nennen Sie die nach Ihrer Meinung notwendigen Angaben, die auf Materialentnahmescheinen als Verbrauchsbelegen enthalten sein sollten.

47 : Rückrechnung

Bei der Schreibgut GmbH werden Kugelschreiber aus vorgefertigt bezogenen Einzelteilen zusammengebaut. Eine – vereinfachte – Stückliste hat folgendes Aussehen:

Kugelschreiber Nr. 1234			
Anzahl	**Bezeichnung**	**Abmessungen**	**Bemerkungen**
1	Oberteil	...	Kunststoff
1	Unterteil	...	Kunststoff
1	Zwischenring	...	poliert
1	Mine	...	DIN 16554
1	Feder	...	ZX 107

Erfahrungsgemäß muss damit gerechnet werden, dass auf 1.000 Kugelschreiber bei der Montage unbrauchbar werden:

4 Oberteile
3 Unterteile
10 Zwischenringe
6 Federn

Bei der Ausgangskontrolle der Kugelschreiber müssen erfahrungsgemäß 18 von 5.000 Kugelschreibern als Ausschuss entnommen und weggeworfen werden.

(1) Welcher Materialverbrauch liegt für den Monat März vor, wenn 15.000 Kugelschreiber des Typs 1234 ausgeliefert wurden?

(2) Wie beurteilen Sie die Eignung der Rückrechnung zur Ermittlung des Materialverbrauches?

48 : Stichprobeninventur

Die Stichprobeninventur ist eine Methode, bei der nicht der gesamte Lagerbestand aufgenommen wird. Bei ihr werden die Materialien, die durch eine Zulieferung als Just-in-time-Lieferung erfolgen, nicht mehr insgesamt einer Zählkontrolle unterworfen, eingelagert und dem Lagerbestand zugebucht, sondern es genügt eine Stichprobe. Ebenso wird in der Produktion auf eine Stichprobe dort zugegriffen, wo die Produktionszahlen durch den Prozess weitgehend korrekt sind.

(1) Welche Merkmale zeichnen eine EDV-gestützte Inventur aus?

(2) Welche Belege unterstützen die Durchführung der Inventur?

(3) Welche Aufgaben müssen im Rahmen der Durchführung der Stichprobeninventur im Einzelnen gelöst werden?

49 : Bestandsstatistik I

Ein Unternehmen verbucht seine Lagerzugänge und -abgänge auf Lagerkarten. Es ist beabsichtigt, die Führung der Läger zu automatisieren und von einer EDV-Anlage durchführen zu lassen.

(1) Welche Mindestangaben sollte eine entsprechende Lagerkarte enthalten?

(2) Wie kann der Materialdisponent vorgehen, um Lagerhüter, Unterschreitungen des Mindestbestandes und erteilte Bestellungen festzustellen?

(3) Wie sieht eine durch die EDV-Anlage erstellte Liste aus, welche die unter (2) genannten Punkte berücksichtigt?

(4) Welche Tätigkeiten können auf die EDV-Anlage entfallen bzw. vom Materialdisponenten wahrgenommen werden?

50 : Bestandsstatistik II

Ein Unternehmen hat das Modul Materialmanagement einer Softwarefirma eingesetzt. Dies soll ermöglichen, die Bestandsführung über den Bildschirm zu steuern. Da sämtliche Daten dem System zur Verfügung stehen, sind vielfältige Auswertungen möglich.

(1) Welche Anfragen können an die Software gestellt werden?

(2) Inwieweit können auch Umbuchungen, Bestellungen und Reservierungen mit Hilfe der Software angezeigt werden?

(3) Ermöglicht die Software auch Materialien für die Fertigung zu disponieren?

51 : Wertansätze

Ein Unternehmen führte eine Wertanalyse durch. Dabei konnten bisher verwendete mechanische Schaltungen durch elektronisch gesteuerte Schaltelemente ersetzt werden, wodurch eine Qualitätssteigerung bei geringeren Kosten ermöglicht wurde. Für die Schaltelemente (Nr. 710 052) fallen Stückkosten von 8,90 € an.

Neben dem Teil 710 052 gehen in das Zwischenerzeugnis weitere Teile ein:

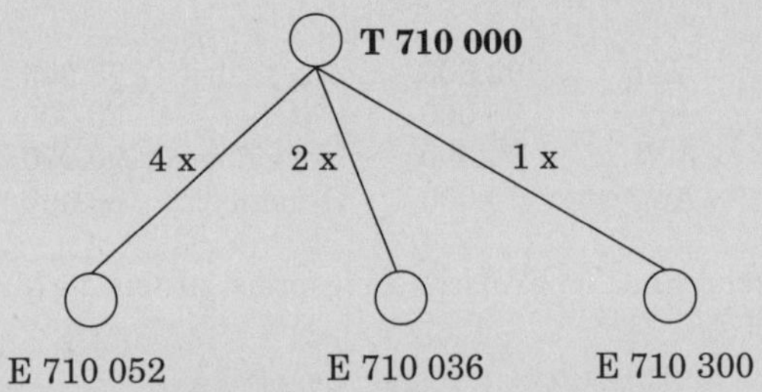

(1) Das Teil 710 036 weist folgende Werte auf:

	Menge (Stück)	Preis (€)
Bestand alt Zugang	4.000 2.000	32,00 30,00
Bestand neu Entnahme	6.000 3.000	
Bestand neu Zugang	3.000 500	 30,00
Bestand neu Abgang	3.500 2.000	
Bestand neu Zugang	1.500 1.000	 28,00
Bestand neu	2.500	

Wie hoch ist der aktuelle Durchschnittspreis?

(2) Wie hoch sind die Gesamtkosten für das Teil T 710 000 bei einer Auftragsgröße von 500, wenn für das Einzelteil E 710 300 ein Wert von 20 €/Stück anzusetzen ist?

52 : Verbrauchsfolgen

Ein Unternehmen möchte den Materialverbrauch der Fertigung so bewerten, dass Preissteigerungsgewinne möglichst vermieden werden.

Anstelle einer Bewertung zu durchschnittlichen Anschaffungskosten besteht die Möglichkeit, die Mengen mit den zuletzt oder zuerst oder den höchsten Anschaffungskosten zu verbrauchen.

Folgende Zahlen der Materialbuchhaltung stehen zur Verfügung:

Anfangsbestand	240.000	à	10,- €
Zugang 1. Vierteljahr	260.000	à	12,- €
Zugang 2. Vierteljahr	200.000	à	12,- €
Zugang 3. Vierteljahr	250.000	à	14,- €
Zugang 4. Vierteljahr	200.000	à	16,- €

(1) Welcher Endbestand ergibt sich, wenn folgende Materialentnahmen laut Lagerstatistik festzustellen sind:

Januar	80.000	Mai	92.000	September	78.000
Februar	90.000	Juni	96.000	Oktober	50.000
März	50.000	Juli	94.000	November	90.000
April	78.000	August	70.000	Dezember	80.000

(2) Wie hoch wäre der durchschnittliche Anschaffungspreis, zu dem die Materialentnahmen zu bewerten wären?

(3) Welche Vorgehensweise ergibt sich nach dem Lifo- bzw. Fifo-Verfahren?

(4) Wie ist der Endbestand nach den drei Verfahren anzusehen?

53 : Bestandsüberwachung

Im Rahmen der Verfügbarkeitskontrolle wird durch die EDV eine Liste erstellt, welche die Verfügbarkeit einer Materialart wiedergibt:

Termin	Vorgangsart	Bestell-/ Auftrags-Nr.	Menge	Fehlmenge	Warnung
350	Bestand	–	1.000		
351	Reservierung	4815	200		
352	Bestellung	7321	1.200	x	
353	Reservierung	4317	400		
354	Reservierung	4880	400		
354	Reservierung	4632	200	200	
355	Reservierung	4318	200		
356	Zugang	7321	1.200	x	
356	Reservierung	5489	400		
359	Reservierung	5210	200		
358	Bestellung	7325	1.200	x	
359	Reservierung	5660	600		600
360	Reservierung	4830	600		
361	Reservierung	4835	200		
362	Zugang	7352	1.200	x	

(1) Erläutern Sie die obige Darstellung!

(2) Ist für die unmittelbar nächste Fertigungsperiode ein ausreichender Bestand vorhanden?

(3) Können die Fertigungsaufträge der zweiten Periode durchgeführt werden?

54 : Kennzahlenüberwachung I

Die Unternehmensleitung beauftragt den Assistenten des Vorstandes, Angaben zum Lagerumschlag in den Betriebsstätten A und B zu machen. Eine früher durchgeführte Untersuchung zeigte einen Wert von 7 für die Umschlagshäufigkeit. Die Lagerdauer betrug 60 Tage.

Die Buchhaltung stellt folgende Zahlen zur Verfügung:

	Betrieb A	Betrieb B
Bestand Jahresanfang:	85.000 €	36.000 €
- Stille Reserven	3.000 €	6.000 €
Bestand 1. Quartal	90.000 €	20.000 €
Bestand 2. Quartal	95.000 €	30.000 €
Bestand 3. Quartal	84.000 €	45.000 €
Bestand Jahresende	92.000 €	31.000 €
- Stille Reserven	6.000 €	–
- Berichtigungen	– 5.000 €	+ 2.000 €
Einkäufe zu Einstandspreisen	729.000 €	160.000 €

(1) Berechnen Sie den durchschnittlichen Lagerbestand!

(2) Ermitteln Sie die Umschlagshäufigkeit!

(3) Wie hoch ist die Lagerdauer?

(4) Welche Erkenntnis vermitteln die gewonnenen Zahlen?

55 : Kennzahlenüberwachung II

Ein Unternehmen plant, künftig Kennzahlen zur Überwachung der Wirtschaftlichkeit einzusetzen. Sie sollen außerdem als Vorgabe für die kommenden Planperioden entwickelt werden. Folgende Zahlen wurden bisher ermittelt:

Der durchschnittliche Bedarf der Produktion in den letzten 5 Jahren betrug 250.000 Stück. Aufgrund von Marktanalysen ist mit einem Zuwachs von 8 % zu rechnen.

Durch Erzeugnisse, die neu ins Programm aufgenommen wurden, ergibt sich ein Primärbedarf von 6.000 Stück. Da in der kommenden Periode ein Erzeugnis nicht mehr hergestellt wird, werden dadurch 4.000 Stück nicht mehr disponiert.

Um Betriebsunterbrechungen wegen Rohstoffmangels vorzubeugen, wird ein Sicherbeitsbestand von 36.000 Stück gehalten.

Bei Nachbestellungen muss mit ca. 80 Tagen Lieferzeit gerechnet werden, jedoch werden 10 Tage als Sicherheit noch zugeschlagen.

(1) Wie hoch ist der Bedarf in der nächsten Periode anzusetzen?

(2) Wie groß ist der Verbrauch während der Lieferdauer?

(3) Bei welchem Bestellbestand muss eine Bestellung aufgegeben werden?

(4) Wie groß ist der Durchschnittsbestand, wenn die ermittelte Bezugsmenge bei 160.000 Stück liegt?

(5) Wie groß ist die Lagerdauer?

56 : Modularsourcing

Zeitungsmeldung vom 17. November 99: »Smart-Produktion komplett gestoppt – Eine Woche nach dem Beginn eines Zulieferstreiks bei Smart im lothringischen Werk Hambach wegen fehlender Teile komplett zum Erliegen gekommen. MCC Smart hofft auf eine schnelle und verantwortungsvolle Lösung des Konflikts durch den Systempartner, der auf dem Fabrikgelände die Smart-Karosse baut.«

(1) Welche Probleme sind mit der Reduzierung der Lieferanten auf Systempartner verbunden?

(2) Welche Mängel weist die oben dargestellte Organisation auf?

(3) Wie könnte dem sich aus dieser Organisation ergebenden Problem begegnet werden?

57 : Beschaffungsprinzipien

Ein Handwerksbetrieb des Sanitärbereichs hat die Installation von Bädern, Toiletten, Heizungen in seinem Programm. Dieser Betrieb wird noch traditionell vom Meister geführt. Immerhin ist der Betrieb so modern, dass er eine Ausstellungshalle eingerichtet hat, in welcher der Kunde neue Produkte kennenlernen kann. Um dem Kundenwunsch nachzukommen, werden zu gängigen Modellen Vorräte gebildet.

Probleme gibt es, wenn der Kunde Badeinrichtungen verlangt, die nicht Standard sind. Dies können Badewannengrößen, Armaturen oder die Ausgestaltung der Wände mit Marmorplatten sein. Bei Neubauten wird die Ware vom Großhändler geliefert, wobei sich oft Lieferschwierigkeiten ergeben. Durch Modewechsel und Falschlieferungen liegen viele Teile im Lager, deren Verwendung nicht gesichert ist.

(1) Welche Probleme ergeben sich im Hinblick auf die Ausstellungshalle?

(2) Welche Beschaffungsprinzipien sollte der Betrieb künftig anstreben?

(3) Wie lassen sich die hohen Lagerhaltungskosten vermindern?

58 : Just in time

Die Bäckerei und Konditorei »Wiener Hofbäckerei« hat neben den branchenüblichen Waren auch Schokoladenartikel zu den Festtagen und einen Partyservice in ihr Programm aufgenommen. Bisher wurden die Zutaten und Produkte kurzfristig von Zulieferanten bezogen und nach einer Bearbeitung an den Kunden ausgeliefert.

(1) Skizzieren Sie, wie der Produktions- und Güterfluss bei der gegebenen Beschreibung aussieht.

(2) Wie könnte der Bedarf an Festtagsartikeln und der Partyservice besser organisiert werden?

59 : Beschaffungskosten

(1) Die Maschinenbau GmbH benötigt Zulieferteile für ihre Fertigung von Fräsmaschinen. Sie holt drei Angebote ein:

- Die Kleinschmidt OHG bietet die Zulieferteile zum Stückpreis von 25 € an. Bei Bezug von weniger als 400 Teilen erhebt sie einen Mindermengenzuschlag von 5 %. Bei Bezug von mindestens 1.000 Teilen gewährt sei einen Mengenrabatt von 10 %. Die Teile würden frei Haus geliefert. Bei Zahlung innerhalb von 14 Tagen nach Rechnungsstellung ist ein Skontoabzug von 2 % möglich.

- Die Petersen GmbH bietet die Zulieferteile zu einem Stückpreis von 23 € an. Zahlbar ist netto Kasse binnen 30 Tagen. Für Verpackung werden pro 100 Stück 6 € berechnet. Die Lieferung erfolgt frei Haus.

- Die Adolf Schmidt KG bietet die Teile zum Preis von 30 € an. Bei Abnahme von mindestens 1.000 Stück wird ein Rabatt von 25 % gewährt. Bei Zahlung innerhalb von 10 Tagen nach Rechnungsstellung ist ein Skontoabzug von 4 % zulässig. Bei Bestellung über 500 Stück werden Verpackungskosten nicht berechnet, ansonsten erfolgt eine Kostenbeteiligung von 3 € pro 100 Stück. Die Lieferung erfolgt frei Haus.

Ermitteln Sie - unter Ausnutzung möglicher Skonti - die Einstandspreise pro Stück, wenn die Metallbau GmbH folgende alternative Beschaffungsmengen betrachtet:

300 Stück	800 Stück	1.300 Stück

Zeigen Sie, wo die alternativen Mengen am günstigsten bezogen werden können!

(2) Welchen Grund gibt es für die Maschinenbau GmbH, die sich entschlossen hat, 1.300 Zulieferteile von der Firma Adolf Schmidt KG zu beziehen, entsprechend deren Angebot Skonti in Höhe von 4 % durch die Zahlung am 10. Tag nach Rechnungsstellung abzusetzen und dabei im Rahmen eines Kontokorrentkredits 12 % Zinsen an die Bank zu zahlen. Die Maschinenbau GmbH hätte auch am 30. Tag zahlen können, wobei die 4 % Skonto zwar nicht mehr hätten abgezogen werden können, aber auch nicht die 12 % Fremdkapitalzinsen angefallen wären.

Geben Sie eine verbale Antwort und versuchen Sie, die Verhaltensweise rechnerisch zu beurteilen!

60 : Bestellkosten

(1) Die Bestellkosten bei der Maschinenbau GmbH betragen:

Personalkosten	350.000 €
Sachkosten	200.000 €

Welche Bestellkosten entstehen bei jährlich 11.000 Bestellungen, wenn die Maschinenbau GmbH die 1.300 Stück der Zulieferteile mit einer Bestellung ordert. Wie sieht es aus, wenn statt dessen drei Bestellungen mit kleineren Mengen erfolgen?

(2) Ein Unternehmen bezieht Holzplatten und Plastikteile zur Beschichtung der Platten von Vorlieferanten, verarbeitet diese zu Vorprodukten, die dann in Möbeln Verwendung finden.

Die Bestellsituation soll untersucht werden, da Zahlen über die Bestellkosten nicht verfügbar sind. Das Unternehmen verfügt über vier Einkäufer und einen Einkaufsleiter, die diese Aufgabe erledigen.

(a) Wie beurteilen Sie die Situation im Hinblick auf Informationen, die zweckmäßigerweise vorliegen sollen?

(b) Heute ist aufgrund der Zahlen der Buchführung bekannt geworden, dass Personalkosten in Höhe von 600.000 € und Sachkosten sowie Kosten der EDV in Höhe von 600.000 € entstanden sind. Jährlich werden 30.000 Bestellungen bearbeitet. Wie sollte vorgegangen werden?

(c) Welche Vorgehensweise empfehlen Sie für ein wirtschaftlicheres Verhalten des Unternehmens?

61 : Lagerhaltungskosten

Der Lagerbestand eines Unternehmens betrug 2001:

Material-Nr.	Anzahl	Einstandspreis	Gesamtwert
101	5.000	200 €	1.000.000 €
102	10.000	250 €	2.500.000 €
103	3.000	100 €	300.000 €
104	8.000	150 €	1.200.000 €
105	1.000	2.000 €	2.000.000 €
106	20.000	50 €	1.000.000 €
107	15.000	100 €	1.500.000 €
108	10.000	300 €	3.000.000 €
109	4.000	500 €	2.000.000 €
110	7.000	350 €	2.450.000 €

Gegeben ist folgende Kostenaufstellung:

Lagergutkosten	75.000 €
Lagerraumkosten	115.000 €
Lagerpersonalkosten	555.000 €
Lagergemeinkosten	205.000 €

Es wird mit einem kalkulatorischen Zinssatz von 8 % gerechnet.

(1) Ermitteln Sie den Lagerkostensatz des Unternehmens!

(2) Wie hoch sind

- der Lagerhaltungskostensatz
- die Lagerkosten pro Einheit des Materials 102
- die Lagerhaltungskosten pro Einheit des Materials 102?

(3) Nennen Sie Maßnahmen zur Verminderung der Lagerkosten !

62 : Fehlmengenkosten

Die Metallbau GmbH fertigt unter anderem täglich 500 Auspuffanlagen. Diese werden zum Teil an eine Automobilfirma geliefert, zum anderen Teil gelangen sie über den Handel als Ersatzteile an den Endverbraucher.

Durch eine Fehldisposition ergibt sich, dass die Stahlrohre, die Bestandteile der Auspuffanlagen sind, im Lager ausgehen und somit nicht mehr für die Produktion zur Verfügung stehen. Stahlrohre gleicher Güte und gleichen Preises lassen sich kurzfristig nicht beschaffen.

Somit entschließt man sich, ersatzweise Stahlrohre höherer Qualität zu einem um 3 €/Stück höheren Preis für die nächsten 3.000 Auspuffanlagen zu beschaffen. Damit kann aber nicht verhindert werden, dass vier Tage lang keine Auspuffanlagen gefertigt und geliefert werden können, weil auch die Ersatzmaterialien nicht sofort zur Verfügung stehen.

Der Liefervertrag mit der Automobilfirma sieht vor, dass für jeden Tag Lieferverzug von der Metallbau GmbH eine Konventionalstrafe von 3.000 € zu zahlen ist. Bei den für den Handel gefertigten Anlagen gibt es solche Vereinbarungen nicht, wenngleich hier mit Reaktionen – insbesondere der großen Kaufhäuser – derart zu rechnen ist, dass diese nun verstärkt auch mit anderen Herstellern eine Zusammenarbeit anstreben, um das Risiko einer Nichtlieferung zu mindern. Die Verluste in diesem Bereich schätzt man langfristig auf 10.000 €.

Ermitteln Sie die Fehlmengenkosten, wenn unterstellt wird, dass Mitarbeiter und Betriebsmittel während der Zeit der Lieferunfähigkeit anderweitig eingesetzt werden konnten!

63 : Klassische Losgrößenformel

Die Metallbau GmbH hat für das kommende Jahr folgende Bedarfsmengen prognostiziert:

Januar/Februar	390 Einheiten
März/April	410 Einheiten
Mai/Juni	400 Einheiten
Juli/August	380 Einheiten
September/Oktober	400 Einheiten
November/Dezember	420 Einheiten

Der Einstandspreis wird mit 40 €/Einheit angenommen. Die Bestellkosten betragen 100 €. Als Zinsen werden 8 % und als Lagerkostensatz 12 % verrechnet.

(1) Ermitteln Sie die optimale Beschaffungsmenge!

(2) Legen Sie die optimale Beschaffungshäufigkeit fest!

(3) Wie verändern sich optimale Beschaffungsmenge und optimale Beschaffungshäufigkeit, wenn die Metallbau GmbH bei unverändertem Jahresbedarf ab Jahresmitte zweischichtig arbeitet?

(4) Die obige Bedarfsprognose muss aufgrund überraschender Veränderungen am Absatzmarkt revidiert werden:

Januar/Februar	460 Einheiten
März/April	420 Einheiten
Mai/Juni	440 Einheiten
Juli/August	400 Einheiten
September/Oktober	320 Einheiten
November/Dezember	360 Einheiten

Ermitteln Sie die optimale Beschaffungsmenge und optimale Bestellhäufigkeit nach der klassischen Losgrößenformel und kommentieren Sie dieses Ergebnis!

64 : Gleitende Beschaffungsmenge

Ermitteln Sie die optimale(n) Beschaffungmenge(n) unter Zugrundelegung eines voraussichtlichen Materialbedarfes von:

Periode 1:	60 Einheiten	Periode 4:	30 Einheiten
Periode 2:	20 Einheiten	Periode 5:	50 Einheiten
Periode 3:	50 Einheiten	Periode 6:	90 Einheiten

Die Bestellkosten betragen 30 €. Der Lagerhaltungskostensatz pro Einheit und Periode wird mit 0,20 € angesetzt.

65 : Kostenausgleichsverfahren

Ermitteln Sie die optimale(n) Beschaffungsmenge(n) unter Zugrundelegung eines voraussichtlichen Materialbedarfes von:

Periode 1:	60 Einheiten	Periode 4:	30 Einheiten
Periode 2:	20 Einheiten	Periode 5:	50 Einheiten
Periode 3:	50 Einheiten	Periode 6:	20 Einheiten

Die Bestellkosten betragen 30 €. Der Lagerhaltungskostensatz pro Einheit und Periode wird mit 0,20 € angesetzt.

66 : Nutzwertanalyse

Die Geschäftsleitung und Einkaufsleitung sind sich nicht sicher, ob das Unternehmen die richtigen Bezugsquellen nutzt und eine hinreichende Kontrolle der laufenden Geschäftsbeziehungen garantiert ist. Es kann nicht jede Bestellung vorsorglich auf Unregelmäßigkeiten untersucht werden. Um subjektive Wertungen und Bevorzugungen einzelner Lieferanten durch den Einkauf zu vermeiden, soll eine Lieferantenbewertung vorgenommen werden.

(1) Welche Hauptkriterien sollten in die Bewertung einbezogen werden?

(2) Wie können die Kriterien gewichtet werden?

(3) Wie könnte eine Bewertung durchgeführt werden?

67 : Angebotsauswahl

Sie sind Assistent des Leiters der Beschaffungsabteilung und erhalten den Auftrag, den günstigsten von drei Lieferanten systematisch zu ermitteln. Folgende Informationen stehen Ihnen zur Verfügung:

Lieferant A bietet für 30 €/Stück, B für 27 €/Stück und C für 32 €/Stück an. A kann innerhalb von 14 Tagen, B und C innerhalb von 3 Wochen liefern. Die Qualität aller Erzeugnisse ist ausreichend. Bei A überschreitet die Qualität das notwendige Maß, wodurch es ermöglicht wird, die Materialien u.U. auch zur Erstellung eines anderen Produktes zu verwenden. Im Bereich der Garantie- und Kulanzleistungen werden alle Lieferanten als gut angesehen. Bei B hat es in der Vergangenheit einige Male Lieferverzögerungen gegeben, C hat bisher nur einmal den Liefertermin nicht eingehalten, A hat stets pünktlich geliefert. A und C waren in der Vergangenheit mehrmals bereit, kurzfristig Sonderanfertigungen zu liefern, B hat dies unter Hinweis auf seinen Maschinenpark und die gegebene Auslastung abgelehnt.

Für das beschaffende Unternehmen ist es wünschenswert, die Materialien binnen 14 Tagen verfügbar zu haben. Eine Lieferfrist, die länger als drei Wochen beträgt, ist nicht akzeptabel.

68 : Kostenkontrolle

Folgende Daten liegen vor:

Material-Nr.	Ø Einstandspreis 2000 €	Ø Einstandspreis 2001 €	Ø Rabatte 2000 %	Ø Rabatte 2001 %
1001	250	258	7	7
1002	105	140	7	7
1003	155	154	10	8
1004	198	209	10	10
1005	529	768	10	5
1006	280	230	5	8
1007	270	271	4	5
1008	317	312	5	3
1009	418	400	5	5
1010	377	454	7	6

Analysieren Sie die Daten!

69 : Beleg-/Mengen-/Zeitprüfung

Bereits seit langem beschäftigt die Metallbau GmbH die Frage, ob sie nicht die Arbeiten beim Materialeingang besser gestalten könnte. Durch langes Bearbeiten im Materialeingang stehen die Materialien erst spät zur weiteren Bearbeitung zur Verfügung. Deshalb müssen Sicherheitszeiten eingeplant werden, die einen hohen Lagerbestand verursachen und dadurch zu höheren Lagerhaltungskosten führen.

Es soll eine Analyse vorgenommen werden, welche die Voraussetzungen für eine neue Lösung schafft.

(1) In welchen Schritten erfolgt der Materialeinang?

(2) Worin sehen Sie Ansatzpunkte für ein integriertes Materialeingangs-Konzept?

(3) Welche Lösungsschritte schlagen Sie bei Einsatz eines EDV-Systems vor?

70 : Materialprüfung

In einem Unternehmen, das elektronische Apparate herstellt, wird eine Qualitätsprüfung durchgeführt. Um über den Qualitätsstandard der Produkte Aussagen machen zu können, werden 50 Stichproben gezogen. Jede Stichprobe umfasst - da es sich um eine Anlaufsproduktion handelt - 500 Einheiten. Die Anzahl fehlerhafter Einheiten pro Stichprobe wurde durch die Prüfung festgestellt.

Folgende Zahlen wurden ermittelt:

1	5	12	24	48	69	7	10	11	11
66	18	19	20	2	3	4	5	12	22
42	30	21	35	12	21	36	1	2	3
4	2	1	51	26	15	9	27	16	52
30	6	14	25	27	7	6	15	68	27

(1) Ordnen Sie die Zahlen in aufsteigender Reihenfolge! Bestimmen Sie das Minimum und Maximum!

(2) Ermitteln Sie das arithmetische Mittel aufgrund der gegebenen Zahlen!

(3) Bilden Sie eine Tabelle, die folgende Spalten enthält:

- Werteklassen (in Größen von jeweils 5 Einheiten)
- Klassenmitte
- absolute und relative Häufigkeit
- Rechenspalte zur Bestimmung des arithmetischen Mittels

(4) Bestimmen Sie hieraus das arithmetische Mittel!

(5) Tragen Sie in einem Histogramm die Werte ein, ebenso die Klassenmitte und verbinden Sie die Punkte zu einer Kurve!

(6) Wie ist das Ergebnis zu interpretieren?

71 : Rechnungsprüfung I

Ein Unternehmen verfügt über mehrere Fertigungsbetriebe. Dadurch können eingehende Warensendungen nicht unmittelbar auf ihre rechnerische Richtigkeit überprüft werden. Häufig werden Unterschiede zwischen Lieferschein und Rechnung zu spät erkannt, sodass Mängelrügen nicht rechtzeitig veranlasst werden.

(1) Welche Prüfungstätigkeiten sind durchzuführen?

(2) Wie kann bei Einsatz von EDV die Prüfungsarbeit verbessert werden?

(3) Wie kann dem Problem der Absprache zwischen Einkäufer und Lieferanten begegnet werden?

(4) Es wurde festgestellt, dass die Rechnung eines Werkzeuggroßhandels über 23.500 € einen Rechenfehler enthält. Statt des Mengenrabatts von 5 % sind nur 4,5 % aufgerechnet und abgezogen worden. Was ist zu tun?

72 : Rechnungsprüfung II

Die Rechnungsprüfung schließt einen Bestellvorgang ab und führt anschließend zur Rechnungsbegleichung. Das System kann, bei Eingabe der Bestellnummer auf sämtliche Daten im Umfeld der Bestellung zugreifen.

(1) Welche Bearbeitungsschritte erfolgen grundsätzlich?

(2) Welche Sonderfälle sollte das System noch bearbeiten können?

73 : Standort/Materialfluss

Der Standort der Läger ist so zu wählen, dass der Materialfluss optimal unterstützt wird. Eine Analyse soll klären, wie der günstigste Standort gefunden wird. Dies soll in Form eines Projekts stattfinden.

(1) In welche Phasen gliedern sich Projekte?

(2) Formulieren Sie die Zielsetzung eines lagerwirtschaftlichen Projektes!

(3) Welche betriebswirtschaftlichen Prozesse soll das Lager unterstützen?

(4) Sollen die Standorte des Lagers zentral oder dezentral organisiert werden?

74 : Arten der Läger

Ein Unternehmen plant, neben der Fertigung eines Erzeugnisses im Hauptwerk eine Fertigung in einem Zweigwerk aufzubauen. Sie soll in folgender Weise vorgenommen werden:

Vorfertigung
als Werkstattfertigung

↓

Baugruppenfertigung
als Reihenfertigung

↓

Montage
als Straßenfertigung

(1) Wie gestaltet sich die Lagersituation?

(2) Welche organisatorische Lösung bei der Gestaltung von Lägern wird heute besonders diskutiert?

(3) Welches Lagerprinzips sollte man sich bedienen?

75 : Einrichtung der Läger

Ein Unternehmen steht vor der Frage, ob neue Läger eingerichtet oder vorhandene Läger modernisiert werden.

(1) Welche Aufgabe erfüllt dabei der Materialfluss?

(2) In welchen Mengen wird der Materialfluss durchgeführt?

(3) Wie sehen die Einrichtungen von Lägern heute aus?

76 : Moderne Kommissionierung

Immer wieder kommt es vor, dass die vorhandenen Läger die gewünschten Teile enthalten, die Teile aber zu spät verfügbar sind. Dies zeigt sich sowohl bei der Bereitstellung für Aufträge als auch beim Auslagern zur Distribution.

Um diesen Mangel zu beheben, sollten moderne Kommissioniersysteme eingesetzt werden, die den Aufwand und die Kosten minimieren sowie die Verfügbarkeit erhöhen.

(1) Welche traditionellen Systeme der Lagerung kennen Sie?

(2) Welche Verfahren werden heute verstärkt eingesetzt?

(3) In welchen Schritten soll die Kommissionierung für die interne Auftragsabwicklung erfolgen?

77 : Tätigkeiten der Materialverteilung

Ein Unternehmen, das Geräte der Unterhaltungselektronik fertigt, unterhielt bisher 15 Auslieferungsläger. Da diese Läger ihre Planung selbstständig durchführten, wurden der Fertigung sehr oft Produktionswünsche genannt, die eine hohe Lieferbereitschaft garantieren.

Bei der Einführung von neuen Modellen musste deshalb wegen des zu hohen Sicherheitsbestandes eine hohe Zahl an Geräten weit unter Wert abgegeben werden.

(1) Wie kann diese Situation verbessert werden?

(2) Wo liegen die Vorteile bei Lagerung, Verpackung und Transport?

(3) Welche technische Ausstattung ist notwendig?

78 : Lieferservice

Ein Unternehmen, das im Holzbau tätig ist, fertigt Türen, Fenster, Treppen und Einbauelemente. Die Kunden sind Baumärkte, Einkaufsgenossenschaften und Bauträger. Diese legen großen Wert auf einen hohen Lieferservice. Dieser Lieferservice wird erreicht durch die Lieferzeit, die einzuhalten ist, da sonst Aufträge verloren gehen.

Die Lieferzuverlässigkeit spielt eine weitere Rolle, da das Unternehmen ständig im Rahmen einer DIN ISO 9000 Zertifizierung geprüft wird.

(1) Wie soll das Unternehmen vorgehen?

(2) Wie kann auf die Lieferzeit eingewirkt werden?

(3) Welche Möglichkeiten bestehen eine hohe Lieferbereitschaft zu sichern, ohne dass eine hohe Kapitalbindung im Lager entsteht?

(4) Wie kann die Lieferzuverlässigkeit erhöht werden, damit die Kundenbeziehungen gestärkt werden?

79 : Distributionskosten

Ein Unternehmen der Konsumgüterindustrie beabsichtigt, sein Verteilungssystem zu verbessern. In der Vergangenheit wurden die Kunden von einem Zentrallager bedient. Dies hatte zur Folge, dass häufig Kundenanfragen nicht erfüllt werden konnten, da eine individuelle Kundenbetreuung nicht möglich war. Daher werden als Alternativen zwei weitere Verteilungssystem betrachtet:

Alternative 1: Es werden viele regional gegliederte Läger aufgebaut, um die unterschiedlichen Kundenwünsche sofort befriedigen zu können.

Alternative 2: Man errichtet einige Mittelpunktläger, um einerseits günstige Transportkosten zu erzielen, andererseits den entgangenen Gewinn aufgrund durchschnittlicher Lieferzeit gering zu halten.

Welcher der folgenden drei Kostendarstellungen geben Sie den Vorzug?

	Jährliche Kosten der Verteilung (€)		
	Bisher	**Alternative 1**	**Alternative 2**
K_T	80.000	110.000	90.000
L_{HKf}	250.000	250.000	250.000
L_{HKv}	200.000	180.000	200.000
K_U	250.000	150.000	150.000

80 : Lagerrisiken

Ein Unternehmen, das bisher lediglich Zulieferer für andere Unternehmen war, möchte selbst marktfähige Enderzeugnisse fertigen, wobei es auf Lizenzen zurückgreifen kann, und diese Erzeugnisse vertreiben.

Als Problem stellt sich der Aufbau eines Distributionssystems, da hierüber im Unternehmen keine Erfahrungen vorliegen.

Die Geschäftsleitung setzt eine Projektgruppe ein, die einen Kriterienkatalog erarbeiten soll. Welches Aussehen könnte dieser Kriterienkatalog Ihrer Auffasssung nach haben?

[illegible]

[illegible]

[illegible]

[illegible]

[illegible]

[illegible]	[illegible]	[illegible]
[illegible]	[illegible]	[illegible]
[illegible]	[illegible]	[illegible]
[illegible]	[illegible]	[illegible]
[illegible]	[illegible]	[illegible]

[illegible]

[illegible]

[illegible]

[illegible]

Lösungen

1 : Arten der Materialien

(1)

Materialien	Unternehmen/ Branche	Roh-stoffe	Hilfs-stoffe	Be-triebs-stoffe	Zu-liefer-teile	Wa-ren
Schrauben	Holzindustrie		•			
Schmierstoffe	Industrie			•		
Stahl	Maschinenbau	•				
Chemikalien	Kunststoffindustrie	•				
Stoffe/Garne	Weberei	•				
Getreide	Mühle	•				
Mikrochips	Computerhersteller		•			
Anhängerkupplung	Campingausrüster				•	
Kautschuk	Reifenhersteller	•				
Gas/Öl	Industrie			•		
Kühlschrank	Handel					•
Mehl	Brotfabrik	•				
Kühlaggregat	Kühlschrankhersteller				•	

(2) Die Materialien verursachen unterschiedliche Kosten. Dies gilt in Bezug auf ihre Höhe und die Art ihrer Verrechnung (als Einzelkosten bzw. Gemeinkosten). Sie bestimmen damit die Kalkulation und beeinflussen den Preis der Produkte in unterschiedlicher Weise.

(3) Für den Motorenhersteller sind sie Fertigerzeugnisse, für den Autoproduzenten stellen sie Zulieferteile dar.

2 : Aufbauorganisation

(1) Die zentrale Lagerung und Führung aller Teile ist nicht sinnvoll, da verschiedene Kritierien – Holz und Metall – zur Lagerhaltung und Disposition heranzuziehen sind. Auch ist die Produktion durch verschiedene Auftragsformen gekennzeichnet. Deshalb eignet sich eine Produktion, bei der die beiden Geschäftsbereiche über separate Materialbereiche verfügen.

(2) In beiden betrieblichen Geschäftsbereichen (Wohnmöbel, Büromöbel) werden neue Modelle entwickelt, die oft aus beiden Materialien bestehen und häufig – gerade bei Sitzmöbeln – die Berücksichtigung ergonomischer Gesichtspunkte erfordern. Es kann sich wegen der Gemeinsamkeiten empfehlen, alle Arbeiten im Umfeld mit Normung, Typung, Standardisierung als auch Module zusammenzufassen.

(3) Heute werden in allen Unternehmen im Bereich der Materialwirtschaft EDV-Programme als Standardsoftware eingesetzt. Diese erlauben sowohl eine Führung der Bestände auf Werksebene als auch auf Unternehmensebene. Damit können die Bestände jederzeit zusammengeführt werden, um günstige Beschaffungsprinzipien anwenden zu können.

3 : Moderne Organisation

(1) Zwei Organisationsformen können in Betracht kommen:

- Die Produkt Management-Organisation, die den Vorteil hat, dass wir Produkt Manager einsetzen können, die den gesamten Prozess steuern. Die rechtzeitige Auftragsgröße des Kunden könnten dann in interne Aufträge umgewandelt werden, das Material bestellt und die Produkte gefertigt werden.

- Die Divisional-Organisation, die geeignet sein könnte, wenn die Auftragszahlen so groß sind, dass sich eine Produktion in Sparten wie Türen und Fenster als auch Treppen aufteilen ließe. Dies scheint vom Volumen her aber nicht gerechtfertigt zu sein.

(2) Die Kunden sollten über Warenwirtschaftssysteme verfügen, welche die Bestände laufend mitführen und kontrollieren. In diesem Falle ist es möglich, dass bei Unterschreiten des Mindestbestandes eine elektronische Meldung mittels EDI erzeugt wird, welche die Bedarfszahlen an uns meldet. Durch Zusammenfassen aller Meldungen der Kunden können rechtzeitig Materialbedarfsmeldungen und Produktionsanstöße erfolgen.

(3) Unternehmen müssen heute über geeignete Software verfügen. Wenn beide Partner über entsprechende Programme verfügen, ist ein Datenaustausch möglich. Dies erlaubt eine schnellere Reaktion auf die Kundenwünsche. Dies ermöglicht, dass in unserem Unternehmen ein Produkt Manager eingesetzt wird, der die gesamten Geschäftsprozesse steuert.

4 : Funktionen der Materialwirtschaft

(1) Teilbereiche der Materialwirtschaft, die der materialwirtschaftlichen Aufgabenstellung dienen, sind:

- Materialeinkauf
- Materialdisposition
- Materiallagerung
- Materialtransport und Materialverteilung
- Materialabsatz
- Entsorgung.

(2) Als Aufgaben der materialwirtschaftlichen Teilbereiche können genannt werden:

- **Materialeinkauf**
  Beschaffungsmarktforschung, Angebotseinholung, Lieferantenbewertung (ISO 9000), Einstandspreis, ABC-Bewertung, Standort des Lieferanten, Lieferzeit, Vertragsabschluss, Bestellabwicklung.

- **Materialdisposition**
  Bedarfsermittlung, Bedarfsauflösung, Bestellmengenrechnung, Bestellterminrechnung.

- **Materiallagerung**
  Warenannahme, Prüfung und Kontrolle, Einlagerung, Bereitstellung, Auslagerung.

- **Materialtransport und Materialverteilung**
  Materialflussanalyse, Fahrzeugeinsatz, Planung, Verwaltung.

- **Materialabsatz**
  Kundenauftragsrechnung, Kommissionierung, Rechnungsschreibung.

- **Materialentsorgung**
  Vermeidung von Abfällen, Recycling,Deponierung.

(3) Schnittstellen zur Materialwirtschaft können sein:

- Forschung und Entwicklung (neue Werkstoffe)
- Fertigungssteuerung (Make or buy-Analyse)
- Absatz/Marketing (Auftragsplanung)

5 : Funktionen des PPS

(1) Aufgrund des Bedarfs liegen die Bestellmengen fest. Hierauf folgt die Lieferantenauswahl, die Bestellung und deren Überwachung. Dies ist ein Prozess, bei dem aufgrund der Marktlage ständig nach günstigen Einkaufsquellen zu achten ist. Die Suche nach günstigen Lieferanten kann nicht der EDV überlassen sein. Hier sind Kriterien zu suchen, die dies unterstützen. Sind Bestellungen ausgelöst, so sind die Liefertermine ständig zu überwachen, da sonst die Produktion eine Unterbrechung erfährt.

(2) Das Fertigungsprogramm hat strategischen Charakter und legt die Produkte und die Art der Fertigung frühzeitig fest. Hier stehen vor allem Fragen der Investition und deren Finanzierung im Vordergrund. Die Planung des Produktionsprogramms hat mittelfristigen Charakter und gibt die Planzahlen vor, die in den nächsten Perioden zu fertigen sind.

Die Planung im operativen Bereich ist die Auftragserfassung, -veranlassung, -pflege, -überwachung.

(3) Prognoserechnungen, Lieferterminbestimmung und Vorkalkulation können oft nicht präzise errechnet werden:

- Verbrauchsgesteuerte Bedarfsermittlung geht von falschen Zahlen aus.
- Lieferanten zeigen unkorrektes Lieferverhalten.
- Die Auftragserfassung und -änderung wird nicht korrekt durchgeführt.

6 : Ablauf in der Materialwirtschaft

(1) Da die Automobilproduktion eine sofortige Lieferung erwartet, ist eine Vorratshaltung unumgänglich. Es sollte folgender Ablauf gelten:

- Die Lagerhaltung hat die Aufgabe, bei Unterschreitung eines Reservebestandes einen Bedarf auszulösen.
- Die Bedarfsrechnung muss diesen Bedarf mit den Bedarfszahlen der Automobilhersteller abgleichen und eventuell korrigieren.

- Dieser Bedarf bildet die Bestellgröße beim Zuliefertermin.
- Der Bestellbestand wird beim Wareneingang mit der Zulieferung verglichen und dem Lager zugebucht.

(2) Eine Standard-Software ist geeignet, die einzelnen Prozesse zu unterstützen. Die Bedarfsmeldung wird als Bestellanforderung formuliert und steht dem System solange zur Verfügung, bis – mit der Einlagerung – der Gesamtprozess abgeschlossen ist.

- Das System überprüft die Ableitung der Sekundarbedarfe aus dem Primärbedarf.
- In der Bestandsführung sind die momentanen Mengen und die offenen Bestellungen erkennbar.
- Bei Lieferverzug wird auf die Daten der Bestellanforderung zurückgegriffen.
- Die Einlagerung erkennt die Daten der Bestellanforderung und schließt bei korrekter Lieferung die Vorgangsakte ab.

7 : Darstellung materialwirtschaftlicher Prozesse

(1) (a)

Arbeitsablaufplan						
	Ablaufschritt	○	⇨	□	D	△
1	Prüfen der Sendung			o		
2	Transportieren an Lagerort		o			
3	Lagern der Sendung					o
4	Transportieren zum Werkstattlager		o			
5	Lagern im Werkstattlager					o
6	Transportieren in Fräserei		o			
7	Bearbeiten des Materials	o				
8	Prüfen der Werkstücke			o		
9	Transportieren in Dreherei		o			
10	Liegen der Werkstücke				o	
11	Bearbeiten der Werkstücke	o				
12	Prüfen der Werkstücke			o		
13	Transport in Fertigwarenlager		o			
14	Lagern in Fertigwarenlager					o
15	Transport aus dem Fertigwarenlager		o			

(b) Eine Darstellung des geänderten Sachverhalts in einem Arbeitsablaufplan ist nicht möglich oder recht schwierig. Es sind Entscheidungssituationen zu behandeln, wobei in Abhängigkeit von der getroffenen Entscheidung grundsätzlich unterschiedliche Handlungsalternativen vorliegen.

Die Frage – »Sind die Stücke gut?« – führt zu getrennten Bearbeitungswegen in Abhängigkeit vom Prüfergebnis. Im Extremfall, falls nur gute Stücke produziert wurden, ist eine Alternative gar nicht gegeben.

Die Frage – »Ist der Auftrag zeitkritisch?« – führt zu unterschiedlichen Bearbeitungsfolgen. Ist genügend Zeit vorhanden, kann dies zu – nicht vorgesehener – Liegezeit führen.

Für die Darstellung ist ein Datenflussplan besser geeignet, der hier folgendes Aussehen haben kann:

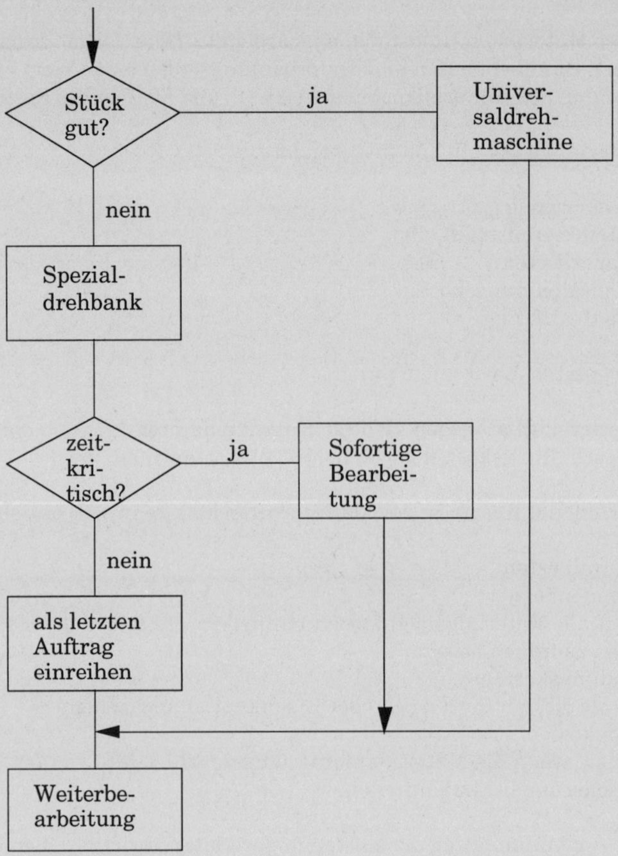

(2)

	O	F	D
Lagerdeckung			•
Beschaffungslager	•		
Zwischenlager	•		
Verbuchen Bewegungen Beschaffungslager		•	
Bestellbestand			•
Zu-/Abgänge Zwischenlager		•	
Kundenauftrags-, Fertigungsauftragsbestand			•
Lagerbestand			•
Lager	•		
Fertiglager	•		
Verbuchen Zu-/Abgänge Fertiglager		•	
Verbuchen Bewegungen Gesamtlager		•	

8 : Materialwirtschaftliche Führung

(1) Der Anteil der Materialien (Rohstoffe, angearbeitete Teile, fertige Einzelteile, Gruppenteile, Module, Zusammenbauten und Endprodukte) stellen einen Wert von 20 bis 35 % der Bilanzsumme dar. Die Materialkosten gehen mit rund 60 % in die Kosten ein.

(2) Ziele der Materialwirtschaft sind insbesondere:

- optimale Versorgung
- ständige Lieferbereitschaft
- niedrige Lagerkosten
- geringe Kapitalbindungskosten
- ökologische Gestaltung

Zielkonflikte entstehen vor allem durch:

- Hohe Lieferbereitschaft gegen niedrige Kapitalbindung
- Niedrige Beschaffungskosten gegen hohes Qualitätsniveau.

(3) Die Minimierung der Kosten in der Materialwirtschaft kann sich beziehen auf:

- Materialeinzelkosten
- Materialgemeinkosten
  Hier sollten die Materialgemeinkosten einfließen, die sich nur schwer den Materialeinzelkosten zuordnen lassen.
- Kapitalbindungskosten
  Diese sind als Kosten für Fremd- oder Eigenkapital anzusehen.
- Fehlmengenkosten
  Sie entstehen, wenn die Materialanforderungen nicht erfüllt werden können.
- Qualitätssicherung bei Zukaufteilen.

Maßnahmen zur Minimierung der Kosten in der Materialwirtschaft sind beispielsweise:

- ABC-Analyse, Normung und Typung
- Reduzierung der Einstandspreise um 20 %
- Absenken der Lagerbestände
- Bilden von Versorgungsketten (supply chains)

9 : Ursache-Wirkungs-Diagramm

(1) Die fünf W-Fragen können sein:

- Warum kann der Mitarbeiter das Lager betreten?
- Warum werden die Materialien nicht gefunden?
- Warum ist die Bestandsmenge fehlerhaft?
- Warum gibt der Lagerleiter Teile aus?
- Warum haben die Teile Qualitätsmängel?

(2)

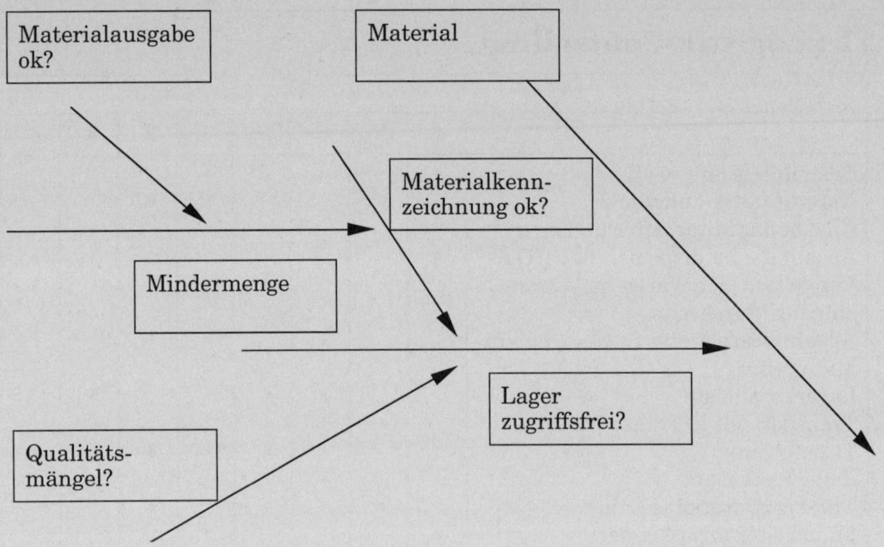

10 : Make-or-Buy-Portfolio

(1) Nicht mehr selbst gefertigt werden sollten beispielsweise:

- Die Kunststoffformen, die aufwendig und kostenintensiv sind.
- Die Polster, die wegen der vielen Formen an Firmen weitergegeben werden können.

Der Anteil an Metallteilen bei den Büromöbeln könnte durch Aufbau einer eigenen Abteilung realisiert werden, zeigt aber ein hohes Risiko, da hier erhebliche Investitionen zu tätigen wären.

(2) Die neuen Geschäftsfelder haben eine strategische Bedeutung, weil sie für das Unternehmen eine Konzentration auf Fähigkeiten bedeuten, in denen das Unternehmen stark ist. Hier ist eine eigene Endfertigung empfehlenswert, da eine Verfügbarkeit am Markt gering ist und dies eine Kernkompetenz des Unternehmens darstellt. Für alle Vorprodukte gilt, dass diese am Markt gut verfügbar sind, sodass hier Fremdbezug anzustreben ist.

11 : Logistik-Controlling

(1)

	A	B	C	D	1	2	3	4	5
Bestellposition pro Monat	•				•				
Kapazität der Fahrzeuge	•					•			
Anzahl der Mitarbeiter im Lager	•						•		
Anzahl der zu disponierenden Teile	•							•	
Verweilzeit der Waren im Wareneingang (durchschn.)				•	•				
Anzahl bearbeiteter Sendungen pro Mitarbeiter			•		•				
Lagerkostensatz			•				•		
Transportzeit je Transportauftrag		•							•
Termintreue				•		•			•
Lagerkostensatz			•				•		
Transportstrecke je Fahrer		•				•			
Mitarbeiteranzahl in der Bestellabwicklung	•				•				

(2)

$$\text{Beschaffungskosten je Bestellung} = \frac{\text{Gesamte Beschaffungskosten}}{\text{Anzahl Bestellungen}}$$

$$\text{Fehllieferungsquote} = \frac{\text{Zahl der Fehllieferungen}}{\text{Gesamtzahl der Lieferungen}}$$

12 : Sourcing/Normung/Typung

(1) Die Hersteller reduzieren den Planungsaufwand, da für diese Teile keine Planungen nötig sind. Fragen der Bestellmenge, Bestellüberwachung und der Lagerhaltung entfallen.

(2) Das Unternehmen kann Systemkomponenten herstellen und ist sehr eng mit dem Endproduzenten verknüpft. Hier nimmt das Unternehmen auch am technischen Fortschritt des zu liefernden Unternehmens teil.

(3) Die heutige arbeitsteilige Wirtschaft verlangt nach Produkten, die vergleichbar sind. Im internationalen Warenverkehr entscheiden die Kosten. Dabei müssen sich die Kosten auf vergleichbare Güter beziehen.

(4) Die Typen, Bausteine und Module lassen eine sehr große Variation an Erzeugnissen zu. Entscheidend ist nicht der Hersteller, sondern der Kunde, der Produkte nachfragt (customer driven market).

13 : Prognose-Materialbedarf

(1)

	Normaler Nettobedarf pro Stück	0,300	kg
	Stückzahl	5.000	
=	Netto-Materialbedarf	1.500,000	kg
+	Bruttokorrektur (50 0,300)	15,000	kg
=	Standard-Materialbedarf	1.515,000	kg
+	Vermeidbarer Mehrverbrauch (5.000 + 50) 0,10 0,300	151,500	kg
=	**Prognose-Materialbedarf**	**1.666,500**	**kg**

Die Serie muss 5.555 Kunststoffhalterungen umfassen, um 5.000 verkaufsfähige Produkte zu erhalten. Dies ergibt sich aus:

	5.000 Stück
+	50 Stück (für Anlauf der Serie)
=	5.050 Stück
+	505 Stück (10 % Ausschuss von 5.050)
=	5.555 Stück

(2)

Soll-Materialbedarf	1.666,5 kg
Ist-Materialbedarf	1.720,0 kg
Ungeplanter Mehrbedarf	**53,5 kg**

Die Plastic GmbH hat die Soll- und Ist-Werte miteinander zu vergleichen. In diesem Falle muss sie feststellen, dass sie 53,5 kg Kunststoffgranulat zuviel benötigt hat, um den Auftrag zu realisieren. Diese Abweichung rechtfertigt eine eingehende Abweichungsanalyse, mit deren Hilfe die Plastic GmbH den Grund für den Mehrverbrauch festzustellen hat, der sein kann:

- Es wurden zu viele (mängelfreie) Kunststoffhalterungen gefertigt.
- Beim Anlauf der Serie gab es Schwierigkeiten.
- Der Ausschuss lag über dem Durchschnitt.
- Das Mischungsverhältnis entsprach nicht der Rezeptur.
- Es liegt eine Fehlbuchung vor, der zusätzliche Verbrauch betrifft eigentlich ein anderes Erzeugnis.

14 : XYZ-Analyse

(1)

X-Teile	• Verbrauch ist stetig. • Hohe Vorhersagegenauigkeit und damit geringe Sicherheitsbestände Fazit: 20 bis 30 % aller Teile sollten den X-Teilen zugerechnet werden.
Y-Teile	• Verbrauch ist schwankend. Geringere Vorhersagegenauigkeit und damit höhere Sicherheitsbestände Fazit: 30 bis 60 % aller Teile sollten den Y-Teilen zugerechnet werden.
Z-Teile	• Verbrauch ist zufallsbedingt. Äußerst geringe Vorhersagegenauigkeit und damit zu hohe Sicherheitsbestände. Sind diese Teile A-Teile sollte eine fallweise Beschaffung angestrebt werden.

(2) Für die Planung der X, Y, Z-Teile gilt:

- X-Teile werden fertigungssynchron geplant.
- Bei Y-Teilen wählt man die Vorratsbeschaffung.
- Bei Z-Teilen hängt die Bestellung, bzw. der Sicherheitsbestand davon ab, ob es sich um A-Teile (fallweise Beschaffung oder C-Teile (hoher Sicherheitsbestand) handelt.

(3) Die Kombination von ABC-Analyse und XYZ-Analyse ermöglicht eine noch genauere Analyse bei der Disposition von Teilen. Durch die Kombination von ABC-Analyse und XYZ-Analyse besteht die Möglichkeit, die untersuchten Bereiche in neun Klassifizierungsgruppen zu unterteilen.

(4)

	X	Y	Z
A	3	4	5
B	2	3	4
C	1	2	3

5 = erhöhte Bedeutung
4 = hohe Bedeutung
3 = normale Bedeutung
2 = geringe Bedeutung
1 = sehr geringe Bedeutung

15 : ABC-Analyse

Ermittlung der Rangfolge

Material-Nr.	Jahresbedarf Stück/m/kg	Preis (€) je Mengeneinheiten	Jahresbedarf €	Rang
1017	150	430,00	64.500	1
1018	10.000	4,50	45.000	2
1019	1.500	3,00	4.500	6
1020	5.000	1,30	6.500	4
1021	1.000	6,20	6.200	5
1022	850	7,90	6.715	3
1023	15.000	0,12	1.800	7
1024	17.500	0,09	1.575	8
1025	12.000	0,08	960	9
1026	40.000	0,02	800	10

Ermittlung der Wertgruppen

Rang	Material-Nr.	Jahresbedarf Stck./m/kg	Preis je Mengeneinheit	Jahresbedarf €	%-Anteil vom Gesamtwert	%-Anteil kumulativ	Wertgruppe
1	1017	150	430,00	64.500	46,6		A
2	1018	10.000	4,50	45.000	32,5	79,1	A
3	1022	850	7,90	6.715	4,8	83,9	B
4	1020	5.000	1,30	6.500	4,7	88,6	B
5	1021	1.000	6,20	6.200	4,5	93,1	B
6	1019	1.500	3,00	4.500	3,2	96,3	C
7	1023	15.000	0,12	1.800	1,3	97,6	C
8	1024	17.500	0,09	1.575	1,1	98,7	C
9	1025	12.000	0,08	960	0,7	99,4	C
10	1026	40.000	0,02	800	0,6	100,0	C
				138.550	100,0		

Darstellung des Ergebnisses

Wert-Gruppe	Materialpositionen	%-Anteil Menge (Positionen)	%-Anteil Wert	€-Wert
A	2	20,0	79,1	109.500
B	3	30,0	14,0	19.415
C	5	50,0	6,9	9.635
	10	100,0	100,0	138.550

(1) Materialien mit mehr als drei Angeboten, evtl. eingehenden Kaufverhandlungen:

1017, 1018

Materialien mit drei Angeboten:

1022, 1020, 1021, (1019)

Materialien mit Angeboten von Zeit zu Zeit:

(1019), 1023, 1024, 1025, 1026

(2) Materialien unter Kontrolle, Abgabe mit Materialentnahmeschein:

1017, 1018, 1022, 1020, 1021, (1019)

Materialien ohne Kontrolle, Entnahme eigenständig durch die Mitarbeiter:

(1019), 1023, 1024, 1025, 1026

16 : Wertanalyse

I	Keine Wertanalyse, da die Restlebensdauer zu gering ist, wodurch die Summe der Einsparungen nicht allzu groß werden kann; zumal, wenn die Kosten für die Wertanalyse berücksichtigt werden.
II	Keine Wertanalyse, da sie bereits zu einem früheren Zeitpunkt durchgeführt wurde, weshalb zu vermuten ist, dass die Einsparungen pro Erzeugniseinheit nicht mehr allzu groß sein werden; auch ist der Materialwert hier am geringsten.
III	Keine Wertanalyse, trotz relativ hoher Materialkosten pro Stück, da die Restlebensdauer sehr klein ist und der Absatz sich für diese Zeit voraussichtlich noch vermindert.
IV	Die Restlebensdauer, der Materialwert pro Stück und der durchschnittliche Umsatz sprechen für eine Wertanalyse, allerdings wurde bereits eine Wertanalyse durchgeführt. Erfolgte dies vor längerer Zeit, z.B. vor 4 Jahren, ist denkbar, dass dennoch eine Wertanalyse durchgeführt wird, allerdings nur dann, wenn genügend Kapazitäten vorhanden sind, außer dem Erzeugnistyp V – wie unten gezeigt wird – auch diesen Erzeugnistyp zu untersuchen. Erfolgte die Wertanalyse erst vor 1 - 2, evtl. auch 3 Jahren, bietet sich eine neuerliche Wertanalyse nicht an.
V	Hier ist auf alle Fälle eine Wertanalyse durchzuführen, da die Restlebensdauer noch groß ist sowie Materialwert und Umsatz (durchschnittlich und erwartet) beträchtlich sind.

17 : Nummerung I

(1)

	Materialstammsatz	Vorgeschlagene Feldlänge
1.	Artikel-, Teile-, Materialnummer	12
2.	Bezeichnung	20
3.	Charakterschlüssel	1
4.	Normenschlüssel	1
5.	ABC-Schlüssel	1
6.	Maßeinheitsschlüssel	2
7.	Preiseinheitsschlüssel	2
8.	Bedarfsermittlungsverfahren	1
9.	Dispositionsschlüssel	1
10.	Beschaffungsschlüssel	1
11.	Materialdisponent	2
12.	Statusschlüssel	1
13.	Änderungsdatum	6
14.	Kostenstelle des Lagers	3
15.	Materialkosten	7
16.	Fertigungskosten	7
17.	Rüstkosten	7
18.	Herstellkosten, Verrechnungspreis	7
19.	Erteilte Bestellung und Preis (3 mal)	36
20.	Jahresbedarfsmenge	8
21.	Jahresbedarfswert	8
22.	Lagerbestand (Menge)	5
23.	Lagerbestand (Wert)	5
24.	Lagerort	3
25.	Werkstattbestand (Menge)	5
26.	Bestellbestand (Menge)	5
27.	Disponierter Bestand (Menge)	5
28.	Durchschnittlicher Lagerbestand	5
29.	Tag der letzten Inventur	6
30.	Summe der Zugänge lfd. Periode (Menge)	10
31.	Summe der Zugänge lfd. Jahr (Menge)	10
32.	Summe der Zugänge lfd. Jahr (Wert)	10
33.	Summe der Entnahmen lfd. Periode (Menge)	10
34.	Summe der Entnahmen lfd. Jahr (Menge)	10
35.	Summe der Entnahmen lfd. Jahr (Wert)	10
36.	Summe der ungeplanten Entnahmen	8
37.	Summe der Ausschussmengen	8
38.	Mindestbstand	5
30.	Bestellbestand, -punkt	5
40.	Lagerprüfperiode (in Tagen)	3
41.	Maximale Bestellmenge	5
42.	Kosten für Nichtlieferung	4
	Summe	271

(2) Mögliche Klassifizierungsformen der Schlüssel 3, 4, 6 und 9 sind dem Text zu entnehmen. Für die restlichen Schlüssel gilt:

5. ABC-Schlüssel

Es findet eine mengen-wertmäßige Eingruppierung der Materialien statt.

A-Materialien - hoher Jahresbedarfswert
B-Materialien - mittlerer Jahresbedarfswert
C-Materialien - geringer Jahresbedarfswert

7. Preiseinheitsschlüssel

Dieser Schlüssel korrespondiert mit dem »6. Maßeinheitsschlüssel« und gibt die Preise für die jeweiligen Maßeinheiten an.

8. Bedarfsermittlungsverfahren

Dieser Schlüssel gibt an, ob der Bedarf aufgrund konkreter Aufträge bzw. aufgrund der Verbrauchssituation zu ermitteln ist.

1 - programmgesteuert
2 - verbrauchsgesteuert
3 - kombiniertes Verfahren
4 - manuelle Ermittlung

10. Beschaffungsschlüssel

Dieser Schlüssel gibt Auskunft über den Bezug der Materialien.

E - Eigenfertigung
F - Fremdbezug allgemein
M - Fremdbezug mit Materialbeistellung
L - Eigenfertigung mit Lohnarbeitsgang
V - Verlagerung (Eigenfertigungsteil, das aus Kapazitätsgründen fremd bezogen werden kann)
W - Werksteil (Teil, das von einem anderen Werk des gleichen Unternehmens bezogen wird)

12. Statusschlüssel

Dieser Schlüssel gibt zusammen mit »13 Änderungsdatum« Hinweise auf die Altersstruktur der Materialien.

A - Abgehendes Teil (Verwendung bis zum Aufbrauch des Bestandes)
E - Ersatzteil (Verwendung nur im Ersatzteildienst)
I - Inaktives Teil (derzeit keine Verwendung)
L - Laufendes oder aktives Teil
Z - Zukünftiges Teil (für Fertigung noch nicht freigegeben)

(3) Vom vorhandenen Lagerbestand können Teile bereits der Werkstatt übergeben worden sein. Zeigt die Differenz aus Lagerbestand und disponiertem Bestand (= bereits für Aufträge reserviert), dass der Lagerrest (= frei verfügbarer Bestand) geringer ist als der Mindestbestand, so wird eine Bestellung in Höhe des Bestellbestandes ausgelöst und zur bereits vorhandenen Bestellmenge hinzuaddiert.

18 : Nummerung II

(1)

Zahl	4	5	6	2	6	7
Faktor	7	6	5	4	3	2

Produkt 28 + 30 + 30 + 8 + 18 + 14 = 128

Division der Summe der Produkte durch 11:

128 : 11 = 11 Rest 7

Subtraktion des Restes mit 11:

11 – 7 = 4

Die Zahl 4 ist die gesuchte Prüfziffer, die vollständige Zahl lautet 456 2674.

(2) Sämtliche Zahlendreher und Substitutionsfehler in einer Stelle werden erkannt. Bei mehrfachen Vertauschungen bleiben alle jene Fehler unerkannt, die einen Ausgleich der Produktdifferenz ergeben oder wenn die Summe der Produkte ein ganzes Vielfaches von 11 ergibt.

3) Teilenummer 76.528.632

$$
\begin{aligned}
2 \cdot 1 &= 2\\
3 \cdot 2 &= 6\\
6 \cdot 3 &= 18\\
8 \cdot 4 &= 32\\
2 \cdot 5 &= 10\\
5 \cdot 6 &= 30\\
6 \cdot 7 &= 42\\
7 \cdot 2 &= \underline{14}
\end{aligned}
$$

154 : 11 = 14 Rest 0

Der Divisionsrest von » 0 « zeigt, dass die Nummer fehlerfrei ist.

19 : Jahres-/Monats-/Wochenplanung

Die Aufgabe soll den Primärbedarf auf Jahres-, Wochen- Tagesplanung beschreiben. Dazu ist eine Vorgehensweise als top-down und bottom-up-Planung notwendig.

Mit den Tageszahlen aus der Kapazität der Maschinen kann man hochrechnen auf Jahreszahlen, dann eine Umsatzanalyse anschließen.

Dann kann man den Umsatz erhöhen (d. h. den Jahresumsatz + 20 %), weil die Geschäftsleitung dies beabsichtigt und dies dann auf Tageszahlen herunterbrechen. Dies zeigt dann die Belastung der Produktion mit ihren Auswirkungen auf das Materialwesen.

Falls eine Maschine ausfällt, kann man die Auswirkungen auf den Umsatz erkennen.

(1)

Jan.	Febr.	März	April	Mai	Juni
12,78*	13,61	11,94	15,56	13,89	14,44

* 230 : 18 usw.

(2)

15*	16	14	19	17	17

* gerundete Werte (12,78 + 20 %) usw.

(3) Der Tagesumsatz beträgt: 1.644.444,44 €

Bei 20 %-iger Steigerung: 1.960.000,00 €

(4) Der Halbjahresumsatz liegt bei: 29.600.000,00 €

Bei 20 %-iger Steigerung: 35.280.000,00 €

20 : Mengenstückliste

(1)

E 1	
Bezeichnung	**Menge**
T 1	3
T 2	5
T 3	1
T 4	6

(2)

E 2	
Bezeichnung	**Menge**
T 1	16
T 2	4
T 3	21
T 4	18
T 5	3

(3)

E 2			
Bezeichnung	**Menge**	**Primärbedarf**	**Sekundärbedarf**
T 1	16	250	4.000
T 2	4	250	1.000
T 3	21	250	5.250
T 4	18	250	4.500
T 5	3	250	750

21 : Strukturstückliste I

(1)

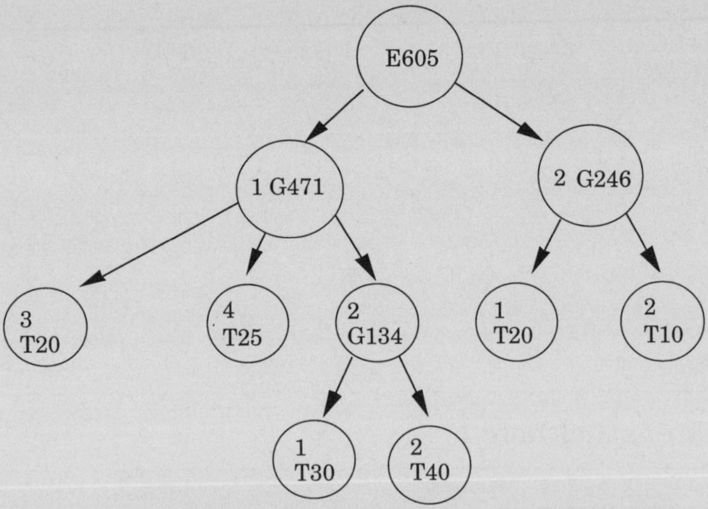

(2)

E605			
Bezeichnung	**Menge**	**Primärbedarf**	**Sekundärbedarf**
T10	4	300	1200
T20	5	300	1500
T25	4	300	1200
T30	2	300	600
T40	4	300	1200

22 : Stukturstückliste II

(1)

E 1		
Stufe	**Bezeichnung**	**Menge**
1	G 1	1
2	T 1	3
2	T 3	2
2	G 2	2
3	T 2	6
3	T 4	4
3	T 5	2
1	T 1	3
1	T 2	4
1	G 2	3
2	T 2	6
2	T 4	4
2	T 5	2

E 1		
Stufe	**Bezeichnung**	**Menge**
1	G 1	1
. 2	T 1	3
. 2	T 3	2
. 2	G 2	2
. . 3	T 2	6
. . 3	T 4	4
. . 3	T 5	2
1	T 1	3
1	T 2	4
1	G 2	3
. 2	T 2	6
. 2	T 4	4
. 2	T 5	2

E 1		
Stufe	**Bezeichnung**	**Menge**
X	G 1	1
XX	T 1	3
XX	T 3	2
XX	G 2	2
XXX	T 2	6
XXX	T 4	4
XXX	T 5	2
X	T 1	3
X	T 2	4
X	G 2	3
XX	T 2	6
XX	T 4	4
XX	T 5	2

(2)

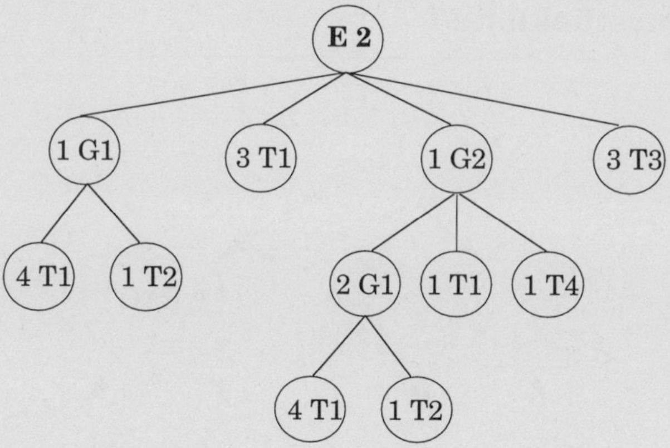

23 : Baukastenstückliste I

(1)

E 1	
Bezeichnung	**Menge**
G 1	1
G 5	2
G 2	5

G 1	
Bezeichnung	**Menge**
T 1	5
G 2	2

G 4	
Bezeichnung	**Menge**
T 2	3
T 4	4

G 5	
Bezeichnung	**Menge**
T 2	3
T 4	3

G 2	
Bezeichnung	**Menge**
T 1	3
G 3	6
G 4	2

G 3	
Bezeichnung	**Menge**
T 2	5
T 1	2
T 3	3

(2)

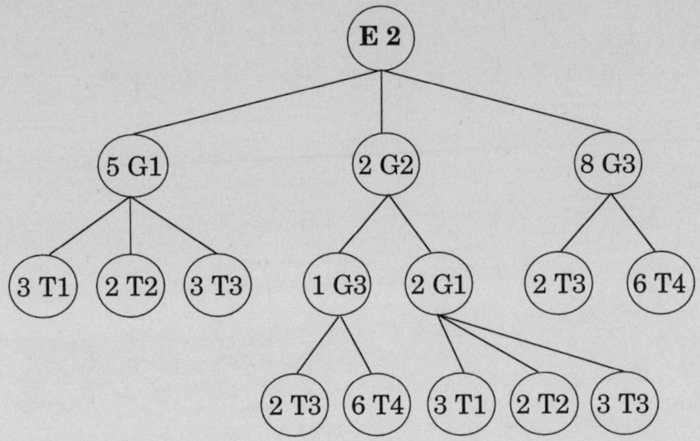

24 : Baukastenstückliste II

I besteht aus: A B	1 x 2 x
A besteht aus: E C 1	1 x 1 x 10 x
B besteht aus: 6 7	8 x 6 x
C besteht aus: 1 2 E	2 x 3 x 1 x
D besteht aus: 3 4	2 x 5 x
E besteht aus: D 5	1 x 4 x

Menge bezogen auf nächsthöhere Stufe

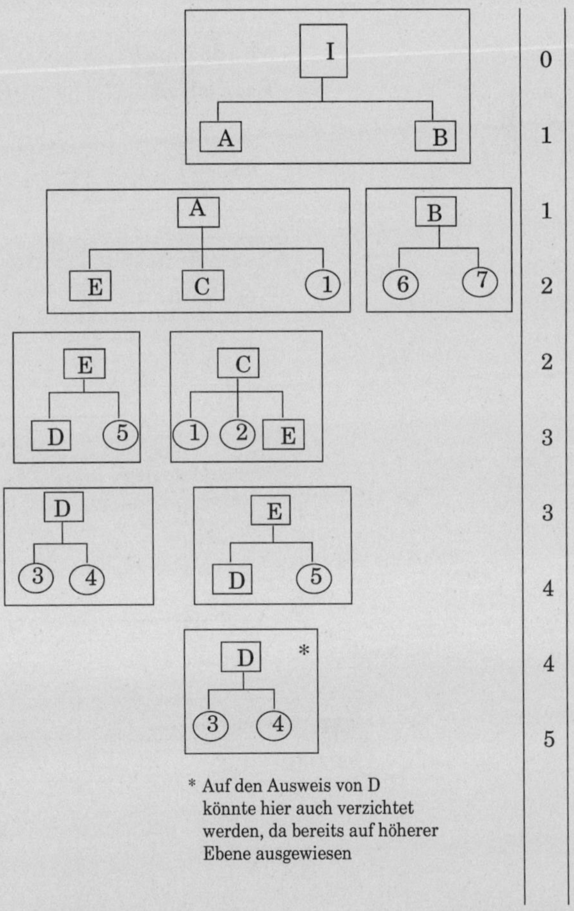

* Auf den Ausweis von D könnte hier auch verzichtet werden, da bereits auf höherer Ebene ausgewiesen

25 : Variantenstückliste

(1) Gleichteilestückliste

Gleichteilestückliste	
Bezeichnung	**Menge**
T 1	2
T 2	2

Variantenstückliste E 1	
Bezeichnung	**Menge**
T 3	1
T 4	1

Variantenstückliste E 2	
Bezeichnung	**Menge**
T 3	1
T 5	2

Variantenstückliste E 3	
Bezeichnung	**Menge**
T 5	2

(2) Plus-/Minusstückliste

Grundtypenstückliste G T (= E 3)	
Bezeichnung	**Menge**
T 1	2
T 2	2
T 5	2

Abartenstückliste (= E 2)	
Bezeichnung	**Menge**
G T	1
+ T 3	1

Abartenstückliste (= E 1)	
Bezeichnung	**Menge**
G T	1
+ T 3	1
+ T 4	1
– T 5	2

(3) Mehrfachstückliste

Typenreihe E			
Varianten	**E 1**	**E 2**	**E 3**
T 1	2	2	2
T 2	2	2	2
T 3	1	1	–
T 4	1	–	–
T 5	–	2	2

26 : Verwendungsnachweis

(1)

T 1	
Bezeichnung	**Menge**
E 1	5
E 2	3

T 2	
Bezeichnung	**Menge**
E 1	7
E 3	4

T 3	
Bezeichnung	**Menge**
E 2	2
E 3	3

T 4	
Bezeichnung	**Menge**
E 1	2
E 2	1
E 3	1

T 5	
Bezeichnung	**Menge**
E 1	6
E 3	1

T 6	
Bezeichnung	**Menge**
E 2	6

T 7	
Bezeichnung	**Menge**
E 3	3

T 8	
Bezeichnung	**Menge**
E 1	1

(2)

T 1		
Stufe	**Bezeichnung**	**Menge**
1	E 1	1
2	E 1	6
1	G 1	2
1	E 2	2
2	E 2	4
1	G 1	2

T 2		
Stufe	**Bezeichnung**	**Menge**
2	E 1	9
2	G 1	3
2	E 1	4
1	G 2	2
1	E 2	3
2	E 2	6
1	G 1	3

T 3		
Stufe	**Bezeichnung**	**Menge**
2	E 1	8
1	G 2	4

G 1		
Stufe	**Bezeichnung**	**Menge**
1	E 1	3
1	E 2	2

G 2		
Stufe	**Bezeichnung**	**Menge**
1	E 1	2

(3)

T 1	
Bezeichnung	**Menge**
E 1	1
G 1	2
E 2	2

T 2	
Bezeichnung	**Menge**
G 2	2
G 1	3
E 2	3

T 3	
Bezeichnung	**Menge**
G 2	4

G 1	
Bezeichnung	**Menge**
E 1	3
E 2	2

G 2	
Bezeichnung	**Menge**
E 1	2

27 : Vorlaufverschiebung

(1)

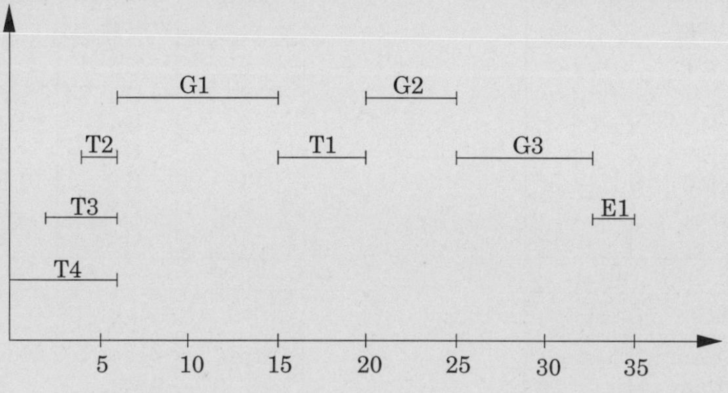

Die Durchlaufzeit beträgt unter den gegebenen Prämissen 35 Tage.

(2) Die Fertigung muss spätestens am Fabrikkalender-Tag 565 begonnen werden:

600 – 35 = 565.

(3) Mit dieser Information wird es dem Unternehmen möglich, einen Zeitpuffer von 15 Tagen zu erkennen. Dies kann für die Fertigung insofern wichtig sein, als durch Variation der Beginntermine für die einzelnen Fertigungsschritte innerhalb des Zeitpuffers eine Optimierung des gesamten Fertigungsablaufes im Unternehmen möglich wird.

Für die Materialwirtschaft bedeutet dies, dass sie die benötigten Materialien u.U. schon zum frühest möglichen Termin bereitstellen muss.

28 : Dispositionsstufen

	Erzeugnis E 1						Erzeugnis E 2					
Periode	1	2	3	4	5	6	1	2	3	4	5	6
Stufe 0:												
Primärbedarf				10	20	30				5	10	15
Stufe 1:												
Sekundärbedarf				10	20	30				5	10	15
Vorlaufverschiebung		10	20	30					5	10	15	
Ersatzbedarf				1	2	3						
Gesamtbedarf		10	20	31	2	3			5	10	15	
Stufe 2:												
Sekundärbedarf		10	20	31	2	3						
Vorlaufverschiebung	10	20	31	2	3							
Sekundärbedarf anderer Stufen			5	10	15							
Ersatzbedarf				2	2	2						
Gesamtbedarf	10	20	36	14	20	2						

29 : Gozinto-Graph I

(1)

Direktbedarfsmatrix

	A	B	C	D	E	F	1	2	3
A	0	0	0	0	0	0	0	0	0
B	0	0	0	0	0	0	0	0	0
C	1	2	0	0	0	0	0	0	0
D	4	0	1	0	0	0	0	0	0
E	0	1	2	0	0	0	0	0	0
F	0	3	0	0	0	0	0	0	0
1	0	0	0	2	3	0	0	0	0
2	0	0	0	1	0	2	0	0	0
3	0	0	0	0	4	3	0	0	0

Gesamtbedarfsmatrix

	A	B	C	D	E	F	1	2	3
A	1	0	0	0	0	0	0	0	0
B	0	1	0	0	0	0	0	0	0
C	1	2	1	0	0	0	0	0	0
D	5	2	1	1	0	0	0	0	0
E	2	5	2	0	1	0	0	0	0
F	0	3	0	0	0	1	0	0	0
1	16	19	8	2	3	0	1	0	0
2	5	8	1	1	0	2	0	1	0
3	8	29	8	0	4	3	0	0	1

(2)

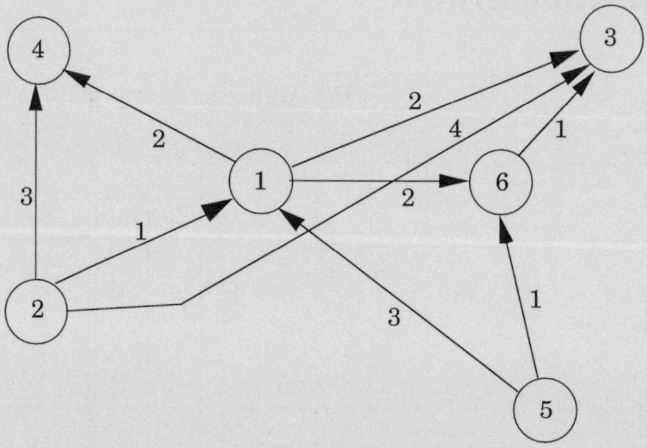

30 : Gozinto-Graph II

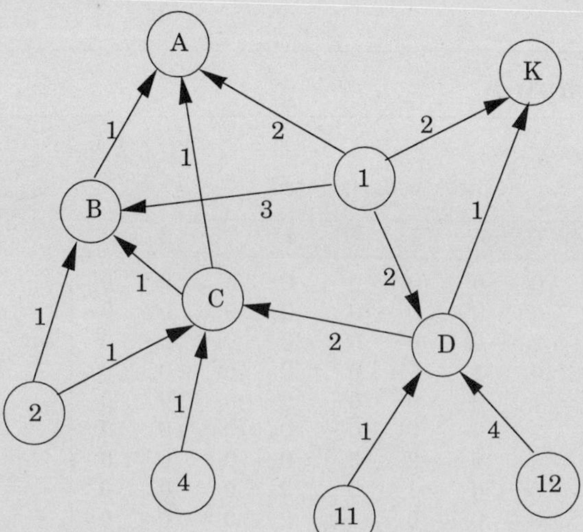

Direktbedarfsmatrix

von \ nach	A	B	C	D	1	11	12	2	4	K
A	0	0	0	0	0	0	0	0	0	0
B	1	0	0	0	0	0	0	0	0	0
C	1	1	0	0	0	0	0	0	0	0
D	0	0	2	0	0	0	0	0	0	1
1	2	3	0	2	0	0	0	0	0	2
11	0	0	0	1	0	0	0	0	0	0
12	0	0	0	4	0	0	0	0	0	0
2	0	1	1	0	0	0	0	0	0	0
4	0	0	1	0	0	0	0	0	0	0
K	0	0	0	0	0	0	0	0	0	0

Gesamtbedarfsmatrix

von \ nach	A	B	C	D	1	11	12	2	4	K
A	1	0	0	0	0	0	0	0	0	0
B	1	1	0	0	0	0	0	0	0	0
C	2	1	1	0	0	0	0	0	0	0
D	4	2	2	1	0	0	0	0	0	1
1	13	7	4	2	1	0	0	0	0	4
11	4	2	2	1	0	1	0	0	0	1
12	16	8	8	4	0	0	1	0	0	4
2	2	2	1	0	0	0	0	1	0	0
4	2	1	1	0	0	0	0	0	1	0
K	0	0	0	0	0	0	0	0	0	1

31 : Mittelwert

(1) $V = \frac{4.500 + 4.600 + 4.900 + 4.900}{4} = \mathbf{4.725\ kg}$

Der voraussichtliche Bedarf für August 2001 beträgt 4.725 kg.

Um den Planwert für September 2001 zu erhalten, ist der April-Wert wegzulassen und der Ist-Wert für August 2001 hinzuzufügen:

$$V = \frac{4.600 + 4.900 + 4.900 + 5.100}{4} = \mathbf{4.875\ kg}$$

Der gleitende Mittelwert ohne Gewichtung scheint hier nicht unbedingt geeignet zu sein, da die Bedarfswerte offensichtlich einen Trend aufweisen, der auf stetig steigenden Bedarf hindeutet.

(2) $V = \frac{4.500 \cdot 10 + 4.600 \cdot 20 + 4.900 \cdot 30 + 4.900 \cdot 40}{10 + 20 + 30 + 40} =$ **4.800 kg**

Mit der Berechnung auf der Grundlage des gewogenen gleitenden Mittelwertes werden die letzten Perioden mehr berücksichtigt als frühere Perioden. Damit wird der Tatsache Rechnung getragen, dass der Materialbedarf tendenziell ansteigt.

32 : Regressionsanalyse

(1) $a = \frac{1}{4}(280 + 290 + 330 + 350) = \mathbf{312{,}5}$

$$b = \frac{12}{4\,(16-1)}\left[y_1\left(1-\frac{5}{2}\right) + y_2\left(2-\frac{5}{2}\right) + y_3\left(3-\frac{5}{2}\right) + y_4\left(4-\frac{5}{2}\right)\right]$$

$$b = \frac{12}{60}\left[-1{,}5\,y_1 - 0{,}5\,y_2 + 0{,}5\,y_3 + 1{,}5\,y_4\right]$$

$$b = \frac{1}{5}\left[-1{,}5 \cdot 280 - 0{,}5 \cdot 290 + 0{,}5 \cdot 330 + 1{,}5 \cdot 350\right] = \mathbf{25}$$

$$t = i - \frac{4+1}{2} = \mathbf{i - 2{,}5}$$

$$y = 312{,}5 + 25\,(i - 2{,}5) = \mathbf{250 + 25i}$$

$$y_5 = 250 + 25 \cdot 5 = \mathbf{375\ Einheiten}$$

Der für das erste Quartal 2002 (= Periode 5) prognostizierte Bedarf beträgt 375 Einheiten.

(2)

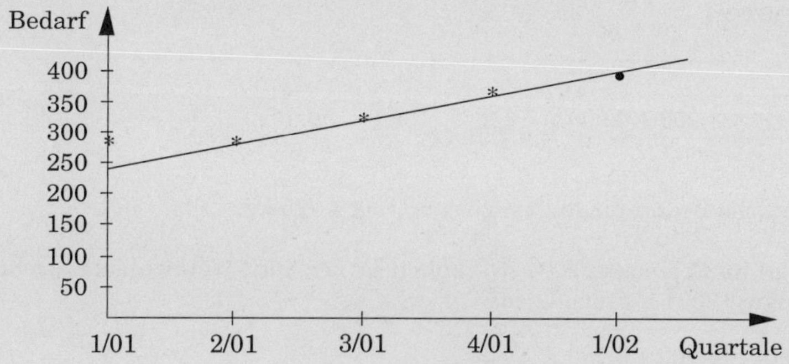

33 : Exponentielle Glättung

(1)

	$\alpha = 0{,}1$	$\alpha = 0{,}4$	$\alpha = 0{,}8$
Periode 2	280 + 0,1 (300 – 280) = 282,0	280 + 0,4 (300 – 280) = 288,0	280 + 0,8 (300 – 280) = 296,0
Periode 3	282 + 0,1 (240 – 282) = 277,8	288 + 0,4 (240 – 288) = 268,8	296 + 0,8 (240 – 296) = 251,2
Periode 4	277,8 + 0,1 (270 – 277,8) = 277,0	268,8 + 0,4 (270 – 268,8) = 269,3	251,2 + 0,8 (270 – 251,2) = 266,2
Periode 5	277 + 0,1 (350 – 277) = 284,3	269,3 + 0,4 (350 – 269,3) = 301,6	266,2 + 0,8 (350 – 266,2) = 333,2

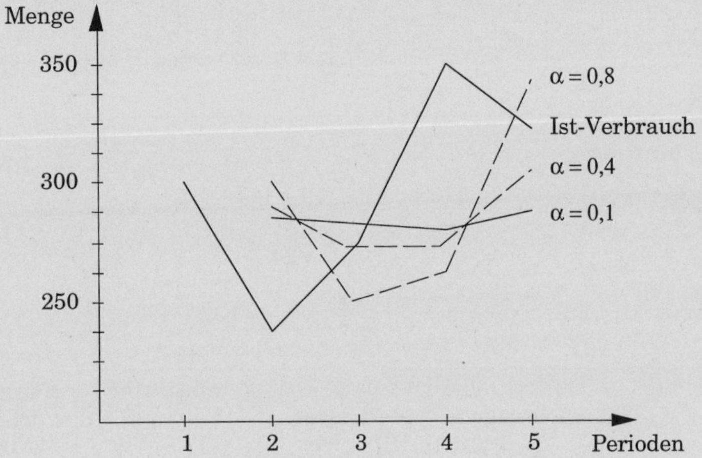

(2) $V_a = 400$ $\qquad T_i = 450 \qquad \alpha = 0{,}5$

$$V_{n(1)} = 400 + 0{,}5\,(450 - 400) = 425$$

$$V_{n(2)} = 400 + 0{,}5\,(425 - 400) = 412{,}4$$

$$V_n = 425 + (425 - 412{,}5) = 437{,}5$$

$$b_n = \frac{0{,}5}{1 - 0{,}5}\,(425 - 412{,}5) = 12{,}5$$

$$V_{n+1} = 437{,}5 + \frac{1 - 0{,}5}{0{,}5} \cdot 12{,}5 = \mathbf{450}$$

34 : Fehlervorhersage

(1)

Periode i	Tatsächliche Nachfrage T_i	Gleitender Mittelwert	Absoluter Fehler $\lvert T_i - V_i \rvert$	Fehler-vorhersage MAD_i
1	100			
2	120			
3	130			
4	115			
5	105			
6	110	114	4	
7	120	116	4	
8	100	116	16	
9	130	110	20	
10	120	113	7	
11	140	116	24	10,2
12	100	122	22	14,2
13		118		17,8

Lösungshinweis:

$$\text{Gleitender Mittelwert}_{11} = \frac{110 + 120 + 100 + 130 + 120}{5} = \mathbf{116}$$

$$\text{Absoluter Fehler}_{11} = \lvert 140 - 116 \rvert = \mathbf{24}$$

$$\text{Fehlervorhersage } MAD_{11} = \frac{4 + 4 + 16 + 20 + 7}{5} = \mathbf{10{,}2}$$

(2)

Periode i	Tatsächliche Nachfrage T_i	Gewogener gleitender Mittelwert	Absoluter Fehler $\lvert T_i - V_i \rvert$	Fehler-vorhersage MAD_i
1	100			
2	120			
3	130			
4	115			
5	105			
6	110	114,25	4,25	
7	120	113,75	6,25	
8	100	114,75	14,75	
9	130	109,25	20,75	
10	120	115,00	5,00	
11	140	117,50	22,50	10,20
12	100	125,00	25,00	13,85
13		118,50		17,60

Lösungshinweis:

$$\text{Gewogener gleitender Mittelwert}_{11} = \frac{110 \cdot 10 + 120 \cdot 15 + 100 \cdot 20 + 130 \cdot 25 + 120 \cdot 30}{100} = \mathbf{117{,}50}$$

Absoluter Fehler$_{11}$ = | 140 – 117,50 | = **22,50**

Fehlervorhersage MAD$_{11}$ $= \frac{4{,}25 + 6{,}25 + 14{,}75 + 19{,}25 + 5{,}00}{5}$ = **9,90**

(3)

Periode i	Tatsächliche Nachfrage T_i	Vorhergesagter Wert	Absoluter Fehler $\lvert T_i - V_i \rvert$	Fehlervorhersage MAD_i
5	105			
6	110	105*	5,0	
7	120	106,5	13,5	5,0**
8	100	110,6	10,6	7,6
9	130	107,4	22,6	8,5
10	120	114,2	5,8	12,7
11	140	115,9	24,1	10,6
12	100	123,1	23,1	14,7
13		116,2		17,2

* Da kein Vorhersagewert – wie in der Formel gefordert – vorliegt, wird der letzte tatsächliche Nachfragewert eingesetzt.

** Hier liegt kein MAD-Wert der letzten Periode vor, der für die Berechnung erforderlich wäre. Deshalb wird der absolute Fehler der letzten Periode übernommen.

Lösungshinweis:

Vorhergesagter Wert$_{11}$ = 114,2 + 0,3 (120 – 114,2) = **115,9**

Absoluter Fehler$_{11}$ = | 140 – 115,9 | = **24,1**

Fehlervorhersage$_{11}$ = 12,7 + 0,3 (5,8 – 12,7) = **10,6**

35 : Lagerbestand

	Bestand	Offene Bestellungen	Vormerkungen	Verfügbarer Bestand
Januar	300	50	25	325
Februar	260	50	30	280
März	320	50	100	270
April	340	40	120	260
Mai	400	45	90	355
Juni	200	80	150	130
Juli	360	0	130	230
August	340	40	90	290
September	440	50	70	420
Oktober	400	60	0	460
November	420	55	0	475
Dezember	380	50	50	380

(1) Der durchschnittliche Lagerbestand ergibt sich:

$$B_D = \frac{\text{Summe aller Monatswerte}}{12} = \frac{4.160}{12} = \mathbf{346{,}67\ Stück}$$

(2) Der verfügbare Bestand der einzelnen Monate ist der obigen Tabelle zu entnehmen.

(3) $B_D = \frac{3.875}{12} = \mathbf{322{,}92\ Stück}$

36 : Sicherheitsbestand

(1) Summieren der Vormerkungen ergibt 855, durch 12 geteilt = 71,25 Stück.

$$B_S = 71{,}25 \cdot 2 = \mathbf{142{,}5\ Stück}$$

(2) Es werden – beginnend mit dem Januar-Wert – die ersten 5 Monate addiert, der Durchschnitt festgestellt und daraus ein Sicherheitsbestand für den Monat März ermittelt.

$B_S = \frac{365}{5} \cdot 2$ $= 73 \cdot 2$ $B_{März} = \mathbf{146}$	$B_S = \frac{490}{5} \cdot 2$ $= 98 \cdot 2$ $B_{April} = \mathbf{196}$	$B_S = \frac{590}{5} \cdot 2$ $= 118 \cdot 2$ $B_{Mai} = \mathbf{236}$	$B_S = \frac{580}{5} \cdot 2$ $= 116 \cdot 2$ $B_{Juni} = \mathbf{232}$
$B_S = \frac{530}{5} \cdot 2$ $= 106 \cdot 2$ $B_{Juli} = \mathbf{212}$	$B_S = \frac{440}{5} \cdot 2$ $= 88 \cdot 2$ $B_{August} = \mathbf{176}$	$B_S = \frac{290}{5} \cdot 2$ $= 58 \cdot 2$ $B_{Sept.} = \mathbf{116}$	$B_S = \frac{210}{5} \cdot 2$ $= 42 \cdot 2$ $B_{Okt.} = \mathbf{84}$

(3) Unter der Voraussetzung, dass die Auftragseingänge und Vormerkungen noch frühzeitig vorgenommen werden können, lassen sich Sicherheitsbestände ermitteln, die der realen Situation besser angepasst sind.

37 : Meldebestand

(1) $B_M = (3 + 7) \cdot 15.000 + 37.500 =$ **187.500 Stück**

(2) $B_{M7} = 7 \cdot 15.000 + 15.000 =$ **120.000 Stück**

$B_{M8} = 8 \cdot 15.000 + 15.000 =$ **135.000 Stück**

$B_{M9} = 9 \cdot 15.000 + 15.000 =$ **150.000 Stück**

B_{M10} = 10 · 15.000 + 15.000 = **165.000 Stück**

B_{M11} = 11 · 15.000 + 15.000 = **180.000 Stück**

B_{M12} = 12 · 15.000 + 15.000 = **195.000 Stück**

38 : Lieferbereitschaftsgrad

(1) $X = \frac{620 + 620 + \ldots + 550 + 680 + 580}{12 \cdot 3}$ = **200, 83 Stück**

(2)

Klassenmitte	Häufigkeit der Bedarfsmengen	Relative Häufigkeit	Kumulative Häufigkeit
140	0	0	0
160	4	11,1	11,1
180	7	19,4	30,5
200	14	38,9	69,4
220	7	19,4	88,8
240	4	11,1	99,9
260	0	0	100
		100 %	

(3) Es zeigt sich, dass die meisten Anforderungen zwischen 191 und 210 liegen. Diese Mengen werden 14 mal angefordert. Dagegen ist die Wahrscheinlichkeit, dass Mengen unter 150 oder über 250 nachgefragt werden, gering. Aus der relativen Häufigkeit erkennt man, dass der Wert 200 eine Wahrscheinlichkeit von 40 % erreicht.

(4)

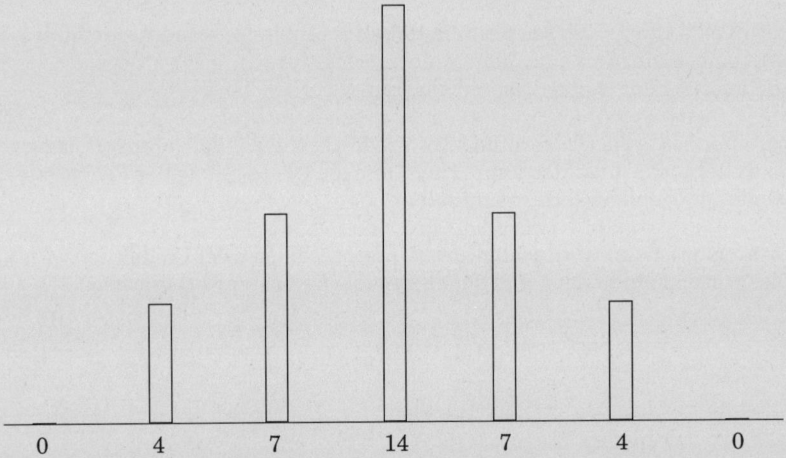

(5) Ohne Sicherheitsbestand beträgt die Wahrscheinlichkeit, dass Bedarfsanforderungen befriedigt werden, 50 %.

Soll ein Servicegrad erreicht werden, der über dem Monatsdurchschnitt von 200 liegt, so ist zu rechnen:

	Gruppe bis
100 %	250 Stück
90 %	230 Stück,

d.h. 10 % sind 20 Stück.

Möchte man einen Servicegrad von 95 %, so sind dies 240 Stück; bei einem Servicegrad von 85 % beträgt die Stückzahl 220.

(6) Da der durchschnittliche Bedarf bei 200 Stück liegt, beträgt der Sicherheitsbestand 40 Stück. Dieser Sicherbeitsbestand lässt sich bei einem monatlichen Durchschnittsbedarf von 200 Stück für einen Servicegrad von 95 % berechnen:

B_S = maximaler Bedarf (für 95 % der Fälle) – Durchschnittsbedarf = 240 – 200 Stück = 40 Stück.

Bewertet man diese Menge mit den Herstellkosten, so lassen sich daraus Größen über die – evtl. in dieser Höhe – nicht gerechtfertigten Lagerwerte ermitteln.

39 : Bestandsstrategien

(1) Alle Strategien, die den Lagerbestand lediglich in regelmäßigen Abständen überprüfen, sind abzulehnen. Mit jedem Wareneingang ist es heute möglich, diese Bestandspositionen direkt dem Lagerbestand zuzubuchen. Damit entfällt eine ständige Überwachung.

(2) Bei C-Materialien sollten Analysen über die Höhe des Mindestbestandes stattfinden. Hier sollte die Abgangshäufigkeit und Menge überwacht werden, sodass bei zugesicherter schneller Belieferung der Mindetbestand abgesenkt werden kann.

Bei A-Materialien sollte die Überprüfung des Mindestbestandes daraufhin erfolgen, ob die Produktion weiter geführt werden kann. Hier kann die Überprüfung der Reichweite dazu führen, jeweils genügend Material vorzuhalten.

(3) Bei allen Strategien ist darauf zu achten, dass Unterbrechungen der Produktion vermieden werden. Dies würde Fehlmengen und damit zusätzliche Kosten verursachen.

40 : Sofortige Lagerergänzung

Da eine Lieferzeit von 2 Wochen besteht (= 10 Tage), ergibt sich bei einem täglichen Verbrauch von 80 Einheiten:

(1) B = 80 · 10 = **800 Einheiten**

Die Sicherheitszeit ermittelt sich aus der

- einen Woche (= 5 Tage) für Lieferverzögerungen
  5 · 80 = 400 Einheiten
- 15 % Zuschlag für Mehrentnahmen, bezogen auf die 800 Einheiten:
  0,15 · 800 = 120 Einheiten

B_S = 400 + 120 = **520**

Der errechnete B_M lautet:

B_M = 800 + 520 = **1.320**

(2) **Reichweite für den Grundbedarf**

2.400 : 80 = **30 Tage**

Der durch langfristige Lieferzusagen gesicherte Materialzugang von 2.400 Stück reicht vom Termin 450 bis 480.

Reichweite für den Zusatzbedarf

Der Bestand von 1.320 Einheiten reicht bei einer täglichen Entnahme von 80 Stück weitere 16,5 Produktionstage. Damit kann bis zum Produktionstag 496 produziert werden.

41 : Langfristige Lagerergänzung

(1) 10 Ventile/Einheit · 1.000 Einheiten/Monat · 12 = **120.000 Einheiten/Jahr**

(2) 20 % von 120.000 = 24.000 Einheiten/Jahr oder 2.000 Ventile monatlich an Ausschuss

(3) $B_M = 90 \text{ Tage} \cdot \dfrac{10.000 + 2.000 \text{ (Stück/Mon. + Ausschuss)}}{20 \text{ (Arbeitstage pro Monat)}}$ = **54.000 Einheiten**

Eindeckungsmeldebestand = 50.000 + 10.000 + 25.000 = 85.000

Eindeckungsmeldebestand > Meldebestand
85.000 > 54.000

Eine Bestellung hat nicht zu erfolgen. Erst wenn der Bestand kleiner als 54.000 wird, ist eine Bestellung auszulösen.

42 : Vereinfachte Verfahren

(1) Alle Vorschläge sind durchführbar, jedoch sind weniger geeignet:

- Zugriffsfreies Lager führt durch mangelnde Kontrolle sehr bald zu chaotischen Situationen.
- Die Auftragsplanung wäre überlastet und es entsteht ein überdimensionaler Planungsaufwand.

(2) Die Rohrpostanlage ist mit hohen Kosten verbunden. Die Versorgung aus einem Distributionszentrum könnte allerdings unter Berücksichtigung der Planbarkeit eine durchaus praktikable Lösung sein.

Die Versorgung über Wagen ist vorteilhaft. Dieses Prinzip findet man heute durchweg bei Installateuren, die in ihren Autos häufig benötigte Teile mitführen.

43 : Bestellrhythmus-Verfahren

(1) $V_T = 1.000$ t/Tag

$T_W + T_U = 20$ Tage

$T_P = 10$ Tage

$B_S = 100$ t

$$B_P = \frac{1.000 \cdot 20}{10} + 100 = \mathbf{2.100\ t}$$

(2) $V_T = 1.500$ t/Tag

$T_W + T_U = 10$ Tage

$T_P = 5$ Tage

$B_S = 120$ t

$$B_P = \frac{1.500 \cdot 10}{5} + 120 = \mathbf{3.120\ t}$$

Die Ergebnisse zeigen, dass der Bestellpunkt sich durch die Veränderung der Produktionsbedingungen von 2.100 t auf 3.120 t erhöht.

44 : Bedarfsbedingte Bestandsergänzung

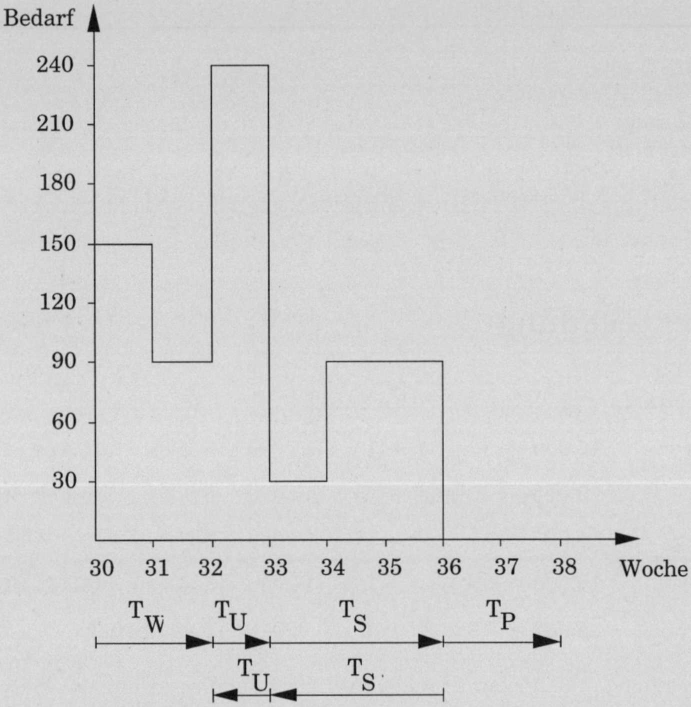

(1) Tag der Bestellung = 30. Woche
(2) Isteindeckungszeit = 36. Woche
(3) Solleindeckungszeit = 38. Woche
(4) Soll-Liefertermin = 32. Woche

45 : Befundrechnung

Verbrauch = Anfangsbestand + Zugang - Endbestand

$= 70 \cdot 250 + 2 \cdot (100 \cdot 400) - (20 \cdot 250 + 65 \cdot 400) =$ **66.500 Schrauben**

46 : Skontration

(1) Endbestand = Anfangsbestand + Zugang - Abgang

Endbestand = $30.000 + 6.000 - 3 \cdot 7.500 =$ **13.500 Liter**

(2) Materialentnahmescheine sollten folgende Angaben enthalten:

- Auftragsnummer
- Materialart
- Materialmenge
- Materialpreis
- Entlastetes Konto
- Empfangende Kontenstelle
- Ausgabedatum
- Sonderangaben

Bei der Gestaltung von Materialentnahmescheinen gibt es viele Möglichkeiten.

47 : Rückrechnung

(1) **Materialbedarf**

Oberteil	15.000 + 15 · 4 + 18 · (15.000 : 5.000) = **15.114 Stück**
Unterteil	15.000 + 15 · 3 + 18 · (15.000 : 5.000) = **15.099 Stück**
Zwischenring	15.000 + 15 · 10 + 18 · (15.000 : 5.000) = **15.204 Stück**
Feder	15.000 + 15 · 6 + 18 · (15.000 : 5.000) = **15.144 Stück**
Mine	15.000 + 18 · (15.000 : 5.000) = **15.054 Stück**

(2) In dem vorstehenden Falle kann die Rückrechnung zur Ermittlung des Materialbedarfes ohne Schwierigkeiten eingesetzt werden.

Für Unternehmen mit komplizierten Erzeugnissen, die in mehreren Fertigungs- und Montagestufen erstellt werden und Bestandteile eines umfassenden, vor allem heterogenen Fertigungsprogrammes sind, kann die Rückrechnung nicht als geeignete Methode zur Ermittlung des Materialverbrauches bezeichnet werden.

48 : Stichprobeninventur

(1) Wesentliche Merkmale sind:

- Sicherstellung, dass alle Materialien einmal pro Jahr erfasst werden
- Festlegung der Inventurverfahren pro Lager, Betrieb, Werk
- Durchführung der Inventur nach Organisationseinheiten (z. B. Lager, Lagerplatz)

(2) Inventuraufnahmebelege unterstützen die Durchführung der Inventur. Sie enthalten wesentliche Angaben wie Lagerort, Materialnummer, Mengen.

(3) Im Rahmen der Durchführung der Stichprobeninventur müssen als Aufgaben gelöst werden:

- Drucken von Listen pro Lager, Lagerplatz
- Aufnahme der Daten durch Zählen, Messen, Wiegen
- Erkennen von Fehlergebnissen durch das System und
- Veranlassen einer Nachaufnahme
- Analyse der Inventurdifferenzen durch das System
- Korrektur und Ausbuchen der Inventurdifferenz

49 : Bestandsstatistik I

(1) Rohmaterial- Lagerkarte

Rohmaterial: .... Mat. Schlüssel-Nr. : ....

Abmessung: .... DIN-Bezeichnung: ....

Mindest-/Eisener Bestand: .... Verrechnungspreis: ab .... € ....
Durchschnittl. Monatsverbrauch .... ab .... € ....
ab .... € ....

Text	Datum	Bestellung			Zugang			Abgang			Bestand		
		Menge	Preis	Wert	Menge	Preis	Wert	Menge	Preis	Wert	Menge	Preis	Wert
Übertrag:													

(2) Der Materialdisponent prüft die nach aufsteigender Materialnummer abgestellten Lagerkarten einzeln ab.

Liegt das Datum der letzten Entnahme etwa 2 Jahre zurück, so wird die Karte gezogen und entschieden, ob dieses Material zu verschrotten ist bzw. für Ersatzlieferungen weiterhin am Lager gehalten wird. Eine Überprüfung des aktuellen Bestandes mit dem Mindestbestand zeigt Unterschreitungen an. Sind in der Bestellspalte offene Bestellungen eingetragen, so wird keine neue Bestellung ausgelöst.

(3)

Lager	Art.-Nr.	Bez.	Abg. Jährl.	Letzte Entnahme	Bestand	Bestellpunkt	Ert. Best.	Mind. Best.	Unterdeckung

(4) Das Programm kann sämtliche Materialbestände auf das Vorhandensein von Unstimmigkeiten abprüfen. Dabei werden folgende Vergleiche durchgeführt:

- Tagesdatum mit Datum der letzten Entnahme
- Bestand mit Mindestbestand
- Bestellmenge mit erteilter Bestellung

Werden bei Materialien Unstimmigkeiten festgestellt, so werden nur diese Bestände listenmäßig ausgegeben.

Der Materialdisponent kann aufgrund der Liste entscheiden, welche Maßnahmen durchzuführen sind. Folgende Maßnahmen können getroffen werden:

- Verschrotten von Lagerhütern
- Auslösen von Bestellungen
- Annahmen von erteilten Bestellungen

50 : Bestandsstatistik II

(1) Anfragen an die Software können sein:

- Mengen- und wertmäßige Führung der Bestände
- Erfassung und Nachweis der Bewegungen
- Führung der Sachkosten der Hauptbuchhaltung

(2) Über die Materialnummer ist jederzeit ein Zugang zu diesen Daten möglich. Hier kann auch auf Verbrauchdaten zugegriffen werden.

(3) Werden Teile in Fertigungsaufträgen angesprochen, erfolgt automatisch Reservierung. Sie können über die Auftragsnummer jederzeit gefunden werden.

51 : Wertansätze

(1)

	Menge	Preis	Wert
Bestand alt Zugang	4.000 2.000	32,00 € 30,00 €	128.000,00 € 60.000,00 €
Bestand neu Entnahme	6.000 3.000	31,33 € 31,33 €	187.980,00 € 93.990,00 €
Bestand neu Zugang	3.000 500	31,33 € 30,00 €	93.990,00 € 15.000,00 €
Bestand neu Abgang	3.500 2.000	31,14 € 31,14 €	108.990,00 € 62.280,00 €
Bestand neu Zugang	1.500 1.000	31,14 € 28,00 €	46.710,00 € 28.000,00 €
Bestand neu	2.500	29,88 €	74.700,00 €

Der aktuelle Durchschnittspreis liegt bei 29,88 €.

(2) Für das Teil T 710 000 werden benötigt:

4 · E 710.052 Kosten pro Stück	=	8,90 €	
· 4	=	35,60 €	→
2 · E 710.036 Preis pro Stück	=	29,88 €	
· 2	=	59,76 €	→
1 · E 710.300 Preis pro Stück	=	20,00 €	→
Gesamtpreis	=	115,36 €	←

Bei einer Auftragsgröße von 500 Stück liegen die Gesamtkosten bei 57.680 €.

52 : Verbrauchsfolgen

(1) Der Bestand an Materialien aus Anfangsbestand und Zugängen ergibt: 1.150.000 Stück.

Diesem Bestand stehen Abgänge in Höhe von 948.000 Stück entgegen.

Damit bleibt ein Endbestand von 202.000 Stück.

(2) $$\text{Preis} = \frac{\text{Bestandswert}}{\text{Zugangsmengen}}$$

$$= \frac{14.620.000}{1.150.000} = \mathbf{12{,}71\ €}$$

(3) **Lifo-Verfahren:** Bei diesem Verfahren wurden - buchtechnisch - die Zugänge des letzten Vierteljahres zu 16 € für die Lagerentnahme des Januar, Februar, März usw. herangezogen.

Der Endbestand von 202.000 Stück ist deshalb mit dem niedrigen Anschaffungswert von 10 € anzusetzen.

Fifo-Verfahren: Bei diesem Verfahren sind - in umgekehrter Folge - die letzten 200.000 Stück à 16 € und 2.000 Stück à 14 € zu berücksichtigen.

Bei steigenden Preisen wäre das Lifo-Prinzip aus buchungstechnischen Gründen vorzuziehen. Dies ist oft nicht möglich, da zum Januar-Verbrauch die Preise für Dezember noch nicht bekannt sind.

(4) Die Bewertung des Endbestandes nach der Methode gleitender Durchschnitte:

	202.000 · 12,71	= 2.567.420 €
Lifo-Verfahren	202.000 · 10,00	= 2.020.000 €
Fifo-Verfahren	200.000 · 16 + 2.000 · 14	= 3.228.000 €

53 : Bestandsüberwachung

(1) Die Kontrolle der Verfügbarkeit soll sicherstellen, dass die benötigten Materialien rechtzeitig zur Verfügung stehen. Damit soll gewährleistet werden, dass geplante Aufträge nicht kurzfristig infolge fehlender Materialien storniert werden.

Die Planung berücksichtigt dabei die jeweils nächsten drei Perioden. Anhand des Lagerbestandes wird geprüft, wie weit der Bestand reicht.

Als Planungsperiode ist hier eine Woche nach dem Fabrikkalender angesetzt.

(2) Der Bestand reicht für die Auftrags-Nr. 4632 nicht mehr aus; daher wird dies als Fehlmenge gekennzeichnet und der Auftrag gesperrt. Eine Bestellung von 1.200 Stück wird zwar in dieser Periode ausgelöst, trifft aber nicht mehr rechtzeitig ein.

(3) Der Zugang aufgrund der Bestellung der ersten Periode reicht sowohl für den gesperrten Auftrag der ersten Periode (Auftrags-Nr. = 4632) als auch der weiteren Aufträge. Lediglich für Auftrags-Nr. 5660 ist eine Warnung gegeben.

Da diese Liste zum Fabriktag 349 ausgegeben wird, bleiben zwei volle Wochen, um durch Umdispositionen bzw. Eilbestellungen die Durchführung des Auftrags zu sichern.

54 : Kennzahlenüberwachung I

(1) Durchschnittlicher Lagerbestand für

Betrieb A

$$B_D = \frac{85.000 + 3.000 + 90.000 + \ldots + 6.000 - 5.000}{5} = \mathbf{90.000\ €}$$

Betrieb B

$$B_D = \frac{36.000 + 6.000 + \ \ldots + 31.000 + 2.000}{5} = \mathbf{34.000\ €}$$

(2) Verbrauch zu Einstandspreisen

	729.000	lt. Buchhaltung		160.000	lt. Buchhaltung
–	3.000	Korrekturposten	–	6.000	Korrekturposten
–	6.000		+	2.000	
+	5.000				
	725.000	**(A)**		156.000	**(B)**

$$\text{Lagerumschlag} = \frac{\text{Verbrauch in der Periode}}{\text{Durchschnittlicher Lagerbestand}}$$

$$\text{Lagerumschlag} = \frac{725.000}{90.000} = \mathbf{8{,}06\ (A)} \qquad = \frac{156.000}{34.000} = \mathbf{4{,}59\ (B)}$$

Der Umschlag an Lagermaterialien (= Waren) erfolgte ca. 8 mal bzw. 4,6 mal. Das heißt, 4,6 bzw. 8 mal wurden Waren gekauft, die dann wieder veräußert wurden.

(3) Die Formel lautet:

$$\text{Lagerdauer} = \frac{360}{\text{Lagerumschlag}}$$

Lagerdauer = **45 Tage (A)** | = **78 Tage (B)**

(4) Die Zahlen von Betrieb B fallen gegenüber dem Unternehmensmittel stark ab, sodass entsprechende Maßnahmen zu ergreifen sind.

55 : Kennzahlenüberwachung II

(1) Durchschnittlicher Bedarf	=	250.000 Stück
+ 8 % Zuwachs	=	20.000 Stück
+ Neubedarf	=	6.000 Stück
– Storno	=	4.000 Stück
		272.000 Stück

(2) Für die Wiederbeschaffung sind 80 Tage Lieferzeit + 10 Tage Sicherheitszeit zu berücksichtigen. Damit ergibt sich der Verbrauch aufgrund einer 3-monatigen Bedarfsmenge.

$$\text{Verbrauch} = \frac{272.000}{12} \cdot 3 = \mathbf{68.000\ Stück}$$

(3) Der Bestellpunkt muss so gewählt sein, dass der Sicherheitsbestand von 36.000 Stück nicht angegriffen wird; daher ist:

Bestellpunkt = 68.000 + 36.000 = **104.000 Stück**

(4) Der durchschnittliche Bestand ergibt sich aus:

$$B_D = \frac{160.000}{2} + 36.000 = \mathbf{116.000\ Stück}$$

(5) Die durchschnittliche Lagerdauer beträgt:

$$= \frac{116.000 \cdot 12}{272.000} = \mathbf{5{,}12\ Monate}$$

56 : Modularsourcing

(1) Sicherlich sind die Kosten des Einkaufs, der Disposition der Teile sowie die Bereitstellung der Teile für die Produktion durch die Einbindung von Systemlieferanten geringer. Dies bedeutet jedoch ein höheres Risiko, das auch durch eine Lagerhaltung nicht aufgefangen werden kann. Bei Einzellieferanten war es bisher immer noch möglich, fehlende Teile kurzfristig über andere Lieferanten zu beziehen, dies ist jetzt nicht mehr realisierbar.

(2) Das Werk, das auf dem Fabrikgelände die Karosserie erstellt, stellt einen Engpass dar, da hier die Versorgungskette unterbrochen werden kann. Inwieweit das Karosserieunternehmen eine feste Lieferantenbeziehung zum Stahlhersteller hat, muss geprüft werden, da hier ebenfalls eine Schwachstelle liegt.

(3) Die Abhängigkeit von Smart von einem Zulieferanten im Rahmen einer Versorgungskette darf nicht soweit gehen, dass es zu Produktionsstillständen kommt. Hier sollte versucht werden, die Produktionsmengen auf mehrere Lieferanten aufzuteilen. Dies könnte in einer ABC-Verteilung geschehen, sodass das Hauptkontingent (ca. 70 %) vom bisherigen Systemlieferanten abgedeckt und die Restmenge auf weitere Lieferanten aufgeteilt wird. Die Rückverlagerung der Produktion in die Smartorganisation scheidet wegen der hohen Kosten für Investitionen und Kostenrelevanz aus.

57 : Beschaffungsprinzipien

(1) Die Einrichtung einer Ausstellungshalle ist zwar sinnvoll, hat aber den Nachteil, dass hier eine Vorratshaltung nicht zweckmäßig ist. Es wäre sinnvoll, über Einkaufsgenossenschaften eine gute und schnelle Belieferung zu garantieren, um Lagerbestände zu vermeiden.

Wünscht der Kunde Sonderausstattungen, so wird man eine Einzelbeschaffung vorziehen. Dies ist in Einzelfällen nur mit Wartezeiten möglich.

(2) Unter Berücksichtigung der Kostensituation lassen sich unterscheiden:

- Einzelbeschaffung: Kundenwünsche sind nicht dem Standardsortiment zuzuordnen
- Vorratsbeschaffung: Hohe Lager- und Zinskosten
- Fertigungssynchrone Beschaffung: Bezug durch Großhändler direkt auf die Baustelle.

(3) Eine Lagerhaltung verursacht hohe Kosten und Planungsaufwand. Nur durch eine Steuerung des Bedarfs über die Aufträge werden diese Kosten gering gehalten.

58 : Just in time

(1) Gegenwärtig wird die Organisation mit Zwischenlagerung gewählt. Dies bedingt - auch unter Beachtung rechtzeitiger und daher fertigungssynchroner Belieferung hohe Lagerkosten.

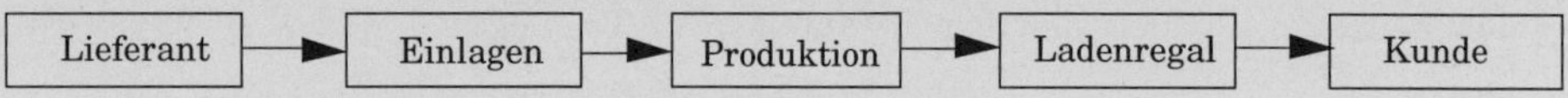

(2) Für die Zukunft ist eine Straffung und Abstimmung der Abläufe notwendig. Dabei sind die Prozesse laufend gegeneinander abzustimmen. Drei Ziele werden verfolgt:

- Abbau der Lager
- Fehlerfreie Produktion bei der Belieferung
- Vermeidung von Fehlern.

Der Lieferant wird in die Versorgungskette integriert und stellt eine Belieferung zum gewünschten Termin sicher.

Die Just-in-time-Produktion gilt dabei für die Beschaffung, Produktion und Verteilung der Ware:

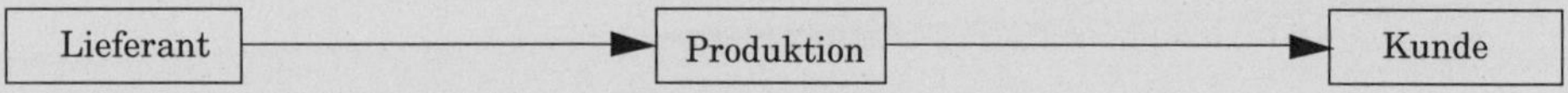

Die Realisierung dieser Produktionsform bedingt einen hohen Koordinationsaufwand.

59 : Beschaffungskosten

(1)

	Kleinschmidt OHG			**Petersen GmbH**			**Adolf Schmidt KG**		
	300 Stück	**800 Stück**	**1.300 Stück**	**300 Stück**	**800 Stück**	**1.300 Stück**	**300 Stück**	**800 Stück**	**1.300 Stück**
Angebotspreis	25,00	25,00	25,00	23,00	23,00	23,00	30,00	30,00	30,00
– Rabatt	–	–	2,50	–	–	–	–	–	7,50
– Bonus	–	–	–	–	–	–	–	–	–
+ Mindermengenzuschlag	1,25	–	–	–	–	–	–	–	–
= Zieleinkaufspreis	26,25	25,00	22,50	23,00	23,00	23,00	30,00	30,00	22,50
– Skonto	0,53	0,50	0,45	–	–	–	1,20	1,20	0,90
= Bareinkaufspreis	25,72	24,50	22,05	23,00	23,00	23,00	28,80	28,80	21,60
+ Bezugskosten	–	–	–	0,06	0,06	0,06	0,03	–	–
= Einstandspreis	25,72	24,50	22,05	23,06	23,06	23,06	28,83	28,80	21,60

Die Zulieferteile können am kostengünstigsten bezogen werden:

bei 300 Stück von der Firma Petersen GmbH (23,06 €)
bei 800 Stück von der Firma Petersen GmbH (23,06 €)
bei 1.300 Stück von der Firma Adolf Schmidt KG (21,60 €)

(2) Der Zahlenvergleich - 4 % zu 12 % - ist trügerisch. Während bei den 12 % Fremdkapitalzinsen unterstellt werden kann, dass sie sich auf ein Jahr beziehen, gelten die 4 % nur für den Zeitraum, der zwischen dem 10. und dem 30. Tag liegt.

Die Maschinenbau GmbH müsste bei Nichtausnutzung der Skonti von einem Zinssatz rechnen von

20 Tage - 4 %
360 Tage - x %

$$x = \frac{4 \cdot 360}{20} = \mathbf{72\ \%}$$

Nimmt die Maschinenbau GmbH bei einem Einstandswert von 1.300 · 21,60 € für 20 Tage den Kontokorrentkredit in Anspruch, dann kostet dies 28.080 · 0,12 · 20 : 360 = 187,20 €. Würde die Maschinenbau GmbH auf eine Ausnutzung der Skonti verzichten, dann müsste sie 1.300 · 22,50 – 1.300 · 21,60 = 1.170 € mehr bezahlen als bei Skontierung.

Die Skontoausnutzung erspart der Maschinenbau GmbH – trotz der notwendigen Fremdkapitalaufnahme – einen Betrag von 982,80 €.

60 : Bestellkosten

(1) Bestellkosten pro Bestellung:

(350.000 + 200.000) : 11.000 = **50 €**

Bei einer Bestellung werden an Bestellkosten 50 € verursacht, bei dreimaliger Bestellung entstehen entsprechend Kosten von 150 €.

(2) Es ergeben sich folgende Antworten:

(a) Die Art und Form, wie Bestellungen ausgelöst werden, ist nicht bekannt. Dies lässt vermuten, dass genauere Analysen zur Bestellsituation, Bestellhäufigkeit und der Bestellmenge fehlen. Auch gibt es keine Informationen über die Vorlieferanten, um auf die Bestellsituation einwirken zu können.

(b) Teilt man die Gesamtkosten durch die Anzahl der Bestellungen kostet eine Bestellung 40,- €. Hier sollten die einzelnen Aktivitäten untersucht werden, die den Bestellvorgang begleiten. Dies sind:

- Waren bestellen
- Bestellung verfolgen
- Wareneingang kontrollieren
- Bestellung abschließen.

(c) Empfehlungen können sein:

- In größeren Mengen bestellen
- Zeiten für Teilaktivitäten ermitteln und mit Kosten belegen
- Aktivitäten (z. B. Bestellungen verfolgen) auf das EDV-System übertragen
- Bestellvorgang durch EDI abwickeln.

61 : Lagerhaltungskosten

(1) $$L_S = \frac{(75.000 + 115.000 + 555.000 + 205.000) \cdot 100 \cdot 2}{1.000.000 + 2.500.000 + 300.000 + 1.200.000 + 2.000.000 + 1.000.000 + 1.500.000 + 3.000.000 + 2.000.000 + 2.450.000} = \mathbf{11{,}21\ \%}$$

(2) $$L_{HS} = p + L_S$$
$$= 8 + 11{,}21 = \mathbf{19{,}21\ \%}$$

$$K_{L(102)} = 250 \cdot 0{,}1121 = \mathbf{28{,}03\ €}$$

$$L_{HK(102)} = E \cdot L_{HS}$$
$$= 250 \cdot 0{,}1921 = \mathbf{48{,}03\ €}$$

(3) Bei der Analyse der Lagerkosten fällt besonders der hohe Anteil an Personalkosten (= 555.000 €) auf. Darüberhinaus kann vermutet werden, dass in den Lagergemeinkosten ebenfalls ein Personalkostenanteil steckt. Erfahrungsgemäß könnte dieser Anteil bei 40 % liegen. Bei einem Betrag von 82.000 € würden damit Personalkosten in Höhe von 637.000 € entstehen.

Diese Kosten resultieren überwiegend aus den vielfältigen Tätigkeiten im Lagerbereich, beispielsweise für Einlagern, Umlagern, Disponieren, Portionieren, Kommissionieren, Zählen-Messen-Wiegen, Auslagern.

Der hohe Anteil der Personalkosten an den Gesamtkosten muss zu einer Rationalisierung im Personalbereich führen.

Sicherlich entstehen durch die Einsparung von Personalkosten höhere Sachkosten, da man versuchen wird, durch geeignete Förderzeuge die Effizienz der Lagertätigkeiten zu steigern.

Ansatzpunkt einer Analyse können beispielsweise sein:

- Wieviel Zeit wird für manuelle Aufzeichnungen benötigt?
- Werden Terminals eingesetzt, die das Ein- und Auslagern automatisiert vornehmen?
- Wie wird die Qualitätskontrolle durchgeführt. Finden Stichprobenpläne Anwendung?
- Kann das Lager auf eine automatisierte Lagerhaussteuerung umgestellt werden?
- Lassen sich Paletten einsetzen, sodass umfangreiche Umlagertätigkeiten entfallen?

62 : Fehlmengenkosten

3 € · 3.000 = **9.000 €**

3.000 € · 4 Tage Konventionalstrafe = **12.000 €**

Goodwill-Verlust = **10.000 €**

Gesamte Fehlmengenkosten = 9.000 + 12.000 + 10.000 = **31.000 €**

63 : Klassische Losgrößenformel

(1) $x_{opt} = \sqrt{\frac{200 \cdot 2.400 \cdot 100}{40 \quad 20}} = \sqrt{60.000} = \mathbf{245\ Einheiten}$

(2) $n_{opt} = \sqrt{\frac{2.400 \cdot 40 \cdot 20}{200 \cdot 100}} = \sqrt{96} = \mathbf{9{,}8}$

Die optimale Beschaffungshäufigkeit beträgt 10.

(Die Aufrundung von 9,8 auf 10 ist wegen der geringen Auswirkung zulässig.)

(3) Die Rechnung ist die gleiche. Somit verändern sich auch die Ergebnisse nicht, weil die Jahresbedarfsmenge keine Veränderung erfahren hat.

Für die Ermittlung der optimalen Beschaffungsmenge und optimalen Beschaffungshäufigkeit ist es vollkommen unerheblich, ob das Unternehmen Ein- oder Zweischichtbetrieb hat.

(4) Auch hier verändern sich die optimale Beschaffungsmenge und optimale Beschaffungshäufigkeit nicht, weil die Jahresbedarfsmenge gleich geblieben ist.

Allerdings muss bezweifelt werden, dass die klassische Losgrößenformel zur Ermittlung geeignet ist, weil der Bedarf innerhalb des Jahres sich erheblich verändert.

64 : Gleitende Beschaffungsmenge

Periode	Nettobedarf	Nettobedarf kumuliert	Lagerdauer kumuliert	Lagerhaltungskostensatz	Lagerhaltungskosten	Bestellkosten	Gesamtkosten der Bestellung und Lagerhaltung	Kosten der Bestellung und Lagerhaltung pro Mengeneinheit	Optimale Beschaffungsmenge
	A	B	C	D	E	F	G	H	I
					A·C·D		E + F	G : B	
1	60	60	0,5	0,20	6	30	36	0,60	
2	20	80	1,5	0,20	6	30	36	0,45	
3	50	130	2,5	0,20	25	30	55	0,42	
min. 4	30	160	3,5	0,20	21	30	51	0,32	160
5	50	210	4,5	0,20	45	30	95	0,45	
5	50	50	0,5	0,20	5	30	35	0,70	
min. 6	90	140	1,5	0,20	27	30	57	0,41	(140)

65 : Kostenausgleichsverfahren

Periode	Nettobedarf	Nettobedarf kumuliert	Lagerdauer kumuliert	Lagerhaltungskostensatz	Lagerhaltungskosten	Lagerhaltungskosten kumuliert	Bestellkosten	Optimale Beschaffungsmenge
	A	B	C	D	E	F	G	H
					A·C·D			
1	60	60	0,5	0,20	6	6	30	
2	20	80	1,5	0,20	6	12	30	
3	50	130	2,5	0,20	25	37	30	130
4	30	30	0,5	0,20	3	3	30	
5	50	80	1,5	0,20	15	18	30	
6	20	100	2,5	0,20	10	28	30	100

66 : Nutzwertanalyse

(1) Hauptkriterien können sein:

- Preis und Preiskonditionen
- Qualität und qualitative Leistungsfähigkeit
- Lieferservice
- Service und Wartung

(2) Der Einkauf ermittelt Punkte, nach denen der Lieferant bzw. das Material bewertet wird. Hier können einerseits Materialbewertungen eines Lieferanten auf andere Materialien dieses Lieferanten übernommen werden.

(3) Für die Lieferantenbewertung eignen sich Checklisten, die in Frageform die einzelnen Kriterien nach Gültigkeit untersuchen. Sie können beispielsweise folgendes Aussehen haben:

	1	2	3	4	5
Ist der Lieferant bereit zu Preiskorrekturen?				x	
Hat der Lieferant Preisstaffeln?			x		
Ist der Lieferant bereit, unterschiedliche Qualitäten anzubieten?			x		
Wie reagiert der Lieferant auf Änderungen der Liefermenge?					x
Sind Wartungsverträge möglich?	x				
Ist ein Notdienst vorhanden?			x		

67 : Angebotsauswahl

Die Lösung kann nur ein Vorschlag sein, der die Richtung zu einer zweckmäßigen Lösung weisen soll.

Günstig ist es, eine Checkliste zu erstellen und Punkte für die Vorteilhaftigkeit der einzelnen darin angesprochenen Kriterien in Bezug auf die drei Lieferanten zu verteilen.

Es können bis zu fünf Punkte pro Kriterium vergeben werden.

Kriterium	**A**	**B**	**C**
Preis	4	5	3
Qualität	5	4	4
Lieferfrist	5	4	4
Garantie	5	5	5
Kulanz	5	5	5
Termintreue	5	2	4
Flexibilität	5	3	5
Summe	34	28	30

Nach diesem Schema wäre – trotz des höheren Einstandspreises – dem Lieferanten A der Vorzug zu geben.

68 : Kostenkontrolle

	Einstandspreis	Rabatt
1001	Ansteigen in vertretbarem Rahmen	gleich
1002	Erhebliches Ansteigen, Gründe prüfen	gleich
1003	Leichte Verminderung	Verminderung
1004	Ansteigen in vertretbarem Rahmen	gleich
1005	Starkes Ansteigen, Gründe im einzelnen prüfen	starke Verminderung
1006	Verminderung	ansteigender Rabattsatz
1007	Leichtes Ansteigen	leichtes Ansteigen
1008	Leichte Verminderung	leichter Verminderung
1009	Leichte Verminderung	gleich
1010	Starkes Ansteigen	leichte Verminderung

69 : Beleg-/Mengen-/Zeitprüfung

(1) Der Materialeingang geschieht in folgenden Schritten:

- Annahme des Materials
- Identifizierung des Materials
- Art-/Mengenprüfung
- Qualitätsprüfung
- Rechnungsprüfung
- Erstellung der Materialeingangspapiere

(2) Bisher laufen die einzelnen Schritte so ab, dass die Arbeiten nacheinander – wegen der Zuständigkeit einzelner Sachbearbeiter – abgewickelt werden. Kritisch ist, dass die Verbrauchsstelle im Werk sehr spät erfährt, ob die Materialien zur Weiterverarbeitung zur Verfügung stehen. Dadurch können Aufträge nicht fristgemäß durchgeführt werden. Werden Wareneingänge erfasst, so ist es nicht möglich, Teile einer Lieferung in die Qualitätsprüfung in das Lager oder bei Lieferung unter Vorbehalt dies in einem Sperrbestand festzuhalten. Dies führt dazu, dass die gesamte Lieferung bis zur Klärung liegenbleibt.

(3) Die Bearbeitungsschritte lassen sich auf ein EDV-System übertragen. Bereits bei der Bestellung wird ein Bestellsatz mit sämtlichen Mengen und Preisen angelegt. Mit der Lieferung bzw. am vorgesehenen Liefertermin wird auf diese Bestellung Bezug genommen. Dies ermöglicht:

- Übernahme der Daten wie Bestellpositionen, Mengen, Bezugskosten, Bezugsnebenkosten, Lieferantenrechnung und Liefertermin

- Erfassung der Lieferung, Identifizierung der Lieferung, Kontrolle der Über-, Unterlieferungen, Termintreue und Mahnverfahren bei Nichtlieferung

- Identifizierung und Suche einer Bestellung über die Material- oder Lieferantennummer. Eine aufwendige Suche unterbleibt, da die Informationen im System vorgehalten werden.

- Erstellen der Arbeitspapiere aus der Bestellung. Übernahme des Lagerorts, Erkennen der notwendigen Qualitätsprüfung und automatisch Erkennung, falls das Material nicht dem Lager, sondern direkt dem Verbrauch zugeleitet wird.

70 : Materialprüfung

(1) Die Tabelle der Fehlerhäufigkeit hat folgendes Aussehen:

1	1	1	2	2	2	3	3	4	4
5	5	6	6	7	7	9	10	11	11
12	12	12	14	15	15	16	18	19	20
21	21	22	24	25	26	27	27	27	30
30	35	36	42	48	51	52	66	68	69

Die beiden Grenzwerte sind 1 und 69 Einheiten.

(2) Arithmetischs Mittel = $\frac{\text{Summe aller Werte}}{\text{Anzahl aller Werte}} = \frac{1.000}{50}$ = **20**

(3)

lfd. Nr.	Klasse von ... bis ...	Klassen-mitte	Absolute Häufigkeit	Relative Häufigkeit	Klassen-mitte mal Häufigkeit
1	0 – < 5	2,5	10	20	25,0
2	5 – < 10	7,5	7	14	52,5
3	10 – < 15	12,5	7	14	87,5
4	15 – < 20	17,5	5	10	87,5
5	20 – < 25	22,5	5	10	112,5
6	25 – < 30	27,5	5	10	137,5
7	30 – < 35	32,5	2	4	65,5
8	35 – < 40	37,5	2	4	75,0
9	40 – < 45	42,5	1	2	42,5
10	45 – < 50	47,5	1	2	47,5
11	50 – < 55	52,5	2	4	105,0
12	55 – < 60	57,5	0	0	0,0
13	60 – < 65	62,5	0	0	0,0
14	65 – < 70	67,5	3	6	202,5
			50	100	1.040,0

(4) $x = \frac{1.040}{50}$ = **20,8**

(5)

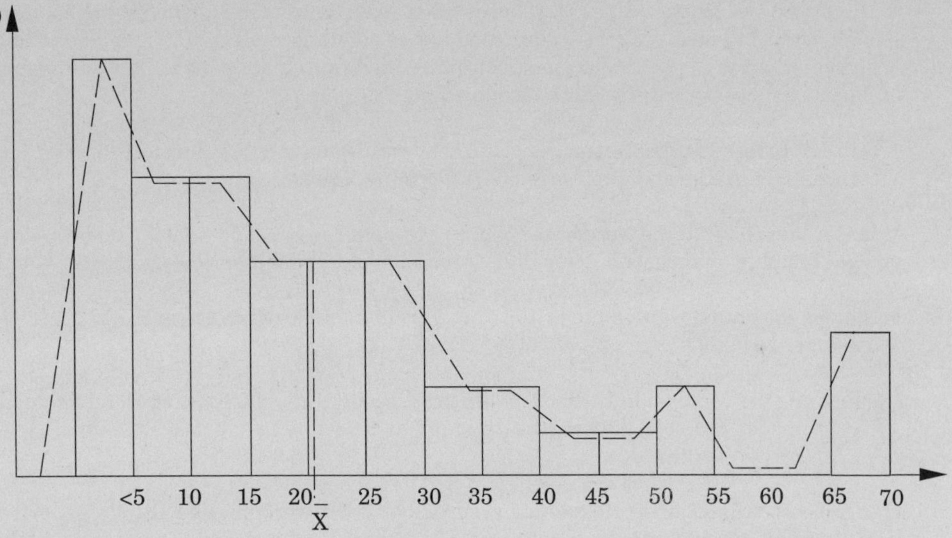

(6) Da es sich um eine Anlaufproduktion handelt, kann über die Qualität der Fertigung nichts Abschließendes gesagt werden. Es fällt jedoch auf, dass die Häufigkeit im Bereich von 0 bis 40 abnimmt. Es ist anzunehmen, dass die Zahlen im Bereich von 50 bis 70 als Ausreißer anzusehen sind. Sie dürfen mit der Verbesserung der Fertigung verschwinden.

71 : Rechnungsprüfung I

(1) Die Behandlung der Eingangsrechnung durchläuft folgende Bearbeitungsschritte:

- Erfassung der Rechnungsdaten
- Prüfung der Daten
- Buchung der Daten
- Anweisung zur Zahlung

Besonders bei der Datenprüfung sind folgende Tätigkeiten durchzuführen:

- Prüfen der Empfängerangabe
- Prüfung der Warendisposition auf Lieferschein und Rechnung auf Übereinstimmung
- Prüfung auf doppelte Rechnungsstellung und doppelte Zahlung
- Prüfung auf Einhaltung der vereinbarten Preise und Konditionen
- Prüfung der Nebenkosten und Abzüge auf Übereinstimmung mit den vereinbarten Liefer- und Zahlungsbedingungen
- Prüfung auf rechnerische Richtigkeit der Rechnung
- Prüfung, ob und in welchem Maße Beanstandungen vorzunehmen sind.

(2) Viele der genannten Prüfungen laufen bei EDV-Verarbeitung automatisch ab:

- Mit der Bestellung wird ein Bestellsatz erzeugt, der alle wesentlichen Daten der Bestellung enthält.

- Die Daten des Bestellsatzes werden mit den Materialstammsätzen verglichen; damit wird erreicht, dass z.B. Bestellungen, die die optimale Bestellmenge übersteigen, gemeldet werden, ebenso können bestimmte Lieferanten aufgrund ihres ungünstigen Bestellschlüssels nicht herangezogen werden.

- Mit der Erfassung der Daten der Auftragsbestätigung werden die Bestelldaten einer letztmaligen Änderung unterzogen (z.B. Termine, Preise).

- In der Warenannahme werden die Waren mit dem Lieferschein geprüft und die Daten über Terminal eingegeben. Hier findet eine Identifizierung der Warensendung statt.

- Mit der Rechnung werden die Daten über Terminal eingegeben. Hier finden Prüfungen folgender Art statt:

  - Prüfung der Mengen in Bestellung, Auftragsbestätigung, Lieferschein und Rechnung
  - Prüfung der Preise in Auftragsbestätigung und Rechnung
  - Prüfung der Termine.

(3) Hier muss vor allem auf die Bestellungen zurückgegriffen werden. Die EDV-Anlage ermöglicht eine Umsortierung des Datenmaterials nach verschiedenen Gesichtspunkten. Stehen für die einzelnen Artikel/Materialien verschiedene Lieferanten sowie Preise zur Verfügung, so lassen sich die bisherigen Bestellungen mit diesen Preistabellen vergleichen.

(4) Es handelt sich hier um einen Unterschiedsbetrag von 123,68 € (Rechnung im Hundert). Hier sollte man versuchen, auf Kulanzwege eine Gutschrift zu erzielen, da die Kosten einer Mängelrüge oft größer sind als die beanstandete Summe.

72 : Rechnungsprüfung II

(1) Bearbeitungsschritte sind:

- Rechnung einer Bestellung zuordnen
- Rechnung einer Materialgruppe zuordnen
- Kreditor ermitteln
- Bestellentwicklung anzeigen
- Rechnung unterschiedlichen Bestellvorgängen zuordnen
- Bei Unstimmigkeiten Rechnung sperren.

(2) Als vom System noch zu bearbeitende Sonderfälle sind zu nennen:

- Ermittlung der Steuern
- Erzeugen einer Steuerbuchung
- Bearbeiten von Rechnungen in Fremdwährung und in Euro
- Gutschriften und Bezugsnebenkosten bearbeiten.

73 : Standort/Materialfluss

(1) Projekte werden in Phasen abgewickelt: Zielsetzung, Planung, Entscheidung, Realisation und Kontrolle

(2) Wahl und Art des Lagerstandorts bei Minimierung der Kosten.

(3) Das Lager soll als betriebswirtschaftliche Prozesse unterstützen:

- Integrierter Ansatz: Einbindung der Lager in die gesamte Versorgungskette: Lieferant, Wareneingang, Fertigung und Warenverteilung

- Einzelprozesse: Wareneingang, Einlagerung, Materialdisposition, Auslagerung und Kommissionierung, innerbetrieblicher Transport und Materialfluss und Entsorgung

(4) Dezentrale Lagerhaltung ermöglicht eine gute Aufgliederung nach Lagerteilen und Prozessen. Diese Prozesse können weitgehend in Eigenverantwortung durchgeführt werden. Je nach Produktion ergeben sich kurze Wege und Zugriffszeiten sowie Lager, die auf den Bedarf der Produktion abgestimmt sind.

Zentrale Lagerhaltung hat dann eine Kostenreduktion zur Folge, wenn das Lager hohen Rationalisierungsgrad (Lagereinrichtungen), gute Raumausnutzung (Kommissioniereinrichtungen), zentrale Koordinationsstelle ist. Diese Form lässt sich sehr leicht über EDV steuern.

74 : Arten der Läger

Die Fertigung ist aufgrund der vorgegebenen Situation eindeutig in drei Teilbereiche untergliedert.

(1) Die Lagersituation sollte so gestaltet sein, dass die Werkstattfertigung ihre Rohstoffe aus einem Rohstofflager bezieht. Werden Materialien zwischen den Werkstätten gefordert und reicht die Kapazität in den Werkstätten zur Aufnahme bearbeiteter Stücke nicht aus, so werden sie in das Rohstofflager zurückgebracht.

Am Ende der Bearbeitung werden die vorgefertigten Teile einer Zwischenlagerung unterzogen.

Die Baugruppenfertigung entnimmt dem Zwischenlager die vorgefertigten Teile und führt sie den einzelnen Bearbeitungsstellen zu. Da die Reihenfertigung zu verschiedenen Durchlaufzeiten führt, ergeben sich produktionsbedingte Liegezeiten der Halbfabrikate.

Die Straßenfertigung führt die Endmontage durch. Wesentliche Lagerproblem ergeben sich nicht, da die räumliche Ausdehnung der Fertigungsstraße als Lagerpuffer dient.

Die Fertigerzeugnisse werden in einem Hochregallager eingelagert. Die Lagereinheiten sind so gewählt, dass sie gleichzeitig Transporteinheit sind.

(2) Als Kennzeichen des Materials beim Einsatz moderner Lagerhilfsmittel ist die nutzbare Stapelhöhe anzusehen.

- Das Flachlager ist durch eine Stapelhöhe bis 8 m gekennzeichnet.

- Stockwerksläger weisen im Allgemeinen recht geringe Lagerhöhen aus und sind oft nicht besonders geeignet, moderne Lagerhilfsgeräte aufzunehmen.

- Hochraumläger mit einer Geschoßhöhe bis 30 m bieten große Vorteile bei der Nutzung rationeller Stapel-, Umschlag- und Fördertechnik.

(3) Die Vorfertigung benötigt Rohstoffe zur Bearbeitung in der Werkstatt. Zwischenlager nehmen die noch wenig bearbeiteten Rohstoffe auf.

Die Reihenfertigung steuert die bearbeiteten Baugruppen über die einzelnen Stationen zum Montagelager. Da die Stationen zeitlich nicht abgestimmt sind, sind Zwischenlager erforderlich. Sie werden bei der Planung der Maschinenaufstellung mit vorgesehen.

Die Endmontage kommt weitgehend ohne Lagerung aus. In kürzester Zeit werden die Produkte über die Fertigungsstraße bewegt und dem Fertigwarenlager zugebucht.

75 : Einrichtung der Läger

(1) Materialfluss ist das Ineinandergreifen der Vorgänge beim Gewinnen, Be- und Verarbeiten sowie Lagern und Verteilen von Stoffen.

Die Planung des Materialflusses umfasst somit die Transportwege, Fördermittel und die Einrichtungen wie Lager, Regale, Raum für Arbeitsplatz.

(2) Ein wesentlicher Gesichtspunkt beruht darauf, dass eine Auftragseinheit nach folgendem Gesichtspunkt zusammengefasst ist. Sie ist:

Bearbeitungs-zeit	=	Transport-einheit	=	Lager-einheit	=	Lade-einheit	=	Versand-einheit

Da diese Einheit durch das gesamte Unternehmen bewegt wird, stellen Paletten die geeignete Form des Transports dar.

Man verwendet Flachpaletten und Gitterboxpaletten; diese sind genormt, machen Güter stapelfähig und haben den Vorteil, dass

- durch Normung eine beliebige Austauschbarkeit gegeben ist
- ein Rücktransport des Lagergutes entfällt
- die Transporteinheit gleichzeitig Lagereinheit ist, sodass teure Einbauten sich erübrigen.

(3) Feste Einbauten werden vermieden. Boxen und Paletten sind so konstruiert, dass sie das Lagergut aufnehmen. Bei Fördermitteln wird heute dem Gabelstapler den Vorzug gegenüber fest installierten Kranen gegeben.

76 : Moderne Kommissionierung

(1) Traditionelle Systeme der Lagerung sind:

- Zugriffsfreie Lagerung: Mitarbeiter entnimmt bei Bedarf das Material, geeignet bei C-Teilen.
- Zugriffsgebundene Lagerung: Mitarbeiter erhält Material gegen Materialentnahmeschein, geeignet bei A-Teilen
- Bringsystem: Lagerwesen liefert das Material an die Verbrauchsstelle aufgrund von Auftragspapieren.
- Holsystem: Nur geeignet bei Einführung eines KANBAN-Systems, wenn beide Bereiche in einem Regelkreis verbunden sind.

(2) Aus der Warenwirtschaft sind heute vielfältige Verteilformen bekannt, die zu erheblichen Kostenreduzierungen führen:

- Streckengeschäft: Der Lieferant liefert nicht mehr ins Eingangslager, sondern direkt an die Verbrauchsstelle
- Verteilzentrum: Die eingehenden Materialpositionen gehen – bei einer Lieferung just-in-time – in ein Verteilzentrum und werden nach Auftragspositionen zusammengestellt und der Produktion zugeleitet. Hier hat das Lager die Funktion einer Drehscheibe (Cross-Docking).

(3) Schritte der Kommissionierung für die interne Auftragsabwicklung sind:

- Mit der Auftragserstellung werden die Lagereinheiten abgefragt und die Teilemengen reserviert. Damit steht die Lagereinheit fest, aus der später die Teile entnommen werden.
- Sind Aufträge mit anderen Aufträgen verkettet (Teilefertigung, Gruppenfertigung, Vormontage), werden die Mengen für alle Aufträge reserviert und disponiert.

77 : Tätigkeiten der Materialverteilung

(1) Die Unternehmensleitung schaltet zwischen Fertigung und Auslieferungslager eine selbstständige Handelsgesellschaft ein, die – als Konzerntochter – alle Auslieferungsvorgänge koordiniert.

Um einen besseren Kundenservice zu bieten, werden 20 Auslieferungsläger eingerichtet. Diese planen allerdings nicht mehr selbständig, sondern geben ihre Verbrauchszahlen und Marktbeobachtungen an die zentrale Handelsgesellschaft.

Diese sammelt alle Bedarfsmeldungen, optimiert sie und gibt sie als Produktionsmeldungen an die Konzernmutter ab.

(2) Wesentliche Vorteile bringt die zentrale Bedarfsermittlung. Da Engpasssituationen einzelner Läger frühzeitig erkannt werden, können nicht benötigte Einheiten anderer Läger umgeleitet werden.

Vorteile bei der Lagerung: Die Mitteilung über Einlagerung neuer Lagereinheiten erfolgt zentral, sodass frühzeitig Lagerplatz bereitgestellt wird. Die Einlagerung selbst wird über ein Programm vorgenommen, sodass aufwendige Sucharbeiten entfallen.

Die Zentrale geht beim Entnehmen von Geräten nach dem Fifo-Prinzip vor, sodass weniger technisch überalterte Geräte gelagert sind.

Vorteile bei der Verpackung: Durch die zentrale Steuerung erfolgt der Transport in größeren Einheiten. Durch die Identität von Transporteinheit und Verpackungseinheit können technisch sichere Behälter zur Verpackung bereitgestellt werden. Beim Umpacken der Geräte - wenn diese an die Kunden geliefert werden - findet eine Optimierung statt, sodass das Lagerpersonal gleichmäßig ausgelastet wird.

Vorteile beim Transport: Hier liegen die vielfältigsten Rationalisierungsmöglichkeiten. Durch die Bedarfssammlung in der Zentrale findet eine Belieferung der Läger von der Zentrale aus statt. Diese optimiert die Transportmenge zu den Auslieferungsstellen.

In vielen Fällen führt ein Bedarf eines Lagers nicht zu einem Fertigungsauftrag. Hier findet ein Ausgleich zwischen den Lägern statt.

Die Einlagerungstätigkeiten sowie Umlagern, Zusammenstellen, Auslagern werden heute zentral gesteuert, sodass die Transportwege im Lager minimiert werden.

(3) Zur Lösung der vielfältigen Optimierungsaufgaben bedient man sich der EDV-Anlagen. Die Hersteller und viele Software-Häuser bieten Programme an, die bei der Bewältigung der Aufgaben helfen. Heute ist dabei der Trend zu sehen, dass Aufgaben, die dezentral in den Auslieferungslägern – ohne andere Läger zu berühren – durchgeführt werden können, dort durchzuführen sind (Distributed Processing). Damit wird einer allzugroßen Abhängigkeit (und Inflexibilität) vom Zentralen Computer entgegengesteuert.

78 : Lieferservice

(1) Es ist heute wichtig, im Sinne der Kundenzufriedenheit der Lieferbereitschaft und dem Kundendienst einen hohen Stellenwert einzuräumen. Hierbei sind die einzelnen Prozesse zu untersuchen. Diese Prozesse sollten in einer retrograden Vorgehensweise folgende Schritte beinhalten:

- Auslieferung an den Kunden
- Transport
- Verpackung
- Kommissionierung
- Auftragsbearbeitung

Hier gilt es die einzelnen Prozesse aufeinander abzustimmen, sodass eine Zeiteinsparung ermöglicht wird. Die Aufgabe besteht nicht darin, die Bestände zu erhöhen, sondern den Durchlauf zu beschleunigen.

(2) Die Lieferzeit kann entscheidend durch den Einsatz moderner EDV-Techniken beeinflusst werden. Werden die Aufträge mittels EDI vom Kunden übermittelt, stehen sie für die nachfolgenden Prozesse zur Verfügung. Gelingt es, die Kunden zur rechtzeitigen Eindeckung zu veranlassen, stehen dem Unternehmen frühzeitig Planungsgrundlagen für die Produktion zu erarbeiten.

(3) Die Lieferbereitschaft kann durch zusätzliche Lager- und Transporteinheiten realisiert werden. Dies führt zu höheren Kosten. Hier kann durch Einrichtung von Verteilzentren die Anzahl der Lager reduziert werden. Diese haben einen hohen Wirkungsgrad. Die Belieferung der Kunden sollte dann über die Optimierung der Touren erreicht werden.

(4) Die Lieferzuverlässigkeit kann erhöht werden, indem die Kunden ihre Verbrauchszahlen dem Unternehmen zur Verfügung stellen. Stehen die Abverkaufszahlen zur Verfügung, so kann eine Prognose die künftigen Produkte frühzeitig in das Produktionsgeschehen übernehmen.

79 : Distributionskosten

Aufgrund der Formel

$$K_V = K_T + L_{HKf} + L_{HKv} + K_U$$

ergeben sich die Gesamtkosten:

K_{V1} = **780.000 €**

K_{V2} = **690.000 €**

K_{V3} = **690.000 €**

Im vorliegenden Fall ist der Alternative 2 der Vorzug zu geben. Da der entgangene Gewinn bei beiden Alternativen gleich ist, hat die zweite Alternative den Vorteil der besseren Überschaubarkeit. Dabei lassen sich größere Lagereinheiten besser planen. Auch sind die Rationalisierungseffekte größer.

Ein weiterer Vorteil liegt in den günstigen Transportkosten, zumal gerade bei diesem Bereich in Zukunft mit größeren Kostensteigerungen zu rechnen ist.

80 : Lagerrisiken

Möglicher Kriterienkatalog:

- Feststellen des vermutlichen Absatzvolumens
- Einteilen des Absatzgebietes in Bezirke
- Schaffung von Außenlägern

- Bildung von zentralen und abhängigen Außenlägern
- Erkunden des richtigen Absatzsortiments für die einzelnen Außenläger
- Festlegen des Lieferbereitschaftsgrades für einzelne Warengruppen
- Festlegen der Transportmittel auf Grund des Transportvolumens
- Festlegen des erforderlichen Bedarfsprogramms
- Entscheiden, ob die Bedarfsermittlungen zentral gesammelt werden und von der Zentrale an den Fertigungsbereich mitgeteilt werden oder ob die Außenläger verselbstständigt werden
- Festlegen der Kompetenzen im Transportwesen.

Stichwortverzeichnis